사사기 · 룻기

어떻게 설교할 것인가

두란노 HOW주석 시리즈 07
사사기·룻기 어떻게 설교할 것인가

엮은이 | 목회와신학 편집부

펴낸곳 | 두란노아카데미
등록번호 | 제302-2007-00008호
주소 | 서울시 용산구 서빙고로 65길 38 두란노빌딩

편집부 | 02-2078-3484   academy@duranno.com http://www.duranno.com
영업부 | 02-2078-3333   FAX 080-749-3705
초판1쇄발행 | 2009. 3. 6.   9쇄 발행 | 2021. 5. 12

ISBN 978-89-6491-057-3   04230
ISBN 978-89-6491-045-0   04230(세트)

책값은 뒤표지에 있습니다.

사사기·룻기
어떻게 설교할 것인가

· 목회와신학 편집부 엮음 ·

두란노 HOW 주석

HOW
COMMENTARY
SERIES
07

두란노아카데미

설교는 목회의 생명줄입니다

설교는 목회의 생명줄입니다. 교회 공동체를 향한 하나님의 음성입니다. 그래서 목회자는 설교에 목숨을 겁니다. 하나님의 말씀을 가감 없이 전하기 위해 최선을 다합니다.

이번에 출간한「두란노 HOW주석 시리즈」는 한국 교회의 강단을 섬기는 마음으로 설교자를 위해 준비했습니다.「목회와신학」의 별책부록「그말씀」에 연재해온 것을 많은 목회자들의 요청으로 출간한 것입니다. 특별히 2007년부터는 표지를 새롭게 하고 내용을 더 알차게 보완하는 등 시리즈의 질적 향상을 추구하였습니다. 독자 여러분의 끊임없는 관심과 격려를 부탁드립니다.

「두란노 HOW주석 시리즈」는 성경 본문에 대한 주해를 기본 바탕으로 하면서도, 설교에 결정적으로 중요한 '적용'이라는 포인트를 놓치지 않았습니다. 또한 성경의 권위를 철저히 신뢰하는 복음주의적 관점을 견지하고자 노력했습니다. 또한 성경 각 권이 해당 분야를 전공한 탁월한 국내 신학자들에 의해 집필되었습니다.

학문적 차원의 주석서와는 차별되며, 현학적인 토론을 비껴가면서도 고밀도의 본문 연구와 해석이 전제된 실제적인 적용을 중요시하였습니다.

이 점에서는 목회자뿐만 아니라 성경공부를 인도하는 평신도 지도자들에게도 매우 귀중한 지침서가 될 것입니다.

오늘날 교회에게 주어진 사명은 땅 끝까지 이르러 예수 그리스도의 복음을 전파하는 것입니다. 사도행전적 바로 그 교회를 통해 새롭게 사도행전 29장을 써나가는 것입니다. 이 시리즈를 통해 설교자의 영성이 살아나고, 한국 교회의 강단에 선포되는 말씀 위에 성령의 기름부으심이 넘치기를 바랍니다. 이 땅에 말씀의 부흥과 치유의 역사가 일어나고, 설교의 능력이 회복되어 교회의 권세와 영광이 드러나기를 기도합니다.

바쁜 가운데서도 성의를 다하여 집필에 동참해 주시고, 이번 시리즈 출간에 동의해 주신 모든 집필자들에게 이 자리를 빌어 감사의 뜻을 전합니다.

두란노서원 원장

사사기

어떻게 설교할 것인가

II. 사사기 본문연구

I. 배경연구

01
사사기의 구조 분석
(삿 1:1~3:6)

약속의 땅에 이미 세워진 가나안 민족들의 질서는 여호와의 언약 백성인 이스라엘이 언약에 충실하여 소멸해야 할 질서이다. 이스라엘이 시내산 언약의 규정들인 토라를 준수하여 그 땅에 언약의 질서를 세워 가야 할 의무는 모든 민족들 가운데 누리는 그들의 특권과 연계된다(참고 출 19:5~6).[1]

사사기를 크게 세 부분으로 나눈다. 첫 번째 부분은 긴 서론으로, 이스라엘의 '가나안화'된 정착 과정(1장)과 그에 대한 신학적 평가(2:1~3:6)로 구성되어 있다. 두 번째 부분은 이스라엘 백성들의 삶에 대한 언약적 순환과 사사들의 통치(3:7~16:31)로, 이스라엘이 점진적으로 하강하여 '가나안화'된 모습을 보여 준다. 세 번째 부분은 긴 서론(1:1~3:6)에 나타난 이스라엘의 언약적 불순종으로 인한 열매로, 이스라엘의 '가나안화'된 모습이 가장 최저점에 이른 삶의 양상(17~21장)을 보여 준다. 사사기 자체가 보여 주는 신학 사상의 근간은 출애굽기 20장~레위기 27장을 담지한 시내산 언약이며, 이 언약이 갱신된 내용이 바로 신명기이다.[2] 이 점에서 이스라엘이 약속의 땅에서 어떻게 정착하여 어떤 삶을 영위했는지 기술한 사사기는 소위 '신명기적 신학'보다는 시내산 언약에 비추어 해석된 역사이다.[3]

이 장에서는 사사 시대 이스라엘이 여호와의 언약에 충실한 삶을 살지 못하는 근원을 보여 주는 서론 부분(1:1~3:6)을 자세하게 다룰 것이다. 또한 사사들의 통치에도 불구하고 점진적으로 타락하는 이스라엘의 삶의 양상을 다룬 두 번째 부분(3:7~16:31)과 언약 공동체의 심화되어 가는 내부적 갈등으로 최악의 상태를 보여 주는 마지막 부분(17:1~21:25) 역시 요점 중심으로 다루려고 한다. 이와 같은 사사기의 구조[4]에 대한 이해는 시내산 언약의 맥락 안에서 이스라엘 역사를 해석한 사사기 저자의 관점(2:18~19)에 비추어 해석한 것이다.

언약적 성실성을 유지하지 못함(삿 1:1~3:6)

본 단락은 사사 시대를 요약하는 긴 서론이다.[5] 사사기는 여호수아가 죽고 난 뒤에 열두 지파가 정착하여 그 땅에 뿌리내리는 과정을 보여 준다. 요약 기술된 열두 지파의 정착 과정(1장)[6]이 여호와의 명령을 온전하게 이행하지 못한 불순종에 근간을 두고 있다는 점을 여호와의 사자가 설명한다(2:1~5). 동일한 관점에서 사사기 저자도 이스라엘의 그러한 불순종(또는 불충)이 그들의 삶에 걸림돌이 되었다고 평가한다(2:6~3:6). 이스라엘 열두 지파의 가나안 정착에 대한 여호와 하나님과 저자의 언약 신학적 평가는 사사 시대 이스라엘 백성들의 삶을 이해하는 데 중요한 열쇠이고, 본문(3:7~21:25)에 제시된 이스라엘 백성들의 모습과 상응한다. 약속의 땅 정착 과정에 있었던 성전(聖戰)에 대한 이스라엘의 실패는 마음과 행동이 분리될 수 없는 하나임을 보여 준다. 이것은 온전한 신앙은 마음과 행동이 일치함을 의미하며, 행동은 마음을 반영하고 마음은 행동을 반영한다. 기본적인 것이 올바르지 않으면, 바르게 세워질 수 있는 것이 없다.

1. 유다 지파와 시므온 지파의 성공적 협력과 실패(1:1~20)

하나님을 전적으로 신뢰하며 가나안과의 전면전[7]을 승리로 이끌어 그 땅을 열두 지파에게 분배한 여호수아가 영원한 안식에 들어갔다(1:1상). 이제 이스라엘은 기업으로 분배받은 땅에 들어가서, 남아 있는 가나안 주민과 싸워 그들의 기업을 차지해야 할 상황에 처했다. 여호수아의 지도력 아래 전면 전을 치르면서 이스라엘은 여호와께서 그들을 위하여 정복 전쟁을 직접 지휘하심과, 그분의 작전 지휘에 따라 승리를 어떻게 취할 수 있는지 정착 초기에는 생생하게 기억하고 있었음을 보여 준다. 이제 여호수아와 같은 강력한 지도자는 없지만, 여호수아 군대를 직접 지휘하셨던 여호와께서는 여전히 이스라엘 편이시다. 이스라엘의 각 지파는 여호수아 시대에 체험했던 동일한 방법으로 기업으로 받은 약속의 땅을 차지해야 하는 것이다. 그래서 이스라엘 백성들은 기업으로 받은 땅을 누가 먼저 가서 차지해야 하는지 여호와께 묻는다(1:1하). 여호와께서 '유다 지파'에게 그 싸움을 시작하라고 지시하신 이유는 그 땅 즉 유다 지파의 기업을 그들의 손에 주셨기 때문이다(2절).

유다 지파는 여호와의 약속에 힘입어 자신들의 영토 안 브엘세바를 중심으로 기업을 분배받은 시므온 지파에게 상호 협력을 요청하여 유다 산지 점령에 임한다(3절). 협력의 결과는 성공적이다(4~7절). 여기서 주목할 것은 유다와 시므온의 연합군이 유다 산지 베들레헴 남서쪽에 위치한 베섹에서 포로로 잡아 손가락과 발가락을 자른 아도니 베섹에 대한 언급이다(7절). 그렇다면 한 사람의 가나안 왕에 대한 저자의 언급이 시사하는 것은 무엇인가? 아도니 베섹은 과거에 홀로 70명의 왕들을 포로로 잡은 힘세고 잔인한 왕이었다. 그런 아도니 베섹을 꺾은 연합군의 승리는, 이스라엘이 지파 간에 서로 협력한다면 아무리 힘센 가나안 왕이라도 쳐서 이길 수 있고, 또한 분배받은 기업을 차지할 수 있다는 것을 시사한다.

유다와 시므온 연합군은 베섹에서 예루살렘으로 진군해서 성읍을 점령하고, 산간 지방과 남방과 평지로 내려가서 가나안과 교전을 벌였다(8~10절). 갈렙은 헤브론 남쪽에 위치한 드빌을 그 집안의 힘을 집결하여 정복하게 한다. 또한 드빌을 정복한 옷니엘을 딸과 결혼시키고, 자기 딸의 요청에 따라 '윗샘과 아랫샘'을 주어 남방에 살도록 한다(11~15절).[8] 이 이야기는 여호와를 향하여 한결같이 언약에 충실한 한 집안이 협력하여 이룰 수 있는 성과를 보여 준다.

그러나 유다는 철 병거를 소유하고 있는 골짜기의 주민을 몰아내지 못했다(19하절). 여기서 주목할 것은 유다가 아낙 자손을 헤브론에서 몰아내고 점령했다는 점이다(20절). 문맥상 '여호와께서 유다와 함께 계셨으므로' 산지에 사는 가나안 사람들을 몰아낼 수 있었다(19상절)는 언급은 무엇을 시사하는가? 유다와 시므온 연합군이 산지에서 교전할 때 여호와를 의지하며 싸우는 것에 익숙하지만, 철 병거[9]를 소유한 골짜기 주민들과의 싸움에서 여호와를 의지하며 싸우는 것에는 서툴렀는지도 모른다. 하지만 두 지파 연합군의 전승(戰勝)은 가나안 연합군을 꺾을 것이라는 하나님의 약속(신 7:1~2)과 그분의 개입으로 여리고를 완전 정복(수 6장)한 성전(聖戰)에 비추어 평가해야 한다. 여호수아는 가나안 사람들의 철 병거와 탁월한 능력이 요셉지파가 골짜기를 정복하는 데 방해되지 않는다고 말했다(수 17:14~18). 유다 지파를 위한 여호와의 개입에 대등한 군사적 능력이 가나안 사람들에게 없으므로, 유다는 산지를 정복했다(삿 1:18~19). 그러면 왜 그들은 평지에 위치한 골짜기를 점령하지 못했는가? 여호와의 개입이 골짜기에 사는 가나안 사람들의 뛰어난 무기 때문에 불가능했던 것인가? 여호수아의 가나안 정복사는 그렇게 말하지 않는다. 유다 지파는 이 시점에서 그들의 과거의 업적에 만족했을 가능성이 있다. 어쩌면 정복 단계 초기에 유다 지파가 숫자적으로 강성하지 않았기 때문에, 골짜기는 다음 정복 단계로 남겨 두었을 가능성이 있다. 그러나 유다는 가사와 그 지역과 아스글론과 그 지역, 에글론과 그 지역을 점령했다(1:18). 비록 숫자적으로 약하여 골짜기를 점령하지 못했을지라도, 그들은 분배받은 땅을 끝까지 차지했어야 했다(참고 28쪽의 '1) 하나님의 선물: 안전'). 궁극적으로 골짜기를 차지하지 못한 유다 지파의 실패는 여호와를 향하여 충성된 삶을 유지하여 점진적으로 가나안 사람들을 기업의 땅에서 쫓아내지 못한 결과이다.

유다 지파가 분배받고 차지해야 할 땅은 갈렙의 성공으로 마무리 된다. 모세의 약속에 따라서(참고 수 14:9; 신 1:36) 헤브론을 갈렙에게 주었고(20절), 갈렙이 거기서 아낙 자손 세 아들을 쫓아낸 것은(10절) 이 전투에서 유다와 시므온이 협력하여 갈렙이 주도적으로 전투를 이끈 것으로 보인다. 저자는 갈렙의 성공을 반복해서 기록하여 지파 간의 협력의 중요성을 강조한다.

2. 다른 지파들의 실패(1:21~36)

베냐민 지파는 예루살렘을 점령하지 못했다(21절).[10] 하지만 요셉 가문, 즉 므낫세와 에브라임이 협력하여 벧엘을 정복했다(22~26절). 요셉 가문의 연합군은 벧엘로 가는 성문을 알려 준 사람과 그 가족을 살려주었고(25하절), 그는 헷 사람의 땅으로 가서 성읍을 건설하고 벧엘의 옛 지명인 '루스'로 이름 지었다. 그 성읍은 '오늘날까지' 즉 사사기 저작 시기까지 있었다. 여기서 주목할 것은 헷 사람의 땅이다. 이 땅은 여호수아가 남겨 둔 가나안 북부 지역(수 13:4~6)이다. 요셉 가문이 벧엘을 정복하는데 그 성읍 사람의 도움을 받고 그 사람과 가족을 보존한 것은 라합의 경우와 유사하다. 하지만 그가 가나안 땅 북부 지역에 한 성읍을 건설하여 그 성읍 이름이 '루스'로 존속되고 있다는 사실은, 그와 그의 가족이 이스라엘 언약 공동체의 구성원이 되지 않았다는 것이다. 여기서 주목할 것은, 라합은 이스라엘을 위한 여호와의 개입 사건들을 듣고, 여호와의 권능에 순복한 자로서 이스라엘을 도왔다는 것이다. 그러나 벧엘의 '그 사람'은 요셉 가문의 연합군의 협상을 받아들여서 그 자신과 가족들을 살렸지만, 여호와 하나님이 어떤 분이신지에 대한 깨달음은 얻지 못했다. 그는 벧엘에서 목숨을 건졌지만, 라합처럼 '이스라엘의 하나님 여호와가 어떤 분이신지를 깨달아 새로운 삶'을 살아간 것은 아니다. 비록 요셉 가문이 정착에 성공하기 시작한 듯 보이지만, 여호수아의 지도력 아래 전면전으로 가나안을 정복한 '여호와를 향한 언약적 충성에서 흘러나온 정신'은 없었던 것으로 이해된다.

므낫세 지파는 분배 받은 땅에서 가나안 사람들을 쫓아내지 못했다(27~28절). 이 지역은 하롯 평야, 이스르엘 평야, 갈멜산 서쪽 해안 지역이다. 이 지역은 이스라엘 백성이 강성해진 후에도 가나안 사람들을 모조리 몰아내지 않고 그들을 부역꾼으로 삼았다. 그렇다면 이스라엘은 언제 강성해졌는가?

이스라엘이 강성해졌다는 것은 여호와를 향하여 충실해졌다는 의미로 보인다. 그 이유는 이스라엘의 강함이 여호와를 향한 충성 수위와 비례하기 때문이다.

여선지자 드보라가 사사로 이스라엘을 다스린 시대에는 이스르엘 평야에서의 싸움에서 야빈의 군대를 무찔러 이스르엘 평야와 그 주변 지역을 야빈의 통제에서 회복했다(참고 삿 4~5장). 이 승리로 인하여 하솔 왕 야빈은 점점 세력이 약해졌고, 이스라엘은 점점 강해졌다. 아마도 므낫세 지파의 정착 실패가 드보라 시대에 어느 정도 극복되었던 것은 사실이다. 또는 사무엘이 사사로 이스라엘을 통치한 시대는 이스라엘이 하나님을 향하여 다시 일어섰던 시대이다(삼상 7장). 그러므로 사무엘 통치하에서 므낫세 지파는 쫓아내지 못한 가나안 사람들에게 노역을 시켰을 가능성도 있다. 어쨌든 위의 두 시대 모두 므낫세 지파가 기업으로 분배받은 땅을 부분적으로 그러나 완전히 차지하지 못했던 것이다.

에브라임과 스불론 지파는 기업으로 받은 땅에 사는 가나안 사람들을 몰아내지 못했으나, 그들에게 노역을 시켰다(29~30절). 이러한 현상은 므낫세 지파처럼, 이스라엘이 강성한 후에 일어났던 것이다.

아셀 지파는 가나안 사람들을 쫓아내지 못하고, 그들 가운데 거주했다(31~32절). 여기서 주목할 점은 아셀 지파가 가나안 사람들에게 노역을 시켰다는 언급이 없다는 점이다. 이 점은 아셀 지파가 가나안 사람들과 평화를 누리며 살았던 것으로 보인다. 지정학적으로 아셀 지파는 갈릴리 해안 지역을 기업으로 분배받았기 때문에, 해안선을 따라 북쪽에 위치하고 있는 시돈 사람들과 근접해 살았다. 하지만 만약 아셀 지파가 언약에 충실한 삶을 살았더라면 시돈 사람들의 영향을 받아 그들의 신들을 섬기지 않았을 것이다(참고 10:6).

납달리 지파도 가나안 사람들을 쫓아내지 못했으나, 그들에게 노역을 시켰다(33절). 지정학적으로 납달리는 이스라엘이 정복한 땅의 북쪽 입구에 위치하고 있었다. 후에 이스라엘 백성들이 아람의 신들을 섬긴 모습(참고 10:6)

은 납달리 지파가 제 역할을 하지 못했음을 시사한다. 만일 납달리 사람들이 여호와 중심의 삶을 살았다면, 가나안 북부 지역에 자리 잡은 아람 사람들과 섞이지 않아 다른 지파들에게 영향을 줄 수 있었을 것이다.

단 지파는 아모리 사람들의 세력을 이기지 못하여 기업으로 받은 땅인 평지(낮은 지대)로 내려올 수 없었다(34~36절). 그래서 아모리 사람들은 헤레스 산과 아얄론과 사알빔에 계속 거주했다. 요셉 가문인 에브라임과 므낫세가 강성해진 후에 아모리 사람들에게 노역을 시켰다. 하지만 므낫세와 에브라임 지파는 단 지파를 도와서 기업으로 받은 땅을 차지할 수 있도록 도와주어야 했다(참고 1:1). 나중에 단 지파는 기업으로 받은 땅을 차지할 수 없어서 갈릴리 북쪽에 위치한 라이스를 정복하여 이주한다(참고 18장).

3. 이스라엘의 성취에 대한 신학적 의미(2장)

가나안 정착 과정에서 하나님을 의존하기보다 '자기 보기에 좋은 대로' 행동한 이스라엘 백성들의 문제를 적나라하게 드러내는 여호와 하나님의 말씀을 살펴보자.

1) 여호와의 사자의 해석(1~5절)

여호와의 사자가 길갈에서 올라왔다는 언급은 정착 초기에 여호수아가 가나안 정복 전쟁을 위하여 본영을 두었던 길갈에 성소가 있었던 것으로 보인다. 여호와의 사자는, 이스라엘이 가나안 사람들의 '길'을 좇은 삶은 여호와께 속한 이스라엘의 신분[11]에 부합하지 않기 때문에 가나안 사람들이 섬긴 신들이 이스라엘에게 고난의 원인과 넘어짐의 걸림돌이 될 것(3절)이라고 말한다. 이 메시지에 이스라엘이 깨달은 바가 있었던 것으로 보이지만(4~5절), 그들의 삶에 아무런 영향을 주지는 못했다.

2) 저자의 해석(6~20상절)

6절부터 여호수아 시대로 다시 돌아가서 이스라엘의 모습을 돌이켜 본다. 2:1~5에 여호와의 사자의 해석에도 불구하고 6~19절에 저자의 해석이 덧붙여지는 이유는 이스라엘의 불순종에 대한 여호와의 평가를 강조하기 위함이다.

(1) 이스라엘 배교의 뿌리(6~10절)

여호수아와 당시 지도자들이 살아 있을 때 이스라엘은 언약의 하나님께 신실하였다. 하지만 그 다음 세대는 이스라엘의 언약의 하나님 여호와를 '알지도 못하며 여호와께서 이스라엘을 위하여 행하신 일도 알지 못하였다'(10절). 그렇다면 여호수아 세대 사람들이 자녀들을 여호와 중심적인 삶을 살도록 양육하는 데 실패했다는 것인가? 이 본문은 공동체가 여호와의 구속 은총을 생생하게 기억하고, 말씀에 순종하여 사는 삶을 사는 데 실패했음을 보여 준다. 제사장들은 백성들에게 말씀을 가르쳐서(레 10:11, 참고 신 6:20~25) 여호와가 이스라엘에게 베푸신 구속 사역을 기억하고 예배하는 절기들을 지키도록 하는데 실패했고, 무엇보다도 부모들이 자녀들에게 하나님의 말씀을 일상생활 속에서 실천하도록 가르치지(신 6:4~9, 참고 신 6:20~25) 못했음을 보여 준다. 언약 공동체의 이러한 실패는 새로운 세대가 '여호와가 어떤 분이신지를, 그들 존재의 근간인 이스라엘을 위하여 행하신 여호와의 구속 사역'을 경험적으로 알지 못하여 초래된 결과이다.

(2) 이스라엘 배교의 본질(11~13절)

이스라엘이 여호와의 면전에서 범한 악은 주위에 있는 이방 민족들이 섬기는 바알과 아스다롯을 섬긴 것(11, 13절), 그들을 애굽에서 구출하신 여호와를 잊은 것이다(12절). '이스라엘 주위의 이방 민족들'은 이스라엘 열두 지파들이 쫓아내지 않고 함께 거주하였거나, 부역꾼으로 삼은 가나안 사람들이다. 이스라엘이 자신들의 부역꾼인 가나안 사람들의 풍요의 신 바알과 아스다롯을 섬겼다는 것은 매우 이상하다. 이것은 이스라엘 백성들이 가나안 사람들과 언약을 맺거나, 가나안 제단들을 헐지 않아서 올무가 되었기 때문에 세월이 흘러가는 과정에서 찾아온 필연적인 결과로 이해된다. 정착 과정은 단번에 이루어지는 것이 아니다. 이스라엘은 숫자적으로 가나안 사람들보다 적기 때문에, 이스라엘은 점진적으로 숫자적 성장에 부응하게 정착할 수 있도록 여호와께서 도우시겠다고 하셨다(신 7:22). 이스라엘이 정착한 그 땅은 여호수아가 더 이상 가나안 왕들이 연합군을 형성하여 이스라엘을 대적하지 못하도록 전면전의 승리로 정복한 땅이다. 그래서 이스라엘 각 지파는 분배받은 기업의 땅에서 서서히 강해지면서 가나안 주민들을 쫓아내어야만 했다.

여기서 중요한 것은, 그 땅에서의 정착은 하나님이 이스라엘에게 준 기업의 땅에 뿌리내리는 과정이고 이 과정에서의 승리는 여호와께 의존적·언약적 충성을 다하는 성실한 삶을 영위해야만 가능했다는 점이다. 이스라엘이 바알과 아스다롯을 섬겼다는 것은 그 신들이 약속하는 '풍요'에 미혹된 것이다. 특히 바알은 풍요를 약속하는 비의 신이기도 하다. 더욱이 가나안 사람들은 그 땅에 새롭게 정착한 이스라엘보다 물질적으로 풍요했기 때문에, 아마도 '부'를 약속하는 가나안 신들을 어렵지 않게 따르게 된 것으로 보인다. 이스라엘은 여호와 하나님께서 '비'와 '풍요'를 주시는 분이심을, 애굽에서의 구출과 시내산 언약으로 이스라엘 존재의 근원이심을, 이스라엘과 유일무이하게 인격적인 관계를 맺고 계신 분이심을 잊은 것이다. 이러한 이스라엘의 모습은 그들 자신이 출애굽하고 시내산에서 언약을 맺은 목적이 단순히 가나안 땅에서 물질적인 부를 누리는 데 있지 않고, 여호와의 개인 소유, 제사장 나라, 거룩한 백성으로서의 소명(출 19:5~6)[12]을 이루는 데 있다는 것을 깨닫지 못한 것이다. 이스라엘이 가나안 땅에서 누리는 번영은 하나님을 향한 순종의 결과이지, 삶의 목표가 아니다. 이 점에서 이스라엘 백성들은 정착 과정에서 그들에게 부여된 본연의 우선순위가 뒤바뀐 삶을 산 것이다.

(3) 이스라엘의 배교에 대한 하나님의 반응(14~20상절)

삶의 우선순위가 뒤바뀌어 여호와 하나님을 의존해서 살지 않고 가나안 사람들의 삶의 양식을 따라 사는 이스라엘 백성들을 향한 여호와의 진노는, 이스라엘이 그들과 함께 평화롭게 살도록 내버려 두지 않으시고 이방 민족들이 이스라엘을 노략하고 지배하도록 하시고 그들을 이기지 못하고 갈등과 압박 아래로 떨어지게 하신 것으로 표출되었다(14~15절). 이스라엘이 이방 민족들의 속박에서 벗어나려 했던 모든 시도가 허사였으므로 이스라엘은 심히 곤고한 상태에 있었다(15절). 여호와 하나님은 이스라엘을 이러한 상황에 방치하시지 않고, 사사들을 세우셔서 노략자들의 압제에서 이스라엘을 구원하셨다(16절). 그러나 이스라엘은 애굽에서 구출하신 여호와를 등진 것같이, 그들을 적들로부터 구출해 준 사사들에게 등을 돌리고 다른 신들을 따라가서 음행하고 경배하며 언약에 충실했던 그들 조상들의 삶의 양식을 떠났다(17절). 비록 이스라엘이 배교의 길에서 그토록 돌이키지 않았지만, 이스라엘을 향한 여호와의 언약적 성실하심은 변함없었다.

여호와께서 이스라엘을 위하여 사사들을 세우셔서 대적들의 압제에서 구출하신 이유는 '그들이 대적에게 압박과 괴롭게 함을 받아 슬피 부르짖으므로 여호와께서 뜻을 돌이키셨기 때문이다'(18절). 그러나 그 사사가 죽은 후에 이스라엘은 다시 여호와께 등을 돌리고 '그들의 조상들보다 더욱 타락하여 다른 신들을 따라 섬기며 그들에게 절하고 그들의 행위와 패역한 길을 그치지 아니하였다'(19절). 이 두 구절(18~19절)은 사사기 전체를 이해하는 데 중요한 내용으로, 이스라엘이 나선 하강하면서 점점 가나안화되어 가는 모습을 묘사한다. 따라서 사사 시대의 이스라엘 역사는 악의 패턴이 반복될 뿐만 아니라, 배교 행동이 증강하고 있음을 보여 준다.

그렇다면 사사들은 어떤 자들인가? 하나님께서 세우신 사사들은 이스라엘 백성들이 가나안화되어 가는 과정을 역전시키기 위한 임무를 지녔다. 그러나 사사들은 이러한 과정에서 이스라엘 백성들을 하나님께서 수여하신 신분으로 끌어올리기보다는, 잠시 그 과정을 더디게 할 뿐이었다(참고 49쪽의 '〈그림 1〉 가나안인화되는 이스라엘'). 그들이 죽고 난 뒤에 이스라엘 백성들은 이전보다 더 가나안 신들을 섬겼다. 사사들의 직무는 단순히 이스라엘을 이방의 압제에서 구출하는 것에 국한되지 않는다.

첫째, 사사들이 이스라엘을 대적들의 손에서 구출한 것은 그들이 적어도 이스라엘을 향한 여호와의 뜻과 여호와를 향한 이스라엘의 언약의 책임을 깨달은 자였음을 시사한다. 그 이유는 이스라엘이 대적들의 손에 팔린 것은 여호와께서 그들을 언약의 규정들(토라)에 따라서 징계하신 것이기 때문이다(레 26:17, 27~39; 신 28:25, 47~68). 둘째, 사사들이 통치하는 기간에 이스라엘에 평화가 임했다는 것은 사사들의 통치 기준이 토라였음을 시사한다. 물론 모든 사사들이 토라에 기술된 언약 임무를 준수하지 않았지만, 적어도 그들의 통치 기준은 언약 중심적이었음을 시사한다. 셋째, 온전하게 언약 중심의 통치를 펼치지 못한 사사들이 이스라엘을 다스린 통치 기간에 평화를 누리도록 하신 것은 전적인 하나님의 은혜이다.

이제 여호수아가 남겨 둔, 아직 정복하지 않은 약속의 땅을 이스라엘이 차지할 수 있는 희망이 없게 된 이유는 성전(聖戰)에서 여호와의 개입을 위한 이스라엘의 언약적 충성이 없기 때문이다(20~21절).[13] 그럼에도 여호와 하나님은 그런 이스라엘 백성들을 향한 그분의 뜻을 바꾸지 않으신다. 여호와께서 여호수아가 남겨 둔 이방 민족들을 이스라엘을 위하여 하나도 쫓아내시지 않은 것은 이스라엘이 '여호와의 도', 즉 언약의 규정들인 토라(율법)를 일상에서 실천하는지 그렇지 않은지 시험하시기 위함이다(22절). 히브리어 동사 '니사'(נסה)는 시험을 받는 대상이 어떤 자인지를 알기 위한 목적으로 테스트하는 것을 의미한다. 남아 있는 가나안 사람들(참고 23절)은 이스라엘 백성들이 하나님을 의지하여 몰아낼지 아니면 그들의 종교에 동화되어 살지를 알아내는 '시금석'이 될 것이다.

4. 정복 세대의 자손들을 위해 그 땅에 남겨 둔 이방 민족들의 존재 목적
(3:1~6)

여호와께서 가나안의 모든 전쟁을 경험하지 못한 이스라엘 세대를 시험하기 위하여 전쟁을 가르치기 위한 목적으로 쫓아내지 않은 이방 민족들은 블레셋 다섯 통치자, 모든 가나안 족속, 시돈 사람, 바알 헤르몬산으로부터 하맛 어귀에까지 이르는 레바논 산에 사는 히위 사람들이다(1~3절).

1~2절에서 언급된 그 땅에 남아 있는 이방 민족들의 존재 목적이 4절에 다시 핵심적으로 반복되는 점은 그 중요성을 강조하기 위함이다. 다시 말해 가나안 땅에 여전히 남아 있는 이방 민족들은 이스라엘을 시험하기 위한 목적과 연계되는데, 즉 이스라엘이 여호와의 명령인 시내산 언약의 규정들을 준수하는지 알기 위함이다(4절). 그러나 이스라엘 백성들은 여호와께서 남겨 두신 가나안 민족들을 그들의 언약적 신분에 부응하게 쫓아내지 않고, 오히려 사돈관계를 맺고, 그 신들을 섬겼다(5절). 그렇다면 왜 여호와 하나님께서 전쟁을 겪어보지 않은 세대에게 전쟁이 무엇인지 가르쳐 주시길 원하신 것인가? 지정학적으로 대륙간지인 약속의 땅은 쉽게 주변 이방 민족들의 침략을 받을 수 있다. 이럴 때 이스라엘은 여호와의 작전 지휘를 잘 따라서 싸울 수 있어야 한다. 또한 숫자적으로 열세인 이스라엘이 그 땅에서 서서히 번성하면서 약속의 땅을 온전히 차지할 수 있어야 한다(참고 28쪽의 '1) 하나님의 선물: 안전'). 그래서 전쟁을 겪어 보지 않은 세대는 성전(聖戰)을 어떻게 해야 하는지를 배워야 한다.

배교와 구출의 순환(삿 3:7~16:31)

이제부터 사사기 저자의 관점에서 해석하여, 어떻게 이스라엘이 점전적으로 가나안화되어 가는가를 비교 분석할 것이다(참고 49쪽의 '〈그림 1〉 가나안화 되는 이스라엘').

1. 구산 리사다임 – 옷니엘 순환(3:7~11)

'가나안화'되는 징후는 여호와를 잊어버리고 바알과 아세라를 섬기는 것이다(3:7). 이에 대한 여호와의 형벌로 이스라엘이 메소포타미아 왕 구산 리사다임을 8년 동안 섬기게 된 것이다(8절). 이스라엘의 회개에 여호와께서 옷니엘을 사사로 세워서 구산 리사다임의 결박을 끊게 하셨고(9~10절), 그 결과로 약속의 땅에 40년 동안 평화가 있었다(11절).

이전 시대와 비교한다면, 구산 리다사임이 지배하기 전에는 이스라엘은 어떤 민족도 섬기지 않았다. 이것은 옷니엘이 사사로 세워질 당시 이스라엘의 배교는 이전보다 더욱 깊어졌다는 점을 시사한다(7~11절).

2. 모압 – 에훗 순환(3:12~30)

모압 – 에훗 순환에 이스라엘이 공물을 바친 것을 보면 모압 왕 에글론이 이스라엘의 종주로서 여리고에 주둔하여 이스라엘을 18년 동안 통치한 것이다(12~14절). 이스라엘은 가나안 민족이 아닌 타민족의 봉신으로 이전보다 더 힘든 상황에 처해 있었던 것으로 보인다. 여호와의 언약 백성인 이스라엘이 타민족의 봉신이 된 것은 신분이 격하된 것이며, 여호와의 징계였다(신 15:6하; 28:43~44).

이스라엘을 구출하기 위한 여호와의 대리인으로 왼손잡이 에훗이 이스라엘의 사사로 등장한다(3:15). '왼손잡이'의 의미에 대해서 학자들의 견해가 분분하다. '왼손잡이'로 번역된 히브리어 표현은 '오른손이 닫힌' 또는 '제한된'이라는 의미이다. 이 표현은 여기 외에 베냐민 지파의 파견단을 서술한 사사기 20:16에도 나온다. 어떤 주석가는 신체 장애의 종류로 이해하지만, 그러한 의미는 사사기 20:16에 합당하지 않다. 그 이유는 물맷돌을 던지는 것은 큰 기술을 요하고 양손을 유능하게 사용하여야 하기 때문이다. 70인역은 양손잡이로 번역하는데, 이 해석이 에훗과 베냐민 파견단(20:16)의 상태에 대한 타당한 이해로 보인다. 다윗을 도운 용사들 가운데 양손잡이가 있었다. "저희는 활을 가지며 좌우 손을 놀려 물매도 던지며 살도 발하는 자요 베냐민 지파 사울의 동족"(대상 12:2 개역개정)이다. 그러므로 에훗과 그의 동료 베냐민 사람들이 날 때부터 왼손잡이가 아니라는 것을 시사한다. 오히려 그들은 특별히 오른손을 속박함으로 왼손의 민첩함이 훈련된 것이다. 전투에서 훈련된 왼손잡이는 방패를 마주보고 칼을 사용하는 오른손잡이보다 결정적으로 유리한 점이 있다. 결론적으로 에훗은 양손잡이, 양손을 사용하는 데 숙련된 사람이다.

저자는 에훗의 왼손 기능에만 흥미가 있는 것이 아니라, 에훗이 지혜에 둔한 모압 왕이나 그의 호위병들과는 대조적으로 뛰어나게 영리하고 지략이 풍부한 사람으로 소개한다(3:17~23). 에글론에 대한 서술을 사사기 21:25에 비추어 볼 때, 이스라엘 백성들이 여호와를 왕으로 섬기는 위치에서 떠난 결과는 사람의 눈에도 비둔하기 짝이 없는 에글론을 섬기는 위치로 전락했음을 신랄하게 꼬집는 듯하다.

1) 에훗의 승리의 의미

에글론의 죽음과 모압 주둔군이 패함으로 베냐민 지파가 여리고를 되찾게 됨으로 요단 동쪽 지파들과 교류가 자유롭게 된 것이다. 그러나 각 지파가 여호와 하나님을 떠난 삶을 살았기 때문에 서로 연합하기보다는 분리되어 지파 중심적인 삶을 살았다(참고 47쪽의 '가나안화된 양상에 대한 성경 지리적 조명').

2) 사사기 2:19에 비추어 본 옷니엘 시대와 에훗 시대의 비교(3:12~30)

이스라엘이 8년 동안 구산 리사다임을 섬길 때보다 에글론을 18년 동안 섬긴 때가 더 어려운 상황으로 보이는 것은 에글론이 직접 이스라엘에 주둔군을 두고 있었기 때문이다. 무엇보다도 에글론이 여리고에 주둔할 수 있었던 것도, 모압에서 아르논 계곡을 사이에 두고 북쪽에 위치하고 있는 르우벤 지파가 에글론을 막지 못했기 때문이다. 또한 여리고가 에글론에게 점령당한 상황은 모압이 요단 서쪽 지역에서 요단 동쪽으로 연결되는 동서도로를 통제했음을 시사하므로 요단 서쪽 지파들(특히 므낫세, 에브라임, 베냐민, 단, 유다, 시므온 지파)과 요단 동쪽 지파들(므낫세, 갓, 르우벤 지파) 사이에 교류가 쉽지 않았을 것으로 보인다. 이로써 여호수아 시대에 요단 동쪽 지파들이 요단강 서쪽 강가에 큰 단을 쌓으면서까지 요단 서쪽 지파들과 '하나'라는 사실을 후손들이 기억하도록 했던 '애씀'이 허사가 되었다(참고 수 22장).

이스라엘이 여호와를 떠나서 다른 신들을 섬기면서 에글론이 여리고에서 궁전을 지어 살게 하고, 비둔하기 그지없는 그를 18년 동안 섬겼다는 것은 이스라엘이 옷니엘 시대보다 영적으로 타락하여 비둔해졌음을 시사한다.

3. 삼갈(3:31)

삼갈은 이방인으로 보인다. 그는 소 모는 막대기로 이스라엘 백성들을 위하여 블레셋을 쳐서 블레셋의 세력을 다소 약화시켰다. 이러한 삼갈의 모습은 언약 공동체가 점점 서로 협력하지 않고, 지파 간에 분쟁을 일으켜 서로 힘을 약화시킨 모습과 대조를 이룬다.

4. 하솔 왕 야빈 – 드보라 순환(4~5장)[14]

하나님은 언약의 질서를 떠난 이스라엘을 하솔의 가나안 왕 야빈의 손에 파셨기 때문에 이스라엘은 그를 20년 동안 섬겼다(4:1~3). 이스라엘은 20년 동안 소멸되어야 할 '가나안의 질서' 아래 있었다. 이스라엘이 그 질서 아래로 기꺼이 들어갔으나, 그 질서 아래서 겪는 압박은 시간이 흐를수록 더욱더 이스라엘을 조인 것이다. 20년이 지나서 이스라엘이 여호와께 부르짖었다(3절)는 것은 이스라엘이 야빈의 통치 아래 더 이상 살 수 없을 정도로 바닥을 쳤다는 것을 의미한다.

드보라에게 '재판'을 받으러 모든 이스라엘 백성들이 나왔다는 것(4:5)은 일상의 문제를 해결하기 위하여 하나님의 답을 구하기 위함이다. 이러한 가운데 이스라엘은 하나님의 뜻을 이해하기 시작하여 야빈의 압제에서 벗어나기 위하여 여호와의 도움을 구한 것으로 보인다. 드보라가 바락을 불러 야빈과의 교전에서 이스라엘을 인도하도록 한 것은 하나님의 뜻이었고, 하나님은 바락이 야빈의 압제에서 이스라엘을 구출하도록 작전을 지시하신다(4:6~7). 바락이 드보라 선지자의 동행을 요구하는 것은 하나님의 임재를 위한 간청이다.[15] 여호와 하나님의 대변인인 드보라 선지자의 동행(4:9)은 여호와의 동행을 시사함으로 하솔 왕 야빈에 대한 승리가 보장되는 것이다. 바락에게 야빈과의 교전을 여호와께서 위임하셨다는 것을 강조하기 위하여 드보라도 그가 믿을 수 있도록 확실한 예견적인 '표적'을 제공한다. 그것은 여호와께서 시스라를 여인의 손에 넘기실 것이며, 그녀에게 영광이 갈 것이다. 이것이 일어나게 되면, 바락은 하나님께서 그를 부르신 것과 그 여인이 그 싸움에 동참하도록 개입하셨다는 것을 알게 될 것이다.

그렇다면 야엘에게 돌아갈 영광은 어떤 것인가? 야빈의 군대를 이끈 시스라와의 교전에서 바락이 승리로 이끌었으나, 이 싸움의 궁극적인 승리는 시스라가 야엘의 손에서 죽으면서 마무리된 것이다(4:10~22). 이로써 야엘은 한 시대의 적을 꺾은 자이기 때문에, 이스라엘이 야빈의 압제를 받은 시대를 '야엘의 날'로 묘사된다(5:6). 야엘은 여호와의 작전 지휘에 순응한 자로서 여호와를 도왔다. 이 점에서 야엘은 이스라엘의 모든 여인들보다 복을 받은 것이고 앞으로도 기억될 것이다(5:24). 이것이 야엘이 받은 영광이다.

5장에 나오는 드보라와 바락의 찬양은 20년 동안 하솔의 압제로부터 구출받기 위하여 이스르엘 평야에서 일어난 전쟁(4장)을 승리한 것에 대한 여호와 하나님에 대한 찬양이다. 비가 와서 동서로 가로지르는 기손강이 넘쳐서(5:4~5, 19~21) 이스르엘 평야 전체가 습지로 변했기 때문에 강력한 전투무기인 철 병거가 전혀 기능을 발휘할 수 없게 되었다. 반면 보병인 바락 군대에게 매우 유리한 상황이었기 때문에, 철 병거를 의지한 시스라의 군대를 무찌를 수 있었다. 즉 무기가 없는 이스라엘이 여호와의 개입으로 승리할 수 있었던 것이다(5:19~23).

1) 하나님의 선물: 안전(4:23~24)

하나님이 가나안 왕 야빈을 이스라엘 자손 앞에 굴복하게 하신(23절) 결과로 이스라엘 자손의 손이 가나안 왕 야빈을 점점 더 눌러서 마침내 가나안 왕 야빈을 진멸하게 된 것이다(24절). 야빈이 점점 약해져서 결국 완전히 패한 것은 드보라의 지도력 아래 이스라엘이 언약에 충실했음을 보여 준다. 여기에 점진적으로 가나안 사람들을 몰아내신다는 여호와의 약속(참고 신 7:22)에 비추어 볼 때, 드보라의 지도력 아래 야빈을 몰아낸 모습은 이스라엘 백성들이 어떻게 그 땅에서 정착해야 하는지를 보여 주는 모델이다.

2) 언약적 협력에 실패한 이스라엘 열두 지파

4장에 보면 스불론과 납달리 지파만이 하솔 왕과의 전쟁에 부름을 받았다. 그러나 다른 지파들이 자원해서 전쟁에 동참한 것을 볼 수 있다(11하~18절). 비록 몇 지파들은 그들의 생업에 열중하느라 이 싸움에 협력하지 않았다. 23절에 '메로스'는 저주하라고 언급되어 있다. 메로스는 구약에서 여기만 나오는 지명이므로 정확한 위치가 어딘지 확인되지 않았다. 그러나 스불론이나 납달리 지파에 속한 지역인 것 같다. 그 이유는 4장에 하솔과의 싸움에 이 두 지파가 여호와께로부터 부름을 받았기 때문이다. 저주는 종주의 전쟁을 적극적으로 지원하지 않은 봉신에 대한 형벌이다. 드보라는 도움을 구한 그녀의 요청에 응하지 않았던 요단강 건너편 지파와 단과 아셀의 외딴 지역 사람들을 책망했다(15~17절).

3) 언약적 희망(5:31)

언약의 하나님 여호와를 향한 이중적인 간구로써 레위기 26장과 신명기 28장에 언급된 언약적인 축복과 저주에 대한 자각을 반영한다. 드보라의 기도는 첫째로, 여호와의 모든 대적자들이 망하길 기도하는데, 여호와의 원수가 시스라와 그의 군사들과 같이 동일한 운명을 경험할 것이라는 것이다. 이 간구는 누구든지 이스라엘을 대적하는 자는 여호와를 대적하는 것임을 보여 준다. 둘째로, 드보라는 여호와를 사랑하는 자들을 위해서 승리를 기도한다. 이러한 드보라의 기도는 여호와의 주권에 순복하여 일상에서 토라를 실천하는 언약에 충실한 자에게 '천 대까지 은혜를 베푸신다'는 그분의 약속(예: 출 20:5~6)에 근거한다. 신적 종주이신 여호와께 순종하는 자는 힘차게 떠오르는 태양 같을 것이다. 40년 동안 평화를 누렸다는 것은 드보라와 바락의 승리 이후, 1세대 동안 평화를 누렸다는 의미이다.

4) 사사기 2:19에 비추어 에훗 시대와 드보라 시대의 비교

20년 동안 가나안 왕 야빈을 섬긴 세월이 모압 왕을 섬긴 년수보다 2년 길다는 것은 그만큼 영적으로 무디어져 있었음을 시사한다. 드보라가 등장하기 전의 이스라엘의 상황은 5:6~7에 잘 나타나 있다. '대로'(6절)는 무역인들의 마차들이 다니는 길인데, 특히 이스르엘 평야를 가로지르는, 북쪽 이스라엘 사람들을 남쪽 이스라엘 사람들과 이어주는 길이다. 여행자들은 그들의 목적지를 향하여 똑바른 길을 사용할 수가 없어서, 잘 드러나지 않는 둘러가는 소로를 사용했다. 아마도 적들을 피해서 잡목이 있는 울퉁불퉁한 산길을 택했던 것 같다. 이스르엘 평야에 있는 가나안 사람들의 거점에 비추어 북쪽 지파들은 그들의 남쪽 지파들로부터 완전히 끊어진 것이다. 그것은 이스라엘이 여호와를 섬기지 않고 이방신을 섬김으로 언약을 어겼기 때문에 초래된 것이다(8절). 이로 인해 이스라엘은 전쟁을 겪게 된다. 8하절은 이스라엘의 성읍들은 요새화되지는 않았으나, 이스라엘 마을에 대한 가나안 사람들의 공격을 시적으로 표현한다. 그러나 이스라엘에게는 가나안 사람들을 공격할 수 있는 무기가 없었다. 이렇게 이스라엘 백성들의 삶이 거의 마비된 상황 속에서 '이스라엘의 어미'인 드보라가 등장했다. 이스라엘이 이스르엘 평야에서 싸움을 건 것도, 아마도 야빈이 통제한 주요 지역을 다시 찾기 위한 목적인 것 같다. 이스라엘이 다볼산으로 집결했다는 소식이 야빈으로 하여금 철 병거 900승을 몰고 이스르엘 평야에 진을 치도록 한 것을 보면, 이스르엘 평야와 인근의 주요 접경로들은 야빈의 통제하에 있었던 것으로 보인다. 그렇다면 갈릴리 지역의 네 지파와 이스르엘 평야 남쪽 지파들과의 소통이 원활하지 못했을 것이다. 이와 같이 드보라가 등장하기 이전, 하솔 왕 야빈의 통제를 받던 이스라엘 상황은 모압 왕 에글론이 여리고에서 이스라엘을 통제한 때보다 더 열악한 상황이었다.

드보라는 신실한 사사였고, 이스라엘 백성들이 언약에 충실하도록 잘 가르친 자였다. 이런 관점에서 드보라는 여호와를 향하여 언약에 성실한, 이스라엘 백성들을 여호와께로 돌아오도록 한 마지막 사사였다. 불행하게도 기드온부터는 사사와 백성들의 모습이 더 악해졌음을 볼 수 있다(참고 49쪽의 '〈그림 1〉 가나안인화되는 이스라엘').

5. 미디안 – 기드온 순환(6~9장)

미디안 사람들이 아멜렉 사람들과 동방의 사람들을 동반하여 이스라엘 백성들의 삶을 마비시킨 것이다. 7년 간 지속된 미디안 사람들에 대한 공포는 이스라엘 사람들의 경제와 정서에 파괴적인 결과를 가져왔다. 메뚜기 떼와 같이 미디안 사람들의 가축 떼는 눈에 보이는 모든 푸른 식물을 먹어치워서, 그 땅에 이스라엘의 가축을 위하여서 아무것도 남겨 두지 않았다. 저자는 절벽, 굴, 요새라는 세 가지 도피처를 열거하여 이스라엘 사람들의 두려움의 정도를 강조한다. 여기에서 이스라엘 백성의 참담한 상황을 상세하게 그린 이유는 무엇인가? 4~5장에서 야빈의 압제에서 해방시켜 주신 하나님을 저버린 이스라엘의 참담한 모습을 보았다. 야빈 아래서는 이스라엘의 농부들이 농사를 짓지 못했고, 대로보다는 사람들이 잘 다니지 않는 길로 다녔다. 하지만 미디안의 압제 아래 절벽, 굴, 요새에 숨어 산 이스라엘의 삶은 이전보다 더 참담했던 것으로 보인다. 그리고 농산물마저 미디안의 가축들이 먹어서 사람과 가축을 위한 농산물이 남아 있지 않았다.

미디안 연합군은 요단 동쪽에서 벧산 방향으로 요단강을 건너서 헤롯 골짜기 – 이스르엘 평야 – 해안 지역의 남쪽 끝에 있는 가자까지, 이스라엘의 비옥한 지역의 농산물과 가축을 약탈한 것이다(6:1~5). 이러한 기간이 7년이었고, 이 기간의 최저점에 이른 이스라엘은 아주 궁핍했다(6절). 여기서 '궁핍했다'라는 표현은 '경제적인 상태와 정서적인 상태'를 나타내는데, 여기 강조부사 '아주'는 이스라엘의 경제적·정서적 상태가 매우 작아졌다는 것을 시사한다. 즉 이스라엘은 미디안 연합군의 약탈과 위협 아래 경제적으로, 심적으로 거의 마비될 정도로 위축되었다는 것이다.

더 이상 미디안의 압박에 견딜 수 없어서 부르짖는 이스라엘에게(6:7), 여호와께서 출애굽에서 가나안 정착에 이르기까지 이스라엘을 위하여 베푸신 그분의 은덕을 상기시키시고(8~10절), 이스라엘의 배교를 언급하신다. '나는 너희에게 말했다. 나는 주 너희의 하나님이다'(10절)란 여호와의 진술은 하나님의 주권적인 은혜로 이스라엘과 확립하신 언약적 관계에 대한 하나님의 사역을 강조한다. 그러나 '너희들은 나를 듣지 않았다', 즉 '나에게 순종하지 않았다'란 여호와의 지적은 시내산에서 맺은 언약에 충실하지 않았다는 것이다. 이스라엘이 미디안 연합군의 압제 아래 위축된 상황은 그들의 불순종한 결과라는 것이다.

여호와께서 이스라엘을 구출하기 위하여 기드온을 부르신다. 미디안 사람들에게 들키지 않으려고 '밀을 포도주 틀에서 타작하는' 기드온의 모습(6:11)은 그 시대의 위축된 이스라엘 백성들의 모습을 반영한다. 이러한 기드온에게 '힘센 장수야, 여호와께서 너와 함께 계신다'(6:12)고 말씀하신다. 기드온이 아직 힘센 장수의 모습은 아니지만, 하나님의 영이 임해서 변화될 기드온의 모습을 주의 사자가 말한다. '주께서 너와 함께 계신다'는 여호와의 사자의 말은 기드온에게 자신과 이스라엘이 처한 상황에 대하여 여호와께 질문할 수 있는 계기를 제공하고, 기드온의 질문에 대한 여호와의 대답은 그가 그 상황을 이해하도록 한다(6:13~14).

기드온이 마음에 품은 하나님의 부르심에 대한 회의는 자신의 가문과 그 자신이 가장 약하기 때문에 온 것이다(6:15). 아직 기드온은 그 시대의 아들로서 사회적인 신분이 여호와의 일을 좌지우지하지 않는다는 사실을 경험적으로 알지 못했다. 기드온은 그 자신의 인간적인 자원을 뛰어넘는 것을 상상할 수 없었던 것이다. 이러한 기드온에게 여호와께서 '내가 반드시 너와 함께하리라'란 약속을 반복하신다(6:16). 여호와의 재 확신은 기드온이 그의 소명을 이루는 데 있어서 필요한 모든 것을 함의한다. 하지만 그와 함께하신다는 여호와의 약속을 온전하게 이해하지 못하고, 자신의 무능력에 집중하여 여전히 자신 없어 하는 기드온은 몇 가지 표징을 요청한다(6:17). 기드온이 드린 제사에 여호와께서 불로 응답하셔서 기드온의 소명을 확신시키신다(6:18~23). 이에 부합하게 제단을 쌓은 기드온에게(6:24) 오브라 사람들을 위하여 그의 아비 집에 세워진 바알 제단을 헐고, 그 제단 곁에 세워진 아세라 상을 찍도록 하신 여호와께 순종한 기드온은 이전보다 그의 소명에 좀더 확신에 찬 모습을 보여 준다(6:25~32). 하지만 미디안 연합군과의 정면대결(6:33~35)이 기드온에게 얼마나 힘겨운 교전으로 다가왔는지 '양털 – 이슬 표징'을 통하여 볼 수 있다(6:36~40). 기드온의 성읍 오브라는 약속의 땅에서 이슬이 가장 많이 내리는 지역 중 하나인 이스르엘 평야에 있기 때문에 기드온의 '양털 – 이슬 표징'은 그가 여호와의 사역의 동력자로 부르심을 받았음을 확인시켜 준 것이다.

이제 싸움을 위하여 군사 정비가 중요하다. 이 전쟁은 여호와의 싸움이므로 22,000명 군사 중에서 그분의 작전 지휘에 민첩하게 움직이고, 최고의 집중력을 발휘할 수 있는 자 300명을 여호와께서 직접 뽑으신 것이다(7:1~8). 이스라엘의 최고의 군지휘관이신 여호와는 이 교전에 임하는 이스라엘 군사의 숫자가 인간적인 관점에서 볼 때 불가능하다고 누구나 생각할 수 있는 것을 알고 계셨다. 이러한 이유로 300명의 적은 무리로 해변의 모래 같이 집결된 미디안 연합군과 정면 대결해야 하는 기드온을 격려하시기 위하여 미디안 진영으로 내려가게 하셔서 미디안 병사들의 이야기를 듣게 하신 것이다. 미디안 병사들은 이 전쟁이 기드온의 승리가 될 것임을 알고 있었다(7:9~14). 이것은 여호와의 개입으로 미디안 병사의 꿈을 통해서 미디안의 패배를 알리신 것이다. 이러한 여호와의 개입에 힘입어 기드온과 300 용사는 칼 한 번 사용하지 않고 희생자 없는 기습 작전으로 미디안 연합군(7:15~25)을, 도망한 미디안의 두 왕까지 추격하여 격파한 것이다(8:10~21).

1) 이스라엘 지파 간에 심화된 갈등과 분열(8:1~9, 13~19)

이스라엘 지파 간의 갈등과 분열은 이전 시대, 즉 드보라 시대보다 훨씬 깊어진 모습을 보인다. 이스르엘 평야에서 시스라와의 정면 대결에 몇 지파가 참여하지 않은 것에 책망은 받았지만, 서로 물고 뜯는 상황까지 가지는 않았다. 기드온의 경우처럼 말이다!

미디안 연합군을 격파한 기드온에게 에브라임 사람들의 시비는 에브라임 지파의 우월감을 반영한다(1절). 기드온이 처음에 생각했던 것같이, 에브라임 지파도 힘 있는 자가 하나님의 일을 할 수 있다는 생각은 인본주의적 가치관에서 나온 것이다. 에브라임 사람들의 도전은 기드온의 지혜로 극복된다(2~3절). 하지만 미디안 두 왕을 추적하는 동안 허기진 기드온과 300명 군사들에게 먹을 것을 제공하기는 커녕 오히려 그들을 무시한 숙곳과 브누엘 사람들을, 승리 후에 '(동해) 보복법' 원칙에 따라 복수한 기드온에게 그러한 극한 상황을 대처할 수 있는 지혜가 없었다. 기드온이 불가능했던 미디안 연합군과의 교전을 여호와의 개입으로 두 성읍에서 먹거리를 공급해 주지 않았어도 이길 수 있었음을 깊이 인식했다면, '악을 악으로' 갚지 않았을 것이다. 기드온은 모든 지파들이 하나님을 향하여 한 방향으로 서도록 인도하는 지도자의 면모를 갖추지 못했음을 보여 준다.

2) 사사기 2:19에 비추어 본 드보라 시대와 기드온 시대의 비교(8:22~9:57)

이스라엘 백성들은 기드온에게 '당신과 당신의 아들과 당신의 손자가' 자신들을 다스릴 것을 제안한다(8:22). 그렇다면 '무엇이 이스라엘 사람들에게 그러한 제안을 하도록 했는가?'라는 의문이 든다. 미디안을 중심으로 형성된 동맹 집단의 약탈과 압제뿐만 아니라 전쟁의 규모 자체가 이례적이었던 것은 사실이다. 그리고 지파 간의 갈등도 무력으로 일축해 버릴 수 있는 힘이 기드온에게 있지 않은가! 이만하면 이스라엘을 이끌어갈 지도자의 가문이라고 여겼던 것이다. 이스라엘 백성들의 그러한 요청에 '나와 나의 아들도 너희를 다스리지 않을 것이다'란 기드온의 반응은 표면적으로 올바른 말처럼 들린다(8:23). 그 이유는 이스라엘이 여호와의 언약 백성이기 때문에 그들을 다스릴 수 있는 왕은 신적 종주이신 여호와이시기 때문이다. 그러나 기드온은 이스라엘의 요청을 거절했지만 왕 같은 삶을 누렸다(8:29~30). 또한 기드온의 조치는 이스라엘 백성들을 우상 숭배로 전락하게 했다. 기드온은 전리품을 요구하여 '금으로 에봇[16] 하나를 만들어' 오브라에 두었고, 온 이스라엘이 그것을 섬겼고('음란하게 위하므로'). 결국 이것이 기드온과 그의 집에 올무가 된 것이다(8:24~27). 이러한 배교적 맥락을 고려할 때, 기드온이 사는 40년 동안 그 땅이 평온했던 것(8:28)은 전적인 하나님의 은혜였다.

하지만 여호와의 구출을 경험한 후에 이스라엘의 사사인 기드온도, 백성들도 타락하기 시작하여 기드온의 죽음 후에 백성들은 바알들을 섬김으로 더욱더 배교적 타락의 언덕 아래로 굴러 떨어졌다. 아이러니하게도 기드온의 승리의 결과는 그의 집안과 이스라엘에 넘어짐의 걸림돌이 되었다(참고 35절). 기드온이 미디안 연합군의 남은 자들을 추적하는 과정에서 두 성읍을 파괴한 것과 같은 양상이 기드온 집안과 세겜 주민들에게 일어나게 된다. 세겜에서 소규모 시민전쟁으로 마무리된 아비멜렉의 반란(9장)은 기드온이 뿌려 놓은 씨앗이 자라서 열매로 드러난 것이다.

드보라와 바락 시대를 비교해 볼 때, 기드온 시대에는 이스라엘 백성들의 지파 간의 갈등이 심화되었다. 이스라엘 백성들이 풍요의 신 바알과 아세라를 섬겼기 때문에, 하나님의 징계는 이스라엘의 먹거리를 없게 하시고, 미디안의 압제 속에 고통을 받게 하셨다. 이전에 이스라엘이 야빈을 20년 간 섬긴 것에 비하면, 이때는 미디안을 7년 간 섬겼지만, 양식 부족으로 이스라엘이 당한 고통은 야빈의 압제를 받을 때보다 더 심했던 것으로 보인다. 또한 미디안-기드온 순환은 사사의 잘못된 제안으로 그의 생전에 이미 이스라엘 백성들이 혼합주의에 빠져서 그의 사후에는 언약의 하나님 여호와께 어떻게 등을 돌렸는지 보여 준다. 사사로서 기드온의 잘못된 삶은 그의 아들 대에 열매로 드러나서 집안의 멸망뿐만 아니라, 언약 공동체에도 엄청난 해를 입히고 마무리된다. 언약 공동체는 강화된 배교로 이전 시대보다 하강하여 가나안 사람의 삶의 양식과 별 다를 바가 없음을 보여 준다.

하지만 기드온이 사는 40년 동안 그 땅이 평온했던 것(8:28)은 하나님의 은혜였다. 그리고 앞으로 전개될 사사들의 통치는 이스라엘에 진정한 평화를 가져오지 못함을 보게 된다.

6. 돌라와 야일(10:1~5)

돌라는 23년 간 사사로 에브라임 산지에서 이스라엘을 다스렸지만, 이스라엘이 평화를 누렸다는 언급이 없다(1~2절). 야일은 사사로 22년 간 다스리는 동안 많은 부를 누렸다(3~5절). 그의 아들 30명 모두 어린 나귀를 타고 다녔고, 성읍 하나씩 소유하고 있었다(4절). 야일 시대도 평화가 있었다는 언급이 없다. 평화의 관용구가 없었다는 것은 이스라엘의 가나안화되어 가는 과정이 더 발전되었다고 봐야 하지 않을까?

7. 암몬과 입다의 순환(10:6~12:7)

이스라엘의 배교는 주위 이방 민족들의 신들을 모조리 섬기면서 점차 그 폭을 넓혀가는 양상을 보여 준다. "바알들과 아스다롯과 아람의 신들과 시돈의 신들과 모압의 신들과 암몬 자손의 신들과 블레셋 사람들의 신들을 섬기고 여호와를 버리고 그를 섬기지 아니하였다"(10:6 개역개정). 이 서술은 이스라엘의 타락의 최저점과 이스라엘의 '가나안화' 과정의 최고점을 나타낸다. 이것은 이스라엘 백성들이 섬긴 일곱 이방신들의 목록이다. 처음 두 신들은 총괄적 표제로 볼 수 있다. 바알과 아스다롯은 가나안 사람들이 섬긴 다산 신들인 남신과 여신이기 때문이다. 이 일곱 신들은 일곱 가나안 민족들의 숫자와 상응하고(참고 신 7:1), 민족적 차원에서 하나님과의 관계에서 이스라엘의 완전한 타락으로 이해된다. 즉 살아계신 하나님에 대한 헌신을 이방 민족들의 신들과 바꾼 이스라엘의 최악의 상태이다.

결국 여호와는 이스라엘을 그들이 섬기는 신들의 백성 중 블레셋과 암몬 사람들에게 넘겨서 18년 동안 압제받게 하셨다(10:7~8). 그러한 상황에서 바닥을 친 이스라엘이(10:9) 찾은 소생의 길은 여호와를 향하여 삶의 방향을 바꾸는 것이었다(10:10). 언약을 어긴 잘못을 인정하고 여호와의 구출을 호소하는 이스라엘에게 하나님은 그들이 범한 죄가 어떤 것인지 말씀하시고 (10:11~13), 그들이 섬겼던 다른 신들에게 도움을 요청하라고 하시며(10:14), 그들에 대한 구출을 거절하셨다. 하지만 더 이상 동일한 삶의 여정을 되풀이할 수 없을 정도로 암몬의 압제는 심해졌기 때문에 하나님의 '처분'에 자신들을 맡기고, 이방 신들을 제하여 버리고 여호와를 섬기는 이스라엘을 여호와는 외면하시지 않았다(10:15~16).

1) 입다의 사역에 대한 이해(11장)

암몬 왕이 이 싸움을 걸어온 이유는 '이스라엘이 애굽에서 올라올 때에 아르논에서부터 얍복과 요단까지 내 땅을 점령했기 때문이니 이제 그것을 평화롭게 돌려 달라'(12~13절)는 요청을 길르앗 사람들이 거절했기 때문이다. 입다는 암몬 왕에 맞서서 '그 땅'은 이스라엘이 헤스본 왕 시혼과의 성전(聖戰)으로 차지한 땅임을 역사적 증거로 제시한다(14~27절). 하지만 암몬 왕은 입다가 제시한 역사적 입증을 무시했기 때문에(28절), 전쟁은 불가피하게 발발했고, 승리는 입다의 것이었다(29~33절).

하지만 입다는 암몬과의 교전이 여호와의 전쟁임을 올바르게 이해하지 못했음을 보여 준다. 암몬 왕이 요청한 그 땅이 역사적으로 이스라엘 땅임을 제시하는 데는 탁월했다(참고 14~27절). 입다가 하나님의 도움을 요청하기 전에, 그 싸움이 시작하기 전에 '여호와의 영이 입다에게 임하셔서', 입다는 출전한 것이다(29절). 입다에게 '여호와의 영이 임하셨다'는 언급은 입다가 그 싸움을 충분히 승리로 이끌 수 있다는 것을 시사한다. 그럼에도 입다가 서원을 했다는 것(30~31절)은 암몬과의 교전이 그의 힘에 부친다고 인식했음과 그 교전에서 승리를 얻고자 한 그의 열망을 암시한다. 입다의 이러한 모습은 이스라엘의 언약의 하나님 여호와에 대한 이해와 경험의 부족을 반영한다. 결국 입다는 그의 서원으로 인해 딸을 번제로 드림으로(34~40절) 아이들을 제물로 드리는 암몬 사람들의 풍습을 따르게 된다.[17]

2) 사사기 2:19에 비추어 본 기드온 시대와 입다 시대의 비교

입다 순환은 기드온 시대보다 심화된 지파 간의 갈등을 보여 준다(12:1~
6). 에브라임 지파가 길르앗으로 건너와서 입다에게 암몬군을 칠 때 그들을
가담하도록 하지 않았다고 걸어온 시비는 기드온 때보다 훨씬 더 위협적이
다(1절). 하지만 입다는 싸움이 치열할 때 그들을 불렀어도 전혀 돌아보지 않
다가 그 싸움을 여호와의 개입으로 이기고 나니 시비를 건다는 것(3절)에 격
분하여 길르앗 사람들을 모아서 에브라임과 맞서서 싸운다(4절). 입다 군대
는 에브라임을 무찔렀을 뿐만 아니라, 도망하는 사람들까지 모조리 잡아 죽
인 숫자가 42,000명이었다(4~6절).

기드온은 에브라임 지파가 걸어온 시비를 지혜롭게 넘겨 지파 간 '싸움'이
일어나지 않았다. 그러나 입다는 '보복법' 원칙을 따랐고 에브라임 지파에게
큰 인명 손실을 초래했다. 또한 기드온과는 다르게 입다는 암몬과의 교전이
여호와의 전쟁이라는 사실을 충분히 이해하지 못했다. 입다가 승리를 위하
여 서원한 것은 주위 이방 민족들의 신들을 모조리 섬긴 그 시대의 아들로서
여호와가 전쟁에 능하신 하나님이시라는 깨달음이 부족했음을 반영한다.

입다의 통치는 6년이었으나(7절), '평화의 관용구'가 결여됨은 이스라엘에
평화를 가져오지는 못한 것으로 보인다.

8. 입산, 엘론, 압돈(12:8~15)

입산, 엘론, 압돈은 갈릴리 지방에서 사사로 사역했다. 입산은 7년 간 사
사로 통치했고, 입산의 뒤를 이어 엘론이 10년 간 다스렸다. 압돈은 아들 40
명과 손자 30명이 모두 어린 나귀 70마리를 타고 다녔다(13~14절)는 점은 많
은 부를 누렸음을 시사한다. 압돈은 사사로 8년을 다스렸다(15절). 이 세 사사
의 통치 기간에 '평화가 있었다'는 문구가 없는 점으로 보아 상당히 이방 풍
습에 젖어 산 듯하다.

9. 블레셋과 삼손의 순환(13~16장)

여호와께서 다시 언약을 어긴 이스라엘 백성들을 40년 동안 블레셋의 손에 넘기셨다(13:1). 그러나 블레셋은 이스라엘을 다른 이방 민족들처럼 강력하게 압제하지 않은 것 같다. 왜냐하면 이스라엘 백성들이 여호와를 향하여 회개하며 도움을 요청한 언급이 없기 때문이다. 아마도 이스라엘 백성들은 블레셋의 통치에 잘 순응한 것으로 보이고, 블레셋도 이전 시대의 압제자들(야빈, 미디안 연합군)과는 달리 이스라엘의 양식을 약탈하지는 않은 것으로 보인다. 그렇다면 이스라엘은 블레셋의 헤게모니 아래 먹고사는 데 별 어려움이 없었을 것이다. 이러한 상황은 삼손이 끊임없이 블레셋을 괴롭히는 것을 곱게 보지 않는 유다 사람들의 태도에도 반영된다. "너는 블레셋 사람이 우리를 관할하는 줄을 알지 못하느냐"(15:11). 이것은 이스라엘이 다시 하나님께로 돌아가고자 하는 마음이 전혀 없음을 시사한다고 볼 수 있다. 이제는 이방인들이 씌운 멍에를 벗을 시도도 하지 않는다. 그래서인가, 여호와는 이스라엘을 블레셋의 헤게모니에서 벗어나도록 하기 위하여 한 사람이 태어나도록 계획하신다. 이것은 아마도 주변 이방 민족들의 신들을 섬기는 이스라엘(참고 10:6) 가운데 사사로 세울 만한 인물이 없기 때문일 것이다.

1) 삼손의 사역에 대한 이해(13:25~16:31)

삼손은 '그 시대의 아들'로서 사역했다. 삼손이 그나마 사사로 일한 것은 여호와의 직접적인 개입 때문이다. 삼손은 이미 태어나기 전에 여호와께로부터 부르심을 받았고, 청년 때 여호와의 영에 의해서 감동을 받았고, 여호와께로부터 영웅적 자질을 부여받은 자다. 그러나 삼손의 성장 과정과 업적은 군사적인 영웅과는 거리가 멀고, 그가 성취한 모든 것은 지극히 개인적인 것이다.

삼손 이야기는 지리적인 측면에서 세 부분으로 나눌 수 있다. 첫째, 딤나 여인과의 연애 사건(13:25~15:20), 둘째, 가사 창녀와의 사건(16:1~3), 셋째, 소렉 여인과의 연애 사건(16:4~31) 이다. 이 세 사건에서 삼손은 수천 명의 블레셋 사람들을 죽이면서, 실제로 13:5에 여호와의 메신저로부터 약속받은 그의 삶의 결과가 결국 실현되었다. 삼손이 사사로 20년 동안 지냈다는 첫 번째 언급은, 첫 번째 딤나 여인의 사건이 계기가 되어 생긴 블레셋과의 충돌에서 '여호와의 영이 삼손에게 갑자기 임하여' 턱뼈 하나로 1,000명을 처죽인 사건에 연계해서 나온다(15:20). 두 번째 언급은, 소렉 여인에게 마음을 빼앗긴 삼손이 자신의 전무후무한 힘의 근원에 대한 비밀을 밝힌 대가를 치루고(16:18~21) 결국 블레셋의 포로로 잡혀간 경우이다. 삼손이 두 눈과 힘을 잃고 아무런 소망이 없는 좌절의 바닥을 친 것이다. 하지만 인간의 불가능은 여호와께서 준비해 두신 가능성이 열리게 한다! 삼손의 힘의 비밀인 '머리털'이 자라기 시작하여 다시 완전히 힘을 회복한 삼손이 다곤 신전 두 기둥 사이에 매여 오직 블레셋에게 원수 갚을 수 있기를 여호와께 기도하고, 다곤 신전의 두 기둥을 뽑아서 신전에 모인 모든 블레셋 사람들을 멸망시켰다(16:28~30). 삼손이 죽으면서 처치한 블레셋 사람들은 그의 생전에 죽인 자들보다 훨씬 많았다. 여기에서 '삼손이 이스라엘의 사사로 20년 동안 지냈다'(16:31)는 저자의 해설이 나온다. 삼손이 그의 목숨을 내던지면서까지 블레셋 사람들을 멸망시킨 것은 바로 블레셋의 힘을 약화시킨 것이다. 그렇다면 이스라엘을 향한 블레셋이 미친 영향력이 적어졌을 것이다. 이 점에서 삼손이 사사로서의 소명을 다 한 것으로 이해된다.

2) 사사기 2:19에 비추어 본 입다 시대와 삼손 시대와의 비교

삼손이 이방 여인을 좇는 모습은, 그 시대 이스라엘 사람들이 가나안 사람들과 사돈 맺는 것을 문제 삼지 않았던 상황을 반영한다(참고 2:2; 3:6). 무엇보다도 이스라엘은 블레셋의 헤게모니 아래 '평안을 누리며' 사는 삶이 그들의 본연의 신분[18]에 어울리지 않는다는 것조차 인식하지 못한 것이다. 이스라엘이 철저하게 '가나안화'된 모습의 일면이라 할 수 있다. 이 점에서 이스라엘의 영적인 수위는, 즉 여호와를 향한 그들의 마음과 삶이 입다의 시대와 비교해 볼 때, 더 아래로 떨어진 것이다.

가나안화된 이스라엘(삿 17~21장)

17~21장은 구조상 두 부분으로 나누어진다. 첫 번째 부분(17:1~18:31)은, 사사 시대에 미가의 가족을 통하여 이스라엘 백성들의 전반적인 삶의 양상과 단 지파의 운명이다. 두 번째 부분(19:1~21:25)은, 바닥까지 떨어진 이스라엘 백성들의 타락으로 인한 베냐민 사람들의 운명이다. 17~21장이 보여 주는 이스라엘 백성들의 '파란만장한 타락'은 이스라엘 가운데 왕의 부재에 근간을 두고 있다는 저자의 해설이다. 그렇다면 '그때에 이스라엘에 왕이 없었다'는 저자의 표현을 어떻게 이해할 것인가? 단순히 이스라엘을 통치할 인간 왕을 가리키는 것으로 보이지 않는다. 왜냐하면 이스라엘의 왕정 시대는 왕들의 언약적 배교로 물든 시대였고, 이스라엘의 멸망을 불러왔기 때문이다. 사실 여호수아를 비롯한 정복 세대도 그들의 자손들이 여호와를 향하여 충실하도록 크게 영향을 미치지 못했다. 여호와께 충성을 다한 세대가 죽고 난 뒤에 그 다음 세대가 여호와가 누구신지를, 그분이 이스라엘을 위하여 베푸신 구속 사역을 모른다는 세대의 실정에 이유가 단순히 인간 왕의 부재가 될 수 없다. 이것은 이미 여호수아 생전에 이스라엘이 언약의 하나님 여호와를 등지고 이방신들을 섬겼기 때문이다. 생의 마지막 시점에서 세겜에서 언약을 갱신하면서 여호수아는 "너희 섬길 자를 오늘날 택하라 오직 나와 내 집은 여호와를 섬기겠노라"(수 24:15)고 한 후, 여호와를 섬기겠다고 다짐하는 백성들에게 "너희가 여호와를 택하고 그를 섬기리라 하였으니… 이제 너희 중에 있는 이방 신들을 제하여 버리고 너희 마음을 이스라엘의 하나님 여호와께로 향하라"(수 24:22~23)고 촉구했다.

애굽에서 바로의 종주권으로부터 구출받아 시내산에서 언약을 맺은 이스라엘은 여호와의 종주권 아래 새롭게 탄생한 언약 백성이다. 여호와는 이스라엘이 온 마음을 다하여 충성해야 하는 신적 종주이시고, 이스라엘의 왕이시다. 이스라엘 위에 세워진 인간 왕은 여호와의 왕권에 순복하는 섭정의 직무를 보유한 자이다. 그래서 이스라엘의 왕은 언약의 규정들이 기록된 율법서를 '평생에 자기 옆에 두고 읽어 그의 하나님 여호와 경외하기를 배우며…
이 명령에서 떠나 좌로나 우로나 치우치지 않아야 한다'(신 17:18~20 개역개정).

이러한 언약적 관점에서 '그때에 이스라엘에 왕이 없었다'는 표현은 이스
라엘 백성들이 삶의 전 영역에서 언약의 규정들(토라)을 준수하지 않음으로
여호와의 왕권을 거부한 상태를 가리킨다.

1. 이스라엘의 배교의 깊이(17~18장)

미가 가족의 가나안 종교와 혼합된 여호와를 향한 신앙은 언약 백성인 이
스라엘의 심각한 '가나안화'된 신앙의 양상을 보여 준다. 이것은 이스라엘의
그러한 '가나안화'된 삶의 방식의 두 번째 부분이 보여 주는 시민전쟁이 발발
하게 된 근원이 된다.

1) 미가의 가족(17장)

어미의 '은 천백'(개역개정)을 훔친 미가가 어미의 저주를 듣고 은 천백을 어
미에게 되돌린다는 고백한다(1~2절). 어미는 그러한 아들에게 '내 아들이 여
호와께 복 받기를 원하노라'(2하절) 하고, 그 은을 돌려받고 다음과 같이 말한
다. "내가 내 아들을 위하여 한 신상을 새기며 한 신상을 부어 만들 차로 내
손에서 이 은을 여호와께 거룩히 드리노라 그러므로 내가 이제 이 은을 네
게 도로 돌리리라"(3절). 어미의 다음 행보는 그 은 이백을 가져다 은장색에
게 주어 신상 하나를 부어 만들게 하고 미가의 집에 있던 신당에 두었다(4~5
상절 개역개정). 그리고 에봇과 드라빔을 만들어 미가의 아들 중 하나를 제사장
으로 삼았다(5하절). "그때에는 이스라엘에 왕이 없으므로 사람마다 자기 소
견에 옳은 대로 행하였더라"(6절)는 말은 미가 가족의 모습이 전체 이스라엘
백성들의 모습임을 시사하고, 이방 민족들과 다를 바 없는 삶을 살고 있음을
보여 준다. 이스라엘 백성들이 '여호와'의 이름은 거론하지만 진정 그분이
어떤 분이신지도, 이스라엘이 그분을 향하여 어떻게 행동해야 하는지도, 오
직 여호와께서 택하신 장소에서만 제물을 드리며 예배드릴 수 있다는 것도

전혀 알지 못하였다. 이러한 모습은 가나안 정복 세대의 자손들이 "여호와를 알지 못하며 여호와께서 이스라엘을 위하여 행하신 일도 알지 못하였더라"(2:10)란 저자의 해설을 그대로 반영한다. 이렇게 이스라엘은 삶의 전 영역에서 가나안 사람들의 '길'을 걸었음을 보여 준다.

이어지는 단락(7~13절)은 여호와의 섬김과 직접 연관 있는 레위 지파의 타락을 한 레위 청년을 통하여 보여 준다. 그 청년은 고향을 떠나 생계 문제를 해결하기 위해 미가의 집에서 '우상을 섬기는 제사장'으로 고용된다. 미가는 "레위인이 내 제사장이 되었으니 이제 여호와께서 내게 복 주실 줄을 아노라"(13절)고 확신한다. 이스라엘 존재의 근간이 되는 시내산 언약에 비추어 볼 때, 여호와의 언약 백성인 이스라엘에게 최고의 복은 그들이 여호와의 임재 가운데 거하는 백성이란 것이고, 그러한 특권은 그 땅에서 이스라엘이 생존하는 데 필요한 모든 것을 누리게 한다. 그러나 본 장이 보여 주는 이스라엘은 여호와도, 언약의 규정들인 토라도, 약속의 땅이 가나안 민족들의 질서가 아닌, 언약 질서가 세워져 가는 땅이라는 것도 알지 못하고, 소멸되는 가나안의 질서를 따라 살아가고 있다.

2) 단 지파(18장)

17장에서 본 이스라엘 백성들의 타락상은 단 지파가 기업으로 분배 받은 땅을 차지하지 못하고 갈릴리 북쪽에 위치한 라이스를 점령하는 과정에 잘 반영된다. 라이스 정복과 연계된 과정에서 일어난 사건들이 이스라엘 백성 가운데 왕의 부재와 연계된다(1절). 본 장에 나타난 단 지파 사람들의 행동을 살펴보면 다음과 같다.

미가의 집에 제사장으로 고용된 레위인은 하나님의 뜻을 물어온 단 지파 사람들에게 "평안히 가라 너희의 행하는 길은 여호와 앞에 있느니라"(6절)란 말은 그들의 계획이 성취될 것을 시사한다. 하지만 여호와를, 언약의 규정들을 알지도 못한 그 레위 청년의 지시는 여호와의 뜻에 부합한 것이 아니었다. 가나안 땅이 이스라엘에게 약속으로 주어진 땅이라 해도, 수단과 방법을 가리지 않고 정복할 수 있는 것은 아니다. 가나안 정착은 이스라엘이 여호와의 언약 법(토라)에 순종하며 좌로나 우로 치우치지 않고 여호와의 작전 지휘에 순복하여 이루어가는 중요한 과정이다. 이 점에서 단 군사들이 라이스 정복을 계획대로(7~13절) 진행하는 가운데 무력으로 미가에게 속한 제사장, 신상, 에봇, 드라빔을 약탈하여 정복 전쟁에 나서서(14~26절), 평화스럽게 사는 라이스를 습격하여 진멸시키는 모습(27~28절)은 여호와의 전쟁 방법이 아니다. 즉 단 지파의 군사들은 여호와의 작전 지휘에 따른 성전을 치른 것이 아니다. 전쟁을 하기 전에 상대방에게 전쟁을 선포하여 쌍방이 준비된 싸움을 하는 전쟁의 기본적인 규정(신 20:10)도 무시하였다.

라이스를 정복하고 단으로 명명한 단 사람들이 미가가 만든 우상을 세워 섬긴 것은 여호와를 등진 행동이며, 가나안 사람들과 동일한 삶의 양식에 따라 살아간 것이다. 언약의 하나님 여호와를 의존하지 않고 '자신들이 보기에 좋은 대로 행동하는' 단 지파의 모습은 본래 기업으로 분배받은 베냐민 지파 기업의 서쪽 해안 지역 땅을 차지하지 못한 이유를 설명한다(참고 1:34~36). 단이 이스라엘 모든 지파들 중에서 가장 먼저 이방 민족들에게 포로로 잡혀간 것은 어쩌면 당연한 결과이다(29~31절).

2. 이스라엘의 시민전쟁(19~21장)

시민전쟁의 원인은 한 레위인의 가족의 문제에서 야기된다.

1) 레위 사람과 그의 첩(19장)

에브라임 산지에 거주하는 어떤 레위인과 그의 첩의 갈등을 '그 첩의 행음'으로 보는 견해는 본문에서 대변될 수 없다. 2절에 히브리어 동사 '자나'(זנה)가 일반적으로 '행음하다'라는 의미로 쓰일 경우는 전치사 '알' 뒤에 행음한 상대가 나온다. 이 경우에 전치사 '알' 뒤에 나오는 3인칭 소유격은 그녀의 남편인 레위인을 가리키므로 '그 첩은 그에게 화가 났다'라고 해석되어야 한다. 어쨌든 화가 나서 베들레헴 친정으로 가버린 첩을 데려오는 과정에서 베냐민 지역에서 일어난 사건은 베냐민 사람들이 소돔과 고모라처럼 타락했음(창 19장)을 보여 준다. 밤새도록 베냐민 불량배들에게 능욕당한 여인은 이튿날 아침 문간에 '엎드려져 있었다'(26절). 그녀가 '엎드려져 있었다'는 언급은 '실신해 있더라'고도 볼 수 있다. 그래서 그 레위인이 그의 첩을 집으러 가자고 했을 때 아무런 반응을 보이지 않았다(28절)는 점은 두 가지 해석이 가능하다. 하나는, 그녀가 죽은 것이다. 그리고 다른 하나는, 그녀가 실신해서 의식을 잃었다는 것이다. 그 레위인은 집으로 돌아와서 그녀를 열두 토막을 내서 각 지파에게로 보내어 이스라엘 역사상 이례적인 행동으로 모든 이스라엘을 '광분'케 한 것이다(29~30절). 설령 그녀가 죽었다 하더라도 그녀를 묻어주지 않고, 짐승 다루듯이 그녀를 조각낸 것은 이방 민족들도 금하는 행동이기 때문이다. 고대 중동의 세계관에 비추어 볼 때, 사람이 죽어서 땅에 묻히지 않고, 야생짐승의 먹거리가 되게 버려두는 것은 신이 내린 저주로 보기 때문이다(참고 신 28:26).

2) 시민전쟁(20장)

광분한 이스라엘 열한 지파는 베냐민 지파를 대적하여 싸움을 하기 위하여 베냐민 중앙 고원에 위치한 미스바에 모여서 '죽임을 당한 여인의 남편이' 상황 설명에 대한 요청을 받고 자신이 겪은 일과 행한 일을 이스라엘 회중에게 설명한다(1~7절). 여기서 주목할 표현은 '죽임을 당한 여인'(הָאִשָּׁה הַנִּרְצָחַה 하이샤 하니르차하 4절)이다. '하니르차하'(הַנִּרְצָחַה 죽임 당한)는 '미리 계획된 살인이나, 사고로 사람을 죽이는 경우에 사용되는' 히브리어 동사 '라차흐'(רָצַח)[19]의 수동적 의미이다. 그리고 19:26~28에 그녀가 죽었다는 분명한 의미가 없다. 그렇다면 그 레위인은 의식이 없는 그녀를 칼로 열두 토막을 낸 것이고, 그녀는 '살해된' 것이다. 이스라엘 열한 지파의 관점에서는 베냐민 사람들이 '음행하여 사람을 죽였기 때문에' 응징하기 위하여 모인 것이다.

결국 이스라엘 열한 지파는 베냐민 사람들과 세 번의 치열한 전쟁을 하는데, 첫 번째 싸움(18~21절)은 유다가 선두에 나서지만 패배하고, 두 번째

(22~25절) 역시 이스라엘 열한 지파의 연합군은 패한다. 세 번째 싸움으로 열한 지파 연합군이 승리를 거둠으로써 베냐민 지파는 사라질 위기에 처할 정도로 큰 인명 피해를 겪게 된 것이다(26~48절). 여기서 흥미있는 것은 세 번의 싸움이 여호와의 지시에 따라 움직였다는 점이다. 그 땅에서 정착 과정 초기에 유다는 시므온과 협력하여 기업으로 받은 땅에서 가나안 사람들을 쫓아내는 데에 다른 지파들의 본을 보인 지파인 지도자였다(참고 1:1~20). 하지만 여기서 타락의 최하점에 이른 이스라엘 모든 지파의 주도적 지파로서의 유다를 하나님이 맨먼저 형제를 치는 일에 선두에 서도록 하시고 맨먼저 패배를 맛보게 하셔서 잘못을 깨닫게 하신다. 가나안 사람들의 성적 범죄에 빠진 베냐민 지파를 대적하여 싸움을 건 이스라엘 모든 지파는 올바른 행동을 한 것 같지만, 사실은 이 싸움으로 서로 물고 뜯고 서로를 파멸의 구덩이로 몰아넣은 것이다. 결국 각 지파는 서로 협력하여 기업의 땅에서 가나안 사람들을 쫓아내기보다는 서로의 힘을 약화하는 데 협력한 격이 되었고, 동시에 베냐민 사람들이 거의 진멸하여 베냐민 지파가 이 땅에서 사라질 위기에 처하게 된 것이다(20:48).

3) 시민전쟁의 결과(21장)

이스라엘 사람들은 베냐민 사람들과 상종하지 않기 위하여 맹세까지 한다. 거의 진멸 지경까지 베냐민 사람들을 죽인, 신앙의 유아기를 벗어나지 못한 이스라엘 사람들은 여호와 앞에서 곰곰이 자신을 성찰하기보다는 그 상황을 여호와께 책임 전가한다. 그들의 호소를 들어보자. '이스라엘의 하나님 여호와여, 어찌하여 이스라엘에 이런 일이 생겨서 오늘 이스라엘 중에서 한 지파가 없어지게 하시나이까?'(3절). 그들은 이튿날 일찍이 번제와 화목제를 드린다. 그러나 무엇 때문에 제사를 드리는지 확실하지 않은 것은 베냐민 지파가 소멸되지 않고 자손이 이어지도록 하기 위하여 처녀 훔치기 작전을 벌이는 과정에서 시민전쟁에 동참하지 않은 야베스 주민들을 다 죽이는 것도 서슴지 않았기 때문이다(8~12, 13~24절). 이 모든 일을 "그때에 이스라엘에 왕이 없으므로 사람이 각각 그 소견에 옳은 대로 행하였"(25절)다는 저자의 해설을 통해 이해할 수 있다.

가나안화된 양상에 대한 성경 지리적 조명

이스라엘은 주위 이방 민족들의 풍요를 약속한 신들을 섬기며 그들이 누리는 물질적 부를 추구하며 살았기 때문에 소멸되는 가나안 질서를 따라서 산 것이다. 이러한 이스라엘 열두 지파의 삶은 가나안 땅의 지형적 특성으로 점점 더 강화되어 감을 볼 수 있다.

가나안 땅은 고도의 높낮이와 지형의 특성 차이가 많은 작은 지역으로 분리되어 있다.[20] 요단 동쪽과 서쪽 지역은 해수면 보다 낮은 요단 계곡으로 동서로 나뉘어져 있다. 요단 동쪽 거의 해발 800~1000m 고원 지역에 자리를 잡은 두 지파 반(르우벤, 갓, 므낫세 반 지파)은 요단 계곡을 사이로 요단 서쪽 지파들과 지리적으로 분리되었다. 요단 서쪽 지역을 북쪽에서 남쪽으로 거의 중앙을 가로지르는 산맥이 갈리리 지방에서 유다 지방까지 가로지른다. 상부 갈릴리 산지는 해발 800~1200m, 하부 갈리리는 해발 500~600m이다. 이 지역에 골짜기들이 서쪽 지중해로 뻗어 있다. 하부 갈리리와 에브라임 산지 사이에 해발 70m의 거의 삼각형인 이스르엘 평야가 있고, 이스르엘 평야의 동쪽 입구는 좁고 긴 하롯 평야가 요단 계곡으로 뻗어 있다. 하롯 평야의 남쪽으로 길보아산이, 이스르엘 평야의 남쪽 가장자리에 갈멜산맥이 서쪽 지중해 쪽으로 뻗어 있다. 이런 지형 때문에, 갈릴리 지역에서 에브라임 산지로 가는 것이 쉽지 않다(예를 들면, 이스르엘 북쪽 가장자리에 위치한 다볼산에서 세겜을 경유하여 벧엘까지의 경로). 해발 800~1000m의 에브라임 산지는 지형적으로 해발 1000m까지 솟은 유다 산지로 이어진다. 헤브론 남쪽부터 산지의 고도는 낮아져서 거의 해발 300m인 브엘세바 분지로 내려간다. 서쪽 지중해 쪽에서 바라볼 때, 지형은 거의 해발 50~100m의 해안 지역이 해발

800~1000m의 산지로 연결된다. 특히 유다 지방의 지형은 해안 지역에서 약 해발 200~500m의 평지로, 여기서 서서히 해발 500~1000m의 산지로 올라간다. 다시 산지에서 동쪽으로 해발 900~200m의 유다 광야로, 해저 400m의 깊이를 보유한 사해로 이어진다. 성경에 골짜기는 평지에 있다. 성경에 평지로 번역된 지역은 좁은 평야이기 때문에 병거가 다닐 수 있고, 농사를 지을 수 있다.

가나안 땅의 면적은 넓지는 않지만, 지형적으로 급격한 변화가 있기 때문에, 한 지역에서 다른 곳으로 이동하기가 쉽지 않다. 지형적 특성상 가나안 땅에 일곱 민족들이 도시 국가를 형성하며 살 수 있었다. 요단 동쪽과 서쪽(단에서 브엘세바까지)에서 두루 퍼져 살았던 이스라엘 열두 지파가 언약의 규정들을 삶 속에 성실하게 준수하여 여호와를 향하여 하나 되지 않으면 가나안 땅의 지형적 특성 때문에 서로 분리된 삶을 살 수밖에 없었다. 이스라엘이 약속의 땅에 정착하면서 가나안 민족들이 누리는 물질적 부에 현혹되어 가나안 사람들과 함께 조약과 사돈을 맺어 스스로 번영하는 데 주력한 결과는 참혹했다. 개 지파 중심적 가치관이 지파 간의 우월감을 갖도록 했고, 그로 인해 지파 간에 빈번했던 분쟁은 서로를 향하여 칼을 겨누어 죽이기를 서슴지 않는 데까지 이른 것이다. 여호와, 이스라엘의 언약의 하나님 통치 아래 있기를 완전히 거부한 이스라엘의 언약적 불충성은 가나안 사람조차 동족 간에 행하기를 꺼리는 행동을 스스럼없이 해치우는, 결국은 더 이상 악해질 수 없는 최악의 상태에 이르게 된다. 사사 시대에 이스라엘이 나선 하강하며 가나안화되어 최악의 바닥을 친 모습은 여호와의 왕권을 거부하고 '각자의 소견에 옳은 대로 생각하고 행동한 삶의 열매'이다.

그림 구조로 본 사사 시대의 요약

사사 시대에 이스라엘의 '가나안화' 과정은 다음과 같은 그림 구조로 요약할 수 있다.

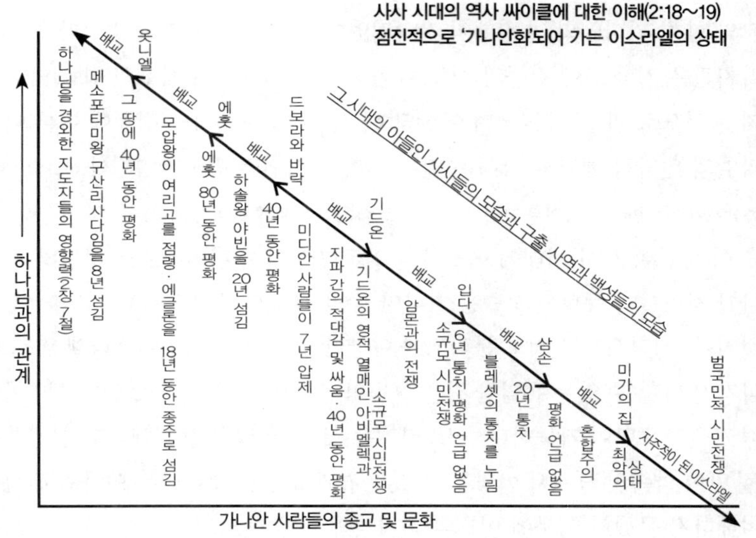

〈그림 1〉 가나안인화되는 이스라엘

　여호수아와 그 시대의 지도자들이 죽은 후 이스라엘이 가나안 사람들의 가치관에 물들어가는 과정은 점진적으로 심화되었음을 보여 준다. 가나안화되어 가는 이스라엘을 여호와께로 향하도록 하기 위한 사사들의 시도는 드보라의 사역으로 막을 내린다(위를 향한 화살표로 표시함). 하지만 이스라엘 지파들이 그 시대의 사사가 죽으면 그 이전 시대보다 타락한 양상을 보이는 것은 이방 민족들의 신들을 섬기는 배교가 더 깊어졌기 때문이다. 이러한 모습은 언약에 충실했던 사사들이 통치하는 기간에 이스라엘을 압제했던 적들이 사사들과의 교전에서 패함으로 더 이상 이전의 힘을 회복하지 못해서 평화를 누리긴 했으나, 이스라엘의 마음 깊은 곳에 뿌리박힌 이방신들에 대한 숭배는 여전히 삶 속에서 유지되고 있었음을 시사한다.

　이스라엘 백성들의 이방신들에 대한 숭배는 사사들의 타락으로 더 커져

갔다. 기드온에서 삼손까지는 사사들도 배교에 빠져서(아래로 향한 화살표로 표시함) 언약에 충실한 삶보다는 자신들의 유익을 구하며 살았고 백성들의 배교와 함께 '가나안화'의 진행이 가속되었다. 이스라엘 지파들의 지파 중심적 가치관은 지파 간에 갈등과 서로 칼을 겨누어 전쟁하며 서로의 힘을 약화시키는 것으로 귀결하였다. 더 이상 악해 질 수 없는 최하의 정점에 이른 이스라엘의 언약적 배교의 상태는 열두 지파의 시민전쟁에 반영된다(아래로 향한 화살표가 가나안 사람들의 종교와 문화의 수준 아래로 향하게 하여 표시함).

이와 같이 사사 시대에 이스라엘 열두 지파들이 점전적으로 하강하여 가나안 사람들과 동화된 모습은 가나안 땅의 지형적 특성으로 더 강화되어 간 것이다. 지형적으로 서로 분리되어 다양한 지역에 정착한 이스라엘 열두 지파가 연합할 수 있는 유일한 길은 그들의 존재의 근간인 여호와를 향한 언약적 충성으로만이 가능하다. 이스라엘은 삶 속에 말씀을 이해하고 실천하는 '길'만이 약속의 땅에서 번영할 수 있는 결과를 얻을 것이라는 언약의 핵심을 이해하지 못했기 때문에 여호와 하나님께 등을 돌리고 우상을 섬기며 소멸되는 가나안 질서를 따라서 살았다. 사사 시대의 이스라엘의 그러한 모습은 오늘날 우리에게도 '세상에 물들지 않기를 촉구하는 경종'이다.

02

사사기 이해를 위한 신학적 접근

사사기 1장에 대한 변증

비평가들은 사사기 1장이 여호수아서의 후편일 수 없다고 한다. 그 이유는 여호수아서에 따르면 여호수아가 온 땅을 정복하여 이스라엘 각 지파에게 분배한 반면, 사사기 1장에는 여전히 가나안 족속들이 도처에 남아 이스라엘을 대적하기 때문이다. 더구나 사사기 1장은 여호수아서에서 언급된 사항들이 반복되는 것을 볼 수 있다(삿 1:10~16, 20, 21, 27~29 등은 수 15:13~19, 63; 16:10; 17:11~13 등에서 언급된 유다, 에브라임, 므낫세 지파의 정복 기사들과 병행을 이룬다). 그래서 비평가들은 사사기 1:1의 "여호수아가 죽은 후에"라는 표현을 편집자가 실수하여 잘못 삽입했다고 지적한다. 이렇게 추론한 비평가들은 사사기 1장이 여호수아서와 병행되는 시대를 묘사하지만, 여호수아서와는 전혀 다른 가나안 정복 이야기를 제시해 준다고 주장한다. 여호수아서에 의하면, 가나안 땅은 이스라엘의 모든 지파들이 합심하여 싸워 정복한 것이다. 반면 사사기 1장에 의하면, 이스라엘 지파들이 각기 독자적으로 가나안 땅을 취하여 점령했다고 한다. 더 나아가 비평가들은 사사 시대에는 지파들이 연합되지 않았기 때문에 사사기 1장의 이야기가 여호수아서의 그것보다 역사적 현실에 가까운 이야기라고 한다. 이런 방식으로 비평가들은 성경이 서로 모순된다고 주장한다. 이런 주장에서 자연스럽게 나올 수 있는 가설은 성경이 제시하는 가나안 정복과는 전혀 이질적인 여러 가설들이다. 비평가들은 다음과 같은 가나안 정복 가설을 내세웠다.

첫째로, 이민설이다. 이민설은 족장 시대부터 다윗 왕 시대까지 이스라엘인들은 가나안 땅으로 계속 이민을 와서 정착해 나라를 건설했다는 것이다. 이스라엘과 가나안 원주민은 간헐적으로 전쟁을 했지만, 가나안 원주민은 다윗 시대까지 이스라엘과 공존했다. 그러다 다윗이 가나안인들을 흡수 동화시키려고 시도하자 문화적 종교적 갈등이 일어났다.[1] 여호수아서에 묘사된 정복 전쟁 이야기는 이스라엘 내의 혼합 종교 사상을 지닌 자들을 반대하는 야웨 기자의 신학적 허구일 뿐이다.

둘째로, 혁명설이다. 이는 멘덴홀이 처음 제안했으나 나중에 고트발트가 수정하여 주장한 가설로, 후에 이스라엘이라 지칭된 국가는 사실 애굽 노예 생활에서 탈출하여 요단강을 건너 침공해 들어온 이스라엘과 가나안의 저층민들이 합세하여 가나안의 정치 지도자들을 대항하여 반란을 일으켜 세운 나라라는 것이다.[2]

비평가들에 따르면, 여호수아서가 묘사하는 정복전 기사는 다윗 시대의 어느 신학자가 자기의 신학을 정립하기 위해 고안해 낸 신학적 허구다. 그러나 비평가들이 여호수아서의 정복 기사를 사사기 1장의 정복 기사와 병행된다고 주장하는 것은 오해다. 왜냐하면 여호수아서에서는 가나안 모든 도성이 정복되었다고 하지 않기 때문이다. 여호수아 10장에는 예루살렘이나 게셀의 정복 이야기가 없다. 블레셋 5대 도성들에 대한 정복 기사도 없다. 여호수아 11:22에서는 아낙 사람이 가사, 가드, 아스돗(후대의 블레셋 거주지)에 거했다고 언급한다. 여호수아 11:8에 의하면 시돈과 랍바는 정복하지 못했고, 여호수아 12:7~31에서는 31명의 왕의 이름이 거명되며 그들 중 다수를 패퇴시켰으나 예루살렘, 게셀, 벧엘 등의 도성들은 정복하지 못했다고 언급한다. 여기에 벧스안, 이블르암, 하로셋-하고임, 이스르엘, 아크레, 두로, 시돈, 라이스, 블레셋 도성들, 아얄론, 사알빔, 욥바 등의 도성들은 전연 언급이 없다. 여호수아 13:1~6은 시홀 시내에서 하맛에 이르기까지 정복하지 못한 땅이 엄청나게 많다고 묘사한다. 여호수아 13~19장에 묘사된 땅의 분배 기사에서 언급되지 아니한 도성들이 바로 사사기 1장의 정복 기사에 등장한다. 여호수아가 약속된 경계선(수 1:3~4)내의 모든 가나안 도성들을 정복하지 못했다는 사실은 13장과 23장에서 명백하게 언급되었다. 오히려 그의 사후에 정복이 완성되리라는 확신이 표현되었다. 그러므로 가나안 온 땅을 정복했다는 묘사들(수 10:40~42; 11:16~23)은 과장법적 묘사일 뿐이다. 이런 과장된 요약적 진술이 있은 후 11장 말미에서 가사와 가드, 아스돗 등이 아직 정복되지 못했다고 언급하고 있다(22절). 지파 영지들을 언급하면서 '야웨께서 이스라엘의 조상들에게 주시기로 맹세한 그 땅의 모두를 이스라엘에게 주셨다'고 말씀한다(21:41).

그러나 그 지파 영지 목록에는 레바논이나 하맛 지역은 언급이 없다. 10장이나 11장의 말미에 제시된 요약적 진술들은 여호수아의 정복전을 통하여 가나안 땅의 소유는 사실상 결정되었다는 점을 부각시키고, 여호수아의 정복과 땅 분배로 인하여 그 땅의 소유는 사실상 인침을 받았다는 의미일 것이다. '대세가 결판났다. 이제는 국지전만 수행하면 된다.' 이것이 요약적 진술이 전하는 의미이다. 그러므로 여호수아는 갈렙이 헤브론을 정복하겠다고 할 때 축복하고(수 14:6~15), 요셉 지파 사람들에게 에멕을 정복하라고 권면(수 17:14~18)할 수 있었던 것이다. 심지어는 여호수아 자신이 10장과 11장에서 헤브론을 치기 위해 두 번이나 출전한다. 헤브론을 쳐서 모조리 살륙했지만(수 10:37), 여호수아는 또 그곳에서 싸운다(수 11:21~22). 여러 번의 결정적인 전투를 치르고, 후속적인 조처, 곧 잔당을 일소하는 국지전을 벌이는 것이다.

여호수아 정복전(수 1~11장)의 성격이 파괴와 살륙전이었다면, 사사기 1장의 정복전은 정착을 위한 전투였다. 여호수아는 적군을 치고 그곳에 수비대를 남기지 않고 길갈의 진지로 돌아왔다. 전쟁이 끝난 후에 비로소 지파들에게 영지들을 분배하였다. 그랬기에 가나안 잔당들이 패퇴를 당한 이후에도 다시 거점을 마련하고 여러 곳에서 생존하게 되었을 것이다. 이러므로 이스라엘 지파들은 정착하고자 할 때 가나안 잔당들을 일소하는 국지전을 싸울 필요가 있었다. 이 때문에 사사기 1장은 여호수아서의 연속편인 것이다. 사사기 1장은 가나안 땅에 입성하는 전쟁이 아니라, 이미 입성한 지파들이 각기 자신의 영지 내에서 남은 가나안 족속의 잔당을 섬멸하는 섬멸전이었다 (삿 1:21, 27~35). 목록들에 따르면 사사 시대 초기에 이스라엘 영지 내에는 아주 소수의 미정복 지역들이 있었을 뿐이었다. 유다, 시므온, 베냐민, 에브라임, 스불론, 납달리 지파 영지 내에는 여섯 개의 가나안 족속의 도성들만 남았다. 여호수아의 정복전을 통해 결정적인 싸움은 끝나고 남은 도성들을 취하는 과업이 사사 시대 이스라엘 자손들의 어깨에 주어졌던 것이다.

이런 사실에 비추어 볼 때 가나안 족속들은 여호수아 정복전으로 제거되었고, 사사기 1장의 섬멸전으로 대부분의 잔당들이 파멸되었다. 따라서 이민설이나 혁명설은 성경에 아무런 증거가 없는 가설이다. 가나안 족속들은 여호수아의 정복전으로 파멸되고 쫓겨났던 것이다.[3]

사사기의 구조 이해

성경 이해에 필수적인 한 가지 요소는 성경의 책들이 연대기적으로 기록된 것이 아니라는 점을 염두에 두는 일이다. 우리는 창세기의 창조와 타락, 홍수 심판, 바벨탑 사건, 족장들의 생활 등과 같이 성경책들의 내용들이 연대기적으로 배열되어 있다고 생각하기 쉽다. 그러나 사실은 그렇지 않다. 어떤 경우에는 주제별 배열도 있고, 표현이나 단어의 유사성을 따라 배열된 경우도 있다. 또는 같은 사건을 다른 각도에서 기술하는 소위 쌍둥이 기사들도 있으며, 문학적인 필요에 따라 동일 사고를 반복하여 강조하기도 한다. 우리가 고려하고자 하는 사사기 이해에 있어서 방금 언급한 이 사실은 매우 중요하다.[4]

우리는 사사기 17~21장에서 무질서하고 안정이 없는 사회상을 대하게 된다. 그런데 사사기를 연대기적으로 생각한다면, 17~21장에 기술된 사건들을 사사 시대 후기에 속한다고 단정할 수 있다. 그러나 사사들이 다스린 시대에 그렇게 무질서한 사회상이 초래되었다고 가정하기 어렵다. 오히려 여러 증거들이 사사들이 다스리는 동안에는 평화와 질서가 있었다는 것을 보여 준다.

'사사'는 '판단하다' 또는 '재판하다'를 의미하는 히브리어 '샤파트'(שׁפט)의 분사형으로 '다스리는 자' 또는 '지도자'라는 의미이다. 고대인들에게는 근대적인 삼권분립 개념이 없었다. 물론 종교와 정치가 때로는 분리되기도 했지만, 왕은 입법, 사법, 행정의 전권을 지닌 자로 왕이 법을 제정 공포하고 집행하며, 그 법에 따라 통치했던 것이다. 따라서 '샤파트'라는 동사를 단순하게 '재판하다'라고 번역해서는 곤란하다. 오히려 문맥에 따라서 때로는 '통치하다'라는 의미로 이해하지 않으면 안 된다.

그렇다면 사사들은 왕정이 생기기 전에 왕의 직무를 수행한 자들이라 할 수 있다. 사사 시대는 종교적 정치적으로 평화가 있었던 시대였다(2:19; 8:33). 룻기에 제시된 모습이나 유월절을 사사 시대에 지켰다는 역대하 35:18의 암시(비교 왕하 23:22) 등은 이를 뒷받침해 준다. 사무엘이 "여호와께서 여룹바알과 베단과 입다와 나 사무엘을 보내사 너희를 너희 사방 원수의 손에서 건져 내사 너희로 안전히 거하게 하셨거늘"(삼상 12:11)이라 말한 고별설교는 솔로몬 시대의 "단에서부터 브엘세바에 이르기까지 각기 포도나무 아래와 무화과나무 아래서 안연히 살았더라"(왕상 4:25)는 표현을 상기시켜 준다.

사사기 17~21장을 사사 시대 후기로 이해하게 만드는 중요한 단서는 "그때에 이스라엘에 '왕'(멜렉)이 없었더라"는 진술이다. 그러나 여기서 '멜렉'이라는 말은 '왕'이라는 번역 외에도 문맥에 따라서는 '왕'이 아닌 '지도자'를 지칭할 수도 있다. '멜렉'이라는 명칭이 왕정 시대에 '왕'을 가리키게 되었지만, 왕정 시대 이전의 사사 시대에는 '사사'를, 족장 시대에는 '족장'을 지칭했을 수도 있다. 우리는 사사기에 네 번 등장하는 '멜렉'이 없었다는 표현을 '지도자’ 곧 ‘사사’가 없었다는 의미로 이해한다. 이렇게 이해하면 18~21장의 두 에피소드(“그때에 ‘멜렉’이 없었다”는 표현이 모두 나타난다)는 사사가 등장하기 이전, 곧 여호수아 사후의 암흑시대에 나타난 사건이라 할 수 있다.

이러므로 단 족속이 북으로 이주한 것이나 기브아 사람의 만행과 그로 인한 베냐민 지파와 여타 지파들 간의 내전 등은 출애굽 제3세대라 할 수 있는 비느하스와 요나단이 제사장으로 있을 때 일어났다 할 수 있다. 이 시대에는 여호수아가 죽고 사사들이 아직 등장하지 않았다. 또한 제사장들이 지도자로 활약했으나 그 힘은 미미했던 것 같다. 이렇게 보면, 사사기 1:1의 “이스라엘 자손이 여호와께 묻자와 가로되”라는 표현은 성소에서 제사장에게 물었다는 의미일 것이다(20:18에서도 동일한 표현이 나타난다). 따라서 사사기 18~21장은 사사기 1:1에서 2:5의 시대와 동시대적 사건을 묘사한다.[5]

이런 이해를 확인해 줄 수 있는 증거로는 첫째로, 사사기 20:26~28의 아론의 손자 엘르아살의 아들 비느하스와 모세의 손자 게르손의 아들 요나단(18:30)이 제사장으로 있었다는 언급이다. 비느하스라는 이름은 애굽의 신 왕국 시대(주전 16~12세기)에 애굽에서 유행하던 애굽식 이름으로 ‘누비아 사람’이라는 의미이다. 아론의 손자 비느하스(출 6:25; 대상 6:4, 50)는 싯딤에서 이스라엘이 우상 숭배에 빠졌을 때(민 25장) 미디안 여인과 동침한 이스라엘 남자를 창으로 꽂아 살해했던 자였다. 비느하스는 트랜스—요르단 지역 지파들이 세운 기념 제단(수 22:9 이하) 문제를 해결하는 데 일조하였다. 그는 자신의 부친 엘르아살을 자기 영지에 매장하고(수 24:33) 사사 시대 초기에 제사장직을 수행하였다(삿 20:28).

둘째로, 사사기 1:34에 “아모리 사람이 단 자손을 산지로 쫓아 들이고 골짜기에 내려오기를 용납지 아니하고”라는 표현이다. 단 지파는 사사기 1장에서 북편의 지파들인 스불론(1:30), 아셀(1:31~32), 납달리(1:33) 다음에 언급되었다. 이로 보건대 사사기 1장에서 묘사된 단 지파는 18장에 묘사된 단 지파의 북으로의 이주를 암시한다고 할 수 있다.

셋째로, ‘멜렉’이라는 말이 ‘왕’이라는 의미가 아닌 다른 의미로 사용되었으리라 여겨지는 본문들이 있다. 신명기 33:5에서 모세는 "여수룬에 왕이 있었으니 곧 백성의 두령이 모이고 이스라엘 모든 지파가 함께한 때에로다"라고 말한다. 여기서 '왕'은 '멜렉'의 번역이다. 모세의 말 중에 '왕'이라는 표현이 이스라엘과 연관되어 사용된다면 이상하다. 그래서 비평가들은 이 표현은 왕정 이전 시대 문맥에 잘못 배치된 말씀이라 생각한다. 그러나 '멜렉'을 '지도자'로 이해하면 아무런 문제가 없다. 여기 문맥에서의 의미는 4절의 말씀에 비추어보면(모세가 우리에게 율법을 명하였으니 곧 야곱의 총회의 기업이로다), '멜렉'이 바로 '모세' 자신을 지칭한다는 것을 알 수 있다. 또 자주 시대착오적인 표현으로 거론되는 창세기 36:31~39의 에돔 왕들의 족보도 이런 관점에서 접근하면 전혀 문제되지 않는다. 창세기 36:31은 "이스라엘 자손을 다스리는 왕이 있기 전에 에돔 땅을 다스리는 왕이 이러하니라"고 도입한 후 "브올의 아들 벨라가 에돔의 왕이 되었으니 그 도성의 이름은 딘하바며 벨라가 죽고 보스라 사람 세라의 아들 요밥이 그를 대신하여 왕이 되고"로 계속된다. 여기서 왕이란 왕정 시대의 세습적인 왕이 아니라는 점은 언급된 왕들이 세습적인 관계가 아니라는 사실과 다스린 장소가 각기 다르다는 사실로 입증된다. 이런 점은 에돔 족속의 '멜렉'이 이스라엘의 사사와 유사한, 지도자들과 흡사한 기능이나 상태에 있었다는 것을 말해 준다.

사사기의 구조를 분석해 보면, 사사들에 대한 기술은 사사기 3:6부터 시작된다. 사사기 1:1~2:5까지는 여호수아 사후 이스라엘 지파들이 개별적으로 가나안 잔당들을 섬멸하는 섬멸전 묘사에 할애되고 있다면, 2:6~3:6까지는 여호수아 사후 신세대들이 하나님을 배반하므로 이스라엘이 원수에게 팔려 노략질을 당한 것과 저들의 고통 중에 부르짖음을 인하여 하나님께서 사사들을 구원자로 보내주셨음을 기술하고 있다. 따라서 이 부분은 사사들의 활동을 묘사하는 3:7 이하 부분의 신학적 서론 구실을 한다. 이러므로 사사기는 자체로 두 개의 서론을 갖는다. 하나는, 여호수아 사후의 정치적·군사적 측면의 모습이다. 반면 다른 하나는, 종교적 측면에서의 이스라엘의 배교와 그로 인한 하나님의 처벌, 고통과 압제, 부르짖음, 사사를 통한 구원

등을 묘사한다. 이러한 두 개의 서론을 통해 독자들은 사사 시대의 전체적인 정황을 알게 된다. 그 후에야 저자는 사사들의 개별적인 활동에로 인도한다.

사사 시대 초기의 가나안 잔당 섬멸전(1:1~2:5)

사사 시대의 신학적 성찰(2:6~3:6)

사사들의 활동: 죄악 → 압제 → 구원의 패턴이 시작되다(3:7~16:31)

　옷니엘(3:7~11)

　에훗(3:12~30)

　삼갈(3:31)

　드보라(4~5장)

　기드온(6:1~8:32)

　돌라, 야일(8:33~10:5)

　입다(10:6~12:7)

　입산, 엘론, 압돈(12:8~15)

　삼손(13~16장)

사사 시대의 상태: 두 에피소드(17~21장)

　종교적 배교 행위: 미가의 우상 숭배, 단 족속의 북으로의 이주(17~18장)

　도덕적 부패: 기브아 족속의 포악성, 베냐민 족속과의 전쟁(19~21장)

두 가지 방식으로 살펴본 사사기의 메시지

1. 사사기 저자의 역사 판단을 통한 메시지

첫째는, 전체적인 면에서 사사기의 저자가 신학적 판단을 제시하는 부분들에서 우리는 성령님의 메시지를 들을 수 있다. 여기서 신학적 판단이란 오경의 언약법규에 근거하는 선지자들의 역사 판단을 말한다. 예를 들어 사사기 2:1~3:6의 말씀은 전체적으로 신학적 메시지에 해당된다. 이 부분을 좀

더 세분하면, 여호와의 사자가 백성들에게 전하는 책망의 메시지(신 18:9~22
에 예고된 선지자의 직무를 상기시킨다)는 그 당대뿐 아니라 오늘을 사는 그리스도
인들에게 주시는 성령님의 메시지라 할 수 있다.

그 메시지는 "너희는 이 땅의 거민과 언약을 세우지 말며 그들의 단을 헐
라"(2:2)는 것이다(출 23:32; 34:12; 신 7:2; 20:10; 수 2:14; 9:18 등). 여기서 '이 땅
의 거민'이라 함은 가나안 족속들을 가리킨다. 그들은 마치 우리 몸을 노리
는 병균과도 같아서 박멸하지 않으면 언젠가 우리의 생명을 앗아갈 원수이
다. 그들과의 유일한 관계는 정복과 박멸뿐이다. 그렇지 않고 그들과 언약을
맺는 것은 자기의 신앙 생명을 위험에 노출시키는 어리석음일 것이다. 예컨
대 우리가 병원에 가서 종합 진단을 받았다 하자. 그때 의사가 말하길 "검사
결과 당신 몸에는 지금 결핵균이 양성 반응이며 간염도 양성입니다"라고 했
다고 하자. 그러면 이 병균과 싸울 수 있는 항체를 양성하기 위해 예방 주사
를 맞고 어떻게 하든지 건강을 지키기 위해 할 수 있는 모든 조처를 취해야
한다. 마찬가지로 가나안 족속은 신앙적으로 이스라엘의 원수였다. 이스라
엘은 그들과 공존할 수 없다. 이것은 신약의 요한일서 2:15~17의 메시지라
할 수 있다. 이스라엘은 가나안 족속들과 어떤 행위를 했기에 저들과 언약을
맺었다고 하는가? 사사기 3:5~6에서 이스라엘은 가나안 사람과 헷 사람과
아모리 사람과 브리스 사람과 히위 사람과 여부스 사람 사이에 거하여 그들
의 딸들을 취하여 아내를 삼으며, 자기 딸들을 그들의 아들에게 주며, 또 그
들의 신들인 '바알 신들과 아세라 신들'을 섬겼다. 이렇게 결혼 관계를 맺는
일이나 그들의 신들을 섬기는 일이 바로 저들과 언약을 맺은 내용이었다. 신
명기 7:2~4에서 모세는 "네 하나님 여호와께서 그들을 네게 붙여 너로 치게
하시리니 그때에 너는 그들을 진멸할 것이라 그들과 무슨 언약도 말 것이요
그들을 불쌍히 여기지도 말 것이며 또 그들과 혼인하지 말지니 네 딸을 그
아들에게 주지 말 것이요 그 딸로 네 며느리를 삼지 말 것은 그가 네 아들을
유혹하여 그로 여호와를 떠나고 다른 신들을 섬기게 하므로 여호와께서 너
희에게 진노하사 갑자기 너희를 멸하실 것임이니라"고 경고한 바 있다. 사

사 시대 초기의 이스라엘이 행한 일은 바로 이 준엄한 경고를 망각하고 원수의 올무에 빠진 것이었다. 국제결혼을 금하는 것은 신앙적인 이유 때문이었다. 지금도 마찬가지이다. 같은 민족끼리의 결혼이라도 우리는 사도 바울의 권고를 들어야 한다(고후 6:14 "불신자와 멍에를 같이 하지 말라").

사사기 2:10도 사사기 저자가 그 당대인을 판단하는 신학적 진술이다. "그 세대 사람도 다 그 열조에게로 돌아갔고 그 후에 일어난 다른 세대는 여호와를 알지 못하여 여호와께서 이스라엘을 위하여 행하신 일도 알지 못하였더라." 이 진술에는 체험 신앙의 결핍을 탄식하는 메시지가 담겨 있다. 여기서 '알지 못했다'는 표현이 나타난다. 히브리인들에게 있어서 '안다'라는 말은 헬라인들처럼 논리적이거나 지적인 앎의 문제가 아니라 체험적 깨달음을 의미한다.

여호수아 이후 신세대들은 하나님께서 이스라엘을 위하여 행하신 일들을 알지 못했고, 따라서 여호와를 체험하지 못했다(2:10). 이는 사사기 3:1~2에서 '어떤 가나안 전쟁들도 알지 못한 이스라엘'이라는 표현으로 재론되고 있다. 여기서 안다는 것은 체험적 지식을 말한다. 그들도 '들어서' 가나안 전쟁을 알고 있었을 것이다. 그러나 체험적으로 참여한 적이 없다. 하나님은 이런 세대를 위하여 원수들을 다 진멸치 않으시고 남겨 두사 이스라엘이 모세로 명하신 그 명령들을 청종하나 '알고자' 하셨다(3:4). 하나님도 저들의 실천적 신앙을 '알기' 원하셨다. 지식적 신앙에 더하여 '실천적' 신앙이 하나님께는 귀한 것이다(약 2장).

체험적 신앙을 소유하지 못한 신세대 이스라엘이 영위할 삶의 방식은 불을 보듯 명약관화했다. 저들은 "바알들을 섬기며 열조의 하나님 여호와를 버리고 다른 신들을 좇아 그들에게 절하고 섬겼다"(2:11~13). 저들의 행사는 여호와의 노를 격발시키는 일이었다. 하나님의 콧김이 뜨겁게 되었다(2:14, 20; 3:8; 10:7). 곧 이스라엘을 향하신 진노가 불타올랐다. 그 결과는 노략하는 자의 손에 이스라엘을 붙여 노략을 당하게 하시고 저들을 사방의 모든 대적의 손에 팔아버리셨다(2:14). 결국 이스라엘은 이방인들의 식민지 압제를 당할 수밖에 없었다(신 32:30; 레 26:37). 사사기 저자는 이처럼 오경의 언약 법규로 역사를 판단한다.

"그들은 어디를 가든지 여호와의 손이 재앙을 내리시매 … 괴로움이 심하였다"(2:15). 사사기 저자는 "여호와께서 말씀하신 것과 같고 여호와께서 그들에게 맹세하신 것과 같아서 그들의 괴로움이 심하였더라"고 했다. 이는 레위기 26:14~46과 신명기 28:15~68에 제시된 저주와 재앙들의 예언을 상기시킨다.

사사기 2:16~18 부분도 역시 사사기 저자의 신학적 판단이다. 이 부분에서 비로소 구원자 사사를 하나님께서 세우셨다는 것이다. 이는 선지자를 세우시겠다던 하나님의 약속(신 8:15)을 상기시켜 준다. 선지자가 언약의 기소자로서 자기 백성을 언약 법규에 근거하여 기소하며 심판하고 판단한다면, 사사는 하나님의 능력을 받아 위기 시에 나라를 구하고 지도하는 사명을 받았다는 점이 다를 뿐이다. 사사 시대의 특수성, 곧 모세와 여호수아를 통한 직접 통치 시대와 왕정 시대 사이의 특수성 때문에 사사가 도입되었을 것이다. 여하튼 사사들을 통하여 하나님은 자기 백성을 노략하는 자의 손에서 건져 내셨다. 이는 비단 구약의 이스라엘이나 신약의 그리스도인들에게만 국한되지 않고 인류 전체에 해당되는 교훈이기도 하다. 하나님을 배반한 인간은 저주에 던져지고 질병과 사망, 가난과 수고, 온갖 전쟁과 자연 재난 등에 팔려진 바 되었다. 나라나 개인이나 사회나 무론하고 이런 영적인 원리는 지금도 그대로 적용되고 있다. 여기에 복음의 필요가 있고, 복음 전파의 시급성이 있다.

저주 아래 신음하는 자들에게 복음이 전파되어야 한다. 복음은 예수님께서 구원하신다는 소식이다. 모든 질고에서, 가난에서, 대적에게서, 노략질하는 원수 마귀의 손에서 예수님은 우리를 구원하신다. 예수라는 이름 자체가 '구원자'라는 의미이다. 사사들이 성령님의 능력에 사로잡혀 큰 권능을 행하여 원수를 물리치고 백성을 지도했다면, 예수님도 성령을 한량없이 받으셔서 큰 권능을 행하므로 질병과 마귀에 눌린 자들을 해방시키시고 자유케 하셨다.

사사기 저자는 여기서 한 걸음 더 나아간다. 사사들을 세우셔서 노략질하는 자의 손에서 이스라엘을 건져 내 주셨지만, 그들은 여호와의 명령을 순종하던 그 열조의 길로 속히 치우쳐 떠나서 다른 신들을 좇아 음란하게 절하고 섬겼다. 그들은 사사들에게도 청종치 아니하였다. 구원을 경험한 다음에도 이들은 여전히 미혹의 영에 사로잡혀 행하였다. 다른 신들과 음란하듯(2:17; 8:27, 33; 11:1; 16:1; 19:2) 좇았다는 표현은 영적인 간음(약 4:4)만 아니라 실제로 가나안의 바알 산당에서 신전 창기들과의 교접을 말해 준다. 구원을 경험한 자들이 다시 죄악된 길로 급하게 치닫는 모습은 마치 "한번 비침을 얻고 하늘의 은사를 맛보고 성령에 참여한 바 되고 하나님의 선한 말씀과 내세의 능력을 맛보고 타락한 자들"과도 같다(히 6:4~6). 이들은 자기를 구원하신 예수님의 구원 체험을 망각하고 세상과 짝하며 세상에서 기쁨을 추구하는 자들이다.

사사기 저자는 사사의 사는 날 동안에는 여호와께서 이스라엘을 대적의 손에서 구원하셨지만 사사가 죽은 후에 이스라엘은 그 열조보다 더욱 패역하여 다른 신들을 좇아 섬겨 절하고 패역한 길에서 그치지 아니하였다고 지적한다(2:18~19). 이럴 때 하나님은 다시 대적을 보내사 압박과 괴로움을 당케 하시며 그들이 슬피 부르짖으면 다시 구원자 사사를 보내신다. 이런 주기적인 일들이 계속 반복된다. 사사기 저자가 2:6~3:6에 진술한 순환적인 패턴은 3:7~16:31에 사사들의 사역을 묘사할 때 구체적으로 다시 적용된다.

여기서 사사기 저자의 역사 판단의 근거로 작용하는 오경의 언약 법규에 대해 살펴보자. 오경의 언약 법규는 크게 시내산 언약(출애굽기, 레위기, 민수기)과 모압 언약(신명기)의 법규들로 구분된다. 후자는 전자의 갱신이다. 갱신이라는 말은 달라진 상황을 반영하여 이전의 언약 조항을 약간 수정하고 이전의 언약을 그대로 흡수 통합 개정함을 의미한다. 이러므로 신명기가 나타내는 모압 언약이야말로 가나안 약속의 땅에서 생활할 이스라엘이 따라야 할 삶의 규범이다. 즉 나라의 토대는 헌법이다. 마찬가지로 '내가 너희 하나님이 되고, 너희가 내 백성이 되리라'는 하나님과 이스라엘의 관계는 언약 법규들에 기초한다. 나라는 헌법을 통한 계약 관계로 성립된다. 이런 계약 조항이 없으면 사회생활은 불가능하다. 마찬가지로 하나님의 백성과 하나님과의 관계도 언약 관계로 규정된다. 이런 의미에서 성경 말씀을 언약이라 부른다. 구약은 옛 언약, 신약은 새 언약이라는 의미이다. 좁은 의미로, 오경은 하나님의 백성 이스라엘이 준수하고 따라야 할 언약 법규집이다. 만약 이를 준수하면 형통하고 복을 받겠지만, 이를 파기하면 저주와 처벌만이 있을 뿐이다. 예컨대 나라의 법을 범해도 사형이나 징역형이다. 하물며 하나님의 법을 파기하고 범한다면 심판과 형벌이 없겠는가?

사사기 저자는 오경의 언약 법규를 근거로 이스라엘의 모든 역사를 판단하고 기소한다. 따라서 설교자는 역사를 판단할 때 오경의 언약 법규에 유의해야 한다. 물론 신약 시대의 설교자는 예수님을 통한 새 언약이 구약의 모든 옛 언약들을 갱신한 것이라는 구속사의 새로운 견지에서 구약의 역사를 현 시대에 적용시킬 수 있어야 한다. 이 말은 설교를 약간 어렵게 만드는 것 같지만, 구약에서 신약에로의 초점 변화를 의식하자는 말이다. 곧 구약의 대적들은 보이는 이방인들이었다면, 신약에서는 공중 권세 잡은 마귀의 세력이다. 세상의 원수들은 혈과 육을 지닌 모압, 암몬, 블레셋이 아니라 악령의 세력들이다. 구약에서 창검으로 싸웠다면 우리는 영적 전쟁을 말씀의 검으로 싸워야 한다. 구약의 이스라엘이 가나안을 약속의 땅으로 받았다면, 신약의 성도들은 온 세상에 복음을 전하여 정복할 사명을 받았다. 그들에게 사사, 왕, 선지자, 제사장 같은 제도적 지도자들을 통해 하나님께서 말씀하시고 지도하셨다면, 오늘날에는 교회의 목사를 통하여 성도들의 삶을 지도하시고 인도하신다.

목사는 곧 사사나 선지자처럼 언약의 기소자일 뿐 아니라 원수의 손에서 성도들을 건져 주어야 할 자들이다. 이는 창검으로 하지 않고 말씀과 기도로 한다. 물론 우리의 사사, 대제사장, 참 선지자, 큰 왕은 예수님이시다. 그분이 교회의 머리시요 주인이시다. 그러나 성령 하나님은 목회자를 통해서 지금 역사하신다. 이런 점에서 구약과 신약이 구속사적으로 다르다.

2. 빈도수가 높은 단어들을 통한 메시지

우리는 사사기에 사용된 단어들 중에서 빈도수가 높은 단어들에 유의함으로써 그 메시지를 들을 수 있다.

1) '하나님께 문의하다'(שאל샤알; ἐρωτάω에로타오)

사사기 1:1에서 여호수아 사후에 이스라엘이 "여호와께 묻자와 가로되"라고 했다. 여기서 묻는 것이 중요하다. 특히 하나님께 무슨 일이건 물어서 하는 것은 성공의 지름길이다. 여호와께 물었다는 것은 성소에서 제사장의 우림이나 둠밈 같은 판결을 의지했든지 아니면 기도로 문의했든지 성소와 연관되는 일이다. 신약 시대 우리는 하나님의 은혜의 보좌에 항상 담대히 나갈 특권을 얻었다. 매일의 필요한 은혜를 얻기 위해 우리는 그분의 보좌 앞으로 나아가서 물어야 한다. 묻고 전쟁에 나아간 이스라엘은 승리를 얻었다. 이는 당연한 귀결이다. 다시 이스라엘이 하나님께 물었다는 말이 사사기 20:18에서 나타난다. 이상하게도 사사들의 활동기에는 이런 언급이 전혀 없다. 물론 기드온이 하나님과 대면하여 시험하는 일이나 마노아가 여호와의 사자와 대면하여 묻는 일은 예외였다. 이스라엘은 벧엘 성소에 나아가 하나님께 물었다(20:18, 23, 27). 그때 하나님께서 응답해 주셨다. 비록 자기 동족 베냐민을 징계하는 내전이었지만, 하나님은 묻는 저들에게 응답하셨고 승리를 주셨다.

2) '아침 일찍 일어나다'(שכם사캄)

이 말은 8번 정도 동사로 나타나고 있다. 기드온이 밤중에 자기 동네의 바알 제단을 헐고 아세라 상을 찍어 하나님께 단을 쌓고 제사를 올렸다(6:25~27, 21:4). 그런데 성읍 사람들이 "아침 일찍이 일어나 보니 바알의 단이 훼파되고 아세라 상이 찍혔고 새로 쌓은 단에 제사가 드려진 것을" 보았다.

여기서 저들이 바알 신을 섬기기 위해 일찍 일어난 것인지 아니면 습관대로 일찍이 일어났는지는 분명치 않다. 더 나아가 기드온이 아침 일찍 일어나 지난밤에 시험했던 양털을 짜니 이슬이 가득했다고 했다(6:38). 기드온이 원수를 치러나갈 때에도 일찍이 일어나 진을 쳤다(7:1). 중요한 일은 아침 일찍 움직여야 된다. 여호수아도 아침 일찍 일어나 여리고 전쟁을 준비했다(수 6:12, 15). 아브라함도 역시 아침 일찍 일어나 주님의 명을 수행코자 했다(창 22:3). 우리 주님도 새벽 미명에 광야로 나아가서 기도하셨다(막 1:35).

3) '듣다'(שמע 샤마)

하나님의 목소리를 '청종하다'라고 할 때 '듣다'라는 말을 사용한다. 듣는 일은 단순히 청각의 진동을 의미하지 않는다. 듣고 실천하는 일을 함축한다. 따라서 여호와의 사자가 이스라엘을 향하여 "너희가 내 목소리를 청종치 아니하였도다"라고 책망할 때, 그것은 하나님의 명령을 거역하고 배반하였다는 준엄한 정죄였다(2:2). 거듭해서 하나님은 "청종하면 살리라"고 모세를 통하여 말씀하신 바 있다(신 4:1, 30; 5:1; 6:3, 4; 7:12; 8:20; 11:13, 28; 12:28; 13:4; 15:5, 참고 17:12, 13; 18:15 등은 제사장, 선지자, 재판장을 통한 하나님의 말씀). 이스라엘은 자기들을 노략하는 자들의 손에서 구원해 준 사사들의 말을 청종치 아니하였다(2:17). 그들은 하나님의 목소리도 청종치 아니하였다(2:20; 3:4; 6:10). 이는 그들이 그분이 명하신 법규를 따라 살지 않았다는 의미이다. 이는 오늘날 우리에게도 그대로 적용된다. 그분의 음성에 청종하는 일이 축복과 저주, 생명과 사망, 신앙과 불신앙, 참과 거짓의 구분선이 된다. 그분의 음성은 이제 기록된 말씀에서 들어야 한다. 이 말씀은 모든 신앙생활의 표준이요 판단 기준이다. 이 말씀을 가감해서는 안 된다.

4) '지킨다'(שמר 샤마르)

'청종하다'와 연관되는 말은 '지킨다'는 말이다. 우리는 말씀을 지키고 준행해야 한다(2:22; 13:13~14). 그분의 음성을 듣는 일 또는 지키는 일은 신학자라 칭하는 이들이 특히 주지해야 할 일이다. 바른 신학이라는 성경 말씀을 내 자신의 이성에 맞추어 비평하고 재구성하는 것이 아니라 겸손하게 그 말씀을 듣고 지키는 일이어야 한다. 그러나 오늘날 서구의 역사비평 신학은 하나님의 말씀을 경외하는 마음이 없이 인간의 교만한 이성으로 난도질을 감행하고 있다. 그러므로 현재 주어진 본문 그대로의 메시지를 들을 수 있어야 한다. 이렇게 하는 일은 성경 본문에 주어진 문학 형식도 존중함을 의미할 것이다.

5) '돌아가다'(שוב슈브)

이 말은 사사기 2:19과 8:33에서 영적인 타락을 묘사하는 데 사용되고 있다. 이스라엘은 사사들이 죽은 후에는 '돌이켜' 더욱 패역하게 되었다. 여기서 돌이킨다는 것은 하나님을 섬기는 삶에서 우상에게로 돌아섰다는 의미이다. 이스라엘은 사사들이 사라지면 바른길에서 '돌이켜' 그릇된 길로 행하곤 하였다. 이스라엘이 돌이켜 더욱 패역하게 된 것(2:19)은 인간의 타락성을 여실히 보여 준다. 이를 현대적으로 해석하면, 성도들이 부흥 집회와 같은 특별한 기회에는 은혜를 받아 주님을 섬기다가도 어떤 외적인 영향이 사라지면 곧장 세상으로 줄행랑을 놓는 것과 같다. 이러한 사실은 영적인 지도자가 성도들의 생활에 얼마나 절대적인 영향을 미치는지를 말해 준다. 한 사람의 바른 영적 지도자는 수많은 성도들을 바른길로 이끌지만, 그런 지도자의 부재는 곧 수많은 성도들을 세상으로 향하게 만든다.

신명기 17:16에 제시된 대로, 왕된 자는 말을 많이 얻으려고 그 백성을 애굽으로 돌아가게 하지 말아야 했다. 하나님은 "너희가 이 후에는 그 길로 다시 돌아가지 말 것이라"하셨다. 애굽은 세상의 상징이다(계 11:8). 성도들은 출애굽한 자들이다. 이들이 다시 애굽으로 돌아가려 함은 그곳에서 고기 가마 곁에 앉아서 떡을 배불리 먹으며, 생선과 외와 수박과 부추와 파와 마늘을 마음껏 먹을 수 있기 때문이다(출 16:3; 민 11:5). 세상은 물질로 성도들을 유혹한다. 물질 때문에 사람들은 하나님을 저버린다. 돈 때문에 주일을 지키지 못하고, 기도생활을 하지 못한다. 모든 것은 돈을 벌기 위해 투자되고, 영적인 일에는 투자할 여유가 없는 것이다. 영적인 일에 투자해서 세상의 물질을 얻을 수 없다는 사고는 성경적일 수 없다. 왜냐하면 하나님은 재물 얻을 능을 자기 백성에게 주시는 분이시기 때문이다(신 8:18). 그러므로 목회자들은 성도들 곧 인간의 마음 성향이 기본적으로 이렇다는 것을 알고 신앙생활을 바로 하면 물질의 축복도 얼마든지 받을 수 있다는 점을 주지시킬 필요가 있다. 곧 물질의 주인은 바알이 아니라 창조주 하나님이심을 가르쳐야 한다. 성경은 분명하게 말한다. 바알신이 아니라 야웨께서 땅의 열매를 수여하시며(호 2:8 이하), 사람이나 짐승이나 토양의 풍성함도 허락하신다(신 7:13; 렘 31:12). 그분은 비를 주시기도 거두기도 하신다(사 30:23; 레 26:4; 신 11:13~15; 렘 5:24). 가나안 신화는 생육과 풍요의 신들과, 저들을 대리하는 신전 창기들과의 성적 음행을 통해 축복이 임한다고 가르치지만, 성경은 하나님의 뜻에 순종함으로 축복이 임한다고 가르친다. 여기서 바알 신을 한국적인 샤머니즘적 주술이나 복채, 부적 등으로 대체하면 될 것이다. 바른 길에서 악한 길로 돌이키는 것만 지시하지 않고, 그 반대의 경우도 지시한다. 예컨대 신명기 4:30과 30:1에서 환난을 당한 후 범죄 하여 추방당한 이스라엘이 하나님께로 '돌아와' 그 말씀을 청종하라고 말씀한다. 세상에서 하나님께로 돌이켜 그 말씀을 '청종하면' 이스라엘이 세상 끝, 하늘가에 추방당했을지라도 돌이킬 것이다.

마음을 다하고 성품을 다하여 하나님께로 돌이키면 하나님은 저들이 손으로 하는 모든 일과 몸의 소생과 생축의 새끼와 토지 소산을 많게 하시고 복을 주실 것이다(신 30:10). 이렇게 돌이킨다는 것은 영적으로 중요한 의미를 지닌다. 돌이키는 것은 성도들의 삶에서 회개와 개혁을 의미한다. 야곱이 "벧엘로 올라가 하나님께 단을 쌓자!"고 부르짖으며 "너희 중의 이방 신상을 버리고 자신을 정결케 하고 의복을 바꾸는" 신앙 개혁을 단행한 것도 돌이킨 예이다. 성도들의 삶은 항상 이러한 신앙 개혁과 회개가 요청된다. 언제든지 신앙 자세를 재점검할 필요가 있다. 나의 헌금 생활은 현재 어떠한지, 기도 생활, 말씀 생활, 전도 생활, 헌신의 정도는 어떠한지 늘 물어야 한다.

6) '행하다'(עָשָׂה 아사)

'행하다'는 동사는 사사기에만 70번 이상 나타난다. 이 동사는 매번 신학적 의미를 지니는 것은 아니지만 중요한 의미는 이스라엘이 여호와의 목전에서 '악을 행하다'라는 표현에서 나타난다(2:11, 17; 3:7, 12; 4:1; 10:6; 13:1; 19:23). 이 표현은 "그 악을 행하다"라는 말로 종교적 범죄, 곧 바알 신을 섬기는 악행을 지적한다. 이스라엘은 왜 이처럼 매번 가나안 신 바알에게 빠졌을까?

1929년부터 발굴되기 시작한 라스 샤므라, 곧 고대의 우가릿 도시 국가의 종교 문헌에 따르면, 가나안 족의 수많은 신들 중에서 '하닷'(Hadad)이라 불린 바알 신이 가장 중추적인 지위를 점하고 있다. 우가릿 문헌이 말하는 바알 신화야말로 방금 제기된 질문에 답을 제시해 준다.

사사기 17:6과 21:25에서 이스라엘에 '멜렉'이 없으므로 사람들이 "자기들의 소견에 옳은 대로 행하였다"는 문구에서도 나타난다. 여기서 자기들의 소견에 옳은 대로 행했다는 말은 자기들이 보기에 옳은 대로 행하였다는 것이다. 이는 사사 시대에 영적인 질서가 있었지만, 지도자가 없던 시대(사사 시대 초기)에는 영적인 무질서가 지배적이었다는 점을 부각시킨다. 사람들에게는 갈 길을 보여 주는 지도자가 절대적으로 필요하다. 영적인 세계에서나 정치 세계에서나 지도자의 부재는 혼란과 퇴보를 야기한다. 어떤 집단에서든지 지도자의 역할은 결정적이다. 교회에서도 마찬가지이다. 영적인 목회자의 지도는 교회 성장을 야기하지만, 그렇지 못한 경우 교회는 부패할 수밖에 없다. 자기 소견대로 행한다는 것은 하나님의 법이 제대로 선포되거나 준행되지 않았다는 것이다. 따라서 영적인 지도자들이 해야 할 일은 하나님의 뜻을 선포하는 일이며 그 뜻이 성도들의 삶에서 이루어지도록 조치하는 일이다.

그렇다면 사사 시대에 하나님의 뜻을 어떻게 알 수 있었을까? 그 시대에는 신명기가 결정적인 요소였다. 왜냐하면 가나안 정착 생활을 시작하려는 이스라엘에게 모압 들에서 모세를 통해서 언약 말씀을 주신 하나님(신 29:1)은 자기 백성이 약속의 땅에서 신명기의 언약 규정대로 살기를 원하셨기 때문이다. 따라서 지도자들은 신명기를 철저히 알고 있어야 했다. 이는 지적인 이해만 아니라 그 말씀에 대한 체험적 신앙이 필수적이었다. 우리는 사사들이 바로 성령님으로 충만하여 하나님의 뜻을 밝히 알았다고 믿는다. 오늘날도 목회자들에게 가장 필수적인 요소는 하나님의 말씀에 대한 신뢰와 말씀에 대한 지식이다. 물론 지적인 앎과 함께 체험적 지식을 말한다. 말씀을 알지 못하고서야 어떻게 백성을 지도하겠는가?

설교자를 위한
사사기 개관

사사기는 여호수아와 같은 걸출한 지도자를 다루고 있는 여호수아서와 다윗과 같은 걸출한 왕과 관련된 룻기나 사무엘서 사이에서 리더십 부재의 시대를 다루고 있다. 이런 면에서 사사기는 구약의 책들 중에 우리 시대에 시사성이 큰 책이라는 생각이 든다. 현재 한국 사회와 교회를 볼 때 가장 쟁점이 되고 있는 단어는 '리더십'의 결여이다. 정치, 경제, 종교 등 모든 분야에서 우리는 리더십의 부재가 가져오는 고통의 신음을 듣고 있다.

그러나 사사기는 리더십의 부재 속에서 절망으로 무너지지 않는다. 이 책은 "그때에 이스라엘에 왕이 없으므로 사람이 각각 그 소견에 옳은 대로 행하였더라"(21:25)는 표현을 통해 역설적으로 리더십의 회복에 대한 소망을 보여 준다. 또한 실패한 인간의 리더십에 관한 이야기 속에서 진정한 지도자는 하나님이심을 메시지에 담고 있다. 이런 면에서 사사기는 비슷한 곤경에 처해 있는 현대의 독자들에게 역설을 통한 긍정의 메시지를 던져 준다.

사사기의 위치와 그 의의

사사기는 구약 역사서의 두 번째 책이다. 앞에서 언급한 것처럼 사사기는 히브리 정경에서 여호수아서와 사무엘서, 기독교 정경에서 여호수아서와 룻기 사이에 위치하고 있다.

여호수아서는 모세의 후계자이자 위대한 영적, 군사적 지도자인 여호수아의 사역들에 대해 다루고 있다. 모세로부터 여호수아에게로 성공적 리더십 이양은 '여호와의 종'이라는 표현을 통해 나타난다. 여호수아 1:1은 "여호와의 종 모세가 죽은 후에"라는 말씀으로 시작한다. 마지막 부분인 여호수아 24:29은 "여호와의 종 … 여호수아가 … 죽으매"라고 표현하고 있다. 모세를 통해 시작된 하나님의 사역은 그의 충실한 후계자 여호수아를 통해 성공적으로 수행된다.[1]

이에 반해 사사기는 단순히 '여호수아가 죽은 후에'라는 문구로 시작한다. 이 구절은 여호수아 1:1과 문자적으로 거의 동일한 것 같지만 '여호와의 종'이라는 표현이 생략되었다. 이것은 다분히 의도적으로 보인다. 사사기 2:8~10은 "여호와의 종 눈의 아들 여호수아가 … 죽으매 … 그 세대 사람도 다 그 열조에게로 돌아갔고 그 후에 일어난 다른 세대는 여호와를 알지 못하며 여호와께서 이스라엘을 위하여 행하신 일도 알지 못하였더라"고 기록하고 있다. 서두의 '여호와의 종'이라는 표현의 의도적인 생략을 통해 사사기는 충성된 영적 지도자의 단절을 암시적으로 나타낸다.

한편 17~21장에 "그때에는 이스라엘에 왕이 없으므로"라는 표현이 네 번 나타난다(17:6; 18:1; 19:1; 21:25). 왕의 부재에 대한 강조는 이스라엘의 가장 위대한 왕인 다윗의 등장을 다루는 사무엘서와의 다리 구실을 한다. 이렇게 사사기는 위대한 여호와의 종 여호수아의 시대와, 위대한 왕 다윗의 시대 사이에 놓인 리더십 부재를 다루는 것으로 볼 수 있다.

개신교 정경에서 룻기는 사사기와 사무엘서 사이에 들어 있다. 역사적·내용적 흐름으로 볼 때, 이런 배열은 아주 적절하다. 시기적으로 룻기는 "사사들의 치리하던 때에"(룻 1:1)라는 표현에서 볼 수 있듯이, 사사들이 다스리던 시절을 반영한다. 또한 룻기의 뒷부분에서는 다윗과의 연결성을 분명하게 보여 주기 위해, 룻과 보아스 사이에 태어난 오벳이 다윗의 조부임을 밝힌다(룻 4:17). 그리고 마지막으로 유다 지파에서 다윗까지의 가계 족보로 끝을 맺는다(룻 4:18~22). 이렇게 볼 때 룻기의 중요한 역할은 사사 시대 이후 최고 지도자인 다윗의 등장을 알리는 서곡으로 볼 수 있다.

지금까지의 내용을 정리하면 다음과 같이 도표화할 수 있다.

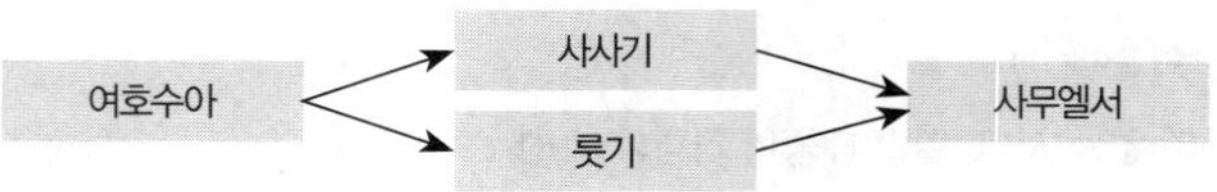

위의 도표가 보여 주는 바와 같이 사사기와 룻기는 같은 시대를 다루고 있다. 그러나 사사기가 진정한 지도자가 없는 시대의 암울함을 묘사하고 있다면, 룻기는 장차 올 위대한 지도자의 등장에 대한 희망의 서곡을 담고 있다. 암울한 사사기의 인물들과 대비해 룻기의 인물들이 긍정적이고 헌신적인 모습들로 가득 찬 점은 두 책의 상반된 성격을 잘 보여 준다. 룻기와 사사기를 함께 볼 때 두 책은 사사 시대의 빛과 그림자의 극명한 대조를 보여 준다.

사사기의 구조 및 내용 분석

사사기는 크게 세 부분으로 나뉜다.[2]

여호수아가 죽은 후(1:1~3:6)
　그 영토상의 결과들(1:1~2:5)
　그 영적 결과들(2:6~3:6)
사사들의 시대: 지도력의 타락(3:7~16:31)
　옷니엘(3:7~11)
　에훗(3:12~30)
　삼갈(3:31)
　드보라(4~5장)

기드온(6~8장)

아비멜렉(9장)

소사사 목록(10:1~5)

입다(10:6~12:7)

삼손(13~16장)

왕이 없는 시대: 일반 대중의 타락(17~21장)

영적 부패(17~18장)

도덕적 부패(19~21장)

사사기는 전체적으로 점점 심화되는 이스라엘의 퇴락을 그리고 있다. 학자들은 이러한 퇴락의 심화 과정을 '나선형 하강'(downward spiral) 또는 '하향 나선형'(a widening gyre)이라는 용어를 사용해 표현한다.[3] 이스라엘은 소용돌이 모양으로 퇴락의 사이클을 따라 떨어지는데, 그 소용돌이는 점점 더 커져 결국 온 이스라엘을 삼키는 모습을 취하고 있다.

이제 이러한 시각에서 사사기의 내용을 간략하게 살피면 사사기는 두 개의 서론(1:1~2:5; 2:6~3:6)을 갖고 있다. 첫 번째 서론(1:1~2:5)은 여호수아의 죽음 이후 정복 전쟁의 결과들에 대해 다루고 있다. 이 단락의 내용은 전반적으로 정복의 실패와 이스라엘의 퇴락의 모습을 그리고 있다.[4]

	이스라엘의 행동	결과
1:1~21	이스라엘이 가나안을 침	가나안인들이 패배함
1:21~30	이스라엘이 가나안을 침	그러나 일부 가나안인들이 떨어져 살게 용인됨
1:31~33	이스라엘이 가나안을 차지하지 못함	가나안인들이 이스라엘 가운데 살게 됨
1:34~36	가나안인들이 단 지파의 지역을 차지하게 됨	이스라엘이 멀찍이 떨어져 살게 용인 됨

위의 도표를 볼 때 서론 단락은 가나안 사람들을 쫓아내야 할 사명을 가진 이스라엘이 오히려 가나안 사람들에게 밀려나는 모습을 그리고 있다. 결국 이 단락의 끝(2:1~5)에 가서 하나님은 이스라엘이 가나안 땅 거민을 내쫓고 그들의 단을 헐라는 명령을 순종치 않았기 때문에 그들을 쫓아내지 못할 것이며, 그 땅 거민들이 이스라엘의 올무가 될 것이라고 말씀하신다. 이 말씀을 들은 이스라엘 모든 자손들이 크게 울었기 때문에 이 계시의 장소는 '보김'(우는 자들)이라는 명칭을 얻었다. 여기서 이스라엘의 울음은 사사기의 전체 분위기를 대변한다.

두 번째 서론(2:6~3:6)은 여호수아 사후의 영적 상황에 대해 기술한다. 그의 사후 여호와를 제대로 섬기지 못한 이후 세대들은 여호와 대신에 가나안 신들을 섬기는 행악을 저지른다. 그 행악은 여호와의 진노를 불러일으켜 이방 민족에게 고통을 당하는 결과를 가져온다. 오직 하나님께서 개입하셔서 사사를 통해 구원하실 때에야 그들은 고통에서 벗어난다. 그러나 그들은 얼마 지나지 않아 다시 이방신을 섬기는 죄악을 범한다.

이것을 도표로 나타내면 다음과 같다.

이 패턴은 특히 사사기 3:7~16:31에 나오는 사사들의 이야기를 이해하는 해석학적 틀을 제공한다는 점에서 중요하다. 사사 시대는 불행하게도 이 악순환의 고리를 끊지 못하고 나선형 하락을 계속한다.

두 번째 서론 단락의 결론 부분(3:1~6)은 첫 번째 서론 결론 부분(2:1~5)에서 한걸음 나아가 이스라엘 사람들이 가나안 사람들에 동화되어 그들과 혼인 관계를 맺고 그들의 신을 섬기는 모습을 그리고 있다. 즉 이스라엘의 퇴락이 점점 심화되고 있는 것이다.

열두 사사들의 이야기를 다루고 있는 두 번째 단원(3:7~16:31)의 구조는 내레이터의 집중적인 조명을 받고 있는 대사사들과 아비멜렉을 중심으로 살펴 볼 때 다음과 같은 동심원적 구조를 갖고 있다.[5]

A. 옷니엘(3:7~11)

B. 에훗(3:12~31)

C. 드보라(4~5장)

D. 기드온(6~8장)

Cᴄᴇ. 아비멜렉(9:1~10:5)

Bᴄᴇ. 입다(10:6~12:15)

Aᴄᴇ. 삼손(13~16장)

이 구조의 중심에 기드온이 놓여 있는데, 그는 사사들의 이야기에 관해 전환기적 존재이다. 그는 삶의 전기에 귀감이 되는 신앙을 보여 준다. 그러나 그가 말년에 만든 황금 에봇은 이스라엘에 올무가 된다(8:24~27). 이전의 사사들의 경우는 '…의 사는 날 동안 … 년에 그 땅이 태평하였느니라'라는 문구가 나오지만, 이후로 더 이상 이런 문구가 나타나지 않는다. 이스라엘의 나선형 하락은 여기에서도 나타나는 것이다.

사사기 3:6~16:31의 사사들에 관한 이야기가 이스라엘의 영적 리더십의 퇴락을 보여 준다면, 사사기 17~21장의 두 이야기들은 이스라엘의 일반 대중의 상황을 보여 준다. 두 이야기를 감싸고 있는 "그때에는 이스라엘에 왕이 없으므로 사람마다 자기 소견에 옳은 대로 행하였더라"(17:6; 21:25, 참고 18:1; 19:1)는 말씀은 그 시기 백성들의 영적 상황을 극명하게 보여 준다.

사사기 17~18장은 미가라는 사람과 그의 레위인 제사장 그리고 단 지파의 이야기를 보여 준다. 그들은 여호와를 빙자하여 모든 일을 한다. 미가의 어머니는 신상을 만들어 여호와께 바친다. 미가는 복받기 위해 레위인 제사장을 임의로 세운다. 단 지파는 하나님의 이름으로 과도한 살상을 하고 미가 제사장을 빼앗는다. 그러나 그들의 여호와 신앙은 실체가 없는 또 하나의 우상 숭배일 뿐이다. 그들은 제대로 된 여호와 신앙을 가진 게 아니라 단지 '자기 소견에 옳은 대로' 행한 것이다.

사사기 19~21장에서 한 레위인은 행음하고 친정으로 도망한 첩을 데려오는 중에 베냐민 사람들에 의해 그 첩이 잔혹한 성폭행으로 죽임을 당하는 일을 겪는다. 사사기 저자는 그 이야기를 창세기 19장의 소돔성에서의 롯의 경험과 유사하게 묘사함으로써 그 시대의 영적 상황을 고발한다. 사사 시대의 이스라엘은 소돔이었던 것이다! 그 끔찍한 악을 고발하기 위해 레위인은 자기 첩의 몸을 열두 조각으로 쪼개어 이스라엘의 각 지파에 보낸다.

그 결과 베냐민 지파와 이스라엘의 나머지 지파들 간의 전쟁이 일어나며, 결국 패배한 베냐민 지파는 멸절 위기에 처한다. 이런 상황에서 이스라엘의 지파 연합은 베냐민 지파를 보존하기 위해 이 지파의 생존자들이 실로에서 여호와의 절기를 지키는 여자들을 겁탈하도록 허용한다. 악은 또다른 악을 낳을 뿐이다. 이 이야기에 등장하는 사람들 역시 각자의 소견에 옳은 대로 행하지만 그들의 행위는 여호와의 신앙에서 멀 뿐이다.

사사기 전체를 통해 나선형 하락을 계속해 온 이스라엘은 마지막 이야기를 통해 소돔과 고모라와 같은 상황에 이른다. 이렇게 해서 영적 리더십의 상실 시대는 흑암 속으로 저문다. 그러나 여기서 결코 간과해서 안 될 점이 있다. 사사기의 마지막 구절인 "그때에는 이스라엘에 왕이 없으므로 사람마다 자기 소견에 옳은 대로 행하였더라"는 표현은 진정한 지도자인 왕에 대한 소망으로 현실의 어둠을 물리치고 있다.

사사기의 신학적 주제

사사기처럼 풍부한 내용들을 담고 있는 책의 신학적 주제를 짧은 글 속에서 몇 가지로 요약하는 것은 어려운 일이다. 그럼에도 핵심적인 것을 몇 가지로 요약하면 다음과 같다.

첫째, 사사기에 나타나는 가장 두드러진 주제들 중의 하나는 이스라엘의 배역이다. 신명기는 이스라엘이 하나님께 순종하고 그 계명들을 지키면 그들과 함께하시고 그들에게 승리를 주시겠다고 약속한다. 그러나 이스라엘은 실패하고 오히려 가나안 부족들과 동화하는 중에 그들의 신을 섬기는 지경에 이른다.

둘째, 사사기는 암울한 상황에서도 여호와의 언약적 신실하심과 은혜는 계속 이어지고 있음을 보여 준다. 우선 하나님이 이스라엘을 곤경에 빠뜨리시는 것은 이스라엘이 하나님과의 언약을 어긴 것에 기인한다. 하나님은 그들이 언약을 파기한 것에 대한 벌로 언약의 저주 사항들을 시행하는 것이다. 그러므로 이스라엘이 당하는 고난은 하나님의 무능이나 실패를 보여 주는 게 아니라 하나님의 언약적 일관성을 보여 주는 것이다. 또한 하나님은 이스라엘이 나선형 추락을 통해 점점 더 큰 죄악으로 빠져 들어감에도 불구하고 그들에게 지속적이고 반복적인 은혜를 베푸신다. 이스라엘의 죄악이 관영하면 할수록 하나님의 은혜는 더욱 빛난다.

셋째, 사사기는 이스라엘의 진정한 사사와 왕 그리고 지도자는 여호와이심을 천명한다. 예를 들어, 드보라와 바락의 전쟁을 주관하시는 이도 여호와시고(4:15, 23; 5:20, 23), 기드온의 미디안과의 전쟁을 승리케 하시는 이도 여호와시다(7:7, 22). 이스라엘 열왕들의 실패가 진정한 왕은 여호와이심을 백성들에게 주지시키지 못함에 있듯이, 사사들의 실패는 진정한 사사는 여호와이심을 보여 주지 못함에 있다. 사사기는 지도자들의 실패에도 불구하고 유일하고 진정한 지도자는 오직 하나님뿐이심을 보여 준다.

맺는 말

사사기는 리더십의 결여가 가져오는 어두운 시대에 대한 비극적 서사이

다. 그러나 사사기는 비극에 무작정 무릎을 꿇고 마는 책이 절대 아니다. 사
사기의 내용을 들여다볼 때 실패를 반복하는 인간들이 역사의 주인공이 아
님을 그리고 있다. 그리고 마지막 구절을 통해 진정한 왕의 도래에 대한 소
망의 등불을 켠다. 그 소망은 가까운 미래에 다윗이라는 뛰어난 영성의 지도
자를 통해 성취된다. 그러나 궁극적으로 진정한 왕이신 예수 그리스도를 통
해 완성된다.

사사기의
역사적·사회적 배경

사사기의 본문 연구

사사기는 언뜻 보면 슬픈 이야기를 담고 있다. 여호수아의 죽음부터 사무엘의 등장과 왕정 체제 수립까지 약 350년간(주전 1390~1050년경)의 이스라엘 역사에서 발생했던 여러 사건들을 기록하면서, 이스라엘 백성들이 하나님의 명령을 저버리고 배교해 가는 과정을 생생하게 묘사하고 있다. 그들은 가나안 족속들을 철저히 정복하지 못하고 오히려 그들의 악습에 물들어 버렸다. 이런 점에서 사사기는 슬픈 이야기를 담고 있지만, 이에 그치지 않고 어두운 화폭에 축복과 소망이란 한 가닥의 색실을 길게 드리우고 있다. 이 희망의 색실이란, 하나님께서 자기 백성들을 다스리기 위해 영적 능력을 입혀 주어 부흥의 도구로 쓰셨던 '사사들'을 통한 구원이다.

'사사'는 여호와에 의하여 선별되고 능력을 입음으로 위기에 나타나 일하였으며 이 직분은 세습은 아니었다. 또 이 단어는 사법기능을 뜻하지 않고 오히려 당시 장로의 기능인 관계로 사사는 전쟁의 지도자 또는 보호자이다. 그들은 다른 말로 하면 '카리스마를 가진 군사령관'이라 할 수 있는데. 그들은 백성들을 감화시켜 자신들이 인도하려고 하는 방향으로 백성들을 동원하여 큰 군사적 원정에 성공하였다. 그러나 어느 한 사사도 모든 이스라엘 민족을 하나로 뭉쳐 군사적 원정에 참여 시키지는 않았다.

사사기는 오늘날 듣기에도 거북한 이야기를 담고 있다. 즉 죄를 적나라하게 파헤쳐, 우리들의 양심을 향해 외친다. 그런 까닭에 사사기는 잘 설교되지 않는 말씀이 되어버렸다. 그러나 사사기를 자세히 들여다보면, 이스라엘이 하나님으로부터 등을 돌려 징계를 받음으로써 구원이 필요했던 것처럼 오늘날 우리들도 타락한 현실로부터 구원 받을 필요가 있음을 말해주고 있다. 이런 관점에서 사사기의 교훈을 먼 과거의 '그들'에 대한 이야기로 받지 말고 '우리들'에게 주는 말씀으로 이해해야 한다. 사사기는 이방 민족들에게 내린 하나님의 심판보다는 하나님의 교회인 이스라엘에 임한 무서운 심판을 강조한다. 이 사실은 자신들의 신앙고백과 일치된 삶을 살아야 하는 신약 교회의 그리스도인들에게 주는 하나의 도전이다.

사사기 서론의 특징은 '배교'란 말로 요약할 수 있다. 그것은 오래전 하나님께 선택받아 약속의 땅을 기업으로 받았던 백성들의 반역이다. 서론은 다시 두 개로 나뉘는데, 그 첫 부분(1:1~2:5)은, 이스라엘 백성이 여호와의 말씀을 부분적으로 순종한 결과 이들이 행한 직무태만과 그에 따른 견책을 열거하고 있다. 처음에는 이스라엘 백성들이 주변의 이방족속을 쫓아내고 승리하였지만 시간이 지날수록 구분된 삶을 살기는커녕 그들과 동화되었다. 그 결과 정복 전쟁은 실패했다고 기술하고 있다. 둘째 부분(2:6~3:6)은, 이스라엘이 하나님과 멀어지게 된 내면적인 역사, 곧 종교적이고 윤리적인 타락을 언급하고 있다.

1. 처음에는 이스라엘이 여호와께 순종했다(수 23~24장, 삿 1:1; 2:6~8)

여호수아가 죽자마자 이스라엘 백성이 배교했던 것은 아니었다. '하나님의 종 눈의 아들 여호수아는 110세에 죽다'(수 24:29)는 보고는 사사기 2:8에 반복된다. 이런 두 구절의 반복 사이에는 여호수아 시대의 장로들이 생존했던 기간이 묘사되어 있다. 그때에는 백성들이 여호와를 섬겼다는 간단한 기술이 있다. 유다와 요셉을 중심으로 한 이스라엘 백성들이 가나안 원정 사역을 계속했다고 보고함으로써 이스라엘의 배교가 여호수아 사망 직후가 아니었음을 보여 주고 있다.

여호수아의 점령지들은 족장들에게 약속하셨던 약속의 '땅의 모든 전략적인 거점'들이었다. 그는 죽기 전에 백성들의 지도자들을 모아놓고 앞으로 그들의 행동에 따라 주어질 두 개의 가능한 미래를 말했다.

첫째, 그는 약속의 땅에 대한 온전한 정복과 그들이 할당된 땅에 정착하여 모든 이방 거민들을 쫓아낼 것에 관하여 간략하게 언급했다. "너희 하나님 여호와 그가 너희 앞에 그들을 쫓으사 너희 목전에서 떠나게 하시리니 너희 하나님 여호와께서 너희에게 말씀하신 대로 너희가 그 땅을 차지할 것이라"(수 23:5). 이같은 약속은 백성들의 온전한 순종(수 23:6), 우상 제거(수 23:7), 여호와에 대한 깊은 사랑(수 23:11)을 요구하고 있다.

둘째, 이들이 여호와의 명령에 순종하지 못할 경우, 곧 이방 나라들과 언약을 맺고, 그들의 신들을 섬기며 이들과 결혼하는 경우에는(수 24:12) 하나님의 축복을 잃게 되며 결국 파멸의 길로 인도될 것이다(수 24:13). 이같이 여호수아는 하나님이 이스라엘을 위해 행하신 놀라운 행사를 열거한 뒤에, 백성들에게 누구를 섬길 것인지를 택하라고 도전했다. "만일 여호와를 섬기는 것이 너희에게 좋지 않게 보이거든 너희 열조가 강 저편에서 섬기던 신이든지 혹 너희의 거하는 땅 아모리 사람의 신이든지 너희 섬길 자를 오늘날 택하라"(수 24:15).

이스라엘 백성들은 자신들이 당연히 여호와를 경배해야 한다고 큰소리쳤다(수 24:16, 18). 그러나 여호수아는 그들의 호언장담에, 만약 가나안의 신들을 따르면 하나님이 그들을 망하게 하실 것이라고 경고했다. 계속하여 여호수아는 그들이 가진 '이방신들'을 내던지고 하나님께 대한 순종을 실천에 옮기라고 촉구했다(수 24:23). 백성들은 자신들이 여호와의 종들이라고 공언하자(수 24:24), 여호수아는 큰 돌을 백성들의 서약에 대한 증거물로 세우고, 이스라엘 백성들이 하나님께 신실치 못하면 이 돌이 물적 증거가 되어 이스라엘을 정죄할 것이라고 말했다. 처음에 이스라엘은 자신들의 맹세에 합당하게 행했다. 여호수아가 죽은 뒤 그와 함께 일했던 장로들이 사는 날 동안에는 영적으로 경성하고 민감한 모습을 보였다. 이스라엘은 통일된 민족으로서 여호수아로부터 시작된 정복사역을 계속 추구하고, 주어진 약속을 성취하기 위해 땅을 확장해가는 일을 계속했다. 이런 모습이 사사기 1:1~2과 2:6~7에 암시되었다. 여호수아가 죽자 이스라엘 백성들에게는 새 시대에 걸맞는 새 지도자가 필요했다. 그때 그들은 여호와의 뜻을 물음으로 온전하게 출발했다.

여호수아 사후, 이스라엘은 남은 땅을 평정하는 일이 자신들에게 주어진 사명인 줄 알고 전쟁수행에 걸맞는 새 지도자를 선정('누가 먼저 올라가야 합니까?', 1절)해 달라고 여호와께 물었고, 그 결과 여호와로부터 직접 지시를 받는다. 여호와는 그 명예를 유다 지파에게 주었다(2중절). 하나님과 이스라엘의 대화는 여호수아 기사에 언급된 '남은 족속'과 여호와께서 여호수아 사후 그들을 쫓아내시겠다는 약속을 전제로 하고 있다. 아직까지는 이스라엘이 여호와의 약속 안에서 가나안 정복의 열정을 갖고 있었음을 알 수 있다. 이에 하나님도 언약에 신실하게 응답하신다. '이 땅을 그들의 손에 붙였노라'(1:2)는 약속으로 백성들을 인도했다. 모든 땅은 하나님께 속하였고 그가 이를 신실하고 순종하는 백성들에게 주실 것이다. 처음에는 하나님의 능력이 이스라엘 백성들 가운데 함께하셨기 때문에, 그들이 기업을 차지할 수 있었다(1:19상, 22). 유다는 유다 산지로 올라가 베섹, 예루살렘, 헤브론, 드빌 등 여러 곳에서 승리하여 산지와 남방과 평지에서 가나안 사람들을 쫓아내었다. 요셉 족속을 포함하여 다른 지파들도 처음에는 에브라임 산지와 갈릴리 산지에 있는 가나안 족속들과 싸워 승리했다.

2. 이스라엘은 여호와의 말씀을 부분적으로 순종했다(삿 1장)

이스라엘의 가나안 정복은 처음에 성공한 듯 보이나 끝내는 실패하였고, 그 결과 백성들은 하나님의 명령을 온전하게 수행하지 못했다. 왜냐하면 이들은 여호와의 말씀을 부분적으로 순종하였기 때문이다. 이들은 의도적으로 가나안 족속들과 그들의 도시들을 파멸시키려고 하지 않았다.

첫째, 이스라엘은 여호와를 온전하게 신뢰하지 못했다. 여호와께서 그들과 함께하셨음(1:19상)에도 그들은 여호와를 바라보기보다는 골짜기 거민들이 가진 철 병거를 보고 두려워했다. 그 결과 그들을 쫓아내지 못했다(1:19하). 당시 철 병거는 가공할 만한 무기였으나, 여호와가 함께하실 때에는 무용지물에 불과했다. 사사기 4~5장에 나오는 사사 드보라와 바락의 승리가 바로 그 예이다. 철 병거 900승으로 침략한 시스라의 군대를 하나님의 도움으로 물리쳤다. 하나님이 철 병거가 달리지 못하도록 큰 비를 내려 땅을 진흙수렁으로 만들어 이스라엘이 큰 승리를 거두게 하셨다(참고 5장). 참으로 전쟁의 승리는 무기에 있는 것이 아니라 하나님의 도움에 있다. 이스라엘이 이같은 사실을 망각한 것이다. 결국 이스라엘은 '위험 부담이 크다'는 이유 때문에, '철 병거'로 무장한 해안 평야의 거민들을 상대로 정복 전쟁을 벌일 의사가 없었던 것이다. 이는 하나님께 대한 불순종이었다. 그래서 사사기 1:19의 말씀은 일종의 역설(paradox)이다. 여호수아의 군대는 철옹성과 같은 여리고와 하솔을 점령하였으나, 이스라엘은 단지 적군이 철 병거를 가졌다는 이유로 점령하지 못함을 밝히고 있다. 이는 이스라엘이 하나님의 명령을 준수하고자 하는 열정이 상당히 약화되었음을 암시함과 더불어, 종국에는 정복이 실패로 끝났음을 공식적으로 언급하는 것이다.

둘째, 이스라엘은 동족 간의 타협이란 함정에 빠졌다. 2절에서 여호와는 유다에게 구체적으로 "내가 이 땅을 네 손에 붙였노라"고 말씀했다. 그러나 유다는 여호와의 명령을 일부만 순종하여 자기에게 주어진 기업을 점령하는 일에 즉각 시므온과 협약을 맺었다(1:3). 이같이 유다는 하나님의 약속보다 인간적 계산을 더 신뢰했다. 하나님이 내게 사역을 명하실 때 인간의 도움을 구하려고 주변을 둘러본다면 어찌되겠는가? 인간을 의지하려 할 때 이미 실패의 문턱을 넘게 되는 것이다.

셋째, 타협의 상대가 주변의 이방 민족들에게까지 확대되었다. 요셉 족속은 벧엘을 공략하면서 도움을 주었던 이방인 정보 제공자를 살려 주었고, 그 결과 일부 가나안 사람들이 먼 지역에 가서 번성하게 되었다. 이 기사는 가나안 문화 자체가 하나님의 명령대로 멸절되지 않고, 타협의 결과 눈에 보이는 도시 형태로 살아남았음을 말해 준다(1:22~26). 이는 이스라엘 백성들의 가나안 점령이 하나님의 명령에서 빗나갔다는 암시다. 구성상 이 기사는 여호수아 군대가 멸절시켰던 여리고 기사와 유사하지만, 하나님 명령대로 멸절시키기보다는 타협의 결과로 정보 제공자를 살려주었다는 점에서 큰 차이를 보여 준다.

넷째, 이스라엘 각 지파가 이방 민족들과 앞다투어 타협했다. 그들이 점진적으로 배교해 가는 모습이 적나라하게 묘사되어 있는데 그것을 정리하면 다음과 같다.

먼저, 처음에는 북쪽 지파들이 전쟁에 승리하였으나 하나님의 명령에 따라 가나안족을 쫓아내거나 죽이기보다는 노예로 삼는 쪽을 택했다. 이것은 가나안 족들을 진멸시키라는 여호와의 명령을 의식적으로 무시하여 부분적으로 순종한 정책이었다. 이같은 암시는 이스라엘이 거민들을 쫓아낼 수 있었음을 말하는데 이는 가나안 족속을 노예로 삼을 수 있을 만큼 강하였음을 보여 준다(1:27~28).

사실, 처음에는 가나안 사람들이 이스라엘 안에 거주하였는데 그들이 번성함에 따라 이제는 상황이 뒤집어져 이스라엘이 그 땅 거민 가나안 사람들 안에 거하게 되었다(1:32). 곧 이스라엘이 가나안 족속들을 쫓아낼 능력이나 의지가 없는 상황이 되었음을 암시해 준다. 가나안 족속을 멸하라는 하나님의 명령이 갈수록 변질되고 있음을 보여 준다.

결국, 가나안 족속들이 이스라엘을 쫓아냈고 그 결과 이스라엘 백성들은 기업으로 얻은 땅에 거하지 못하고 동굴이나 산지에 거할 수밖에 없는 처지에 이르렀다(1:34). 이런 배교 현상은 3:11까지 계속되면서 다른 두 개의 요소를 포함하게 된다.

그러나 이들은 주변 민족들과 통혼하기에 이르게 된다(3:6).

끝내는 영적 의미에서 자신들 스스로 '영적 노예' 상태에 빠지게 되고 가나안 신들을 섬기게 되었다(2:11~13).

이를 도식화하면 다음 도표와 같다.

<점진적으로 배교해 가는 이스라엘>

	타락 정도	지파
정상 단계	여호와께 순복하다	유다(1~2), 요셉(25하)
1단계	가나안 사람이 이스라엘 백성 가운데 거하다	유다~시므온(3, 17), 요셉(25하)
2단계	이스라엘 백성은 가나안 사람을 사역시키다	겐족(16), 므나셋(27), 에브라임(20)스불론(30), 아셀(31), 납달리(33)
3단계	이스라엘 백성은 가나안 사람을 사역시키다	베냐민(21), 므나셋(28), 스블론(30), 납달리(33), 요셉 족속(35)
4단계	아들을 이방 족속과 결혼시키다	
5단계	바알을 섬기고 여호와를 버리다	이스라엘 백성(2:11~13)

이것을 우리 시대에 적용해 보면, 우리가 승리했을지라도 이방 문화가 다시 심긴다면 미래에 똑같은 재앙이 우리에게 주어질 것이다. 예컨대 정원에 잡초가 뽑혀진 것 같아도 뿌리가 조금이라도 남아 있다면 다시 자라나는 것과 같다. 이는 상자 속의 썩은 사과 하나가 전체를 썩게 하는 것과 같다. 이와 마찬가지로 우리도 죄를 지어도 죄로 깨닫지 못하다가 이것이 습관이 되고 끝내는 죽음에 이르는 것과 같다. 파국을 피하기 위해서는 어떤 전환이 있어야 한다. 아프리카의 선교사들의 말처럼 '새끼 표범이 어른 표범이 되고, 어른 표범은 사람을 잡아 죽인다.' 아주 앙증맞고 예쁜 새끼 표범이지만 끝내는 커서 키운 자를 물어 죽인다. 자신의 영적 상태를 과신하여 서서히 죄에 물들지만 영적 죽음에 가까이 다가가는 것을 알지 못한다.

3. 이스라엘이 주변 백성들과 타협한 결과 배교하게 되었다(삿 2, 17~21장)

사사기 1장에서 군사적 정복이 실패하게 된 원인은 이스라엘 민족의 수적인 열세나 화력의 부족에 있지 않았다. 이스라엘의 실패 원인은 순전히 하나님께 대한 불순종에 있었다. 이스라엘은 주님을 순종하겠다고 약속하고

서 지키지 않았다. 그 결과 이스라엘은 언약의 파기자가 되었고, 언약에 약속된 축복들을 박탈당했다. 두 번째 서문(2:6~3:6)도 첫 서문의 내용과 거의 비슷하다. 사사기 3:7~16:31에서는 앞으로 등장할 사사들에 대한 기본적인 언급을 함으로써 그들에 관한 기사가 나올 것을 예견케 해준다. 또한 본문에서는 이스라엘의 대표적인 죄의 두 가지 측면을 다루는데, 첫째로는 바알 숭배로 진전되는 거짓된 예배(2:10~15)를, 둘째로는 사회 질서의 교란(2:16~19)을 다룬다.

이런 타락상은 여호수아와 함께 동역했던 장로들이 세상을 떠난 후부터 옷니엘이 이스라엘의 첫 사사가 되었을 때까지의 시기에 일어났던 현상이다. 사사기 기자는 이같은 탈선의 진행과정을 예시하기 위해 두 개의 실화들을 '부록'으로 첨부했다(17~21장). 이 두 사건은 위에서 지적한 초기 시대에 발생되었음이 분명하다. 무엇보다 이런 사건들을 첨부한 의도는 하나님께 헌신했다는 백성들이 얼마나 급속하게 타락되었나를 보여 주려는 데 있다. 첫째 사건은 사사기 17~18장에 기록된 것으로 언약 백성들이 살아 계신 하나님을 신상으로 만들어 섬기려 한 우상 범죄를 보여 준다. 둘째 사건은 사사기 19~21장에 기록된 것으로 언약 백성들이 윤리적으로 타락되어 동족상잔의 전쟁까지 불사하였고 어떤 목적을 위해서는 수단과 방법을 가리지 않았던 모습을 보여 준다. 사사기 저자는 이 모든 것이 왕이 없었던 시대에 사람들이 자기 소견대로 행하였던 모습이라고 말한다(18:1; 19:1; 21:25).

1) 이스라엘의 종교적 타락(17~18장)

첫 번째 부록(17~18장)에 기재된 사건은 에브라임에 사는 미가에 대한 이야기로 시작된다. 미가는 자기 모친으로부터 은 1,100세겔(450온스)의 큰 돈을 훔쳤다. 미가의 모친은 자기 아들이 훔친 것을 모르고 그 도둑을 저주했다. 그러자 미가는 겁을 먹고 자기 모친에게 훔친 돈을 되돌려 주었다. 미가의 모친은 되찾은 돈 가운데 미가에게 200세겔(80온스)을 주어 새긴 신상과 주조한 우상을 하나씩 만들어오게 했다(17:4). 미가는 이 신상들을 자신의 개인 신당에 모셔놓고 한 아들을 세워 제사장으로 삼았다. 이런 일이 생긴 것은 당대에 왕이 없었으므로 누구나 자기가 좋아하는 대로 했기 때문(17:6)이라고 성경 저자는 언급한다.

그러던 어느 날 한 레위인이 이곳을 지나다가 미가를 만났다. 미가는 그에게 일년 봉사료로 10세겔의 은화와 숙식 및 의복을 제공키로 하고 그를 가정 제사장으로 고용했다. 그 레위인은 미가의 고용 조건을 쾌히 승낙하였고 미가도 이를 잘된 일로 여겼다. "이에 미가가 가로되 레위인이 내 제사장이 되었으니 이제 여호와에서 내게 복주실 줄을 아노라 하니라"(17:13). 미가는 이제 개인 산당도 있고 신상도 세웠으며 레위인 제사장까지 두었으니 모든 구색을 다 갖추었다고 흡족해 했다. 그러나 제의의 모든 외적 모양을 갖추었지만, 하나님이 정하신 모습과는 너무 동떨어졌다.

이 시점에서 단 지파의 이야기가 등장한다. 단 지파는 그 당시에 정착할 거주지를 찾던 중이었다(18:1). 단 지파는 원래 유다와 중앙 팔레스타인 해안 사이의 평지를 할당받았지만 아모리 족속을 몰아내지 못하여 어려움을 겪고 있었다. 그들은 하나님이 할당해 주신 지역에 거하기보다는 새로운 정착지를 탐지토록 정탐꾼들을 보냈다. 이 정탐꾼은 미가의 집에 이르러 그 레위인에게 상담을 청했다. 레위 제사장의 축복을 받고 떠난 정탐꾼은 헐몬 산의 경사지와 인접한 비옥한 훌레 골짜기에 위치한 라이스 성을 발견했다. 이들은 귀대하여 라이스를 탈취하자고 제안했다. 이리하여 라이스 공략을 원하는 단 지파의 선발대가 즉시 출전케 되었다. 선발대는 라이스로 가는 길에 미가의 산당에 들어가, 레위인 제사장을 비롯하여 신상까지 탈취했다. 이들은 이를 가져다가 라이스에 예배처를 세울 계획이었다. 단 지파의 공격대는 라이스를 쳐부수고 점령했다. 단 지파는 계획대로 라이스에 새로운 예배처를 세우고 데려간 레위인을 제사장으로 삼았다. 여기서 성경 저자는 레위인의 이름을 밝히고 있다. 그는 다름 아닌 모세의 손자 게르손의 아들 요나단이었다(18:30). 이 사건이 사사기 초반에 일어났음을 보여 주기 위한 기록이다. 이렇게 건립된 예배처는 사무엘의 때까지 존속되었으며 이후 이스라엘의 북왕국 시절에 끊임없이 되살아났다.

이처럼 당시 백성들이 도덕적으로 타락하여 도적질을 예사로 여길 정도였다. 미가의 모친이나, 단 지파도 이를 문제시하지 않았다. 미가의 모친은 그의 도적질을 꾸짖기는커녕 보상으로 신상을 만들어 주었다. 나중에 단 지파 사람들이 미가의 산당을 털었지만, 이를 수치로 여기지도 않았다. 또 백성들은 하나님이 정해 주신 예배의 형태를 자기들 좋은 대로 변조했다.

- 그들은 하나님의 모습을 우상으로 만들어 이를 숭배했다(참고 출 20:4).
- 당시 중앙 예배 처소가 실로에 있었는데, 그들은 이를 대신하여 비공식적인 사설 예배 처소를 세웠다.
- 그들은 제사장들을 마음대로 임명했다. 미가는 아들을 제사장에 앉혔다가 나중에 레위인으로 대체했다. 단 지파 사람들은 처음에 미가의 레위인 제사장을 고용했다가 이어서 모세의 손자 게르손의 아들 요나단과 그 자손들을 제사장직에 앉혔다.
- 미가의 집과 단 지파에서 제사장 노릇을 하던 레위인은 하나님께서 지정해주신 장소를 벗어나 개인 산당에서뿐 아니라, 다시 단 지파 사람들이 이끄는 대로 라이스까지 가서 제사장의 직무를 감당했다. 당시 성직자들까지 영적으로 크게 타락하였음을 간접적으로 암시해 주고 있다.

2) 이스라엘의 도덕적 타락(19~21장)

두 번째 부록(19~21장)은 이스라엘의 도덕적 붕괴와 사회적 혼란을 말해 준다. 이스라엘 사회의 도덕적 타락은 온 사회에 퍼져 베냐민 지파를 살육한 시민전쟁과 이로 인한 법치사회의 와해로 나타났다. 여기에는 세 가지 이야기가 기록되어 있다.

첫째, 나그네로 에브라임 산지의 구석에 살며, 이름이 밝혀지지 않은 레위인이 등장하는데, 그의 첩이 집단 성폭행을 당하고 죽게 되는 끔찍한 이야기가 나온다(19:1~30). 이 레위인은 미가와 같은 지역에서 온 사람이었는데(17:1; 19:1) 그에게 첩이 있었다. 어느 날 그의 첩이 베들레헴에 있는 친정으로 돌아가 버렸다. 레위인은 자기를 떠난 첩을 다시 데려오려고 처갓집으로 가서 그녀를 설득했다. 며칠 뒤 그들은 저녁 늦게 서야 북쪽의 에브라임을 향해 길을 떠났다(19:9~10). 그들은 돌아오는 중에 여부스에서 하룻밤을 묵을까 하다가 그곳이 이스라엘인이 사는 도시가 아니므로 마음을 바꾸어 거기서 가까운 베냐민 지파에 속한 기브아 성읍에 들려 하루를 머물고자 했다. 그러나 베냐민 사람들 중에 그들을 맞아 주는 이가 없었다. 다행히 에브라임에서 온 한 노인이 성읍 광장에서 서성대는 이 일행을 보고 자기 집으로 맞아 유숙토록 했다(19:12~21). 그런데 밤중에 몇몇 청년들이 그 집에 몰려와 레위인을 내놓으라고 하여 그들은 그와 더불어 동성연애를 즐기려 했다. 이는 인간이 상상할 수 있는 죄 가운데 가장 악한 것이었다(19:23).

여기서 저자는 레위인이 기브아로 가려했던 결정을 매우 풍자적으로 묘사한다. 이방인들의 환대보다는 이스라엘 백성들의 환대를 받으려던 레위인은 도리어 소돔과 같은 곳에 처하게 되었다! 그러자 그 노인은 그들에게 그 사람 대신 자기 딸과 레위인의 첩을 내어 줄 테니 마음대로 하라고 제안했다. 그런데도 동성연애자들은 계속 레위인을 원하면서 노인의 제안을 거절하자, 레위인은 자신의 첩을 밖으로 내밀어 보냈다. 레위인을 강간하겠다던 그 불량배들은 그의 첩을 보자 집단으로 "그 여자에게 행음하여 밤새도록 욕보이다가"(19:25) 새벽에 풀어 주었다. 레위인이 아침에 나와 보니 그의 첩이 집 문에 엎드려 죽어 있었다. 그는 그녀의 시체를 가지고 집에 돌아와서 열두 토막을 내어 이스라엘 열두 지파에게 보내고 이 잔혹한 악행에 대해 보복을 호소했다(19:26~30). 여기에서 저자는 이스라엘 사회에 동성연애가 공공연히 자행된 사실을 그려 주고 있다. 이런 성적 탈선은 이 세상에서 창조주의 형상을 드러내도록 하신 하나님께 대한 모독이었다. 소돔과 고모라의 백성들처럼 멸망당할 수밖에 없을 정도로 하나님의 언약 백성이 타락했다.

둘째, 이스라엘이 베냐민 지파와 동족상잔의 시민전쟁을 벌려 그들을 집단으로 살육했다(20:1~48). 레위인이 보낸 열두 토막의 사체를 본 이스라엘

은 즉각 400,000명이나 되는 군대를 미스바에 집결시켜 베냐민 지파에게
범인들을 넘겨 달라고 했다. 그러나 베냐민은 이를 거절했고, 곧 이어 동족
상잔의 전쟁이 발발했다. 하나님은 전쟁을 통해 그들을 징계하여 낮추고자
하셨다. 그러나 양편 모두 자기 지파들의 긍지를 지나치게 내세우는 바람에
교정으로 주어진 전쟁이 대량 살륙으로 나타났다. 베냐민 지파는 26,700명
에 불과했지만 수적으로 훨씬 우세한 이스라엘 군대를 계속 물리쳤다. 이스
라엘은 세 번째 전투에서 여호와로부터 승리를 약속받고서 기브아를 탈취
하였고 베냐민 군대를 무찌를 수 있다. 이때 베냐민에 대한 이스라엘의 복수
는 철두철미했다. 그들은 베냐민 지파의 장정 600명을 제외하고는 모든 장
정들뿐 아니라 여자들과 아이들마저 몰살시켰다. 여기서 저자는 당시 이스
라엘 백성들이 인간의 생명을 천시하는 것을 지적하고 있다. 레위인은 자기
목숨을 살리고자 자신의 첩을 불량배들에게 내어놓아 죽이더니, 이제는 온
이스라엘이 대량학살을 서슴지 않는다. 베냐민 지파를 거의 몰살시켰고, 함
께 전쟁에 참여하지 않았다는 이유로 야베스 길르앗 거민들을 진멸시켰다.

셋째, 이스라엘은 베냐민 지파를 재건하는 데 불법적인 소행들을 자행했
다(21:1~25). 이 전쟁으로 이스라엘은 대단히 심각한 문제에 봉착하게 되었
다. 베냐민 지파는 불과 600명의 남자들만 남게 되어 한 지파로서 존속할 수
없게 되었다. 이스라엘은 베냐민 지파의 명맥을 유지시켜 주기 위하여 불법
적인 소행들을 자행했다. 먼저 그들은 베냐민 지파와의 전쟁에 함께 참여하
지 않았다는 이유로 요단 동편의 야베스 길르앗 사람들을 공격하여 다 죽였
다. 그리고 이들 거민 가운데 처녀 400명만 살려두어 베냐민의 잔존 남자들
의 신부로 주었으며, 또 모자라는 신부 200명을 구하기 위해 이스라엘은 또
한 가지 방책을 짜내었는데, 이스라엘은 베냐민 지파에게 자기들이 눈감아
주겠으니, 하나님의 장막이 있는 실로의 연례 축제 때에 가서 순례하러 온
여자들 가운데 200명을 납치하여 취하라고 했다.

이처럼 왕이 없었던 사사기 시대에 사람들은 '자기 멋대로' 행했다(21:25).
사사기 시대는 칠흑 같은 영적, 도덕적 어둠이었다. 백성들은 하나님 보시기

에 옳은 것을 행하지 않고 각각 자기 소견에 옳은 대로 행했다. 앞에서 살펴본 한심스런 사건들을 통해 우리는 붕괴되는 사회의 네 가지 측면을 지적할 수 있다.

사사기의 반복적인 주제: 범죄 – 징계 – 회개 – 구원

사사기 서론이 보여 주는 이스라엘의 모습은 이렇다. 그들은 하나님께 부분적으로 순종했다가 끝내는 하나님을 배교했다. 그들은 가나안 족속들을 멸망시키지 않았고 거짓 신들을 몰아내지 않았다. 그뿐 아니라 그들은 이방 민족과 타협하고 그들에게 동화되었다. 결국 여호와를 버리고 바알을 섬기게 되었다. 하나님은 그들을 위해 가나안 족속을 내쫓아 주지 않았으며, 그 결과 가나안 사람들과 그 신들이 이스라엘 백성들에게 올무가 될 것이라고 예고했다. 그러자 하나님의 백성들은 죄를 슬퍼하고 눈물을 흘리면서 하나님의 자비하심에 호소했다(2:1~5).

이같은 모습은 사사기 전반을 통해 반복하여 나타난다. 성경 저자는 사사기 2:11~18에서 다음 네 가지의 주제를 말한다.

1. 이스라엘 백성이 여호와 앞에서 악을 행했다(2:11).
   이스라엘이 여호와를 버리고 주변 백성들이 섬기는 바알을 섬겼다.
2. 그래서 여호와께서 진노하사 그들을 노략하는 자에게 맡겨 그들을 노략케 했다(2:14).
   한때 이스라엘은 여호수아의 영도 하에 가나안 땅 거민들의 간담을 서늘하게 할 정도로 강하였으나, 이제 여호와의 진노로 인하여 무력하게 되었다. 이 구절의 초점은 '노략자들'과 '적들'의 손을 통해 이스라엘을 징계하시는 여호와의 분노이다.
3. "여호와께서 억눌려 고통당하는 백성들의 간구를 들으시고"(2:18).

이 구절의 초점은 앞 절과는 달리 노략자들과 '적으로부터' 건져 내시
는 하나님의 사랑이다.

4. "여호와께서 그들을 구원할 사사를 세워"(2:16).

구원하시고 일정 기간 동안 안정된 시기를 주었다. 이스라엘 백성이 여호
와를 버리고 이방신을 따름으로 인하여 여호와의 징계를 받는 침울한 상황
에서도 여호와는 이스라엘을 구하기 위해 사사를 '세우는 일'을 하실 것이라
고 암시한다. 사사가 사는 날 동안은 외국의 모든 압제에서 자유로워질 수
있었다(2:18하). 그러나 그가 죽으면, 이들은 여호와의 길에서 속히 떠나버렸
다. 사사들은 '구원자'와 동시에 여호와의 명령을 '선포하는 자'였지만, 이스
라엘의 배교의 파도를 멈추게 할 수는 없었다.

성경 저자는 이런 반복적 상황이 계속된 이유로 "그때에 이스라엘에 왕
이 없으므로 사람이 각각 그 소견에 옳은 대로 행하였더라"(21:25)라고 밝히
고 있다. 이스라엘의 어두운 하늘은 하나님이 일으켜 주실 한 구원자의 사역
에 의해 광명한 빛을 비출 것이다. 이스라엘은 한 의로운 왕이 필요했다. 사
사 시대는 다윗 왕의 출현을 기다리고, 다윗 왕은 주 예수 그리스도의 오심
을 예견케 한다. 그러므로 우리들은 사사기가 사악한 백성들의 악행들을 열
거한 목록이 아니고, 어두운 죄 속에서도 하나님의 은혜가 드러났음을 알리
는 메시지임을 잊어서는 안 된다. 사사기는 하나님의 백성들에게 내려진 은
혜와 구원과 부흥의 메시지이다. 이 사실을 포착해야 사사 시대를 바로 이해
할 수 있다.

05

사사기에 나타난
내러티브의 탁월성

성령의 감동으로 기록된 성경을 바르게 연구해 강단에서 생명력 넘치게 선포하는 일이란 설교자들에게 최고의 보람이요 책임이다. 이 일을 위해 신학자들과 설교자들은 성경 본문이 내포하고 있는 다양한 신앙적 메시지들을 발견하려고 노력을 기울여 왔다. 다시 말해 성경 본문이 전달하려는 의미(what the text meant)와 아울러 현재에 적용돼야 하는 의미(what the text means)를 찾아내는 데 주력해 왔다.

그러나 성경을 연구하는 데 있어서 또 다른 관심을 기울여야 한다고 강조하는 성경 해석학자들과 설교자들이 20~30년 전부터 많이 등장했다(Robert Alter, Meir Stern - berg, Thomas Long, Alan Culpepper). 여기서 또 다른 관심이란 성경 본문의 문학적 탁월성에 관한 연구를 뜻한다. 즉 성경 연구에서 본문이 의미하는 바를 찾는 것만큼 중요한 것이 바로 본문의 의미를 효과적으로 전달하기 위해 사용한 문학 형태와 기법들을 발견하는 것이라고 주장한다.

다시 말해 본문이 내포하고 있는 교훈(what the text meant 그리고 what the text means) 연구도 중요하지만 그것이 어떤 문학적 형태와 기교를 통해 전해졌는지(how the text meant, how the text means)에 관한 연구도 중요하다는 것이다. 왜냐하면 아무리 심오하고 중요한 교훈이라 할지라도 그것을 전달하는 방식이 진부하거나 효과적이지 못할 때 교훈 자체가 독자들이나 청중들에게 전해지는 데 많은 제한을 받게 되기 때문이다. 현재 광고계에서나 여러 커뮤니케이션 이론을 주장하는 사람들은 "의사 전달 방식이 바로 메시지 자체이다"(Medium is the message)라고 말할 정도로 메시지의 전달 방식이 의사전달에서 절대적이고 불가분의 위치를 차지함을 인정하고 있다.

사사기를 연구한 학자들은 그 책이 담고 있는 신앙적 교훈들이나 주제들이 분명하면서도 신학적 깊이가 있다는 점을 인정한다. 특히 이스라엘 백성들의 과거 역사를 모세의 율법이나 특히 신명기적 가르침에 준하여 올바르게 평가함으로써 이 책을 읽는 후대 독자들이 하나님의 주권을 인정하고 신앙의 결단을 새롭게 하도록 도왔다고 본다. 그런데 사사기를 보면서 발견하게 되는 또 하나의 사실은, 이 책에 포함돼 있는 역사적 사건들과 인물들에 관한 문학적 묘사가 탁월하다는 점이다.

그래서 사사기에 포함돼 있는 이야기들이나 시들을 접하는 독자들이 흥미진진함을 느끼는 가운데 신앙적 교훈들을 얻어낼 수 있었다는 점이다. 필자는 이 글을 통해 사사기에 나타나는 역사적 이야기들(narratives)이 문학적으로 볼 때 얼마나 정교하게 엮어져 있는지를 살펴보고자 한다. 그래서 현재의 설교자들이 사사기를 설교할 때 고려해야 할 바들을 생각해 본다.

사사기 전체의 구조

사사기는 저자가 강조하는 신앙적 주제들을 효과적으로 소개하기 위해 본문의 전체적인 구조를 설정하는 일에도 주의를 기울였음을 보여 준다. 그뿐 아니라 히브리인들이 전통적으로 읽어오던 구약 성경인 맛소라 본문의 순서에 의하면, 사사기의 시작을 여호수아가 죽은 후에 있었던 사건들을 언급함으로써 여호수아서와 연대적으로 연결시키고 있다. 그리고 사사기의 마지막 부분을 이스라엘에 왕이 없어 사람들이 각기 그 소견에 옳은 대로 행했다는 언급으로 끝마침으로써 다음에 이어지는 책인 사무엘서의 내용과 연결시키고 있다. 사사기의 구조를 분석한다면 다음과 같이 나눌 수 있다.

1. 사사 시대의 역사에 관한 신학적 해설(1:1~2:23)

   1) 이스라엘 지파들의 가나안 정착 과정(1:1~2:5)

   2) 사사 시대의 역사에 관한 신학적 해설(2:6~23)

2. 사사들의 활동(3:1~16:31)

   1) 옷니엘의 활동(3:1~11)

   2) 에훗의 활동(3:12~30)

   3) 삼갈의 활동(3:31)

   4) 드보라의 활동(4:1~5:31)

   5) 기드온의 활동(6:1~8:35)

   6) 아비멜렉과 요담에 관한 이야기(9:1~57)

   7) 돌라와 야일의 활동(10:1~5)

   8) 입다의 활동(10:6~12:7)

   9) 입산, 엘론, 압돈의 활동(12:8~15)

   10) 삼손의 활동(13:1~16:31)

3. 사사 시대의 다른 사건들(17~21장)

   1) 미가와 그의 제사장(17장)

   2) 단 지파의 이주(18장)

   3) 기브아에서 있었던 일(19장)

   4) 베냐민 자손과 이스라엘 자손의 싸움(20장)

   5) 지파들의 화해(21장)

앞서 언급한 사사기의 전체적인 구조를 살펴볼 때, 사사기는 크게 세 부분으로 나눠진다. 그 첫째는 서문으로, 역사적 관점에서 볼 때 여호수아가 죽은 후에도 이스라엘의 각 지파들이 가나안에 정착하기 위해 힘쓰는 과정을 보여 준다. 그런데 신학적 관점에서 볼 때 이 부분은 약속의 땅인 가나안을 주겠다고 말씀하신 하나님의 선하신 약속이 성취되는지 아니면 못 되는지에 관해 독자들로 하여금 관심을 기울이도록 만든다. 사사기의 저자는 하나님께서 족장들을 비롯해 모세와 여호수아에게 주신 가나안 땅에 관한 약속이 하나님의 주권적 인도하심 속에서 이뤄지고 있는 반면에, 이스라엘 백성들의 우상 숭배와 배교로 인해 그 일이 방해를 받거나 지연될 수밖에 없었던 안타까운 상황을 서문에서 개괄적으로 밝혀 주고 있다.

서문 중에서 사사기의 신학적 주제를 가장 함축적으로 소개하고 있다면 '사사 시대의 역사에 관한 신학적 해설'(2:6~23) 부분이다. 이것은 적어도 200년 이상에 걸친 사사 시대에 이스라엘의 여러 지파 백성들이 보여 준 삶의 모습들을 신명기적 역사가의 관점에서 평가하는 가운데, '배교－억압(심판)－회개－구원'이 반복되는 주기적 형태(a cyclical pattern)로 소개하고 있다. 이 것을 제임스 웨스트는 사사기에 나타나는 신명기적 형태라고 이름 짓고 그림1과 같이 도표화해서 설명하고 있다.[1]

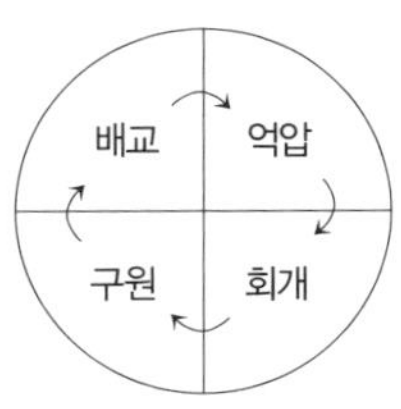

따라서 사사기의 독자들은 사사기 3장부터 16장에 걸쳐 소개되는 여러 사사들의 특징적인 행동이나 업적들에 관한 사전적 지식 얻기를 목적으로 삼는 것을 지양해야 한다. 오히려 사사 시대의 전반적인 역사에 대해 신학적으로 분석하고 그것의 주기적 형태를 발견해 후대의 백성들이 어떻게 살아야 할지를 교훈하는 이 부분을 중요하게 간주한 가운데 현대를 살아가는 자신들의 삶에 대해 적용하도록 힘써야 한다. 특히 사사기를 설교할 때 하나님의 백성들이 개인적으로나 공동체적으로 하나님의 뜻에 불순종하면서 배교하는 삶을 살고 있다면 하나님의 심판이 다가올 것이라는 점을 설교자들은 전해야 한다. 하나님의 백성들이 배교와 불순종으로 인해 어떤 형태로든지 심판과 억압과 고난을 경험하고 있는 상황이라고 판단된다면 하나님 앞에 그들의 배교를 회개하도록 권해야 한다. 그뿐 아니라 하나님의 백성들이 하나님 앞에서 참으로 회개의 모습을 보이고 있다면 하나님께서 그들을 반드시 구원하신다는 희망의 메시지도 전할 수 있어야 한다.

그러므로 사사기의 저자가 성령의 감동 가운데 가질 수 있었던 바, 시대를 분별할 수 있는 영적 통찰력을 이 시대의 설교자들도 가지고 있어야 한다. 적어도 이 시대의 설교자들은 하나님 앞에서 배교 행위에 빠져 있는 자들에게 무조건적 축복의 메시지를 전하는 일은 없어야 한다. 또한 하나님 앞에서 진정으로 회개하고 하나님의 구원을 바라고 있는 자들에게 심판을 외치는 영적 둔감함에 사로잡혀 있지는 말아야 한다.

사사기의 두 번째 부분은 본문이라고 간주할 수 있다. 하나님께서 세우신 열두 명의 사사들의 활동과 아비멜릭이라는 자질 없는 지도자에 관해 소개하는 부분이다(3:1~16:31). 이 부분을 읽을 때에도 독자들은 하나님의 선하신 계획이 어떻게 펼쳐져 가는지에 관해 관심을 기울여야 한다. 그런 중에 발견하게 되는 것은 시대와 지역은 달라도 하나님의 백성들은 하나님 앞에서 불순종과 우상 숭배의 모습을 보인다는 점이다.

그러한 배교 행위에 대해 하나님께서 이웃 국가들을 보내어 억압하고 심판하셨다는 점이다. 이어서 백성들의 회개하는 마음이 암시되는 울부짖음이 소개되고, 그 후에 사사를 보내어 그들을 구원하는 하나님의 활동이 묘사된다. 그러므로 본문 부분을 읽어나가면서 누가 처음 사사였는지, 누가 왼손잡이 사사였는지, 누가 소를 모는 막대기로 블레셋 사람 600명을 죽였는지, 누가 여자로서 사사였는지, 누가 하나님 앞에서 함부로 서원해서 딸을 번제로 드리게 되었는지 등에 관해 정보를 제공하는 일보다 더욱 근본적으로 다뤄져야 하는 것이 있다. 그것은 사사 시대를 지냈던 이스라엘 백성들의 총체적인 불순종과 배교 행위와 그에 대한 하나님의 준엄함과 심판 그리고 백성들이 회개할 때 사사들을 통해 보여 주신 하나님의 확실한 구원 활동이다.

사사기의 셋째 부분은 사사기 17장부터 21장까지로 볼 수 있다. 일부 구약학자들은 사사기 중에서 나중 시대에 추가된 부분(appendices)으로 간주하기도 한다. 그러나 이 부분에서 암시하는 신학적 주제들을 볼 때 앞부분과 밀접하게 연관돼 있어서 반드시 필요한 결문으로 간주하는 것이 바람직하다. 특히 사사기 전체에서 면면히 흐르는 신학적 주제는 자기 백성들을 선하게 인도하시는 하나님의 활동에 반해 그 백성들의 끊임없는 불순종과 배교 그리고 무질서를 대조적으로 보여 주는 것이라고 할 수 있다.

따라서 사사기 17장부터 21장까지는 하나님의 백성들이 보여 주는 불순종과 무질서의 극치를 극적으로 묘사하는 부분이다. 음악에서 악보를 세 부분으로 나눌 때 서주(overture), 변주(variations), 코다(종지: coda)라는 용어들을 사용하듯이 사사기를 서주(1:1~3:6), 변주(3:7~16:31), 코다(17~21장)로 구성되는 책으로 이해함으로써 줄거리와 주제의 통일성을 옹호하고 있는 웹(B. G. Webb)의 설명은 가치가 있다고 평가된다.[2]

1. 사사기에 나타나는 문학적 기교들

사사기를 문학적인 관점에서 접근하다 보면, 그 속에 다양한 문학적 기교들과 수사적 용법들이 사용되고 있음을 발견하게 된다. 따라서 독자들로 하여금 독서하는 즐거움을 느끼게 하며 아울러 독서 중에 자연스럽게 본문이 제시하는 신앙적 교훈을 깨닫고 나름대로 신앙적 결단을 내릴 수 있도록 돕는다. 사사기에서 발견할 수 있는 다양한 문학적 기교들 중에 두드러진 몇 가지들을 소개하면 다음과 같다.

1) 아이러니(irony)

문학적 용어로서 아이러니는 반어법이나 풍자(sarcasm)로 번역될 수 있다. 이것은 본문에서 소개하는 사건의 상황이나 등장 인물들의 행동이나 생각이 독자들의 논리적 기대에 벗어나 엉뚱한 면을 보임으로써, 독자들로 하여금 웃음이나 비웃음 또는 탄식 등의 관심을 보이게 만드는 기법이다. 아울러 등장인물들이나 사건들의 비정상적 모습을 보여 줌으로써 독자들이 정상적인 상황이나 행동 및 가치의 필요성을 스스로 깨닫게 해서 교훈을 유추하게 만드는 효과를 지닌다.

사사기 전체에서 다루는 주제는 이스라엘 백성들에게 가나안 땅을 주시기로 약속하시고 여호수아를 통해 그들을 그 땅으로 인도하시는 일에 성실하신 하나님과, 가나안 땅의 이방인들을 물리치고 오직 야웨 하나님만 섬기도록 명령을 받았으나 그 명령에 불순종하고 우상 숭배에 빠진 이스라엘 백성들의 모습을 대조시키면서 하나님을 떠나 배교하는 백성들에게 주어지는 준엄한 심판의 결과를 풍자적으로 소개하는 것이다. 한 걸음 나아가 그런 백성들이라 할지라도 하나님 앞에 회개하면 그들에게 사사를 보내어 구원을 베푸시는 용서에 풍성하신 하나님을 대조적으로 보여 주는 것이다. 또 다른 면으로 생각할 때, 이스라엘 백성을 평안의 길로 이끌기 원하시는 하나님의 의지와, 이방 백성들과 화합하며 그들의 우상을 섬기는 행위를 통해 안정을 유지하려던 이스라엘 백성들의 의지가 상반될 때 어떤 결과를 초래하게 되는지 보여 주는 것이다.[3]

그러므로 성실하신 하나님과 불순종하고 배교하는 백성들의 상반된 모습, 약속의 땅에서 배교로 인해 심판 받는 백성들의 모습과 그들의 울부짖음에 사사를 통해 구원하시는 하나님의 활동, 이스라엘을 안전하게 이끌기 원하시는 하나님과 그것을 무시하고 가나안 백성들과의 관계를 통해 안전을 얻으려는 이스라엘 백성들이 이뤄내는 상황적 반전과 아이러니는 독자들로 하여금 그들이 취해야 할 삶의 모습을 결단하게 만드는데 도움을 주기에 충분하다. 아울러 독서하는 중에 이스라엘 백성들의 어리석은 모습들에 대해 비웃게 되거나 안타까움을 느끼게 한다.

사사기 1장과 2장을 읽다보면 독자들은 이스라엘의 여러 지파들이 가나안의 여러 지파들과 싸우는 장면에서도 상황적 아이러니를 발견할 수 있다. 그것은 다름이 아니라 하나님의 명령에 따라 가나안 사람들을 쫓아낸 지파들이 있는 반면에 그들을 쫓아내지 못하고 그들과 더불어 살았던 지파들이 있었다는 점이다.

사사기 2장에서 하나님의 말씀에 순종해야 할 이스라엘 백성들이 그 땅의 거민과 언약을 세우지 말고 그들의 단을 헐라고 하신 말씀을 거역하고,

오히려 열조의 하나님을 버리고 다른 신들을 좇아 그들을 섬기다가 하나님의 진노를 경험할 수밖에 없었다는 해설자의 설명에서 상황적 아이러니를 느낄 수 있다.

사사기 3장부터 소개되는 여러 사사들의 활동과 인물 묘사에서도 아이러니를 발견할 수 있다. 에훗은 베냐민 사람(원어적으로 ‘오른손잡이의 아들’) 게라의 아들이었지만 그는 왼손잡이였다. 성경에서 ‘오른손’이 어떤 능력을 표현할 때 자연스럽게 사용되고 있는 점을 감안할 때, 왼손잡이 에훗이라는 표현은 독자들로 하여금 그의 능력에 대해 의심하게 만들기에 충분하다. 그뿐 아니라 에훗이 모압 왕 에글론과 그의 신하들을 속이고 왕을 죽이는 장면은 백성의 구원자로서의 특이한 모습이다. 그래서 독자들로 하여금 에훗의 활동을 더욱 오래 기억하게 만든다.

사사기 4장과 5장에서 언급되는 여사사 드보라의 활동도 아이러니를 담고 있다. 고대 근동에서 여성이 구원자로 활동한다는 점, 바락 장군이 전쟁에 임하면서 그녀에게 함께 동행하길 간구하는 점, 가나안의 시스라 장군이 전쟁에서 쫓기다가 야엘이라는 여인에 의해 살적에 장막 말뚝이 박혀 죽게 되는 모습 등은 보통 전쟁에서 보기 드문 장면들을 제공한다.

사사기 6장에서 8장까지에 소개되는 기드온의 이야기도 크고 작은 아이러니를 내포하고 있다. 하나님의 부르심을 의심하며 거듭 표징을 보여 달라고 요구하는 모습, 메뚜기처럼 많은 미디안, 아말렉, 동방 사람들과 싸우면서 300명의 용사만 택하는 일, 전쟁에서 나팔을 불고 항아리를 부수며 횃불을 들고 “여호와와 기도온의 칼이여”라고 외쳤을 때 적군들끼리 서로 칼날로 치며 도망하는 장면 등은 독자들에게 아이러니하게 간주될 수밖에 없다.

그래서 한편으로 독자들에게 독서하는 과정에 흥미를 유발시키고, 또 한편으로 신기한 일들을 이루시며 그 백성들을 구원하시는 하나님의 능력에 더욱 감탄하게 만든다. 전쟁에서 승리하고 난 기드온이 백성들로부터 탈취한 금귀고리들을 모아서 에봇을 만들어 백성들로 하여금 그것을 우상처럼 섬기게 한 사건이나 아내를 많이 둔 점은 하나님께서 택하신 사사라고 할지라도 잘못된 생각과 결정으로 말미암아 인간적인 모습을 드러내어 참된 지도자의 모습을 잃어버리는 경우도 있다는 점을 풍자적으로 가르쳐 준다.

사사기 9장은 기드온의 아들 아비멜렉이 왕이 될 자질도 없으면서 자기 형제들을 70명이나 죽이는 잔인함을 보이면서 세겜의 왕이 되었다가 결국 백성들에게 배반당하고 한 여인이 던진 맷돌에 맞아 두개골이 깨어져 죽게 되는 비참한 모습을 보여 주고 있다. 이런 상황 자체가 하나의 뛰어난 풍자적 이야기가 되어 독자들에게 참 지도자의 자질과 어리석은 지도자의 결말에 관한 교훈을 준다. 요담의 우화(9:7~15)는 이런 교훈들을 확고히 깨닫게 만드는 효과를 준다.

사사기 11장과 12장에 소개되는 입다의 이야기도 아이러니가 풍부하다. 기생의 아들로서 길르앗의 장로들에게 지도자로 인정받지 못하던 입다가 여호와의 신에 감동되어 전쟁에 나가 암몬 자손들을 물리쳤다는 점이 상황적 아이러니이다. 그리고 더욱 극적인 반전과 아이러니는 입다가 암몬과의 전쟁에서 승리를 보장받기 위해 "누구든지 내 집 문에서 나와서 나를 영접하는 그는 여호와께 돌릴 것이니 내가 그를 번제로 드리겠나이다"라고 서원한다. 그런데 자신의 무남독녀가 자기를 영접하러 나온 사건이다. 이런 아이러니한 상황에서도 그가 하나님께 서원한 것을 지키는 모습에서 독자들은 커다란 감동을 느낄 수밖에 없을 것이다.

사사기 13장부터 16장에 걸쳐 소개되는 삼손에 관한 이야기에도 아이러니가 많이 발견된다. 그가 잉태하지 못하던 어머니로부터 출생한 점, 나실인으로 자란 그가 블레셋 여자를 사라한 점, 하나님께서 주신 힘으로 사자를 염소 새끼를 찢음같이 죽인 일, 나귀 턱뼈로 1,000명을 죽인 일, 성별된 생활을 해야 할 하나님의 택한 자가 기생의 집에 들어간 점, 들릴라라는 블레셋 여인을 사랑해 그녀에게 자신의 신비한 힘을 없앨 수 있는 비결을 가르쳐 준 점, 여호와의 신이 자신에게서 떠났지만 깨닫지 못하게 된 상황, 죽어가면서 자신의 원수를 갚게 된 일 등은 삼손의 이야기를 극적으로 엮어가게 만들면서 독자들의 관심을 끌기에 충분하고 또 독서하는 중에 나름대로 신앙적 결단들을 내리도록 유도할 수 있다.

사사기 17장부터 21장까지의 다양한 사건들도 하나님의 백성들이 지켜야 할 신앙적, 윤리적, 사회적 도리들을 벗어난 모습을 소개하고 있어서 독자들로 하여금 상황적 아이러니를 발견하게 만든다. 에브라임 산지에 사는 미가라는 사람이 임의로 신당을 짓고 우상을 만들어 레위 소년 하나를 제사장으로 세워 놓고, 여호와께서 자기에게 복을 주실 것이라고 믿고 있는 모습(17:13)은 독자들로 하여금 비웃음을 자아내게 만든다. 사사기 18장에서 단 자손들이 하나님께서 허락하신 땅을 차지하면서도 그 땅에 자기들을 위해 신상을 세웠다는 것도 신앙적 아이러니다(18:30~31).

사사기 19장과 20장은 첩을 둔 한 레위인, 음행하는 첩, 그 첩의 아버지, 베냐민의 불량배 등이 보여 주는 성적으로 부도덕한 모습들을 통해 사사 시대의 하나님의 백성들이 윤리적으로 얼마나 부패했는지를 보여 준다. 이 모든 일들이 이스라엘에 왕이 없었기 때문이라는 신학적 해설 부분도 사사 시대의 신앙적, 윤리적 무질서와 불순종의 모습을 풍자하는 효과를 더한다.

사사기를 읽는 독자들은 이 책에서 보여 주는 수많은 아이러니한 상황들이나 인물들을 접할 때마다 마음속으로 웃기도 하고 실소를 금치 못할 것이다. 아울러 본문의 주인공들이 하나님 앞에서 어리석은 생각과 행동을 함으로써 빚어지는 안타까운 결과들을 접하면서 마음 아파하며 자신들의 삶에 적용해야 할 신앙적 결단들을 내릴 것이다.

2) 반복법

사사기의 저자는 이 짧은 책 속에 많은 사건들과 인물들을 소개하면서도 독자들이 주된 주제에 관해 놓치는 일이 없도록 하기 위해 주요 주제가 되는 구절들을 반복해서 언급하고 있다. 사사기 2:6~23에 걸쳐 소개된 신학적 해설 부분의 내용이 사사기 3장부터 이어지는 사사들의 활동을 소개하는 곳에서 비슷한 형태로 거듭 언급되고 있다. 그래서 독자들이 사사기를 읽고 난 다음, 반복된 구절만큼은 잊지 않고 기억하도록 만든다.

"이스라엘 자손이 여호와의 목전에 악을 행하여 바알들을 섬기며… 그 열조
의 하나님 여호와를 버리고 다른 신 곧 그 사방에 있는 백성의 신들을 좇
아"(2:11~12; 3:7, 12; 4:1; 6:1; 10:6; 13:1).

"여호와께서 이스라엘에게 진노하사 노략하는 자의 손에 붙여 그들로 노략
을 당케 하시며… 그들이 어디를 가든지 여호와의 손이 그들에게 재앙을 내
리시매"(2:14~15; 3:8, 12~13; 4:2; 6:1; 10:7; 13:1).

"이스라엘 자손이 여호와께 부르짖으매 여호와께서 그들을 위하여 한 구원
자를 세워 구원하게 하시니"(2:18; 3:9, 15; 4:3; 6:7; 10:10).

"여호와께서 그들을 위하여 사사를 세우실 때에는 그 사사와 함께하셨고
그 사사의 사는 날 동안에는 여호와께서 그들을 대적의 손에서 구원하셨으
니"(2:18; 3:9~10, 15; 6:8~10).

사사기의 세 번째 부분에서도 반복되는 구절이 있다.

"그때에는 이스라엘에 왕이 없으므로 사람마다 자기 소견에 옳은 대로 행하
였더라"(17:6; 18:1, 6; 19:1; 21:25).

반복된 구절은 사사 시대에 정치적·사회적 무질서가 도래하게 된 이유
중에 하나를, 강력한 정치적 지도자의 부재와 연관을 짓고 있다. 그런데 이
것이 그 시대를 살아가던 백성들의 생각인지 아니면 그 시대를 신앙적으로
평가했던 신명기적 역사가의 관점인지를 판단하는 일은 중요하다. 아마 신
명기적 역사가는 무질서한 사사 시대를 살아가던 백성들의 요청에 따라 사
무엘이 왕을 세우는 일에 관여하게 되었지만 그것이 결국 이스라엘의 참 하
나님이 되시는 여호와의 주권을 무시한 것으로 해석한 것 같다. 그래서 사무

엘상 8:7에서 "여호와께서 사무엘에게 이르시되 백성이 네게 한 말을 다 들으라 그들이 너를 버림이 아니요 나를 버려 자기들의 왕이 되지 못하게 함이니라"는 구절을 통해 하나님의 통치를 무시한 백성들을 지적하고 있다.

여사사 드보라 시대의 사건이 사사기 4장에서 산문 형태로 소개되고 있지만 사사기 5장에선 운문(시)으로 다시 노래되고 있다는 점도 사사기의 저자가 반복법에 주의를 기울였다는 점을 유추하게 만든다. 어떤 학자들은 산문 부분과 운문 부분이 다른 시대에 다른 사람들에 의해 기록돼 따로 보존되어 오다가 후대에 함께 편집되었다고 주장한다. 그래서 그 시대들을 찾는 데 주력한다. 그러나 문학적 관심을 기울이는 해석자나 설교자가 강조해야 할 사항은 산문과 운문 형태로 반복 소개되는 이 사건이 독자들에게 주는 색다른 감동이다. 그리고 반복되는 내용에 있어서 조금씩 차이점을 보이는 부분들을 통해 부각시킬 수 있는 점들을 찾아내는 것이다.

삼손의 이야기에서도 반복되는 요소가 있다. 그것은 여호와의 신이 삼손에게 시시때때로 임하셨다는 점이다(13:25; 14:6, 19; 15:14). 그래서 그가 하나님의 신의 능력으로 백성을 구원하는 일을 감당했다는 점을 강조한다. 이러한 반복 구절은 그가 하나님의 사람답게 살지 못하고 음란한 생활에 빠져 있다가 여호와께서 자기를 떠나신 줄을 깨닫지도 못했다는 점을 지적하는 부분(16:20)과 커다란 대조를 이뤄 하나님의 신이 떠난 상태의 심각성을 절감하게 만든다.

2. 다양한 문학 형태의 복합

사사기의 저자는 사사기 시대가 함축하는 200년 이상의 역사를 단순히 역사라는 하나의 문학 형태로만 소개하는 것이 무미건조할 수 있다는 점을 잘 알고 있었다. 특히 그 역사를 객관적으로 재구성하는 것이 불가능한 것을 알았고, 또 당대나 후대의 독자들에게 신앙적 교훈을 제공하는 목적에 비춰볼 때 의미 없는 일이라는 점을 잘 알고 있었다. 그래서 그는 사사 시대에 일어난 역사적 사건들 중에서도 가장 인상 깊은 사건들과 교훈이 될 수 있는 사건들을 선별해 문학적인 고려 하에 소개하고 있다.

그리고 그 역사적 사건들과 인물들에 관해 기술할 때, 가장 합당하다고 생각되는 문학 형태를 사용하고 있다. 그래서 기본적으로 역사적 이야기의 형태를 유지하면서도 어떤 부분은 시로 소개하기도 하고(5장), 어떤 부분은 우화라는 형태를 집어넣기도 하며(9:7~15), 삼손 이야기 속에는 수수께끼도 첨가하고 있다(14:10~14). 사사기가 이렇게 다양하고도 효과적인 문학 장르를 복합적으로 소개하고 있기 때문에 그 속에서 전달되는 신앙적 교훈들이 더욱 빛을 발하게 되었다고 할 수 있다.

3. 사건이나 등장 인물 묘사에서의 신중함

사사기의 저자는 사사 시대를 통해 기억될 수 있는 수많은 사건과 인물을 소개하면서 그중에서 상세하게 언급해야 할 것과 그냥 지나쳐도 될 것에 대해 분별하고 있다. 다시 말해 주제적 사건과 주변적 사건, 그리고 중요 인물과 주변 인물을 분간하고 있다. 그래서 옷니엘, 에훗, 드보라, 기드온, 입다, 삼손 같은 사사와 그 외의 사사를 구분해 설명하고 있다. 그뿐 아니라 사사기의 저자는 비중 있는 인물에 관해 묘사할 때, 그들을 어떤 인물로 부각시켜야 할 것인지에 관해서도 관심을 기울이고 있다. 그리고 각 인물을 통해 전달하고자 하는 신앙적 교훈을 중심으로 인물 묘사의 정도를 판가름한다.

따라서 상대방을 속이는 간교한 사람으로 왼손잡이 사사 에훗을 묘사하는 반면, 여사사 드보라에 대해선 오히려 침묵의 기법을 통해 더욱 신비한 지도자로 부각시키고 있다. 그런가 하면 기드온이나 삼손에 대해서는, 그들이 하나님의 택하신 사사이면서도 인간적 욕망을 쫓았기에 그 말로가 좋지 못한 점을 상세하게 묘사하고 있다. 세겜의 왕이 되려고 70명의 형제들까지도 처치했던 아비멜렉이나, 여호와의 복을 인위적으로 얻기 위해 함부로 신당을 만들고 우상을 만들어 제사장을 세웠던 에브라임의 미가에 대한 묘사도 독자들의 뇌리 속에 어리석은 인생을 살았던 사람들로 오래 남게 만들고 있다.

4. 수사적 용법

사사기의 히브리어 본문을 읽는 사람들은 한국어나 다른 나라 언어로 번역된 본문에서 발견할 수 없는 수사적 용법들을 발견하게 된다. 사사기의 여러 산문에서 뿐 아니라 특히 드보라에 관한 노래(5장)와 요담의 우화(9장)를 읽을 때 두운법(단어의 첫 자음이 같은 소리를 내는 것들로 이어지는 수사법), 유음법(단어의 처음이나 마지막 모음이 같은 소리를 내는 것들로 이어지는 수사법), 도치법(보통 문장을 구성하는 기본적인 순서를 뒤바꿔서 특정한 단어나 구를 강조하는 방법), 교차대구법, 같은 구절 반복법, 문두어 문미 반복법, 동일 어순 반복법, 동일 단어 반복법, 단어나 구를 생략한 수사법, 단어나 구를 삽입한 수사법 등이 발견되어 독서하는 즐거움을 더한다. 다시 말해 정교하게 꾸며진 노래 가사들에서 발견할 수 있는 다양한 수사법들이 히브리어로 사사기를 읽는 가운데서도 발견되고 있다는 점이다.

그러므로 사사기를 설교하는 사람은 사사기가 전하고 있는 신앙적 주제와 교훈을 바르게 전하려는 노력을 기울여야 함과 동시에, 그 내용을 어떻게 하면 효과적으로 전달할 수 있을지 고심해야 한다. 왜냐하면 사사기 본문은 신앙적 교훈들을 다양한 문학적 요소들이라는 도구를 통해 전달하고 있기 때문이다. 이 일을 위해 설교자들은 사사기에 함축돼 있는 다양한 문학적 기교들을 깊이 연구해 그와 유사한 방식으로 또는 설교를 듣는 청중들이 더욱 흥미를 느끼며 쉽게 이해할 수 있는 방식으로 전해야 한다.

06

사사기에 나타난
기독교 윤리와 영성

21세기에 접어들면서 한국 교회는 성장 정체의 위기에 직면하였다. 그 위기의 원인은 빠른 변화에 대한 부적응이라 말할 수 있다. 이러한 엄청난 변화의 조류에도 불구하고 이를 대비하는 한국 교회의 지도자들은 많지 않은 실정이다.

한국 교회의 지도자들이 통찰력을 가지고 변화의 물결 속에서 효과적으로 대응 전략을 제시하지 못한 탓에 교회는 변화의 물결에 휩쓸려 표류했을 뿐 아니라, 효과적으로 성장할 수 있는 기회를 놓쳐 버렸다.

이런 과도기에 이스라엘 백성들과 지도자들이 했던 하나님 체험은 오늘날 격변기를 살아가는 우리들에게 큰 의미를 던져 준다.

사사 시대 카리스마적 지도자들의 하나님 체험이 21세기 빠른 변화의 시대를 사는 우리에게도 요청되고 있다. 즉 위기의 시대에 경험한 하나님 체험이 오늘날 격변기의 시대에도 요청되고 있다.

사사기는 사사 시대의 역사를 기술한 책이다. 이스라엘 역사에 있어서 사사 시대는 구원사적 시기로 그 이전의 역사와 그 이후의 역사에 비해 뚜렷이 구별된다. 사사 시대는 여호수아의 죽음(수 24:29~33; 삿 2:6 이하)에서 시작하여 사무엘의 고별사(삼상 12장)로 끝난다.

사사기의 내용을 크게 세 부분으로 구분한다.

다양한 자료의 특성과 사사기의 중심 주제

사사기에는 다양한 자료들이 한데 묶여서 사사 시대의 역사를 묘사하고 있다. 이 자료들은 사사 시대의 옛 사건을 사실적으로 보도하는 데 목적이 있는 것이 아니라, 사사 시대의 사건에서 신학적으로 의미를 찾으려는 의도가 전면에 깔려 있다.

따라서 폰 라트(G. von Rad)는 신명기 사가의 사사기 자료의 성격을 '이중적'이라고 설명한다. "고대의 역사 이야기(사화) 중에는 '아직 정리되지 않는 이스라엘의 옛 시대가 반영된 것'이 있다. 이것들은 우리를 문화사 및 정신사적으로 고대 세계로 이끌어 들이고, 이것들 중에는 자연 그대로의 것, 생동성이 들어 있다. 여기에는 모든 것이 개별적이며 특수하다. 모든 것이 일회적이며, 모든 것이 동일한 것이 아니다(통일성 있게 정리되어 반복적인 것이 아니다)."[1]

이에 반하여 대부분의 자료들은 사사 시대의 사건을 신학적 관점, 즉 하나님의 구원사의 사건으로 설명하고 있다. 심지어 고대적 사건으로 간주되었던 '거룩한 전쟁'(聖戰 야웨의 전쟁)에 관한 보도[8]도 야웨 하나님의 구속사를 설명하는 후대의 신학적 서술이다.

또한 사사기는 신명기 역사서의 한 부분을 형성한 책으로 고대 영웅들의 이야기를 역사 신학적으로 의미를 부여하였다. 이러한 역사 신학적 해석에 관여한 자를 학문적으로 '신명기 사가'라 부른다. 그는 여호수아의 죽음과 사울 왕의 등장 사이의 시간을 사사들의 시대로 해석하였다.

사사기 2:11~19(참고 삼상 7:15~18)은 사사기의 역사 서술 양식(참고 112쪽

'사사기 역사 서술 양식')을 담고 있으며, 이는 신명기 사가의 매우 특징적인 역사
—신학적 해석을 제시한다. 사사기의 역사 신학에서는 이스라엘의 억압과
해방 사이의 전환을 항구적인 것으로 설명하였다. 사사기의 모든 자료와 해
석을 하나로 묶을 수 있는 중심적인 주제는 '하나님의 통치'이다. 사사기의
영성은 하나님의 통치와 지배에 대한 바른 이해에 기초한다.

사사기는 다양한 형태의 하나님 통치에 대한 신학을 전하고 있다. 사사기
에서 하나님의 통치는 세 가지 형태로 나타난다. 첫째, 이스라엘의 위기의
시기에 카리스마적인 지도자를 세워 해방시킨다. 위기 시기의 하나님의 통
치는 항구적 통치자인 왕이 아니라 구원자(카리스마적 지도자)를 세워 일시적으
로 하나님의 통치를 대행하게 하는 것이다. 둘째, 세속적 통치자를 거부하고
하나님께서 친히 왕으로 즉위하여 통치하는 형태이다. 셋째, 하나님의 통치
를 율법의 형태로 일상화시키는 단계이다. 이 단계에 접어들면서 모든 세속
적 지도자는 하나님의 법 아래에 놓이게 되며, 지도자인 하나님의 법의 지도
를 받는 한에서는 사사이든 왕이든 누구나 가능한 형태이다.

사사기의 영성은 위기의 시대에 나타난 하나님의 통치에 대한 이해에 근
거한다. 하나님은 위기의 시대에 그의 백성의 호소를 물리치지 않고, 구원자
를 파송하여 그의 백성을 위기에서 구원하신다. 이러한 경험들은 궁극적으
로 하나님께서 세계를 주관하고 계심에 대한 이해로 확장된다. 더 나아가 역
사에서의 구원의 경험을 율법을 통하여 일상화시켜 모든 역사에서 하나님
의 통치를 경험하게 한다.

카리스마적 지도자

하나님은 이스라엘 백성에게 위기가 처할 때마다, 구원자를 세워 그들을
위기에서 구출해 주었다. 이러한 지도자를 막스 베버(M. Weber)는 '카리스마
적 지도자'라 불렀다.

1. 사사 시대의 역사와 '사사기 역사 서술 양식'

사사기 저자는 첫 단락(1:1~2:5)에서 미정복 영토의 목록을 제시한다. 이어서 여호수아의 생존 기간 동안 이스라엘 백성은 야웨 하나님을 섬겼다는 보고와 함께, 세대의 전환을 보고한다. "그 세대 사람도 다 그 열조에게로 돌아갔고 그 후에 일어난 다른 세대는 여호와를 알지 못하며 여호와께서 이스라엘을 위하여 행하신 일도 알지 못하였더라"(2:10). 이 세대의 전환과 함께 사사 시대의 역사가 시작된다.

먼저 사사기 2:11~19은 사사 시대의 역사 서술을 위한 일종의 '역사−신학적 서론'으로 전체 사사 시대 역사의 특성을 함축적으로 보여 주고 있다. 사사기에는 독특한 역사 서술 양식을 사용하여 사사 시대의 역사를 서술하

〈사사기 역사 서술 양식과 옷니엘의 역사 서술(3:7~11)〉

구성 요소	내용	성경
범죄	이스라엘 자손이 여호와의 목전에 악을 행하여 자기들의 하나님 여호와를 잊어버리고 바알들과 아세라들을 섬긴지라	3:7
야웨의 분노	여호와께서 이스라엘에게 진노하사	3:8
적에게 넘김	그들을 메소보다미아 왕 구산 리사다임의 손에 파셨으므로	3:8
지배 기간	이스라엘 자손이 구산 리사다임을 팔 년 동안 섬겼더니	3:8
억압/위기	그들이 어디로 가든지 여호와의 손이 그들에게 재앙을 내리시니 곧 여호와께서 말씀하신 것과 같고 여호와께서 그들에게 맹세하신 것과 같아서 그들의 괴로움이 심하였더라	2:15
호소	이스라엘 자손이 여호와께 부르짖으매	3:9
구원자 세움	여호와께서 이스라엘 자손을 위하여 한 구원자를 세워 그들을 구원하게 하시니 그는 곧 갈렙의 아우 그나스의 아들 옷니엘이라	
(영의 부음)	여호와의 영이 그에게 임하셨으므로	3:10
적의 굴복	(그가 나가서 싸울 때에 여호와께서 메소보다미아 왕 구산 리사다임을 그의 손에 넘겨 주시매) 옷니엘의 손이 구산 리사다임을 이기니라	3:10중
평안	그 땅이 평온한 지 사십 년에	3:11상
사사가 됨	그가 이스라엘의 사사가 되어	3:10
죽음	그나스의 아들 옷니엘이 죽었더라	3:11하

였다. 이 양식을 '사사기 역사 서술 양식'(das dtr Richterschema)이라 부른다. 이스라엘 자손이 야웨의 목전에 악을 행하고 야웨를 버리고 다른 신들을 섬겨, 야웨께서 이스라엘에게 진노하여 이스라엘을 적의 손에 팔아 넘겼다. 그래서 그들은 적을 여러 해 동안 섬겨야 했고, 괴로움이 심하여 야웨께 부르짖었다. 그러자 야웨께서 사사를 세워 적의 손에서 이스라엘을 구원하므로, 이스라엘은 다시 평안하게 지냈다. 그러나 사사가 죽으므로 또다시 악을 행하였다. 이러한 양식의 전형적인 모습은 옷니엘의 역사 서술(3:7~11)에도 잘 나타난다(참고 112쪽의 '〈사사기 역사 서술 양식과 옷니엘의 역사 서술〉').

그 다음에 여러 사사들의 역사가 나오는데, 이들은 모두 '사사기 역사 서술 양식'에 따라 서술하였다.[2]

2. 사사기 역사 서술 양식의 역사적 배경

신명기 사가는 '사사기 역사 서술 도식'을 사용하여 사사 시대의 역사를 서술하였다. 그는 복잡한 역사 과정을 통일적이며 간결하게 정리하였다. 그는 '이스라엘의 범죄와 이방 민족에 의한 고난 그리고 야웨 하나님의 구원자 파송과 이스라엘의 해방'의 도식을 사사 시대의 전 역사에 대입시켰다. 이러한 역사 이해는 역사 기록에 대한 열정에 의해서가 아니라, 신학적으로 두 왕의 멸망을 설명할 필요성에 자극받았기 때문이다.

사사 시대에 관한 고대 자료들을 역사—신학적으로 해석하면, 사사기 본문은 분명 포로 상태에 있는 백성을 향했다. 이스라엘은 국가의 멸망(포로)을 자신들의 범죄에 대한 하나님의 심판으로 이해했다. 심판과 징벌의 의미로 해석된 민족적 대재난에 대한 설명을 사사 시대에까지 소급 적용하여 포로기의 역사적 재난과 사사 시대를 유비적으로 이해할 수 있게 했다.

3. 개별 카리스마적 지도자의 특성

사사기에 등장하는 이스라엘의 군대 장관들과 구원자들을 '쇼페팀'(שפטים 사사들)이라 부른다. 그들은 계속적인 직무 소유자로 등장하지 않고, 결정적인 순간에 직무를 수행하는 카리스마적 지도자로 등장한다.

1) 드보라와 바락

여예언자 드보라는 랍비돗의 아내이며, 약 40년간 이스라엘의 사사로 재판을 담당하였다(4:4, 5). 그녀는 바락을 세워 시스라를 패배시켰다(4:6~7, 14~16). 이때의 승리를 기념하여 '드보라의 노래'라는 유명한 승전가를 지었다(5장).

에훗이 죽고 난 후에 이스라엘 자손은 또 악을 행하였다. 그래서 야웨께서는 하솔에서 통치하는 가나안 왕 야빈의 손에 이스라엘을 넘겨, 20년 동안 심한 학대를 받게 했다. 이에 이스라엘 자손이 야웨께 부르짖자, 야웨께서 드보라를 세워 구원하게 했다(4:1~4).

드보라는 부름 받기 전에는 소사사의 직무를 수행한 것 같다. 또한 드보라는 엘리야와 엘리사같이 정치적·군사적으로 중요한 임무를 수행할 자에게 하나님의 뜻을 전달하는 예언자의 직무를 수행하였다. 그녀는 바락 장군에게 이스라엘의 하나님 야웨의 명령을 전달하였다.

드보라가 수행한 임무는 '전쟁을 수행할 지도자의 임명'과 '거룩한 전쟁을 위해 군대를 동원하는 일' 그리고 '승리를 보장하는 선포'를 하는 일이다. "너는 납달리 자손과 스불론 자손 일만 명을 거느리고 다볼산으로 가라 내가 야빈의 군대 장관 시스라와 그 병거들과 그 무리를 … 네 손에 붙이리라"(4:6~7).

이 전투는 야웨 하나님의 명령에 의해 수행되는 '거룩한 전쟁'의 성격을 지닌다. 그럼에도 바락은 드보라의 동행을 요구한다(4:8). 이는 드보라와 함께하시는 야웨 하나님의 동행을 요구한 것과 같다. 모세, 사울, 기드온과 예레미야의 소명과 유사한 모습이다. 이러한 요구를 통해 거룩한 전쟁으로써의 성격을 보다 확실히하고 있다. 이 전쟁은 군사력에 의한 전투가 아니라, 하나님의 권능에 의지하여 펼치는 전투이다.

드보라는 바락과의 동행을 약속한다. 그리고 전투의 전말을 바락에게 알려 준다. 적장 시스라는 바락이 이끄는 군대에 의하여 제거되는 것이 아니라, 야웨께서 넘겨주신 한 여인(겐 사람 헤벨의 아내 야엘, 4:17 이하)의 손에 죽게 된다는 것이다(4:9).

전투의 과정은 철저하게 야웨의 전투로 진행된다. 이스라엘의 군대는 다볼산에 집결하고, 시스라의 군대는 기손강에 집결하였다. 그때 드보라는 바락에게 전투를 명령하면서 야웨께서 앞서 싸우실 것을 예언한다. "일어나라 이는 여호와께서 시스라를 네 손에 붙이신 날이라 여호와께서 너의 앞서 행하지 아니하시느냐"(4:14)

그러자 그 예언과 같이, 바락이 이스라엘의 군대를 이끌고 다볼산에서 내려가기에 앞서, 야웨께서 시스라의 군대를 칼날로 혼란에 빠지게 하셨다. 시스라는 병거에서 내려 걸어서 도망하였다(4:15). 바락은 적장이 도망한 군대를 추격하여 한 사람도 남김없이 죽였다(4:16).

전투는 약속과 성취의 구도에 따른 '거룩한 전쟁'의 노선을 따르고 있다. 본문은 전쟁의 기적적 성격을 강조하고 있다. 즉 이스라엘은 싸울 필요가 없었다. 왜냐하면 야웨께서 먼저 앞서서 싸우셔서 이스라엘에게 승리를 안겨 주었기 때문이다. 승리의 결과는 참으로 놀랄 만한 것이었다. 가나안 사람은 더 이상 이스라엘 땅을 자신의 통제 하에 둘 수 없었으며, 반대로 이스라엘은 북부와 중부 지역 사람들 사이의 소통을 더 강화할 수 있게 되었다.

드보라 이야기의 절정을 구성하는 시스라의 죽음이 말미에 보도된다(4:17~22). 앞서 예언한 바와 같이, 그는 바락의 군대에 의해 죽은 것이 아니다. 시스라는 전투에서 패하여 목숨을 부지하기 위해 도망하였다. 그가 도망한 곳은 이방 여인의 천막이었다. 야엘이 시스라를 영접하니, 그는 의심 없이 천막에 들어가 몸을 숨겼다. 도망하느라 피곤했던 시스라는 그곳에서 깊이 잠들었고, 야엘은 그때를 놓치지 않고 말뚝을 시스라의 관자놀이에 박아 죽였다.

사사기 저자는 이 모든 것이 야웨에 의해 진행되었음을 알리면서 이야기는 끝을 맺는다(4:23). 이로써 한 여인의 배신으로 적장이 죽은 것이 아니라,

야웨께서 그의 백성에게 승리를 안겨주는 구속사의 사건으로 이해하게 만들었다.

사사기 5장은 '드보라의 찬양'을 소개한다. 여기에서 소개된 전투는 사사기 4장의 전투와 동일하지는 않다. 그럼에도 야웨의 전투(4장)에 이어 드보라의 찬양(5장)이 연결됨으로써 거룩한 전쟁을 수행하신 야웨를 찬양하는 감사의 노래로 받아들이게 한다.

2) 삼손(13:1~16:31)

삼손 이야기는 네 개의 일화들로 구성되어 있다. 첫째 일화는 삼손의 기적적 출생(13장), 둘째 일화는 삼손의 첫 결혼(14장), 셋째 일화는 삼손의 선동 및 전투(15장), 넷째 일화는 삼손의 사로잡힘과 죽음(16장)이다.

삼손 이야기의 출발점은 다른 카리스마적 지도자의 출현에 비해 단축되었다. 예컨대 적에 의한 억압의 이야기도 축약되었고, 백성들의 부르짖음이나 하나님께서 구원자를 파송하는 이야기는 언급되지 않았다. 대신 삼손의 기이한 출생 이야기로 시작한다.

첫째 일화에서 삼손 어머니는 아브라함의 아내 사라와 마찬가지로 '아기를 낳지 못하는 여인'(עֲקָרָה 아카라)이었다. 임신 불능의 주제는 구약과 신약에 빈번하게 등장한다. 이러한 인간의 한계는 신이 개입하는 계기가 된다. 야웨의 사자가 나타나 마노아 가정에 자녀 출산을 예고한다(13:3).

삼손은 출생에서부터 하나님께 바쳐진 나실인으로 블레셋 사람의 손에서 이스라엘을 구원할 소명을 받는다(13:5). 삼손은 나실인으로 포도주와 독주를 마시지 말아야 하며, 어떤 부정한 것을 만지거나 먹지 말고, 머리카락을 자르지 말아야 한다.

삼손은 경건한 부모에게서 태어난다. 삼손의 아버지는 태어날 아이를 어떻게 양육해야할지 가르쳐줄 것을 하나님께 청원하며(13:8, 12), 아이의 출생 예고를 감사하여 하나님께 번제를 드리기도 하였다(13:15~20, 23). 이것은 삼손이 신실하고 이상적 가정의 출신임을 말하는 것이다. 그리고 삼손이 태어나자 야웨의 영이 그를 움직이기 시작하였다(13:24~25).

그럼에도 삼손은 매우 호색적이며 음행과 속임수와 죽음을 불러일으키는 이방 여인과 빈번한 접촉 속에서 불행한 말로를 맞는다.

둘째 일화는 결혼 이야기이다. 삼손은 이방 여인과 결혼하려 한다. 그러나 그의 부모는 '이 일이 하나님께로부터 나왔다'[3]는 것을 알지 못한 채 할례 받지 않은 이방 여인과의 결혼을 반대한다.[4]

삼손은 사자를 만났으나, 야웨의 영이 그에게 임하여 그는 사자를 단숨에 찢어 죽였다. 이로써 그의 영웅적인 힘이 입증되었다. 얼마 후에 삼손은 죽은 사자의 몸에 벌떼와 꿀이 있는 것을 보고, 삼손이 직접 그 꿀을 먹기도 하고 그의 부모에게도 드려서 먹게 하였다. 이로써 삼손은 죽은 시체에서 나온 부정한 것을 먹어 나실인의 규례를 어겼다.

결혼 잔치에서 삼손은 사자에게서 꿀이 나온 것을 수수께끼로 내어 '베옷 30벌과 겉옷 30벌'을 내기로 걸었다. 혼인 잔치에서 삼손이 포도주를 직접 마셨다는 말은 없으나, 마셨을 개연성이 높다. 그렇다면 이것도 나실인의 규례를 어긴 것이 된다. 삼손이 수수께끼의 벌금으로 옷 30벌을 구해야 했을 때, 야웨의 영이 그에게 임하여, 아스글론 사람 30명을 쳐죽이고 노략하여 수수께끼 푼 자들에게 옷을 주었다. 다시 한 번 삼손의 힘이 입증되었다. 삼손은 나실인으로서의 규례를 어겼음에도 야웨 하나님은 여전히 그와 함께 하여 그로 하여금 괴력을 과시할 수 있게 했다.

셋째 일화는 방화 사건과 나귀의 턱뼈(레히)로 적을 무찌른 사건이다(15장). 사사기 14장에서 삼손이 화가 나 가버린 것을 그의 장인은 이혼한 것으로 오해하고 삼손의 아내를 재혼시켜 버렸다. 아내를 다시 맞을 수 없었던[5] 삼손은 곡식밭과 과수원에 불을 놓아 화풀이를 했다. 이로 인해 블레셋과 유다 사이에 전쟁이 일어나 유다 사람들이 삼손에게 간청하여 그를 포로로 넘겨주었다. 삼손이 '레히'(턱뼈)에 잡혀왔을 때, 야웨의 영이 그를 사로잡아 묶은 줄을 풀고, 나귀의 턱뼈로 블레셋 병사 1,000명을 쳐죽였다. 그로 인해 삼손이 목말라 야웨께 부르짖으니, 야웨께서 응답하여 레히의 한 우묵한 곳을 터뜨리어 거기에서 물이 솟아나게 했다. 이러한 사건들 속에서도 야웨께서 삼손과 함께하심을 인지할 수 있다.

넷째 일화는 그의 비참한 말로를 그린다(16장). 그가 아름다운 이방 여인에 꼬여, 머리카락을 잘라서는 안 된다는 나실인의 규례를 어긴다. 그 결과 삼손은 블레셋에 사로잡혀 눈이 뽑히고, 많은 사람들의 우스갯거리가 된다. 그러나 머리카락이 다시 자라나자, 다곤 축제에서 삼손은 야웨께 "주 야웨여! 나를 기억하소서, 나를 강하게 하사 나의 두 눈을 뺀 블레셋 사람에게 원수를 단번에 갚게 하옵소서"라고 간구한 후 신전의 기둥을 밀어 신전을 무너뜨렸다. 이로 인해 그 안에 있는 모든 사람들이 삼손과 함께 죽었다. 이 장렬한 전사는 삼손의 기도에 대한 야웨의 응답으로 간주된다.

삼손은 20년 동안 하나님께서 함께 한 이스라엘을 다스린 사사였다.

3. 인간의 통치의 거부와 하나님의 통치의 수용

사사기에는 왕권에 대하여 다양한 입장을 제시한다. 구약성경에서는 야웨 하나님이 이스라엘 민족의 인도자이며, 나아가 세계 역사를 주관하시는 분이며 유일한 통치자로 묘사한다. 이러한 과정에서 야웨 하나님을 왕으로 묘사하기도 한다. 이스라엘 백성은 왕이신 야웨의 통치를 거부하고 인간의 왕을 세우고자 한다(8:22~23, 참고 삼상 8, 12장).

그러나 기드온은 인간의 통치를 거부하고 하나님의 통치의 수용을 주장한다(8:22~23).

1) 사사기 6~8장, 9장의 문학적 특징

사사기 6~8장은 기드온의 활동에 대하여 사사기 9장은 그의 아들 아비멜렉의 활동에 대하여 보도한다. 이러한 구조에 대하여 크뤼제만(Crüsemann)은 왕권 제도를 거절하고 하나님의 통치를 주장한 경건한 지도자 기드온과 왕권을 획득하고 그것을 붙잡기 위해서는 어떠한 대가라도 치르려고 한 사악한 협잡꾼 아비멜렉을 대비시키고 있다고 보았다.[6] 전자는 하나님의 통치와 관련된 내용들이 전면에 나타나 있는 반면, 후자는 인간의 통치가 가져온 패악이 강하게 부각되었다.

사사기 6~8장의 내용과 구조를 살펴보면 다음과 같다.

서론(6:1~10)

기드온의 부름과 소명(6:11~40)

기드온의 전투(7:1~8:21)

　　요단 서편 전투(7:1~8:3)

　　요단 동편 전투(8:4~21)

기드온의 신정정치의 주장(8:22~23)

결론(24~35)

2) 기드온의 소명(6:1~10, 11~24)

(1) 미디안의 억압(6:1~10)

기드온의 부름과 소명의 보도에 앞서 미디안의 침략과 억압을 보도한다 (6:1~10). 미디안의 억압을 보도하는 단락(6:1~10)은 기드온의 소명을 예비하 는 단락이다. 미디안의 침략과 이로 인한 피해를 사사기 6:2~5에 상세하게 알린다. 미디안의 침략의 원인을 이스라엘 자손이 악을 행하였으므로, 야웨 께서 그들을 미디안의 손에 넘겨주셨기 때문이라고 말한다(6:1).[7] 불의한 이 방의 침략과 함께 하나님께서 그의 백성의 불의를 심판하는 징계로 이해하 였다.

이로 인해 이스라엘은 미디안으로부터 심한 억압을 받았고, 그 결과 이스 라엘 자손은 야웨께 부르짖었다. 이스라엘 자손이 미디안으로 말미암아 야 웨께 부르짖자, 야웨께서 이스라엘 자손에게 한 '예언자'(נביא나비)를 보내셨다.

(2) 예언자 기드온

사사기의 다른 단락에서는 이방인의 억압으로부터 이스라엘 백성의 해방을 위해 야웨 하나님은 '구원자'(מושיע 모쉬아흐)를 보냈다(3:9, 15, 참고 12:3). 그러나 사사기 6:7에서는 구원자 대신에 예언자를 파송한다. 이는 기드온을 예언자로, 그의 소명을 예언자의 소명으로 이해했기 때문이다. 실제 기드온의 소명은 예언자의 소명 양식[8]을 따라 보도되었다.

> 상황(6:11, 1~10)
>> ① 위임과 파송(6:12~14)
>> ② 파송 거절(6:15)
>> ③ 동행 약속(6:16)
>> ④ 표징(6:17~24)

(3) 하나님의 동행의 회의와 약속

본문은 기드온이 카리스마적 지도자로 부르심을 받고 세워졌다는 것을 나타낸다. 그는 미디안의 억압하는 위기의 상황에서 하나님의 부르심을 받았다. 이스라엘의 상황은 야웨 하나님의 동행에 회의를 할 만큼 위기적 상황이었다.

야웨의 사자가 그를 찾아와 "야웨께서 너와 함께하신다!"라고 말씀하시자, 미디안은 당시의 억압의 상황을 하나님의 부재에서 비롯된 것이라고 호소한다.

> "기드온이 그에게 대답하되 나의 주여 여호와께서 우리와 함께 계시면 어찌하여 이 모든 일이 우리에게 미쳤나이까 또 우리 열조가 일찍 우리에게 이르기를 여호와께서 우리를 애굽에서 나오게 하신 것이 아니냐 한 그 모든 이적이 어디 있나이까 이제 여호와께서 우리를 버리사 미디안의 손에 붙이셨나이다"(개역개정 6:13).

기드온의 탄식은 '하나님께서 과연 이스라엘과 동행하시는가?'에 대한 회의이며, 또한 '하나님은 세계의 열강들과 그들의 신들을 능가할 만큼 강하신 분인가?'에 대한 회의이다. 이러한 탄식은 포로기에 제기되었던 대표적인 신앙적 회의를 표현한 것이다.

하나님은 위기의 상황에서 기드온을 사명자로 세우신다. "가라! 너는 이 힘으로 이스라엘을 미디안의 손에서 구원하라, 내가 너를 보낸 것이 아니냐!"

그러나 기드온은 자신의 가문이 므낫세 지파 중에서 가장 약하고, 또 자신이 자신의 집안이 가장 초라한 존재로 민족의 운명을 구원하는 일에 적합하지 않음을 호소한다. 어떤 사람이든 이스라엘의 하나님을 섬기도록 직접 부름을 받은 사람은 그 사람의 보잘 것 없는 특성으로 인해 부름을 받는다.

이 점은 사명자의 겸손을 넘어 특별한 의미를 지닌다. 즉 하나님은 자신의 구원 사업에 필요한 자를 부르신다. 하나님은 그의 백성 중에 한 사람을 선택하여 그의 대리자로 활동하게 한다. 하나님의 선택은 어떤 공적이나 신분에 근거하지 않는다. 하나님의 구원 사업은 인간의 능력에 의존하지 않는다.

"형제들아 너희를 부르심을 보라 육체를 따라 지혜 있는 자가 많지 아니하며 능한 자가 많지 아니하며 문벌 좋은 자가 많지 아니하도다 그러나 하나님께서 세상의 미련한 것들을 택하사 지혜 있는 자들을 부끄럽게 하려 하시고 세상의 약한 것들을 택하사 강한 것들을 부끄럽게 하려 하시며 하나님께서 세상의 천한 것들과 멸시 받는 것들과 없는 것들을 택하사 있는 것들을 폐하려 하시나니 이는 아무 육체라도 하나님 앞에서 자랑하지 못하게 하려 하심이라"(고전 1:26~29).

(4) 하나님의 약속과 표징

기드온은 카리스마적인 방법으로 그의 사명을 부여받는다. 그에게 특별한 은사가 부여되었다. 즉 하나님은 동행을 약속한다. 하나님의 동행은 앞으로 있게 될 모든 전투에서 승리를 예감하게 만든다. 이제 기드온은 '미디안 사람 치기를 한 사람을 치듯 할 것이다.'

야웨 하나님의 위임을 받고 자신들보다 더 강한 적들과 전쟁을 하게 될 때, 두려움을 갖게 된다. 그러나 이러한 두려움은 하나님께서 함께하심으로 넘어설 수 있다. 기드온은 다른 어떤 신도 아닌, 야웨 하나님의 약속과 함께 담대히 사명을 수행할 수 있다. 이스라엘의 예언자들을 포함한 경건한 자들은 자신의 힘이나 능력으로 하나님의 권능으로 사명을 수행한다. 진정 영원한 것은 물리적 힘이 아니라, 야웨의 말씀이며, 야웨와 함께하는 자에게 주어지는 거룩성임을 알게 되었다(참고 사 40:6~8).

앞서 사사기 6:13에서의 회의와 마찬가지로, 기드온은 하나님의 동행에 대한 표증을 요구한다. "나와 말씀하시는 분이 당신이라는 표징을 내게 보여 주십시오!" 기드온은 예물을 준비하여 상수리나무 아래에서 그분에게 드리자, 그분은 불로 그 예물을 살라버렸다. 아마도 이것은 하나님에 의한 번제를 연상시킨다(참고 왕상 18:38). 이를 통하여 야웨는 자신을 증거하였다. 이와 같이 야웨 하나님은 기적을 통하여 기드온에게 한 약속을 보증하였다.[9]

이러한 회의와 보증은 국가의 멸망과 같은 위기 상황의 산물이다. 국가가 멸망한 이후, 즉 포로기적 상황에서 이스라엘은 스스로 무엇인가를 추구할 수 없게 된다. 이러한 상황에서는 하나님의 약속 역시 쉽게 신뢰할 수 없다. 따라서 하나님께서 그의 백성을 위하여 먼저 행동하신다. 심지어 하나님은 스스로 의무까지 짊어지는 맹세를 하시기도 한다(창 15장).

예컨대 번제가 온전한 헌신을 의미한다면, 인간에 의한 번제가 아니라 하나님에 의한 번제인 것이다. 인간이 온전히 하나님께 헌신할 수 있는 상황이 되지 않자, 하나님께서 인간을 향해 온전히 동행할 것을 약속한 것이다. 즉 하나님에 의한 맹세와 함께 하나님에 의한 번제인 것이다. 이는 인간을 향한 하나님의 일방적 사랑의 표현인 것이다.

3) 백성들의 왕권 요구와 기드온의 거절(8:22~23)

이스라엘 사람들이 기드온에게 "당신과 당신의 아들과 당신의 손자가 우리를 다스리십시오! 왜냐하면 당신이 우리를 미디안의 손에서 구원했기 때문입니다"라고 청하자, 이에 기드온은 그들에게 '내가 너희를 다스리지 아니하겠고, 나의 아들도 너희를 다스리지 아니할 것이다. (오직) 야웨께서 너희를 다스릴 것이다'(8:22~23)라고 대답했다.

(1) '이스라엘 사람들'과 그들의 정치적 행위의 의미

이 짧은 대화에서 '이스라엘 사람들'은 누구이며, 즉 그들의 정치적 실체와 그들의 행위가 갖는 정치적 의미가 분명하게 드러나지 않는다. 그들이 기드온에게 통치를 부탁한 것은 어떤 의미를 지니며 동시에 인간 왕이 아닌 하나님의 통치 선언도 어떤 의미인지 분명하지 않다.

여기에서 '이스라엘 사람들'(אישׁ־ישׂראל이쉬 이스라엘)이란 단순히 소속을 나타내는 말이 아니라, 일종의 '의회'의 개념, '군대에 참여할 수 있는 보통 남자들의 모임'(총회)으로 사용되었다. 이들은 국가의 중대한 운명을 결정하는 정치적 집단으로 표현된다(참고 삼하 2:4 '유다의 남자들'; 삼하 5:1, 3 '온 이스라엘 지파'와 '이스라엘의 장로들').

(2) 인간의 지배의 거절과 하나님의 지배의 주장

백성들은 기드온에게 "다스리십시오!"(통치자가 되어 주십시오!)라고 청하였다. '다스리다'(משׁל마샬)라는 말이 '왕이 되다'(מלך말라크)라는 말과 일치하지는 않지만, 기드온은 이를 거절한다. 또한 기드온은 왕의 세습 원리도 거절한다. "나의 아들도 너희를 다스리지 아니할 것이다." 그리고 그는 야웨의 통치를 주장한다. "야웨께서 너희를 다스릴 것이다." 현재의 표현이 다소 모호할지라도, 기드온의 주장은 '야웨만이 유일한 왕(통치자)이다'라는 점을 말한다. 이러한 주장은 사무엘상 8, 12장에서도 볼 수 있으며, 그 의미가 보다 분명해진다.

사무엘상 8장은 왕권에 대한 다양한 견해를 나타낸다. 이것은 긴 역사적 과정 속에서 왕권에 대한 오랜 반성의 산물이다. 이스라엘 역사 초기에 외부의 적으로 인해 상설적 전쟁 기구가 필요할 때에는 왕권을 긍정적으로 지지하였다. 그러나 왕권의 부작용을 경험하면서 왕권을 어떤 법의 제한 속에 두려하였으며, 마침내는 왕권을 하나님의 지배의 거역으로 이해하게 되었다.

사무엘상 12장에서는 구원사를 서술(삼상 12:8~12)한 후에 이어 인간 왕의 요구는 하나님의 왕권을 부인(삼상 12:9~11)하는 중대한 범죄 행위임을 서술한다. 이스라엘은 목전에 놓인 적을 바라보고, 인간 왕을 요구한다. 이것은 과거 이스라엘 역사에서 경험한 수많은 구원의 경험을 쉽게 잊어버린 행동이며, 동시에 야웨 하나님께서 그들의 목전에 놓인 적들을 물리칠 구원의 능력이 없다는 불신의 주장이다.

더 나아가 구세주나 통치자를 세우는 것은 전적으로 하나님의 주권에 속한다는 사실을 전제한 것이다. 따라서 인간에 의한 왕권의 요구는 하나님의 왕 선택(Gottes Designation)의 주권을 부인하는 중대한 범죄이다.

야웨만이 진정한 구원의 하나님으로 통치권의 진정한 권한을 가진 분이시다. 하나님의 통치의 우월성은 지상의 어떠한 통치, 어떠한 왕권과도 비교될 수 없는 유일한 것이다.

(3) 예언서의 야웨－왕 사상

야웨－왕 사상은 신명기 역사서를 넘어 예언서, 시편 그리고 오경에도 나온다. 야웨－왕 사상의 의미를 보다 정확히 이해하기 위해서는 무엇보다 예언서에 나타난 야웨－왕 사상을 찾아보아야 한다. 이사야 44:6~8에서는 야웨를 '이스라엘의 왕'으로 '이스라엘의 구원자'로 부르고 있다. 나아가 야웨만이 유일한 하나님임을 선언한다. "나 외에 다른 신이 없다! 나 외에 신이 있겠느냐 과연 반석은 없나니 다른 신이 있음을 내가 알지 못한다."

이사야에서는 야웨의 유일성을 주장할 뿐 아니라, 야웨 하나님과 비교될 수 있는 것은 그 어떤 것도 없다는 것을 말씀한다. 그래서 '야웨 하나님 앞

에는 모든 열방이 아무것도 아닌 존재'로 마치 '없는 것이나 빈 것 같은 존재'
로 간주된다(사 40:12~17). 이는 필연적으로 다른 신적 존재들이란 허무한 것
들이며, 인간 장인들이 만든 장신구에 불과하다는 것을 밝혀주고 있다(사
40:19). 따라서 세상의 권세자들이나 신들이라는 것들이 하나님의 권능 앞에
는 회오리 바람에 나는 초개같은 것들이다(사 40:24). "귀인들을 폐하시며 세
상의 사사들을 헛되게 하셨다." 또 야웨는 세계의 심판자로 모압을 심판하
는 왕 하나님(렘 48:15), 바벨론을 심판하는 왕 하나님(렘 51:54~58)이시다.

(4) 오경의 야웨－왕 사상

출애굽기 15장에서는 모세가 이스라엘 백성들과 함께 갈대 바다를 무사
히 건너고 동시에 애굽의 병사들을 삼켜버렸던 출애굽 사건을 기념하며 불
렀던 승리의 노래가 나온다. 이 승리의 노래에는 '야웨여 신 중에 당신과 같
은 자가 어디 있겠습니까?'라고 노래하고 있다(출 15:11~13). 그리고 이 노
래 끝에 '야웨만이 영원무궁하도록 다스릴 왕이시다!'(말라크)라고 찬양한다(출
15:18). 여기에서는 무엇보다도 역사의 주인으로서의 야웨－왕 사상을 보여
주고 있다.

이러한 역사의 주인으로서의 야웨－왕 사상은 민수기 23:21에서도 볼 수
있다. 이방인 예언자 발람은 모압 평지에서 내키지는 않지만 이스라엘 백성
을 축복하고 그들의 승리를 예언하였다. "야웨 하나님을 왕으로 맞이하는
소리가 우렁차군요. 그들을 애굽에서 인도하여 내신 하나님께서 들소 뿔처
럼 그들을 지켜 주시는군요!"(민 23:21~22, 참고 민 24:8).

또한 신명기에서는 출애굽 사건에 관한 역사적 기억을 보다 세밀하게 진
술하고 있다(신 8:14~16). 이와 함께 야웨께서 왕으로 등극하는 모습을 극적
으로 묘사하고 있다. "야웨께서 시내산에서 오시고 세일산에서 일어나시고
바란산에서 비추시고 일만 성도 가운데에 강림하셨고 … 모든 성도가 그의
수중에 있으며 주의 발아래에 앉아서 주의 말씀을 받는도다!…그가 여수룬
에서 왕으로 등극하시니"(신 33:2~5). 야웨께서 왕으로 등극하는 모습은 이사

야에서 야웨가 이스라엘의 왕으로 이스라엘을 다스리기 위해 다시 찾아오는 모습을 연상시킨다(사 40:10).

오경에 나타난 야웨-왕 사상은 역사를 주관하시는 유일하신 통치자의 모습이다. 그 앞에 어떤 통치자도 비교되지 않는다. 유일하신 왕께서 자기 백성을 인도하시는 모습을 그리고 있다.

(5) 시편의 야웨-왕 사상

찬양시에는 원래 야웨 하나님의 창조적 권능과 구속사적 행위를 찬양하는 것이 주된 내용이나, 야웨 하나님을 왕으로 찬양하는 시들도 있다. 즉 '야웨-제왕 시편'들(시 47; 93; 96~99편)이다. 또 단순한 야웨 하나님께 왕의 칭호를 붙인 시들도 있다.[10]

이들 야웨-제왕 시편들의 중요한 특징은 야웨의 통치 영역의 확장에 있다. 첫째, 야웨 하나님의 통치가 이스라엘을 넘어 온 세계에 미치고 있음을 찬양한다. 하나님은 온 땅, 즉 세계의 모든 나라와 민족들을 다스리는 왕으로 찬양되고 있다(시 47:7, 8~9; 96:1, 3; 97:9; 98:3~4; 99:1). 역사의 주로서의 야웨-왕의 모습은 오경에서 보여 준 모습이다. 특이한 점은 뭇 민족의 지도자들(또는 고관들)을 아브라함의 하나님의 백성으로 여기고 있다(시 47:9). 이는 하나님의 통치 하에서 세계가 하나 됨을 나타낸 것이다. 창세기의 족장사(특히 제사장 문서)에서 흔히 볼 수 있는 사상이다(창 17:4~6).

둘째, 하나님의 통치 영역은 인간 세계를 넘어 자연계도 지배하고 계신다(시 93:3~4; 96:11~12; 97:1~4; 98:7~8; 99:7, 참고 시 29편). 시편에서는 야웨 하나님께서 그의 보좌를 예루살렘 성소뿐 아니라(사 6), 천상에 두기도 한다(시 103:19, 참고 시 29:10 "야웨께서 바다 위에 좌정하신다"). 이와 같은 우주적 표현은 시편의 신화적 기원을 말하기보다는 야웨 하나님의 우주적 통치와 함께 유일신임을 찬양하는 표현이다.

셋째, 야웨 하나님의 통치는 신들의 세계까지 미친다. 야웨 하나님은 모든 신들보다 더 뛰어나다(시 96:4; 97:4, 참고 95:3). 나아가 모든 신들은 우상으로 아무것도 할 수 없는 존재이나 야웨 하나님은 창조주로 천지를 창조하셨다(시 96:5). 이러한 점은 이미 이사야의 신관을 전제한다(사 44:6~8).

시편의 야웨-왕의 또 다른 중요한 특징은, 야웨 하나님은 정의로 통치하며 공평하게 심판하시며(시 97:3; 96:10; 97:10~12; 98:9; 99:4), 악을 멀리하고 정의를 펼치신다(시 10편). 야웨만이 이 땅의 약자를 돌보시는 진정한 왕이심을 나타낸다. 그래서 온 세계가 야웨 하나님의 통치 아래에서 안정됨을 찬양한다(시 93:1). 또한 그의 통치 아래 있는 것을 복되다고 노래한다(시 84편).

그러므로 이러한 야웨의 통치에 합당한 태도를 취할 것을 권면한다. 시편 24편에서는 모든 성문들이 영광스러운 야웨의 통치를 노래해야 한다고 말하면서(시 24:7~10), 그 세계에 속할 수 있는 자들의 특징을 열거한다(시 24:3~6). 또한 시편 95편에서 이스라엘의 반역의 과거사를 반복하지 말 것을 경고하고 있다(시 95:7~11).

4) 아비멜렉 통치의 무익성(9장)

아비멜렉 이야기(9장)는 그가 기드온(여룹바알)의 아들이라는 것을 통해 바로 다음에 위치한다. 내용적으로는 사사기 6~8장에서는 경건한 기드온의 역사를 보여 준 반면, 이와 대조적으로 사사기 9장에서는 아비멜렉 통치의 부적격성과 무익성을 보여 준다. 이러한 대립적 상의 결합을 통해 인간의 통치의 부적절성을 부각하고 하나님의 통치를 주장하게 한다.

(1) 사사기 9장의 내용과 구조

고대 국가에서 왕은 법과 질서를 유지시켜 국가의 안녕을 도모해야 한다. 뿐만 아니라 외부의 적으로부터 나라를 지켜야 한다. 왕은 나라가 평안한 가운데 경제적 번영도 이루어야 하는 의무도 지고 있다.

사사기 9장은 영웅적·종교적 유형의 자료라기보다는 정치적 배경을 가진 단편적 이야기들의 편집물이다.[40] 사사기의 다른 본문들에서 볼 수 있는 신명기 사가의 문학적 틀도 없다. 현재의 본문은 신학적 주제들, 특히 구속에 관한 기본적 주제들에 거의 관심이 없다. 그리고 하나님의 개입에 관한 문제들에도 특별한 관심이 없는 것 같다.

사사기 9장은 왕이 되기에 적절치 못한 아비멜렉을 소개하면서 시작한다. 그는 가족과 세겜 사람들(유지들)에게 인척관계를 내세워 왕이 되게 해달라고 간청하고, 정적을 제거하기 위해 잔인한 살인을 시작한다. 그는 돈으로 폭력배 무리들을 규합하여, 경쟁자 기드온의 아들이자 그의 형제들 70명을 모두 살해했으나, 막내아들 요담만이 살아남아 도망하였다. 그리고 아비멜렉은 세겜에서 왕이 되었다.

정통성이 결여된 권력은 내부의 또 다른 분열을 불러일으키고, 왕과 세겜 사람들(유지들) 사이에 갈등이 생겨 서로 간에 전쟁을 하여 모두 몰락해 가는 과정을 그려 주고 있다. 이러한 사건을 신명기 사가는 신학적 인과관계에 근거하여 역사적으로 서술하였다.

아비멜렉이 왕이 되다(1~6절)

요담 이야기(7, 16~21절)

요담 우화(8~15절)

아비멜렉과 세겜의 전쟁(22~55절)

　　전쟁 이야기의 서론(22~25절)

　　가알의 모반(26~29절)

　　아비멜렉의 첫 번째 전투(30~41절)

　　아비멜렉의 두 번째 전투(42~45절)

　　세겜 망대의 파괴(46~49절)

　　아비멜렉의 죽음(50~55절)

신학적 종결(56~57절)

(2) 사사기 9장의 문학적 및 신학적 특징

아비멜렉의 살인 사건을 각 단락에서 모두 언급한다. 첫째 단락에서는 아비멜렉이 그의 형제 70명을 죽이고(9:5) 세겜에서 왕이 되었다.

다음 단락은 이 사건과 연결하여 전개된다. 둘째 단락(요담 이야기)에서는 홀로 살아남은 요담이 이 잔인한 살인 사건을 폭로한다(9:18). 폭로 사건은 신학적 언어로 서술되지는 않았으나, 종교적 색채를 강하게 띠고 있다. 이 살인 사건을 지혜 신학적으로 판단하고 있다. 이 살인 사건이 '진실하고 의로운 일이면 기쁨을 주나, 불의한 일은 멸망을 줄 것이다.'(참고 잠 10:1; 15:20; 29:2). 지혜 문학에서는 하나님의 역사 섭리나 심판을 직접적으로 언급하지 않고, 일종의 '보이지 않는 손'으로 작용할 뿐이다.

셋째 단락(요담 우화 9:8~15)에서는 아비멜렉의 살인 사건을 언급하지 않는다. 요담의 우화에서는 왕권의 무익성의 고발이 전면에 드러나 있다. 나무들(감람나무, 무화과나무, 포도나무)은 자신의 과일을 통하여 하나님과 사람들을 기쁘게 할 수 있는데, '그 일을 버리고 왕이 되어 다른 나무들 위에 우쭐댈 수 있겠는가?'라고 의문을 제기한다(9:9하, 10하, 13하). 이러한 서술 속에 왕권의 무익성을 드러내고 있다. 그러나 15절의 경우 열매가 없는 가시나무의 무익성과 함께 최악의 부적절성을 함께 드러낸다. 이로써 요담 이야기와 연결된다.

전체적으로 요담 우화는 부적절자의 폭력성 고발보다는 왕권 자체의 무익성에 대해 우화적으로 논하고 있다. 그래서 사사기 9:15, 16은 두 이야기를 연결하기 위한 구절로 이해된다. 이러한 무익한 왕권이 해체됨을 보여 주는 사사기 9:55도 두 이야기를 연결하기 위한 구절로 이해된다.

넷째 단락(9:22~55)에서는 아베멜렉의 살인 사건을 역사 신학적으로 서술한다. 먼저 하나님께서 악령을 보내어 아비멜렉과 세겜 사람들 사이를 분열시킨다(9:23). 분열의 목적은 아비멜렉(잠재적으로 묵인한 세겜 유지들)의 폭력 사건을 되갚기 위함이다(9:24~25). 그래서 서로 전쟁을 하게 만들었다. 여기서 아비멜렉과 세겜 사람들 사이의 전쟁으로 인하여 서로 죽이는 사건들을 보도한다(9:26~55). 아비멜렉은 여인이 던진 맷돌에 죽었다는 보도를 통해 그의 죽음을 매우 수치스럽고 조롱적으로 묘사하였다. 어쨌든 아비멜렉의 죽음과 함께 각자는 집으로 돌아갔다고 보도한다. 이로써 무익한 왕권 제도는 실패로 끝났음을 독자들에게 알린다.

다섯째 단락(9:56~57)에서는 이 사건을 하나님께서 개입하여 발생한 사건으로, 종결 역시 하나님의 뜻대로 처결된 사건으로 마무리한다(9:56~57). 하나님께서 아비멜렉의 악행과 세겜 사람들의 악행을 되갚으셨다. 이로써 여룹바알의 아들 요담의 저주를 하나님의 심판으로 해석하였다.

부적절한 자가 왕이 되어 저지른 악행과 왕권 제도 자체의 무익성과 함께 하나님의 통치와 대립적인 모델로 이해될 수 있다.

4. 미정복 영토와 하나님 통치의 일상화

여호수아와 사사기에는 두 종류의 땅 정복 사상을 전한다. 첫째, 여호수아 21:43~45에 따르면, 이스라엘은 여호수아 시절에 온 땅을 빠짐없이 정복하였다. 그래서 사방에서 몰려드는 적 없이 평화롭게 살았다. 그러나 여호수아 사후 이스라엘이 배교하므로 야웨께서 그들을 적의 손에 넘기셨다는 것이다.

이와 달리 여호수아 23장에 따르면, 야웨께서는 그 땅의 민족들(원주민)을 모두 몰아내지 않고 남겨놓았다. 따라서 그 땅을 완전히 정복하지 않았다는 것이다. 이러한 미정복 영토의 목록(1:1~2:5)이 사사기 첫머리에도 등장한다.[11]

1) 이방 민족과의 관계의 단절

야웨 하나님께서 그 땅에 이방 민족들을 남겨놓음으로 새로운 문제가 제기된다. 새로운 문제에 대하여 사사기 2:1~3의 야웨의 사자의 메시지에서 잘 전해 주고 있다. '나는 너희를 애굽에서 올라오게 하여 내가 너희의 조상들에게 맹세한 땅으로 들어가게 하면서 나는 너희와 맺은 나의 언약을 영원히 어기지 아니할 것이다. 그러므로 너희는 이 땅의 주민과 언약을 맺지 말며 그들의 제단들을 헐라고 말하였으나 너희가 내 목소리를 듣지 아니하였다. 너희는 어찌하여 그렇게 하였느냐 그러므로 나는 다시 말한다 내가 그들을 너희 앞에서 쫓아내지 아니할 것이다 그들이 너희 옆구리에 가시가 될 것이며 그들의 신들이 너희에게 올무가 될 것이다.'

여기에서 구속사(출애굽과 약속의 땅으로의 인도)를 언급한다. 이는 새로운 요구를 위한 근거가 되고 있다. 야웨 하나님께서 이스라엘에게 한 요구는 그 땅의 백성과의 엄격한 단절이다. 이방 민족과의 정치적 관계 단절은 물론 종교적, 문화적 접촉도 금지하고 있다. 이러한 금지의 동기를 사사기 2:3에서 잘 밝혀 주고 있다. 그것들이 이스라엘에게 '올무'(מוקש 모케쉬)가 되기 때문이다 (참고 신 7:16).[12]

이처럼 종교 및 문화적인 접촉을 엄격히 금지시키는 전제는 이스라엘이 이방 민족들에 비해 현재 약소국으로 살고 있다는 데 있다. 따라서 그들과의 접촉 과정에서 필연적으로 동화되거나 흡수되어 궁극에는 민족적 자율성을 상실할 수 있는 위험에 놓여져 있기 때문이다.[13]

미정복 영토의 보도(1장)는 대부분 고대의 전승자료일지라도, 이 연설의 의미로 이해할 가능성을 배제할 수 없다. 부정적 소유(미정복의 땅의 목록)를 보도한 사사기 1:19, 21, 27~35은 이스라엘이 불순종하여 야웨께서 정복을 허락하는 땅의 증거로 해석되었다.

2) '미정복 민족'의 과제와 율법 순종

사사기 2:3에서는 '이 땅에 거주하는 자들을 야웨 하나님께서는 이스라엘 백성들에게서 쫓아내지 아니할 것이다'라고 말씀하신다. 사사기 2:21에서도 '이방 민족들'(גוים 고임) 중 일부는 다시 쫓아내지 아니할 것이라고 말씀하신다. 여기에서 특이한 점은 이 이방 민족들은 '여호수아가 죽을 때에 남겨 둔' 것이라 말한다. 이로써 여호수아 23:13(참고 1:19, 21, 27~35)과 연결된다. 그리고 사사기 2:23에서는 야웨께서 이스라엘을 위해 '그 이방 민족들을 머물게 하여 그들을 속히 쫓아내지 아니하셨다. 왜냐하면 야웨께서 그들을 여호수아의 손에 넘겨주지 아니하셨기 때문이다'라고 말한다.

여기에서 이방 민족이 완전히 축출되지 못한 이유는 다양하게 서술되었다. 사사기 2:1~3에서는 '내 목소리를 듣지 아니하였기' 때문에 야웨 하나님의 심판으로 남겨진 것이라 말한다. 사사기 2:17, 20~21에서도 이스라엘의 불순종의 결과로 야웨께서 남겨 두신 것이라 말한다. 그러나 여기에서는 이미 여호수아의 정복이 미완성임을 말한다. 그리고 사사기 2:22~23에서는 이스라엘 민족이 야웨의 길을 따르는지 따르지 않는지를 시험하기 위하여 야웨께서 의도적으로 이방 민족들을 남겨 두셨다고 말한다. 여기에서 비로소 남겨진 이방 민족의 의도와 목적을 분명히 밝히셨다.

'이방 민족을 완전히 몰아내는 것'은 이제 이스라엘에게 과제로 주어진 것이다. 이것은 위기의 산물이 아니라, 시험을 통한 교육을 위한 산물이다. 이 교육적 목적을 사사기에서는 암시적으로 언급하고 있으며,[14] 여호수아 23장에서 명시적으로 밝히고 있다.

먼저 정복한 민족 외에 남아 있는 민족들도 이스라엘 백성의 기업으로 주셨다. 그러므로 그들을 정복하고 그들의 땅을 소유해야 할 과제가 부여되었다. 물론 이러한 과제는 군사적, 정치적 과제가 아니라, 신앙의 과제인 것이다. 이스라엘 백성이 '모세의 율법 책에 기록된 것'을 지켜 행하는지의 여부에 따라 성공여부가 달려 있다. 율법의 구체적 내용은 '이방 민족과의 종교적, 문화적 단절'과 '야웨 하나님의 온전한 사랑'이다.

이스라엘 민족이 율법에 순종함으로 하나님의 뜻을 일상 속에서 구현할 수 있는 길을 연 것이다. 그 율법은 이미 문자로 기록된 것을 전제한다. 이제 이스라엘 백성은 하나님의 문자화된 말씀을 통하여 하나님의 지혜와 통치를 일상화 할 수 있게 된 것이다. 역사 속에 나타난 구원 역사를 일상 속에서도 반복할 수 있게 된다. 하나님의 말씀의 순종은 하나님의 통치의 일상화인 것이다.

한편 모든 세상의 통치자들도 하나님의 말씀의 지도하에 놓인다면(신 17:18~19), 세상의 통치자들은 하나님의 통치를 대행하는 자가 된다.[15]

맺는 말

사사 시대는 약속의 땅에 정착해야 하는 과도기로써 무수한 위기를 경험한 시기였다. 이러한 위기는 외부로부터 온 군사적 위험이라기보다는 내부의 불신앙으로부터 왔다. 즉 이스라엘이 야웨 하나님을 외면하고, 유혹거리를 쫓아 사방에 있는 이방신들을 숭배함으로 자초한 위기였다.

그러나 이스라엘 민족이 돌이켜 야웨께 도움을 호소할 때, 야웨 하나님은 외면하지 않으셨다. 야웨 하나님은 우리들의 고통을 보시고, 우리들의 탄식을 들으시며, 필요한 구원자를 세워 위기를 극복할 수 있게 하신 것이다.

사사기의 영성은 범죄한 자일지라도 야웨 하나님께 돌아오는 자들을 긍휼히 여기시는 하나님을 바라보는 것이며, 우리에게 필요한 도움을 내려주시는 하나님을 다시 찾는 것이다. 즉 우리의 구원이 오직 하나님으로부터 오는 것임을 깨닫는 것이다. 이것이 영성의 길이다.

사사기의 지도자들은 그들이 하나님의 자리, 즉 하나님의 통치를 대신하려 하지 않았다. 뿐만 아니라, 그의 아들들에게도 하나님의 자리, 즉 하나님의 통치를 상속시키려 하지 않았다. 왜냐하면 어느 누구도 하나님의 통치를 대신할 수 없기 때문이다.

오늘날 한국 교회의 위기는 눈에 보이는 성장의 정체에만 있는 것이 아니라, 보다 근본적인 위기는 한국 교회가 하나님의 통치의 대행자 역할을 포기하고 각자의 뜻대로 삶을 추구하므로 방향을 상실한 데 있다. 미래의 비전 없이 응급처치를 하며 하루하루 살아가고 있다고 해도 과언이 아니다.

오늘날 한국 교회는 성경의 구속사의 경험을 말씀의 탐구와 실천을 통하여 다시금 재현하며, 하나님의 통치의 일상화를 이뤄 가야 한다. 이것이 사사기 영성의 두 번째이며, 영성의 길과는 다른 지성의 길이다.

이 두 기둥(성경적 영성과 성경적 지성)이 함께 합쳐질 때, 우리는 분명한 비전을 갖게 되는 것이다. 사실 비전－영성－지성은 분리될 수 있는 것이 아니다. 이것은 셋인 동시에 하나인 것이다.

07

약한 자와 더불어 세워 가는 교회
'드보라의 노래'를 중심으로 (삿 5장)

기독교의 역사를 돌아보면, 남자들이 신앙과 용기를 보이지 못할 때, 하나님은 여인을 일으켜서 구원의 역사를 이루셨다. 여선지자 드보라의 활약은 우물쭈물하던 남성들에게 일대 경종(警鐘)을 불러일으킨 사건임에 틀림없다. 이제 '드보라의 노래'를 통해 약한 자를 사용하셔서 강한 자를 부끄럽게 하셨던 하나님의 뜻을 살펴보려고 한다. 당시 여인들은 약한 자였고, 그렇게 약한 여성이 강함의 상징인 '용사'를 대신하여 '적장(敵將)'을 무찔렀기 때문이다. 그리고 지파 간의 연합을 통해 가나안의 강군을 무찌를 수 있었던 모습을 돌아보며, 세상에서 악의 세력을 이길 '교회'를 세워 나가는 방법을 살펴보려고 한다.

'드보라의 노래'를 연구하는 것은 어려운 과제 중 하나인데, 그중에서 가장 두드러진 것은, 어휘의 난해함과 본문 자체의 난해함이다.[1] 그래서 히브리 초기 시 문학의 하나인 '드보라의 노래'는 우가릿(Ugarit) 문헌과 비교하여 읽으면 그 해석을 풍성하게 할 수 있다. 둘째로, '드보라의 노래'의 형태를 분석하여 고대 근동 문학과의 연관성을 통해 이 노래 구절에 대한 주석을 시도하며, 또한 사역(私譯)을 시도할 것이다. 이는 본문 전체를 이해하는데 도움이 될 것이다. 이러한 작업 위에 신학적 해석을 결론으로 덧붙이려고 한다.

'드보라의 노래'에 대한 형태 분석

1. 민요(Ballad)인가 시편(Psalm)인가?

'드보라의 노래'는 사사 시대에 있었던 어떤 전쟁에서의 승리를 노래한 것이다. 먼저 사사기 4장에서 산문(散文)체로 된 사건의 개요(영웅설화)가 언급된후, 5장에 시(노래)의 형태가 나타난다. 블렌킨숲(J. Blenkinsopp)은 5장의 시를전쟁 부분을 묘사하는 세속적 민요(secular ballad) 또는 서사시(敍事詩, epic)의형태 내지는 후에 첨가된 시편(psalm)의 형태가 서사시와 함께 나타난 것이라고 말했다. 이렇게 민요 또는 서사시에 시편의 형태가 첨가된 것은 제의(祭儀) 상황에 사용하기 위해서이다.[2] 즉 한 지파에 한 성소가 있어서, 제사를 드릴 때 민요(ballad)가 낭송되면, 설화체의 영창(詠唱, chant)이 화답송으로 불려지는 것이 반복되어 나타났던 것이다.[3]

'드보라의 노래'를 형태상 영웅 송시(英雄誦詩, heroic ode)로 본다면, 사사기5:2~31중절의 승전에 대한 감사 노래는 '드보라와 바락이 승리한 후에 이런 노래를 불렀다'라는 1절의 표제를 통해 보다 명확해진다.

히브리인들은 제사를 드리면서, 실재했던 역사적 사건의 종교적 의미를청중들에게 환기시켜 주기 위해, 역사적 사실을 시편의 형태로 바꾸어 노래했다.[4] 다윗의 통치 초기까지 이러한 형태가 나타나고 있음을 사무엘서를통해 볼 수 있다. 다른 히브리 시문학과 산문으로서의 역사서의 관계도 이러한 관점에서 이해할 수 있다. 하지만 보통의 히브리 시문학에서는 짧고 간결한 형태의 전쟁 승리의 노래(삼상 18:7; 출 11:1~8)가 사용된데 비하여 드보라의 노래는 길고 그 내용도 난해하다. 어찌되었든 이 노래는 이스라엘 지파들이 모여서 제사를 드리고 결속을 다지려고 하는, 이스라엘의 하나님 야웨께대한 '승리의 찬가'(Te Deum)다.

2. '드보라의 노래'의 형식(1~31절)

이 노래는 2~11d, 11e~18, 19~30절의 세 단락으로 나눌 수 있다. 각 단락은 몇 개의 연(聯)으로 구성되어 있다. 각 연은 주제를 나타내는 구절을 하나 이상 포함하고, 앞에 사용된 문장을 뒤에서 반복하여 사용함으로 전체 문장을 완성한다. 이렇게 사상이 각 연 안에서 이어지는 것을 볼 때, 이 노래가 단순한 민요가 아니라 어떤 '신학적 의미'에 따라 씌어졌다고 할 수 있다.

첫째 단락(2~11d절)은, 이스라엘의 현재 형편과 드보라의 소명을 그리고 있다. 더 구체적으로 나누어 보면 2~3절, 4~5절, 6~8절, 9~11d절의 네 연으로 나눌 수 있다. 네 연의 끝이 모두 '이스라엘'로 끝난다.

둘째 단락(11e~18절)은, 소명에 대한 이스라엘 각 지파들의 반응을 그리고 있다. 구체적으로 11e~15c절, 15d~18절의 두 연으로 나눌 수 있다. 14~15b절의 전쟁에 참여한 다섯 지파[5]의 이름 열거는 전장(戰場)에서 가까운 지리적 순서를 따른다(에브라임 – 베냐민 – 스불론 – 잇사갈 – 납달리). 반면에 15d~18절에서는 전쟁에 참여하지 않은 네 지파[르우벤, 단, 아셀, 길르앗(갓)]의 이름이 거명되면서, 이들의 무관심과 스불론, 납달리 지파의 헌신을 대조하여 노래한다.

셋째 단락(19~30절)은, 전쟁의 모습과 승리에 대해 노래한다. 구체적으로 19~22절, 23~27절, 28~30절의 세 연으로 나눌 수 있다. 첫째 연이 나머지 두 연의 모델이 된다. 즉 가나안의 왕이 이스라엘을 침공하여 승리를 꾀하였지만 패하였다는 것이, 메로스를 저주하고 야엘을 축복하는 것 그리고 시스라의 어머니가 가졌던 두려움과 또 승리에 대한 어리석은 확신과 맞물리면서, 야웨를 경외하지 않는 자는 멸망하고 주를 경외하는 자는 승리한다는 결론으로 이끈다.

그리고 31상~중절에는 결론적인 서원(誓願)이 나타나며, 1절과 31하절에는 역사 상황에 대한 서술이 나타난다.

3. 시대 배경

'드보라의 노래'가 기록된 연대를 추정해 보면, 가나안 정착 초기에 이스라엘 민족과 가나안 사람들이 민족적이고 종교적으로 혼합(후대에 이스라엘의 특징으로 굳어진)되어 가는 모습을 추적해 볼 수 있다. 그리고 이 노래에서 언급된 지파들의 상황을 사사기 1장에 나오는 정복과 정착에 관한 기록과 비교해 볼 때, 가나안 땅에서 이스라엘 백성 사이에 변화가 일어났음을 짐작할 수 있다. 즉 에브라임이 정착한 고원 지대는 이제 완전히 요셉 후손들의 차지가 되었고, 잇사갈과 스불론, 납달리 지파의 정복 노력은 결실을 맺어서 갈릴리 지역까지 그 지경을 넓히게 되었다. 특히 잇사갈이 요단강 서쪽에서 다볼산에 이르는 지역을 확보함으로써, 가나안 사람들이 차지한 서쪽 평야 지대와 경계를 맞대게 되었다. 한편 가나안 사람들도 45개의 성을 차지하고 이스르엘 평야를 통한 교역의 길을 확보했으며, 철 병거와 도끼를 든 보병을 보유하고 있었음을 알 수 있다(참고 수 17:16~18).

이스라엘 백성들의 수가 많아지고 힘이 강대해지자, 서쪽의 비옥한 평원 지대로 눈을 돌리게 되면서 가나안의 도시 국가들과의 싸움은 피할 수 없게 되었다. 이때 사사 드보라의 요청으로 이스라엘 지파들이 무장하기 시작했는데, 에브라임, 베냐민, 마길(또는 므낫세), 스불론, 잇사갈, 납달리가 이에 호응했고, 납달리 지파 사람 바락의 지도하에 군대 조직을 갖추게 되었다(4:6, 5:15). 그렇지만 요단 동편에 정착한 르우벤과 길르앗(갓)과 북쪽 지역에 정착한 단과 아셀 지파는 무장을 요청받았지만 전쟁이 끝날 때까지 꿈쩍하지 않았다. 이미 지파 간에 경쟁의식이 생겨나고, 요단강 동편의 지파들은 독자노선을 추구하여 요단 서편의 상황에 무관심한 상황을 나타내고 있는 것이라고 볼 수 있다. 하지만 이 노래에서는 이 같은 상황을 정확하게 표현하고 있지 않다. 이러한 지파들의 이기심에 대해, 이 노래에서는 잇사갈과 납달리 지파의 헌신과 비교하여 조롱한다.

4. 사사기 4장 산문(散文)과의 관계

사사기 4장과 5장은 같은 주제와 내용을 산문과 시(노래)로 표현한 것으로 알려져 있다. 둘 다 이스라엘과 가나안 간의 전쟁을 묘사하며, 가나안 장군 시스라의 죽음에 대해, 또 드보라와 바락이 이스라엘 지파의 지도자로 나서며 야엘이 시스라를 보살피는 척하다가 그를 죽이는 등, 기록되어 있는 내용이 같다. 그렇지만 차이점도 존재한다. 5장의 시에는 4장의 산문에서 생략한 구체적인 내용들이 언급되어 있다. 예를 들어, '드보라의 노래'에는 전쟁이 시작되기 전 이스라엘 백성들이 당하는 억압에 대해 구체적으로 묘사되어 있고(5:6~8), 야웨 하나님이 천둥과 번개 가운데 등장하시는 내용(5:4~5, 20~21), 스불론과 잇사갈 지파 외에도 전쟁에 참가한 지파들의 명단이 언급되어 있으며, 시스라의 어머니가 시스라를 기다린다는 내용(5:26~28) 등이다.

사사기 4장과 5장은 단순히 내용을 반복한 이야기도, 나란히 둔(juxtaposition) 이야기라고도 할 수 없다. 문제는 하나님이 강조되는가 아니면 인간이 강조되는가의 차이라고 할 수 있다. 즉 4장에는 승리의 영광이 바락에게서 여인에게 옮겨질 것이라는 드보라의 예언이 성취된 것을 강조한다면, 5장에서는 인간의 상황과 야웨의 행위를 묘사함으로 하나님을 찬양하고 있다. 다시 말해 4장에서는 인간의 행동에 초점을 맞추고 있다면, 5장에서는 대적이 패망하는 모습을 통해 야웨를 찬양하는 모습이 강조된다. 어쨌든 4:1~3에 요약된 역사적 배경과 5:31하에 기록된 그 이후의 역사 서술에 따르면, 야웨께서 카리스마적인 지도자를 사용하셔서 이스라엘을 위기 가운데서 어떻게 구원해 내시는지를 잘 알 수 있다. 이것이 사사기 전체를 이해하는 중요한 코드가 된다. 그리고 지파들 사이에 일치하지 않고, 일부만 전쟁에 참여하는 모습이 나타나는 것은, 앞으로 계속해서 사사 시대에 지파의 분열이 심해질 것을 예고한다. 또한 드보라의 예언행위에 대해서도 두 장르는 다른 성격을 나타낸다. 산문에서는 드보라가 승리와 징벌의 신탁(神託)을 전달하는 사람(4:6~7, 9)으로 나타나지만, 시에서는 전쟁과 승리의 노래를 부르는 사람으로 나타난다. 이것은 노래의 내용만 그렇다는 것이 아니라, 드보라 자신이 가수처럼 이 노래를 불렀음(5:1)을 의미한다. 어쨌든 두 문학 사이의 관계를 살펴볼 때, 산문(4장)은 5장의 노래가 고대에서도 좀처럼 이해하기 어려운 본문이었기에, 그 내용을 꼼꼼하게 설명하려는 시도에서 쓴 것이라고 추정할 수 있다.

사사기 5장 분석

본문 분석을 할 때, 먼저 사용할 본문은 개역성경이다. 그리고 본문 분석이 끝나면, 분석된 내용에 따라 필자가 번역한 본문을 제시할 것이다.

1. 역사 서론(1절)

모압 왕 에글론을 죽이고 이스라엘을 구해 낸 왼손잡이 사사 에훗이 사사로 지내는 동안 이스라엘은 문제가 없었으나, "에훗이 죽은 후에 이스라엘 자손이 또 여호와의 목전에 악을 행하였다"(4:1). 이에 하나님께서는 이스라엘을 가나안 왕 야빈의 손에 파셨고, 야빈과 군대장관 시스라의 20년간에 걸친 철권통치가 이어졌다. 철권통치에 지친 이스라엘 백성들이 하나님께 부르짖었다(4:2~3). 바로 이 시점에 드보라가 등장하여 이스라엘을 구해 내었다. '이 날'(5:1)은 바로 철 병거 900대와 가나안의 훈련받은 대군과 맞서 싸워 승리한, 드보라의 등장을 노래한 바로 '그때'(4:4)이다.[6]

드보라와 바락이 함께 노래를 불렀다. 그런데 "아비노암의 아들 바락"은 후대에 첨가된 부분이라고 말하기도 한다. 왜냐하면 '노래를 부르다'는 히브리어 동사가 3인칭 여성 단수이기 때문이다.[7] 또 바락은 드보라가 함께 가지 않으면 자신도 전쟁터로 가지 않겠다고 말했고, 그래서 적장을 죽인 승리의 영광을 잃어버리게 될 것(4:8~9)이라고 하는 등, 부정적으로 언급되고 있기 때문이다. 그렇지만 여기에서 바락이 드보라와 함께 승리의 노래를 불렀다는 것은, 산문에서 드보라와 야엘(여성으로 성공한 사람), 바락과 시스라(남성으로 실패한 사람)로 나누어, 마치 이성(異性)간의 대결처럼 보이는 것을 보완해준다.[8]

2. 이스라엘의 형편과 드보라의 소명(2~11d절)

1) 찬양으로의 초대(2~3절)

2상절에서 "두령이 영솔하였고"(בפרע פרעות 비프로아흐 페라오트)의 해석이 문제가 된다. 히브리어 어근 פרע가 아랍어 'far'(여인의 머리카락 또는 가지)와 연관이 있다고 생각하면 '풀어놓다' 또는 '용서하다'는 뜻으로 이해하여 문자적으로는 '머리카락을 풀어헤친'(참고 레 10:6), 즉 '자유를 얻은 것'을 의미한다. 또 다른 아랍어 어근 'faraa'(능가하다)에 따라 '앞장서는 사람'(두령, 영도자)이라고 해석할 수 있다.[9]

2하절 "즐거이 헌신하였으니"는 '소명에 따라 전쟁에 참여하는'의 뜻을 가진 단어로써, 강제성 없이 자발적으로 전쟁에 참여하던 모습을 그리고 있다. 고대 근동의 다른 나라들과는 달리, 이스라엘은 다윗이 상비군(常備軍)을 조직하기 전까지 어떤 위기상황을 만나게 되었을 때, 하나님의 부르심을 받은 지도자가 군대를 소집하면, 자발적으로 그리고 민첩하게 전투에 참여하였다. 그리고 전투가 끝나면 생업으로 돌아갔다. 이 구절은 바로 그러한 모습을 반영하고 있다.

히브리어 어근 פרע가 이중의 의미를 갖기 때문에 2절을 해석하기가 쉽지 않다. '이스라엘에 자유의 시간이 돌아왔다는 것'을 노래하는 것으로 보느냐, 아니면 전투상황이기에 '군대의 지휘관'이라고 보느냐가 관건이다. 필자는 이스라엘이 야빈의 억압에서 자유를 되찾은 것을 기뻐하며 노래를 시작했다고 보기 때문에 2절을 "이스라엘에 자유가 넘치고, 백성은 기꺼이 헌신하니, 주님을 찬양하여라!"라고 읽을 것을 권한다.

3절 "들으라… 귀를 기울이라"는 표현은 창세기 4:23, 출애굽기 15:26, 민수기 23:18, 신명기 32:1, 사사기 1:2, 10 등 히브리 시에 여러 차례, '주의를 촉구하는데' 사용된 표현이다. 이스라엘에 아직 왕이 없었기 때문에, 여기서 말하는 왕과 방백들은 열방의 지도자들을 향한 것이다(참고 시 2:2). 따라서 이방의 지도자들에게 경고하는 노래를 부른 것으로 이해해야 한다. 그들은 야웨의 전능하심과 그의 백성 이스라엘을 향해 질투하시는 사랑에 대해 배워야 한다.

2) 하나님의 능력(4~5절)

여기에서는 야웨께서 이스라엘 백성들의 선두에 서서 남쪽 시내산으로부터 출발하여 가나안 땅으로 행진하여 들어오는 모습(신 33:2; 합 3:3; 시 68:7~8)을 묘사하고 있다. 고대 전승에서 야웨께서 머무실 자리는 가나안 땅이 아니라, 시내산(출 19:11, 18~20) 또는 호렙산(출 3:1; 18:5; 민 10:33; 신 4:10~12; 왕상 19:8)으로 알려졌다. 하나님께서 미디안 광야(아라비아)에 있는 시내(호렙)산에서 나오셔서 세일 땅과 에돔 고원[10]을 거쳐 가나안 땅으로 전진하신다. 그런데 이 길은, 이스라엘이 가나안을 점령하기 전, 요단 동편 땅에서 이동하던 루트와 같다.

5상절의 "산들이 진동하니"에서 동사의 어근을 어떻게 읽느냐에 따라 뜻이 달라진다. נזל(나잘)로 읽으면 '흘러내리다'로 이해하게 되지만[KJV은 이 어근에 따라 '산들이 녹아내리다(melt)'라고 읽는다], ללל의 니팔형으로 읽으면 '흔들리게 되다'로 이해할 수 있다(사 63:19, 64:2). 70인역에서도 '그 산들이 흔들리며'로 읽고 있으며, 아카드어(ittarāru šadu 산들이 흔들리다)와 비교해 보면 후자의 해석을 따르는 것이 좋다. 땅이 갈라지고 산이 진동하는 것은 하나님의 심판이 임박했음을 나타낸다(시 18:7; 68:8; 사 13:13; 24:19; 29:6; 64:1; 막 13:8). 5중절의 "저 시내산도"에서, 'זה סיני'(제 시나이)처럼 중간에 고어체 관계대명사 'd-'가 빠진 것으로 생각하기도 한다. 이는 시내산이 가까이 있는 것으로 생각하고, 가까이 계신 하나님께서 적극적으로 개입하여 주시기를 바라는 의지의 표현이다.

3) 이스라엘에 용사가 없음(6~8절)

여기서는 이스라엘의 비참한 현실을 노래한다. 가나안의 압박으로 대상(隊商, caravans)들을 위한 통상로(通商路)가 막혀서(참고 사 33:8), 통상로에 인접한 도시들이 폐허가 되었다. 그래서 어떻게든 거래를 해야 하는 사람들은, 정상적인 대로를 피해 소로로 다니면서 무역을 해야 하는 어려운 시기다.

6상절의 "삼갈의 날에… 야엘의 날에"는 다음과 같이 이해할 수 있다. 블레셋을 쳐서 구원한 아낫의 아들(자손) 삼갈의 때에도(3:31), 시스라를 살해하고 이스라엘을 구원한 야엘의 때에도 이스라엘의 처지는 비참했다. 이제는 새로운 구원자가 나오기를 기다릴 뿐이다(7절). '야엘의 날'은 여인을 언급한 것이기 때문에, 이 구절에는 어울리지 않는다는 견해도 있다. 여인에 대한 언급은 노래의 끝 부분에 있기 때문에, '멍에의 날에'로 읽어야 한다고 주장한다.[11] 하지만 가나안과 겐 족속 사이의 관계와 이스라엘과 겐 족속 사이의 정치적 관계를 볼 때, 야엘의 지위는 점점 중요해질 수밖에 없었다. 따라서 사사인 삼갈만큼, 야엘도 이스라엘을 승리로 이끄는데 중요한 존재임을 여기서 노래하고 있는 것이다.

그리고 삼갈이 이스라엘 사람이 아니면서도 이스라엘을 구원한 것은, 이방 여인 야엘의 행적과 비교할 수 있다. "아낫의 아들"이라는 표현에서 가나안의 전쟁 여신인 아낫과의 연관성을 찾을 수 있는데, 우가릿 문헌(UT.1 Aqat)에 '아낫의 아들'이 나오기 때문이다.[12] 아낫은 사사기 4~5장의 배경이 되는 전쟁터에서 동쪽으로 조금 떨어진 곳인 벧샨(Bethshan)에 성소(聖所)를 갖고 있는 전쟁의 여신이다. 이 땅은 납달리 지파에게 주어진 땅으로(수 19:38), 벧아낫(Beth-Anat)이라고 불리기도 했다. 이 땅은 북쪽의 지파들에게 널리 알려진 곳이다. 어떤 본문에서는 아낫이 바알신의 조력자로 등장하기도 하지만, 또 다른 본문에서는 아낫의 조력자로 얏판(Yatpan)이 등장한다. 아낫-얏판의 관계는 드보라-바락의 관계와 비교할 수 있다. 드보라는 지도자가 되어 영감으로 노래하며, 바락은 드보라의 군대 조력자로서 전쟁을 수행하고 포로를 잡아온다(5:12).

7상절에서도 여전히 이스라엘의 비참한 형편에 대해 노래하고 있다. 여기에 "그치고"가 반복하여 사용되는 것은, 7중절의 "일어나고"를 강조하는 것이다. "관원"은 11절에서도 "그의 다스리심"이라는 단어로 다시 사용된다. 이 단어를 '용사'로 읽기도 한다(표준새번역). 드보라가 승리하기 이전의 비참함을 묘사하고, 무능한 지도자들이 아무런 활동도 하지 않는다고 말할 수 있다. 또 이 단어를 '지도자'로 읽지 않고, 신명기 3:5, 사무엘상 6:18에서처럼 '성벽이 없는 도시에 살고 있는 가난한 백성들'(참고 겔 38:11; 슥 2:8)을 의미하는 '모든 백성들'로 읽을 수도 있다.[13] 한마디로 드보라가 이스라엘의 사사로 세워지기 전에는, 이스라엘에 지도자들이 게을러서, 이스라엘 백성의 거주지가 많이 훼손된 시기였음을 알 수 있다.

7하절의 "드보라가… 이스라엘의 어미가 되었도다"는 '시스라의 어미'(28~30절)와 대조되는 표현이다. 드보라는 아무것도 없는 곳에서 하나님의 명령에 따라 이스라엘의 어미로 세워졌지만, 시스라의 어미는 화려한 궁정에서 헛된 확신을 갖고 있다가 결국에는 크게 슬퍼하며 멸망하게 되는 길을 걸었다. 드보라와 시스라의 어미를 비교하면, 하나님을 경외하는 자가 얻게 될 축복과 하나님을 대적하는 자가 걷게 될 멸망의 길을 대조적으로 볼 수 있다. '아낫의 아들'로 상징되는 파괴되고 흩어진 모습과는 대조적으로, 전쟁을 치루기 위해 백성을 모으는 드보라의 지도력이 두드러진다. 또한 아낫으로 상징되는 혼란과 드보라로 상징되는 질서가 대조된다. 그리고 드보라에게서 찾아볼 수 있는 모성(母性)의 지도력은, 자신의 종들과 나그네를 아비처럼 돌본 욥의 지도력과 비교해 볼 수 있다(욥 29:16; 31:13~15).

8상절은 해석하기가 어려운 구절이다. "무리가 새 신들을 택하였다"는 구절에 대해서 특히 그렇다. 벌게이트는 "하나님께서 새 것을 선택하셨다"로 번역하였다. 또 출애굽기 21:6; 22:8, 9을 근거로 하나님(אלהים엘로힘)을 '재판장'으로 해석하여, "그들이 새 재판장(드보라와 바락)을 선택했다"고 읽기도 한다. 그렇지만 그냥 맛소라 본문처럼, "이스라엘이 새 신들을 선택함으로"(참고 신 32:17), 그 땅에 전쟁이 일어나게 되었다고 읽는 것이 좋다. 그렇게 읽을 때, 이스라엘 백성들이 왜 고난에 처하게 되었는지를 명확하게 이해할 수 있으며, 또 이것이 사사기 전체의 신학과도 조화를 이루기 때문이다.

8하절에서 이스라엘 군사 40,000명(문자적으로, 사십 천 명)에게 창과 방패가 없었다는 말은, 당시 철제 무기로 무장한 가나안의 군대와 대조된다. 또 바락이 납달리와 스불론 자손 10,000명으로 싸웠다는 4:6~10과 상충한다. 이 숫자는 적을 치고 민족을 구할 수 있는 용사의 수를 어림잡은 것이라고 할 수 있다. '천 명'이라는 히브리어 명사는 이스라엘의 군대를 나타내는 전형적인 용어다(민 1:26; 삼상 17:18; 대상 13:1). 군사 40,000명은, 여호수아의 인도로 가나안 땅에 들어온 용사의 수 600,000명과 너무나 대조되는 초라한 모습이다. 이미 사사 시대에 하나님과의 관계가 많이 파손되었음을 엿볼 수 있다.

4) 하나님께 찬양할 것을 재차 요구함(9~11d)

여기서는 신분의 귀천을 막론하고, 모든 사람들이 하나님께 찬양을 드릴 것을 재차 요구한다.

10상절의 "흰 나귀를 탄 자들"은 황갈색의 나귀를 탄 고귀한 사람이나 고귀한 손님 또는 신랑을 가리킨다. 10중절의 "귀한 화문석에 앉은 자들"에서 '화문석'(מדין미다인)은 의미가 불확실하다. "재판석에 앉은 자"라고 읽을 수 있다. 이것은 우가릿어 어근 רם(의복) 또는 רלם(안장에 앉다) 두 가지를 비교해 볼 수 있다. 그러면 '품위 있는 긴 옷을 입은 자' 또는 '말에 탄 자'라고 읽을 수 있다. 이렇게 볼 때, 10절은 "앉아 있는 부자들(나귀에 탄 자나 재판석에 앉은 이)이나 서 있는 가난한 자들(길에 행하는 자들)이 모두 하나님의 도우심을 찬양해야 한다"고 노래한다.

11상절 "활 쏘는 자의 지껄임에서 멀리 떨어진 물 긷는 곳에서도"는 중세 시대 랍비들로부터 해석하기에 난해한 구절이라고 알려졌다. 그런데 이 단어를 '나누다'로 읽든지 또는 '활 쏘는 사람'으로 읽는지에 따라 그 뜻이 달라진다. 베냐민 지파 가운데 거주하던 드보라가, 베냐민의 주 병기인 활을 쏘는 자(대상 8:40; 12:2; 대하 14:8; 17:17)를 용사의 대표적인 모습으로 그린 것이다. 또는 활과 악기를 동일한 것으로 보아서, 이 구절을 "찬양하는(악기를 연주하는) 소리"라고 해석하기도 한다. 그런데 이 단어를 '나누다'로 읽으면, "수로에서 [양 떼를] 나누는 소리"(NASB)로 읽을 수도 있다. 그리고 "칭술하라"는

‘반복하여’라는 뜻을 갖고 있다. “다스리심”은 7상절처럼 ‘모든 백성들이 거하는 곳’이라고 읽는 것이 좋다. 따라서 11a~d절은 이렇게 읽는 것이 좋다. “활 쏘는 용사가 소리를 높이는 곳과 아낙네들이 물 긷는 곳에서 야웨의 승리를 찬양하며, 이스라엘의 모든 곳에서 그분의 의로우신 행위를 거듭 찬양하라.”

3. 참전한 자와 참전하지 않은 자(11e~18절)

1) 참전한 지파의 지도자를 찬양함(11e~15c절)

11e절의 ‘여호와의 백성들이 내려갔다’와 13b절의 ‘여호와께서 강림(降臨)하셨다’(יָרַד לִי단 야구르 주의 군대가 용사로서 내게 내려왔다)는 대칭을 이루며, 이스라엘 회중과 백성의 지도자들이 성문 앞에 모여 있는 것을 묘사하고 있다. 즉 다른 지파들을 도와서 전쟁에 참여하는 것이 매우 중요한 문제이며, 이것이 이스라엘 공동체가 계속해서 추구해야 할 문제임을 강조하는 것이다.

12절에서 “드보라여 깰지어다”는 “일어날지어다 바락이여”와 밀접하게 연관된다. 즉 주저하는 바락을 전투에 끌어들이고 있는 것이다. 4장에서는 드보라가 바락에게 명령하고 있다. 사로잡은 자를 끌고 가라고 노래한 것처럼 승리를 예언했음에도 ‘드보라가 함께 가면 가겠다’(4:7~8)는 바락의 불신앙을 꼬집은 것이다. 백성들에 대한 사랑으로 사명감에 불탄 드보라와 적에 대한 두려움에 사로잡힌 바락이 대조된다.

14절의 “에브라임에게서 나온 자는 아말렉에 뿌리박힌 자요”는 아말렉 자손들이 여전히 에브라임 지파 가운데 살고 있거나(12:15), 또는 에브라임 지파가 옛 아말렉의 터전을 점령했음을 반증하는 것이다. 이 본문을 에브라임에 대한 부정적인 본문으로 읽으면, 자신의 땅(70인역과 데오도션 역본에서는 아말렉을 ‘골짜기’로 읽기 때문에)에 자리를 잡고서도 전투에 참여하지 않은 것을 비난하는 것으로 읽는다. 반면에 긍정적인 측면에서 읽으면, 에브라임이 남쪽에 인접한 베냐민을 따라 군대를 이끌고 전투에 참여하는 것을 확인하는 본문으로 삼는다. 문맥에 따르면, 에브라임 지파를 긍정적인 측면에서 언급한 것으로 보아야 한다. '마길'은 므낫세의 장자로 길르앗의 아비로서 요단 동편의 땅을 차지하였고(수 17:1), 이 전투에 참여한 것으로 나타난다. 그런데 15절에 참전하지 않은 지파가 거명될 때 길르앗의 이름이 쓰인 것을 보면, 므낫세 후손 중 일부는 참전하고 일부는 불참한 것처럼 보인다. 가나안 점령 전쟁 때, 요단 동편의 백성들이 먼저 땅을 차지한 후 다른 지파들의 가나안 점령을 위해 애썼던, 한 하나님의 백성됨을 잊지 않기 위해 단을 쌓았던 사건(수 22:21~29)은 이미 잊혀진 것처럼 보인다.

15상절의 "잇사갈의 방백들"을 맛소라 본문은 "잇사갈 나의 방백들"로 읽는다. 하지만 드보라나 바락이 잇사갈 지파 사람도 아니고, 또 잇사갈의 지도자들이 드보라 주위에 모였다는 전후 문맥도 없기 때문에, 또 사사기 1장에서도 잇사갈 지파에 대한 언급이 없기 때문에, "잇사갈의 방백들"로 읽는 것이 자연스럽다. 그리고 4:6이하처럼 전쟁에 적극적으로 참전한 지파들 중에서 공헌도에 따라 '납달리의 방백들'로 바꾸어 읽기도 한다. 왜냐하면 바락이 납달리 지파 사람이기 때문이다. 하지만 본문은 이 부분에 대해 아무런 언급도 없으며, 18하절에 납달리에 대해 나오기 때문에 굳이 바꿔 읽을 필요는 없다.

2) 참전하지 않은 지파를 조롱함(15d~18절)

15d절의 "르우벤 시냇가에"는 욥기 20:17에서도 볼 수 있듯이 '시냇가'로 읽는 것이 좋다. 이 단어는 사사기 5:15와 욥기 20:17에만 사용된 단어이기 때문이다. 르우벤 지파가 차지한 땅이 시냇가가 많은 좋은 목초지로서, 목자 생활에 안주하고 전쟁에 참여하지 않은 것에 대해 놀라고 또 조롱하는 것을 표현한 것이다. 16절에서 전쟁의 나팔 소리가 나오는 것이 아니라, 목자가 부는 피리 소리가 나오기 때문에 더욱 그렇게 생각할 수 있다.

17~18절에는 참전하지 않은 세 지파와 헌신적인 두 지파를 대조하고 있다. 그런데 각 지파의 이름에 특별한 축복이나 저주의 뜻이 담겨있는 것이

아니다. 어떤 지파가 축복받기로 미리 결정되었거나 저주받게 되어 있다고 할 수 없다. 다만 그때 하나님께 순종했느냐 아니냐가 축복과 저주의 판단 근거가 된다. 이러한 모습은 창세기 49장의 야곱의 기도와 신명기 33장의 모세의 기도에서도 찾아볼 수 있다.

17중절의 "단은 배에 머무름은 어찜이뇨"는 해석하기 어려운 구절이다. 단이 차지한 땅이 남쪽이냐(참고 13장) 아니면 북쪽이냐(참고 17~18장) 하는 문제에 부딪히기 때문이다. 여호수아 19:46에서 단 지파가 차지한 땅 가운데 '욥바'가 나오기 때문에, 샤론 평야와 인접한 항구 도시인 욥바에서 무역을 하였을 것이라고 추정하기도 한다. 하지만 이 문제에 대해 우가릿 문헌의 도움을 받은 새로운 해석이 제기되었다. 우가릿어 'an'(또는 any)은 '편안하게 하다'는 뜻으로 동사 'gr'(머무르게 하다)와 함께 사용된다.[14] 따라서 히브리어 יגור를 우가릿어 gr an(편안한 머무름)과 비교해서 읽으면, '왜 단은 편안한데 머물러 있는가?'로 읽을 수 있다. 해변에 자리 잡은 아셀 지파가 전쟁에는 참여하지 않고 선창에 안주하는 것(17c절)과 연결해서 해석할 수 있다.

4. 시스라와 야엘(19~30절)

1) 전쟁 묘사(19~22절)

19절 "므깃도 물가 다아낙에서 싸웠으나"에서 므깃도와 다아낙은 사사기 1:27에 나온다. 므낫세 지파가 가나안 주민을 내쫓지 못하여 가나안 사람들이 이 땅에서 살게 되었다고 말한다. 므깃도와 다아낙 인근에 흐르는 물은 기손 시내다. 시스라 군대의 병거가 물에 빠져 옴짝달싹하지 못한 것이 바로 이곳이다. 므깃도는 히브리어로 "군대의 장소"라는 뜻을 가질 만큼 군사적 요충지다.

20절의 "별들이 하늘에서부터 싸우되 그 다니는 길에서 시스라와 싸웠도다"는 구절은 사사기 4:15의 "여호와께서 패하게 하시며"로 설명할 수 있다. 하나님께서 천둥 번개를 동반한 폭우나 우박을 내리셔서 시스라의 군대의 진격을 막으셨는데, 이 모습이 마치 하늘의 별들이 지상에서 야웨와 그의 왕국을 위해 싸우려고 그 길을 떠난 것처럼 보인다.

21절 기손 시내는 사시사철 물이 마르지 않는 강이 아니라, 비가 올 때만 물이 흐르는 건천(乾川, wadi)이기에, 시스라의 군대가 여기에다가 진을 칠 수가 있었다(4:13). 전투가 기손 시내 남쪽인 다아낙과 므깃도에서 벌어졌기 때문에, 시스라가 패전한 후 북쪽으로 도망하면서 기손 시내를 건널 수밖에 없었다. 그때 하나님께서 초자연적인 방법으로 물을 넘치게 하심으로, 많은 군사가 표류하게 되었다. "옛 강"은 '옛날부터 전쟁터로 유명한 강'이라고 해석하거나, '오래 전부터 흘러온 강'이라고 해석할 수 있다. 어쨌든 기손 강은 이스라엘 사람들에게 익히 알려진 지명임을 알 수 있다. "내 영혼아 네가 힘 있는 자를 밟았도다"는 드보라가 군사들을 격려하는 것으로 이해할 수 있다. 우가릿 문헌에서 아낫의 별칭인 'blt. drkt'(여성 지배자)가 쓰인 것을 따라, "내 영혼아 네가 힘 있는 자를 지배하라"고 읽을 수도 있다. 하지만 현대 영어 번역들은 어근 ךךך(다라크)의 또 다른 뜻, '행진하다'(march)를 차용하여, '내 영혼아 너는 힘차게 행군하라'로 읽는다. 그리고 22절은 가나안 군대가 병거를 타고 급히 달아나는 모습(나 3:2)을 묘사한다.

2) 메로스와 야엘(23~27절)

시스라가 메로스 땅을 거쳐서 도망할 때, 그 성의 주민들은 이스라엘을 돕지 않았다. 하지만 이스라엘과 동맹관계로만 알려진 겐 사람의 아내 야엘은 이스라엘을 도왔기 때문에 축복을 받는다.

23상절의 "저주하라"는 24상절의 "복을 받을 것이다"와 평행을 이룬다(창 12:3; 27:29; 민 24:9; 렘 17:5~8). 메로스 땅이 어딘지에 대해 정확하게 알려진 것은 없다. 그래서 메롬(수 11:5), 므론(수 12:20)의 오기(誤記)로 보기도 한다. 또는 이사야 24:16의 말씀인 "내게 재난이 임했다"에 비추어 '재난 받아 마땅한 성'을 말한다고 해석한다. 어쨌든 메로스는 기손강 북쪽 이스르엘 평원 근처의 한 도시로써, 그 도시의 지도자는 참전해 달라는 요구를 묵살한 것이 분명하다.

그에 반해서, 야엘은 매우 용감한 행동을 했다(24절). 겐 사람(Kenite)은 모세의 장인 호밥의 일족이다. 야엘의 남편 헤벨은 자기 고향을 떠나 납달리 땅 게데스에 가까운 사아난님에 거주하였다. 시스라가 야엘의 천막에서 쉬려고 한 것은, 하솔 왕 야빈과 헤벨이 화평의 관계를 맺고 있었을 뿐 아니라(4:17),[15] 이곳이 적들에게까지 피난처를 제공하는 특별한 성소(聖所)[16]이기 때문이다.

25절에서 시스라가 물을 구했을 때 야엘은 우유를 주었는데, 이는 심신의 안정을 가져다주기 위해 유목민들이 제공하는 가장 좋은 음료이다. 이것은 "엉긴 젖"이지만 잔에 제공했다는 것을 보면 버터(KJV)는 아니고, 유목민들이 즐겨 먹는 라반이라는 요구르트일 것이다. 그런데 야엘이 시스라에게 우유를 줄 때 사용한 그릇에 대해, 대부분의 성경이 '귀한 그릇'이라고 번역한다. 그런데 이것을 성(性)적인 상징과 연관지어 '야엘의 젖가슴'이라고 해석하기도 한다. 왜냐하면 27절에서 "그녀의 발 앞에"는 직역하면 "그녀의 발 사이에"로 번역할 수 있고, 또 시스라가 우유를 마시고 몹시 곤하게 잤기 때문이다. 사사기 전체에 걸쳐 성적인 암시가 많이 나오기 때문이다(1:14; 11:1; 14:15~19; 16:1, 4~20; 19:25).[17] 하지만 이 단어가 '커다란'으로도 많이 쓰였기 때문에, 많은 양의 우유를 마시고 전장의 피곤함과 식곤증에 지쳐서 깊이 잠들었다고 할 수도 있다.

26절에서 야엘은 손(의미상 왼손)에 장막의 말뚝을 들고, 오른손에 대장장이의 망치를 들고 시스라의 머리를 쳐서 관자놀이를 꿰뚫었다. 4장에서는 야엘이 자신이 숨겨준 곳에서 자고 있는 도망자의 머리를 꿰뚫은 것으로 되어 있는데(21절), 5장에서는 도망자가 서서 큰 잔으로 음료를 마시는 동안 야엘이 머리를 쳐서 쓰러뜨린 것으로 되어 있다.

27절은 가나안의 시 형식을 따라 "그의 발 앞에"(2회)와 "꾸부러져 엎드려졌다"(3회)를 반복 사용하고 있다. 이렇게 세 번씩 반복한 것은, 시스라가 무릎을 꿇고 쓰러졌으며 결국에는 죽음에 이르게 되었음을 구체적으로 묘사한 것이다. "발 앞에"는 문자적으로 '두 발 사이에'로 읽을 수 있지만, 전치사 '벤'(בֵּין 사이에)을 문자적으로 읽지 않고, '… 앞에'로 해석할 수 있다. '다리'에 대해서는 15절의 "그의 발을 좇아"와 비교해 볼 수 있다. 바락은 시스라의 뒤를 쫓았으나, 실상 시스라가 죽은 것은 야엘의 발 앞에서이다. 이는 바락이 하나님께서 드보라를 통해 주신 명령을 불신했기 때문이다(4:8).

3) 시스라 궁정의 모습(28~30절)

시스라의 궁정에서 그의 어머니는 아들 시스라가 승전 소식을 갖고 오기를 기대하면서도 알 수 없는 불안에 사로잡힌다. 시녀들이 지혜를 짜내어 시스라의 군사들이 많은 노략물을 가지고 곧 도착할 것을 확신하는 말을 하지만, 드보라는 이것은 사실이 될 수 없음을 조롱하고 있다.

28절에서 시스라의 어미가 아들이 늦게 도착하는 것에 대해 반복하여 묻는 것은, 노략물에 대한 기대에서 점차 불안에 사로잡힌 울부짖음으로 바뀌어 가는 것을 나타낸다. 이때 지혜로운 시녀들이 노략물이 많아서 더디게 온다고 대답한다. 즉 군사 한 사람마다 한 두 명의 처녀와 채색옷을 노략했을 것이라고 말한다. 그런데 이 구절을 우가릿 문헌의 'rm. nt'(전쟁의 여신 아낫)[18]과 비교해 보면, 드보라의 노래에 담겨 있는 강력한 시적 반전(irony)을 볼 수 있다. 즉 "한 두 처녀를 각 사람마다 얻었으리라"는 남성 시스라가 여성 노략물을 얻을 것이라고 말한 것이지만, 사실은 남성 시스라는 여성 드보라와 야엘로 말미암아 죽었다. 즉 두 여인은 '노략물'이 아니라 '승리자'가 되는 반전이다.

30절에서는 '샬랄'(שָׁלָל 노략물)과 전치사 לְ가 각각 세 번씩 사용되는데, 이는 노략물과 그것을 취할 사람들이 각각 다르다는 것을 암시한다. 특히 네 번째 사용된 '샬랄'은 BHS의 주석처럼, 'šgl'("왕후" 시 45:9; 느 2:6)의 오기(誤記)로 보는 것이 좋다. 그렇게 하면 "모든 사람마다 처녀들을 얻었고 시스라는 채색옷을 노략하였고, 또 왕후(시스라의 어미?)의 목에 꾸미리라"로 읽을 수 있다.

4) 결론적 서원(31a~b절)

마지막으로 1절에 서론으로서 표제어를 사용했듯이, 31절에는 "주님, 주님의 원수들은 망하고, 주를 사랑하는 사람에게 힘을 주소서!"라는 결론으로 소망을 표현한다. 이 구절을 통해 순종한 자(참전한 지파와 야엘)와 불순종한 자(참전하지 않은 지파)를 향한 축복과 저주를 표현하고 있다.

5. 역사 후기(31c절)

역사를 서술하는 것으로, 사사를 통한 하나님의 통치가 시작되면서 그 땅에 다시 40년 동안 평화가 도래하였다.

'드보라의 노래'는 더 이상 '강한 자'에 관한 것이 아니라, 이스라엘을 인도하시는 '주님의 영광스러운 행위'와 주님께 쓰임 받은 '약한 자'의 헌신을 찬양하는 것으로 바뀌었다. 이스라엘 지도자들의 게으름(7상절)과 또한 우상을 선택한 죄(8상절) 때문에 전쟁이 발발하게 되었는데, 이제 그 전쟁은 '강한 자'인 왕들과 용사들의 전쟁이 아니라, 하나님께서 약한 자를 들어 승리하시는 '거룩한 전쟁'으로 바뀌게 되었다. 그리고 전에는 자신들의 지파의 이익에 따라 자발적으로 전투에 참여하였지만, 이제는 제의(祭儀)가 된 의무적인 참여(참여하지 않은 자에게 저주가 임하는)로 바뀌었음을 볼 수 있다.

개인적인 번역

(역사 서론)

1 이에 드보라와 아비노암의 아들 바락은 그 날 이렇게 노래하였다.

– 이스라엘의 형편과 드보라의 소명 –

• 찬양으로의 초대

2 이스라엘에 자유가 넘치고, 백성은 기꺼이 헌신하니, 주님을 찬양하여

라!

3 왕들아 들으라. 고관들아 귀를 기울이라. 나는 이스라엘의 하나님 야웨
　를 노래하련다.

4 야웨시여 당신이 세일을 떠나실 때에, 당신이 에돔의 벌판을 밟으실 때
　에, 땅은 진동하며 하늘이 큰소리로 물방울을 쏟아내며, 짙은 구름은 빗
　물을 퍼부었습니다.
5 야웨 앞에서 산들이 흔들렸으니, 이스라엘의 하나님 야웨 앞에서 저 시
　내산도 흔들렸도다.

6 아낫의 아들 삼갈의 시대와 야엘의 시대에, 큰 길에는 발길이 끊어졌고
　길가에서 행인들은 뒷길로 다녔다.
7 이스라엘의 지도자가 게으르니 백성의 거주지가 사라졌다. 드보라가
　일어나기까지, 오! 이스라엘의 어머니가 일어나기까지.
8 이스라엘이 새 신들을 택하니 성문에서 전쟁이 벌어졌으나, 이스라엘
　의 40,000명 중에 방패나 창이 보이지 아니한다.

9 나는 이스라엘의 지휘관들과 백성 중에서 자원하는 자들과 함께 마음
　으로 야웨를 찬양하련다.
10 주황색 암나귀를 탄 자들아, 재판석에 앉은 자들아, 길을 걷는 자들아
　너희도 노래하라.
11 활 쏘는 용사가 소리를 높이는 곳과 아낙네들이 물 긷는 곳에서 야웨
　의 승리를 찬양하며 이스라엘의 모든 곳에서 그분의 의로우신 행위를
　거듭 찬양하라.

– 참전한 자와 참전하지 않은 자 –

· 참전한 지파의 지도자를 찬양함

11 그때에 야웨의 백성이 성문에 닿았으니,

12 깨어나라 깨어나라 드보라야 깨어나라. 깨어나 노래 한 마디를 부르
라. 바락아 일어나라 아비노암의 아들아 네 포로를 잡으라.

13 그때에 능력 있는 생존자가 찾아왔으니, 야웨의 백성이 용사들같이 내
게 내려왔다.

14 에브라임에 예속한 자들의 뿌리는 아말렉이다. 베냐민아 네 백성 중에
너를 따르는 자가 있다. 마길에서 사령관들이 나타났으나, 스불론에는
지휘봉을 잡은 자들이 있다.

15 잇사갈의 장수들이 드보라를 도우니 그 휘하에 있는 잇사갈과 바락이
계곡에 투입되고,

· 참전하지 않은 지파를 조롱함

르우벤 시냇가의 용사들은 마음으로만 용감하였다.

16 왜 너는 길마에 올라앉아 양떼를 부르는 피리소리를 듣고 있느냐. 르
우벤 시냇가의 용사들은 마음으로만 용감하였다.

17 길르앗은 요단강 동쪽에서 살고 있으나 단은 어찌하여 편안한데 머물
러 있으며 아셀은 바닷가에 거주하되 선창 곁에서 살고 있을까.

18 스불론은 죽음 앞에서 자기의 목숨을 아끼지 않는 백성이고 납달리는
들의 고지에서 그렇게 싸웠다.

– 시스라와 야엘 –

· 전쟁 묘사

19 왕들이 나타나 싸우는 그때에 가나안의 왕들이 싸우되, 므깃도의 물가
다아낙에서 싸웠다. 그들은 은과 탈취물을 취하지 못한다.

20 별들이 하늘에서 싸우되 별들이 궤도를 돌며 시스라와 싸웠다.

21 기손 계곡은 그들을 밀어냈다. 옛 계곡이여 기손 계곡이여 나의 영혼
   이여, 힘차게 행군하라.
22 그때에 말발굽이 질주하니 그 달리는 소리가 요란하다.

• 메로스와 야엘

23 너희는 메로스를 저주하라. 야웨의 사자가 말한다. 저주하되 그 주민
   들을 저주하라. 그들은 야웨를 도우려고 온 것이 아니다. 야웨를 도와
   용사들을 대항하려는 것이 아니다.
24 야엘은 어느 여인보다도 칭찬을 받을만하다. 겐족 헤벨의 아내는 천막
   에 있는 어느 여인보다도 칭찬을 받을 만하다.
25 그 자가 물을 요구하니 우유를 주었지. 그녀는 커다란 사발에 요구르
   트를 담아 대접하였지.
26 그녀는 손에 말뚝을 잡고 자기의 오른 손에 일꾼의 망치를 잡았다. 그
   녀는 시스라의 머리를 꿰뚫고 그 관자놀이를 부수었다.
27 그는 그녀의 두 다리 앞에 굴복하고 엎드려 누웠다. 그는 그녀의 두 다
   리 앞에 굴복하고 쓰러졌다. 그는 굴복하여 그 자리에 꺼꾸러졌다.

• 시스라의 궁정

28 시스라의 어미가 창살 뒤에서 들창 너머를 내다보며 소리쳤다. 어찌하
   여 수레가 더디게 올까. 무엇이 그 전차의 발길을 붙잡는가.
29 가장 슬기로운 시녀들아 대답하라. 그들은 그녀에게 대답할 말이 있겠
   지.
30 그들은 노략물을 얻어 분배하는 것이 아닌지요. 모든 사람마다 처녀들
   을 얻었고, 시스라는 채색옷을 노략하였고, 왕후(시스라의 어미?)의 목에
   꾸밀 것이리라.

• 결론적 서원

31 야웨시여 당신의 원수들은 모두 그렇게 멸망하려니와 당신을 사랑하
는 자들은 해가 힘차게 떠오르듯 하소서.

(역사 후기)

그리하여 사십 년 동안 그 땅은 평온하였다.

맺는 말

1. 가난한 자의 복음

드보라 이야기가 시작되는 사사기 4:1에는 "에훗의 죽은 후에 이스라엘
자손이 또 여호와의 목전에서 악을 행하매"로 기록되어 있다. 에훗은 오른
손의 아들(베냐민 족속) 출신으로, 왼손잡이(문자적으로 '오른손에 장애가 있는')다.
에훗은 자기 지파 안에서 흠 있는 자, 장애를 가진 자로 여겨졌다. 하지만 왼
손잡이였기에 몰래 칼을 차고 들어가서 모압의 에글론을 암살할 수 있었다.
오히려 연약한 자를 사용하시는 하나님이시다. 그리고 위기의 상황 가운데
지도자로 누가 임명될지 온 이스라엘이 궁금해 할 때, 하나님은 뜻밖에 여선
지자 드보라를 세우셨다.

(여성)드보라와 야엘은 용감한 반면에 (남성)바락은 드보라가 함께 가지 않
으면 전쟁에 참여하지 않겠다고 말하는(4:8) 비겁한 자로 묘사된다. 이 시대
의 이스라엘은 국가적 위기의 순간에 여인에게 의존할 수밖에 없는 비참한
상황에 처했다. 물론 국가적 위기에 나라를 구한 여인들이 많이 있다. 남자
들이 신앙과 용기를 갖지 못할 때, 하나님은 여인들을 통해 구원 사역을 이
루신다. 이것은 성차별적 발언이 아니다. 또한 페미니즘적인 시각으로 읽어
야 한다는 것도 아니다. 오히려 약한 자를 들어 강한 자를 부끄럽게 하시는
하나님의 공평하심을 말하는 것이다. '큰 것'과 '강한 것'을 절대 가치처럼 여

기는 이 시대에, 교회도 이러한 시대정신에 끌려가는 것처럼 보이는 이 시대에, '작은 것'과 '약한 것'을 통해 '강한 것'과 '큰 것'을 부끄럽게 만들며, 또한 하나님께서 영광 받으심을 보아야 한다.

2. 형제가 연합하여 동거함이 어찌 그리 아름다운고!: 교회

전쟁에 참여한 지파를 칭찬하고 참여하지 않은 지파에 대해 조롱하는 이 노래는, 이스라엘의 지파들이 함께하지 않은 것에 대해 책망한 첫 번째 글이다. 지파 사회 초기에는 각 지파들이 자기 영역의 전투에만 참여했던 것처럼 보인다(참고 1장). 아니면 고작 두세 지파의 연합을 기대할 뿐이다(1:3 유다와 시므온). 지파들은 각자의 이익에 따라 자발적으로 모였다. 그런데 '드보라의 노래'에는 이스라엘의 여러 지파들이 전쟁에 참여한 것을 볼 수 있으며 또 참여하지 않은 지파들을 향해 조롱하는 모습도 볼 수 있다. 그리고 지파들의 동맹에는 강제성이 개입된 것처럼 보이는데, 후에 길르앗 야베스는 나머지 지파들과 한 맹세를 지키지 않았기 때문에 멸족당하기까지 했다(21:5, 8~12). 하나님은 이스라엘이 하나님께 예배드리는 공동체로서, 위기의 상황을 함께 헤쳐 나가기를 원하신다.

세상의 위협 속에 그리스도인이 혼자 힘으로는 살아가기 어렵다. 함께할 형제들이 필요하다. 하나님께서는 이러한 그리스도인들을 위해 '교회 공동체'를 친히 세우셨다. 교회는 '확대가족'으로 함께 가야 할 존재다. '약한 자들'이 연합할 때, 그리고 하나님의 선지자를 신뢰하고(대하 20:20) 주님의 명령에 순종한다면, 세상의 힘한 파도를 이겨 낼 수 있다. "형제가 연합하여 동거함이 어찌 그리 선하고 아름다운고"(시 133:1).

08

사사기에 나타난 성령님

한국 교회 갱신과 회복을 향한 사사기에 나타난 성령님 사역의 교훈[1]

　지난 1985년도부터 한국 교회의 질적, 양적 성장이 하강하면서 '개독교'라 폄하하는 지능형 안티 기독교 운동이 확산되면서 지금까지 한국 사회 현실에 노출되고 있는 모든 형태의 불경건과 불의의 무방비 상태는 바로 "너희만이 세상의 소금이요, 너희만이 세상의 빛이라"(마 5:13~14)는 우리 주 예수님의 말씀에 비추어 문화−선교적 사명(cultural − missional mandate 창 1:28)을 상실한 그리스도인과 교회를 고발하고 있는 셈이다.

　우리는 세계사와 한국사의 하강하던 영적 암흑기에 성령님께서 루터·칼빈을 중심으로 주도하셨던 세계교회 신앙개혁과 길선주−주기철−출옥 성도를 중심으로 주도하셨던 한국 교회 신앙개혁[2]을 기리면서, 마치 귀신들린 거라사(또는 가다라)의 두 남자들처럼 '위험하고 다루기 힘든 말세의 특징을 따라 자기 사랑 − 돈 사랑 − 쾌락 사랑과 경건의 모양은 있으나 경건의 능력(오직 성령님의 충만함으로 가능한)은 부인하는 자들에게서 돌아서라'[3]는 경고를 감당하기 위하여 계속적인 성령님의 '체험'[4]과 '성령님과의 동역'[5]을 사모하게 되는 것이다.

　우리가 살펴보려는 사사 시대란 여호와 하나님의 백성 이스라엘이 가나안 주민과 더불어 살면서 불신 결혼의 결과로 바알(사탄의 화신)[6]을 숭배하는 배도(背道)와 음행으로 쳇바퀴 돌듯이 영적으로 점점 하강하는 '위험하고 다루기 힘든' 시대였다. 그러나 주권적 하나님께서 죄가 더한 곳에 비교할 수 없는 '흘러넘치는 은혜'[7]로 성령님을 통하여 사사들을 세우셔서 하나님의 은혜 왕국(이스라엘)을 보존하심을 발견한다. 우리의 '시대정신'(Zeitgeist)과 특별히 한국 교회의 '위험하고 다루기 힘든' 현실을 직시하며, 주 예수 그리스도로부터 받은 사명, 곧 "하나님의 은혜의 복음 증거를 완수"(행 20:24)하기 위하여, 성령님과의 동업적 사역을 더 깊이 이해하고 '하라'는 성경의 많은 계명들(모세오경의 248개)의 최상인 "주 예수님을 믿으라"(행 16:31)와 "오직 성령님의 충만을 받으라"(엡 5:18)는 명령[8]을 순종하고 사모함에 이 글이 일말의 도전과 격려가 되었으면 한다.

사사기에 나타난 성령님의 사역에 대한 연구는 독립된 논고들을 요구할 만한 여러 가지 유기적 질문들을 내포하고 있다. 예를 들면 '하나님의 구원 역사, 특히 메시아 사상에 있어서 사사기의 역할은 무엇인가?[9] 교회의 종말론적 선교 사명에서 사사기의 전쟁 신학은 어떤 중요성을 가지는가?[10]

사사기의 연대와 주변 정세

사사 시대의 연대와 이에 따른 주변정세에 대한 통합적 이해는 시대마다 하나님의 백성마저도 사탄의 문화와 종교가 유혹하는 전적 타락 – 부패 – 무능의 늪으로 점점 빠져들어 갔으며, 따라서 "성령님이 아니면 자멸"이라는 성령님 사역의 절대 필요성을 인식하게 한다. 사사기 전체에 흐르는 하나님(수직적) 편에서의 "오직 은혜"와 인간(수평적) 편에서의 "오직 믿음"(즉 회개와 순종)이라는 십자가적 만남 속에서, 사사기 본문이 제공하는 "여호와의 영", 즉 성령님의 사역의 올바른 이해가 가능해지는 것이다.

1. 사사기와 사사 시대의 연대

사사기의 시대상을 파악하기 위해서 먼저 사사기와 사사 시대의 연대 문제가 대두된다. 사사기의 기간은 그 출발점인 여호수아의 죽음에서(1:1;

2:6~10; 주전 1366년경) 그 종결점인 삼손의 죽음까지(16:30~31; 삼상 12:11; 주전 1084년경) 약 282년이라면, 사사 시대의 기간은 첫 사사 옷니엘이 사역을 시작함에서(3:10~11, 비교 1:13; 수 14:13~15; 주전 1362년경) 사울이 이스라엘 통일왕국의 초대 왕이 될 때까지(삼상 13:1; 행 13:20~21, 비교 삿 17:6; 18:1; 19:1; 21:25; 주전 1051년) 약 311년으로 볼 수 있다.[11]

2. 사사기 주변 정세[12]에 대한 십자가 해석학적[13] 이해

사사 시대의 주변 정세는 거시적, 미시적 관점에서 분석할 수 있다. 즉 성경 바깥의 고대 근동 문헌들이 보여 주는 대로, 가나안을 끊임없이 위협해 왔던 메소포타미아, 아나톨리아, 이집트 같은 열강들이 이 시대만큼은 하나님의 주권적인 은혜와 섭리 속에 한결같이 이스라엘에 대하여 신경을 쓰지 않았다는 거시적 정세와 사사기 본문에서 발견되는 가나안 인접 도시국가들은 끊임없이 이스라엘을 권징 하는 하나님의 "올무와 덫, 옆구리 채찍과 눈의 가시"(수 23:13; 삿 2:3) 같은 도구였다는 미시적 정세를 십자가 해석학적으로 분석할 수 있다.

1) 거시적 국제 정세

메소포타미아에는 중앙과 하부를 장악한 카슈 왕국(Kaššû; Kassites; 주전 1595~1159년)과[14] 북부 지역의 제1 중(中) 아시리아 왕국(Aššur; Middle Assyrian; 주전 1363~1133년)[15] 및 제2 중 아시리아 왕국(주전 1133~1076년)[16]은 모두 내적인 퇴보와 침체 내지 서쪽 하부르(Habur) 계곡을 중심한 후르 족(성경의 '호리'; Hurrian)이 미타니 왕국(Mitanni; 주전 1550~1076년경)[17]의 견제로 이스라엘이 거하는 지역까지 진입하지 않았다.

아나톨리아의 신(新) 히타이트(성경의 '헷'; The New Hittite; 주전 1370~1239년)는 그 당대 고대 근동의 제2인자로서 시리아와 지중해 연안의 구블라(Gubla; 현 Byblos)까지 정복했으나 동부의 미타니와 아시리아의 끊임없는 도전과 이집트의 압력에 의한 화친조약 등으로 가나안 북쪽에 그냥 머물렀고, 이스라엘을 향해 남쪽으로는 진군하지 않았다.[18] 그들은 블레셋을 포함한 해양 민족들(Sea Peoples)에 의해 주전 1200년경 패망하여 사사 시대 후기에는 영향력을 상실했다.

이집트의 신(新) 왕국(The New Kingdom; 주전 1550~1070년)의 18왕조 후반에서 20왕조까지의 사사 시대에는 가나안의 도시 국가들이 이집트의 봉신(封臣, vassals)이었고, 소위 아마르나 시대(Amarna Period)의 가나안 왕들(주전 1360~1340년경)이 자주 괴롭히는 '하비루'(Habiru, 비교 삼상 13:3; 14:21)족의 침공에 대한 무기 원조의 요청이 아마르나(Amarna) 서신에 나타나지만,[19] 바로는 거의 또는 전혀 반응을 보이지 않았다. 19왕조의 세티 1세(Seti I; 주전 1299~1288년)의 4차에 걸친 가나안 원정도 해안 지역과 이스르엘 계곡 외에는 접촉하지 않았다. 람세스 2세(Ramesses II; 주전 1289~1222년)의 장기 통치에 대하여 사사기는 침묵하며, 이스라엘 역시 이집트 문헌에 단 한 번도 언급이 없을 정도로 무관했다. 메르넵타(Merneptah; 주전 1222~1212년)는 성경 밖의 문헌으로서는 처음으로 1217년에 이스라엘 침공을 언급하는 비문을 남기고 있으나, 역시 이스르엘 계곡에 국한되어 이스라엘이 거주한 지역과는 직접적인 접촉이 없었던 것 같다. 그 후에는 22왕조의 쇼셍크(Shoshenq, 성경의 시삭; 주전 945~924년) 때까지 가나안에 개입하지 않았다.[20]

2) 미시적 시리아 – 팔레스타인 도시 국가 정세

고대 근동의 메소포타미아, 아나톨리아, 이집트의 열강들이 그 지정학적인 이유만으로도 항상 자국의 정치·군사력의 교두보용 전장(戰場)이던 가나안이 메릴(Merrill)이 잘 지적한 대로, 유독 사사 시대에는 한결같이 "세계적인 사건들의 소용돌이치는 과정 중에서 완전히 분리되어서 마치 막힌 길로 들어가 버린 것 같은 양상"과 "어떻게 300년간 힘의 진공 상태에서 존재할 수 있었는가"[21]라는 질문은 사사기 본문이 제공하는 미시적 시리아 – 가나안 도시 국가 정세의 십자가 해석학적 이해에서 그 해답을 얻게 된다. 즉 여호수아 시대의 '가나안 전쟁' 세대(2:6~10상; 3:1)가 다 죽었고, 이제 차세대 이스라엘이 "여호와께서 열조에게 명하신(즉 모세오경이 613개 조항으로 보여 주는) 명령들"(3:4)[22]을 순종하는지를 "시험하고, 체득시키고자"(2:22; 3:1~2,4) 시리아 – 팔레스타인 도시 국가들을 "하나님이 남겨 두신"(2:23; 3:2) 것이다. 만일 고대 근동의 열강들이 사사 시대에 이스라엘과 직접적 충돌을 일으키도록 하나님이 허락하셨다면, 영적으로 환경적으로 전혀 준비가 안 된 이스라엘은 제2의 이집트 노예 같은 삶으로 되돌아갔을 것이다(참고 출 13:17).

사사에게 역사하신 성령님

구약에 나타난 성령님의 인격과 사역에 대한 논의는 제일 먼저 성령님을 가리키는 핵심 히브리어 단어로써 389회(히브리어 378회, 다니엘서의 아람어 본문에 11회) 사용된 여성 명사(남성 명사로 14회) '루아흐'(רוּחַ)의 다음과 같은 문맥적 용례를 살펴볼 것을 요구한다.[23]

1. 자연계(106회): 바람, (바람의) 방향
2. 인간(150회): 호흡, 영, 영의 상태로서의 감정과 기질(슬픔, 번민, 담대 등)
3. 영물(29회): 재앙의 영, 하늘 영물들
4. 하나님(104회): 속성(지혜, 총명, 모략과 재능, 지식, 여호와 경외), 생기, 성령님

뿐만 아니라, '루아흐'라는 단어는 직접 나타나지 않아도 성령님의 사역을 이해하게 하는 인유(引喩, allusions), 상징(symbols), 표상(emblems), 형상(images) 등의 비유적인 표현들[예: 바람, 비, 구름, 이슬, 구름(불)기둥, 생수, 샘, 불, 핀 숯, 감람기름, 독수리, 여호와의 팔 또는 손(가락, 바닥), 여호와의 입, 무아경]의 본문도 함께 가능한 통시적 방법으로 고찰하므로,[24] 결국 신약의 성령론을 위한 기원, 배경, 발전, 성취에 대한 새로운 조명을 기대할 수 있다.

성령님의 대표적인 구약 명칭은[25] '영'(11회),[26] '그 영'(5회),[27] '여호와의 영'

(26회),[28] ‘하나님의 영’(12회),[29] ‘성령’(3회)[30]이다. 신약의 상당어구로써는 ‘영’(34회),[31] ‘그 영’(77회),[32] ‘하나님의 영’(14회),[33] ‘주(구약의 ‘여호와’)의 영’(4회),[34] ‘아버지의 영’(마 10:20),[35] ‘그리스도의 영’(2회),[36] ‘예수님의 영’(행 16:7),[37] ‘예수 그리스도의 영’(빌 1:19),[38] ‘그의 영’(3회),[39] ‘그의 아들의 영’(갈 4:6)[40]이 있으며, 그분이 곧 ‘성령님’(87회)[41]이시다.

구약이 말하는 성령님의 사역은 (1) 우주창조와 그 중심점인 인간 창조 및 그들의 보존, (2) 인간 중에 하나님이 언약으로 선택하신 신앙공동체(이스라엘) 창조와 보존, (3) 신앙공동체의 리더십(요셉, 모세, 오홀리압과 브살렐, 여호수아, 70명의 장로, 엘닷과 메닷, 사사, 왕, 선지자, 제사장) 창조와 보존, (4) 리더십의 중심점인 참 선지자와 말씀(예언)사역으로 요약될 수 있다.[42]

사사기에 10회 사용된 ‘루아흐’의 의미론적 분석은 다음과 같다.

1. 그들(에브라임 사람)의 분노(רוּחָם 루함 8:3)

2. 그(삼손)의 영(רוּחוֹ 루호 15:19)

3. 재앙의 영(רוּחַ רָעָה 루아흐 라아 9:23, 참고 삼상 16:14)[43]

4. 여호와의 영(רוּחַ יהוה 루아흐 아도나이 3:10; 6:34; 11:29; 13:25; 14:6, 19; 15:14)

1. 사사기 시대상과 성령님 사역의 절대 필요성

사사기는 역사적 사실(수평적)을 고도의 정교한 문예적 구조 속에 넣어 신학적(수직적) 메시지를 전달하기 위해 서론(1:1~3:6)과 결론(17:1~21:25)에서 본론(3:7~16:31)의 주제를 각각 예견하고 재천명하는 기능으로 연결되어 있다.[44] 서론은 여호수아의 세겜 언약과 결부하여 가나안 정복의 실패(수 23장과 삿 1:1~2:5)와 여호와 신앙의 실패(수 24장과 삿 2:6~3:6)를 설명한다.[45] 결론은 사사 시대 전체의 종교혼합주의와 기복신앙의 불경건을 대표하는 블레셋 압제 앞에 강제 이주하려는 단 지파(17~18장) 및 음행과 살인과 비정(非情)의 불의를 대표하는 베냐민 불량자(19~21장)를 베들레헴과 레위 지파라는 공통점으로 고발하면서,[46] 다시 한 번 본론이 자세하게 드러내는 영적 하향을 재확인한다.

본론의 첫 사사 옷니엘 시대의 묘사는(3:7~11) 뒤따르는 각 사사 시대상의 규범적(paradigmatic) 틀과 그 구성 요소를 제시하면서 시대—장소마다 영적 상황이 어떤 점에서 더 악화되는지를 비교 분석할 수 있도록 한다.

1. 이스라엘이 악을 행하여 여호와를 잊음(3:7상)

2. 바알들과 아세라들을 섬김(3:7하)

3. 여호와의 진노가 이스라엘에게 발하여 그들을 압제자의 손에 파심(3:8상)

4. 이스라엘이 압제자를 섬김(3:8하)

5. 이스라엘이 여호와께 부르짖음(3:9상)

6. 여호와께서 그들을 위하여 한 구원자를 세워 구원(3:9하)

7. 구원자에 대한 신상(身上) 묘사(3:9하)

8. 여호와의 영이 그에게 임하심(3:10상)[49]

9. 그가 이스라엘의 사사가 됨(3:10중)

10. 여호와께서 그의 손에 압제자를 주시어 이기게 하심(3:10하)

11. 그 땅이 평안함(3:11상)

12. 그 사사가 죽음(3:11하, 비교 '장례' 8:32; 12:7; 16:31)

우리는 이 기본 틀로부터 사사 시대에 대한 중요한 몇 가지 사실을 정리할 필요가 있다.

1) 이 공식화된 틀이 12명의 사사 개인의 삶에 어떻게 작동될지는 아무도 예측할 수 없는 하나님의 은혜, 즉 전적으로 "하시고자 하시는 대로 하시는"(롬 9:14~18; 고전 1:26~29; 2:9) 하나님의 주권이다.[48]

2) 압제자와 구원자 모두를 세우시는 분은 바로 하나님 자신이시다.[49]

3) 구원자(또는 사사)로 세워지는 것은 성령님에 의해서이다.[50]

4) 이스라엘이 행한 악의 근원(참고 3:5~6; 이미 경고한 신 7:1~5; 수 23:11~13)은 먼저 가

나안 사람들 '가운데 거주함'이었다.[51] 그 도미노 현상은 가나안 딸들을 이스라엘의 아내로 '취하며', 이스라엘의 딸들을 가나안의 아들들에게 '주는' 불신 결혼과[52] 가나안 사람들의 신들을 '섬기는' 우상 숭배(배도, 즉 영적 음행; 출 34:16; 신 7:4; 삿 2:17; 8:27, 33)와 육적 음행(민 25:1~9; 삿 16:1; 19:2)의 결과를 낳는다.[53]

5) 사사 개인과 이스라엘 모두 후대로 갈수록 영적 나선형 하향 곡선을 그린다.[54]

여호수아의 7년간의 가나안 정복과 33년간의 땅 분배는 그의 영도 하에 통일된 12 지파의 공동노력이었다면, 사사기는 여호수아가 제비 뽑아 지파별로 할당한 유업의 땅 중에 미정복 영토를 각 지파가 점령하는 시기였다. 여호수아가 자기의 지도직을 이양하거나 후계자를 세우지 않았기에 중앙 정부가 없는 상태였다. 따라서 사사의 출현은 산발적이며, 긴급 상황의 임시 방편적이요, 지파별 국지적이요, 동시대적(10:7~8)이었다.

사사와 관련된 용어들인 '사사'(2:16~19), '구원자'(3:9, 15; 왕하 13:5), '큰 용사'(6:12; 11:1), '성읍 장관'(9:30; 10:18, 비교 8:14, 16, '71명 원로회 장로'), '권세자'(18:7; 삼상 9:17; 21:7), '군대 장관'(11:6; 수 10:24), '행정 수반'(10:18; 11:8, 9, 11; 미 3:1,9), '지주들'(9:2, 22, 46~47), '(지파) 수령'(20:2) 등은 주로 사사가 군사적인 지도자로서 이스라엘이 압제자의 고난으로 긴급 상황일 때 선택되어 군사를 소집하고 앞장서 싸우는 자임을 보여 준다.[55] 구약 어느 곳에서보다도 모든 이스라엘이란 표현이 가장 많이 사용되므로,[56] 여전히 사사기의 관심은 이스라엘이 하나의 국가로서 어떤 세습적 인간 왕정제도가 아니라, 하나님을 참 사사, 구원자, 왕으로 섬기는 신정 국가에로의 복귀가 어느 때라도 가능한 가장 편리하고 확실한 사사 제도로서 하나님을 섬기며 순종하기를 기다리시는 하나님께 두고 있다.[57]

2. 사사기에 나타난 성령님 사역의 4단계와 그 현대적 적용

사사들에게 역사하시는 성령님('여호와의 영')은 사사기에서 모두 7회 나타나는데, 그분의 사역을 설명하는 네 가지 주 동작 동사의 점층적 강도를 따라 고찰하고자 한다.

1) 성령님이 A에게 임하다 [옷니엘(3:10); 입다(11:29); 야하시엘(대하 20:14),

비교 '루아흐 엘로힘'(אלהים רוח); 발람(민 24:2); 사울의 사자들(삼상 19:20); 사울(삼상

19:23); 아사랴(대하 15:1)]

하나님께서 이스라엘을 구원하는 사사를 세움에는 두 가지 면이 있음이 모델로서의 옷니엘의 경우에서 나타난다. 먼저 하나님이 사사를(구원자로) '세우심'과 그 후 여호와의 영이 '그 위에 임하심'이다(참고 같은 현상을 밝히는 삼상 10:1, 6, 9~10; 16:13; 사 61:1). 그 결과 구원하는 '사사 직무를 수행하여' 전쟁에 '나간다.'

비록 옷니엘은 용기와 담력의 사람이요(수 15:16~19; 삿 1:11~15), 유다 지파의 영웅 갈렙의 조카 겸 사위라는 명문 출신이나, 결코 하나님의 지도직 선택이 인간의 선행적 신분이나 조건을 전제하지 않는다는 사실을 밝힌다.[58] 그가 드빌의 한 작은 인도자에서 이스라엘 전체의 구원자가 되어 강력한 대적의 정복자로 변신함은 전적으로 하나님이 세우시고 성령님을 보내시는 '오직 은혜로'(Sola Gratia)만 가능하다.

인간적으로 문제가 많은 자들이요, 성령님이 임하신 후에도 여전히 문제 속에 있음을 드러내는 사사들이지만 '하나님의 부르시고 세우심에는 결코 후회함이 없다"(롬 11:29; 14:4; 요 6:39). 에훗은 '오른손 장애자'(3:15)요,[59] 삼갈은 이방 후르족(?)이요, 바락은 드보라의 치마 잡는 식의 남자요(4:8; 그러나 히 11:32에는 드보라 대신 바락의 이름이 나온다). 기드온은 의심-야심-정욕의 사람이요, 입다는 사생자요, 삼손은 모든 문제의 대표치 같은 자이었으나, 성령님의 강림은 "성령님으로 봉사하며 자랑하는 자는 주 안에서 자랑하라"(고전 1:26~31; 빌 3:3)는 신약 원리의 구약적 적용이다.

성령님이 'A에게 임하심'이 성령님의 중생(重生) 사역을 가리키는 내면적인 임재(was upon; infusion)인가, 아니면 이미 중생을 전제한 사명 감당의 능력과 은사를 위한 외부적인 강림(came upon; endowment)인가의 질문은 히브

리어 본문 구조의 'וַיְקִ֣מֵֽהוּ'형이 강조하는 역사적 순서에 따라 후자의 의미로 사사로 세움 입었음을 보여 준다. 중생한 자의 심령에 내주하시는 성령님과 강림하시는 성령님의 구별된 원리는 구약이나 신약이나 동일하다.[60] 즉 사사직 임직에 앞서서 성령님의 강림은 각 사사의 중생을 이미 전제로 한 지도직의 은사와 능력의 관점으로 이해된다.

사울이 초대 왕으로 기름부음 받은 후, 성령님이 임하실 때, 그는 "다른 사람으로 변화되었고"(삼상 10:6) 하나님이 "다른 마음의 사람으로 그를 바꾸셨다"(삼상 10:9). 성령님이 강림하실 때, 하나님이 한 개인을 주권적으로 통제하셔서 하나님의 계획에 선한 도구로 쓰임 받을 수 있는 사명자로 변하며, 새 마음을 가진 새 사람이 되는 것이다.

신약 시대에 마리아 '위에 임하시고'(ἐπέρχομαι ἐπι에페르코마이 에피 눅 1:35), 예수님이 세례 받으실 때 비둘기 같이 '내려'(καταβαίνω카타바이노) 그분 '위에 임하시고'(ἔρχομαι ἐπι에르코마이 에피 마 3:16), 나사렛 회당에서 예수님이 읽으신(눅 4:18) 이사야 61:1["주(=여호와)의 영이 내게(πνεῦμα κυρίου ἐπ' ἐμὲ프뉴마 쿠리우 에프 에메)(임하셨으니)"]과 초대 교회의 약속인 성령님이 너희 '위에 임하시면'(ἐπέρχομαι ἐπί에페르코마이 에피 행 1:8)과 이 약속의 성령님이 고넬료 일행 '위에도 임하셨고'(ἐπιπίπτω에피핍토 행 11:15), 바울의 안수로 에베소 제자들 '위에 임하신'(ἔρχομαι ἐπί에르코마이 에피 행 19:6) 성령님의 모든 강림의 역사는 동일하신 성령님의 구약에서의 강림의 역사를 연속하고 있다.[61]

에스겔에서 'A에게 임하심'의 주어로 애용되는 '여호와의 손'은 능력과 통치, 성별과 임직의 성령님의 사역을 강조하는 또 다른 표현이다.[62] 세계 교회사가 입증하듯이, 영적 흑암이 짙어 교회와 성도마저도 '낙망하고'(ἐγκακέω엥카케오 '악 안에 있다, 즉 악에 지다'; 눅 18:1, 8) 있을 때에라도, 성령님은 그 시대의 흑암의 권세를 깨는 강력한 구원자(또는 사사)로 쓰시기를 원하는 자를 세우셔서 능력으로 사명 감당하게 하신다는 소망과 위로를 가질 수 있는 것이다.

2) 성령님이 A를 옷 입히시다 [기드온(삿 6:34); 아마샤(대상12:18, יהוה 아도나이가 없
음), 스가랴(대하 24:20)]

기드온은 사사 역할에 대한 하나님의 분명한 뜻을 여러 번 받고서도 주저
하고 완고하게 저항한 전형적 인물이다. 여호와의 사자가 그의 사사직에 대
한 고무적인 전조(前兆)로 "큰 용사여(גבור החיל 깁볼 헤하일 비교 11:1), 여호와께서
너와 함께 계시도다"(6:12) 라고 첫 대면을 할 때에도 그는 주저하였다(6:15).
오브라에 자기와 함께 사는 부친 요아스와 자기 씨족이 바알과 아세라를 섬
기는 중에 "아버지의 바알 제단을 헐고 하나님의 제단을 쌓고, 그 단 곁의 아
세라 상을 찍어 번제 땔감을 삼고, 바알 제사용 아버지 수소로 하나님께 번
제를 드리라는" 하나님의 명령을 받았을 때, 가족과 이웃을 "두려워하므로
밤중에" 순종할 수밖에 없었다(6:25~27).

아말렉 사람과 동방 사람을 수반한- 미디안 사람의 "무수한 메뚜기 같은
종횡무진의 약탈"은 남쪽 가사(6:2~6)에서 북쪽 이스르엘 골짜기(6:33)까지
이르렀다. 이스라엘의 정치 군사적인 약세 때문만이 결코 아니라(6:6), "여
호와의 목전에 불신 결혼과 우상 숭배의 악을 행함"(6:1, 8~10)에 대한 하나님
의 주권적 징계(6:1, "여호와께서 미디안의 손에 붙이시니")에 기인했다. 기드온을
통하여 단지 300명으로 135,000명을 치는 기적적 승리를 가져온 구원 이야
기(6:33~8:3)의 초두부터 "구원은 오직 하나님으로부터 온다"(6:14~15, 36~37;
7:2,7)는 진리와 그 구원의 능력은 오직 살아계신 성령님 자신이 주권적으로
기드온을 '옷 입히심'으로만 가능했다는 사실을 강조한다(6:34).

여기에서 "의복의 주제를 통해 성경신학과 구속사의 줄기를 잡을 수 있
다"고 말할 만큼 옷에 대한 성경적 이미지는 다양하고 풍부하다.[63] 인간의
타락 후 무화과 잎을 엮어 스스로 '앞 가리개'(חגורה 하고르)를 한 첫 동작은(창 3:7)
모든 종교들이 주창하는 인간 자력 구원(인간 자신이 만든 신들을 경배하며, 자신의
선행으로 구원을 보장하는)의 첫 출발이다. 모세오경의 613개의 율법에 인간 자
력 구원을 대입하면 모든 인생은 저주받은 자이며, 십자가에 처형 받을 존재
들이다(갈 3:10~13; 롬 3:19~20). 인간 의(義)는 다 '더러운 옷'(בגד עדים 베게드 잇딤 "주

기들의 옷, 곧 생리대" 사 64:6) 같은 것이기에 하나님은 그들 각자를 위하여 가죽옷을 만들어 벌거벗은 몸 전체를 입히셨다(창 3:21). 이것이 바른 기독교 신앙의 핵심적 진리 중의 하나이다. 주 예수님 안에서 '새로운 피조물'(고후 5:17)이란 옛사람의 옷을 벗고(엡 4:22; 골 3:9; 롬 13:12) 예수 그리스도로 '옷 입은' 것이며(갈 3:27; 이것은 성령님이 예수님의 보혈로 우리를 단번에 씻은 것이다. 참고 요 13:10; 고전 6:11; 딛 3:5), 거저 주신 의의 흰 예복을 예수님의 보혈로 성령님에 의하여 날마다 세탁하여 '옷 입는' 것이다(롬 13:14; 계 4:4; 7:9, 14; 22:14).[64]

기드온을 성령님께서 옷 입히심은 "구원과 의의 의복"(사 61:10)이요, 대제사장 여호수아의 더러운 옷을 벗기고 거룩한 사명의 예복을 입히신 것과 같은 것이요(슥 3:1~5), 성령님에 의해 정복 받은 자임이[65] 외형상 관찰될 수 있는 것이요,[66] 미디안과의 여호와의 성전에 주저하고 두려워하던 기드온을 사용하여 하나님이 승리하심을 "찬양하는 옷"(사 61:3)이다. 그러나 기드온의 말로(末路)는 우리의 경종이 된다. 미디안 전투의 승리 후 "당신이 우리를 구원했으므로 기드온 왕조를 시작하시라"(8:22)는 백성들의 하나님에 대한 배은망덕한 청원에 입술로는 하나님을 말하나 실상은 자신을 왕의 위치에 두는 연약과(8:22~26),[67] 공직의 소명을 받기 전 자신의 가정에 있는 바알 신당을 하나님의 명령을 좇아 헐었던 그였지만, 이제는 오브라를 마치 왕도(王都)처럼 '삼고'(יָשַׁב야사브), 그곳에 바알 신상용 에봇을 '세우므로'(יַצֵּג야짜그) '그의 집(왕조)'(בֵּיתוֹ베이토)에 올무가 되었다. 많은 아내와 부귀(금 1,700 세겔)로써 낳은 아들들 70명 중 69명을 살해하게 되는 세겜 출신의 자신의 첩의 아들 아비멜렉이 반(反)사사적, 사이비 왕적 만행을 사사기의 중심부에 놓게 하는[68] 악과 사망의 열매를 향한 불경건과 불의의 씨를 뿌림으로 기드온의 생은 끝난다. 이것이 "육신의 생각은 사망이요 성령님의 생각은 생명과 평안이며"(롬 8:5~6), "성령님을 좇아 행하면 육체의 욕심을 이루지 아니하며"(갈 5:16), "자기의 육체를 위하여 심는 자는 육체로부터 썩어진 것을 거두고, 성령님을 위하여 심는 자는 성령님으로부터 영생을 거두는"(갈 6:8), "그리스도 예수님 안에 있는 생명의 성령의 법"(롬 8:2)의 구약적 실례이다.

엘리야에게 역사한 성령님의 갑절을 간구하며 승천한 엘리야의 몸에서 떨어진 '겉옷'[אַדֶּרֶת아데레트 '영광', '존귀'(욘 3:6, 니느웨 '왕의 예복')]을 주워 그것으로 요단강을 가른 엘리사에게, 엘리야의 영감이 그에게 이전됨을 다른 선지 생도들이 알아보았으며(왕하 2:9, 13~15), 엘리야보다 더 많은 성령님의 은사(기적 행함, 비교 고전 12:9~10)와 능력이 그의 사역 속에 시위되었다. 이것이 우리가 기도할 때마다 "성령님의 두루마기를 입혀주시고 갑절의 영력을 주십사" 간구하는 성경적 적용이며, '구하는 자에게 좋은 것을, 그중 최상인 성령님을 주신다'(마 7:11; 눅 11:13)는 확신의 기대감이다(막 11:24).

3) 성령님이 A를 진동시키기를 시작하다 [삼손, 삿 13:25]

본론의 종결로서 긴 본문에 소개된 삼손은[69] 이전 사사들과는 몇 가지 다른 점이 있다. 출생 전에 하나님이 삼손을 나실인으로[70] 구별하여 부르시고 영적 암흑이 점점 더 깊어가는 사사 시대 말기에(참고 동시대의 삼상 3:1~3) 그런 모범적인 부모의 배경과 함께 그의 출생과 성장을 자세히 소개함은(13:1~25) 거저 주시는 '하나님의 은혜'의 절정이라 할 수 있다.

불임 중에 하나님의 예정으로 자녀를 태아교육하고 낳아 사라－룻－한나－엘리사벳－마리아의 위치에 그의 어머니를 격상함은 물론이요, 그의 이름대로 그는 짙어가는 영적 흑암을 밝힐 '작은 태양'[71]이요, "그 아이가 자라며, 여호와께서 그에게 복을 주셨다"(13:24)는 표현으로 삼손이 사무엘(삼상 2:21; 3:19)과 소년 예수님(눅 2:40, 52) 같은 복된 성장과 장래의 영광스런 사명을 기대하게 만든다. 성령님이 충만한 사가랴(눅 1:67)와 엘리사벳(눅 1:41)에게서 "모태로부터 성령이 충만한" 나실인 같은 세례요한이 태어났다면(눅 1:15), 삼손 역시 그의 구원자 사역(14:1~16:31상)을 시작하기 전에 "여호와의 영이 그를 진동시키기 시작하였다"[72](13:25)는 것은 자연스러운 것이다. 복 중에 최고의 복이 성령님이시라면,[73] "여호와께서 그에게 복을 주셨다"는 구체적 현실이 바로 성령님의 진동의 역사가 시작된 것으로 입증되었다.

여기 '진동시키다'는 동사는 구약에 5회 사용되고 있는데[Q. 삿 13:25; Ni.

창 41:8; 시 77:4(히, 5); 단 2:3; Ht. 단 2:1], 기본적으로 "마음을 흔들어 놓는" 심란(心亂)과 번민의 뜻이다. 삼손 시대는 영적으로 바닥에 떨어진 시대로, 앞서 살핀 사사기의 구조의 틀과 용어에서 볼 때, 블레셋 압제에 대하여 마땅히 있어야 할 백성의 하나님을 향한 울부짖음이 전혀 없는 영적 무감각과 사망의 시대였다(참고 엡 4:18~19; 딤전 5:6; 계 3:1). 이스라엘은 이미 블레셋과의 공존을 규범으로 삼을 만큼 변질되고 부패되어, 사사 삼손마저도 그들과의 결혼과 화친을 자유롭게 하였고(14~16장), 이스라엘 모든 지파의 대표격인 유다[74] 사람들 역시 공존 상태를 '흔들어 놓는' 어떤 행동도 거부하면서, 심지어 삼손을 "결박하여 블레셋 사람의 손에 붙이려는" 지경에 이르렀다(15:9 ~13).

압제자와 피 압제자 사이의 이 기막힌 평화 공존을 '흔들어 놓는' 일은 이제 하나님만이 하실 수밖에 없다(14:4).[75] 구약 역사 전면에 흐르는 하나님과 이스라엘 백성의 언약관계는 신랑─신부의 결혼관계로 그 절정을 이루고 있거니와,[76] 하나님에 대한 절대적인 사랑과 충절을 지키도록 이스라엘을 선택하신 하나님께서 그들을 구별된 실체로 보존하시기 위하여 삼손에게 계획된 임무(13:5~7)를 수행할 수 있도록 성령님이 개입하셔서, 딤나를 향한 삼손의 첫 여행은 블레셋을 선동하여 평안한 양편 관계를 동요시켜 충돌의 계기로 삼는 하나님의 웅대한 계획의 일부였다.

하나님과의 관계가 잘못되어 가고 있고, 또 당사자가 이것을 알지 못하는 자기 기만에 있을 때, '징계'로(히 12:5~13, 대조 롬 1:24, 26, 28의 하나님이 '내어 버려 두시는' 가장 무서운 심판) 우리의 '거짓 평안'(false appeasement)을 흔들어 놓는 성령님의 '책망의 역사'(요 16:8)를 사모하고 감사해야 할 것이다. 우리는 심판과 구원의 양면성을 가지고 강림하시는 성령님의 '진동'(震動)의 역사(출 19:8; 삿 5:4~5; 사 64:1,3; 행 4:31; 16:26; 히 12:26~29)에 대하여 얼마나 체득하고 있는가?[77] "진동치 못할 왕국을 받은"(히 12:28) 그리스도인들은 위협과 역경의 와중에서 성령님의 진동의 역사로 복음의 원수들을 와해시키시며, 복음의 역군들에게 성령님의 충만함으로 담대히 사명을 향해 진동케 하시는 성령님의 진동을 사모해야 할 것이다.

4) 성령님이 A를 관통하다 [삼손(14:6, 19; 15:14), 사울(삼상 10:6), 다윗(אל엘 삼상

16:13), 비교 '루아흐 엘로힘'(רוח אלהים), 사울(삼상 10:10; 11:6, 대조 '루아흐 아도나

이 라아 엘'(רוח יהוה רעה אל 18:10)]

동사 '찰라흐'(צלח)는 구약에 65회 사용되고 있는데(Q 25회; Hi 40회), 셈족 동
계어(JArm, EgArm, Syr, CPArm 등)에서 "기본형, (나무 따위를) 쪼개다"와 "사역형,
성공(번영)하다"의 두 가지 의미로 말미암아 그 어원이 동음이어(homonym)
인지 다의어(polysemy)인지에 대한 다양한 견해가 있다.[78] 우리는 조렐(F.
Zorrel)이 제안한 "(나무를) 쪼개다 〉 강제 진입하다 〉 관통하다 〉 성공하다"라
는 다의적 의미 변천으로 보아,[79] 다음의 문맥적 의미에 '쪼개다'의 어원적
의미의 흔적을 살필 수 있다. "(기계가) 날카롭다(사 54:17), (나무가) 번성하다(겔
17:9,10), (불같이) 내리다(암 5:6), (요단강을) 건너다(삼하 19:18), (길)이 평탄하다
(Q, 렘 12:1); (길을) 평탄케 하다"(Hi, 9회).[80]

삼손에게 세 차례에 걸쳐 돌진하시는 성령님의 사역은 앞서 살핀 대로(참
고 2.3) 압제자 블레셋과 피압제자 이스라엘의 불신앙적 평화 공존을 깨뜨리
시려는 하나님의 작정의 첫 에피소드인 '딤나 결혼 사건'(14:1~15:20)에서 일
어났다. 성령님의 돌진 사역은 그분의 뜻을 알지 못하는 삼손 자신이 '자기
정욕대로'(14:2~3, 7; 불신 결혼의 죄) 딤나로 내려가서 맞은 블레셋 아내와 관련
되어 연쇄반응으로 일어난 개인적인 위기의 긴박한 관계 속에서 일어난 것
이다.

첫 사건은, 부모와 함께 결혼 제1차 준비를 위해 딤나로 가서 '포도원'에
홀로 있을 때(포도주가 금지된 나실인이 왜 여기 있는가?), '젊은 사자'(כפיר케피르)[81]가
그를 맞아 '소리 지르고 있는'(Q 분사형, שאג쇼에그) 초죽음의 긴박한 상황(והנה베히
네 뜻밖의 장면에 주의를 집중시키는[82])에서 맨손으로 그 사자를 "염소 새끼를 찢음
같이 찢은"(14:6) 담력과 초자연적 힘의 근원이 성령님이심을 강조한다.

둘째 사건은, 일주일 간 계속된 결혼 '잔치'(משתה미쉬테 שתה샤타 '술을 마시다'; 포

도주나 독주가 금지된 나실인이 계속 범죄하고 있다!)의 마지막 날 일어났는데, 그 연쇄적 사건은 결혼 제2차(마지막) 준비를 위해 며칠 후 부모와 함께 내려가면서 발단되었다. 아무리 중동의 작렬하는 5월(참고 15:1; 밀 수확) 태양열 속에서 사자의 시체가 건조되었어도, 파리나 구더기가 들끓는 대신 '벌떼와 꿀'(14:8)이 있었다는 기적은 계속적으로 하나님이 사건을 주도하고 계심을 보여 준다. 자신과 몰래 부모까지 동참시켜 시체를 만지고, 그것에서 취한 꿀을 먹는 범죄(비교 레 11:24~25, 39; 민 6:6)의 경험과 관련하여, 피로연 첫 날 삼손이 30명의 젊은 축하객에게 수수께끼 내기를 하고, 해답을 얻지 못한 그들이 결국 제4일째 "너와 네 아비의 집안을 불사르리라"고 삼손의 블레셋 아내를 협박하므로, 그녀가 울고 '강박하여'(צוק추크 히필형) 제7일째 마지막 날 삼손에게서 얻어 낸 해답으로 마침내 '해지기 전'(14:18) 일촉즉발의 시간에 그들은 삼손과의 내기에 승리한다. 삼손이 일방적으로 건 상금인 "베옷과 겉옷 각각 30벌" 문제를 해결해야 할 긴박하고 절망적인 순간에 "하나님의 영이 그에게 돌진했다!" 그 다음에 일어난 삼손의 32km 남서쪽의 항구 도시 아스글론을 향한 초인적인 왕복 달음질과(참고 엘리야의 비슷한 경우인 왕상 18:12, 46), 다시 10km 동쪽의 아버지 집 소라로 돌아간 체력과 그곳 남자 30명을 단숨에 쳐 죽이고 그들의 '무기들'(חליצות할리초트 아마도 무기 걸개용인 허리띠)과 상금 용 '나들이 옷들'(חליפות할리포트)을 노략한 용맹 모두가 그 동인 역시 성령님이심을 강조한다.

셋째 사건은, 전 이스라엘의 대표격인 유다 사람들의 손에 의해 새 밧줄 둘에 결박되어 에담 바위틈에서 끌려나와 블레셋 사람들이 '진을 치고'(חנה하나 히필형) '배치된'(נטש나타쉬 니팔형) 레히까지 왔을 때 일어났다. 당연히 블레셋 사람들은 그를 대면하려고 돌격 "함성을 질렀다"(רוע루아흐 히필형). 또다시 얼마나 긴박하고 절망적인 순간인가! 성령님이 아니면 패망이라는 바로 그 순간에 "하나님의 영이 그에게 돌진하여" 그 결과 밧줄은 불 탄 삼같이 떨어져 나갔고, 나귀의 '새 턱뼈'(לחי טריה레히 테리야 그렇다면 또다시 시체를 접촉하는 죄!)로 1,000명을 쳐 죽이는 기적이 일어났다.

우리는 이 세 가지 사건의 분석에서 비추어 볼 때, "여우 300을 붙들어 서로 꼬리를 매고, 홰를 취하고, 그 사이에 홰를 달고, 불을 켜고, 블레셋 사람의 추수를 기다리는 밭에 몰아 들여 불사른"(15:4~5) 초고속 동작이나,[83] "블레셋 사람들의 정강이 넓적다리를 크게 쳐 죽이고"(15:8), 가사의 창녀 집에 (나실인이!) 밤중까지 누웠다가 "밤중에 성 문짝들과 두 설주와 빗장을 빼어 그것을 모두 어깨에 메고 가사에서 헤브론 앞산(65km!), 그것도 꼭대기까지 올라간"(16:3) 불가사의한 힘의 근원이, 비록 직접적인 '여호와의 영'에 대한 언급은 없지만, 최소한 삼손 자신의 인간적인 힘이 결코 아니기 때문에 역시 모두가 성령님의 힘인 것으로 결론지을 수 있다. 더욱, 삼손 이야기에 가장 긴 삼손과 들릴라['밤의 (여인?)'이란 뜻] 에피소드(16:4~22)에서 삼손의 '큰 힘' (גדול כח코아흐 가돌)의 근원을 알아내려는 4차에 걸친 시도에서 삼손은 "마르지 않은 일곱 '새 힘줄'"(יתרים לחים예타림 라흐)[84](16:7)이나, '새 밧줄'(16:11)이나, "위선(緯線)에 섞어 짠 삼손의 일곱 가닥 머리털"(16:13)이나, 마침내 "자신의 머리털"(16:17)을 그 해답으로 말하지만, 진정한 해답은 지금까지 분석한 바로 그 "여호와의 영(참고 삼상 16:14)께서 그에게서부터 떠나셨기"(16:20) 때문이었다. 머리털 일곱 가닥을 다 밀고 있는 동안 삼손이 비정상적인 '깊은 잠'(비교 16:2~3의 가사 성문에 깊은 잠에 빠진 사람들)에 빠짐도 하나님과 관계되며(비교 사 29:10, "깊은 잠의 영"; 욘 1:5; 마 26:43), 그의 머리털이 "다시 자라기 시작하였지만"(16:22), 여전히 그는 "주 여호와여 구하옵나니, 이번만 저로 강하게 하사"(16:28) 라고 최후의 간구를 드리고 있는 것이다.

삼손은 마지막 사사로서 모든 사사 가운데 가장 영적인 가정에서 잉태되었고, 성령님이 그를 감동시키심으로 사사직을 시작하여 최상의 사명 수행자로 기대되었으나, 초기의 사사들에 비하여 압제자를 대항한 문제해결을 향한 어떠한 군사모집이나 솔선수범은 전혀 없었고, 오히려 자기 개인의 정욕과 혈기가 생산한 문제들로 삶을 탕진한 최악의 사사로 평가된다.[85] 사사 시대에 영적으로 밑바닥까지 추락해 온 '이스라엘을 구현하고, 의인화하는 (embodies/personifies)' 자가 바로 삼손이란 블럭(Block)의 지적은 참으로 타당

한 것이다.[86]

우리는 여기서 성령님에 대한 중요한 실천적 교훈을 몇 가지로 받게 된다. 첫째, 영적 흑암이 깊을수록 동일하신 성령님의 더욱 강력한 역사가 요청됨이 사사 초기에서 말기에 나타난 성령님의 사역을 표현하는 용어의 강도에서 발견된다[임재(היה하야) 〉 옷 입음(לבש라바쉬) 〉 진동(פעם파암) 〉 관통(צלח찰라흐)].[87] 탕자 아우구스티누스(Augustinus)의 영혼과 삶을 쪼개어 버린 "밤이 깊고 낮이 가까웠으니 그러므로 우리가 어두움의 일을 벗고 빛의 갑옷을 입자"(롬 13:12)는 말씀의 정신은 한국의 신앙 현실만 놓고 보더라도 교회의 세속화의 후유증으로 이단, 사교, 역술, 세계 종교(불교, 이슬람교 등)가 더욱 활개 치는 영적 흑암 속에서 우리는 더욱 성령님의 쪼개시는 능력을 갈망하는 것이다.

둘째, 삼손을 진동시키시고 돌진하신 성령님의 역사는 보이지 않는 보다 광대한 하나님의 구원 역사에 블레셋과 삼손이 거짓 평화 공존에서 벗어나도록 충돌하게 만드신 방편이 되었으나, 우리의 분석에서 여러 번 지적된 바와 같이 나실인이요, 사사에 거스리는 죄스런 행동들은 성령님에 의한 그의 성화(聖化)와는 별개였다는 점이다. 이것이 고린도 교회가 성령님의 가시적 은사는 충만했으나(12장, 14:1~33), 그들이 안고 있는 비중생자들과 외견상 별반 다를 것이 없는 온갖 문제들, 즉 분쟁(1:10~12; 3:3~4; 11:18), 교만(4:6~8, 19), 근친상간(5장), 세상 법정 소송(6:1~11), 음행(6:12~20), 우상 제물 시비(8장; 10:23~33), 우상 숭배(10:14~22), 애찬에 인간 차별(11:20~22), 주 예수님의 만찬에 부적절한 참여(11:27~32), 은사 우열 분쟁(12장; 14:1~33, 39~40), 교회 내 '우먼 파워'(14:34~36), 부활 논쟁(15:12, 33~34, 35) 등은 성령님의 성화 사역이 얼마나 더 중요한지를 절감하게 한다. 1970~80년대에 풍미한 한국 교회의 뜨거웠던 성령 운동이 은사론과 성화론의 괴리 속에 진행되어, 그 열매와 후유증으로서 '개독교'로 비하되는 오늘의 한국 교회 현실 속에서, 다시금 고전적인 성령님의 성화 사역에 대한 본문들(롬 8:1~17; 갈 5:16~6:10; 엡 4:17~6:9 등)의 균형 있는 강조와 적용이 요청된다.

셋째, 삼손의 참담한 일생은 성령님의 주권적 관통의 은혜를 사모하는 동시에, 인간의 자원적 순종의 선택과 책임의 중요성을 일깨운다. 이것이 곧 "성령님을 모독하거나 거역하지 말며"(마 12:31~32; 히 10:29), "성령님을 근심하게 하지 말며"(엡 4:30), "성령님을 소멸치 말라"(살전 5:19)는 경고의 말씀이다. 따라서 중생한 그리스도인의 심령에 끊임없이 일어나는 '육체의 소욕'과 '성령님의 소원'의 고유한 갈등과 투쟁 속에서(갈 5:17), 성령님이 항상 '이기시는'(참고 렘 20:7; 계 2:17) 삶을 간구하게 되는 것이다.

넷째, 성경 전체가 권면하는 원리인 "문제는 문제가 없는 것이다"라는 역설이다. 삼손이 맛본 성령님에 의한 초인적인 담력과 힘은 모두 인간의 극한 상황과 절망에서 "사람으로서는 할 수 없으되, 하나님으로서는 다 할 수 있다"(마 19:26)는 진리의 확증이요, "내가 약할 그때에 곧 강함이니라"(고후 11:10, 비교 1:8~10; 4:7~13; 고전 10:13; 빌 4;13)는 고백이었다. 초대 교회와 교회사가 자주 경험한 성령님의 충만이 바로 절대 핍박과 위기 앞에서 일어났다(행 4:29~31; 7:54~55; 13:6~12; 한국의 1907년 평양 부흥 운동)는 사실을 기억하면서, 우리의 연약함에 "같이 멍에 매시고"(롬 8:26, συναντιλαμβάνω순안티람바노), "(필요)할 때 (우리를) 위해 마침 만나주시는"(롬 8:26~27; ὑπερεντυγχάνω휘페르엔퉁카노 비교 롬 10:20) 성령님의 위로를 삶의 위기마다 경험해야 할 것이다.

맺는 말

사사 시대 300년은 하나님의 '언약 후손'(covenant child)이 하나님이 진멸하라고 명령한 가나안 불신 이웃의 종교 문화와 공생 공존하는 인본주의 삶을 영위(營爲)할 때, "천천히, 그러나 꾸준히" 결국 불신 결혼과 그에 필연적으로 따라오는 불경건(배도, 영적 음행, 불신앙)과 불의(육적 음행, 비윤리)의 제물이 된다는 진리를 하향곡선의 악순환을 통하여 보게 되었다. 그러나 죄가 더해 가는 곳에 하나님의 주권적 은혜가 성령님의 중생(출생) ─ 성화(성장) ─ 은사와 능력(사명)을 통하여 흘러넘친다는 사실 또한 보게 되었다.

구약의 '주 여호와'가 신약에서 '주 예수님'으로 구현되었다면,[88] 사사 시대란 결국 하나님을 진정한 '구원자, 사사, 왕'으로 섬기기에 가장 편리한 임시방편인 사사 제도로써 탕자 이스라엘이 돌아오도록 하나님께서 300년 동안 "참고 기다리신"(참고 벧후 3:9) 세대였다면, 주 예수님의 재림을 간절히 기다리는 그리스도인들이 얼마나 배타적으로, 독점적으로 그분을 "왕의 왕, 주의 주"(계 17:14; 19:16)로 섬기며, "먹든지 마시든지"(고전 10:31), "깨든지 자든지"(살전 5:10), "살든지 죽든지"(빌 1:21; 고후 5:9), "예수님을 기쁘시게 하고"(엡 5:10; 고전 7:32, 33), "변함없이 그분을 사랑하는"(엡 6:24) 신앙 경주를 인내로 감당해야 할 것이다.

성경을 마감하는 마지막 대목에서, "불의를 하는 자는 그대로 불의를 하고, 더러운 자는 그대로 더럽고, 의로운 자는 그대로 의를 행하고, 거룩한 자는 그대로 거룩되게 하라"(계 22:11)는 4중 명령형이 낳는 말세의 양극화 현상 배후에는, 사탄의 칼날과 성령님의 칼날의 대치 속에서(비교 사 49:2; 엡 6:17; 히 4:12) "오직 성령님의 은사와 능력만이"(고전 2:4; 12:4, 7) 불의와 불경건의 '현대 바알'[89]에 동화되지 않고, 변혁과 개혁의 도구로 쓰임 받을 수 있다는 진리를 환기시킨다.

종교다원주의를 주창하는 우리 세대에, 종교의 창시자(또는 교주)들은 다 절도-강도-도적이며(요 10:8~10), 죄 중에 가장 큰 죄는 예수님을 믿지 않는 죄이며(요 16:9), "우리 주 예수 그리스도밖에 있는 자들"은 누구든지 악하고 속고 속이는 자들임[딤후 3:12~13; 죄, 사망/지옥(또는 천국), 예수님의 보혈, 예수님의 유일 중보자 됨을 불신]을 선포해야 할 것이다. 비중생자는 "어두움을 더 사랑하고 빛을 미워하며 빛에 오지 아니하고 올 수도 없기에"(요 3:19~20; 6:44), "중생(重生)이 아니면 자멸"이라는 고백으로, 창조(창 1~2장)-타락과 구속(창 3장~계 20장)-완성(계 21~22장)이라는 소망적 창조사관 아래, 사사 시대의 성령님의 강림-옷 입히심-진동-관통에 대한 우리의 "중생된 참 학문" 수행의 실습을 마치고자 한다.

"존귀하신 성령님이시여! 저에게 강림하시고, 성령님으로 옷 입히시고,

저를 진동시키시고, 관통하셔서, 온전히 성령님의 사람으로 하나님의 뜻을
순종하는 능력의 사람으로 쓰임 받게 하옵소서!"

09

사사기에 나타난
시민전쟁과 신학적 전망
(삿 19~21장)

문제 제기

사사기는 이스라엘 역사의 부정적 국면을 보여 주는 책이요, 그 시대는 예언자적 안목으로 볼 때 모세로 시작된 신정 이상(神政 理想)에서 멀리 떨어져 버린, 퇴보하고 퇴락 했던 시대라 정의할 수 있다. 물론 이 시대를 긍정적으로 본 노트(Martin Noth)의 말대로 "한 국가로서의 이스라엘이 다시금 창조되는 시대"[1]라 언급할 수도 있을 것이다. 이 글에서 특히 다루고자 하는 사사기 19~21장에 나타난 에피소드는 사사기의 중심적 위치에 서지 못함이 사실이다.[2] 그러나 그 내용은 사사기 시대를 정확하게 대변하며, 그 본문이 갖는 연결성—시대적 연속성과 내용적 연결성을 합해—을 생각한다면 대단히 중요한 의미를 지닌다고 할 수 있다. 따라서 이 본문을 접하게 되면서 다음 것들을 생각지 않을 수 없다.

① 본문이 갖는 사사기 안에서의 위치는 어떠한가?
② 본문이 주어진 이유와 원인은 무엇인가?
③ 왜 사사기 저자는 이 본문을 삽입해야만 했는가?
④ 본문을 통하여 교훈하고자 하는 것은 무엇인가?
⑤ 다른 구약 본문이나 신약 본문과의 상호관계는 어떠한가?

⑥ 그 문학적 구조와 특징이 주는 전체적인 의미는 무엇이며, 통일성은 있는가?

⑦ 당시 선민들의 '삶의 정황'(sitz im leben)은 어떠했으며, 그들이 지녔던 신학적 전망은 무엇이었는가?

⑧ 오늘날 이 본문이 한국 교회와 21세기라는 상황 속에서 어떤 의미를 갖는가?

아울러 이러한 의문을 해결하기 위한 방편으로 본문 구조를 분석하고 통일성을 추적하며 주해하는 과정을 통해 결론을 추론하고자 한다.

본문의 해석 역사

본문은 그 내용이 다른 구약의 본문과 신약에 인용될 만큼 널리 알려진 것이기 때문에 초기 기독교 시대부터 다양한 측면에서 해석되었다. 전통적 유대주의 해석이나, 초기 기독교 공동체 또는 중세나 종교 개혁자들의 경우 르네상스 시대의 해석 역사를 살펴보는 것이 필요하겠지만, 19, 20세기 들어 본문의 구조와 형태 분석을 시도하며 해석한 것이 더욱 도움이 될 것이다.[3]

벨하우젠(J. Wellhausen)은 전체적으로 본문을 동일한 시대, 동일한 특성을 지닌 하나로 보며, 19장에 나타나는 넘치는 생동감은 전적으로 저자의 기술에 의해 만들어졌으며, 20~21장은 이 같은 옛 작품의 전적 회상에 따른 것이라고 본다. 따라서 이 본문이 어떤 구체적인 역사적 사실에 기초해 작성되었는지 여부는 분명치 않으며, 단지 저자가 베냐민 지파를 대단히 증오했던 인물일 것이라 추측한다. 이러한 주장에 따라 후대의 학자들은 본문의 원래 이야기는 아주 오래된 것이지만 바벨론 포로 시대나 그와 비슷한 시대에 저자들이 새롭게 각색한 것으로 이해한다.[4]

버튜(Bertheau)는 본문이 두 개의 상이한 자료가 합쳐진 것으로 이해한다. 19장에 그 두 개가 구체적으로 나타나며, 20, 21장에도 그것들이 반복해 나타난다는 것이다. 따라서 그는 20, 21장의 본문을 각각 A(20:1, 2하~10, 14, (18), 19, 24~28, 29~36상, 47; 21: 5~14)와 B(20:2상, 11~13, 15~17, 20~23, 36하~44, 45, 46, 48; 21:1~4, 15~23)로 구분한다.[5] 또한 이러한 구분 근거로 A는 '이스라엘의 자손', B는 '이스라엘 사람'이라는 독특한 표현이 사용되는 점을 언급하였다.

부데(Karl Budde)는 19:5~15에 나타나는 이중 설화 구조에 주목하였고, 이 본문이 단순히 후대 첨가 혹은 과잉 기술이라 가상해서는 안 될 것이라고 주장했다. 그는 구체적으로 9하절과 10상절, 11상절과 12절, 13절과 15절의 평행절(parallel clauses), 8, 9, 13절에 여러 번 반복 사용되는 어휘에 주목하였다. 그리고 버튜가 주장한 바와 같은 두개의 틀로 구분한다는 것이 불가능함을 분명히 했다. 19:16이하에 나타나는 설화는 아주 부드러우며 직선적이고, 창세기 19장뿐 아니라 다른 오경 본문과 사무엘서의 경우와도 유사한 면들이 나타난다고 언급했다. 20, 21장의 구분에서 그는 이스라엘 백성들이 모이는 장소와 연결해 좀 더 과거적인 미스바와 후대에 나타나는 벧엘에 주목해 본문을 구분했다.[6]

퀜넨(A. Kuenen)은 본문을 유대주의 정신이 투철한 바벨론 포로 시대 이후 사역했을 것으로 보이는 저자가 왕국 시대 사건에 뿌리를 두고 있는 역사적 사건을 각색한 것으로 본다. 아울러 이미 언급한 두 가지 자료들의 혼합 뿐 아니라 본문의 확장과 정정까지 한 흔적이 있다고 주장한다. 20:27하와 28 상절은 26, 27상절이 만들어짐으로 혼란이 초래된 것을 완화하기 위해 삽입된 것으로, 20:36하~46은 29~36상의 확장으로, 21:5~14는 15~23절까지 나타나는 내용들을 방어하기 위해 시도되었다는 것이다.[7]

무어(G. F. Moore)는 본문에 관한 하나의 가설을 제시한다. 곧 역대기가 작성되었던 시대의 한 저자가 좀 더 용납할 만한 자료로 본문이 인정받도록 하기 위해 원래의 이야기 중간에 '미드라쉬'의 내용을 첨가했다는 것이다. 이 첨가된 미드라쉬는 처음에는 분리된 형태로 존재했으나 나중에 옛날 설화 형태로 후대 편집자에 의해 묶여졌다고 한다. 따라서 부데의 주장은 좀 더 수정 내지는 보완되어야 한다고 본다. 또한 본문 분석에는 미스바나 벧엘과 같은 지명보다 또 다른 지명인 사울의 고향 기브아와 사울이 왕이 됨으로 안정을 누리고, 그 사실에 감사하는 야베스 길르앗과 다윗의 출생지이자 외지인으로 취급받는 레위인의 고향 베들레헴으로 나누어 살펴보아야 한다는 것이다. 이와 같은 역사적 사건과 도시의 일치는 대단히 흥미롭다.[8]

괴테만(Güdemann)은 전체 설화의 동기로 사울을 향한 유다 지파의 극심한 증오를 언급한다. 따라서 유다 지파와 연관된 장소와 사람들을 상당히 친밀하게 표현하는데 비해, 기브아 사람들을 지극히 몰염치하고 파렴치한 사람들로 묘사한다. 또한 길르앗 야베스 사람들 역시 이 거룩한 시민전쟁에 참여하지 아니한 유일한 이스라엘 사람들로 묘사된다.[9]

그레츠(Graetz)는 이 본문이 앞선 17, 18절의 본문과 깊은 연관성을 가지며, 솔로몬 시대에 만들어진 것이라고 주장한다. 따라서 벨하우젠이 언급한 바와 같이 초기 유다 왕국 시대부터 기록된 형태로 전해 내려 왔다고 본다. 결국 앞서 언급한 두 가지나 그 이상의 자료들이 오랜 시간을 두고 섞여 이루어졌다고 보는 학자들의 주장은 합당하지 않으며, 그 분석은 특정적일 뿐 보편적인 것은 못 된다고 말한다. 왜냐하면 기브아의 범죄는 아주 오랫동안 구전되어 오던 옛 이야기요, 야베스 길르앗은 단지 포로 후 시대에 보충되었기 때문이라는 것이다.[10]

본문의 구조 및 형태 분석

1. 본문 구조 분석을 위한 원리와 방법

일반적으로 본문 형태와 구조 분석을 위한 원리로는 반복되는 용어나 관용적인 표현을 살펴보는 일이 중요한데 일정한 단어나 음이 특수한 위치에 놓이게 함으로 의도하는 바를 강조하기도 하고, 독자들에게 더 호소력을 지니기도 하기 때문이다. 시민전쟁 본문의 구조 분석을 위해 히브리 성경에 나타난 일반적인 재담(才談 paronomosia), 시민전쟁 본문에서의 재담, 이중적 의미를 지닌 단어, 일상 단어들에 나타난 '상음'(overtone), 장소를 말하는 미스바(20:1), 벧엘(20:18), 실로(21:16~21) 기술적 사용, 신적 호칭, 역사적 사건에 등장하는 개인들의 이름 등이 중요하다.

2. 사사기 전체 구조

사사기 본문은 그 구체적인 구분에는 이견이 있지만 일반적으로 세 가지 항목(sections)으로 나뉜다. 첫째는 서론이자 이스라엘의 가나안 정착과 연관된 부분이며, 둘째는 사사들과 그들의 사역에 관한 부분들이며, 마지막 부분은 두 개의 에피소드다. 이러한 항목 구분에는 다양한 원리와 원칙들이 적용되어야 하지만 그린스핀(F. E. Greenspin)[11]의 구조를 참고하면 다음과 같다.

1) 서론(1:1~3:6)

이렇게 구분하는 이유는 3:7부터 사사 옷니엘의 역사가 시작되기 때문이다. 그러나 혹자들은 1:1~2:5까지를 첫 번째 항목으로 구분하기도 하며, 이 부분이 가나안의 마지막 정복과 연관되고 있을 뿐 아니라 신명기 마지막 부분과 이어지는 본문으로 보기 때문이다.[12] 서론은 다시 1:1~2:5과 2:6~3:6로 나뉜다. 서론의 전반부는 문자 그대로 이스라엘의 가나안 정복과 연관된 일련의 사건들이 언급된다. 또한 이것은 각각 여호수아와 연관을 맺는다.[13] 또한 2:6~3:6는 또 다른 서론으로 사사 시대 삶의 정형을 그려 준다. 곧 이스라엘이 범죄 하면 징계하고(2:20, 21), 그들이 신실함을 입증하면(2:22, 23, 3:4) 다시금 은혜를 베푸시는(3:1~3) 선민의 삶과 연관된 패러다임이 기록된다.

2) 중심 본문(3:7~16:31)

여기서는 중요한 사사들의 역사가 나타난다. 비교적 폭넓게 취급된 대

사사로 옷니엘(3:7~11), 에훗(3:12~30), 드보라와 바락(4~5장), 기드온(6~8장), 삼손(13~16장), 그렇지 않은 소사사로 돌라와 야일(10:1~5), 입산, 엘론, 압돈(12:8~15)이[14] 언급된다. 이들 본문에 항상 동일하게 반복되지는 않지만 독특한 구조적 특징을 지니고 있기에 구분된다.[15]

3) 두 개의 에피소드(17~21장)

먼저 단 지파의 북방 이동과 그곳에서 그들의 분깃을 취득하는 장면이 나온다(17, 18장). 나중 본문은 베냐민 지파를 둘러싸고 일어났던 열두 지파 사이의 시민전쟁이 중심이다. 이들 두 에피소드 모두 왕이 통치하기 이전 이스라엘의 민족적인 상황들을 잘 그려준다. 시대적 전후관계를 언급할 때 후자가 전자보다 앞서는 것으로 알려진다.[16] 그러나 사사 시대 후반에 나타나는 블레셋의 지배가 없는 것이나, 실로가 아니라 벧엘이 중요한 성소로 언급되는 것, "단에서 브엘세바"라는 표현을 통해 이스라엘 전체를 나타내는 형태 등을 고려할 때 전자보다 후자가 나중인 것으로 보인다.

3. 베냐민 시민전쟁에 관한 본문의 구조와 분석

본문의 구조를 분석하기 위한 기초적인 조건들로 다양한 것들이 제시되고 있으나 국가적으로 어떤 일을 결정함에 있어서 일정한 기준이 설정되지 않아 기분에 좌우되어 일이 진행된다는 사실이 강조된다. 아울러 그 구체적 사실로 결혼과 연관된 요소가 분석의 핵심이 된다. 이미 모세의 도덕법과 시민법을 통해 놀라울 정도로 신성한 가정을 이루는 일의 중요성을 설명한 것은 주지하는 바와 같다. 따라서 사사기 저자가 본 이스라엘의 통상적인 타락은 이스라엘 백성, 그 중에서도 레위인들의 타락으로부터 시작해 그 다양한 면모를 언급한 후 새로운 가정, 새로운 백성에 관해 언급함으로 결론을 맺고 있다. 여기에 첨가되어 인간이 하나님의 율법을 떠나 자율적인 입장에서 살아간다는 것이 얼마나 무의미하며, 그 타락의 깊이가 얼마나 깊어지는지를 언급한다.

a. 전체적 서론-이스라엘에 왕이 없을 때(19:1상)

　b. 문제 제기 베냐민 기브아 백성이 이웃을 선대하지 않음(19:1하~30)

　　c. 이스라엘이 베냐민 지파와의 전쟁을 준비함(20:1~17)

　　　x. 이스라엘이 베냐민 지파를 응징함(20:17~48)

　　c'. 이스라엘이 베냐민 지파의 구원을 준비함(21:1~7)

　b'. 문제 해결-이스라엘이 베냐민 지파의 남은 자들을 선대함(21:8~24)

a'. 전체적 결론-이스라엘에 왕이 없음으로-(21:25)

이 구조에 있어서 핵심적 요소는 베냐민 지파와의 전쟁 원인과 결과에 대한 언급이다. 나아가 당시 이스라엘에 왕이 없음으로 지파 간의 문제 해결자가 없었고, 다수 지파가 하나의 지파를 몰살하려고 시도하는 어리석은 일을 감행하고 있음을 보여 준다. 그러한 사건 진상을 알리기 위해 왕이 없음으로 갖게 된 윤리적 타락의 대표적 현상으로 성적문란을 지적하고, 동시에 그 와중에서도 하나님께서 조절하심으로 각 지파들을 궁극적으로 지키신다는 놀라운 사실을 강조한다.

1) 전체적 서론과 결론(19:1상; 21:25)

"이스라엘에 왕이 없을 때"라는 본문은 앞서 언급된 핵심 본문에는 나타나지 않는 것으로 두 가지 부록을 언급한 본문에만 4회 나타난다.[17] 문자적으로 서론과 결론 부분이 동일하나 서론 부분에는 '봐예히'(וַיְהִי)가 문장 첫머리에 나타난다. 이 말은 베냐민의 도시인 기브아의 상황을 나타낼 뿐 아니라 왜 기브아 사람들이 '망령된 일'(19:23; 20:10)을 '집단적'(en masse)으로 행했는지를 보여 주는 근거 구절이 된다.[18]

2) 문제 제기(19:1하~30)

앞선 본문의 구체적 실례로 저자는 백성들의 윤리적, 도덕적 상태가 어떠함을 보여 주며, 동시에 통치자가 없음으로 생겨나는 지파 간의 갈등 관계를 보여 주는 출발점이 된다. 본문의 구조는 병렬적으로 이루어지며, 중요한 분석 요소로는 "행음"이 된다.

a 레위 사람이 베들레헴에서 첩을 취함(1하절)
  b 첩이 행음하고 남편을 떠남(2절)
    c 유다 베들레헴 첩의 장인이 융숭하게 대접함(3~9절)
      x 기브아에서 유숙하고자 하나 영접하는 자가 없었다(10~15절)
    c′ 기브아에 우거 하는 에브라임 산지 노인이 선대해 그들을 영접함(16~21절)
  b′ 비류들이 행음함으로 첩이 죽게 됨(22~26절)
a′ 레위인이 첩의 시체를 찍어 이스라엘 열두 지파에 보냄(27~30절)

본문은 대단히 정교한 교차 구조를 가지고 있으며, a와 a′를 연결시켜 주는 용어는 '첩'으로 각각 19:1하와 21에 나타난다. a의 경우 그는 에브라임에 거주하는 레위인으로 첩을 취하는 경우, a′는 그 첩의 몸뚱이를 찍어 이스라엘 열두 지파에 보내는 내용이다. 이때 사용된 용어는 '봐이카'(ויקח)다. 이는 상호 대칭 되는 구조의 핵심 용어이다. b, b′의 구조에서 핵심 용어는 '행음'으로 b에서 주인공은 첩이요, b′에서는 기브아 성내에 사는 비류들이다. 구조상 c, c′는 융숭한 대접이다. 전자에서 유다 베들레헴에 거주하는 첩의 장인이 자기 사위 레위 사람을 엿새 동안이나 극진히 대접해 돌려보낸다. 후자의 경우 기브아에 얹혀사는 에브라임이 고향인 한 노인이 극진히 그를 보살펴 필요에 소용되는 것을 주고, 선대한 것을 그린다. 이들은 각각 유다 지파와 에브라임 지파 사람으로 특별한 의미가 있을 것으로 보이나 단정 짓기는 어렵다. 아울러 저자는 그 핵심적 요소에 기브아 사람들을 등장시켜 그들이 얼마나 동족을 접대하지 않는 오만한 자들이며, 얼마나 음행을 좋아하는 나쁜 자들인지 묘사하고 있다. 따라서 전쟁이란 수단을 통해 그들을 징계해야 하는 것이 당연한 것임을 강조한다.

3) 전쟁을 준비함(20:1~17)

이 본문 분석의 핵심적 주제는 기브아 문제 해결을 위해 이스라엘 백성과
베냐민, 기브아 사람들이 함께 모여 전쟁을 준비하는 과정이다. 분석을 위한
핵심적 요소는 각자가 "모였다" 이다.

> a 온 회중이 미스바에서 여호와 앞에 모임(1~2절)
>> b 베냐민 자손이 이스라엘이 올라갔다는 소식을 들었음(3상절)
>>> c 레위인이 자초지종을 모인 무리들에게 설명함(3하~7절)
>>>> x 이스라엘 백성들이 전쟁을 결정함(8~11절)
>>> c′ 이스라엘이 자초지종을 베냐민에게 설명함(12~13상절)
>> b′ 베냐민 지파가 이스라엘의 말을 듣지 않고 싸우고자 함(13하~14절)
> a′ 베냐민 지파가 기브아에 모임(13하~16절)

(1) a와 a′에서는 싸워야 할 대상인 이스라엘 백성과 베냐민 지파가 모이
는 것이 언급된다. 따라서 '모였으니'라는 동사가 핵심이다. a 경우 '비크할'
(בְּקָהֵל), '하에다'(הָעֵדָה), '봐티카헬'(וַתִּקָּהֵל) 등이 사용되며, a′의 경우 '봐예세푸'
(וַיֵּאָסְפוּ, 14절)가 사용되어 함께 모이는 요소가 강조되나 용어 사용에는 약간 차
이가 난다. 전자는 여호와 앞에 모였고, 칼을 빼는 보병 40만, 후자는 기브
아, 칼을 빼는 자가 2만6천, 물매 던지는 기브아 거민이 700명임을 밝힌다.
이 두 가지 대비는 모이는 장소, 숫자 등에 있어서 좋은 비교를 제시한다.

(2) b와 b′는 각각 "듣는다"와 "듣지 아니하고"라는 정반대의 의미를 대입
함으로 대칭을 이루게 된다. 전자는 또한 베냐민 지파가 이스라엘이 모였음
을 들었다고 강조함에 비해 후자는 비류를 붙임으로 화해와 평화를 이루자
는 제안을 거절함으로 대칭을 이룬다.

(3) c와 c′의 분석 핵심은 "일어나"로 각각 c에서는 '봐야쿠무'(וַיָּקֻמוּ)로, c′에
서는 '봐야캄'(וַיָּקָם) 이다. 문법적으로 전자는 3인칭 복수를 나타내는 대명사
접미가 붙은 경우로 기브아 사람들이 일어나 악한 일 한 것의 자초지종을 고

발하는 것이요, 후자의 경우 와우계속법 형태로 이스라엘 백성들이 모두 일어나 전쟁에 임할 것을 결정하는 상황을 묘사한다. 결국 이들 표현들은 전쟁이라는 개념과 직접 연결된다.

4) 이스라엘이 베냐민 지파를 응징함(20:17~48)

본문은 이스라엘 백성들이 어떻게 베냐민 지파와 기브아 사람들을 응징했으며, 그 결과가 무엇이었는지 구체적으로 보여 준다. 구조상 전반부에는 이스라엘이 패하고, 많은 인적, 물적 손실을 입은 사실이 강조되며, 후반부에는 베냐민 지파와 기브아 사람들이 패하고, 철저히 파괴되는 모습이 그려진다. 이는 이스라엘에 왕이 없음으로 생겨난 타락을 응징하는 내용과 더불어 점차 이스라엘이 베냐민을 대항해 승리하도록 함으로 권선징악적 면모를 강하게 그려준다.

a 이스라엘 사람들은 40만 명의 전사가 참여함
　b1 이스라엘이 벧엘로 올라감(17~22절)
　b2 이스라엘 자손이 두 번째 올라감(23~25절)
　b3 이스라엘 자손이 세 번째 벧엘에 올라감(26~28절)
　　x 이스라엘이 매복함(29절)
　c1 베냐민 자손이 첫 번째 속아 꾐에 빠져 성을 멀리 떠남(31~35절)
　c2 베냐민 자손이 두 번째 속임 당하고, 자기들이 패함을 깨닫게 됨(36~46절)
a′ 베냐민 자손 600명 가량 도망해 림몬 바위에 피하여 지냄(47~48절)

(1) a, a′는 서로 숫자를 대비함으로 이 전쟁의 면모를 극명하게 대비한다. 이스라엘은 40만 명이 전쟁에 참여했고, 전쟁 후 베냐민의 남은 자는 단 600명뿐이었다는 숫자 나열은 얼마나 베냐민이 초라하게 변했는지 잘 보여 준다. 또한 저자는 이를 통해 베냐민을 향한 전체 이스라엘의 응징이 비참한 결과를 낳았음도 강조한다.

(2) b1, 2, 3 부분을 구분 짓는 요소는 "벧엘로 올라가 하나님께 묻자와"라는 절이다. b1의 경우는 유다가 먼저 베냐민과 더불어 싸워야 할 것이 언급되며, 항오를 벌인 결과 이스라엘 군인 22,000명이 죽음으로 일단 종료된다. b2의 경우 또 다시 그들이 여호와께 묻고, 올라갔으나 결국 이스라엘 18,000명이 죽임을 당했다. b3은 실제적으로 26~48절까지를 포함하는 전체적인 것이다. 그러나 명확한 구분을 위해 백성들이 세 번째 여호와께 올라가 묻는 것에 국한시키는 것이 합당할 것이다.

(3) "이스라엘이 그곳에 매복해 있었다"(29절)는 본문의 핵심이다. 이는 극적 상황 반전을 나타내며, 저자의 의도가 강하게 드러나는 구체적 실례다.

(4) c1, c2는 사실상 동일한 사건을 반복해 묘사하는 것으로 어떻게 베냐민 지파가 자기 꾀에 빠져 자멸하는가를 보여 준다. 물론 b3에 속함으로 셋째 날 주어진 일로 당연히 인식되고 있는 본문이기도 하다. 두 번 동일한 사건이 반복되었다는 사실 역시 구약 본문에 쉽게 찾아볼 수 있다. 의미상 베냐민 지파 사람들이 매복에 속고, 결국 더 약해져 궁극적으로 600명만이 남는다. c1의 경우 25,100명이, c2의 경우 25,000명이 각각 언급되고, 겨우 600명이 피해 림몬 바위에 숨어 4개월을 지내며, 성읍과 가축을 비롯한 철저한 파괴가 이어진다.

5) 베냐민 지파의 구원을 준비함(21:1~7)

본문은 앞서 언급한 이스라엘의 전쟁을 준비하는 본문과 대칭을 이루는 것으로 어리석은 서원으로 생겨난 베냐민 지파의 파국을 막기 위해 염려하는 모습이 강조된다. 미움과 증오가 사라지는 대신 동족 의식이 되살아나고 있는 긍정적인 면 또한 등장한다.

a 우리 중에 누구든지 딸을 베냐민 사람에게 아내로 주지 아니하리라(1절)

b 어찌하여 한 지파가 이지러졌나이까?(3절)

x 미스바 여호와 앞에 이르지 아니하는 자는 반드시 죽일 것이라(5절)

b′ 한 지파가 끊어졌도다(6절)

a′ 우리의 딸을 그들의 아내로 주지 아니하리라(7절)

(1) 본문은 상호 교차적인 구조를 지닌다. a와 a′는 베냐민 지파에게 여자를 주지 않겠다는 서원을 다시 언급한다. 반면 b와 b′에서 이스라엘 백성들은 베냐민 지파가 없어지게 된다는 사실에 안타까워하는 모습이 등장한다. 전자의 경우 "오늘날 이스라엘 중에 어찌하여 한 지파가 이지러졌나이까?라고 하고, 후자는 "이스라엘 중에 한 지파가 끊어졌도다"라고 한다. 아울러 교차점에는 이 문제를 해결하기 위해 마련한 하나의 방책을 조심스레 표시하며, 그것은 바로 미스바에 올라와 함께 여호와 앞에 이르러 전쟁에 참여하지 아니한 자들을 통한 해결책으로 이어지는 본문과 깊은 상호관계를 갖는다.

(2) 또한 이 본문의 구조를 분석하는 핵심으로 1, 5, 7절에 걸쳐 3번 반복되어 나타나는 '맹세'라는 단어가 지목될 수 있다. 첫 번째 나타나는 '니쉬바'(נשבע)는 이스라엘 백성들이 베냐민을 상대로 맺는 맹세로, 두 번째 나타나는 '하쉬부아'(השבועה)는 이스라엘 총회에서 베냐민과의 시민전쟁에 참여하지 않은 지파를 징계하기 위한 맹세, '니쉬바이누'(נשבענו)는 첫 번째의 반복으로 의미를 지닌다. 이 역시 각각 a, x, a′에 위치함으로 구조를 이루는 근간이 된다.

6) 문제의 해결: 베냐민 지파의 남은 자들에게 가정을 이루도록 함(21:8~24)

이 본문은 앞서 언급한 문제의 제기 부분과 상호대칭을 이루는 본문으로 림몬 바위에 4개월 동안 숨어있던 베냐민의 남은 자들에게 평화를 선포하고, 아내를 주어 정상적인 가정을 이루도록 만들어 주는 면모가 나타난다. 이들 본문은 다음과 같은 구조적인 분석이 가능하다.

문제 해결(1)–길르앗 야베스를 통해(8~15절)

a1 총회에 참석치 않은 길르앗 야베스 사람을 멸함

a2 처녀 400명 끌어옴

a3 그 결과 베냐민에게 평화를 공포하고, 여자들을 전달함

a4 그럼에도 부족함으로 애석해함(13~15)

문제 해결(2)–실로의 춤추는 여자들을 통해(16~21절)

b1 절기를 통해 무도 하는 여자들을 택하도록 함

b2 수효에 맞게 처녀들을 붙들어감(21, 22절)

b3 성읍을 중건하고 거기 거하니라(23절)

b4 이스라엘이 만족히 여기고 각각 처소로 돌아감(24절)

본문은 앞서 제기했던 문제에 대한 해결책을 제시하는 것으로 길르앗 야베스 사람들과 실로의 절기 무도회에서 도둑 결혼을 허락함으로 그 정점을 이루고 있다. 문제 해결(1절)은 불완전한 문제 해결이자, 문제 해결을 위해 전통적으로 취해왔던 관행을 보여 준다. 문제 해결(2절)은 또 다른 문제 해결로 완전한 것이며, 새롭게 시도되는 해결책임을 보여 준다. 또한 본문의 구조 분석을 위해 반복되는 지명 "길르앗 야베스, 벧엘, 실로, 베냐민" 등에 주목해야 할 필요성이 있다.

4. 소결

베냐민 지파 시민전쟁 본문은 앞서 언급한 바와 같이 매우 정교하게 구성된 본문들이며, 저자의 입장에서 이들 사건들에 대해 역사적 진실을 후대에 전하려는 강력한 의도와 함께 당대의 면모들을 통해 이스라엘 백성들이 전통적으로 지녀왔던 가치들과 신학적 전망에 대해 언급하며, 그것들이 어떻게 유지되고, 지켜지게 되었으며, 어떻게 지속적으로 지켜져야 할 것인지에 대해 이야기하고 있다.

본문 주해

전체적인 구조와 분석을 통해 본문을 취급하는 작업과 함께 다양한 배경들 곧 시대적, 상황적, 상호 관계적, 역사적 배경들에 대해 고찰하면서 본문을 주해하는 작업은 실제적으로 당대를 가름하는 신학적 배경이 무엇인지에 관해 연구하는 일에 매우 중요한 의미를 갖는다.

1. 이스라엘에 왕이 없을 때

사사들이 통치할 때에는 그런 대로 사사라는 인물이 등장함으로 국가적인 일에 주도적 역할을 감당했지만 이 시대에는 사사들마저 없음으로 말미암아 혼란이 극에 달하게 된다는 것을 암시한다. 아울러 실제적 의미에서 이스라엘을 전체적으로 하나로 묶을 통치자가 사사 시대에 존재하지 않았음을 방증하는 표현이기도 하다. 왜냐하면 에훗이나 기드온, 입다와 같은 사사들 뿐 아니라 비교적 폭넓게 사역한 드보라까지도 모든 이스라엘이 아니라 자기 부족이나 인근에 위치한 부족, 이해관계가 맞물려 있는 지파들만을 통솔했기 때문이다. 이는 실제적인 측면에서 이스라엘 백성들의 구체적 삶을 위한 규범(norms) 마저도 명확하게 설정되지 않았음도 의미한다.

2. 문제 설정(19장)

역사적 상황을 설명하기 위해 저자는 비교적 상세하면서도 구체적으로 무엇이 문제였으며, 어디서 문제가 발단하게 되었는지 명백히 밝힌다. 이는 베냐민 지파가 보여 주었던 부정적 면모들은 적당히 들추어내고, 또 다시 덮음으로 해결할 수 있는 문제가 아닌 정확하면서도 구체적인 드러남이 있을 경우에만 치유될 수 있는 문제였기 때문이다.

1) 베들레헴에서 첩을 취한 에브라임 산지 레위인(1하~2절)

저자는 1상절에서 언급한 바와 같이 당시 이스라엘에 왕이 없음으로 일정한 규범이 없음을 강조하고 있다. 그 결과 가장 율법에 합당한 삶을 살아야 할 레위인이 첩을[19] 두게 되며, 그 첩이 무슨 이유인지 다시금 행음하는 죄의 악순환됨을 강조한다. 첩의 불신실함을 나타내는 "첩이 행음하고, 남편을 떠나"라는[20] 본문은 두 가지 형태로 번역되었다. 곧 RSV는 본문을 "because she was angry with him", JB는 "In a fit of anger his concubine"으로 번역해 무엇인가 레위인이 자기 첩을 화나게 함으로 말미암아 첩이 집으로 돌아가 4개월을 머문 것으로 묘사한다. 이는 3상절 초두 그가 첩의 집을 방문하고, 첩을 데려오려 한 것을 통해 명확해진다. 그러나 전통적 입장은 첩의 신실하지 못함을 강조하고 있으며, 그럼에도 자기 아내를 데리러 가는 호세아 경우같이 이 레위인을 묘사한다. 또한 에브라임 산지 구석과 유다 베들레헴이 언급되는 양태는 사사기 17~18장에 나타나는 부록과 동일한 저자와 의도에 의해 편집된 것을 나타낸다.[21]

2) 레위인이 첩을 찾으러 베들레헴에 찾아감(3~9절)

본문에는 동일한 의미의 두 가지 표현들이 섞여 나타나며, 여자의 아비(3, 4, 5, 6, 9절)와 장인(4, 7, 9절)이란 표현은 병렬 혹은 개별적 형태로 나타난다. 또한 5~9절까지 동일한 표현과 유사 표현, 단수와 복수의 혼용, 이중적 문장 표현이 나타난다. 무어(Moore)는 이런 현상을 서로 다른 두 개의 자료들이 하나로 합해지는 과정에서 일치를 위해 사용한 것으로 추측한다.[22] 그러나 결과들을 보고 서로 다른 자료들을 분석해 내기란 여간 어려운 것이 아니다. 결국 하나의 사건의 진행 과정을 통해 이 문제들을 풀어나가는 방법밖에 없으리라 보인다.

첩의 마음을 돌리기 위해 찾아가는(창 34:3; 호 2:24) 레위인을 언급한 본문은 베들레헴 사람들이 얼마나 손님을 극진히 대접했는가 보여 준다. 곧 베들레헴 사람 장인이 레위인을 환영했고, 아무 말 없이 3일 동안 묵게 했으며, 세 번 묵어갈 것을 거듭 요청하는 것이 그것이다. 3하절에 언급된 "아비가 그를 보고 환영하니라"는 진심으로 상대방을 영접하는 자세를 보여 준다. 6

절 "두 사람이 앉아서 함께 먹고, 마시매" 역시 베들레헴 사람 장인이 보여 준 환대를 충분히 묘사한다. 이는 10~26절에 나타나는 기브아 사람들의 악함과 비교되는 본문이기도 하다.

3) 기브아에 머물고자 했으나 영접하는 자 없었음(10~15절)

본문은 문제 제기 부분의 핵심 축으로 베냐민 지파에 속한 기브아 사람들이 어떤 사람들인지 보여 주려는데 그 목적이 있다. 10절 레위인이 안장 지운 나귀 둘과 첩을 데리고 에브라임 산지를 향하여 출발했음을 나타내는 본문에서 남종 하나가 첨가된 것과[23] 11절 "해가 지려하는지라",[24] 기타 여부스, 라마, 기브아 같은 지명 처리 문제,[25] 성읍 거리 해석 등이 그것이다.

또한 첩을 대동하고 고향인 에브라임 산지로 향하는 레위인이 어떤 이유로 첫 번째 밤을 기브아에서 보내야 했는지 이유를 밝힌다. 곧 가까운 곳에 여부스 사람들이 살아가는 마을도 있지만 그는 자기 동족에게 가서 머무는 것이 합당하다는 강한 믿음 때문에 기브아에 머물게 된다. 이 간략한 언급을 통해 본문의 레위인이 자기 동족에게서 뜨거운 기대와 환대 받을 것을 예견하고 있음을 강조한다. 그러나 상황은 정반대로 흘러갔고, 나그네들이 행하는 전통적 방식대로 성읍 중앙 광장에 앉아 있었지만 밤이 늦도록 기브아 사람 어느 누구도 자기 집으로 인도하는 경우가 없었다. 이제 레위인의 기대는 깨지고, 엄청난 고난에 휘말릴 수밖에 없음을 예견토록 한다.

4) 에브라임 산지인으로 기브아에 우거하는 노인의 선대(16~21절)

4~9절에 나타나는 베들레헴 첩의 장인이 보여 준 환대와 대칭을 이루는 것으로 기브아 사람들의 악함이 극대화된다. 본문 비평학적으로 18절의 "여호와의 집"이 구체적으로 무엇인지를 살피는 것과[26] 19절에 나타나는 "당신의 종"이 복수로 사용되는 문제에[27] 대한 정확한 이해가 요청된다. 먼저 저자는 기브아 사람이 환영하지 않은 레위인을 환영한 노인에 대해 언급한다. 16절 "그는 밭에서 일하다 온 사람이요, 기브아에 우거하는 나그네 베냐

민 사람"이며, 19절 "모든 쓸 물건을 자신이 맡을 것과 거리에서 자지 말 것을 언급하며"(창 19:2), 이웃을 정중히 모시고 자신의 집으로 인도하는 사람이며, 레위인뿐 아니라 그의 짐승들에게도 그의 관대함이 미친다. 이 정황을 미루어 볼 때 이 노인의 경우 할 수 없는 처지임에도 선을 행함으로 앞선 베들레헴 사람 장인과 비교되고, 기브아 사람들이 더욱 악한 자들이 되도록 에두른다. 19절 레위인이 언급한 표현은 그가 얼마나 편안한 안식의 처소(shelter)를 간절히 찾고 있었는지 잘 보여 준다.

5) 기브아 사람들의 악행(22~26절)

본문을 고찰함에 있어서 22절에 나타나는 "성읍의 비류"[28]가 무엇을 지칭하는지, 또한 그들이 말한 "우리가 그들을 상관하리라"(개역개정, JB "so that we can abuse him")는[29] 표현과 23절의 "망령된 일"이[30] 무엇인지도 분명히 해야 할 것이다. 24절의 본문 비평학적 고찰 역시 본문을 이해하는데 중요한 요소가 된다. 맛소라 사본은 "처녀인 나의 딸과 그의 첩"이라 기술한 반면 70인역과 기타 역본의 표기가 상이하기 때문이다.[31]

그렇다면 이 본문에서 저자가 언급하고자 하는 것은 무엇인가? 그것은 바로 이스라엘에 왕이 없었을 그때 기브아 사람들이 보여 준 전대미문의 악행이다. 앞선 본문에서 저자는 기브아 사람들이 손님 접대조차 할 줄 모르는 자기만 아는 자들임을 나타낸 바 있다. 레위인의 경우 이방인 여부스 사람들에게 하룻밤을 보내느니 동족에게서 지냄이 훨씬 나을 것이라는 생각으로 기브아까지 무리해 갔지만 그는 냉대와 무관심 가운데 있어야 했다는 사실이 분명히 기록되고 있다. 더 나아가 자기들을 찾은 손님에게 무례를 넘어 생명까지 손해 보게 만들었다는 것이 이 본문의 핵심이다. 따라서 본문의 저자는 기브아 사람들을 "나그네와 이웃을 자기들의 흥미를 위해 무례히 대하는 자들", "나그네와 이웃에게 난폭한 자들", "자기 절제를 못하는 무절제한 자들", "나그네와 이웃의 생명을 빼앗는 살인자들", "자기 하고 싶은 대로 행하는 무법자들", "윤리적이나 도덕적으로 파렴치한 자들"로 정의 내리고 있다. 동시에 레위인의 첩이 죽임을 당하게 되고, 그런 사실을 언급함으로 기브아 사람들의 징계가 구체화되고, 그 결과 베냐민과의 시민전쟁의 당위성이 확보된다. 이러한 글의 구성이 상당히 논리적이라는 사실이 명확해진다.

6) 첩의 시체를 찍어 열두 지파에 보냄(27~30절)

레위인이 아침 일찍 일어나 고향을 향해 출발하려고 문밖에 나가 보니 첩은 이미 죽은 시체로 있음을 확인한다. 따라서 그는 시체를 나귀에 싣고, 집에 돌아가 마디를 찍어 열두 조각으로 나누고, 이를 열두 지파에 전달한다. 이 끔찍한 일을 보고 모든 백성들은 "애굽에서 나온 이래 이 같은 일을 행치도 아니하였고, 보지도 못했다"고 탄식하게 되며, 결국 이 일이 지파 공동체 전체의 문제로 부상하게 된다.

언급한 바와 같이 본문은 그 구조상 19:1하에 나타나는 첩을 "취했다"는 표현과 짝을 이루는 것으로 이제 그 반대로 죽은 첩을 찍어 이스라엘에 나누는 면모를 나타낸다. 저자는 이 사건을 강조하기 위해 "그가 취했고, 붙들며, 쪼개고, 보냈다"라고 와우계속법을 사용함으로 그 의미를 점증시키고 있다. 나아가 백성들의 말 역시 부정사 '로'(לֹא)를 두 번씩이나 사용해 "그 같은 일은 있지도 않았고, 보지도 못했다"고 말함으로 얼마나 전무후무한 잔인한 일이었는지를 강조한다.[32]

3. 이스라엘이 전쟁을 준비함(20:1~17)

이어 베냐민 기브아 사람들의 악행을 징벌하기 위해 전체 이스라엘이 미스바에 모여 시민전쟁을 준비하게 된다. 본문에서는 특히 미스바에 모였다는 사실이 중요한 의미를 지닌다.[33]

1) 이스라엘이 미스바에 모임(1~3절)

베냐민 지파가 행한 악행을 듣고, "단에서부터 브엘세바, 심지어 길르앗 땅"에서 부터 모여 왔다고 본문은 말한다. 여기서 주목해야 할 사항은 두 가지로 그 하나는 과연 사사기 가운데 이처럼 40만 명이나 넘는 전 이스라엘 지파들이 함께 모여 어떤 역사를 이룬 적이 없었다는 사실이다. 사사기 기록은 그 같은 사실을 반영해 주지 못하고 있다.[34] 예를 들어 에훗이나 기드온, 입다와 같은 사사들은 그들의 친밀한 혈족 관계에 따른 사람들이나 혹은 지역적으로 밀접한 이해관계가 얽힌 경우에 함께 한 것만 나타난다. 따라서 사사 시대 이후 오히려 적대 관계를 갖는 경우도 있다(8:1, 12:1). 심지어 시스라가 이끄는 가나안 사람들의 침입으로 모든 이스라엘 백성들이 모였다고 언급하고 있으나 유다와 시므온 뿐 아니라 르우벤, 갓, 단, 아셀 지파 등도 여전히 나타나지 않는다. 그러나 본문에 보면 아무런 지도자도 없이 이스라엘이 하나로 모인다. 이들은 정치적인 면에서 하나의 국가와 민족으로 모이기보다 신앙적 면에서 이스라엘의 교회로 모인 것이다. 따라서 모인 자들을 위해 봉사한 자들 역시 "이스라엘의 장로들"이었다.

두 번째로 언급해야 할 것은 "단에서 브엘세바까지와 길르앗 땅"이란 표현이다. 구약에서 이스라엘 전체를 나타내는 말은 크게 두 가지로 나타난다. 먼저는 이스라엘이 얻어야 하고, 다스렸던 지역을 나타내는 가장 큰 개념으로 북에서는 유브라데, 남으로 나일강, 서는 대해, 동으로 광야 등이 언급된다.[35] 또 다른 경우 현실적으로 이스라엘의 한계를 나타내는 경우로 모두 10회 나타난다.[36] 이 경우 중요한 쟁점은 언제부터 단 지파가 이스라엘 최북방으로 이동하게 되었는지와 본문에서 단을 언급한다는 사실은 최소한 이 본문의 기록 연대가 그 이후여야 한다는 사실 때문이다.[37] 그러나 사사기 저자는 이미 베냐민 지파와의 시민전쟁 이전에 북방으로 이전했음을 강조하고 있으며, 따라서 언급한 관용적 표현 역시 이 본문 이후부터에서 만 나타난다.

2) 레위인이 기브아 사람들의 악행을 이스라엘 총회에 보고함(4~7절)
레위인이 자신에게 있었던 일과 그가 첩의 시체를 찍어 나누어 보낼 수밖에 없었는가를 설명하는 본문에는 모두 상대를 나타내는 여섯 개의 명칭이 나타난다. 전반부는 베냐민, 기브아(2회) 등 문제를 야기한 지파를 나타내고, 나중 명칭은 선민을 통칭하는 이스라엘이라는 표현이 3회 나타난다. 아울러 "치러 일어남, 죽이려 하고, 죽게 한지라, 칼을 취하여, 시체를 붙들어 그 마디를 찍고, 그것을 보내었노니" 등 여섯 개의 잔혹한 일과 연관된 동사를 사용함으로 자신이 당한 일의 실재성(reality)을 더욱 확보하고 있다.

3) 온 이스라엘이 베냐민과의 전쟁키로 결정함(8~11절)

레위인의 보고를 듣고 난 이스라엘 백성들이 베냐민 기브아로 가서 응징하기로 결정한다. 이 장면 역시 앞서 언급한 바와 같이 이스라엘이 3회, 베냐민과 기브아가 각 2회 사용된다. 따라서 이는 쌍을 이루는 상호 대구 됨이 분명하다. 또한 본문은 반복되는 표현을 통해 그들의 의지가 얼마나 강력한 것인지를 점증적으로 나타낸다. 첫째는 "자기 장막으로 돌아가지 아니하며, 자기 집으로 들어가지 아니하고"(8절)란 표현으로 확고한 그들의 의지를 나타내며, 이어 "백에 열, 천에 백, 만에 천"(10절)으로 이는 이스라엘 백성들이 일을 상당히 구체적으로 도모하며, 하나님께 의지하기로 결정했음을 나타내는 말이다. 특별히 이와 연관되어 나타나는 9절 "제비 뽑아 그들을 치되 38"라는 표현이 이를 잘 나타낸다. 셋째는 "합심하여 모였더라."(11절)는 본문으로 마음을 함께하는 것과 함께 모이는 것 역시 같은 사실을 재차 강조하는 형태가 된다.

4) 베냐민 사람들이 권고를 무시하고 전쟁을 준비함(12~17절)

이스라엘이 베냐민 자손들에게 기브아 비류들을 붙여 이스라엘 중에 악을 제할 것을 요청한다. 범죄 한 자들만 선택해 징벌함으로 전체가 속함을 얻도록 하는 방식은 통상적으로 있어 왔던 신명기적 제도요, 내용이다. 39 그러나 베냐민 사람들은 이를 듣지 않고, 오히려 싸우고자 기브아에 함께 모였다. 본문은 더 나가 모인 칼 빼는 자들의 숫자가 26,000명이며, 특별히 기브아 사람으로 물매 던지는 자가 700명이었다고 밝힌다.

4. 이스라엘이 베냐민 지파를 응징함(20:17~48)

앞서 구조 분석을 통해 살펴본 바같이 본문은 두 번째 부록의 핵심 위치에 놓인다. 또한 전반부에서 이스라엘이 패배를 당하는 사실과 후반부에 들어 베냐민이 600여 명의 용사만을 남기고 멸절 되는 과정을 통해 하나님께서 왕이 없던 시대지만 여전히 선과 악을 징벌하시고, 율법을 세우신다는 면모를 강하게 보여 준다. 이러한 언급은 사실상 사사기에 나타난 구도 속에서 살펴볼 때 하나님께서 이방인들을 심판하시는 것이 기본적인 것이었다면 이제는 이스라엘 민족 자신들을 징계하시는 방법을 통해 새로운 역사를 이루어 가는 과정으로 이해할 수도 있을 것이다. 이 본문은 다음과 같은 세부적 요소들을 고찰함으로 그 통일성을 추구할 수 있다.

1) 전체적으로 전쟁에 임하는 숫자가 나타난다(17절)

모두 40만 명이요, 그들은 다 용사요, 칼을 빼는 자들이였다는 설명이다. 이는 앞 15절에 나타난 베냐민의 군대 곧 칼 빼는 자 26,000과 물매 던지는 자 700에 대한 대구적 표현이다. 이 표현이 나타내고자 하는 의도는 두 가지로 집약된다. 그 하나는 얼마나 베냐민 지파가 어리석은 결정을 했는지를 보여 준다. 그들이 기브아에서 행한 일 뿐 아니라 그들이 전체 이스라엘을 향하여 전쟁을 생각한다는 것이 얼마나 어리석은 일인지를 강조하는 것이다. 이는 앞 선 사사들의 언급에 있어서 이스라엘과 압박자들의 병력 숫자를 비교함으로 하나님의 역사가 얼마나 위대했었는지를 설명하는 것과 동일한 의미에서 사용된 것이다. 두 번째 의미는 이 전쟁의 결과로 나타나는 47절의 표현 "600명만 남았다"는 본문을 통해 그들의 결과가 얼마나 비참한지를 극적으로 나타내고자 하는 것이다. 특별히 본문에서 "전사"라는 표현이 흥미롭다. 이는 16절 베냐민의 군대를 언급할 때 사용하지 않던 표현으로 "전쟁에 경험 있는 자", "전쟁에 익숙한 자"라는 표현이다. 이는 앞서 언급한 베냐민 사람들의 억지를 한결 강하게 부각하기 위해 첨가된 표현이다.

2) 이스라엘 백성들이 벧엘로 올라가 하나님께 물음(18~22절)

전쟁의 첫 날 이스라엘은 먼저 벧엘로 올라간다. 그들이 올라간 이유는 하나님께 어느 지파가 먼저 베냐민과 싸울 것인가를 묻기 위함이었다. 당시 벧엘에 하나님의 법궤가 있고, 엘르아살의 아들 비느하스가 그 앞에 모셔 섰다고 27하~28상은 강조하고 있다. 이 과정은 마치 야곱이 세겜에 머물던 그의 모든 식솔들에게 "우리가 벧엘로 올라가자"(창 35:3)라 선언한 것과 동일한 의미를 지니며, 전쟁을 앞두고 먼저 하나님 앞에 섰다는 말은 이스라엘이 정당한 처세를 하고 있음을 강변하고 있다. 이어 유다가 선봉에 서도록 하나님께서 지명한 사실이 언급된다. "여호와께서 가라사대 유다가 먼저 일지니라." 이 본문은 다양하게 해석된다. 비평주의 그룹에서는 이를 유다 지파의 우위 내지는 유다 지파 사람들이 중심이 되어 이 사사기를 편집했기 때문이라고 한다. 그러나 본문에 유다가 언급됨은 사실상 열두 지파 중 유다가 장자권을 갖고 있기 때문이라 보는 편이 합당하리라 보인다.

이제 이스라엘은 베냐민을 향해 진치고, 항오를 벌여 싸움에 임하게 된다. 본문에 나타나는 "아침 일찍 일어나", "기브아를 향해 진치고", "항오를 벌이고", "그들과 싸우고자 하매" 등의 표현은 충분히 이스라엘로 득의(得意)한 줄 알도록 했음을 보여 준다. 그러나 그 결과는 하루 동안 22,000명이 죽임을 당하는 참담한 결과로 끝나고 말게 된다. 그러나 여전히 이스라엘은 스스로 용기를 내어 다시금 항오를 벌이게 된다. 아마도 오후에 있었던 일로 보인다.

3) 두 번째 이스라엘이 벧엘에 올라감(23~25절)

첫 경우와 달리 이스라엘은 "여호와 앞에서 저녁때까지 울었다". 여기서 '울었다'는 앞서 22,000명이 죽었기 때문이기도 했겠지만 본질적으로는 자신들의 의도에 대한 적절한 도움을 얻지 못함 때문인 것으로 보인다. 이어 그들은 하나님께 질문한다. 특이한 것은 첫째 날 3인칭 공동 복수 형태로 나타나는 물음이 1인칭 공동 단수 형태로 두 번 나타난다는 사실이다. '내가 다시 나가서 나의 형제 베냐민 자손과 싸우리이까?' 이는 세 번째 여호와께 나아가 질문할 때에도 동일하게 등장한다. 이렇게 되는 중요한 이유는 아무래도 이스라엘을 집단적으로 보고 행하는 것으로 생각된다. 곧 그들의 마음이 일치되어 하나님께 질문했음을 나타낸다는 말이다. '그들을 향하여 올라가라'는 하나님의 응답이었다. 그러나 다시 임한 전쟁에서 이스라엘은 칼을 빼는 전사 18,000명이 죽임을 당하는 엄청난 상처를 입게 된다. 따라서 첫 번 경우 보다 두 번째 경우 이스라엘에게 주어진 상처가 컸음을 알게 된다.

4) 세 번째로 이스라엘이 벧엘에 올라감(26~29절)

두 번의 실패를 통해 이미 40,000명의 생명을 잃게 된 이스라엘은 좀 더 간절한 마음으로 벧엘에 올라가 하나님 앞에 서게 된다. 따라서 그들은 둘째 날과 같이 울 뿐만 아니라 여호와 앞에 앉고, 그날이 저물도록 금식하고, 번제와 화목제를 여호와 앞에 드리고 나서 여호와께 묻는다. 특별히 "거기서 여호와 앞에 앉고"라는 표현은 절박감이 팽배되어 있음을 단적으로 나타내는 말이다. 이렇게 복잡하고 희생적인 과정을 거침은 이제 그들이 마지막 전쟁에 임하게 된다는 절박감과 더불어 하나님의 영광을 위한 마지막 봉사의 기회라는 공감대가 형성되었기 때문이다. 이어지는 질문 역시 바뀐다. 첫째 날의 "누가 먼저 올라가서 베냐민과 싸우리이까?" 둘째 날의 "내가 다시 나아가서 나의 형제 베냐민 자손과 싸우리이까?"에서, "내가 다시 나가서 나의 형제 베냐민 자손과 싸우리이까 말리이까?"로 질문의 형태가 바뀌는 것 역시 내용의 절박감을 더해 주기 위함 때문이다.

5) "이스라엘의 매복"

이스라엘 백성들이 기브아 사면에 군사를 '매복'했다는 표현은 사사기에 나타나는 특별한 전쟁 방법과 일치하는 내용이다.[40] 또한 본문은 사사기에 나타나는 두 번째 부록의 핵심이며, 베냐민과의 시민전쟁의 분수령을 나타낸다. 이를 고비로 베냐민은 몰락하게 되고, 이스라엘은 왕이 없던 시대에 행한 율법의 권위를 세우는 일을 잘 감당하게 된다. 뿐만 아니라 매복하는 전쟁의 방법은 실제적으로 이스라엘이 하나님께 간구함으로 말미암아 얻게 된 신적인 수여물이다.

6) 이스라엘의 승리(30~48절)

본문에는 동일한 사건이 두 가지 형태로 약간 그 궤를 달리하면서 나타난다. 이는 아마도 서로 다른 본문을 편집하는 과정 중 하나로 묶이게 된 것으로 보이며, 서로 다른 자료들이 후대에 전해지고 있음을 보여 준다.

첫째로, 내용상 c1보다 c2가 좀 더 상세한 면모를 지닌다. 매복 모습도 c1의 경우 단순히 "매복 하니라"로 나타나나 c2의 경우 이스라엘 군사들이 서로 약속하는 모습이 추가되고 있으며, 이스라엘 사람들이 매복한 군사를 믿고, 베냐민을 유인하는 면모가 더 명확하게 나타난다. 특별히 "큰 연기가 치미는 것으로 군호를 삼자"는 표현은 중요한 의미를 지닌다. 복병이 쏟아져 나오는 과정에도 전자의 경우 단순하게 "쏟아져 나왔다"고 언급하나 후자는 "온 성읍에 연기가 하늘에 닿았고, 베냐민은 화가 자신들에게 미친 것을 알았다"고 구체화한다. 전쟁의 결과를 나타내는 것도 전자에서는 "25,000명이 죽었다"고 언급하는 반면 후자의 경우 "기브아 앞 동편까지 쫓아 죽인 자가 18,000이요, 림몬 바위에 이르는 길까지에서 5,000명을 이삭 줍듯이 하고, 기돔에 이르러 2,000명을 죽였다"고 언급하며, 결국 600명만이 남아 림몬 바위에 이르러 4개월을 지냈다고 언급한다. 결과 또한 전자가 단순히 죽었다고 말함에 비해 후자의 본문은 48절을 통해 "온 성읍과 가축과 만나는 자를 칼날로 치고, 닥치는 성읍마다 불살랐더라"고 언급한다. 이처럼 전자보다 후자는 내용상 상세성을 더해 준다.

둘째로, 중점 두는 부분이 서로 다르다. 전자는 베냐민 사람들 25,000명, 그것도 다 칼을 빼는 자들이 죽었음을 강조하는 반면 후자는 600명이 남아 있다는 사실을 강조한다. 이는 단순한 비교의 차원을 넘어 이제 저자가 무엇을 강조하고자 하는지 그 의도를 명백히 하는 것이다. 다시 말해 기브아 사람들의 타락과 그들의 왕이 없음으로 말미암아 행한 악행을 징벌하기는 하되 완전히 멸망하도록 내버려두지는 않겠다는 것이다. 이는 후에 예언자들이 말하는 "남은 자", "그루터기" 등의 개념과 유사한 형태의 것이다. 또 다른 중점으로는 전자의 경우 승리의 배후에 여호와 하나님의 놀라운 섭리가 강조되는 반면 후자의 경우 이스라엘 자손이 열심을 냄으로 그 같은 역사가 이루어졌음이 강조된다.

5. 베냐민 지파의 구원을 준비함(21:1~7)

본문은 전쟁으로 말미암아 이지러진 베냐민 지파를 불쌍히 여기는 이스라엘의 긍휼히 여김이 강조되고, 동시에 나중에 그 문제의 해결책으로 등장하는 "여호와 총회에 올라오지 아니한 자들"이 나타남으로 저자가 무엇을 말하고자 하는지를 잘 나타내는 좋은 본문이다. 먼저 21:1의 "미스바에서 이스라엘이 맹세했다"는 본문은 20:1의 베냐민을 제재하기 위한 이스라엘의 총회를 충분히 고려할 때 공개적으로 결정한 것임을 나타낸다. 2절을 고려해 볼 때 시기적으로 베냐민과의 전쟁이 막 끝난 후 가졌던 전체적인 모임이 아닌가 한다. 그 내용은 "우리들 중 그 누구도 베냐민 사람을 위해 자기 딸을 아내로 주지 않기로 한다"는 것이다. 이는 7절에 다시 한 번 더 언급됨으로 아무도 변개 할 수 없는 절대적인 것임을 밝히며, "우리가 여호와로 더불어 맹세했기에" 라는 표현이 추가됨으로 단순한 맹세보다 한 단계 뛰어넘는 서원이었음을 나타낸다.

이어 벧엘의 상황이 언급된다. 이는 시간적으로 베냐민과의 전쟁이 끝난 후 얼마간의 시간이 지난 후에 되어진 상황이다. 따라서 1절과 2절 사이에는 얼마간의 시간이 지났다고 보는 것이 합당할 것이다. 이는 이스라엘이 베냐민 지파를 향해 감정의 앙금을 가라앉히는 데에 시간이 걸렸음도 나타낸다. 또한 벧엘에 모인 이유는 본문의 상황들을 고려할 때 베냐민 지파와의 시민전쟁에 참여하지 않은 길르앗 사람들을 징벌하기 위한 결정과 동시에 베냐민 지파를 다시금 완전하게 회복하도록 하려는 의지의 소산이었다. 모인 이튿날 일찍이 일어나 한 제단을 쌓고, 번제와 화목제를[41] 드렸다. 이는 중대한 신적 도움과 결정을 내리기 위한 예비과정이다(삼하 24:25).

　　본문은 이스라엘이 제사 드린 후 가졌던 두 가지 사실을 언급한다. 그 하나는 베냐민과의 시민전쟁에 참여하지 않은 지파를 징계하기로 했다는 사실이다. 본문의 문맥을 고려해 볼 때 이러한 결정은 이미 벧엘에 모이기 전 이루어진 것이며, 그 결정은 '모 토마트'(מות יומת) 곧 반드시 죽여야 할 엄숙한 결정이었다.[42] 여기서 다시 한 번 베냐민 지파를 위해 장탄식하는 모습을 그려준다. 이 사실 역시 두 번 언급됨으로 그들의 염려가 대단했음을 보여 주며, 이로 보건대 이 두 사건 모두 일련의 의도 곧 길르앗을 징계함으로 베냐민을 구하려는 것임이 드러난다. 이것이 본문의 핵심이다.

6. 문제 해결: 베냐민의 남은 자들에게 가정을 이루게 함(21:8~24)

　　이제 평화의 기운은 무르익는다. 베냐민을 쳐 죽이기에 몰두하던 이스라엘 백성들이 얼마나 베냐민 지파가 소중한지를 깨닫게 되었다. 왜냐하면 그들이 그렇게 소망하던 가나안 땅에서의 샬롬은 베냐민 지파 없이 이루어지지 않기 때문이다. 따라서 새로운 출발을 위해 베냐민 남은 자들로 가정을 이루게 한다.

1) 야베스 길르앗 사람을 통해 젊은 처녀 400명을 얻음(8~12절)

　　본문 8, 9절은 야베스 길르앗 사람들이 미스바에서 계수할 때 없었다는 사실이 강조되고, 10, 11절은 모든 회중이 큰 용사 12,000명을 보내 그들을 칼로 진멸할 것을 결정하는 장면이고,[43] 마지막 12절은 그 과정을 통해 남자를 알지 못하는 처녀 400명을 얻게 된 사실을 언급한다.

　　첫 번째 고려되어야 할 것은 본문 야베스 길르앗의 남자, 남자와 잠자리를 같이 했던 모든 여자를 진멸한다는 것이 길르앗 족속 전체에 해당되는가

하는 문제다. 사실상 본문과 시기적인 면에서 훨씬 후대로 추론되는 사무엘상 11:1, 9; 31:11; 사무엘하 2:4, 5; 21:12; 역대상 11:11 등의 본문을 보면 길르앗 족속 중 일부만을 진멸한 것으로 생각된다. 특별히 사무엘상 11장 본문은 암몬 사람 나하스의 도발에 대해 전 이스라엘이 응징하는 기사로 길르앗 야베스가 중심 동기가 되어 일이 진행되는 것을 보아 완전히 진멸되었다고 보기는 어려울 것 같다. 또한 사무엘하 2:4의 경우 이들이 사울과 아들 요나단을 장사한 것에 다윗이 감격하고, 그들에게 은혜를 베푸는 것을 알 수 있다. 이것을 보면 더욱 사사 시대 때 죽은 길르앗 야베스인들은 일부임을 깨닫게 된다.

본문 12절은 실로의 진으로 여인들을 데리고 온 사실을 말하면서 "이는 가나안 땅이더라"고 기록했다. 개역한글에는 별도의 의미를 지닌 것으로 나타내고 있으나 좀 더 정확하게는 '그들을 가나안 땅에 있는 실로의 장막으로 데리고 왔다'고 번역해야 합당할 것으로 보인다. 특히 가나안 땅이라는 표현을 사용한 이유로는 길르앗 야베스 지역이 요단강 동편에 속해 있다는 사실을 강조하기 위한 것이며, 이를 강조하게 된 구체적 이유는 분명치 않다.

2) 이스라엘이 베냐민을 향해 평화를 선언함(13~15절)

길르앗 야베스를 침으로 400명의 남자를 알지 못하는 여인을 얻게 된 이스라엘은 당시까지 림몬 바위에 숨어 지내던 베냐민 사람들에게 나가 평화를 공포하고,[44] 돌아온 그들에게 여자 400명을 주어 아내로 삼게 했으나 오히려 그 숫자가 모자람으로 다시금 안타까워하는 모습이 기록된다. 본문에서 '온 회중이 평화를 공포하게 하였다'는 표현은 3인칭 공동 복수 형태로 등장하는 13절 '봐이쉬레후'(וַיִּשְׁלְחוּ)와 14절 '봐이테누'(וַיִּתְּנוּ)와 상호 연결되어 베냐민을 제외한 모든 지파가 더불어 평화를 선포하고, 베냐민을 위해 이 여인들을 전하며, 베냐민과의 차이를 안타까워하고 있음을 잘 보여 준다. 이스라엘의 태도에 진정성이 이로 말미암아 더욱 분명해진다.

3) 문제 해결 – 실로 춤추는 여자들을 통해 상황이 끝남(16~24절)

베냐민을 살려내기 위한 또 다른 방법이 제기된다. 그것은 베냐민에게 딸을 주어 아내로 삼게 하지 않겠다는 본래의 맹세를 깨뜨리지 않으면서도 피차 상처가 되지 않도록 200명의 처녀를 선택해 내는 가장 뛰어난 방법이어야 했다. 따라서 이스라엘은 이를 위해 전례가 없는 기발한 방법을 생각하게 된다. 먼저 이를 위해 회중 장로들이 등장한다. 이는 앞서 문제 해결책인 길르앗 야베스를 칠 때 모든 백성들이 등장한 것에 족히 비교될 수 있다. 특히 이 "회중의 장로들"은 왕이 없던 당시 이스라엘의 지도층을 구성하던 특별한 장로들의 회가 실재했음을 암시한다.[45] 본문 16~19절까지 장로들이 행한 5가지 언급 곧 ① 16절 "베냐민 여인이 다 멸절되었으니 이제 그 남은 자들에게 어떻게 하여야 아내를 얻게 할꼬!", ② 17절 "베냐민의 도망하여 면한 자에게 마땅히 기업이 있어야 하리니", ③ 18절 장로들이 전에 맺은 맹세 재확인, ④ 19~22절 '도둑혼'이란 전대미문의 문제 해결책 제시, ⑤ 마지막으로 20절을 통해 베냐민 지파를 향한 "명하여 가로되" 라는 명령 등을 통해 분명이 방증된다. 이는 상황에 따라 절대적 의미를 지니기 때문에 일반 백성들 사이에서도 절대적 권위를 지닌 표현과 기관임을 분명히 하는 내용이다. 이는 회중과 장로들의 이원론적 문제 해결이지만 궁극적으로 점점 더 지도자들의 역할이 한 인물로 집중되는 현상을 잘 보여 준다.

장로들의 제안에 따라 베냐민 자손들은 자기들의 수효대로 실로에 가서 여인들을 취한다. 19절의 "실로에 매년 여호와의 절기가 있도다"[46]란 본문의 의미는 무엇인가? 일반적으로 본문의 "여호와의 절기"란 구약 본문에 4회 정도 나타나는데(출 10:9; 13:6; 레 23:39, 본문) 이는 축제적인 성격이 강한 절기를 의미한다. 따라서 이스라엘 열두 지파가 함께 모여 여호와께 제사를 드리고, 함께 공동체의 일치감(identity)을 확인하는 날들이다.[47] 이 공동체의 자기 확인을 위한 날 베냐민 역시 공동체의 일원으로 세워지기 위해 같은 일을 행하게 되는 것이다.

이 실로 축제를 구체적으로 이해하기 위해 "실로의 여자들이 무도하러 나오거든"과 "포도원에서 나와서"를 해석하는 일이 중요하다. 사사기 본문 중 여자들이 춤을 추는 경우는 사사기 11:34 입다가 암몬 자손들을 물리치고 미스바에 있는 자기 집에 돌아 올 때 그의 딸이 춤을 춘 경우가 있다. 그러나 여호와의 절기와 연관되어 춤추었다는 기록은 본문이 유일한 경우로 볼 수 있다. 따라서 이는 이스라엘이 정기적으로 지키는 절기보다는 어떤 특별한 전승 기념일 등을 지칭해 언급하는 것으로 보이고, "포도원"이 강조되는 것은 베냐민 남자들이 숨기 좋은 장소라는 개념과 더불어 포도의 결실이나 포도주와 연결된 것으로 이해할 수 있을 것이다. 우여곡절 끝에 베냐민의 남은 자 600명은 아내들을 얻게 되고, 궁극적으로 자기들의 기업으로 돌아가 성읍들을 중건하고, 거기 거하며 하나의 지파로서의 역할을 감당하고, 이스라엘 모든 백성들 역시 각각 자기 지파와 가족들에게 돌아감으로 모든 상황이 종료된다.

7. 전체적 결론(25절)

저자는 다시 한 번 이스라엘에 왕이 없음으로 이러한 일들이 발생되었다는 사실을 강조하게 된다. 이는 하나의 문학적 양식에 따른 강조를 위한 봉투형으로 이 에피소드의 출발점과 좋은 귀결을 이루는 표현이다.

신학적 전망과 목회적 관점

비교적 길게 언급되고 있는 베냐민 지파 시민전쟁 본문을 통해 사사기를 기록했던 저자는 다양한 신학적 전망과 목회적 관점들을 지니고 있었음을 확인할 수 있다. 또한 그는 자신이 가지고 있었던 이런 내용들을 구체적이며, 솔직하게 표현함으로 역사적 교훈과 미래지향적인 이스라엘의 변화 모습을 설정하고 있다. 특히 과도기적인 상황들 속에서 이런 신학적 전망들을 명확하게 취급함으로 이스라엘이 추구해야 할 신앙적 덕목들에 대해 분명한 강조점을 언급하기도 한다. 물론 이런 주제들이 일련의 이 사건을 특별히 부록에 첨가하게 된 동기(motives)라고 감히 말할 수 있을 정도다.

1. 좋은 이웃과 나쁜 이웃 모티브

구약 본문들이 지속적으로 강조하고 있는 신학적 관점들 중 하나는 좋은 이웃과 나쁜 이웃에 대한 설정과 설명이다. 지향해야 할 좋은 이웃에 대한 설정은 이미 십계명 본문을 비롯한 다양한 시내산 율법과 신명기적 율법 해설의 핵심적인 구절로 등장하고 있으며, 그것에 대한 구체적인 실례들이 가인과 아벨의 사건을 기록한 창세기 4장 본문부터 지속적으로 반복되고 있음도 주지의 사실이다. 그렇다면 시민전쟁 본문에서 사사기 저자가 말하는 좋은 이웃은 누구인가?

긍정적으로 그는 ① 이웃을 환대할 줄 아는 사람이다. 즐거운 마음으로 자신의 집으로 이웃을 초대할 수 있고, 그와 더불어 동거할 수 있는 사람이야말로 좋은 이웃이다. ② 이웃의 필요를 채워줄 수 있는 사람이다. 의식주 문제뿐 아니라 짐승까지 자신의 호의를 확대시킬 수 있는 사람은 좋은 이웃의 범주에 들 것이며, ③ 이웃의 불행에 기꺼이 자신의 안이함을 포기할 수 있는 사람들 역시 좋은 이웃이다. 선한 사마리아인에 대한 예수의 언급이 갖는 의미도 동일하다. 반면 부정적인 측면에서 이들 본문은 ① 이웃의 형편을 고려하지 않고 자신들의 욕심만 채우는 사람, ② 이웃의 가정을 파괴하는 자들, ③ 이웃의 약점을 이용해 자신들의 목적을 이루려는 자들, ④ 집단의 힘을 이용해 이웃의 존립자체를 무기력하게 만드는 자들임을 분명히 한다.[48] 따라서 선민으로 불리는 이스라엘은 이런 이웃에 대한 부정적인 면모를 가급적 지양(止揚)해야 함을 강조한다.

2. 징계와 권징의 모티브

이스라엘 신앙 공동체가 건강하게 존립하기 위해 징계를 상정하고, 권징을 실시하는 것은 마땅히 해야 할 요소임이 분명하다. 이는 구약 본문들 전체가 동의하는 내용이며, 야웨 하나님 역시 이런 징계와 권징의 모티브로 이스라엘 백성들 뿐 아니라 이 땅의 모든 피조물들을 인도하고 계신다. 심지어 땅 위에 살아가는 인간들의 범죄 때문에 상관이 없어 보이는 동식물이나 그 땅까지도 저주를 받는 경우가 비일비재한 상황 아닌가!

본문에서 저자는 죄인을 벌하고, 정의를 명확히 세우는 것이 당연한 일임을 분명히 한다. 특히 이스라엘 신앙 공동체의 전체적인 명운이 걸렸다고 판단되는 기브아 사람들의 악행에 대해서는 전쟁을 불사하고서라도 시시비비를 가려야 하고, 그에 걸맞은 징계가 있어야 한다는 입장이다. 그러나 ① 이웃에 대한 깊은 사랑이 결여된 판단, ② 심판만을 위한 심판, ③ 죄악 된 현실만 직시하는 상황, ④ 문제만 바라보는 좁은 안목, ⑤ 그에 따른 과도한 징계가 가져오도록 만들었던 결과들은 공동체 전체의 이익에 배치되는 결과를 얻게 되었고, 결국 이스라엘 리그(league) 자체가 깨어질 정도가 되었음을 분명히 한다. 따라서 이스라엘 공동체의 미래 리더들은 이 부분에 대해 주의 깊은 고려가 있어야 함을 밝히며, 이런 사사기 저자의 의도는 이어지는 역사적 사건들 속에 반복되고 있기도 하다.

3. 남자와 여자 모티브

에덴 사건 이후 인간들의 역사에는 항상 그 본질적이며, 본성적인 면에서 죄악 된 면모가 지속되고 있음을 구약 본문들은 분명히 한다. 그들에게 있어서 나(Ich)와 너(Du)는 항상 존중 받아야 할 귀중한 실존적 실체이며, 여자와 남자 역시 동일하게 취급되어야 함에도 불구하고 개인과 집단, 남자와 여자, 힘을 지닌 자와 그렇지 못한 자, 나그네와 토착민이라는 이원론적인 사고의 틀을 벗어던지지 못한 채 살아가고 있는 한심한 세태를 본문은 언급한다. 특히 남자와 여자란 측면에서 불공정한 성행위인 음행은 가장 경계해야 할 주제였고, 그것들은 소돔과 고모라의 사건만 아니라 오늘 기브아 사건을 통해서 명백하게 등장한다.[49]

저자는 무엇보다 연약한 여성을 향해 남성이, 그것도 집단의 힘을 이용해

린치를 가했다는 사실, 그 결과로 한 여인의 생명이 끊어지게 되었고, 한 가정이 깨어지게 되었다는 사실에 주목한다. 아울러 그 이면에는 범죄 한 인간들이 굴레처럼 지고 다니는 불건전한 음행이 놓여 있다는 점을 강조한다. 구약 본문에 등장하는 거의 모든 문제들 중에 이런 성적인 이상(異狀)이 숨겨져 있음은 놀랄 일도 되지 못할 정도다. 이는 반대로 건전한 가족 관계, 건강한 성 생활이야말로 이스라엘 공동체 전체를 위해 매우 필요한 요소임을 나타내는 것이다. 따라서 본문을 통해 저자는 일찍 에덴에서 세워진 가정에 대한 원리들이 이스라엘 공동체에서 잘 지켜지도록 강조한다.

4. 열두 지파 모티브

야곱의 두 아내와 첩 두 사람에 의해 시작되는 열두 형제에 대한 이야기는 역사적으로 많은 것들을 생각하도록 만드는 신학적 주제다. 특히 "형제가 연합하여 동거함"으로 시작되는 시편 133편의 아름다운 이야기들은 거룩한 기름이 대제사장 아론의 수염만 아닌 옷깃까지 흘러넘치며, 헐몬산의 풍족한 이슬이 예루살렘을 적시는 것까지를 포함하는 매우 긍정적인 면모를 보여 준다. 왜 열둘이어야 하며, 그 의미가 무엇인지에 대한 기초적인 이야기는 진부하기까지 할 정도다.

본문을 통해 저자는 긍정적인 면에서 ① 열둘로 만들어진 지파 공동체는 깨어질 수 없는 실체임을 명확히 한다. 왜냐하면 베냐민이라는 비록 범죄하고, 마땅히 징계 받아야 할 대상의 지파라 할지라도 그들이 없으면 결코 이스라엘 전체가 즐거워하고, 기뻐할 수 없기 때문이다. 동시에 ② 하나의 지파가 명확하게 존립하기 위해서는 각각 개인들이 아내를 얻어 성공적인 가정 공동체를 만드는 작업이 필연적임을 밝힌다. 곧 건전한 가정이야말로 건강한 지파를, 이들 건강한 지파가 보다 견고한 이스라엘 리그를 만들게 됨을 선언한다. ③ 다른 지파를 위해 애쓰고, 노력하며, 그들의 욕구와 필요를 채워주며, 그들의 기를 살리고, 힘 있게 움직이도록 하는 것은 결국 다른 지파를 위함이 아닌 자신들을 위한 것임을 명확히 한다. 아울러 ④ 미래에 세워질 이스라엘의 지도자들은 이 사건을 통해 이스라엘이 열두 족속으로 만들어진 공동체임을 영원히 기억해야 한다는 것이 이들 본문이 강조하는 명제들이다.

5. 평화와 폭력 모티브

전체적으로 구약 본문들이 지속적으로 강조하는 신학적 주제 중 하나는 평화와 폭력에 대한 부분들이다. 곧 다툼이나 전쟁, 폭력과 폭행은 가급적 정당한 원인이 제공되었을 때에만 행사되어야 할 단회적이며, 사인별로 이루어질 간접적인 수단들이지 전체적으로는 평화를 만들고, 유지하도록 애써야 함을 명시적으로 선언하고 있다. 이는 징계는 여호와께만 있다는 묵시적 합의를 배경으로 등장하는 모티브이기도 하다.

본문을 통해 저자는 ① 폭력은 결국 또 다른 폭력을 낳게 됨을 강조한다. 한 개인을 향한 폭력이 집단의 폭력으로 비화되고, 한 지파를 향한 폭력이 전체 이스라엘 공동체 사이의 폭력으로 발전되었기 때문이다. 따라서 사소해 보이는 폭력적 면모라 할지라도 반드시 지양시켜야 할 이유가 바로 이런 폭행의 발전에 있다. ② 비록 작게 보이는 경우라 할지라도 평화를 만드는 일은 그 자체가 더 큰 평화, 전체적인 평화로 발전될 수 있으며, 그것이야말로 폭력을 근절시킬 수 있는 가장 명확하면서도 획기적인 방안이라는 선언이다. ③ 지도자들의 무분별한 처신이야말로 폭력이 발생하도록 만드는 직접적인 동기가 될 수 있기에 자신들의 최선을 다한 노력을 통해 진정한 의미에서의 평화를 만들어 갈 것을 밝힌다. 특히 레위인들, 제사장들, 장로들과 같은 일련의 종교적, 사회적 상황들에서 결정권을 지닌 자들이 평화 마인드를 가지고 산다는 것이 얼마나 중요한 것인지를 밝힌다.

6. 결론

이 외에도 구체적이며 상세하면서도 다양한 신학적·목회적 모티브들이 등장하고 있다. ① 하나와 여러 모티브, ② 나그네와 거주민 모티브, ③ 다양한 형태의 결혼 모티브, ④ 실패한 전쟁과 성공한 전쟁 모티브, ⑤ 성소와 사역 모티브, ⑥ 실로의 축제 모티브, ⑦ 기브아 출신 지도자 사울 모티브,[50] ⑧ 모임(assembling)과 흩어짐(scattering) 모티브, ⑨ 이스라엘 사람과 이스라엘 자손 모티브, ⑩ 권선징악 모티브. 이들은 중요한 의미를 갖고 있으며, 이 부분들에 대한 해석 역시 구약의 전체적 맥락에서 중요하게 취급되어져야 한다.

맺는 말

지금까지 베냐민 지파의 시민전쟁 본문을 살펴보았다. 그렇다면 이들 본문이 전체적인 측면에서 갖는 의미가 무엇일까? ① 과거 왕이 없었고, 자신들이 옳다고 생각하는 것들을 아무런 여과장치 없이 표출했던 때의 참혹한 실수를 기록함으로 다시는 그런 실수를 반복하지 말아야 함을 전체 공동체에 강조하기 위해 이 본문이 기록되었을 것이다. 적절한 조절과 조정이야말로 건강한 이스라엘 공동체를 만들 수 있는 기본이기 때문이다. ② 아름다운 공동체를 멍들게 하고, 분쟁하도록 만드는 것은 무엇보다 이웃을 고려하지 않는 행동이며, 그들 속에는 이웃을 경시하는 교만함이 그 배경 아래 놓여있음을 명백히 한다. 즉 이웃에 대한 존중은 그 어느 시대나 상황 속에서 반드시 구현되어야 할 지파 공동체의 윤리적, 도덕적 목표이다. ③ 역사적으로 지파들 사이에 갈등이 있었고, 개별 지파들마다 역사적 상황에 따라 부침을 거듭하기 마련이지만 결국 이스라엘 리그는 열둘로 이루어진 하나임을 강조하기 위해 본문이 등장한다. 특히 일찍부터 있어져 왔던 유다와 요셉, 유다 지파와 에브라임 지파 사이의 갈등 부분까지도 포함하는 내용이며, 장차 이스라엘과 유다라는 한 민족이 둘로 나뉘는 극단적인 상황에 내몰렸을 경우라 할지라도 리더들의 마음속에 깊이 명심해야 하는 불변의 주제임을 나타낸다.

결론적으로 사사기 저자가 이 본문을 비교적 상세하게 기록한 목적은 "그 시대가 얼마나 암흑한 때요, 하나님의 율법이 숨겨지고, 사람들마다 각각 그 소견에 좋은 대로 행한 무법천지 시대인가를 보여 주며, 축첩과 강간, 살인과 골육상쟁이 이 시대를 얼마나 멍들게 했는가를 구체적으로 보여 주기"[51] 위한 것이다. 다시 한 번 시대와 상황을 넘어 21세기 한국 교회를 향해 요청하고 있는 신학적 명제이자 목회적 제안들을 고려해야 할 시점이다.

거룩한 전쟁의 실패

사사기 1장 주해와 적용

본문의 개요

사사기는 크게 사사 시대의 개요(1:1~3:6)와 사사들의 역사(3:7~16:31) 그리고 사사 시대의 도덕적 해이를 부각시킨 발문(跋文) 부록(17~21장)으로 구성되어 있다. 그중에 개요에서 저자는 여호수아와 그를 아는 장로들이 죽은 이후(1:1; 2:6~10) 야웨 하나님과의 언약을 파괴한 새로운 세대가 가나안 정복에 실패한 상황(2:1~5)에 이어 그 이유와 심판(2:6~3:6)에 대해 기록하고 있다. 특별히 '그때에는 이스라엘에 왕이 없었으므로'(17:6; 18:1; 19:1; 21:25)라는 반복적인 독촉을 통해 사사기 저자는 다윗의 왕권을 통한 야웨 하나님의 통치하심의 중요성을 강조하고 있다.

이스라엘을 향하신 하나님의 왕권은 시내산 언약(출 19~24장)을 통해 세워졌으며 후에 모압 광야에서 모세(신 29장)와 세겜에서 여호수아(수 24장)와 갱신했다. 그러나 여호수아가 죽은 후(1:1) 이스라엘은 하나님의 왕권을 배제하고 가나안의 새로운 농경 문화권에서 그들의 가시적 생존을 위해 다산 종교와 타협하게 된다. 그러나 이런 이스라엘의 배교에도 불구하고 하나님은 사사들을 일으켜 그의 언약을 완수하심을 사사기는 밝히고 있다.

사사기 1장은 서론으로써, 이스라엘 모든 지파들이 완전한 정복에 실패한 암울한 현장을 기술함으로써 부패한 사사 시대의 전반적인 배경을 미리 개관하고 있다. 이는 단순히 표면적인 지정학적 정복의 실패보다 내면적 이스라엘의 영적 해이와 부패의 결과를 고소한다. 즉 거룩한 전쟁의 실패인 것이다. 이에 먼저 사사기의 '정복'에 대한 신학적 의미를 간략하게 논하고 그 실패 가운데 암시되어 있는 '타협'의 속성을 밝히고자 한다.

1. 정복

사사기 1장은 이스라엘 온 지파가 완전한 정복에 실패했음을 밝히고 있다. 유다는 골짜기의 거민들(1:19), 베냐민은 여부스(1:21), 요셉 족속(므낫세와 에브라임)은 벧스안, 다아낙, 이블르암, 므깃도, 게셀(1:22~29), 스불론은 기드론과 나할롤(1:30), 아셀은 악고, 시돈, 알랍, 악십, 헬바, 아빅, 르홉(1:31~32), 납달리는 벧세메스와 벧아낫(1:33), 단 지파는 아모리 족속을 쫓아내지 못했다(1:34~36).

문제는 이스라엘이 가나안 족속들을 완전히 정복하지 못했다는 것을 넘어 그 이면에 이스라엘의 영적 폐단에 있다. 여기서 우리는 먼저 가나안 정복의 의미를 살펴볼 필요가 있다. 신명기 12~16장에서 하나님께서 절대 배타적인 가나안 정복을 출애굽 2세들에게 명하신다. 그 정복의 주요 목적은 가나안의 종교 체제를 파괴하는 것이다. 신명기나 여호수아서의 다른 부분에선 보다 구체적으로 가나안의 다산 종교와 관련돼 있는 모든 사제들과 주민들의 학살까지 포함한다.

예컨대, 헤스본 단편(신 2:26~37; 민 21:21~30)에서 제일 어려운 주해는 남녀 유아의 학살이다(신 2:34). 이는 마치 종교의 이름으로 인종 청소(ethnic cleansing)를 명한 것 같고, 독자들로 하여금 윤리적 딜레마에 빠지게 한다. 어떻게 사랑의 하나님께서 유아까지 진멸하시며 비윤리적 전쟁의 정당성을 요구할 수 있는가? 비평학적 해석은 이를 다원적 가치관이 지배하는 현대 문화와 조화될 수 없는 고대의 종족 신관(tribal god)으로 설명한다.[1] 진멸로 번역된 히브리어 '헤렘'(חֵרֶם)은 고대 종족 신관에 의한 성전(聖戰)의 개념으로써 승리를 이끈 수호신에게 모든 것을 드려야 하는 전례에서 유래되었다. 이

런 헤렘의 개념은 고대 모압 전쟁 비문에도 기록되어 있다.[2]

그런가 하면 캐럴(Robert P. Carroll)은 야웨 하나님은 가장 원시적이고 잔인한 신이라고 말한다.[3] 도올 김용옥은 이런 호전적 이미지로 가득 찬 신명기의 야웨를 '사막의 깡패'라고 부른다.[4]

그러나 이런 설명은 구약이 진술하고 있는 하나님의 총체적인 속성을 분명히 왜곡하고 있다. 메릴(Eugene H. Merrill)은 성전에서 남녀 유아의 진멸에 대해 네 가지로 설명한다.[5]

첫째, 그들에 대한 심판은 죄로 인한 당연한 결과였다(신 9:4~5). 땅에서 죄의 진멸은 모든 열방에게 똑같이 적용된다. 현재 가나안 토착민들도 이전 시기의 족속들을 몰아내고 정착하였고(신 2:5), 카이른스(Ian Cairns)가 지적한 것과 같이 야웨는 이스라엘의 하나님(God of Israel)인 동시에 열방의 하나님(God of Nations)이시다.[6] 우주 만물을 창조하신(창 1:1) 야웨 하나님은 천지의 주재로서(행 17:24) 모든 땅과 모든 백성을 다스리시는 통치권을 갖고 계시다.

창조주 하나님은 "인류의 모든 족속을 한 혈통으로 만드사 온 땅에 거하게 하시고 저희의 년대를 정하시며 거주의 경계를 한하신"(행 17:26) 분이시다. 그러므로 이제 이스라엘도 그 땅에서 하나님의 공의와 정의를 드러내지 못할 때는 그 땅이 그들을 토해내는 것이다(레 18:25). 아브라함의 소명은 궁극적으로 땅을 소유하는데 있지 않고 그로 인하여 "모든 족속"이 복을 얻게 하는 데 있다(창 12:3).[7]

여호수아의 가나안 정복 역시 궁극적으로 그 목적이 땅을 소유하는데 있지 않았다.[8] 구약은 안식년 제도를 통하여 박애와 종교적 모티프에 의한 노예 해방(출 21:2~6), 농경지 휴경(출 23:10~11), 채무자의 면제(신 15:1~6), 그리고 땅의 안식(레 25:1~7, 18~22)을 규정한다. 특별히 레위 법전에서 희년(레 25장; 27:18; 27:23~24)[9]을 선포하여 토지 문제(레 25:23~28), 주택 문제(레 25:29~34), 이자 문제(레 25:35~38), 노예 문제(레 25:39~55)를 다루고 있다. 이런 구약의 희년 제도는 토지의 봉주는 하나님이시며 땅 위에 모든 백성은 야웨 하나님의 땅에 사는 청지기임을 분명히 밝히고 있다. 토지는 모두 하나님의

것이며 이스라엘은 잠시 우거하는 나그네인 것이다(레 25:23).[10]

그러므로 구약은 이스라엘을 포함해 어느 민족도 종교적, 도덕적, 정치적, 성적 타락에서 회개하지 않을 경우에 궁극적으로 그 땅에서 하나님의 심판을 면치 못함을 천명하고 있다. 이런 문맥상에서 이스라엘은 시대적으로 하나님의 거룩한 전쟁의 대리자로 참여하게 되었으나 이는 이스라엘도 똑같은 심판의 대상이 될 수 있음을 경고하는 것이다.

둘째, 그들은 끝까지 회개하지 않고 타락한 다산 종교를 고집했다(신 7:10).

셋째, 진멸하지 않고선 이스라엘이 그들의 우상 숭배와 부도덕한 영향력에서 벗어날 수 없었다(신 20:17~18).

넷째, 책임 없는 유아는 오히려 죽은 후 천국을 보장받았을 것이다.

하나님은 에돔과 모압과 암몬에게도 땅을 기업으로 주셨듯이 온 인류에게 땅을 허락하셨다. 오히려 하나님은 이스라엘로 하여금 400년이라는 오랜 세월 동안 애굽에서 종노릇 하게 하시며 아모리 족속의 회개를 기다리셨다(창 15:16).[11] 니느웨 백성을 구원하심 같이 아모리 족속도 회개했다면 심판을 면했을 것이다. 우리는 이러한 가나안 정복의 진멸을 통하여 이 땅에서의 죄와 종말론적 심판의 심각성을 깨닫게 된다.

그러나 이제 구약의 율법은 예수 그리스도 안에서 성취되었다(마 5:17; 눅 24:44). 율법의 원리인 사랑(신 6:4~5)은 그리스도의 사랑 안에서 완성되었다(마 22:37~40; 롬 13:8). 그러므로 오늘날 그리스도인들은 구약의 진멸을 자역(字譯)하는 정치적이고 종교적인 계기를 가진 어떠한 성전에도 반대해야 한다. 이제 하나님의 백성들이 할 사역은 겸손과 섬김과 떨림으로 예수 그리스도의 사랑과 복음을 들고 땅 끝까지 정복하는 것이다(행 1:8).

2. 타협

사사기 1장은 타협으로 인한 정복의 실패를 기술하고 있다. 그러나 그것은 표면적일 뿐이고 실제로 그 타협은 이스라엘의 영적 폐단을 의미했다. 그들은 가시적인 실존을 위해 야웨 하나님과의 언약을 어기고 오히려 가나안 토착 거민들과의 언약을 세웠다(2:1~2). 이러한 이스라엘의 타협은 그들의 리더십, 행동, 친척 편중 그리고 전쟁의 모습에서 드러났다.

본문 주해

1. 리더십의 부재(1~3절)

여호수아가 죽은 후에(1절) 이스라엘은 리더십의 부재로 인한 혼란을 겪게 된다. 여호수아는 모세가 죽은 후에 이스라엘의 뚜렷한 리더로서 출애굽 2세들을 이끌었다(수 1:1~9). 그러나 자신을 이어갈 리더를 세우지 못해서 이스라엘의 역사에서 가장 혼란스러운 사사 시대를 열게 했다.

사사기 기자는 그 시대의 모습을 "사람마다 자기 소견에 옳은 대로 행하였더라"(17:6)고 기록하고 있다. 여호수아가 죽은 후에 하나님께서 유다에게 가나안으로 올라가 이미 지정된 땅을 정복하라고 명하신다(1:1). 당연히 유다에는 갈렙이 있었다. 그는 여호수아와 함께 모압 광야에서 리더십을 발휘했던 사람이다. 그러나 본문에서는 그가 하나님을 절대 신뢰하며 정복하고, 이스라엘 전체에 대한 리더십을 발휘하는 모습을 찾아 볼 수 없다.

이미 요단 서편 기업의 분배에서 하나님께서 헤브론을 갈렙에게 주셨고 제비를 뽑아 유다에게 땅의 지경을 정해 주셨다(수 14~15장). 유다는 그 형제 시므온에게 "나의 제비 뽑아 얻은 땅"(3상절)이라고 말하지만,[12] 리더십을 상실한 채 형제 시므온을 찾아가 도움을 청한다(3중절). 그리고 시므온과 함께 스밧에 거한 가나안 사람들을 진멸하였으나, 가장 중요한 골짜기의 거민들을 쫓아내는데 끝내 실패한다(17~19절). 선출된 지파였던 유다는 이 정복으로 인해 이스라엘의 나머지 지파들에게 리더십을 상실하게 된다.

2. 불신앙의 행위(4~7절)

유다가 가나안 고지의 성읍들을 습격한 것은 아마 길갈 평야에서부터일 것이다.[13] 평지에서 고지를 점령한다는 것은 결코 쉬운 일이 아니다. 그러나 "유다가 올라가매 여호와께서 가나안 사람과 브리스 사람을 그들의 손에 붙이"(1:4)셨다. 그리고 베섹을 다스리고 있던 '아도니-베섹'을 체포했다(5절). 이제 유다의 임무는 고지의 성읍을 온전히 점령하는 것이다. 그러나 유다는 아도니-베섹의 수족 엄지가락을 끊는다. 이러한 행동은 가나안의 세속적 문화에서 유래한 것으로 적에게 굴욕과 고통을 주는 잔인한 전략이며 교만한 행동이다.

전쟁에서 절단 행위는 고대 그리스와 후에 로마 제국에서도 지속되었다.[14] 이스라엘은 그들이 거룩한 하나님의 전쟁을 하고 있음을 망각한 것이다. 아도니-베섹은 자신이 옛적에 '70왕'의 엄지가락을 잘랐고 그들의 수치를 더하기 위해 개같이 상 아래서 먹을 것을 줍게 했다(7절). 여기서 '70왕'이란 아마 문자적 수보다 많은 왕들을 의미할 것이다. 그러한 자의 엄지가락을 절단한 것이 상대적으로 별 문제가 되지 않는다고 생각할 수 있으나, 이스라엘의 전쟁은 정치적·군사적·도덕적·사상적인 것이 아니었음을 그들은 기억해야 했다. 목적을 달성하기 위해 방법을 가리지 않는 원리는 하나님의 거룩한 전쟁에 적용될 수 없다.

3. 친척 편중(1:8~15)

유다는 예루살렘과 가나안 남방 그리고 헤브론을 공격했다(1:8~10). 그러나 실제로 예루살렘을 점령한 때는 다윗 시대이다(삼하 5:6~10). 이렇게 불완전한 정복 가운데 이제 헤브론 남서쪽 8km 지점에 위치한 전략적인 드빌(기럇 세벨) 성읍을 치게 된다. 드빌은 광야의 종착지로써 가자와 브엘세바와 남쪽 동쪽 네 방향 한가운데 있는 주요 지점이었을 것으로 추측한다.[15] 그동안 유다는 전쟁에서 많이 지쳐 있었지만 이제 중요한 성읍 정복을 눈앞에 두고 있다.

이에 갈렙은 그의 딸 악사를 전승의 포상으로 제의하여 사기를 북돋운다 (1:12). 신부를 맞이하는 값으로 전승을 걸었던 것은 고대 근동의 보편적인 풍습이었다(삼상 18:25). 그러나 이것은 가장 세속적인 방법이었다. 그 땅은 이미 하나님께서 그들에게 주신 것이요, 그들은 하나님을 신뢰하며 전진해야 한다. 그러나 본문 어디에서도 갈렙이 세겜에서 언약 갱신을 상기시키는 기록을 찾아 볼 수 없다. 대니얼 블락(Daniel I. Block)의 설명처럼, 그런 갈렙의 적극적인 행동은 그가 가나안 정탐 시절에 보여 주었던 신앙을 전제로 긍정적으로 평가될 수도 있다(민 13:6).[16] 그러나 사사기 1장은 총괄적으로 이스라엘의 폐단을 부정적으로 묘사하고 있다. 그런 맥락에서 갈렙의 모습은 예전에 정복을 눈앞에 두고 하나님의 언약을 갱신하며 백성들에게 그 언약을 상기시켜 주었던 여호수아의 모습과 대조적이다(수 24:1~15).

갈렙의 아우 옷니엘은 드빌을 정복하고 갈렙의 딸 악사를 아내로 맞이한다(1:13). 옷니엘은 악사뿐 아니라 그가 정복한 드빌 성읍도 얻게 되었지만(1:15; 삼상 17:25), 악사는 옷니엘이 차지한 드빌이 메마른 남방에 있음을 알게 되었다. 이에 옷니엘의 허락을 받아 아버지 갈렙에게 밭을 이룰 수 있는 샘물이 있는 땅을 추가로 요구한다(1:14~15). 이에 갈렙은 '윗샘과 아랫샘'을 딸 악사에게 준다. 무어(George F. Moore)는 그 샘들을 헤브론 가까이에 있는 세일과 델비의 샘들로 간주한다.[17] 당연히 그 샘들은 갈렙의 것이었다.

원래 갈렙은 그나스의 자손(민 32:12; 수 14:6, 14)으로서 에서의 후손이다(창 15:19; 36:11, 15, 42). 그럼에도 그의 개종은 유다 지파를 대표할 정도로 완전했다. 그러나 이제 갈렙은 그 샘들을 딸에게 줌으로써 갈렙에게 약속된 그 지역을 에돔의 후손 그나스의 자손 드빌의 족장 옷니엘에게 넘겨준 것이다. 잠시 정복했을지라도, 그 땅은 유다의 땅이 아닌 에돔의 땅이 돼 버린 것이다. 딸 악사의 요구를 자신의 권력 행사로 무조건 들어준 갈렙의 행위를 우리는 친척 편중의 한 모습이라고 말할 수 있다.

4. 타협의 전쟁(1:16~36)

사사기 1:16~36에서는 앞서 밝힌 것처럼 이스라엘 지파들의 타협적 전쟁의 모습을 기술하고 있다. 이스라엘의 각 지파들은 거민들을 끝까지 쫓아내지 못했다. 지파들의 실패에서 우리는 두 가지 공통점을 발견하게 된다.

첫째는, 가나안의 우수한 군사력으로 인해 처음부터 성읍 거민들을 쫓아내지 못한 점이다. 유다가 가나안 골짜기의 거민들을 점령하지 못한 것은 그들에게 철 병거가 있었기 때문이다(1:19). 그러나 이는 여리고 성을 무너뜨린 이스라엘의 거룩한 전쟁을 되돌아 볼 때 실제 이유는 타협하는 불신앙이었다고 볼 수 있다.

둘째는, 대부분의 전쟁에서 승리했음에도 불구하고 점령을 통해 그 땅을 영유하지 않은 점이다. 그 예로 유다는 예루살렘 공격에서 승리했음에도 불구하고 다윗의 시대까지 예루살렘을 정복하지 않았다. 사사기 1:27~36에서 지속적으로 반복되는 말은 "가나안 사람이 그 땅에 거하였다"이다. 그리고 이스라엘이 강성해진 후 "가나안 사람에게 사역을 시켰다"이다. 이스라엘은 가나안 농경 문화에서 생존하기 위해 성읍을 공격한 후에도 가나안 사람들과 함께 거하고 나아가 그들을 부림으로써 편안한 생활을 추구하였다. 가나안 사람이 그 땅에 거한다는 것은 그들이 끊임없이 바알과 아스다롯을 섬기며 이스라엘에게 영향을 주었음을 말한다.

농경 문화권에서의 현실적 생존은 이스라엘로 하여금 가나안의 다산 종교와 타협하는 죄를 범하게 하였고, 이는 원래 정복의 의미를 근본적으로 해체하는 행위였다. 이는 마치 하나님의 사람으로 거듭났음에도 불구하고 하나님의 사람으로서의 삶을 포기함과 같다. 사사기 기자는 후에 이를 하나님과의 언약을 어긴 것이었고 여호와 하나님을 버린 악한 행위였음을 기록하고 있다(2:1~2, 11~12). 하나님의 거룩한 전쟁에서의 타협은 이스라엘을 파멸로 몰고 가게 된다.

설교를 위한 적용

말씀을 떠난 그릇된 모든 영적 타협에는 치명적인 결과가 있게 마련이다. 이스라엘은 이제 하나님과의 언약을 배제하고 가나안과 언약을 맺음으로써 가나안 거민들은 이스라엘의 '옆구리의 가시가 되며' 가나안 신들은 이스라엘의 '올무'가 되는 폐단을 겪게 되었다(2:3). 오늘날 성도들의 삶도 마찬가지다. 하나님의 소명을 따라 세상과의 거룩한 영적 전쟁에서 하나님의 언약을 망각하고 근시적인 편의와 안락을 따라 죄와 적당히 타협할 때 세상은 우리에게 점령지가 아닌 옆구리의 가시와 올무가 될 것이다.

02

시험의 시대와 불완전한 구원자

사사기 2:1~3:6 주해와 적용

본문의 개요

1. 사사기의 주제

구약 성경에 나타난 히브리 민족의 역사는 크게 셋으로 구분된다. 첫째 시대는 땅과 민족에 관한 약속을 받은 아브라함에서부터 시작해 그 약속이 성취되는 여호수아까지 이르고, 둘째 시대는 가나안 땅에서 초기의 혼란을 극복하고 왕국을 세우는 때부터 시작해 그 왕국이 멸망하기까지 이르며, 셋째 시대는 포로로 잡혀갔던 자들이 돌아와 다시 성전을 세우고, 왕이 없는 새로운 사회 질서를 형성하기까지 이른다.

첫째 시대의 끝 부문에 관한 책인 여호수아는 하나님께서 아브라함에게 하신 약속이 성취됨을 강조한다. 후손과 땅에 대한 약속이 여호수아에게 이르러 성취되었다(창 15:5, 18~20). 그리고 그 책의 끝은 여호수아와 엘르아살과 같은 이전 시대의 특징을 형성하던 지도자들의 죽음을 언급하고 있다. 심지어 족장들의 나그네 생활을 대표하는 요셉의 뼈를 세겜에 장사한 것을 기록함으로써, 아브라함이 갈대아 우르를 떠난 이후 계속되어 온 히브리 민족의 유랑 생활이 마침내 끝났음을 알린다(수 24:29~33). 그리고 이스라엘 자손은 가나안 땅을 유업으로 받았다.

둘째 시대는 가나안 땅에 정착해 살아가던 시기다. 그 시대에 관한 기록이 사사기에서부터 계속 이어진다. 따라서 사사기의 내용과 여호수아서의 내용이 다소 중복된다고 하더라도, 사사기는 여호수아서의 부록이 아니라 사무엘서에서 열왕기까지의 서론이다. 이스라엘 역사는 사사기에서부터 새로운 전기를 맞이한다. 모세나 여호수아의 경우에 이스라엘 백성은 그들에게 복종하라는 하나님의 명령을 받았다. 이들은 하나님의 직접 통치를 대행하던 지도자들로서, 선지자와 군사령관과 재판관과 행정 수반과 같은 직임들을 모두 갖고 이스라엘을 다스렸으며 제사장들까지 그들의 권위 아래 있었다.

그들의 뒤를 이어 나타난 지도자들을 성경에서 히브리어로 '쇼페트'(שׁפט 개역 성경 '사사')라고 부른다. 히브리어 '쇼페트'는 '재판하는 사람'이라는 의미를 갖는다. 그러나 사사기에 등장하는 '쇼페트'들은 재판관이기보다 오히려 '전쟁을 수행하는 사람'에 해당한다. 드보라를 위시해 대부분의 사사들이 필요할 경우에 재판관으로서 역할을 수행한 것으로 볼 수 있다. 하지만 그들이 재판을 하도록 하나님의 부름을 받은 것은 아니다. 하나님께서 사사들을 세우신 것은 적군의 손에서 이스라엘을 구원하시기 위함이다(2:16). 사사들은 전쟁을 수행하기 위해 부름 받은 사람들로서 장군이나 전쟁의 용사에 해당한다.

사사들은 이스라엘에 독특한 형태의 지도력을 선보인다. 하나님은 이들에게 이스라엘을 다스리는 권위를 주신 것이 아니라, 전쟁 수행의 능력을 주셨다. 그러므로 사사들은 이스라엘 백성이 전심으로 순종해야 할 영적 지도자이기보다 단지 전쟁을 대행할 전쟁 전문가로 여겨지기 쉬웠다(2:17~18).

그러므로 드보라에게서 찾을 수 있는 영적 권위는 사사직을 수행하기 위한 필수적 자질이 아니라 선택 사항이었다. 예를 들면, 입다는 불량배들의 두목으로서 그도 역시 불량배와 흡사하고, 사사직을 수행하는 대가로 장관 자리를 요구함으로써 지위와 관련된 부당한 거래를 했다.

그리고 자신의 딸을 하나님께 번제로 드리겠다는 서원을 할 정도로 신앙적 미숙함을 보였을 뿐 아니라, 에브라임 지파와 다툼이 생겼을 때 그들을 용서하지 않고 살육함으로써 과격하고 잔인한 성격을 드러냈다. 또 삼손과 같은 사사는 존경을 받기보다 오히려 배척을 받았다.

그러므로 이들은 자신들의 모든 약점에도 불구하고 하나님의 권능에 힘입어 자기 시대에 이스라엘 민족을 구원하는 사명을 완수하였으나, 그 구원은 일시적이고 피상적일 뿐이었다. 왜냐하면 모세나 여호수아와 달리, 사사들은 대개 하나님의 율법을 중요시 하지 않았고 더불어 이스라엘 백성에게도 율법을 올바르게 가르치지 않았기 때문이다. 결국 이스라엘 백성은 대적들에게 약탈당하고 압제를 받으며, 어디에 가든 재앙을 겪고 큰 괴로움을 당할 수밖에 없었다(2:14~15).

오랜 시간 동안 사사들의 지도력을 경험한 뒤, 마침내 이스라엘은 다른 형태의 지도력을 요구하게 된다. 그것이 곧 왕이다. 당시 이스라엘에서 왕 제도가 혼란 상황을 극복할 수 있는 유일한 희망으로 떠오르기 시작하고(17:6; 21:25), 실제적으로 사사기는 왕 제도를 이스라엘에 도입하려는 몇 번의 시도가 있었지만 실패한 것을 보고한다(예: 기드온과 아비멜렉 8:22; 9:1~6).

2. 사사기의 구조와 개요

사사기는 모두 세 단락으로 나눌 수 있다. 사사기의 저자는 첫째 단락에서, 사사 시대를 간략히 평가한다(1:1~3:6). 둘째 단락에서, 그와 같은 평가의 주요 근거가 되는 사사들의 활동을 제시한다(3:7~16:31). 일종의 부록인 셋째 단락에서는, 첫째 단락에서 내린 평가를 더욱 감각적으로 느낄 수 있게 하는 몇 개의 일화들을 소개한다(17:1~21:25).

첫째 단락은 다시 다음과 같이 세 부분으로 나뉜다.

1) 첫째 단락의 첫 번째 부분(1:1~2:10)

사사 시대의 혼란이 발생하게 된 역사적 배경을 기술한다. 이 단락은 유다 지파의 전쟁에서부터 시작해 여호수아의 죽음을 기록하는 것으로 끝난다. 그러므로 이는 여호수아 후반부(수 13~24장)를 요약하는 성격을 갖는다.

하지만 여호수아의 설교(수 23:1~24:28)가 여호와의 천사의 말로 대체됨으로써, 이스라엘 백성이 여호와를 버리고 우상을 섬길 것이라고 여호수아가 불안하게 느꼈던 것이 이미 기정사실화되었다는 사사기 저자의 관점을 반영하고 있다(수 24:19; 삿 2:1~2).

여호수아의 정복 전쟁 이후에 이스라엘의 열두 지파 연합군은 해체됐다. 그러므로 각 지파들은 독자적으로 전쟁을 수행하여 자기들이 할당 받은 땅을 정복하고 그 땅의 원주민들을 쫓아내야 했다. 그러나 그들은 완전한 정복에 실패해 가나안 원주민들과 타협하고 그들과 섞여 살기에 급급했다.

심지어 단 지파는 아모리 족속들에 의해 쫓겨 다녀야 했다(1:34). 이와 같이 정복에 실패한 것이 이스라엘로 하여금 우상을 섬기게 만들었다.

2) 첫째 단락의 두 번째 부분(2:11~23)

영적 관점에서 본 사사 시대의 특징을 기록하고 있다. 모든 문제의 근원은 이스라엘 백성이 이집트에서 구원하신 여호와를 버리고 가나안 땅의 우상을 섬기는 죄를 지은 것에 있다(2:11~13). 이런 범죄 때문에 하나님께서 이스라엘에 재앙을 내리시고, 그들로 하여금 괴로움을 겪게 하셨다(2:14~15). 하지만 하나님께서 사사들을 세우셔서 이스라엘을 구원하셨다(2:16~18상). 하나님께서 자기 백성 이스라엘이 고통 중에 통곡하는 것을 보시고 후회하셨기 때문이다(2:18하).

그러나 이스라엘은 그 은혜를 생각하지 않고, 더욱 죄를 지을 뿐이었다(2:19). 이것은 '죄'에서 시작해 '고난'과 '하나님의 후회'라는 단계를 거쳐 '구원'에 이르렀으나 다시 원래의 '죄'로 돌아가는 4단계 순환 고리를 형성한다(죄→재앙→하나님의 후회→구원→죄). 그러므로 하나님께서는 이스라엘의 진정한 회개를 기다리면서, 가나안 민족들을 이스라엘 백성 가운데 계속 남겨 두셨다(수 2:20~23).

3) 첫째 단락의 세 번째 부분(3:1~6)

이 단락은 사사기 1:1~2:23에 대한 결론이다. 이스라엘이 가나안 민족들과 싸웠으나 완전히 쫓아내지 못하고 함께 살게 되었다는 사사기 1장의 내용이 요약적으로 제시된다. 그러면서 이스라엘이 우상 숭배의 죄를 지었음을 말하는 사사기 2장의 내용도 여기서 다시 기술된다. 특히 사사기 2:22의 주제 어구인 '시험'이 사사기 3:1, 4에 반복되면서 앞부분과 긴밀하게 연결된다. 여기서 우상 숭배가 이스라엘과 이방 민족들 사이의 통혼에 의해 촉진되었다는 설명이 추가된다. 따라서 이 단락이 사사기 1~2장 내용을 단순히 요약하고 반복하는 것이 아니라, 발전시키기도 한다는 것을 알 수 있다.

본문 주해(삿 2:1~3:6)

1. 사사기 2:1~5

1) 여호와의 사자(1, 4절)

여화와의 사자는 여기 외에도 드보라의 노래에서 한 번(5:23), 기드온과 관련하여 여섯 번(6:11, 12, 21상, 21하, 22상, 22하), 삼손과 관련해 아홉 번(13:3, 13, 15, 16상, 16하, 18, 20, 21상, 21하) 총 열여덟 번 나타난다. 이는 영적 존재로서 여호와의 천사를 가리킬 것이다. 선지자들을 여호와의 천사라고 부르는 것은 역대하 36:15~16, 이사야 42:19과 44:26, 학개 1:13, 말라기 3:1에서 나타난다. 하지만 이것은 모두 후대의 용례이며, 또한 설교나 예언의 문맥에서 사용되었다. 그러므로 여기서 여호와의 사자는 사사기의 다른 용례에 맞추어 천사로 이해해야 할 것이다.

2) 길갈(1절)

'길갈'은 이집트의 수치를 벗어버리는 것을 상징하는 표현이다(수 5:9). 이스라엘 백성은 길갈에서 할례를 베풀고, 자신이 이집트와 그 우상들의 종이 아닌 여호와의 백성인 것을 분명히 선포했다. 그렇게 함으로써 길갈은 이집트의 종이라는 멍에를 벗어버린 장소가 되었다. 그러므로 천사는 '길갈'에서부터 옴으로써, 이집트에서 이스라엘 백성을 구원하여 내신 여호와를 버리고 우상을 숭배함으로써 다시 수치스러운 이집트의 멍에를 스스로 메는 이스라엘 백성들에게 '길갈'의 교훈을 상기시킨다(2:1).

3) 보김(5절)

'보김'은 '우는 자들'이라는 뜻이다(4~5절). 야곱이 리브가의 유모 드보라를 벧엘에 장사하고 그곳을 '알론바굿'(울음의 상수리 나무)이라고 불렀다(창 35:8). 그러므로 보김의 정확한 위치를 알 수 없지만, 벧엘 주변을 가리키는 것으로 여겨진다. 이스라엘 백성이 비록 격렬하게 울어서 그 땅의 이름을 '보김'이라 부르게 되었고, 제단을 세워 하나님께 제사를 드렸지만, 진정으로 회개하진 않았다. 그들은 이방 신들의 제단을 무너뜨리지 않았고, 이방 민족들과의 언약을 깨뜨리지도 않았다(참고 2:2). 형식적 회개는 오히려 더 큰 재앙을 초래할 수 있다. 결국 형식적 회개조차 그 후에는 더 이상 나타나지 않고 있다.

4) 옆구리의 가시(3절)

"그들이 너희 옆구리의 가시가 되며"(2:3중). 히브리 본문에는 '가시'에 해당하는 단어가 없다. 그러므로 본문을 문자적으로 번역하면, "그들이 너희에게 옆구리(צַד 차드)가 되며"이다. 이 문제를 해결하기 위해 '가시'라는 단어를 삽입하는 것은 이 절이 바로 이어지는 절("그들의 신들이 너희에게 올무가 되리라")과 형성하고 있는 구조상의 일치를 훼손함으로써 오히려 이상하게 만든다.

그러므로 본문의 '차드'를 '차르'(צַר 역경, 번민, 원수)로 읽어서, '그들이 너희에게 원수가 되며'라고 번역하는 것이 낫다(참고 TNK, NRSV). 어떻게 번역하든지 뜻은 동일하다. 이스라엘이 사랑하여 같이 살려고 하는 것들이 오히려 이스라엘을 괴롭히고 멸망시키게 된다.

1) 기업과 땅(6절)

"그 기업으로 가서 땅을 차지"(2:6)하다. 광야에서 생활하는 이스라엘 백성에게 여호와께서 하늘로부터 만나를 내려주셨다. 만나를 얻기 위해 아무런 수고도 필요 없다. 이스라엘 백성이 가나안 땅에 들어와 그 땅의 소산을 먹고 나서부터 만나가 그쳤다(수 5:12). 이스라엘 백성은 가나안 땅의 소산과 만나를 모두 가질 수는 없으며, 그 둘 중에 하나만 가질 수 있었다. 만나는 노력하지 않고 은혜로 얻는 음식이지만, 가나안 땅의 소산은 오랜 기간 동안 힘써 수고하여 얻는 음식이다. 언뜻 생각하기에 만나가 훨씬 좋을 것 같으나 그렇지 않다.

만나는 광야에서 생명을 유지하기 위해 먹는 단조로운 음식이다. 그러나 가나안 땅의 소산은 즐기고 기뻐하기 위해 먹는 다채롭고 풍부한 음식이다. 이스라엘 백성이 만나를 버리고 가나안 땅의 소산을 먹을 때 그들은 진정으로 가나안 땅이 주는 축복을 누리게 된다. 이스라엘 백성이 얻은 유업도 가나안 땅의 소산과 같다. 하나님께서 자신의 전적인 능력으로써 이스라엘 백성을 가나안 땅으로 인도하셨다. 이제 그 땅을 차지하는 것은 이스라엘 백성 스스로의 노력에 달려 있다. 하나님의 복은 가서 정복해야 할 대상이다.

2) 딤낫 헤레스(9절)

'딤낫 헤레스'는 '딤낫 세라'고도 한다(삿 2:9; 수19:50; 24:30). 두 이름 중에서 어느 것이 원래의 것인지 확실치 않다. '헤레스'의 자음 순서를 거꾸로 하면 '세라'가 되기 때문에, 자음의 순서가 우연히 바뀌어 다른 하나의 이름이 생겨났을 가능성도 있다. '세라'는 히브리어 '사라흐'(סרה 매달리다)에서 유래한 단어로, '가파른 경사지'라는 뜻으로 여겨진다. 그러므로 그 땅은 거칠고 험한 경사지로서 그다지 좋지 않았을 것이다. 성경에는 여호수아가 그 땅을 분배 받고, 나중에 거기에 묻혔다고 말하는 것 외에 그 지명이 등장하지 않는다. 이 사실도 그 땅이 가치 없는 것임을 가르쳐 준다.

여호수아는 좋지 않은 땅을 구체적으로 지적하여 요구했다. 그리고 그가 그 땅을 분배받은 것은 레위 지파를 제외한 이스라엘의 모든 지파들이 이미 자기 땅을 모두 분배받았을 때이다(수 19:49~50). 여호수아에게 유업을 분배하는 것으로 분배 과정이 모두 끝났다고 기록한다(수 19:51). 여호수아는 당연히 제일 좋은 땅을 가장 먼저 분배 받을 수 있는 자격과 권리를 가지고 있다. 하지만 그는 가장 늦게 좋지 않은 땅을 얻음으로써 희생적인 지도자의 모습을 보여 주고 있다.

3. 사사기 2:11~23

1) 바알과 아스다롯을 섬긴 이스라엘의 죄(11~13절)

'주인, 남편, 소유자'를 뜻하는 히브리어 명사 '바알'이 가나안 만신전에서 가장 중요한 신을 가리키는 고유 명사로 사용된다. 각 지역마다 그 지역의 특성을 나타내는 자기들의 바알들이 있었으므로 흔히 바알은 지명과 관련돼 나타나기도 한다(예: 바알브릿, 바알브올). '우가릿'(현대의 라스 샴라)에서 번개와 곤봉을 든 바알 신의 형상이 새겨진 돌판이 발견되었다.

바알은 서부 셈족의 폭풍 신인 '하닷'에 해당하며, 기후와 농사를 지배하는 신이다. 바알이 주인이라는 뜻을 갖고 있기 때문에 초기에는 여호와를 바알이라고 부르기도 했지만, 가나안의 신인 바알과 혼동됨에 따라 그와 같이 부르지 않게 되었다. 사사 시대부터 바알을 비롯한 우상들과의 싸움이 이스라엘의 신앙에서 가장 중요하게 대두되었다. 기드온은 바알의 제단을 파괴하는 것으로 사사의 직분을 시작하였다. '여룹바알'(바알이 싸우다)이라는 그의 별명은 바알에 대한 강력한 도전 의식을 보여 준다.

'아스다롯'은 풍요와 사랑과 전쟁을 지배하는 어머니 신으로서 바벨론의 '이쉬타르'와 수메르의 '이난나'에 해당한다. 이스라엘 백성은 가나안에 정착한 때부터 아스다롯을 섬기기 시작해 사무엘 시대에 더욱 번성하고 왕국 시대로 계속 이어졌다(삼상 7:3~4; 12:10; 왕상 11:5; 왕하 23:13). 바알이나 아스다롯을 섬기는 제의에 풍요와 다산을 기원하는 성적 유흥이 포함되었다. 그래서 그들은 '간음하듯' 우상을 따랐다.

2) 하나님의 진노(14~15절)

하나님께서 가장 미워하시는 죄는 우상 숭배다. 왜냐하면 하나님은 질투하시는 분이시기 때문이다(출 20:5). 북이스라엘과 남유다가 멸망한 것도 결국 우상 숭배의 죄 때문이다(왕하 17:7~18; 21:2~9). 이스라엘이 하나님께 순종할 때 하나님께서 모든 대적들을 이스라엘의 손에 넘겨주셨다(수 1:8~9). 그러나 이스라엘이 우상을 섬겨 하나님의 진노를 일으키게 되자, 어디를 가든 이스라엘에게 재앙이 임했고 이스라엘은 그들의 대적의 손에 넘어가게 되었다(2:15).

3) 하나님의 후회(18b절)

이스라엘이 고난 가운데 '슬피 부르짖었다'(נְאָקָה네아카). 히브리어 '네아카'는 아카드어 '나쿠우'에 해당하는 단어이며, 팔이 부러져 고통스러워 우는 것처럼 '슬피 우는 것'을 뜻한다(겔 30:24). 그러자 하나님께서 그들의 고통을 보시고 안타까워하셨다. 여기서 이스라엘이 회개했다는 증거는 나타나지 않는다. "그들이 그 사사도 청종치 아니하고 돌이켜 다른 신들을 음란하듯 쫓아갔다"(2:17)라는 표현은 이스라엘에게 회개의 의사가 없음을 보여 준다. 단지 이스라엘은 자기들의 죄에 대한 징계를 받아 고통스러워하고 있을 뿐이다.

그때 하나님께서 후회하셨다(נחם나함). 하나님께서는 "자비롭고 은혜롭고 노하기를 더디하고 인자와 진실이 많은" 분이시기 때문이다(출 34:6). '하나님은 사람이 아니시므로 결코 변개하지'(나함) 않으신다(삼상 15:29). 하지만 후회하지 않으시는 하나님이실지라도, 자기 백성이 고통당하는 것을 보시면 후회하신다. 후회하고 돌이켜야 할 당사자는 이스라엘 백성이었으나, 오히려 하나님께서 후회하시고 뜻을 돌이키셨다. 예수께서 간음한 여인을 용서

하신 것처럼, 하나님께서 아무 조건 없이 간음한 이스라엘을 용서하셨다(요 8:11, 참고 삿 2:17 '간음하듯'). "에브라임이여 내가 어찌 너를 놓겠느냐… 내 마음이 내 속에서 돌아서 나의 긍휼이 온전히 불붙듯 하도다"(호 11:8).

4) 사사들을 통한 구원(2:16~18상)

하나님께서 이스라엘의 고통을 보시고 뜻을 돌이켜 사사들을 세우시고, 사사들의 사는 날 동안에 이스라엘이 대적에게 약탈당하지 않게 보호하셨다. 하지만 백성들은 사사들에게도 순종하지 않았으며, 우상을 숭배하는 자신의 죄에서 돌이키지 않았다. 이스라엘 백성은 마치 하나님과 평행선을 달리는 것처럼, 하나님의 구원에 대하여 아무런 반응을 보이지 않고 자기 갈 길로만 갔다.

하나님께서 이스라엘을 구원하셨으나, 이스라엘은 자기를 구원하신 분을 버리고 헛된 우상을 섬겼다(호 2:8). 여호와께서 이스라엘을 자식같이 양육하였으나, 그들이 여호와를 거역했다(사 1:2). "가로되 우리가 너희를 향하여 피리를 불어도 너희가 춤추지 않고 우리가 애곡하여도 너희가 가슴을 치지 아니하였다 함과 같도다"(마 11:17).

5) 하나님의 결심(2:19~23)

'패괴하다'(2:19)라는 말은 '부패하다'는 뜻이다. 마치 샘물이 더러워져 오염되듯, 도구가 망가지듯 못쓰게 되는 것을 의미한다(잠 25:26; 렘 13:7). 이스라엘이 부패하였으므로, 하나님께서 이스라엘의 회개를 기다려야 하셨다. 거친 들로 데리고 가서 이스라엘을 설득하시면서 그들이 온 마음으로 회개하기를 기다리신다(호 2:14). 이 일을 위해 하나님께서 가나안 민족들을 이스라엘 가운데 계속 남겨 두시기로 결심하셨다.

4. 사사기 3:1∼6

1) 가나안 전쟁을 알지 못하는 자들(1∼2절)

'가나안 전쟁'이라는 표현은 여기서만 나타난다. 그것은 가나안 땅을 정복하기 위한 전쟁을 가리킨다. 또한 '알지 못하다'라는 말은 '경험하지 못하다'라는 뜻이다. 하나님의 명령에 따라 이스라엘은 가나안 땅 전부를 정복할 때까지 계속 전쟁해야 한다. 그러나 정복해야 할 땅이 많이 남아 있음에도, 여호수아가 죽고 난 후 얼마 지나지 않아 전쟁이 중단된다. 그러므로 이스라엘 백성들은 가나안 전쟁에 대해 알지 못하게 되었다.

'가나안 전쟁을 알지 못하다'라는 말은 '여호와께서 이스라엘을 위하여 행하신 일도 알지 못하다'라는 말과 동일하다(2:10). 전쟁에 참여하지 않는 사람은 여호와의 능력을 경험하지 못한다. 그 전쟁은 여호와께서 직접 수행하시는 전쟁이기 때문이다. 그러므로 그들이 가나안 민족들을 선망하는 한편, 그들을 두려워하여 그들과 싸우지 않고 평안히 정착하려 했던 것이 모든 문제의 근원이 되었다.

그들이 여호와의 능력을 보지 못하여 영적 부패에 빠지게 되었기 때문이다. 죄의 뿌리를 제거하려 하지 않고, 죄와 타협하며 안주하려는 사람들은 하나님의 능력을 알지 못하며 점차 하나님을 떠나게 된다. 그러므로 하나님께서 전쟁을 알지 못하는 자에게 전쟁을 가르치려 하신다.

2) 남겨진 민족들(3∼4절)

블레셋 다섯 방백들과 가나안 모든 사람과 시돈 사람과 레바논 산지의 히위 사람들이 남았다. 이 목록은 여호수아 13:2∼6의 것과 유사하다. 블레셋은 지중해 연안의 여러 지역에서 이주해 온 혼합 민족이다. 다섯 도시가 동맹을 형성하면서 다섯 방백을 두었다. 여기서 방백은 '세레느'(סֶרֶן)를 번역한 것이며, 통치자를 가리키는 블레셋 단어를 히브리어로 음역한 것으로 여겨진다. 가나안 사람들은 시돈의 남부 해안에 거주하는 사람들을 가리킬 수 있다(수 13:4). 그러나 여기서 가나안 사람은 팔레스타인에 사는 여러 민족들을 포괄적으로 지칭하고 있다. 레바논 산지에 거주하는 히위 사람들은 소아시아의 동남부에서 이주해 왔을 것이다. '바알 헤르몬'은 헤르몬 산 아래 있는 '바알 갓'의 다른 명칭이다(수 13:5).

3) 하나님의 시험(1, 4절)

하나님께서 아브라함을 시험하시듯 이스라엘을 시험하셨다(삿 2:22; 창 22:1). 이방 민족들이 하나님의 시험의 도구가 되었다. 하나님께서 제출하시는 시험은 하나님 자신을 위한 게 아니다. 하나님께서 이미 그 결과를 알고 계시기 때문이다. 하나님께서 시험을 치르는 자를 위해 시험을 준비하신다. 이스라엘은 이 시험을 통해 자신의 영적 상태를 평가할 수 있게 된다. 그리고 이스라엘에게 복을 내리실 것인지 또는 화를 내리실 것인지 결정하는 하나님의 판결을 받아들일 준비를 갖추게 된다.

4) 이스라엘의 변함없는 죄(5~6절)

이스라엘이 이방 민족들과 통혼하게 된 것은 우상 숭배가 돌이킬 수 없는 지경에 이르렀음을 보여 준다. 그들은 가나안 민족들과 혼인하지 말라는 하나님의 명령을 어겼다(신 7:1~3). 혼인은 인간관계 중에서 가장 강력한 힘을 갖는다. 이스라엘이 이방 민족과 혼인 관계를 맺는 것은 그들에게 우상을 버리고 여호와께로 돌이키고자 하는 마음이 없음을 보여 준다. 앞서 언급한 하나님의 시험에 대한 판결이 이미 내려진 것과 동일하며, 이후에 기록될 사사들의 긴 이야기는 이것을 확증하는 일에 불과하다.

사사기 3:5은 가나안, 헷, 아모리, 브리스, 히위, 여부스 모두 여섯 족속을 언급한다. 가나안 족속이라 하면 흔히 이 여섯 족속을 말하며, 때에 따라 기르가스 족속을 포함하기도 한다(6족속 – 출 3:17; 23:23; 33:2; 34:11; 신 20:17; 수 9:1; 7족속 – 신 7:1; 수 3:10; 24:11). 여호수아와 싸우려고 모였던 여섯 족속들의 목록과 일치한다(수 9:1). 이제 이스라엘 사람들은 통혼을 통해 완전히 가나안 민족들 가운데 정착하게 되었고, 이전의 원수가 이제 친구로 변했다. 사사 시대를 통해 이스라엘을 괴롭힌 민족은 메소포타미아나 모압이나 암몬이나 미디안처럼, 대부분 팔레스타인의 외부에서 왔다. 이스라엘은 가나안 족속들과 평화롭게 섞여 살고 있다. 또 이스라엘은 빈번하게 블레셋의 핍박을 받고 있었지만, 불만스러운 일부 조건들을 감수하면서 그들과도 평화롭게 지내고 있었을 것이다. 이와 같은 평화로운 공존을 깨뜨리는 삼손은 배척당할 수밖에 없었다.

설교를 위한 적용

사사 시대는 하나님께서 이스라엘을 시험하신 때다(2:22, 3:1, 4). 그 시험은 영적인 것으로서, 이스라엘이 과연 여호와의 길을 따를 것인지 확인시키는 과정이었다. 이스라엘은 시험에 실패해 오히려 더 큰 죄에 빠졌다. 마치 노아의 때에 결혼의 순수함이 유지되지 않았던 것처럼, 이스라엘도 이방 민족과 통혼하여 우상 숭배에 빠져들었다. 하나님께서 주시는 모든 시험은 믿음으로 견디는 자를 단련하여 정금같이 나오게 한다(욥 23:10). 하나님께서 하나님의 계명을 지키는 자와 항상 함께하시기 때문이다(수 1:8~9). 동시에 하나님의 시험에서 믿음을 버리는 자들은 실족하여 넘어질 것이다.

하나님의 시험은 이스라엘의 국가 조직에서도 이루어졌다. 이스라엘은 이 시험의 때를 거치는 동안 자기들에게 적합한 지도자가 어떠한 유형이 되어야 하는지 결정해야만 했다. 그들은 사사와 같은 지도자들이 죄와 형벌의 순환에서부터 이스라엘을 온전히 구원할 수 없을 것이라는 결론에 도달하게 된다. 전쟁이 있을 경우에 그 전쟁을 수행하기 위해 임명된 사사들의 통치는 당연히 일시적이고 지역적으로 제한되었으며, 전쟁의 영역에 집중되었다. 그러므로 이스라엘을 죄와 그로 인한 재앙으로부터 구원할 새로운 지도자는 보다 영구적으로 통치할 수 있어야 했다. 이스라엘 전 지파를 관할하고 전쟁뿐 아니라 영적이고 사회적 분야에서도 이스라엘 백성을 지도할 수 있는 사람이어야 했다. 따라서 사사기는 그와 같은 지도자는 왕이어야 한다는 희망을 제기하고 있다.

부족한 자를
들어 쓰시는 하나님

사사기 3:7~31 주해와 적용

옷니엘(삿 3:7~11)

1. 문학적 구도

1) 본문의 특징

본문은 뒤이은 기사들과 함께 두 가지 특징을 지닌다. 첫째, 사사기 2:11~19에 소개된 단어와 어구와 공식들이 그대로 반복 사용되었다.[1] 둘째, 옷니엘 기사의 세부 사항은 매우 간략하다. 즉 승리는 보고되었으나 왜 투쟁이 주어졌나에 대한 구체적인 사항이 없고 또 대화·보고·사건에 대한 극화·장면 묘사 등이 없다.

2) 두 개의 옷니엘 기사(1:12~15; 3:7~11)

이 단락에 나타난 구원자, 즉 사사 옷니엘은 사사기 1:12~15에서 악사를 아내로 얻었던 용감한 사람과 같은 인물이다. 저자는 이 사실을 반복함으로써 옷니엘의 특성을 강조한다. 그는 가장 이상적인 지도자이며 뒤따르는 사사들의 표준이 되었고, 초자연적인 힘을 얻어 능력 있는 사사가 되었다.

3) 문학적 패러다임

이 본문은 매우 축약된 형태로 여호수아와 뒤이은 사사들을 잇는 고리 역할을 할 뿐 아니라 뒤이은 기사들의 문학적 패러다임이 되어 네 요소를 담고 있다. 첫째, 죄이다. 이스라엘은 평화로운 상황에서 여호와 보시기에 악을 행하여 그분을 격노케 하였다. 둘째, 징계이다. 여호와는 백성들을 이방 권세에 맡겨 압제를 당하도록 징계하였다. 셋째, 간구이다. 압제 가운데 신음하던 백성들은 하나님께 간구하였다. 넷째, 안식이다. 여호와는 사사를 세워 백성들로 상당 기간(자주 '40년'이라는 어림수로 표기된다) 동안 안식을 누리게 하였다.

2. 본문의 내용과 주해

1) 이스라엘은 여호와 하나님만을 신뢰해야 한다

이스라엘 백성들은 여호와 앞에서 악을 행하였다.[2] 그들은 여호와를 잊어버리고 "바알들과 아세라들"[3]을 섬겼다(3:7). 저자는 그들의 배교 행위를 갈렙의 동생 그나스의 아들인 옷니엘과 연결시켜 보고한다(참고 수 15:17; 삿 1:13; 2:7). 옷니엘을 소개하면서 갈렙을 언급한 것은 여호수아와의 연계 때문이다. 곧 광야에서 태어나 요단강을 건너 가나안 정복을 체험했던 여호수아와 그의 세대가 죽은 후부터 이스라엘 후손들은 배교하기 시작하였다(참고 수 15:17; 삿 1:13; 2:7). 하나님의 능력을 직접 체험하지 못한 이스라엘 후손들은 여호와를 쉽게 버리고 가나안 주민들의 '다산 숭배'(fertility cult)의 영향으로 바알과 아세라를 섬겼다.

2) 하나님은 백성들의 언약 파기를 징계했다

백성들이 하나님과의 언약 의무를 파기하자, "여호와께서 이스라엘에게 진노하였다"(3:8). 이 어구는 구약에 나타난 '신인동형론'의 좋은 표현으로써 문자적으로 '여호와의 코가 빨갛게 되었다'라는 뜻이다. 이는 그의 분노를 극적으로 표현한 것이다.

여호와는 이스라엘로 하여금 메소포타미아 왕 구산 리사다임에게 8년간 압제를 당하게 했다. 왕의 이름은 '구산'(3:8)이다. '리사다임'은 매우 희귀한 쌍수 어미를 갖고 있어 왕의 이름이라기보다 일종의 유머에 가까운 별명으로 보인다. 아마 당시에 받은 압제는 독자가 예상하는 것보다 두 배나 더 심한 압제였다는 사상을 전해 이 용어는 '이중적으로 사악한 구산'이란 뜻을 담고 있다.

또 이 이름은 사사기 3:8, 10에서 각각 두 번씩 연속 사용되어 옷니엘 기사의 윤곽을 만들어 준다. 이 윤곽의 시작과 끝부분에서 압제자를 '왕'으로 부른다. 옷니엘이 '여호와가 세운 사사 제도의 대변인'인 것과 같이 구산 리사다임은 '가나안 왕권 제도의 대변인'이다. 그러므로 옷니엘과 구산 리사다임의 싸움은 두 제도간의 다툼이며 둘 다 여호와의 이스라엘에 대한 통치의 표현으로 나타난다.

3) 하나님이 백성들을 구원하시는 것은 그들을 불쌍히 여기셨기 때문이다

이스라엘 백성들이 구원해 달라고 간구하자 하나님은 옷니엘을 세워 백성들을 이방 압제자에게서 해방시켰다. 이처럼 사사 시대를 통하여 하나님은 백성들이 절망적인 상황에서 구원해 달라고 간청할 때 그들을 구원하셨다(참고 3:9, 15; 7:2, 9; 10:12; 18:10). 그러나 반드시 그들이 간청한 결과로 구원을 받은 것은 아니다.[4]

오히려 하나님이 그들을 구원하신 이유는 다른 데 있다. 첫째, 하나님은 백성들이 모든 죄악에서 깨끗케 되는 모습, 곧 일반적 의미의 회개가 주어질 때까지 기다리지 않았다. 둘째, 구원은 그들이 회개한 결과나 대가로 주어진 것이 아니라 하나님이 그들이 당한 고난을 보고 불쌍히 여기셨기 때문에 주어졌다(Davis, 50). 하나님이 언약을 맺으신 백성들의 고통을 먼저 보시고 불쌍히 여기셔서 그들을 구원하셨다. 구원은 인간의 행위의 결과가 아니고 하나님의 전적인 은혜일 뿐이다.

4) 하나님은 끊임없이 지도자를 세워 백성들을 구원하셨다

이스라엘 백성들이 부르짖자 여호와는 옷니엘을 사사로 세워 그들을 구원하였다. 사사들의 사역은 구원자로 정의되며, 단지 정치적인 구원으로만 한정되지 않고 영적인 의미에서의 구원이기도 하다. 여기에 이스라엘의 생존을 위한 제도가 주어진다. 여기엔 아무런 조건이 없다. 백성들이 여호와를 버리고 바알과 아세라를 섬기는 악을 행하여도 여호와께서 이들을 통해 이루시려는 구원 계획은 변치 않아 이스라엘 백성들은 계속하여 거저 주시는 은혜로 구원을 체험한다.[5]

5) 하나님은 작은 자를 택하여 큰 자를 다스리게 하신다

하나님께서 옷니엘을 선택하신 이유는 놀랍다.[6] 옷니엘은 이미 이스라엘에서 유명한 용사였다(수 15:15~17; 삿 1:11~13). 그러나 그의 위상은 갈렙의 동생 그나스의 아들로 밝혀졌다. 장자 상속권의 영향을 받는 당시에 어린 자(작은 자, 곧 중요하지 않는 자)의 후손이 민족의 지도자가 되었다는 것은 놀라운 일이다.[7] 어린 자가 큰 자보다 크게 일어나는 것은 자연스럽지 못하나, 이는 섭리 가운데 역사하시는 하나님의 사역으로 해석된다.

6) 하나님은 사람을 세워 성령으로 옷 입혀 주신다

옷니엘 기사에서 가장 중요한 사실은 하나님의 영이 그에게 임한 것이다(삿 3:10, 참고 민 24:2; 삿 11:29; 삼상 19:20, 23; 대하 20:14).[8] 이는 사사기 저자가 이를 언급하지 않았지만 모든 사사들에게 주어졌다. 어느 누구도 성령의 도움이 없이는 모든 것이 불가능했을 것이다. 옷니엘은 성령의 도움으로 백성들을 압제에서 구원할 수 있었다.

모압의 억압과 에훗의 구원(삿 3:12~30)

1. 에훗 기사의 동심원적 문학 구도

A. "이스라엘 자손이 악을 행하니라"(12절)

B. 여호와께서 모압을 강성케 하다(12절)

C. 에글론이 이스라엘을 치다(13절)

D. 에훗을 통해 공물을 보냈다(15절)

E. '돌뜨는 곳'에서 에훗은 그의 동료들을 집으로 보내다(18절)

F. 에훗이 에글론에게 돌아오다(19절)

G. 에글론의 시종들이 물러가다(19절)

H. 에글론의 침방으로 들어가다(20절)

I. 에훗이 칼을 뽑았다(21절)

J. 칼로 에글론의 배를 찔렀다(21절)

I′ 칼을 에글론의 배에서 뽑지 못했다(22절)

H′ 에글론을 침방에 남겨 두고 떠나다(23절)

G′ 시종들이 그 방에 다시 들어가다(25절)

F′ 에훗이 에글론의 궁에서 멀어지다(26절)

E′ '돌뜨는 곳'에서 에훗은 도망하여 이스라엘 군대를 소집하다(26~27절)

D′ 에훗이 모압 군대를 공격하다(28절)

C′ 이스라엘이 모압 군대를 살륙하다(29절)

B′ 모압이 이스라엘을 섬겼다(30절)

A′ "그 땅이 80년 동안 태평하였더라"(30절)

1) 12절(A~B), 30절(A′~B′)

여호와는 이스라엘이 범죄하자(A) 진노하여 그들을 치도록 모압을 강성케 하셨다(B). 그러나 백성들이 여호와께 간구하자 여호와는 한 구원자를 세위 모압을 제압하고(B′) 80년간 안식을 누리게 하셨다(A′).

2) 13~19절(C~F), 26~29절(C′~F′)

여호와는 모압의 왕 에글론을 강성케 하여 주변 국가와 더불어 이스라엘을 쳐 20년 동안 종으로 삼게 하였다(C). 반면 여호와가 세우신 구원자인 에훗의 영도 아래 이스라엘은 모압을 쳐서 종으로 삼았다(C′). 에훗은 이스라엘을 대표하여 살찐 에글론에게 공물을 전달하였다(D). 에훗은 에글론을 쓰러뜨리고 이스라엘 군대를 이끌고 진격하였다(D′).

E와 E′ 사이에 에훗은 홀로 일한다. 먼저 '돌뜨는 곳'(직역하면 '우상들')[9]에서 에훗은 공물을 함께 날랐던 동료들을 집으로 보낸다(E). 에글론을 죽인 에훗은 '돌뜨는 곳'까지 도망하여 이스라엘 군대를 소집하였다(E′). 에훗은 에글론에게 돌아와(F) 하나님의 비밀 메시지를 전달하기 위해 시종들을 물리고(G) 단독으로 에글론의 침방으로 들어간다(H). 에훗은 에글론을 침방에 남겨 두고 나오고(H′) 시종들은 왕이 쉬는 줄 알고 들어가지 않았고(G′) 에훗은 곧 궁에서 빠져나가게 된다(F′). 모압의 영향력이 미치는 '돌뜨는 곳'까지 나온 에훗은 이스라엘 군대를 소집하여 모압 군대를 공격하여 승리한다(E′).

3) 19~25절(G~G′)

저자는 J를 중심하여 구원 기사의 핵심 부분인 G와 G′ 사이에 에훗의 행동을 몇 개의 동사('나가고', '들어오고', '… 을 닫고')를 반복하여 더욱 세분된 동심원적인 패턴을 구성하였다. 이런 동심원적 패턴을 사용하여 저자는 다음 내용을 전달한다. 첫째, 시종들과 에훗의 나가고 들어오는 것을 대조시킨다(G/G′, H/H′). 둘째, 에글론을 중심하여 칼날은 에글론의 몸에 들어가자 배에 있는 기름이 칼날에 엉기어 배가 닫혀 버린 반면에 에훗은 에글론이 숨겨 누워 있는 방에서 현관으로 나가 다락문을 닫았다(I/I′). 셋째, 이 기사의 중심은 에훗이 하나님의 비밀 메시지로 가져간 칼로 에글론을 찔렀다는데 그치지 않고 (에글론의 배에서) 무엇인가 '나왔다'에 초점을 맞추고 있다(J).

2. 본문의 내용과 주해

1) 하나님은 백성들의 잘못을 징계하기 위하여 때로 이방 사람들을 사용하신다

이스라엘 백성들이 또 하나님을 떠나 이방신들을 섬기게 되자 18년 동안이나 모압 왕 에글론의 압제를 당하게 되었다.

에글론은 암몬족과 아말렉족과 동맹군[10]을 형성하여 동편으로부터 공격해 여리고 지역("종려나무 성읍", 13절)의 요단 서편 지역을 18년 동안 다스렸다(14절). 에글론이 네 번씩이나 '모압 왕'이란 타이틀(12, 14, 15, 17절)로 언급되고 절정에서 에훗은 그를 '오 왕이여!'(19절)라고 부른다. 이 같은 표현을 통해 저자는 당시 모압이 이스라엘을 통치할 수 있었던 것은 하나님이 이스라엘의 범죄로 인해 징계하실 목적으로 모압을 강성케 하신 결과(12절)라고 밝히고 있다.

2) 하나님은 때로 부족한 사람을 세워 그의 도구로 사용하신다

저자는 두 사람의 육체적 묘사를 풍자적으로 처리했다. 또 에훗의 왼손잡이 모습과 에글론의 살찐 모습이 대조돼 나타난다.

에훗은 어떤가? 하나님은 '의협심이 강한 무사'와 같은 옷니엘과 달리 여기서는 정도에서 벗어난 사람 에훗을 구원자로 세우셨다. 저자가 에훗을 묘사하는 어법이 흥미롭다. 그는 베냐민(직역하면 '오른손의 아들') 지파이나 오른손에 문제가 있어 사용할 수 없는 '왼손잡이'였다(15절). 이런 사람도 하나님이 쓰실 때 이스라엘의 적을 무찌르고 온 나라에 평안을 가져다주었다.

에글론은 어떤까? 이스라엘을 18년 동안이나 압제하면서 수많은 조공을 받았던 에글론은 매우 뚱뚱하고 비둔했다. 이런 에글론의 살찐 모습은 자신의 탐욕의 상징임과 동시에 에훗이 찌르는 날카로운 단도에 다치기 쉬운 외모를 상징하고 있다(21절). 저자는 에글론이 이스라엘 백성에게서 공물을 받아먹더니 끝내는 에훗이 찌르는 칼까지 '먹었다'[11]고 보고한다. 한때 에글론은 하나님의 도구가 되어 이스라엘을 압제할 수 있었지만 마침내 하나님의 사람이 세워짐으로써 죽임을 당하게 되었다.

3) 하나님은 사람들이 가진 다양한 재능을 있는 그대로 사용하신다

왼손잡이 에훗은 육체적으로 비정상적이어서 공물 운반자로 적절치 않지만, 실제로 다른 역할 곧 암살의 역할엔 적합했다. 에훗은 암살 목적에 맞게 자신이 만든 "좌우에 날선 칼"(16절)을 오른쪽 다리에 숨겼다. 그는 오른손에 장애가 있었기 때문에 에글론의 부하들도 그의 오른편을 수색하지 않았을 것이다. 또 에글론도 에훗이 왼손으로 단도를 뽑을 것을 예상하지 않았다. 이는 에훗의 전략이었다. 에훗은 자기의 약점을 장점으로 활용했다.

또한 에훗은 눈에 보이지 않는 두 개의 무기를 가졌다. 첫째, 이는 암살용 칼로 에훗은 이를 몸에 감추기 위해 오른발 허벅지에 '찼다'(16절). 둘째, 사사기 3:19, 20에 각각 사용된 '은밀한 것'(개역개정 '은밀한 일')과 '하나님의 말'(개역개정 '하나님의 명')이란 어구가 고의적으로 오해하도록 유도된 말에 감추어졌다.

에훗은 칼로 찌르는 결정적 순간에 여호와의 메시지를 에글론에게 전달한다. 누구도 왼손잡이 에훗의 행위를 예견할 수 없었다. 그는 에글론에게 전할 '은밀한 것'(개역개정 '말')이 있다고 호기심을 갖게 하고, 수종들을 물러가게 했다. 둘만이 있게 되자 에훗은 그를 위해 '하나님의 말'을 가져왔다고 말하면서 선물을 받으려 일어서는 에글론을 칼로 찔렀다. 여기에 히브리어의 풍자가 있다. '은밀한 것'과 '하나님의 말'은 모두 같은 단어인 '다바르'(דבר)이다. 에글론은 신적 계시를 예견하였으나, 에훗은 실제로 인간의 꾀로 만든 비밀 병기를 갖고 있었다.

이런 에글론의 마지막 상황은 그를 조롱의 대상으로 전락시켜 하나님이 함께하시지 않은 왕의 몰락을 묘사함으로써 저자는 인간이 세운 왕과 하나님이 세운 구원자를 대조시키고 있다.

4) 인간의 전략은 적절치 않았으나 하나님은 이를 선하게 사용하셨다

에훗의 행위가 바람직하지 않았기에 저자는 에훗의 행위가 성공적이었으나 바람직한 일은 아니라고 중심 단락(J)에서 강조한다. 이때 사용된 칼은 30~40cm가 안 되는 단도로 보인다. 에훗이 에글론의 배를 찌르자 칼 손잡이에 기름이 끼었고 그의 몸 뒤에 큰 구멍이 만들어지면서 무엇인가 나왔다.

문제는 22절의 '하파르세도나'(הַפַּרְשְׁדֹנָה)의 해석에 있다. 여기 '나갔고'라는 동사의 주어가 무엇인지에 따라 여러 가지 해석이 가능하다. 첫째, 여러 번역본들처럼 문맥의 흐름을 따라 에훗이 칼로 에글론을 찔렀고 '그 칼이 등 뒤로 나왔다'라는 번역이 가능하다. 둘째, '하파르세도나'를 '나왔다'의 주어로 보면 칼로 배를 찔렀더니 무엇인가가 살찐 뚱뚱한 몸에서 나왔다는 말이 되는데, 이는 대소변 또는 기름찌꺼기를 의미할 수 있다.[12]

여기서는 후자의 해석이 더 적절하다. 왜냐하면 그것은 뒤이은 구절과 병행되기 때문이다. 저자는 칼로 찌르는 행위를 세부적으로 묘사하면서 칼자루까지 배 속 깊이 들어가 배가 터져 배설물이 나온 사실과 곧이어 에훗이 현관으로 나온 것을 병행시키고 있다. 둘 다 나왔으나, 하나는 통제할 수 없었고 다른 하나는 통제할 수 있었다.

저자는 이런 저속하고 더러운 표현을 상세하게 담아 에훗의 행한 일에 대해 못마땅하게 여기고 있다. 이같은 행동은 여호와의 구도와 일치하지 않음을 암시하고 있다. 인간과 하나님의 행위는 서로 분리되어 있다.[13]

이 기사에서 저자의 주된 강조점은 하나님께서 장애를 가진 사람을 사용하여 큰 승리를 거두었다는 것이다. 이스라엘도 육적 한계를 가졌으나 하나님만을 신뢰하고 순종할 경우에 전쟁에서 이길 수 있었다.

블레셋의 압제와 삼갈의 구원(삿 3:31)

1. 하나님은 때로 이방인을 사용하신다

삼갈은 이방인이다. 삼갈은 이스라엘식 이름이 아니며[14] 또 이름을 수식하는 '아낫의 아들'에서 '아낫'은 신의 이름이기에 삼갈은 아낫 신을 믿는 이방인의 가정에서 태어난 자이다.[15] 삼갈은 이스라엘 사람이 가나안 사람과의 결혼으로 인해 태어났거나 아니면 하나님이 사용하신 외국인일 수 있다. 여하간 그는 여호와 예배에 개종자였으며 또한 그는 하나님의 뜻에 따라 싸웠고 특히 그 땅에 거주하는 비(非)이스라엘 족속을 무너뜨렸다.

2. 하나님의 사람은 자신이 가진 것을 불평하지 않고 최선을 다한다

삼갈 기사는 구원 행위의 특이한 방법을 보여 주고 또 전쟁의 승리는 무기의 종류에 있지 않고 하나님에게 있음을 보여 준다. 삼갈의 무기는 특이했다. 앞선 기사에서 에훗은 에글론을 죽이려고 자신이 만든 칼을 몸에 숨겼으나 삼갈은 '소모는 막대기'(아마 쇠붙이가 끝에 붙어 있었을 것이다)로 무장하였을 뿐이다.[16] 이것은 소들을 인도하기 위해 사용되는 2~3m 되는 막대기이다.[17] 뾰쪽한 끝부분으로 소들을 인도하고 반대편의 작은 괭이는 쟁기에 붙은 흙을 떨어낼 때 사용한다.[18]

삼갈이 사용한 무기는 특별히 만들어졌다기보다 임시변통이다. 이 무기를 사용한 자는 비전문가다. 삼갈은 농부였으나 용사로서 600명의 잘 훈련된 군사를 죽였다.

우리가 삼갈 기사에서 배울 점은 의심스런 개인의 배경과 적절한 무기가 없어도 압제받는 하나님의 백성을 구출하도록 하나님이 그를 사용하시는 데 있다. 만약 우리 자신이 하나님의 뜻에 따라 일한다면 어떤 배경이든지 어떤 도구를 가졌든지 하나님이 우리를 통해 위대한 일을 행하실 것이다.

설교를 위한 적용

사사기 3장에서 우리는 하나님이 약한 사람들을 세우시고 그들에게 영을 부어주셔서 영광을 드러내는 위대한 일을 하게 하셨음을 볼 수 있다. 예수의 제자들도 예루살렘 출신이 아니고 갈릴리 출신들이었다. 인간적으로 부족하더라도 하나님은 그들이 가진 재능을 있는 그대로 사용하셨다.

곧 하나님의 뜻을 행하기로 헌신한 사람들은 하나님이 필요로 한 모든 것을 지니고 있었다. 그분은 여러 종류의 사람들을 사용하시나 믿음 안에서 그분의 뜻을 행하려고 헌신된 자들을 세우신다. 하나님의 사람들은 자신의 부족을 보지 않고 부족한 자신을 도구로 사용하시고 힘 주시는 하나님만을 바라볼 따름이다.

04

하나님의 주권과
인간의 결단이 만나는 자리

사사기 4~5장 주해와 적용

본문의 개요

예언자이면서 사사였던 여인 드보라를 통하여 하나님께서 가나안의 하솔 왕 야빈과 그의 군대장관 시스라로부터 이스라엘을 어떻게 구원하셨는지가 본문의 주된 내용이다. 그런데 똑같은 구원 사건을 사사기 4장과 5장에서 반복 보도하고 있다. 특이할 만한 것은 4장은 산문체로, 5장은 운문체로 씌어져 있는 점이다.[1] 본문을 해석하는 설교자에겐 이 문체의 변화를 통해 각각의 장이 강조하려는 메시지의 중심이 한 쪽에서 또 다른 쪽으로 변화되고 있음을 주의 깊게 살펴야 한다. 또한 각각의 다른 강조점들이 나란히 사사기 4장과 5장에서 한 눈에 제시됨으로써 전체로서의 드보라 승리 기사가 어떠한 메시지를 주고 있는지 파악하는 것이 중요하다.

먼저 사사기 4장은 크게 네 부분으로 구성되어 있다. 첫 번째는, 이스라엘의 고통 상황을 묘사하고 있다(4:1~3). 두 번째는, 드보라와 바락을 통한 하나님의 구원 역사가 드러나 있다(4:4~16). 세 번째는, 야엘이 시스라를 살해하는 장면이다(4:17~22). 끝으로, 가나안 왕 야빈에 대한 이스라엘 자손의 승리가 결론적으로 보도되고 있다(4:23~24). 본문 사사기 4장에서 일관되게 흐르는 강조점은 하나님의 주권이다. 이스라엘의 고통의 시작 자체가 이스라엘 자손의 악행에 대한 여호와의 심판으로부터 시작된다(4:2). 이 고통의 해결도 하나님의 섭리 안에 있다.

하나님의 구원 계획의 계시가 드보라에 의해 바락에게 선포되는 장면(4:6~7)과 하나님의 말씀하신 바대로 전쟁이 그대로 수행되어 승리하는 모습(4:10, 12~16)이 그 사실을 증명한다. 더욱 세심한 하나님의 경륜은 바로 겐 사람 헤벨이 자기 족속을 떠나 이스라엘과 야빈 왕 사이에 장막을 친 일이다(4:11). 뒤에 일어날 사건 즉 전쟁에 쫓긴 시스라가 근처에 있는 헤벨의 아내 야엘의 장막에 몸을 피할 수밖에 없는 상황이 이미 설정되어 있다. 결국 야엘에 의해 시스라는 죽임을 당하고(4:17~22), 이로써 하나님의 섭리 가운데 이스라엘의 구원은 성취된다.

같은 이야기를 시로써 표현하는 5장은 4장에서 보도되고 있는 전쟁에 관한 기사 외에 다른 요소들이 추가로 포함되어 있다. 그 구성은 다음의 여섯 부분으로 이루어져 있다. 첫 번째, 찬양으로의 초대와 신앙 고백이 나타난다(5:1~5). 두 번째, 전쟁 이전의 상황과 전쟁에 대한 준비가 비교적 자세하게 묘사되어 있다(5:6~13). 세 번째, 사사기 4장에서 볼 수 없는 새로운 요소로써 이스라엘 각 지파의 전쟁 참여 여부와 전쟁 상황이 보도되고 있다(5:14~23). 네 번째, 야엘이 시스라를 살해하는 장면을 노래한다(5:24~27). 다섯 번째, 또 다른 새로운 요소로써 시스라의 어머니와 가나안 여인들의 노래가 풍자적으로 실려 있다(5:28~30). 여섯 번째, 주를 사랑하는 자의 구원을 강조하는 송영으로 마감하고 있다(5:31).

본 장에서 강조하는 주된 흐름은 하나님의 구원 역사에 참여하는 인간의 결단에 있다. 드보라와 바락의 찬양시의 시작이 '이스라엘의 두령'의 리더십과 백성들의 헌신하는 모습으로 나타나 있고(5:2), 삼갈이나 야엘(5:6), 드보라 및 바락(5:12) 등 인간 중심의 장면 전개가 두드러진다. 또한 사사기 4장에서 나타나지 않는 요소인 이스라엘 지파들의 전쟁 참여에 대한 묘사는 각 지파들의 헌신 여부를 지적하고 있다. 그리고 시스라를 죽인 야엘의 행적이 '장막에 거하는' 다른 여인들보다 칭송받는 이유가 그녀의 결단적 행위에 있음을 알려 주고 있다.

본문 주해

1. 사사기 4장의 주해 및 메시지

1) 고통의 시작: '여호와의 파심'(1~3절)

본문의 시작은 사사기에서 전형적으로 드러나는 신학적 순환[2]의 처음 부분과 동일하다(3:12~14). 사사 에훗이 죽자 이스라엘 자손은 다시금 타락하게 된다. 이에 하나님은 그들을 가나안 왕 야빈에 의해 학대를 받게 하시고 이스라엘 자손은 하나님께 부르짖는다. 한 가지 특이한 점은 여호와께서 이스라엘 자손을 가나안 왕 야빈의 손에 '파셨다'(מכר마카르)라는 표현이다(4:2). 사실상 이 표현은 사사기 전반에 걸쳐서 나타나는데(2:14; 3:8; 10:7), 이 단어는 이스라엘의 신분(identity)을 상기시켜 준다. 즉 그들은 애굽의 노예였다가 하나님에 의해 자유함을 입은 사람들이라는 것이다.

그러나 그 '자유함'에는 일정한 계약 조건이 따랐다. 그 계약 가운데 하나님과의 올바른 관계를 유지하는 한에서 이스라엘 사람들은 자유할 수 있다. 반대로 계약 관계를 파기할 경우에 그들은 다시금 노예의 신분으로 떨어질 수밖에 없는 것이다. 왜냐하면 자유하게 하신 여호와께서 그들의 범죄로 인하여 다른 자들에게 다시 '파시기' 때문이다. 이스라엘 백성의 운명은 여전히 여호와의 손에 달려 있음을 그들은 쉽게 잊고 있다.

이러한 구약의 계약적 사상은 오늘을 사는 신앙인들에게도 시사하는 바가 크다. 비록 예수 그리스도의 보혈로써 새로운 삶을 얻은 성도라 할지라도 '그리스도의 사람'으로 생활하지 못한다면 다시금 죄악의 노예로 되팔릴 수밖에 없는 것이다. 그래서 그리스도를 통해 얻은 하나님과의 새로운 관계의 준수 여부가 중요하다. 예수 그리스도는 구원받은 성도의 마땅한 삶의 모습을 천국으로 그렸다. 모든 성도는 이미 천국을 소유한 것이다.

2) 드보라와 바락: 하나님의 구원(4~16절)

이스라엘 자손의 부르짖음에 대해 하나님께서 드보라를 보내셨다. 그는 "랍비돗의 아내"로 소개되어 있는데, 랍비돗은 '라피드'(לפיד)의 복수 형태로서 '횃불'이라는 뜻이다.[3] 흥미로운 것은 '바라크'(ברק)라는 이름도 '전등불'이라는 뜻이 있기에 랍비돗과 바락을 동일인으로 간주하기도 한다.[4] 그러나 드보라와 바락과의 관계에서 더욱 중요한 것은 드보라는 하나님의 말씀을 전하는 예언자로서, 바락은 예언자를 통해 하나님의 사역을 감당하도록 부르심을 받는 사명자로서의 관계이다. 즉 드보라는 야전 사령관이 아닌 예언자로서의 기능을 수행하고 있다. 이전의 옷니엘(3:9~10)이나 에훗(3:15)과 같은 사사는 여호와의 부르심을 받고 직접 싸웠다.

그러나 드보라는 부르심을 입고 나서 제3자인 바락을 전쟁 사령관으로 임명한다. 바로 그것이 하나님의 명하신 바이기 때문이다(6~7절). 하지만 드보라의 사사(Judge)로서의 기능은 보다 더 근본적인 측면에서 강조된다. 바로 그가 이스라엘 자손들의 재판을 담당하는 장면이다(5절). 드보라가 '종려나무 아래서 거하였다'는 보도는 그가 특별한 장소(성소 또는 제단)에서 하나님 계시의 수혜자로서 백성들 중에 신령한 직임을 감당하고 있었음을 알려 준다.

분명한 하나님의 명령에도 불구하고 바락은 전쟁의 승리에 대한 확신이 부족했다. 그는 드보라의 동행을 요구함으로써 하나님 말씀의 진위 여부를 확증 받으려 했다. 이에 대해 드보라는 의미심장한 말을 남긴다. 본인은 동행하겠으나 이 일로 인하여 바락은 '영광을 얻지 못할 것이라'고 말한다. 결국 바락의 부족한 믿음으로 인해 정작 목숨을 건 싸움을 통해 마땅히 얻어야 할 영광이 본인으로부터 다른 사람에게 넘어가게 되었다.

왜냐하면 여호와께서 적장 시스라를 '여인의 손에 파실 것'이기 때문이다(9절). 실제로 전쟁은 하나님의 뜻하신 대로 진행되었다. 드보라의 진격 명령을 통해 바락은 나가서 싸웠고 적들의 군대를 대파했다. 본문의 화자는 이 싸움의 승리가 하나님께 있음을 강조한다(14, 15절).

올슨(Dennis T. Oison)의 지적대로, 사사기 4장에는 누가 사사인지 분명하게 제시되지 않고 있다.[5] 4절은 드보라를 '사사'로 소개하고 있다. 동시에 여선지 '네비아'(נביאה)로 소개하고 있다. 주지하는 바와 같이 정작 전쟁에 나가 싸운 자는 바락이다. 그리고 최종적으로 적장을 죽이고 전쟁의 승리를 쟁취한 이는 놀랍게도 겐 족속의 여인 야엘이다. 그럼에도 본문에서 분명하게 제시하고 있는 것은 모든 사건의 주인공으로 계신 분이 바로 여호와 하나님이라는 사실이다.

반면 각각의 인물은 하나님의 구원 성취에 봉사하는 도구일 따름이다. 우리네 인생살이에서 누가 이 자리를 차지하고 누가 저 자리를 차지하는 일보다 누가 그 모든 일에 주권을 행사하는가를 분별하는 것이 지혜자의 삶이다. 바락의 행적은 이를 깨닫지 못한 자의 어리석음을 보여 준다.

3) 야엘의 시스라 살해: 하나님의 경륜(17~22절)

본문을 읽는 독자들은 11절에 삽입되어 있는 겐 사람 헤벨의 등장이 바락의 전쟁 이야기의 자연스러운 흐름을 방해하고 있음에 의아해 할 것이다. 그러나 의문은 17절에 이르러 곧 풀린다. 바락에게 쫓겨 도망하던 시스라가 바로 헤벨의 아내인 야엘의 장막으로 도주하게 되기 때문이다. 헤벨을 가부장으로 하는 겐 족속의 집단이 하나님의 섭리 가운데 적재적소에 등장하고 있는 셈이다. 더구나 본문의 보도자는 평소 야빈 왕과 헤벨 사이에 화평 관계였음을 알려 줌으로써(17절) 완벽한 각본의 구성을 강화시켜 주고 있다.

본 구절에서 많은 대조가 풍자적으로 내포되어 있다. 죽음의 위협으로부터 도피한 시스라가 찾은 곳이 곧 죽음의 장소가 된다. 시스라를 맞은 겐 부족의 대표자는 가부장 헤벨이 아니라 한 여인 야엘이었다. 가나안의 군대 장관 시스라는 마치 어머니의 보살핌을 받는 한낱 어린아이와 같다. "야엘이 이불로 덮으니라"(18절), "내게 물을 조금 마시우라… 하매 젖부대를 열어 그에게 마시우고 그를 덮으니"(19절), "그가… 깊이 잠든지라"(21절).[6] 급기야 본문의 영웅으로 떠오르는 것은 바락도 헤벨도 그 어떤 남성도 아닌 한 남자의 아내인 야엘이었다.

우리는 왜 야엘이 시스라를 속여 그의 처소로 들이고 급기야 끔찍하게 죽였는지 그 이유를 알 수 없다. 본문의 바탕이 되는 역사적 사실에 접근하기는 불가능하다. 그러나 우리가 본문의 문학적인 전개로 알 수 있는 것은 당시의 모든 상황이 구원 사건을 통하여 역전된 상태로 나타난다는 것이다. 화평의 관계가 죽음의 관계로 변화되었다(17, 21절). 전쟁의 주인공이 이스라엘 백성에서 겐 부족으로 바뀌었다.

남성의 우월성은 실추되고 여성의 위상이 확보된다. 연약함과 소극성의 상징인 한 여인의 장막이 하나님의 구원의 성취 무대로 부각된다. 뜻하지 않던 사람과 예상치 못한 장소에서 기대치 않은 하나님의 역사가 펼쳐진다. 시스라를 추격하던 바락과 이스라엘 군사들은 한 여인의 장막에서 고꾸라져 있는 적장의 주검 앞에 크게 놀랐을 것이다(22절). 이렇듯 하나님의 구원 사역은 언제, 어디서, 누구를 통하여 나타날지 모르는 경이와 기적의 연속이다. 무엇보다 인생 역전과 전복이 하나님의 섭리를 따르는 자들의 삶에서 나타난다.

4) 이스라엘의 승리: 여호와의 구원 성취(23~24절)

이 산문체 보도문의 기자는 그 모든 구원 사건의 주인공이 누구인지에 대해 결론부에서 분명하게 고백하고 있다. "이와 같이 이날에 하나님이 가나안 왕 야빈을 이스라엘 자손 앞에 패하게 하신지라"(23절). 그러나 아직 그 구원의 궁극적 성취는 이스라엘 자손의 몫임도 분명히 하고 있다. "이스라엘 자손의 손이 가나안 왕 야빈을 점점 더 이기어서 마침내 가나안 왕 야빈을 진멸하였더라"(24절).

이는 예수 그리스도의 십자가와 부활의 사건으로 인해 천국은 이미 이 땅 위에 들어왔으나 여전히 믿는 자들의 궁극적 완성을 이루어야 하듯이, 하나님의 주권적 행사를 통한 결정적 승리의 완성은 먼 옛날 사사 시대에서도 이스라엘 백성들에 의해 이루어졌음을 볼 수 있다.

2. 사사기 5장의 주해 및 메시지

1) 찬양으로의 초대와 신앙 고백(1~5절)

사사기 5장에서 승리 시의 시작은 그 주제에서 우리에게 시사하는 바가 크다. "이스라엘의 두령이 그를 영솔하였고 백성이 즐거이 헌신하였으니 여호와를 찬송하라"(2절). 즉 이스라엘 지파장들(chieftains)의 지도력과 백성들의 헌신을 기념하고 있다. 일반적으로 승리 시의 시작에는 가장 중요한 주제가 나타나게 마련이다. 예를 들면, 홍해를 건넌 기적을 체험한 모세의 승리 시는 다음과 같이 시작한다. "내가 여호와를 찬송하리니 그는 높고 영화로우심이요 말과 그 탄 자를 바다에 던지셨음이로다"(출 15:1). 말과 그 탄 자를 바다에 던지신 하나님의 능력을 가장 먼저 노래하고 있는 모세의 시에 비하면, 사사기 5장 드보라의 시는 이스라엘의 지도자들과 백성들의 결단적 행사를 노래하고 있다.

더구나 송영구인 "여호와를 찬송하라"를 직역하면, '여호와를 축복하라'(bless Yahweh)인 '베라쿠 아도나이'(ברכו יהוה)로써 전시 상황에서 이 구절은 '너희가 가진 모든 것을 드려라'와 같은 결단적 행위를 독려하는 선포문으로 쓰인다.[7] 이러한 선포 후에야 여호와의 위엄을 노래하는 '용사로서의 하나님'(Divine Warrior)에 대한 전통적인 고백이 뒤따른다(4~5절).

앞서 사사기 4장의 이야기체 본문에서 하나님의 주권적 역사가 강조되어 있다. 그러나 그에 반하여 사사기 5장의 운문체는 그 출발부터 하나님의 구원 역사에 참여하는 사람들의 행적에 집중하고 있다. 구체적으로 지도자의 통솔력과 따르는 백성들의 헌신이 그 내용을 이룬다. 아래에서 살펴볼 것이지만 5장은 바로 이 핵심 주제를 중심으로 전개된다. 하나님의 구원 역사는 하나님의 사람들에 의하여 성취되어짐을 드보라의 승리 시는 가르쳐 주고 있다.

2) '깰지어다, 일어날지어다'(6~13절)

삼갈의 날과 야엘의 날을 나란히 쓰고 있는 것은 드보라와 동시대의 사람들임을 보여 주는 것 같다. 6~8절은 당시의 시대 상황을 묘사해 준다. 즉 경제적으로 활발치 못하고, 정치적으로 안정되지 못하였으며, 심지어 종교적으로도 타락하였으며, 군사적으로 허약한 상태에 있었다. 이때 난세에 영웅이 등장하니 바로 드보라가 '이스라엘의 어미'로서 백성들 가운데 서게 된다.

곧이어 9~11절은 드보라가 온 이스라엘로부터 군사들을 모병하여 전쟁을 준비하는 모습을 그린다. 이스라엘 지파장들(방백)로부터 시작하여 모든 부류의 사람들('탄 자들', '앉은 자들', '길에 행하는 자들')에 이르기(5:10)까지 동원된다. 그뿐 아니라 원래 군인이었던 자들로부터 우물가 아낙에 이르기까지 모든 백성들이 출정 집회를 갖는다(11절).[8]

결정적으로, 12~13절은 이 싸움의 두 사령관인 드보라와 바락의 용맹스러운 출정과 승리의 확신을 노래한다. 그들의 승리는 남은 귀인과 백성의 합류 그리고 여호와의 임재를 통하여 확증된다.

본 단락은 위기의 시대에 어떻게 지도자의 영도력이 발휘되는지를 잘 드러내 준다. 드보라는 '이스라엘의 어미'로 묘사될 정도로 온 이스라엘의 정신적, 종교적, 정치적 지도자였다. 그를 중심으로 모든 이스라엘은 떨쳐 일어나고 있다. 그의 지도력이 미치지 않는 사람, 미치지 않는 장소가 없었음을 본문이 드러낸다(10~11절). 드보라의 지도력의 원천은 어디에 있었는가? 우리의 예상과 달리, 본문에서는 하나님의 카리스마에 두지 않는다. 오히려 이스라엘 각 지파의 방백들의 헌신과 협조에 있음을 밝히고 있다(9절).

그리고 드보라 자신과 그의 야전 사령관인 바락의 결단적 행위에 있음을 강조한다(12절). 이러한 하나님의 사람들의 헌신이 이루어지고 난 뒤에야 비로소 여호와의 강림이 맨 나중에 이루어진다. 우리의 신앙은 무엇이 먼저인가? 인간의 책임을 잊은 채 하나님에게만 매달려 있는가? 아니면 인간의 결단과 최선의 경주 이후에 하나님의 도우심을 기다리는가? 본문은 우리에게 '수인사대천명'(修人事待天命)의 영성을 일깨워 준다.

3) 지파들의 전쟁 참여(14~23절)

14~18절은 전쟁에 참여한 지파와 그렇지 못한 지파가 기록되어 있다. 에브라임, 베냐민, 므낫세(마길), 스불론, 잇사갈, 납달리 지파들은 드보라와 더불어 출정하였다. 그러나 르우벤, 길르앗,[9] 단, 아셀 지파는 출정의 나팔 소리를 듣고도 머뭇거리며 주저앉았다.

19~22절은 전쟁의 구체적 경과를 시적 용어로 표현하고 있는데, 그 중심 개념은 '물'이다. 전쟁의 현장은 '므깃도 물가'였다. "별들이 하늘에서부터 싸우되"라는 표현은 싸울 때 비가 내렸음을 예시한다.[10] 이러한 기상 조건은 이스라엘에게 유리하게 작용하였음이 분명하다. 결국 '기손강'에서 시스라의 군대는 전멸하고 이스라엘은 승리할 수 있었다.

22절에서 군마들의 말굽 소리는 황망히 퇴각하는 가나안 군사들의 모습을 묘사하고 있다.[11] 그러나 본 단락은 이러한 승리 보도로 끝나지 않고 끝절인 23절에서 전쟁에 참여하지 않은 자들에 대한 저주로 마감하고 있다.[12] 왜냐하면 그들은 '여호와를 돕지 않았기' 때문이다.

본 단락은 사사기 4장의 산문체에 없는 부분으로써, 운문체 부분에서 강조하려는 메시지가 들어 있음을 주목해야 한다. 바로 하나님의 구원 역사에 참여하는 자와 참여하지 않는 자의 운명을 명확히 보여 준다. 드보라와 함께 그 싸움에 나아온 자들은 하늘의 도우심(폭우와 홍수)[13]으로 기적 같은 승리를 얻게 된다. 그러나 결단치 못하여 헌신치 못한 자들에게 화가 미치게 된다. 여기에서 믿는 자의 결단적 실천이 얼마나 중요한가를 교훈한다. 성도를 향한 하나님의 부르심은 어떤 의미에서 우리에게 하나님을 도울 기회를 주시는 은혜의 초청이다. 그 초청에 응답하느냐의 여부가 신앙 생활의 승패를 결정짓는다.

4) 다른 여인보다 복을 받은 야엘(24~27절)

내용상 사사기 4:17~22과 겹치는 부분이지만 본 단락에서 시가 갖는 성격상 간결하면서도 회화적으로 가장 중요한 내용만을 강조하고 있다. 첫째,

사사기 4장의 산문체에서는 야엘의 행위에 대한 어떤 주관적 평가도 이루어지지 않고 있지만, 사사기 5장에서는 야엘을 가장 축복된 여인으로 기념하고 있다. 둘째, 시스라가 물을 달라고 부탁했는데 야엘이 엉긴 젖을 주고 있음을 풍자적으로 묘사하고 있다. 셋째, 야엘이 시스라를 살해하는 장면을 옆에서 보도하듯 자세히 그리고 있다. 넷째, 시스라가 쓰러져 죽는 모습을 '카라 나팔'(כרע נפל) 이라는 단어를 세 번이나 사용하여 강조하고 있다.[14]

산문체에서는 헤벨의 장막이 뜻하지 않게 이주하여 야엘이 시스라를 살해하는 결정적인 계기를 제공하고 이것이 하나님의 섭리로 이루어졌음을 강조하였다. 이에 반해 운문체에서는 하나님의 경륜적 사건에 대한 고백보다, 한 여인의 영웅적 행위를 찬양한다. 헤벨에게 속한 모든 여인들 중에 특별히 야엘이 축복되다고 노래한다. 그녀는 물이 아닌 엉긴 젖을 시스라에게 줌으로써 적장의 권위를 은연중에 무너뜨린다. 결국 야엘은 시스라의 생명마저 처참하게 무너뜨린다. 한 여인의 용맹스러운 행위가 이스라엘을 향한 하나님의 구원을 성취하였다.

사사기 5장에서 드보라의 시는 시종일관 이스라엘 지도자들의 리더십과 그 백성들의 헌신이 어떻게 전쟁에서 승리를 이끌었는지 노래하고 있다. 그런데 결정적인 승리의 계기는 이스라엘 중에서 일어나지 않는다. 겐 족속의 한 여인에게서 이루어진다. 이 시의 절정이 바로 이 부분에서 드러나는데, 두 가지 측면에서 구원을 향한 야엘의 결단이 두드러진다.

하나는, 야엘이 이스라엘이냐 가나안이냐 사이에서 이스라엘을 선택한 것이다.[15] 모세의 장인 호밥의 자손인 겐 족속은 전통적으로 이스라엘의 한 혈족이었다. 그러나 그 족속은 가나안 야빈 왕과 평화 조약을 맺고 있었다. 이 선택의 갈림길에서 야엘은 여호와 하나님을 섬기는 이스라엘을 선택한 것이다.

다른 하나는, 굳이 어려운 선택을 하지 않아도 되는 상황에서 야엘이 자신의 운명을 적극적으로 개척한 것이다. 왜냐하면 자신의 남편인 헤벨뿐 아니라 겐 족속의 장막에는 많은 다른 여인들이 있었기 때문이다. 본인이 아니더라도 이스라엘과 가나안의 전쟁은 이스라엘의 승리로 끝날 것이며, 그에 따라 자신의 남편은 이스라엘과 정식으로 평화 조약을 이루었을 것이다.

그러나 야엘은 자신이 당당히 하나님의 역사 무대의 주인공으로 등장한다. 본인이 자진하여 시스라를 맞아들이고 이윽고 그를 과감하게 살해하였다. 마침내 그의 행위는 이스라엘 역사를 통하여 모든 '장막에 거하는 여인들' 가운데 길이길이 칭송받게 되었다. 이는 수동적인 신앙이 아니라 적극적 신앙, 미루는 삶이 아니라 결단하는 삶 중에 하나님의 사람들은 그분의 구원 성취에 참여하게 되는 것이다.

5) 시스라의 어머니와 가나안 여인들의 노래(28~30절)

사사기 4~5장에 걸친 사사 드보라의 본문 중 풍자적 특징의 백미가 여기서 그 빛을 발하고 있다. 이미 죽은 시스라의 처참한 주검을 목도하고 있는 독자들에게 시스라의 어미와 그의 시녀들의 노래가 들린다. 그 어미는 그의 아들이 어서 돌아오기를 기다리고 있고, 그 가나안의 '지혜로운' 여인들은 시스라의 전쟁 승리를 예견하고 있다.

이들의 허망한 기다림과 어리석은 기대는 오히려 이스라엘의 승리를 더욱 입체적으로 부각시키고 있다. 시스라의 군대가 '한두 처녀를 얻었다'기보다 오히려 그들은 두 명의 여인(드보라와 야엘)으로 인하여 처참히 패배하였다. 시스라가 노략한 '채색옷'으로 그의 목을 꾸미기보다 도리어 그의 이마는 박힌 말뚝으로 인하여 선혈이 낭자한 채 죽음을 맞았다. 시스라의 어미는 패장의 어머니로 비극의 주인공이 되지만 '이스라엘의 어미'인 드보라(7절)는 승리한 백성의 어머니로서 영원한 구원의 영웅이 된다.[16]

야엘의 적극적인 선택과 결단은 여기서도 그 의의를 갖는다. 야엘은 그의 선택의 결과로 이스라엘의 여인이 될 수도 있었고 가나안의 여인이 될 수도 있었다. 당시의 가나안 백성은 이스라엘에 비하면 훨씬 부강하고 유력한 백성이었다. 하지만 그녀는 과감히 이스라엘 백성에게로 나아왔다. 그녀의 선택이 옳았음은 본 단락에서 방증(傍證)한다. 정작 가나안 여인들은 시스라의 어미처럼 비극의 주인공이 될 수밖에 없었다. 반면에 야엘의 선택은 드보라와 같은 구원의 주인공으로 기념되도록 하였다.

6) 주를 사랑하는 자의 구원과 평화(31절)

드보라와 바락의 시의 대단원은 전통적인 의인과 악인의 대조를 그리고 있다. 여호와를 대적하는 자들은 모두 허망하게 멸망하기를, 여호와를 사랑하는 자들은 해의 돋움과 같은 생명력을 날마다 더하시기를 간구한다. 끝으로 나오는 산문적 첨가 구는 전쟁의 승리가 이스라엘로 하여금 40년 동안의 평화를 누리게 하였음을 보도한다.

믿는 자의 궁극적 소망은 의인의 최후 승리다. 그러나 궁극적 구원을 일구어내는 주인공은 바로 결단하여 헌신하는 자들의 몫이며 그들은 바로 하나님을 전심전력으로 사랑하는 일이다.

설교를 위한 적용

사사기 4~5장은 드보라의 행적을 한편으로는 산문체로, 다른 편으로는 운문체로 이야기하고 있다. 그런데 앞서 살펴본 대로 똑같은 구원 사건에 대한 보도임에도 사사기 4장은 하나님의 주권을, 사사기 5장은 인간의 결단을 주제로 드러내고 있다. 언뜻 같은 사건에 대한 상이한 중심 주제가 우리를 혼동시킬 수도 있다. 그러나 구약 성경을 지금의 모습대로 물려준 신앙의 전통은 두 본문을 나란히 기록함으로써 하나님의 구원 역사를 전체적인 안목에서 온전히 이해하도록 돕는다.

사사기 4장은 이스라엘의 구원이 처음부터 끝까지 하나님의 섭리로 진행되고 있음을 이야기한다. 물론 이스라엘의 죄악이, 드보라의 사사로서의 활동이, 바락이나 야엘의 행적이 하나님의 구원 성취에 봉사하는 인간적 역할 감당의 측면을 보여 주고 있다. 그러나 본문의 보도자는 일관되게 여호와를

주어로 해서 모든 사건이 전개되고 결말나는 것을 강조한다.[17]

어떤 면에서 이 산문체의 화자가 갖는 하나님의 주권 중심의 신앙이 오늘날 그리스도인들의 태도가 아닌가 하는 생각이 든다. 그러나 문제는 이와 같은 고백의 잘못된 적용이다. 바로 하나님만을 의지한다는 명분 아래 마땅히 행해야 할 인간적 노력과 책임 완수가 결여되는 생활 방식이 그것이다. 즉 모든 것을 하나님 중심으로 여기기에 모든 삶의 주도권(initiative)을 일방적으로 하나님께 돌리는 태도다. 어떤 경우에도 '내'가, '우리'가 그 일을 시작하고 책임져야 함에도 불구하고 '하나님의 성령'이, '하나님의 은혜'가 임할 때까지 기다리는 소극적 신앙인의 모습을 흔히 볼 수 있다.

이런 면에서 사사기 5장의 시는 하나님의 구원 역사에서 인간적 결단과 헌신이 얼마나 중요한지를 신학적으로 보완해 주고 있다. 일반적으로 구약성경에서 나타나는 운문들 특별히 시편이나 예언서 등에서 발견되는 시들은 구약 시대에 일정한 제의적 상황에서 작성되고 불렸던 것으로 간주된다. 따라서 본문의 시는 이스라엘 자손들이 이미 잘 알고 있는 드보라와 바락의 승리 기사를 찬양의 노래로 제의 공동체에서 함께 부를 목적으로 재구성한 것으로 볼 수 있다.

그리고 그들은 구원 사건의 고백 가운데 온 이스라엘의 헌신을 중심 주제로 삼은 것이다. 드보라와 바락을 중심으로 한 각 지파장들의 지도력과 그들의 부름을 받은 모든 이스라엘 자손들의 단호한 응답이 하나님의 구원을 이루어 드렸음을 강조한다. 무엇보다 그들의 시의 절정은 야엘이라는 겐 족속 여인의 결단적 신앙의 선택과 용기 있는 행적이 자리하고 있다. 물론 이 모든 일들 위에 '여호와의 위엄 있는 임재'(5:4~5, 13)와 하늘의 도우심(5:20) 등 하나님의 주권적 역사도 함께 한다.

그러나 본문의 시인 신적 역사는 인간의 결단과 헌신을 완성하도록 돕는 역할로써 노래하고 있다. 무책임한 하나님의 절대 주권의 일방대로를 달리는 신앙인들에게 사사기 5장은 '정지 신호'를 보내고 있다. 이제 진정한 구원 역사를 이루기 위해서 하나님의 주권적 역사와 인간의 결단적 헌신이 함께 동반되어야 함을 일깨워 준다. 사사기 4장과 5장은 하나님의 주권(divine agency)과 인간의 결단(human agency)이 만나고 있는 본문이다.

대(大)사사 기드온은
과연 영웅인가

사사기 6~8장 주해와 적용

본문의 개요

'기드온과 300용사'는 주일학교 시절부터 하나의 무용담처럼 신나게 들은 '하나님의 전쟁 이야기'로 유명하다. 더구나 소품으로 등장하는 나팔, 항아리, 횃불과 음향 효과인 300용사의 외침 등은 전쟁의 참혹한 현실보다 「아라비안 나이트」와 같은 소설을 읽는 듯한 착각을 일으킬 정도로 흥미롭다.

그러나 사사기 전체 구조에서 '기드온의 이야기'가 차지하는 비중과 그 속에 담겨 있는 많은 신학적 내용들과 메시지들을 살펴보면 '기드온과 300용사'의 실전(實戰)은 기드온 이야기의 일부에 불과하다. 6인의 대(大)사사 중에 한 명인 기드온은 과연 어떤 사람이었으며 그의 이야기를 통해 저자가 전하려는 메시지는 무엇인지 본문을 통해 살펴보기로 하자. 먼저 본문의 전체 윤곽을 다음과 같은 구조로 나눠 볼 수 있다.[1]

    A 서론 (6:1~10)

        B 구원을 위한 기드온을 부르심 – 두 개의 대조적인 단(6:11~32)

            B1 첫 번째 단 – 여호와의 단(6:11~24)

            B2 두 번째 단 – 바알의 단(6:25~32)

C 기드온의 믿음의 갈등(6:33~7:18)

B′ 미디안으로부터의 구원 – 두 번의 전쟁(7:19~8:21)

B′1 첫 번째 전쟁 – 여호와의 전쟁(7:19~22)

B′2 두 번째 전쟁 – 기드온의 전쟁(7:23~8:21)

A′ 결론(8:22~35)

위의 구조(A–B–C–B′–A′)를 보면 본문의 무게 중심이 어디에 있는지 잘 나타난다. 그 유명한 '300용사의 전쟁'보다 기드온 개인의 믿음의 갈등(C) 부분에 오히려 강조점이 있음을 알 수 있다. 이런 구조를 염두에 두고 본문을 살펴보자.

본문 주해

1. 기드온 이야기의 서론(6:1~10)

사사기는 대사사를 소개할 때마다 그 유형을 반복하면서도 매번 강조점과 내용을 다양하게 변화시켜 역동적으로 이야기를 전개해 나가는 기법을 쓰고 있다. 본문은 "이스라엘 자손이 또 여호와의 목전에 악을 행하였으므로"(악을 행함)라는 문장으로 사사기에서 반복되는 유형대로 서론을 시작한다(악을 행함 – 억압 – 부르짖음 – 사사를 세우심 – 구원). 여기에 '또'라는 단어도 이제 그리 놀랍지 않을 정도로 이스라엘 백성들의 죄는 고착화되어 있다(3:12; 4:1; 10:6; 13:1). 그 결과로 여호와께서 7년 동안 백성들을 대적의 손에 붙이시는데 이번에 미디안을 통해서 하신다(억압). 앞의 세 명의 사사들의 이야기와 비교해 기드온의 이야기에서 '억압' 부분의 내용에 대한 길이와 강도를 더하고 있다. 네 번에 걸쳐 '미디안'을 언급하며[6:2(2번), 3, 6] 아말렉과 동방 사람까지 가세함으로써 적의 정체가 다양하다. 많은 나라들이 연합해 있어서 이스라엘의 괴로움은 그 어느 때보다 극심함을 나타내고 있다.

그들이 올라와서 토지 소산을 멸하며 이스라엘에 식물을 남겨 두지 않고 양이나 소나 나귀도 남기지 않으며 무수한 사람과 약대를 가지고 올라와서 이스라엘 땅을 멸하려 한다. 이스라엘 자손이 미디안을 피해 산으로 가서 구 멍과 굴과 산성을 만들어 피신하고 적들이 '메뚜기 떼 같이' 왔다고 묘사하는 것은 예언서에서 '여호와의 심판의 날'을 연상시키고 있다(사 2:19; 욜 1:4). 즉 멸망의 분위기를 더하고 있다. 이런 상황에서 구원자의 등장에 대한 염원은 더욱 강렬해진다. 이에 이스라엘 백성들이 여호와께 부르짖는다(부르짖음).

본문은 '이스라엘이(미디안으로 인해) 여호와께 부르짖다'라는 표현을 두 번 반복 사용함으로써(6:6, 7) 이스라엘이 계속적으로 부르짖어도 여호와의 반 응이 앞의 사사들의 때와 다르게 더디다는 것을 보여 준다. 그들이 부르짖는 이유는 간단하다. 곧 미디안의 억압 때문이다. 이 시점에서 사사가 나타나는 대신에 '한 선지자'(직역하면 남자 선지자)가 등장한다. 사사기 4장에서 '여선지 드보라'가 등장하는 시점과 동일하다는 점에서 비교가 된다. 드보라는 사사 를 부르는 역할을 하지만 여기에 등장하는 '한 선지자'는 이스라엘이 억압을 당하는 이유를 설명하는 역할로 드보라 사건과 차별되는 변화를 주고 있다.

이 선지자의 메시지는 여섯 가지 항목으로 구분되는데, 그중 세 가지는 여호와께서 이스라엘을 애굽에서 구원하신 일에 초점을 두고 있다. 즉 '(첫째) 내가 너희를 애굽에서 인도하여 내며, (둘째) 너희를 그 종 되었던 집에서 나오게 하며, (셋째) 너희를 애굽 사람의 손과 학대하는 모든 자의 손에서 건 져 내었다'라는 내용이다. 여기서는 '내가~ 너희를'이라는 관계가 강조되고 있다. 또 다른 세 가지는 여호와께서 이스라엘에게 베푸신 은총에 관한 것 이다. 즉 '(넷째) 적들을 너희 앞에서 쫓아내며, (다섯째) 그 땅을 너희에게 주었 으며, (여섯째) 나는 너의 하나님 여호와니 너희의 거하는 아모리 사람의 땅의 신들을 두려워 말라 하였으나 너희가 내 목소리를 청종치 아니하였느니라' 는 내용이다. 여기서 강조점은 맨 마지막 항목에 있다.

여호와께서 출애굽 사건을 통해 이스라엘이라는 국가에 정체성을 부여하 고 나라를 형성하셨다. 그들에게 가나안 땅을 주심으로써 여호와는 가나안의 신들보다 우월하신 분임을 입증하셨다. '나는 너의 하나님 여호와니'라는 구절은 이스라엘과의 언약 관계를 확인하는 표현으로써 이스라엘의 하나님으로서 여호와의 주장이 이미 그들의 역사 속에서 입증된 것임을 보여 주고 있다. 이런 하나님과의 관계에 있는 이스라엘 백성들의 문제는 이 모든 것을 저버린다는 데 있다. 선지자는 마지막으로 "너희가 내 목소리를 청종치 아니하였느니라"고 그들의 잘못을 분명히 지적하고 있다. 따라서 이스라엘이 현재 당하고 있는 고통과 억압은 레위기 26장과 신명기 28장에 나타나는 언약의 저주의 내용으로 그들이 '언약의 파기'의 대가를 치르고 있음을 상기시킨다(레 26:16; 신 28:30~33, 38, 43, 50~51).

그러므로 앞선 사사들의 이야기와 조금 다르게, 기드온 이야기의 주제는 기드온이 어떻게 적의 손에서 이스라엘을 구원했는가에 있다기보다(물론 그것도 포함되어 있지만) 선지자 메시지의 마지막 초점 즉 이스라엘의 여호와를 향한 배교와 불순종을 지적하며 동시에 여호와만이 유일한 예배의 대상이고 여호와가 어떤 분이신지를 보여 주는 데 있다. 그러므로 이후에 진행되는 기드온의 이야기는 여호와께서 그들을 돌이키시기 위해 얼마나 애를 쓰시며 여호와만을 섬길 때에만 구원이 있음을 보여 주는 데 주력하고 있다.

2. 구원을 위한 기드온을 부르심(6:11~32)

두 개의 대조적인 단(altar) 위에서 지적한 대로 사사 기드온을 부르시는 서술을 기록함에 있어서 그 주제 이상으로 저자는 광범위한 내용을 다루고 있다. 그러기에 이 부분에 바알의 단에 대한 이야기가 함께 등장하고 있다.

1) 첫 번째 단 – 여호와의 단(11~24절)

선지자의 말이 끝나자마자 '여호와의 사자'가 등장한다. 그가 "아비에셀 사람 요아스에게 속한 오브라에 이르러 상수리나무 아래 앉으니라"고 기록했다. 이것도 드보라의 이야기와 대조를 이루는데, 드보라는 '자신의 종려나무 아래'(4:5)에서 예언한 반면에 여호와의 사자는 가나안 신들을 예배하는 장소로 쓰인 "상수리나무 아래"에 오심으로써 이미 가나안의 신과 신경전을 벌이고 있다. 여호와의 사자가 가나안 신의 영역을 침범한 셈이 된다.

그때 요아스의 아들 기드온은 미디안 사람들의 눈을 피해 포도주 틀에서 밀을 타작하고 있었다. 밀 타작은 바람이 적당히 부는 장소가 필요한데 기드온은 포도주 틀처럼 막힌 곳에서 힘겹게 일하고 있는 것이다. 미디안 사람들 몰래 밀 타작을 하고 있는 기드온에게 여호와의 사자의 인사는 묘하게 들린다. 그는 "큰 용사여 여호와께서 너와 함께 계시도다"라고 말한다. 무슨 의미에서 '큰 용사'라고 하는지 알 수 없으나 여호와의 사자의 말은 기드온이 앞으로 해야 할 역할을 미리 언급하고 있는 듯하다. 기드온은 여호와의 사자의 두 번째 말을 받아서 그대로 인용하며 "여호와께서 우리와 함께 계시면 어찌하여 이 모든 일이 우리에게 미쳤나이까"라고 반문한다. 또 조상들의 역사 속에서 그들을 애굽에서 구원하신 여호와의 이적은 보이지 않고 오히려 자신들을 미디안의 손에 붙여버리셨음을 항변한다.

기드온은 여호와께서 자신들을 버린 것은 깨달았지만 그 원인에 대해서 영적인 무지함을 드러낸다. 그 책임이 백성들에게 있다는 '한 선지자'의 지적과 대조적으로 그 책임을 여호와께 묻고 있다. 이러한 사실은 그의 신학적 이해의 부족함을 보여 주며 그런 기드온을 통해 당시 이스라엘의 영적 현주소를 파악하게 된다. 즉 그들은 자신들의 죄를 인식하지 못하고 있다.

본문은 기드온의 질문에 대해 "여호와께서"라고 '여호와의 사자'의 정체를 밝힌다. 여호와께서 기드온에게 "너는 네 힘을 의지하고 가서 이스라엘을 미디안의 손에서 구원하라"고 명하신다. 여기서 흥미로운 것은 '네 힘을 의지하라'는 표현이다. 본문에서 "내가 너를 보낸 것이 아니냐"라든가 '내가 너와 함께하겠다'(12, 16절), "네가 미디안 사람 치기를 한 사람을 치듯 하리라" 등의 말씀으로 보아 분명 기드온의 힘은 여호와께서 주시는 것이다. 그럼에도 '네 힘'이라고 한 것은 앞으로 있을 기드온과 바알과의 정면 대결을 염두에 둔 것이다. 기드온의 힘 정도면 바알을 충분히 물리칠 수 있음을 시사하고 있다. 이는 여호와와 바알의 대조를 통해 바알의 위치를 격상시키는 것을 방지하려는 의도인 것 같다. 그러나 이 표현은 기드온에 의해 잘못 해석되었을 가능성이 높다. 기드온은 일이 진행됨에 따라 차츰 '자신의 힘'에 무게 중심을 두게 됨으로써 다시 한 번 말씀을 제대로 이해하지 못하는 신학적 오류를 범하게 된다.

기드온은 여호와의 부르심에 대해 자신의 미약함을 주장한다(15절). 또 그의 집은 므낫세 중에서 지극히 약하고 자신은 아비 집에서 가장 작은 자라고 주장한다. 하지만 나중에 보면 기드온은 열 명의 종을 거느릴 정도의 힘과 미디안의 공략에도 불구하고 염소 새끼의 예물을 준비할 정도의 재력 그리고 그의 아비는 성읍에서 영향력이 있는 사람임이 드러난다. 하지만 기드온의 현실과 관계없이 여호와께서 기드온의 '힘'이 아닌 여호와의 '힘'으로만 사명을 감당할 수 있음을 보여 주신다(16절).

기드온은 부르심에 대해 '표징'을 요구했다. 그래서 그는 예물을 준비해 '상수리나무' 아래로 가져간다. 우상을 섬기던 장소에서 여호와께서 예물을 받으시고 기드온이 필요한 표징을 주신다. 드디어 우상을 섬기던 장소가 여호와를 섬기는 장소로 바뀌고, 기드온은 우상을 섬기던 자에서 단을 쌓고 여호와를 섬기는 자로 된다. 표징을 받고도 기드온은 여호와의 사자를 보았다는 이유로 죽음을 두려워한다. 그의 영적 판단의 미성숙이 다시 드러난다. 그런 기드온에게 여호와께서 평안을 약속하고 기드온은 그곳을 '여호와 샬롬'이라 부른다.

2) 두 번째 단 – 바알의 단(25~32절)

표징을 받은 기드온에게 여호와의 명령이 떨어지는데 그것은 기드온의 아비에게 속한 바알의 단을 헐고 단 곁의 아세라 상을 찍으라는 것이다. 기드온은 비록 백주에 그 일 하기를 두려워하여 열 명의 종을 데리고 야밤에 여호와의 명령에 순종하여 바알의 단을 헐고 여호와의 단을 세운다. 이에 대해 기드온이 두려워하던 일이 벌어지는데 그것은 성읍 사람들이 기드온의 생명을 요구한 것이다. 신명기의 율법에 따르면 우상을 섬기는 성읍 거민들이 죽음을 맞아야 하는데(신 13:6~17) 오히려 바알 숭배자들이 여호와를 예배하는 기드온을 죽이려는 역(逆) 현상이 벌어지고 있다. 그 일이 당연시 되는 것은 당시 이스라엘의 영적 상태임을 보여 준다.

그런 위기 상황에서 기드온을 구한 것은 그의 아버지 요아스다. 그는 흥미로운 논리적인 언변을 통해 저자는 신학적 주제를 잘 드러낸다. 곧 "너희가 바알을 위하여 쟁론하느냐 너희가 바알을 구원하겠느냐 그를 위하여 쟁론하는 자는 이 아침에 죽음을 당하리라 바알이 과연 신일진대 그 단을 훼파하였은즉 스스로 쟁론할 것이니라"는 말 속에 잘 드러나 있다. 여기서는 바알이 어떤 신인지 잘 보여 준다. 바알은 숭배자들이 구원해 주고 대변해 줘야만 존재하는 무(無) 존재, 무능력의 신일 뿐 아니라 숭배자들에게 의존하는 신이다.

그날에 기드온의 이름을 '여룹바알'이라 하며 본문 자체가 그 이름에 대한 해석을 부여하고 있다. '바알이 더불어 쟁론할 것이라'는 의미이다. 그 쟁론에서 바알의 무력함을 드러냄으로써 본문은 이스라엘이 예배할 자는 여호와 한 분뿐이심을 강조하고 있다. 바알 숭배를 여호와의 숭배로 교체시킴으로써 이스라엘을 구원하실 분이 누구신가를 알리며 기드온은 그런 여호와의 계획에 부르심을 받은 자로서 자신의 첫 번째 임무를 잘 완수한다.

3. 기드온의 믿음의 갈등(6:33~7:18)

본문은 전쟁의 소식과 함께 기드온에게 하나님의 신이 강림하시는 내용으로 시작함으로써 적과의 접전과 전쟁의 결과를 알리는 이야기를 기대하게 만든다. 그러나 전쟁에 관한 이야기를 하기 전에 본문은 양털 시험(6:36~40), 군대의 수를 줄임(7:2~7), 미디안 군인의 꿈 이야기를 엿듣는 사건(7:9~14) 등 여러 가지 이야기를 다룸으로써 전쟁 자체가 본문의 주 목적이 아님을 보여 준다. 그렇다면 이런 일련의 사건들을 통해 본문이 의도하는 바가 무엇인가.

이 부분은 다시 다음과 같은 구조로 분석할 수 있다.

a 여호와의 신의 강림을 받은 기드온이 군대를 소집(6:33~35)

　b 양털시험(6:36~40)

　　c 물가로 내려가 군인의 수를 줄임(7:1~8): 하나님의 계획

　　c′ 적진으로 내려가 적병의 꿈 이야기를 들음(7:9~11): 하나님의 계획

　b′ 꿈의 해몽(7:12~14)

a′ 300명의 군대로 전쟁을 치를 준비를 함(7:15~18)

1) 여호와의 신의 강림을 받은 기드온이 군대를 소집(6:33~35)

바알의 무능함을 드러내고 바알 숭배를 여호와의 섬김으로 바꿔놓은 후에 본문은 다시 미디안의 억압을 주제로 삼는다. 그들이 침략을 하는데 처음보다 그 강도와 심각성을 더해 약탈 수준에서 벗어나 전면적인 침략을 일삼는다. 그들은 요단을 건너와 감히 여호와께서 자기 백성들에게 주신 땅을 넘보고 있다. 본문의 초점은 전쟁 자체보다 이 전쟁을 통해 여호와께서 어떤 분이신가를 보여 주는 데 있다. 이것을 성취하기 위해 여호와의 신이 기드온에게 '강림한다.'

이 표현은 문자적으로 '여호와의 신이 옷을 입히시다'는 뜻으로 '여호와의 신이 임하다'(3:10)는 보통 표현보다 훨씬 강도 높은 의미를 담고 있다. 즉 이 전쟁은 철저히 여호와께서 하시는 것이며 기드온은 여호와의 신을 힘입어 싸우는 대리인에 불과함을 분명히 하고 있다.

기드온의 반응은 곧바로 군대를 소집하는 것이다. 나팔을 불자, 그가 속해 있던 아비에셀 족속이 몰려든다. 그 다음에 "기드온이 또 사자를 온 므낫세에 두루 보내매 그들도 모여서 그를 좇고 또 사자를 아셀과 스불론과 납달리에 보내매 그 무리도 올라와서 그를 영접하더라"는 기록에서 "또 사자를"이라는 표현은 문법적으로 아비에셀 족속을 모집하는 것과 연속된 것이 아닌 기드온의 독자적인 행동임을 뜻한다.

그러니까 성령의 강림을 받아 처음에 군대를 모집했는데, 그 다음에 "또 사자를" 두 번씩 보낸 것은 성령의 인도함이 아닌 기드온의 개인적인 판단임

을 의미한다. 그 증거로 제시할 수 있는 것은 두 번의 독자적인 군대 모집을 해산시키기 위해 나중에 하나님께서 두 번에 걸쳐 군대 수를 줄이시는 것에서 나타난다. 기드온이 두 번 군대수를 늘인 것을 무산시키려는 의도와 연결되어 있다. 기드온에게 많은 군대가 필요했다. 그는 여호와께 의존하기보다 안전망을 구축하는 데 많은 관심을 두고 있다. 성령의 인도함을 받은 후에 다른 사사들처럼 곧장 적에게 진격해야 하는데 실전이 있기(7:19~22)까지 많은 계산과 망설임이 있었던 것이 이제부터 시작되는 이야기의 핵심이다.

2) 양털 시험(6:36~40)

이 부분은 "기드온이 하나님께 여짜오되"라는 두 번의 말씀으로 이뤄져 있다. 첫 번째 말씀은 "주께서 이미 말씀하심 같이 내 손으로 이스라엘을 구원하려 하시거든"이라고 시작한다. 이 구절을 주의 깊게 분석해 볼 필요가 있다. 기드온은 조심스럽게 하나님께서 이미 약속하신 구원에 대해 상기시키고 있다(6:14, 16). 그러나 기드온이 말하려는 핵심이 어디에 있느냐가 중요하다. 그는 여호와께서 과연 '구원하실지'의 여부를 확신하기보다 "내 손"이라는 표현에 들어 있는 대로 자신이 이스라엘을 구원할 수 있는지에 대한 확신을 필요로 한다.[2] 여호와의 관심은 바알이 아닌 여호와만이 참 신이시고 이스라엘을 구원할 능력이 있으신 분임을 드러내는 것이다. 그러나 기드온은 자기 중심적 생각을 벗어나지 못하고 있다. 여호와보다 자신이 여호와가 약속하신 대로 영웅이 될 수 있는지에 대해 더 관심을 갖는다. 기드온은 전쟁을 앞에 두고 여호와와 일종의 헤게모니 싸움을 한다는 인상을 준다.

기드온은 여호와의 의도와 상관없이 독단적으로 여호와 앞에 "보소서 내가 양털 한 뭉치를 타작마당에 두리니 이슬이 양털에만 있고 사면 땅은 마르면 주께서 이미 말씀하심같이 내 손으로 이스라엘을 구원하실 줄 내가 알겠나이다"라고 제안한다. 여기서도 "내 손"이라는 구절이 정확히 들어가 있다. 시험의 결과를 본문은 "그대로 된지라"고 기록하고 있다.

문제는 첫 번째 시험의 모호함에 있다. 도대체 이것이 기적인지 아니면 자연 현상인지 알 수 없는 것을 기드온은 제시했다. 이슬이 습기를 많이 함유하는 양털에 있고 그 주위의 땅이 마르는 것은 얼마든지 자연적으로 쉽게 일어날 수 있는 현상이다. 기드온은 전혀 위험 부담이 없는 자연적인 방법으로 원하는 결과를 얻어냈다. 그의 믿음의 부족인지, 아니면 간사함인지 분간하기 힘들다. 그러나 기드온은 여호와로부터의 확신을 필요로 했으며 자신이 제시한 첫 번째 시험은 스스로 보기에도 별 도움이 되지 않았음은 그의 두 번째 시험을 제시하는 데서 드러난다.

기드온은 두 번째로 "주여 내게 진노하지 마옵소서 내가 이번만 말하리이다 구하옵나니 나로 다시 한 번 양털로 시험하게 하소서 양털만 마르고 사면 땅에는 다 이슬이 있게 하옵소서"라고 요청한다. 아브라함이 여호와께 여러 번 협상을 하고 나서야 노하지 말기를 간구하고 마지막이라는 말을 하는 데 반해(창 18:32) 기드온은 두 번째 요청에 있어서 이미 여호와께 '진노하지 마시도록' 조심하며 이번이 마지막임을 알린다. 이것은 자신의 지금 행동에 무엇인가 정당치 않은 의도가 있음을 나타내는 발언이라고 할 수 있다.

또한 여기에 '시험'이라는 용어도 부적절하다. 이것은 모세의 율법에도 금지되어 있지만(신 6:16), 사사기에 보면 여호와께서 이스라엘이 모세의 율법을 청종하는지를 '시험'한다는 문맥 속에서 쓰였는데(2:22; 3:4), 기드온이 이번에 여호와를 시험하는 역할의 역행을 보여 준다. 두 번째 시험의 또 다른 특징은 기드온이 시험을 하는 의도를 반복해서 밝히지 않고 원하는 결과만 요청한다는 점이다. 여호와의 노여움을 살까봐 목적을 부각시키지 않고 지나치려는 의도로 보인다.

두 번째 시험은 믿음이 요구되는 것이지만 기드온의 경우는 그렇지 않다. 이미 첫 번째 시험을 성공시켰으므로 여호와의 의도와 관계없이, 어쩔 수 없이 여호와는 두 번째 시험에 끌려들어 간 모양새가 돼 버렸다. 첫 번째 시험이 성공했는데 두 번째 시험을 들어주시지 않는다면 여호와께서 스스로 일관성을 잃어버리는 셈이 되기 때문이다. 그런 의미에서 두 번째 시험도 이미 결과가 어느 정도 보장되어 있다고 할 수 있다.

첫 번째 시험의 결과는 "그대로 된지라"고 기록한 반면에, 두 번째 시험의 결과는 "이 밤에 하나님이 그대로 행하시니"라고 여호와께서 구체적으로 기적을 행하셨음을 언급한다. 기드온의 목적과 의도에 관계없이 여호와께서 그의 원하는 것을 들어주신다. 그분의 은혜로운 판단이다.

3) 물가로 내려가 군인의 수를 줄임(7:1~8)

본문은 '미디안의 진'으로 시작해 '미디안의 진'으로 마침으로써(7:1, 8) 하나의 문단 단위임을 보여 준다. 여기서 여룹바알이라는 이름을 언급함으로써 주제를 분명히 한다. 단순히 미디안과의 전쟁이 아닌 바알과의 전쟁인 것이다. 이를 통해 여호와만이 참 신이시며 그분만이 이스라엘을 구원할 능력이 있는 분이심을 확증하는 것이다. 군인의 수를 줄이는 유명한 이야기는 그전의 본문과 밀접한 관계가 있다. 전쟁을 치르기 전에 여호와께서 확실히 해둬야 할 신학적 문제가 있었다.

이 부분에서 "여호와께서 기드온에게 이르시되"라는 표현이 네 번 나온다. 그중에 두 번은 한 명령에 종속되어 나오므로 큰 맥락으로 보면 결국 두 번의 말씀으로 본문이 구성되어 있다. 앞서 언급한 양털 시험에서 기드온의 두 번의 말과 내용상 대조를 이루고 있다. 첫 번째 말씀은 여호와께서 기드온에게 이르시되 "너를 좇은 백성이 너무 많은즉 내가 그들의 손에 미디안 사람을 붙이지 아니하리니 이는 이스라엘이 나를 거스려 자긍(自矜)하기를 내 손이 나를 구원하였다 할까 함이니라"고 기록되어 있다.

이 내용에는 두 가지 문제가 있다. 즉 기드온의 군대 수가 너무 많은 것과 그들이 승리에 대해 자신들의 공로로 자긍할 것을 염려하는 것이다. 여호와께서 기드온이 사용한 '내 손'이라는 표현을 그대로 인용한 점이 흥미롭다. 이 표현은 신명기에서도 사용된 것으로 이스라엘이 여호와께서 하신 일들을 잊고 모든 것들을 자신들의 공로(내 손의 힘이)로 돌리고 다른 신을 섬기는 것을 경고하며 그럴 경우에 그들이 망할 것이라고 가르치고 있다(신 8:17~20).

결국 기드온의 '내 손으로'(6:36)라는 요구는 신명기의 율법 정신에 어긋나는 것이다. 하나님 말씀에 대한 그의 무지함이 또 드러나고 있다. 여호와의 관심은 미디안의 손에서 이스라엘을 구원하는 것에도 있지만, 궁극적인 목적은 그들에게 섬겨야 할 신이 누구인지를 가르치는 데 있다. 우상 숭배에서 그들을 구원하는 것이 우선 목적이다. 이런 여호와의 참 뜻을 기드온은 많은 군대 수의 모집과 양털 시험 등으로 자꾸 흐리게 하고 있다.

여호와께서 첫 번째 말씀에서 문제점을 분명히 지적하신 후에 해결책을 제시하신다. '누구든지 두려워하는 자는 돌아가라'는 것이다. 이스라엘이 진친 곳은 '하롯샘 곁'인데 하롯은 '두려움'이라는 뜻으로 '두려움의 샘'에서 '두려워하는 자들'을 돌려보낸다. 이것도 신명기에서 "두려워서 마음에 겁내는 자가 있느냐 그는 집으로 돌아갈지니"(신 20:8)라고 한 율법 정신을 반영한 것이다. 그에 대한 이유로는 두려워하는 자들로 인해 남아 있는 자들의 사기까지 떨어뜨리는 역할을 하기 때문이다. 따라서 돌아간 자가 22,000명으로 남아 있는 10,000명보다 많았다.

여호와께서 두 번째 말씀에서도 계속 문제점이 있음을 지적하신다. 즉 '아직까지도 숫자가 많다'는 것이다. 이 수는 누구의 힘에 의해 승리가 이뤄지는지 판단하기 애매한 숫자이다. 군대의 수를 300명으로 줄이는 과정은 본문의 번역만 보면 모호한 부분이 있다. 여러 해석이 있지만 결론부터 말하면 무릎을 꿇고 물을 마신 자 중에서 손으로 움켜 입에 대고 핥아먹은 자 300명을 따로 분리한다.[3]

4) 적진으로 내려가 적병의 꿈 이야기를 들음(7:9~11)

여호와께서 군사를 300명으로 줄임으로써 전쟁 준비를 끝낸 기드온에게 적진을 치라고 명령하신다. 그리고 "내가 그것을 네 손에 붙였느니라"고 말씀하신다. 전쟁의 승리를 주시는 분은 여호와지만 기드온을 통해 역사하심을 분명히 하고 있다. 한번도 기드온을 배제하고 말씀하시지 않았다. 이제 여호와의 능력과 역사를 드러내려는 순간에 다시 문제가 생긴다. 그것은 기드온의 '두려움'이다. 여호와의 말씀에 의존해 믿음으로 나아가야 할 기드온이 두려움에 사로잡힌 것이다.

그것을 아시는 하나님께서 기드온에게 부하 부라를 데리고(증인의 역할) 미디안의 진으로 내려가 그들의 하는 말을 들으라고 지시하신다. "네 손이 강하여져서 능히 내려가서 그 진을 치리라"고 다시 한 번 확신을 주신다. 기드온이 양털 시험을 통해 그토록 원했던 '내 손'으로의 구원을 하나님께서 하나님의 방법으로 들어주신 것이다. 기드온이 두려워한 것은 기드온 혼자의 힘으로 이스라엘을 미디안 연합군에서 구할 수 없다는 것을 말해준다. 이 일은 여호와만이 하실 수 있는 것이다.

5) 꿈의 해몽(7:12~14)

본문은 기드온이 여호와의 말씀대로 미디안의 군대 진에 내려가는 장면을 기점으로 적군 진영의 모습을 생생하게 묘사한다. '미디안 사람과 아말렉 사람과 동방의 모든 사람이 골짜기에 누웠는데 메뚜기의 중다함 같고 그들의 약대의 무수함이 해변의 모래가 수다함 같다.' 이는 기드온의 두려움이 극히 현실적이고 또 300명의 군사로 그들을 이긴다는 것은 불가능함을 보여주려는 의도다. 아무리 믿음이 강해도 어떻게 이런 현실적 불가능의 강을 건널 수 있을지가 관건이다. 따라서 여호와께서 기드온과 이스라엘에게 믿음을 주기 위한 전략으로 꿈을 듣고 해석을 듣는 기회를 주신 것이다.

당시는 꿈에 신의 계시와 같은 특별한 의미를 부여했다. 꿈의 내용과 해석을 살펴보면 몇 가지 중요한 점이 드러난다.

첫째, 보리떡 한 덩어리가 미디안 진으로 굴러 들어와 한 장막(미디안 전체를 대표함)에 이르러 그것을 쳤다(나카)는 표현은 여호와께서 기드온에게 약속하신 "네가 미디안 사람 치기를 한 사람을 치듯(나카) 하리라"는 말씀과 일치한다.

둘째, 미디안의 병사가 말한 "하나님이 미디안과 그 모든 군대를 그의 손에 붙이셨느니라"는 해석은 신학적으로 정확하다. 이 전쟁에 승리를 주시는

분은 하나님이시지만, 기드온과 이스라엘의 군대는 그것을 수행할 대리자
이다.

미디안 군인들과 이스라엘 군인들 모두에게 이 전쟁을 통해 여호와의 능
력과 그분만이 진정한 예배의 대상임을 알리려는 것이 목적이다. 이것을 이
해하는 데 기드온은 오랜 시간이 걸렸다. 기드온이 당시의 이스라엘 백성을
대표한다면 그들의 영적 상태가 어디까지 와 있었는지 잘 보여 준다. 이렇게
간단히 영적 진리를 깨닫는 데에도 어려움이 있을 정도로 그들은 여호와와
멀어져 있었다.

6) 300명의 군사로 전쟁을 치를 준비를 함(7:15~18)

꿈과 해몽을 들은 기드온은 비로소 여호와를 경배하고 진중에 돌아와 "여
호와께서 미디안 군대를 너희 손에 붙이셨느니라"고 고백한다. 그는 드디어
하나님의 뜻을 깨달은 것이다. 이 순간만은 자신의 주도권이 더 이상 중요한
문제가 아니며 300명의 군대로 바랄 수 있는 것은 여호와께서 주신 약속에
의존하는 것이다. 여기서 기드온은 두려움에서 벗어나 믿음으로 전쟁을 치
를 준비를 마친다.

그의 믿음의 갈등이 끝난 것이다. 기드온과 300명 용사는 믿음으로 여호
와의 이름으로 나아간다. '여호와를 위하라, 기드온을 위하라'는 구호도 어
찌 보면 부정적으로 느껴질 수 있지만, 여기서 여호와께서 기드온을 통해 역
사하신다는 의도로도 볼 수 있다.

4. 미디안으로부터 구원(7:19~8:21)

이 부분은 두 번의 전쟁을 다루고 있다. 둘 다 미디안으로부터의 구원과
연결되어 있다. 이 두 전쟁에 어떤 차이가 있는지 살펴보자.

1) 첫 번째 전쟁-여호와의 전쟁(7:19~23)

주일학교 때부터 열심히 배우고 연극했던 그 멋진 승리의 장면을 그린 '기

드온과 300용사'는 네 구절에 불과하다. 기드온이 믿음과 신뢰를 갖고 여호
와께 의존해 미디안 연합군을 치기까지 많은 시간을 필요로 했다. 그러나 일
단 영적 준비가 끝난 후에 치르는 전쟁은 여리고성의 무너짐(수 6:20)처럼 여
호와에게는 간단한 것이다. 이스라엘은 그야말로 가만히 서서 여호와께서
하시는 일을 바라보기만 했다. 그들의 참여는 음향과 시청각 효과를 내는 것
이고 무대 중앙에는 미디안 연합군들이 서로 죽이고 달음질하며 부르짖고
도망하는 일이 벌어진다. 흥미로운 것은 그 중심에 '여호와'의 활약이 있었
다는 사실이다. 본문은 '여호와께서 온 적군으로 동무끼리 칼날로 치게 하시
므로'라고 기록하고 있다. 이것은 분명 여호와의 전쟁이다.

2) 두 번째 전쟁-기드온의 전쟁(7:24~8:21)

이 부분은 크게 둘로 나눌 수 있다.

(1) 전후(戰後)의 사건(7:24~8:3)

위의 전쟁 부분까지가 우리가 기대하는 바이고 다른 사사들의 경우는 대
개 이 시점에서 이야기가 끝난다. 그러나 기드온의 경우는 아직도 많은 사
건이 기다리고 있고 '여호와의 전쟁'이 또 다른 전쟁으로 이어진다. 사사기
7:23에 보면 "이스라엘 사람들은 납달리와 아셀과 므낫세에서부터 모여서
미디안 사람을 쫓았더라"고 기록하고 있다. 그냥 보기에 이 구절은 자연스
러운 전쟁의 연속인 것 같은데, 전체 문맥을 놓고 보면 몇 가지 문제점이 발
견된다.

첫째, '납달리, 아셀, 므낫세'는 기드온이 여호와께서 군대를 축소하시기
전에 많은 군대를 모집하기 위해 불렀던 지파들 그룹에 속한다(6:35). 즉 그
들의 참여는 '300명의 군사'로 축소한 하나님의 의도의 효과를 희석할 가능
성이 높다.

둘째, '이스라엘 사람'이라는 표현은 사사기 8:8에서 돌려보낸 '이스라엘
사람'과 동일한 단어로써 하나님께서 전쟁에 참여시키지 않은 자들임을 확

인시켜 주고 있다.

셋째, 이 구절은 하나님께서 금지하신 것을 다시 해제하는 역할을 하고 있다. 이런 부정적인 평가와 함께 다음 구절을 보면 "기드온이 사자를 보내어 에브라임 온 산지로 두루 행하게 하여 이르기를…"라고 기록하고 있다. '기드온이 사자를 보내어'라는 표현도 앞장에서 많은 군대를 모집하는 문맥에서 사용된 것이다(6:35). 이것은 여호와께서 의도하신 전쟁과 거리가 멀다. 에브라임 지파들은 미디안의 두 방백 오렙(까마귀)과 스엡(늑대)을 죽이는데, 그들이 죽은 장소는 '오렙 바위'와 '스엡 포도주 틀'로써 기념되고 기억되는 장소가 된다. 에브라임 지파는 자신들의 자랑스러운 전리품을 가지고 기드온에게 나아온다.

사사기 8:1~3은 에브라임과 기드온과의 다툼을 기록하고 있는데 이슈는 '누가 전쟁의 승리에 더 많은 영예를 차지하느냐'는 것이다. 기드온이 계속 관심을 가져온 문제가 다시 부각된 것이다. 에브라임 지파는 자신들이 전쟁에 포함되지 않은 것에 불만을 나타낸다. 이것은 '여호와의 전쟁'임에도 불구하고 '누구의 전쟁인가'로 서로 헤게모니 다툼을 하는 것이다. 이런 다툼이 생긴 정황은 기드온이 이미 '여호와께서 의도하신 전쟁'을 떠나 '자신을 위한 전쟁'으로 방향을 잘못 잡아 가고 있음을 시사한다. 기드온은 분노한 에브라임 지파를 향해 "나의 이제 행한 일이 너희의 한 것에 비교되겠느냐 에브라임의 끝물 포도가 아비에셀의 맏물 포도보다 낫지 아니하냐 하나님이 미디안 방백 오렙과 스엡을 너희 손에 붙이셨으니 나의 한 일이 어찌 능히 너희의 한 것에 비교되겠느냐"(8:2~3)는 부드러운 외교적 발언으로 그들의 노를 풀어 준다.

여기서 '하나님이 너희 손에 붙였다'는 것은 하나님에게 초점을 맞춘 발언이라기보다 위기를 모면하기 위한 상투적인 표현으로 봐야 한다. 그에 대한 이유는 기드온이 '여호와(야웨)'라는 이스라엘과의 언약 관계를 나타내는 친밀한 단어보다 '하나님'(엘로힘)이라는 미디안 군사의 입에서도 사용된 단어(7:14)로 답을 했기 때문이다. 또한 에브라임의 태도에서 이스라엘이 하나의 국가

로써 지파 간에 연합보다 균열이 일어나고 있음을 보여 주고 있다. 실제로
이런 관계가 입다의 경우는 더욱 악화된다(12:1~6).

(2) 기드온과 300용사의 또 다른 전쟁(8:4~21)
이 부분은 다시 다음과 같은 구조로 살펴볼 수 있다.

    a 동족들에게 도움을 구함(4~9절)
        b 미디안의 두 왕들을 생포(10~12절)
   a′ 동족들에게 보복함(13~17절)
        b′ 미디안의 두 왕들에게 보복함(18~21절)

① 동족들에게 도움을 구함(4~9절)

본문은 '기드온과 300명의 용사'를 다시 언급하며 사사기 7:22과 연결되
는 듯하다. 그러나 자세히 보면 더 이상 여호와에 대한 언급은 나오지 않는
다. 지금 300명의 용사들은 지쳐 있다. 그럼에도 여전히 기드온을 따르고 있
다. 여호와께 의존했을 때는 300명의 군사로 메뚜기 떼 같은 미디안 군대와
싸워도 지치지 않았다. 그러나 인간 기드온을 의존했을 때는 미디안의 두 왕
을 쫓는 데도 피곤했다. 이미 여호와의 전쟁은 끝났고 그들은 불필요한 전쟁
을 위해 계속 전진하고 있다. 기드온의 군대는 요단을 건너 자신들의 영토를
벗어나고 있다. 흥미롭게도 사사기 8:4에서 그들이 무슨 목적으로 요단을
건넜는지에 대해 설명하지 않으므로 마치 목적 없는 전쟁과 같은 인상을 풍
기고 있다. 지금 기드온은 도움을 필요로 한다.
　기드온은 숙곳에 도착해 주민들에게 떡 덩이를 요청한다. 그리고 여기서
기드온은 미디안의 두 왕 세바와 살문나를 추격하고 있다는 군사적 목적을
밝힌다. 의외로 숙곳 사람들의 대답은 냉담하다. 기드온은 보복을 다짐하고
또 브누엘 사람들에게도 도움을 요청한다. 하지만 그들도 거절하자 그들에
게도 역시 보복을 다짐한다. 트랜스 요르단의 사람들의 반응은 요단 서편 지

파들의 반응과 대조를 이룬다. 특히 에브라임 지파는 전쟁에 부르지 않았음을 불평한 반면에 도움조차 주기를 거부한다. 이것은 이스라엘 국가 전체의 분열 상황을 보여 줌과 동시에 또한 트랜스 요르단에서의 전쟁 자체가 잘못된 것임을 말해 준다. 기드온은 지지 받지 못하는 전쟁을 하고 있다.

② 미디안의 두 왕들을 생포(10~12절)

본문에서 '여호와의 전쟁'에서 죽은 12만 명과 기드온이 파한 15,000명을 대조시키고 있다. 기드온은 적군이 안심하고 있을 때 쳐들어가 그들을 치고, 두 왕들이 도망하자 그들을 추격해 생포한다. 기드온이 그들을 잡으려는 집착과 여러 번에 걸쳐 그들을 간신히 잡는 모습은 여호와께서 약속하신 "미디안 사람 치기를 한 사람을 치듯 하리라"(6:16)는 말씀과 거리가 멀다.

③ 동족들에게 보복함(13~17절)

본문은 기드온을 "요아스의 아들"로 소개한다. 이 표현은 기드온이 바알과 대적할 때와 미디안을 공격할 때의 문맥에서 쓰였다(6:29; 7:14). 그 기드온이 지금은 동족을 향해 보복하는 자로 나온다. 숙곳 사람들에게 '세바와 살문나를 보라'고 제시한다. 여기에는 '여호와께서 그들을 우리 손에 붙이셨다'는 표현이 전혀 없다. 미디안의 두 왕들을 잡은 것은 기드온의 업적이고 두 방백들을 죽인 에브라임 지파보다 기드온의 공적이 더 큰 것이다. 그들 앞에 두 왕을 전시하고 약속한 대로 숙곳 사람들을 징벌한다. 숙곳 방백과 장로 77인을 징치하는 모습은 불순종하는 백성들을 처벌하는 왕의 모습을 방불케 한다.

더 불행한 사태는 브누엘에서 일어난다. 그 성읍의 망대를 헐고 그곳 백성들을 죽인다. 기드온은 여호와의 군대로 모집한 300명의 용사들을 마치 자신의 군사처럼 사용하고 이제는 미디안을 죽이는 게 아니라 자기 백성을 죽이는 데 동원한다. 음식으로 도움을 주지 않았다고 목숨을 빼앗는 것은 모세오경의 '눈에는 눈, 이에는 이'의 '보복 법칙'에도 어긋나는 것이다. 이것은 이방 국가들에서 폭군들이나 하는 짓이다. 두려움 많고 조심스러웠던 기드온이 점점 대범해져 가는 모습을 보여 준다. 이제 이스라엘 백성들은 미디안이 아닌 기드온을 두려워해야 한다.

④ 미디안의 두 왕들에게 보복함(18~21절)

미디안의 두 왕 세바와 살문나를 취조하는 과정에서 새로운 정보를 발견하게 된다. 기드온은 그들에게 다볼에서 죽인 자들에 대해 묻는다. 두 왕의 대답은 "그들이 너와 같아서 모두 왕자 같더라"고 기록하고 있다. 흥미로운 점은 미디안 왕들의 눈에 기드온이 왕족과 같이 보인 것이다. 기드온은 "그들은 내 형제 내 어머니의 아들이니라"고 밝힌다. 여기서 우리는 기드온이 왜 그토록 두 왕들을 끝까지 추격하는 데 집착했는지 이해하게 된다. 그는 개인적으로 보복할 일이 있었던 것이다. 기드온은 그들에게 "내가 여호와의 사심으로 맹세하노니 너희가 만일 그들을 살렸더면 나도 너희를 죽이지 아니하였으리라"면서 그들을 죽이는 것을 정당화한다. 이미 죽인 사실을 알면서도 여호와의 이름을 걸고 그들을 살렸을 경우를 가정한다는 것은 정직한 것도 아니며 또한 여호와의 이름을 망령되이 일컫는 십계명의 위반이다.

이제 기드온은 점점 왕처럼 행세를 한다. 자신의 장자 여델에게 미디안 왕들을 죽이라고 명령한다. 그렇게 함으로써 자신의 위치와 아들의 위치를 미디안 왕들의 위치보다 부상시키려는 의도를 가진 듯한 명령이다. 불행하게도 그의 아들은 아비의 뜻을 이루지 못한다. 그 아들은 '두려워'했다고 기록하고 있다. 이것은 기드온의 과거 모습을 상기시킨다(6:23, 27; 7:10). 기드온은 더 이상 두려워하는 자가 아니라 군림하는 자로서 두 왕들을 죽인다. 이것이 '기드온의 전쟁'에서 정점을 이룬다. 그런데 본문은 여기서 끝나지 않고 기드온이 '두 왕들의 약대 목에 꾸몄던 새 달 형상의 장식을 취했다'는 것으로 마무리한다. 그것은 우상 숭배의 상징이자, 왕들의 전리품으로 왕족의 위상을 상징한다. 불길한 예감과 함께 또한 자연스럽게 다음의 이야기 주제와 연결된다.

이 이야기에서 저자는 여호와의 리더십과 기드온의 리더십을 대조시키고 있다. 여호와의 리더십은 이스라엘을 구원하며 그들에게 평안을 주시고 (6:23) 백성들에게 우상을 버리고 참 하나님을 섬기도록 인도하신다. 그러나 기드온의 리더십은 군대를 지치게 하고 자기 민족을 죽게도 하고 분열을 일으키게도 하며 개인적인 성공과 업적을 추구하는 데 역점을 둔다. 누가 이스라엘을 다스려야 하는지 자명해진다.

5. 결론(8:22~35)

이스라엘 사람들이 기드온에게 "당신이 우리를 미디안의 손에서 구원하셨으니 당신과 당신의 아들과 당신의 손자가 우리를 다스리소서"라고 요청한다. 앞서 기드온의 행동을 보면 이것은 어쩌면 자연스러운 요청이다. 우리는 이 구절에서 몇 가지 점을 관찰할 수 있다.

첫째, '다스리다'(מָשַׁל마샬)라는 단어는 '왕이 되다'(מָלַךְ말라크)는 단어와 다르다. 만약에 '왕이 되다'라는 동사를 썼더라면 의미가 뚜렷해진다. 왕정을 시작하는 것이 그 의도이다. 그러나 '다스리다'라는 단어를 사용함으로써 왕정이 핵심은 아니다. 그것보다 문자 그대로 자신들을 다스려 달라는 것, 즉 자신들을 위해 리더십을 발휘해 달라는 행위 자체에 초점이 있다. 그 근거는 기드온이 이스라엘을 미디안의 손에서 구원했기 때문이라는 것이다. 이 요청 속에는 기드온뿐 아니라 그 아들과 손자들 대(代)까지 계속 자신들을 보호해 주고 구원해 달라는 뜻이 들어 있다.

둘째, 기드온의 아들을 언급한 것은 아이러니 그 자체다. 우리는 그의 장자의 유약함을 보았고(8:20) 앞으로 등장할 그의 또 다른 아들 아비멜렉은 최악의 폭군으로 왕이 될 자격이 전혀 없는 자로 나오기 때문이다. 또 이스라엘을 구원하신 분은 여호와시기 때문에 기드온에게는 그들의 요청을 들어줄 능력이 없다.

셋째, 이스라엘 백성들은 기드온이 자신들을 다스렸을 때 오게 되는 결과를 간과했다. 이스라엘을 구원하기는커녕 이스라엘 백성을 압박하고 죽이기까지 한 것을 우리는 보았다. 기드온에게 의존해 봤자 원하는 결과를 얻지 못함이 자명하다.

이제까지의 사건의 흐름으로 볼 때 이스라엘 백성들은 영적 교훈의 핵심을 놓쳐 버렸다. 그들은 이전에 우상에게 의존했고, 이제는 여호와의 도구에 불과한 인간 기드온에게 다시 의존하는 우를 범하고 있다.

이에 대해 기드온의 대답은 인상적이다. "내가 너희를 다스리지 아니하겠고 나의 아들도 너희를 다스리지 아니할 것이요 여호와께서 너희를 다스리시리라." 이것은 기드온이 이제까지 한 말 중에서 가장 경건하고 신학적으로 건전한 발언이다. 여기서 기드온의 이야기가 끝났더라면 좋았을 것이다. 안타깝게도 결론 부분에서 또 다른 이야기가 진행된다. 기드온의 거절은 올바른 것이었지만 계속되는 이야기를 보면 실제로 기드온이 백성들을 다스리고 또한 그의 아들이 백성들을 다스리게 된다.

가장 아이러니한 것은 백성들은 적의 손에서 구원을 요청했는데 기드온은 금으로 에봇을 만들어 백성들을 다시 우상 숭배로 인도한다(다스린다)는 것이다. 적들로부터 백성들을 보호하는 유일한 길은 여호와만을 섬겨야 하는데 우상을 섬김으로써 다시 적의 손에 백성들이 넘어갈 위험에 처하게 된다. 여호와께서 도우시지 않으면 그들을 구원할 수 없다. 그러나 본문은 "미디안이 이스라엘 자손 앞에 복종하여 다시는 그 머리를 들지 못하였으므로 기드온의 사는 날 동안 사십 년에 그 땅이 태평하였더라"(8:28)고 기록하고 있다. 이것은 기드온의 힘이 아닌 하나님의 순수한 은혜이다.

본문은 기드온이 죽고 난 후 결과를 설명한다. 이스라엘 백성들은 바알 숭배로 복귀한다. 맨처음 선지자가 나타나 경고한 대로 그들은 여전히 하나님을 기억하지 않는다. 그리고 기드온의 집에 후대하지도 않는다. 기드온은 바알을 부수고 출발했지만 그 자리에 또 다른 우상을 소개한 최초의 사사로 기억되고 있다.

설교를 위한 적용

1. 구원을 위해 기드온을 부르심(6:11~32)

본문 분석 내용을 중심으로 설교를 위한 몇 가지 적용점을 찾아보면 다음과 같다.

첫째, 하나님을 우리 문제의 자동적인 해결사로 생각해선 안 된다. 이스라엘 백성들은 자신들이 고통 당할 때마다 하나님께 부르짖었다. 하나님께서 다른 때와 달리(3:9, 15; 4:3~6) 즉각적으로 구원자를 보내시지 않고 선지자를 통해 그들이 고통 당하는 이유를 분명히 가르치신다. 그들은 자신들의 중심에 여호와를 예배하지도 않고 섬기지도 않으면서 위기 상황에만 하나님을 찾고 있다. 기도란 우리가 원하는 것을 자동적으로 얻어 내는 수단이 아니라 하나님과의 올바른 관계를 하는 것이 기도의 최우선 순위가 되어야 한다.

둘째, 불완전한 성경 지식은 불완전한 믿음을 낳는다. 기드온은 하나님께서 어떤 분이신지를 정확히 이해하기보다 역사 속에서 조상들이 전해 준 부분적인 지식으로 현재의 상황을 해석했다. 그에게는 하나님께 대한 불완전한 지식이 있었고 따라서 불완전한 믿음과 불완전한 관계에 있었다. 과거의 하나님께서 현재의 불행에 어떤 역할을 하시는지에 대한 영적 통찰력이 없었기에 나름대로 자의적 해석을 하고 있었다. 이스라엘 백성들의 영적 피폐 상황이 어디서 기인하는지 짐작하게 하는 대목이다. 우리의 삶에서도 말씀에 나타난 하나님에 대한 불완전하거나 잘못된 지식을 갖고 있을 때 우리도 주관적인 신학으로 하나님을 대하고 세상을 해석하며 주변에서 일어난 일들에 대해 설명하게 된다. 그러기에 말씀을 통해 하나님께서 어떤 분이신지 정확히 배우고 지금도 그분께서 살아계셔서 동일하게 역사하심을 신앙 안에서 성숙하게 배워 나가야 한다.

셋째, 여호와의 뜻을 따를 때 우리는 변화될 수 있다. 기드온이 자신에 대해 가진 자화상은 '극히 약하고 작은 자'였다. 그러나 그가 여호와의 뜻에 순종했을 때 자신도 상상하지 못한 자로 변하게 된다. 여호와께서 베드로에게서 '사람 낚는 어부'의 잠재력을 보셨듯이, 기드온에게서 '큰 용사'의 기질을 보셨다. 그는 이스라엘 백성들이 영적 무지함으로 신이라 섬겼던 '바알과 쟁론하는 자'로 급부상했다. 그는 두려웠지만 여호와의 말씀을 청종했을 때 그에게 더 큰 일이 기다리고 있었다. 우리는 여호와께서 기대하시는 잠재력을 갖고 있다. 그것을 발휘하려면 여호와의 부르심과 인도하심과 명하심에 철저히 순종하는 길밖에 없음을 명심하자.

2. 기드온의 믿음의 갈등(6:33~7:18)

첫째, 여호와께서 어떤 분이신가? 기드온은 계속적으로 여호와를 신뢰하고 그분의 뜻에 모든 것을 맡기고 순종하는 데 어려움을 나타낸다. 양털 시험에서도 주관적이고 독단적인 방법으로 여호와께 원하는 것을 얻으려 했다. 그럼에도 불구하고 여호와께서 기드온에게 진노하시지 않고 그 요청을 들어 주신다. 군대의 수를 줄인 후에도 기드온으로 하여금 두려움을 극복할 수 있도록 먼저 주도권을 잡고 도와주신다(7:10). 그의 두려움을 꾸짖지 아니하신다.

이렇게 기드온의 엇박자에도 불구하고 여호와께서 인내심 있게 일을 진행시키시는 의도는 이스라엘을 미디안의 손에서 구하고 그들에게 여호와를 다시 알게 함으로써 궁극적으로 이스라엘이 약속의 땅에서 복 받고 살게 하려는 데 목적이 있다. 그들이 계속 우상을 섬길 때 그들을 기다리고 있는 것은 저주와 고통뿐이기 때문이다. 여호와의 은혜와 인애와 자비와 인내심 등 그분의 많은 속성들이 본문 속에 잘 나타나 있다.

둘째, 여호와께서 우리를 가르치시는 방법을 생각해 보자. 기드온은 계속적으로 여호와 대신에 자신이 의존할 수 있는 대상이나 방법을 간구한다. 많은 수의 군대를 모집한 것도 그런 의도를 포함하고 있다. 그러나 여호와께서 300명 규모로 축소하심으로써 기드온으로 하여금 여호와만을 신뢰하지 않으면 안 되도록 인도하신다. 우리도 끊임없이 우리의 안전과 평안을 다른 것에서 찾으려는 어리석을 행동을 되풀이한다. 그럴 때마다 가만히 묵상해 보면, 지금도 여호와께서 그런 우리로 하여금 그분만을 의존하고 신뢰하도록 인도하시는 노력을 계속하고 계심을 알 수 있다.

그런 상황에서 때로 기드온처럼 우리도 두려워할 수 있다. 여호와만을 온전히 신뢰한다는 것은 믿음 없이는 불안하고 두렵기만 한 것이다. 그럴 때 여호와께서 확신을 더해 주시기 위해 또 다른 역사를 행하신다. 기드온은 미디안 병사의 꿈과 해몽을 듣고 여호와께 경배했다. 하나님께서 우리에게 영적 성숙을 더하시기 위해 무엇인가를 가르쳐 주실 때 우리도 기드온처럼 곧바로 그분께 경배하는 것이다.

셋째, 양털 시험 방법을 하나님의 뜻을 구분하는 모범 사례로 여겨선 안 된다는 것이다. 본문의 분석에 나타난 대로 양털 시험은 율법에도 어긋나며 기드온의 믿음의 부족과 이기적인 목적을 달성하기 위한 수단이었다. 우리는 독단적이고 주관적인 방법으로 하나님께 우리가 원하는 것을 얻어내려고 하지 말고 그분의 말씀을 묵상하고 그 가르침에 순종하는 것이 하나님의 뜻을 구별하는 가장 적합한 방법임을 알아야 한다.

3. 결론(8:22~35)

첫째, 여호와만이 진정한 구원을 주실 수 있다. '기드온과 300용사'의 전쟁에서 핵심은 기드온의 믿음과 신뢰이다. 그래서 신약에서도 그의 믿음을 칭찬하고 있다(히 11:32). 기드온이 여호와만이 전쟁에서 승리를 주실 수 있는 유일하신 분으로 확신했을 때 구원의 역사가 일어난 것이다. 기드온에게 여호와만을 신뢰하는 것은 100,000이 넘는 적군에 맞서기 위해 30,000이 넘는 아군을 돌려보내는 것을 의미한다. 여호와 외에 아무도 의존할 것이 없고 '오직 믿음'만이 생존 전략임을 받아들이는 것을 의미한다.

기드온에 대한 이미지가 얼마나 부정적이었나에 관계없이 미디안과의 전쟁에서 그의 믿음을 기억해야 하며 사사기는 그런 믿음을 우리에게 요구하고 있다. 우리에게 여호와만 의존하는 것은 무엇을 의미하는가? 하나님께서 우리에게 그분의 영광을 위해 사용하라고 주신 지위, 부, 달란트, 네트워크,

인간관계 등에 의존해 믿음 없는 삶을 살고 있지 않은지 점검해 봐야 한다.

둘째, 하나님의 영광을 차지하지 않도록 조심해야 한다. 기드온은 여러 가지로 의문점을 많이 불러일으킨다. 그는 믿음을 나타내면서도 동시에 자신의 영광을 구하는 데에도 관심을 가졌다. 기드온은 백성들이 다스려 달라고 요청했을 때에 여호와께서 다스릴 것이라고 대답을 했지만, 자신이 미디안의 손에서 백성들을 구원한 게 아니라 여호와께서 구원하신 것이라고 하면서 백성들의 잘못된 생각을 고쳐 주지도 않았다. 그는 간접적으로 여호와의 영광을 빼앗은 셈이 된다. 자신이 주장하지 않았지만 백성들의 발언에 침묵함으로써 백성들의 생각에 동조한 셈이다. 그리고 그 영향력을 가지고 백성들에게 전쟁에서 탈취한 금귀고리를 요청한다. 우리도 때로 하나님께서 하신 것이라고 말을 하면서도 실제에서 우리 자신이 한 것처럼 태도와 행동을 취하지는 않는지 살펴봐야 한다. 특히 사역을 함에서도 여호와께서 하시는 것인지 자신이 하는 것인지, 여호와의 받으실 영광을 자신이 은연중에 취하고 있지나 않은지 주의해야 한다.

셋째, 하나님의 사역과 인간적인 목적을 구분해야 한다. '기드온의 전쟁' 부분을 보면 겉으로 보기에 기드온은 끝까지 미디안 왕들을 추격함으로써 오히려 여호와께서 맡겨 주신 사명에 열정을 다하는 인물로 비칠 수 있다. 실제로 그렇게 분석하는 주석들도 많이 있다. 그러나 본문을 자세히 보면 이 기회에 보복하려는 개인적인 의도가 숨어 있다. 그 결과를 하나님의 용사들을 희생시키면서까지 얻어냈다. 이것은 사역자들이 가장 주의해야 할 덫이다. 겉으로 보기에는 열정적으로 충성스럽게 하나님의 일을 하는 것 같으나 이미 '하나님의 사역'이 아닌 '자신의 사역'에 몰두하고 있음을 경계해야 한다. 이것은 누가 판단할 수 있는 문제가 아니다. 스스로 자기 기만에 빠져 전혀 파악하지 못할 수도 있다. 그러므로 사탄은 늘 하나님의 사역 속에 개인의 목적을 채우도록 계교를 부릴 수 있음을 명심하고 기드온의 이야기에서 교훈을 배워야 한다.

06

아비멜렉 이야기: 폭력의 부메랑

사사기 9장 주해와 적용

본문의 개요

본문에서 중심 인물인 아비멜렉의 삶은 "검을 가지는 자는 다 검으로 망하느니라"(마 26:52)는 예수님의 말씀에 대해 얼마나 확고한 진리인지를 잘 보여 준다. 그는 성화되지 못한 욕망을 채우려고 칼을 들어 형제들을 몰살했다가 결국 자신도 비참한 종말을 맞이했다. 심은 대로 거두는 것이다. 비록 이 원리가 이야기의 주제이지만, 아비멜렉의 이야기는 단순히 '신적'(divine) '인과응보'(因果應報)만을 입증하는 것에서 끝나지 않는다. 더 나아가 그의 이야기는 사사들이 통치하던 이스라엘에 새로운 국면을 맞이하기 시작했음을 알려 준다.

사사기의 흐름을 살펴보면 그동안 외부에서 오는 위협이 관건이었지만, 아비멜렉의 사건을 기점으로 내부적 갈등이 국가의 위기를 초래하고 있다. 이 사건의 경우에 이방인이 아니라 오히려 이스라엘의 지도자가 공동체의 생존에 위협을 주고 있다. 저자는 이 이야기를 통해 아비멜렉이 보여 주는 리더십은 자신이 선호하는 리더십과 정반대의 유형이라는 것이다. 그뿐 아니라 내부의 위협이 외부의 위협보다 더욱 심각한 요소임을 경고하고 있다.

또 아비멜렉의 폭력적인 상황을 담고 있는 사사기 9장은 베냐민 지파와 연관된 이야기인 사사기 17~21장과 한 쌍을 이루며 나머지 사사들에 관한 이야기들을 감싸 안음으로써 그들의 시대가 어떠했는지를 암시하고 있다 (Block). 아울러 이 이야기는 단순히 통치권에 연관된 것이 아니라, 우상 숭배와 연관이 있는 것이다.

가나안 정복 이후 세겜에 대한 마지막 언급은 여호수아서 24장에서 이스라엘이 하나님과의 언약을 다시 한 번 확인하는 장소로써 나타난다. 그러나 이제 이스라엘은 세겜에서 하나님을 버리고 우상을 숭배하고 있다. 아비멜렉은 세겜에 있는 바알브릿 신전의 돈으로 폭력배들을 동원해 형제들을 죽였다(9:4~5). 기드온이 이스라엘에 우상 숭배를 들여온 것을 감안할 때(8:27), 아비멜렉을 포함한 그의 아들들의 죽음은 하나님의 심판으로 생각할 수 있다(Pressler).

1. 기드온과 아비멜렉에 관한 이야기의 연결성

아비멜렉의 이야기를 담고 있는 사사기 9장은 기드온의 이야기가 전개되는 사사기 6~8장과 몇 가지 연결점을 지니고 있다. 첫째, 가장 표면적인 연결점은 기드온과 아비멜렉이 아버지와 아들 사이라는 것이다. 둘째, 아비멜렉은 그의 아버지 기드온이 사사기 8장에서 저지른 종교적 죄로 인해 아들들에게 얼마나 치명적인 결과를 초래하는지 행동으로 보여 주고 있다는 것이다. 하나님께로부터 승리를 선사 받은 기드온은 백성들에게 적들에게서 노획한 금붙이를 거둬들여 에봇을 하나 만들어 자신이 거하던 성읍에 두었고, 이스라엘이 그 금 에봇을 이용해 종교적 음행을 저질렀다. 하나님께서 원하시지 않는 종교적 행위를 한 것이었다. 물론 기드온이 내세운 명분은 금 에봇을 만들어 하나님의 임재를 상징하도록 해서 여호와의 종교를 더욱 확고히 하겠다는 것이었다.

그러나 사사기 저자는 기드온이 금으로 에봇을 만든 것은 죄였다는 평가를 내리고 있다. 저자는 이스라엘이 금 에봇을 통해 음행하고, 그것으로 인해 기드온과 그의 집에 올무가 되었다고 회고한다(8:27). 에봇은 금귀고리를 모아 만들었는데(8:24), 그 행위가 마치 옛적에 아론이 금귀고리를 모아 금송아지를 만든 일을 연상시키는 묘사법을 사용하고 있다(참고 출 32:1~6). 기드온이 십계명 중에 첫 번째 계명을 범했기 때문이다.

이처럼 이질적 종교 행위를 바탕으로 좀더 가시적이고 자극적인 종교 형태를 원하던 백성들은 기드온이 죽자, 곧 보이지 않는 여호와 하나님께 등을 돌리고 본격적으로 눈에 보이는 우상을 숭배하기 시작했다. 그들은 먼저 세겜에 바알 신전을 세웠다. 이스라엘이 '여호와 브릿'('언약의 여호와')을 망각하고 대신에 '바알브릿'('언약의 바알')을 위한 신전을 세웠다(8:33). 아비멜렉이 사사기 9장에서 반인륜적 만행을 계획한 후 행동으로 옮기려면 자금을 필요로 했는데, 바로 '바알브릿'의 신전에서 흘러나온 은 70개였다(9:4). 아버지 시대에 싹트기 시작한 종교적 부패가 아들 시대에 반역으로 꽃을 피운 것이다.

우리 속담에 '바늘 도둑이 소 도둑 된다'는 말이 있는데, 죄의 싹을 아예 제거하지 않은 채 방치한다면 시간이 지나면서 상상을 초월하는 무서운 결과를 초래하게 된다는 뜻이다. 만일 우리의 삶에 어떤 죄나 경건치 않은 것들이 싹트고 있다면, 그것들을 미련 없이 제거하는 일이 바로 우리 자신을 위한 것일 뿐 아니라 우리 뒤를 이을 세대를 위한 최고의 선물이 된다.

아비멜렉 이야기도 아버지가 품은 야심이 아들 세대에 가서 얼마나 비참한 결과를 초래하게 되는지 잘 보여 준다. 우리는 종종 자식의 이름을 통해 부모의 신앙이나 가치관을 엿볼 수 있다. 특히 성경에 등장하는 인물들의 이름은 더욱 이런 경향을 띠고 있는 듯하다. 본문의 주인공인 '아비멜렉'이라는 이름을 풀이하면 '나의 아버지는 왕'이라는 뜻이다. 기드온의 아들이 이런 이름을 가졌다는 것은 기드온의 잘못된 야심의 단면을 보여 주는 것이다. 기드온이 미디안 사람들과의 전쟁에서 승리했을 때 백성들은 그에게 왕이 되어달라고 했고, 그는 절대로 그럴 수 없다고 말했다(8:22~23). 그런 그가 아들의 이름을 '나의 아버지는 왕'이라고 명명한 것은 비록 그가 표면적으로 '왕이 되지 않겠다'고 선언했지만, 내심은 왕권에 대한 미련을 갖고 있었음을 시사한다(McCann).

어찌 생각해 보면, 아비멜렉의 삶은 그가 이름을 통해 아버지로부터 전수

받은 통치에 대한 탐욕의 연장선에서 해석될 수 있다. 기드온의 성화되지 않은 야망이 아비멜렉을 통해 추한 모습으로 나타난 것이다.

본문 주해

1. 아비멜렉의 정권 장악(1~6절)

아비멜렉은 유난히 큰 야심을 품은 자였다. 그는 사사가 되어 40년 동안 이스라엘을 다스렸던 아버지 기드온의 대를 이어 사사가 되고 한걸음 나아가 이스라엘의 왕이 되기를 꿈꿨다. 아비멜렉은 어떻게 해야 자신의 야망을 이룰 수 있는지도 정확히 알고 있었다. 그는 어머니의 고향인 세겜으로 가서 외가 친척들에게 지역 주민들을 대상으로 하는 일종의 여론 조사를 부탁했다. 그가 표면적으로 내세운 명분은 실용성이었다. '백성들에게 선택의 여지가 있다면, 70명의 통치를 받는 것이 좋은가 아니면 한 사람의 통치를 받는 것이 좋은가?'(2절)였다.

아비멜렉의 질문은 객관적인 여론 조사로 보일 수 있다. 그러나 그는 이 질문의 끝에 "나는 너희와 골육임을 기억하라"(2절)는 말을 첨부함으로써 그들과 피를 나눈 자신이 바로 70명의 대안인 '한 사람'임을 부각시켰다. 이것은 '혈연'(血緣)과 '지연'(地緣)을 교묘하게 이용하는 정치적 술수이다. 예나 지금이나 정치인들이 가장 잘 써먹는 수법이 바로 혈연과 지연을 악용하는 것이다.

아비멜렉의 계략은 정확하게 맞아들어 갔다. 세겜 사람들이 그의 '한 형제' 호소에 동요되었을 뿐 아니라(3절), 은 70개라는 정치 자금까지 마련해 주었다(9:4). 아비멜렉은 세겜 사람들이 마련해 준 돈으로 '방탕하고 경박한 사람들'을 고용해 형제 70명을 살해했다(5절). 당시 기드온의 아들들이 거의 왕자로 취급받았을 것을 감안할 때, 그들의 죽음은 왕자 한 사람의 생명이 은 한 개에 팔리는 값싼 죽음이었다(Block). 욕망의 노예가 된 사람에게 생명의 존엄성이란 존재하지 않는다. 그의 계획에 차질을 가져올 수 있는 자는 누구든지 제거되어야 할 걸림돌에 불과한 것이다.

하나님은 생명의 존엄성을 인정하지 않는 사람들을 심판하시는 분이다. 아비멜렉이 '값싸게' 형제들을 죽인 것만큼이나 이름 모를 여인에게 당한 그의 죽음도 '값싼' 것이었다.

사사기 저자는 아비멜렉이 고용한 자들을 '방탕하고 경박한 사람들'로 묘사함으로써 그의 행위를 매우 부정적인 시각에서 바라보고 있다. 그뿐 아니라 그 사건의 발단에 종교적 부패가 상당히 작용하고 있음을 암시하고 있다. 첫째, 아비멜렉이 정치 자금으로 사용하는 돈은 다름 아닌 바알브릿 신전이라는 이교도에서 흘러나온 것이었다(4절). 이스라엘의 종교적 성지인 세겜에서 어느새 '여호와 브릿'이 '바알브릿'으로 대체된 것이다.

둘째, 세겜 사람들이 아비멜렉을 왕으로 세운 곳이 '상수리나무 기둥 곁'인데 가나안에서 성행했던 바알 종교에서 기둥은 흔히 바알을 상징하는 물건이었다(Block). 성경은 이스라엘의 왕은 하나님께서 그분의 방법에 따라 그분의 때에 세우신다는 사실을 전제하는데, 아비멜렉은 세겜 사람들과 바알의 힘을 빌려 스스로 왕으로 군림한 것이다.

셋째, 본문에서 기드온의 다른 이름인 '여룹바알'('바알이 변호하리')이 지속적으로 사용되고 있다. 이처럼 저자가 아비멜렉의 이야기를 묘사하면서 기드온의 이교도적 이름을 계속 사용하는 것은 기드온의 하나님에 대한 배교 행위가 아비멜렉의 방종에 상당한 영향을 미쳤음을 시사한다. 아버지가 심은 불손한 씨앗이 아들을 통해 포악한 열매를 맺은 것이다. 기드온은 40년 동안 이스라엘을 통치하면서 백성들을 하나님의 품으로 돌아오게 할 수 있는 자리에 있었다.

하나님께서 믿음의 공동체 안에서 일부 지도자들에게 권력을 위임하시는 유일한 목적은 그분을 영화롭게 하는 일과 그 공동체를 하나님의 품으로 인도해 덕을 끼치게 하시려는 것이다. 하지만 불행하게도 기드온은 자신의 지위를 이용해 오히려 백성들을 하나님께로부터 멀리 떠나게 했다. 따라서 이제 그에게 많은 것을 맡기셨던 하나님께서 그의 아들의 세대에 이르러 큰 대가를 치르게 하신 것이다. 주석가들은 일반적으로 아비멜렉을 포함해 기드온의 아들들의 몰락을 하나님께서 그에게 내리신 심판으로 간주한다.

2. 요담의 저주(7~21절)

기드온의 아들들 중에 유일하게 아비멜렉의 살인극을 모면한 자는 막내아들 요담이었다(5절). 그가 세겜 사람들이 아비멜렉을 왕으로 세웠다는 소식을 듣고 도시의 남쪽에서 세겜을 내려다보는 그리심 산꼭대기로 가서 목소리를 높여 비난의 메시지를 전했다. 도주를 위한 충분한 거리를 확보하고 동시에 음향 효과를 최대한 활용하려는 의도에서였다. 먼저 요담은 비유를 통해 왕으로서 아비멜렉의 적합성과 그를 왕으로 추대한 세겜 사람들의 정직성을 문제로 삼고 있다. 나무들이 한 나무를 지목해 자신들의 왕으로 세우고자 감람나무, 무화과나무, 포도나무를 찾아가 설득하지만 그들은 한결같이 거부한다. 그들은 나무들의 왕으로 군림하기보다 더 소중한 일을 이미 하고 있다는 자부심 때문이다. 반면에 나무들이 가시나무에게 찾아가 왕이 돼달라고 했더니, 가시나무는 선뜻 응할 뿐 아니라 자신의 그늘에 거하지 않으면 화를 당할 것이라고 협박까지 했다.

요담의 비유는 아비멜렉이 왕의 자격을 갖춘 자가 아님을 역설한다. 그가 언급하고 있는 감람나무, 무화과나무, 포도나무는 고대 가나안 사람들이 가장 소중하게 여겼던 과실 나무들이다. 그들은 나무들의 왕이 될 자격을 충분히 갖추고 있다. 그러나 가시나무는 인간과 하나님에게 이렇다 할 유익을 끼치지 못할 뿐 아니라 오히려 해를 끼치는 나무이다. 아비멜렉이 바로 가시나무와 같다는 것이다. 실제로 왕이 되어 이스라엘을 이끌 만한 사람들은 모두 자부심을 갖고 자신의 일에 몰두하고 있는데, 오히려 자격이 없고 포악한 아비멜렉만이 왕권에 야심을 품고 음모를 꾀했고 이에 세겜 사람들이 동조한다. 왕권이 문제가 아니라 왕을 세우는 과정에서 사람들이 '진실하지 못하고 의롭지 못한 것'이 문제다(16절). 왜 하필이면 아비멜렉이냐는 것이다.

　자신의 분수를 모르고 날뛰는 아비멜렉이 왕으로 된 것도 문제지만, 그런 아비멜렉을 추대한 세겜 사람들의 행위는 더 큰 문제라는 것이 요담의 주장이다. 왜냐하면 세겜 사람들은 이 일로 인해 예전에 기드온이 죽음을 무릅쓰고 자신들에게 베풀었던 은혜에 대해 배은망덕한 짓을 저질렀기 때문이라는 것이다(17~18절). 성경은 은혜를 배신으로 갚는 것을 가장 저질적인 행동으로 규정한다. 이런 사실에 근거해 요담은 신적 심판을 요청하고 있다. 만일 아비멜렉과 세겜 사람들이 공모한 일이 의롭다면 그들은 평안할 것이고, 만일 그들의 일이 불의하다면 그들 사이에 내분이 생겨 서로 대적하게 될 것이라고 선언한다(19~20절).

　비록 그가 하나님의 이름을 직접 언급하고 있지 않지만, 이 세상은 선을 선호하고 악을 배척하는 창조주의 질서에 따라 운영되고 있음을 확신에 찬 목소리로 선언하고 있다. 잠시 후에 보겠지만, 아비멜렉과 세겜 사람들이 공모해 70명의 무고한 사람들의 목숨을 빼앗은 것은 하나님의 심판의 대상이 된다. 하지만 여룹바알(기드온)에게 배은망덕했다는 요담의 주장은 하나님 심판의 대상이 되지 않는다. 이는 하나님께서 기드온의 죄로 인해 그의 집안에 심판을 내리시기로 작정하셨기 때문이다.

　우리가 요담에게서 한 가지 배울 점은 세상이 아무리 악인들의 손에서 놀아나는 것 같고 진실과 의가 무너진 것 같이 보여도, 세상을 귀하게 여기시는 하나님께서 결단코 악인들의 손아귀에 내버려 두시지 않는다는 사실이다. 인류 역사가 반복적으로 보여 주듯, 하나님의 진리와 통치가 악에 의해 순간적으로 왜곡되어 보일 수는 있지만 결코 오래 가진 않는다는 사실이다. 하나님께서 창조하시고 통치하시는 세상에서 악인들로 하여금 오랫동안 농간을 부리도록 허락하시지 않는다. 그들을 방치해 두기에는 하나님께서 이 세상과 사람들을 너무나 사랑하신다. 그러므로 하나님의 창조와 통치를 믿는 우리는 어둡고 암울한 날들을 만나더라도 좌절하거나 절망할 필요가 없다. 왜냐하면 하나님께로부터 오는 정의의 빛이 어둠과 암울함을 한순간에 물리칠 것이기 때문이다.

3. 아비멜렉의 몰락(22~55절)

요담이 하나님께 요청한 신적 심판이 곧 현실로 다가왔다. 저자는 이제 묘사할 일이 하나님의 의로우신 심판임을 처음부터 확실히 하고자 한다(23~24절). 반인륜적 악을 행한 자와 그 일에 동조한 자들이 함께 심판을 받으며, 칼로 정권을 잡은 아비멜렉은 공교롭게도 자신을 왕으로 추대한 자들과의 전쟁에서 죽음을 당한 것이다. 어제의 동맹군이 오늘의 적이 되어 싸우게 된 셈이다.

1) 사건의 발단(22~25절)

요담이 그리심 산꼭대기에서 아비멜렉과 세겜 사람들의 거룩하지 못한 연합은 분명히 신적 심판을 받을 것이라는 말을 남기고 잠적한 지 3년이 지났다(22절). 그동안 그들 사이에 어떤 일이 있었는지 모르겠지만, 어느새 세겜 사람들은 아비멜렉의 일거수일투족을 감시하고 있었다. 그뿐 아니라 그들은 세겜 지역(아비멜렉의 영토)을 지나가는 사람들을 상대로 약탈 행위를 일삼았다. 그것은 그 지역의 통치자로 군림하고 있던 아비멜렉을 욕되게 하는 행위였다. 세겜 사람들이 아비멜렉을 배반하는 행위는 결코 놀라운 일이 아니다. 왜 세겜 사람들은 자신들이 왕으로 세운 아비멜렉을 배반한 것일까? 요담의 주장이 의미심장하다. '진실과 의로움에 근거하지 못한 연합체는 깨어진다'(16절)는 것이다. 우리 주변에서 이뤄지는 대부분의 연합은 동일한 목적을 중심으로 한다. 그러나 본문은 연합을 이루는 일에서 가장 중요한 것은 목적이 아니라 '진실과 의'라고 선언한다. 그것에 바탕을 두지 않은 연합은 명분과 목표가 아무리 매력적이라 해도 오래 가지 못한다는 것이다.

저자는 아비멜렉과 세겜 사람들 사이에 금이 간 것은 하나님의 심판임을 강조하고 있다(23~24절). 하나님께서 그들의 불의한 연합을 깨시기 위해 그들 사이에 악한 영을 보내신 것이다. 하나님께서 보내신 '악한 영'의 정확한 정체에 대해 학자들 간에 의견이 분분하다. 확실한 것은 하나님께서 그 영을 부리셔서 그들로 하여금 심은 대로 거두게 하셨다는 점이다. 그런데 앞서 요

담이 세겜 사람들에게 "이것이 여룹바알과 그의 집을 선대함이냐"라고 비난
했던 말(16~18절)은 심판의 이유에 반영되지 않는다. 요담의 발언에서 은혜
를 베푼 자에 대한 배은망덕이 가장 큰 문제이지만(Webb), 하나님의 심판에
서 반인륜적 폭력과 잔인함이 문제가 되는 것이지 우상 숭배를 통해 이스라
엘을 넘어지게 한 기드온에 대한 배반은 문제가 되지 않는다. 왜냐하면 기드
온은 이미 하나님을 배반했기 때문이다.

2) 가알의 반역과 아비멜렉의 승리(26~49절)

세겜 사람들의 일이 아비멜렉에게 보고된 상황에서 새로운 인물이 등장
해 아비멜렉과 그의 지지자들을 자극한다. 가알이라는 사람과 그의 형제들
이 세겜에 정착하게 된 것이다. 세겜 사람들은 그들을 좋아했다(26절). 그러
던 어느 날 술에 취한 가알이 아비멜렉의 통치를 비난하고 비하하는 발언을
했다(27~28절). 심지어 아비멜렉에게 군사적으로 도전장을 내밀었다(29절).
아마 아비멜렉을 싫어하던 사람들은 가알에 대해 가뭄의 단비처럼 느꼈을
것이다. 그러나 아비멜렉을 지지하는 세력도 만만치 않았다. 이 일은 곧장
아비멜렉에게 보고되고 분노한 아비멜렉은 군사를 동원해 세겜을 쳤다. 가
알은 자신이 했던 말과 달리 제대로 싸움 한 번 못해 보고 도주했다(39~41절).
가알과 그의 형제들은 결국 입만 살아서 소리만 요란한 꽹과리에 불과했던
것이다. 이 이야기를 통해서 우리는 책임지지 못할 말, 허영심을 드러내는
말을 삼가고 신중하게 말해야 한다는 교훈을 얻을 수 있다.

세겜 사람들은 전쟁이 일단락된 것으로 생각하고 일상생활로 돌아갔다.
이튿날 사람들이 밭일을 하기 위해 성에서 쏟아져 나왔다. 그 소식을 들은
아비멜렉은 군사 작전을 펼쳐 모두 죽이고 성을 헐어버린 후에 저주의 상징
으로 소금을 뿌렸다(45절, Block). 여기서 살아남은 세겜 사람들이 신전의 보
루로 피해 보지만 아무 소용이 없었다. 아비멜렉과 그 추종자들이 산에서 나
무로 장작을 만들어 피신한 자들을 모두 태워 죽였다(49절).

이처럼 저자는 아비멜렉의 잔인성에 대해 매우 상세하게 묘사함으로써

그가 죽을 때까지도 성품이 변하지 않았고, 왕이 될 만한 재목이 아니었음을 시사한다. 그러므로 이 사건은 아비멜렉의 포악함뿐 아니라 세겜 사람들의 어리석음을 역설하고 있다. 왕으로서 겸비해야 할 덕망을 전혀 갖추지 못한 사람을 왕으로 세운 그들의 어리석은 행위가 무자비한 죽음으로 부메랑이 되어 돌아온 것이다. 특히 교회는 지도자를 세우는 일에 신중해야 한다. 좋은 리더를 세우면 교회에 덕이 되고 하나님께 영광이 되지만, 잘못된 지도자를 세우면 후회와 함께 온 공동체가 그 대가를 치러야 하기 때문이다.

3) 아비멜렉의 죽음(50~55절)

세겜을 초토화시킨 아비멜렉은 그 여세를 몰아 데베스를 쳤다. 학자들 사이에 데베스의 위치에 대한 주장이 엇갈리고 있다. 하지만 대략적으로 세겜에서 동북쪽으로 10~20km 떨어진 곳으로 추정하고 있다(Aharoni, Dyck). 이 이야기의 흐름으로 감안할 때 세겜의 왕이었던 아비멜렉이 영토 확장에 나섰던 것이다(Block). 하지만 그의 욕심이 죽음을 잉태한 것이다. 아비멜렉은 데베스 사람들이 피신해 있던 망대를 공격하다 한 여인이 던진 맷돌에 맞아 죽는다. 그는 70형제들의 생명을 귀하게 여기지 않았다. 하나님께서 그로 하여금 여인의 손에 '값싼 죽음'을 당하게 하셨다. 곧 심은 대로 거둔 것이다.

사사기는 하나님께서 가나안 사람들을 포함한 이방인들보다 이스라엘 백성들을 더 사랑하신다는 것을 강조하고 있다. 그러나 아비멜렉의 죽음은 이스라엘 백성들이 이방인들의 관습과 가치관에 따라 살아간다면 하나님께서 그들을 이방인으로 취급하시고 심판하신다는 것을 경고하는 내용이다. 아비멜렉은 한 여인에 의해 죽었는데, 수년 전에 시스라가 야엘이라는 여인의 손에 죽은 것을 연상시킨다(McCann). 또 그가 소년에게 죽여줄 것을 부탁하는 일은 훗날 사울이 소년에게 죽여줄 것을 부탁하는 일과 맥을 같이 한다. 둘 다 하나님께 거부당한 권세자였기 때문이다.

설교를 위한 적용

3000여 년 전에 있었던 아비멜렉의 사건은 오늘을 살아가는 우리에게도 시사하는 바가 크다.

첫째, 남의 생명을 하찮게 여기는 자들을 하나님께서 하찮게 여기신다는 황금 법칙이다. 아비멜렉이 형제들의 생명을 값싸게 취급한 것처럼, 하나님께서도 그의 생명을 값싸게 취급하셨다.

둘째, 정의와 진실에 바탕을 두지 않은 연합은 하나님의 심판의 대상이 된다는 인과응보의 법칙이다. 혈연과 지연에 근거해 형성된 세겜 사람들과 아비멜렉의 불의한 연합체는 하나님께서 보내신 악령에 의해 붕괴될 뿐 아니라 오히려 적대 관계로 돌변하고 만다.

셋째, "욕심이 잉태한즉 죄를 낳고 죄가 장성한즉 사망을 낳느니라"(약 1:15)는 원리이다. 아비멜렉은 지나친 욕심을 부려 형제들을 죽이고 왕이 되는 죄를 범했고, 영토 확장에 대한 욕심을 부리다가 죗값으로 죽음을 당한 것이다.

넷째, 내부의 위협은 외부의 위협만큼이나 심각하다는 진리이다. 사사기의 흐름에서 아비멜렉에 관한 이야기가 기여하는 것은 그 사건이 이스라엘 공동체의 붕괴에 대한 신호탄이라는 점이다. 결국 사사기가 끝날 무렵에 내란으로 인해 베냐민 지파의 생존이 위협 받게 된다. 이와 같이 공동체의 붕괴는 외부의 공격이 아니라 내부의 위협에서 비롯된다. 오늘날 교회가 분열되고 어려움을 당하는 이유는 내부에서 시작된다는 것을 잘 알고 있다. 그뿐 아니라 교회가 선교, 전도, 구제 등을 통해 외부로 정열과 관심을 쏟지 않으면 내부적으로 어려움을 겪게 되는 것을 종종 목격한다. 교회가 이 세상에 존재하는 한, 항상 내부적인 위협이 공동체의 생존을 위협할 것이다.

하나님의 긍휼, 불행한 사사들

사사기 10~16장 주해와 적용

본문의 개요

사사기는 이스라엘의 가나안 정복 실패(1:1~2:5)와 하나님의 섬김 실패(2:6~3:6)로 시작해서 종교적 타락(17~18장)과 도덕적 부패(19~21장)로 마무리된다. 사사기 마지막 부분에 반복된 문장인 "그때에 이스라엘에 왕이 없으므로 사람이 각각 그 소견에 옳은 대로 행하였더라"(17:6; 21:25)는 언약 백성 이스라엘이 그들의 진정한 통치자 여호와의 말씀을 규범으로 삼지 못하고 자신이 그 규범이 되어 살았음을 보여 준다. 언약에 충실하지 못한 이스라엘이 만든 사회는 혼란과 무질서였다. 이런 암울한 이야기 중심에 사사들의 내러티브가 위치하여 점점 부패와 혼란으로 들어가는 이스라엘의 모습을 그려낸다. 또한 그 속에 언약에 성실한 하나님의 긍휼을 보여 준다.

특별히 사사기 10~16장은 무려 일곱 명의 사사들을 언급한다. 이 내러티브들의 중요성은 기드온과 아비멜렉을 정점으로 언약 공동체의 추락을 전적으로 보여 주는데 있다. 이 내러티브들에 부와 권력에 사로잡힌 사사들의 모습이 드러나고 자신의 욕망과 명예를 위해 딸과 동족을 살해하는 무정한 사사 입다와 정욕과 욕망에 사로잡혀 여인들의 포로가 된 사사 삼손의 모습을 보여 준다. 이런 사회에 여호와의 평강, 즉 샬롬이 없음은 지극히 당연하다. 아이러니하게도 이 일곱 명의 사사들 이야기에는 이 전 사사들 이야기에 언급된 '…태평하였더라'(3:11, 30; 5:31; 8:28)는 공식이 등장하지 않는다. 더욱 우리를 긴장케 하는 것은 사사기 10~12장의 중심을 이루는 입다 내러티브에 죄를 고백하는 이스라엘에 대한 여호와 하나님의 거절과 책망이다. 그러나 본문은 여기에 멈추지 않는다. 우리는 사사기 13~16장에 기록된 삼손 내러티브에서 여호와께 구원을 호소하는 부르짖음을 전혀 찾아 볼 수 없다. 이것은 언약을 파기하고 철저하게 가나안화된 이스라엘에 대한 하나님의 분노이다. 그럼에도 하나님은 이스라엘에게 긍휼을 베풀어 암몬과 블레셋의 손에서 구원하신다. 그 구원은 사사 입다와 삼손의 역량에 기인한 것이 아니라 언약 백성에 대한 하나님의 전적인 긍휼에 기인한 것이다. 하나님의 긍휼이 타락한 인간에게 유일한 소망이다.

1. 사사기 10~16장의 전체 구조

사사기 10~16장은 돌라, 야일, 입다, 입산, 엘론, 압돈, 삼손을 소개한다. 그런데 입다와 삼손을 제외한 다섯 명을 일명 소사사라고 부른다. 야일과 입다가 한 쌍을 이루고 입산과 엘론과 압돈이 한 쌍을 이룬다. 따라서 사사기 10~16장은 다음과 같은 구조를 형성한다.

> I. 소사사들: 돌라와 야일(10:1~5)
>
> II. 입다 내러티브(10:6~12:7)
>
> III. 소사사들: 입산과 엘론과 압돈(12:8~15)
>
> IV. 삼손 내러티브(13~16장)

우선 I과 III은 '소사사들'이란 타이틀로 평행을 이루지만 단지 그 타이틀만으로 평행을 이루지 않는다. I과 III은 소사사들을 묘사하는 문예 스타일과 내용에 있어서 유사성을 가진다.

1) I과 III은 다른 사사들처럼, 사사들의 통치 기간을 기록한다(10:2중,

3중; 12:9하, 11중, 14하).

2) I과 III은 자녀들에 대해 언급한다(10:4; 12:9, 14) 특별히 야일(10:3~
5)과 압돈(12:13~15) 이야기는 동일하게 나귀(10:4; 12:14)를 언급하
고 많은 자식들(10:4; 12:14)이 있었음을 소개한다.

3) I과 III은 사사들의 죽음과 장사를 기록한다(10:2중하, 5; 12:7하, 10,
12, 15).

4) 이들의 공통점은 이스라엘을 구원하기 위한 군사적 행동이 없다
는 점과 하나님의 신적 권능이 부여된 기록이 없는 것이다.

이상을 전체적인 구조로 볼 때 돌라와 야일은 기드온과 아비멜렉과 입다
내러티브 사이에 위치하여 교량 역할을 하고 입산과 엘론과 압돈은 입다와
삼손 내러티브를 연결하는 기능을 한다.

1) 돌라와 야일 이야기(10:1~5)

돌라 이야기는 '아비멜렉 후에 그가 일어났다'는 문장으로 시작된다. 그리
고 뒤따르는 부정사는 돌라가 일어난 목적이 '이스라엘을 구원하기 위하여'
라고 분명하게 언급한다.

우리는 여기서 두 가지를 주목할 필요가 있다. 첫째, 동사 '일어났다'의 문
법 형태이다. 사사들의 출현과 관련된 이 동사는 모두 사역형(2:16, 18, 3:9, 15)
으로 사사들의 세운 주체가 하나님임을 분명히 한다. 그러나 돌라의 경우,
'일어났다'의 문법 형태는 능동형으로 돌라가 스스로 일어섬을 강조한다. 또
한 돌라에게 하나님의 신의 강림이나 그의 능력의 덧입힘이 전혀 기록되지
않았다는 점이다. 둘째, 돌라가 이스라엘을 누구에게서 구원하려고 일어났
는지 그 대상이 분명치 않다. 즉 이스라엘을 압제한 적국에 대한 언급이 전
혀 없다.

그렇다면 돌라가 '이스라엘을 구원하기 위하여 일어섰다'는 것은 무엇을
의미하는가? 우리는 그 실마리를 '아비멜렉 후에'라는 문구에서 찾을 수 있

다. 저자가 '아비멜렉'이란 문구를 주목하게 한 것은 돌라가 일어난 것이 아비멜렉의 섬뜩한 혈연 정치와 무관하지 않음을 보여 준다. 돌라는 아비멜렉의 잔혹한 정치의 결과로 발생한 무질서와 혼돈으로부터 언약 공동체를 구하고자 한 것이다. 특히 그가 에브라임 산지에 '앉아' 이스라엘을 '다스렸다'는 진술은 사사기 4:5의 "드보라의 종려나무 아래 '거하였고' 이스라엘 자손은 그에게 나아가 '재판을 받더라'"가 평행을 이루는 것을 볼 때, 돌라는 언약 공동체의 내부적 혼란과 무질서를 바르게 판단하여 질서를 세움으로 이스라엘을 구원하고자 했음을 추측할 수 있다.

그러므로 돌라 이야기는 사사 시대 언약 공동체 이스라엘의 상황이 급변하고 있음을 보여 준다. 적어도 기드온 이전 이스라엘의 문제는 외부의 적국들의 탄압과 압제를 받았다. 그들은 이 압제 속에 신음하며 하나님께 그 고통을 호소했다. 그러나 아비멜렉 이후 그들의 가장 큰 문제는 내부 권력투쟁으로 발생한 공의와 질서의 무너짐이었다.

사사 야일의 이야기(10:3~5) 또한 언약 공동체 안에 새로운 변화를 보여 준다. 저자는 길르앗 사람 야일의 일어섬(10:3)과 죽음(10:5)을 문두와 문미에 위치시키고 중앙에 '삼십 나귀를 타는 삼십 아들과 삼십 도시'를 두어 주목하게 한다. 이것은 월코스가 말하는 것처럼 '번영과 평강'을 의미할 수도 있지만(1997:132), 반면에 이 진술이 언약 공동체에 대한 보편적 진술이 아니라 사사 야일에게 국한된 진술이라는 점에서 그의 부와 권력을 나타낼 수도 있다. 그렇다면 사사 야일은 돌라와는 달리 부와 권력 지향적이었다(김지찬, 「요단강에서 바벨론 물가까지」, 서울: 생명의 말씀사, 1998:198). 특별히 야일이 길르앗 사람이라는 언급은 다음에 등장하는 길르앗 사람 입다와 무관하지 않다. 입다 또한 이 권력과 무관하지 않기 때문이다.

야일의 이야기는 언약 공동체의 큰 적이 외부가 아니라 내부에 있음을 알려 준다. 언약 공동체 안에 권력과 자리다툼이 공동체의 질서를 무너뜨려 삶을 피폐하게 만든다. 오늘날 교회 지도자들의 부와 권력 지향적 가치 추구가 성도의 영혼을 곤고케 하고 그들을 방황하게 만든다.

2) 입다 내러티브(10:6~12:7)

입다 내러티브는 세 부분으로 구성되는데 웹의 고찰처럼 '대화'가 중심(B. G. Webb, 앞의 책, 1986:73~74)이 되어 전체 플롯을 이끈다. 첫째 부분인, 사사기 10:6~16은 이스라엘의 배도와 고통(6~9절)과 여호와의 책망과 비통(10~16절)으로 이스라엘 자손과 여호와의 대화를 통해 어떻게 이스라엘 자손의 고통이 여호와의 비통으로 발전하는지를 보여 준다. 둘째 부분인, 사사기 10:17~11:40 역시 '대화'가 중심을 이루어 길르앗 장로와 입다의 협상(10:17~11:11), 입다와 암몬 왕의 논쟁(11:12~28), 입다의 맹세와 성취(11:29~40) 장면의 논리적 발전을 통해 어떻게 입다가 그의 딸을 바치게 되는지를 설명한다. 셋째 부분인, 사사기 12:1~7 역시 '대화'가 중심을 이루어 에브라임 사람들과 입다의 대화(12:1~3)와 입다의 에브라임 사람 살해(12:4~6) 장면을 구성하면서, 입다가 어떻게 동족상잔의 비극을 만드는지 설명한다. 무엇보다도 입다 기사는 이스라엘 자손의 언약 파기가 이스라엘을 세속화 시켜 하나님을 섬김에 실패했을 뿐 아니라 하나님마저도 자신의 욕망의 도구로 활용하려 했던 철저한 타락을 보여 준다. 이 타락은 또한 언약 공동체를 파괴시킴을 보여 준다.

(1) 이스라엘의 죄 고백과 하나님의 비통: 여호와 대 이스라엘 (10:6~16)

사사기 10:6~16은 입다 이야기의 배경으로써 이스라엘의 상황을 설명한다. 본문은 이스라엘의 배교에 대한 나레이터의 평가(10:6~10상, 16)로 시작하고 끝맺는다. 그리고 그 안에 이스라엘에 대한 여호와의 말씀(10:11~14)을 중심축으로 앞과 뒤에 이스라엘의 고백(10하, 15절)이 위치한다. 이스라엘 상황에 대한 나레이터의 평가는 '이스라엘 백성이 여호와 앞에서 악을 행했다'이다. 특별히 사사기 기자는 '더하다', '증가하다'를 의미하는 동사의 사역형을 사용해 이스라엘 악행의 자발성과 점진적 증가를 강조한다.

여기에서 기자는 이스라엘의 악행을 이중적으로 고발한다. 하나는, 나레이터의 평가이다. 나레이터는 '이스라엘이 이방신들을 섬겼다'와 '그들이 여호와를 버리고 섬기지 않았다'는 긍정과 부정의 대조를 통해 이스라엘의 배교를 고발한다. 다른 하나는, 사사기 10:10에 기록된 "우리가 우리 하나님을 버리고 바알들을 섬김으로"라는 직접적 고백이다. 더욱이 성경 기자가 사사기 10:6에 이스라엘이 섬긴 신들이 바알들, 아스다롯, 아람 신들, 시돈 신들, 모압 신들, 암몬 신들, 블레셋 신들이라고 상세히 언급한 것은 이스라엘의 총체적 배도를 보여 준다. 볼링은 이 목록이 과거 이스라엘을 침략한 민족(아람과 시돈, 모압, 암몬과 블레셋)과 현재(또는 미래)(블레셋과 암몬)에 침략한(또는 침략할) 민족이라는 역사적 측면을 주목한다(R. G Boling, 앞의 책, 1975:193). 그러나 우리는 이 항목들의 지리적 측면을 고려해야 한다. 바알과 아스다롯은 가나안 신이고, 아람과 시돈은 북동쪽에 위치하고 모압과 암몬은 요단 동편에 위치하고 블레셋은 남동쪽에 위치한다. 이것은 이스라엘이 가나안은 물론 사방의 신들에게 포위되어 정복당했음을 보여 준다. 가나안 땅에 거하는 이스라엘의 궁극적 사명은 가나안의 타락한 문화를 거부하고 여호와의 말씀의 토대 위에 거룩한 하나님의 문화를 세우는 것이다. 그러나 언약 백성 이스라엘은 오히려 가나안과 주변 나라들의 신들, 즉 그들의 문화와 가치체계에 잠식당했다. 그 이유는 '다산'이란 매혹적인 단어 때문이다. 그들은 '다산'이라는 물질적 풍요와 쾌락의 달콤함 때문에 성민(聖民)이라는 고귀한 신분을 열방들과 같은 위치로 전락시키고 생명의 근원이시며 우주의 통치자이신 여호와를 버렸다. 이것이 타락하여 물질화된 인간의 한계이다. 하나님이 그들을 거룩한 백성으로 삼으셨음에도 불구하고 물질에 목말라 생명의 신 하나님의 자리를 무가치한 이방신들로 대체했다. 이스라엘은 하나님의 경고를 무시하고 철저하게 실용적이고 현실적인 전략을 채택한 것이다.

　사사기 10:7~9은 실용적이고 현실적 전략을 택하여 언약을 파기한 이스라엘에 대한 하나님의 반응이다. 이스라엘의 배도에 대한 여호와의 정서적 반응은 "여호와께서 이스라엘에게 진노하사"(7절)이다. 그러나 히브리어 본문은 '여호와의 분노가 불탔다', 즉 여호와의 코에서 나오는 불의 영상을 회화적으로 표현함으로 여호와의 강한 분노를 강조한다. 여호와의 분노는 이

스라엘을 블레셋과 암몬의 손에 파셔서 그들을 학대하게 했다. '학대'를 표
현하는 히브리어는 유사음을 가진 두 개의 동사 '라차츠'(רצץ)와 '라아츠'(רעץ)
를 연속적으로 사용해 '짓밟아 박살냈다'는 의미를 드러내고 있다. 특히 블
레셋과 암몬의 언급은 문예적 측면에서 입다와 삼손 이야기의 전주곡이기
도 하지만 지리적 측면에서 볼 때 이스라엘이 서편과 동편에서 공격을 받게
하시므로 진퇴양난에 빠지게 하는 하나님의 전략적 지혜를 보여 준다. 하나
님의 전략은 인간의 실용적이며 현실적 전략을 무가치하게 만들어 버린다.
결과적으로 여호와의 전략에 의한 이스라엘의 학대는 길르앗 아모리 땅에
거한 이스라엘에 대한 암몬의 18년 동안의 학대와 그들이 요단을 건너 유다
와 베냐민과 에브라임에 대한 공격으로 좀더 구체화되었다.

　사사기 10:10은 이스라엘의 죄 고백을 다룬다. 이 패턴은 사사기에 나타
나는 일반적 패턴인 '악행 - 진노 - 부르짖음'의 유형을 따르지만 차이가 있
다. 그 차이는 직접화법을 통한 이스라엘의 죄 고백이다. 이스라엘은 "우리
가 당신께 죄를 지었나이다"라는 분명한 고백과 "우리가 하나님을 버리고
바알들을 섬겼다"는 그 죄의 내용도 분명히 인식하고 있다. 그러나 이 고백
은 죄에 대한 인식은 있으나 하나님의 용서와 은총을 위한 간청은 없다. 이
것은 블럭이 말하는 것처럼 신들을 달래는 실리주의적 조작 행위이며 진정
한 회개는 아니다(Block, 1999:346). 이스라엘의 죄 고백이 진정한 회개가 아
닌 것은 여호와 하나님의 반응에서 나타난다. 직접화법을 통해 전달하는 여
호와의 연설은 죄를 고백하는 이스라엘에 대한 조소와 비난을 담고 있다. 여
호와의 연설은 역사적 증거를 통해 이스라엘을 책망하는 것(10:11~13상)과,
이스라엘을 향한 조롱(10:13하~14)으로 구성되었다. 여호와는 "내가 애굽 사
람과 아모리 사람과 암몬 사람과 블레셋 사람에게서 너희를 구원하지 아니
하였느냐?" 하는 수사학적 질문을 통해 이스라엘을 책망한다. 실제로 여호
와는 사사기 10:11~12에 언급된 일곱 나라로부터 이스라엘을 구원하셨다
(참고 민 21:21~35; 삿 3:15~30; 4장; 3:13; 6:3, 33; 7:12). 그러나 이스라엘은 언약
의 주인이신 하나님을 버렸다. 이런 습관적 행동에 대한 하나님의 결심은 그

들을 구원하지 않겠다는 것이다. 이것은 이스라엘의 죄 고백에 대한 하나님의 거절이다. 이제 하나님은 변덕스럽고 습관적인 이스라엘의 행태에서 그들의 조작된 본질과 기생충처럼 필요할 때 달라붙는 간사함을 꿰뚫어 보셨다. 그렇기에 오히려 여호와는 "가서 너희가 택한 신들에게 부르짖어서 너희 환난 때에 그들로 너희를 구원하게 하라"(10:14)고 조롱하며 비꼬신다. 그 결과 이스라엘 자손의 반응은 자신들의 죄를 인정하며 구원을 요청한다. 이에 나레이터는 그들이 이방 신들을 버리고 여호와를 섬겼다고 보고한다. 그러나 우리가 주목할 것은 이런 행동에 대한 여호와의 반응이다. "여호와께서 이스라엘의 곤고를 인하여 마음에 근심하시니라"(10:16하). 이 구절은 이스라엘의 회개로 인해 후회하여 마음을 돌이키신 것으로 해석해서는 안 된다. '근심하다'는 히브리어 동사 '카차르'(קצר)는 기본적으로 '짧게 하다, 짧게 자르다, 추수하다'는 의미로 사용되는데, 이 동사는 흔히 '네페쉬'(נפש) 또는 '루아흐'(רוח)와 함께 관용어구로 사용되어 '참을 수 없게 되다'는 의미를 가진다(NIDOTE 3:968). 따라서 본문의 의미는 오히려 이스라엘의 고통을 더 이상 참아 보실 수 없는 하나님의 비통한 마음을 표현한 것이다. 이스라엘의 고통을 보시며 비통해 하시는 하나님의 긍휼하심이 이스라엘에게 유일한 소망의 빛으로 다가온다.

결론적으로 사사기 10:6~16은 오늘을 살아가는 그리스도인들에게 생각과 행동을 고치지 않는 습관적 죄 고백은 오히려 하나님을 거절하고 인간을 조롱할 수 있음을 상기시켜 준다. 하나님은 우리의 습관적 죄 고백에 혐오를 느끼며 비통해 하신다. 그러므로 습관적 죄 고백이 아닌 마음과 생각과 행동을 고치는 회개가 우선되어야 한다.

(2) 길르앗 장로들과 입다의 대화(10:17~11:11)

사사기 10:17~11:11은 길르앗 장로들과 입다의 대화를 기록한다. 이 장면은 크게 세 부분으로 구성된다. 첫째 부분은 입다의 출현을 위한 배경(10:17~18)이다. 입다의 출현 배경은 암몬 자손과 이스라엘 자손의 전투적 대치 상황으로 정치적 위기를 부각시킨다. 암몬은 길르앗에 이스라엘은 미스바에 진을 쳤다. 이때 저자는 '짜아크'와 '아싸프'라는 동사를 사용해 암몬의 조직적인 군사력과 지도자 없이 모여진 이스라엘의 군사적 상황의 차이를 드러낸다. 특별히 사사기 기자는 이런 대치 상황 속에 길르앗 방백들의 직접 화법을 통해 이스라엘의 절박한 상황과 우왕좌왕 하는 그들의 모습을 보여 준다. "누가 먼저 나가서 암몬 자손과 싸움을 시작할꼬,"(10:18). 이 질문은 사사기 1:1의 "누가 먼저 올라가서 가나안 사람들과 싸우리까"의 질문을 반영한다. 사사기 1:1은 이스라엘 자손이 여호와께 물은 질문이다. 그러나 입다의 시대에 이르러 이스라엘은 위기의 상황에서 여호와께 묻지 않고 탁상공론을 하며 누군가 자신들을 위해 싸워 주길 기대한다. 그리고 그를 길르앗 거민의 머리를 삼으려 한다. 이 상황은 장차 등장하게 될 입다의 위치를 규정하는 중요한 요소로 작용한다. 특별히 '길르앗 거민의 머리'라는 모티프는 앞으로 진행될 길르앗 장로들과 입다의 대화의 중요한 주제이다.

둘째 부분은 입다에 대한 인물 묘사이다(11:1~3). 길르앗이 처한 위기 상황에서 사사기 11:1~3은 입다를 소개한다. 나레이터는 긍정적·부정적 요소를 통해 입다를 역설적으로 소개한다. 길르앗 사람 입다는 "용사", 즉 '유력한 자'로 긍정적으로 소개된다. 그러나 뒤따르는 문장은 '그는 창녀의 아들이었다'로 부정적으로 표현될 뿐만 아니라 그는 형제들에게 추방되었다. 그럼에도 그는 돕 땅에서 잡류들의 지도자가 되었다. 사회적으로 추방된 창녀의 아들이 잡류들의 지도자로 '용사'라는 표현은 참으로 아이러니하고 역설적이다(J. C. Exum 1989:64; Hamilton 2004:143).

셋째 부분은 길르앗 장로들과 입다의 협상이다(11:4~11). 사사기 11:4~11은 길르앗 장로들이 입다를 취하기 위해 갔다(11:4~11)와 입다가 길르앗 장로들과 함께 갔다(11:11)는 말이 '인클로지오'(inclusio)를 형성하며 문단을 열고 닫는다. 그 안에 길르앗 장로들과 입다가 벌이는 협상 논쟁을 기록한다(11:6~10).

길르앗 장로들과 입다의 협상은 두 번에 걸쳐 진행된다. 첫째 협상은 사사기 11:6~7로 협상의 주도권은 길르앗 장로에게 있다. 그들은 본래 계획이었던 '로쉬'(רֹאשׁ 머리)를 '장관'으로 수정하여 협상을 시도한다. 이 협상 요청에 입다는 "너희가 전에 나를 미워하여 내 아버지의 집에서 쫓아 내지 아니하였느냐 이제 너희가 환난을 당하였다고 어찌하여 내게 왔느냐"(7절)는 수사적 질문을 통해 주도권 전환을 시도한다.

둘째 협상은 사사기 11:8~10이다. 이 협상에서 길르앗 장로들은 본래 협상 조건이었던 '로쉬'(머리)를 내세워 암몬과 싸울 것을 요청한다. 이때 입다는 두 개의 조건절, 즉 첫째 조건은 '만일 너희가 나와 함께 암몬 자손과 싸운다면', 둘째 조건은 '(만일) 여호와께서 그들을 내 앞에 주신다면'이라는 조건을 내세우고 '내가 너희 머리가 될 것이다'로 결론을 내린다. 이는 권력 중심이 길르앗 장로들에게서 입다에게로 옮겨짐을 언급하는 동시에 입다의 권위 주장과 욕망을 드러낸다. 블럭은 이 협상이 사사기 10:10~16의 여호와와 이스라엘의 대화를 반향한다고 본다(1999:354).

1. 암몬 족속의 압제(10:7~9)	1. 암몬 족속의 압제(11:4)
2. 이스라엘이 여호와에게 호소(10:10)	2. 길르앗이 입다에게 호소(11:5~6)
3. 여호와께서 비꼬면서 반문(10:11~14)	3. 입다가 비꼬면서 반문하다(11:7)
4. 이스라엘이 다시 호소하다(10:15~16상)	4. 길르앗이 다시 호소하다(11:8)
5. 여호와께서 거절하시다(10:16하)	5. 입다가 기회의 순간을 붙잡다(11:9~11)

두 본문은 형식과 내용에 있어서 유사점이 있지만 그 결과는 매우 다르다. 암몬 족속의 압제로 이스라엘 자손은 여호와를 찾아 죄의 고백을 한다. 그러나 길르앗 방백들은 인간 구원자 입다를 찾아 자신들의 '장관'과 '머리'가 되라고 요청한다. 이 '장관'과 '머리'라는 주제는 길르앗 방백들과 입다의 주요 대화 내용이다. 그러나 이스라엘 자손과 여호와의 대화 내용은 '구원'이었다. 이런 주제의 변화는 언약 백성인 이스라엘이 여호와를 의지하기보다 인간 지도자를 세워 자신들을 보호하려는 동기를 반영해 준다. 특히 네

번째 항목에서 이스라엘은 죄의 고백과 이방신을 버리고 여호와를 섬기는 회개의 태도를 보인다. 그런데 아이러니하게 길르앗 장로들은 여호와께 돌아오지 않고 입다에게 돌아온다(שוב슈브). 결과적으로 여호와는 구원을 거절하며 이스라엘의 고통을 참아 보지 못하시지만, 입다는 기회의 순간을 붙잡는다. 입다와 길르앗 장로들 모두 자신들의 목적을 위하여 여호와를 내세운다. 입다는 암몬 자손과의 싸움의 승패 여부가 여호와에게 있음을 인정하지만 그의 속셈은 자신이 길르앗의 '머리'가 되는 것이다(11:10). 반면 길르앗의 장로들은 입다를 자신들의 '머리로 삼겠다'는 증거로 '여호와를 증인'으로 내세운다. 입다는 길르앗의 '머리와 장관'이 되었다. 결국 입다를 구원자로 세운 자는 여호와가 아니라 길르앗 방백들이다. 즉 입다와 길르앗 장로들의 대화는 끊임없이 자신들의 이익을 추구하는 모습(Webb, 1988:53)과 인간이 세운 사사 입다의 모습을 보여 준다.

(3) 입다와 암몬 왕의 논쟁(11:12~28)

사사기 11:12~28은 길르앗 장로들이 세운 사사 입다가 암몬 왕과 벌이는 논쟁이다. 입다는 그의 사자를 보내어 대신 논쟁을 벌이는 소위 왕실 언약 논쟁 형식을 취한다(O'Connell, 1996:193~195). 이 논쟁은 일차적으로 입다의 질문과 암몬의 대답이 주어진 후 일방적인 입다의 연설로 이루어져 있다. 이 논쟁의 핵심은 이스라엘이 아르논에서 얍복과 요단까지 이르는 땅을 취했기 때문에 그 땅을 돌려달라는 것에 대한 입다의 주장이다. 입다의 주장은 '이스라엘이 모압과 암몬 자손의 땅을 취하지 않았다'는 것이다. 입다의 연설은 이 주장의 정당성을 입증하기 위한 논리적 진술로 이루어져 있다.

그는 우선적으로 역사적 사실을 증거로 논쟁을 시작한다. 그는 출애굽한 이스라엘이 가데스에서 에돔과 모압 왕(11:16~18), 헤스본 왕 곧 아모리 왕 시혼(11:19~21)과의 역사적 사건을 언급한다. 즉 에돔과 모압이 그 영토 통과를 허락지 않아 우회했음과 시혼 또한 그 영토 통과를 허락지 않고 오히려 공격했음으로 여호와께서 그들을 이스라엘의 손에 붙여 아모리인의 땅을 취하였다고 주장했다. 암몬 왕은 아르논에서 얍복과 요단까지를 내 땅이라고 주장(11:13)하지만 입다는 그 땅은 역사상 암몬의 땅이 아니고 아모리인의 땅이라고 주장함으로 암몬 왕의 주장이 틀렸음을 지적한다.

더 나아가 입다는 그 땅에 대한 이스라엘 소유의 확실성을 위해 신학적이유를 주장한다(11:23~24). 특별히 입다는 "네 신 그모스가 네게 주어 얻게한 땅을 네가 얻지 않겠느냐 우리 하나님 여호와께서 우리 앞에서 어떤 사람이든지 쫓아 내시면 그 땅을 우리가 얻으리라"(24절)는 탁월한 수사법을 사용한다. 그의 수사법은 땅 소유의 적법성을 신적 권위에 두는 것이다. 즉 여호와께서 이 땅을 주셨기 때문에 우리의 것이라는 주장이다. 이것은 '당시 국제간 통용되던 종교적 통념'(성주진, 앞의 책, 1997:133)으로 입다는 그것을 이용해 자신의 주장을 설득력 있게 입증시키려 했다.

그 땅 소유의 적법성을 위한 입다의 세 번째 논쟁은 역사적 정황을 근거로 공격적이 된다. 우선 그는 민수기 22~24장의 사건을 언급하며 '네가 모압 왕 발락보다 나은 것이 있느냐'고 도전한다. 그 후 그는 '만약 이 땅이 네 땅이라면 왜 300년 동안 찾지 않았느냐'고 반문한다. 따라서 입다의 결론은 암몬의 행동이 악하다는 것이다. 입다는 '오늘날 판단하시는 여호와께서 이스라엘 자손과 암몬 자손 사이를 판단하실 것이다'고 선언함으로 그 최종적 판단의 권위를 여호와께 둔다. 입다는 암몬과의 문제를 평화적으로 해결하려고 했다. 그는 사신을 보내 외교적 논쟁을 통해 그 문제를 해결하려고 했으나 결국 실패로 돌아갔다. 왜냐하면 암몬 왕이 입다의 말을 듣지 않았기 때문이다.

(4) 입다 대 그의 딸: 입다의 서원과 비극(11:29~40)

사사기 11:29~40은 두 단락으로 구분된다. 첫째 단락은 암몬에 대한 이스라엘의 승리와 입다의 맹세이다(11:29~33). 이 단락은 여호와의 신이 입다위에 임한 것으로 시작되는데, 이스라엘의 고통을 차마 보지 못하시는 여호와(10:16하)의 개입이다. 암몬과의 전쟁은 입다의 인간적 차원의 협상이 아니라, 하나님의 개입이 그 문제 해결의 열쇠이다. 입다가 길르앗 장로들과 협상 속에 세워진 장관이요 그들의 머리이지만, 여호와는 그의 백성을 긍휼히 여겨 그의 신을 입다 위에 내린다. 또한 여호와는 암몬 자손을 입다의 손에 주시고 크게 도륙하여 이스라엘 앞에 항복하게 했다. 입다의 승리는 전적으로 여호와의 긍휼하심에 있다. 입다의 인간적 계략으로 해결할 수 없었던 암몬과의 문제를 여호와께서 친히 개입하심으로 해결하였다.

그러나 입다의 승리는 곧 비극의 시작이었다. 그것은 입다가 암몬과의 전쟁에 앞서 여호와께 한 서원 때문이다. 입다는 '만일 암몬 자손을 내 손에 반드시 주신다면 내가 암몬 자손으로부터 평안히 돌아오는 나를 영접하기 위하여 내 집 문에서 나오는 자는 여호와께 있어 내가 그를 번제로 드리겠나이다'라고 여호와께 서원을 했다. 입다의 서원은 그가 하나님을 전적으로 신뢰하지 않았음을 보여 준다. 입다는 앞에서 길르앗 장로들에게 조건을 제시했던 것처럼, 이제 하나님에게 조건을 제시한다. 특히 그가 조건절에서 '주다'는 히브리어 동사를 강조형(부정사+미완료)으로 제시하고, 귀결절에서 사람을 번제로 드리겠다고 맹세하는 것을 볼 때, 입다의 행위는 아주 계산적이고 간교하다. 그의 행위는 하나님의 도우심을 신뢰하지 못하고 세속적 방법을 사용하여 확증을 얻으려는 조작행위이다. 특히 사사기 11:35의 '내가 내 입을 여호와께 열었다'는 표현을 주목할 때 입다의 행위는 길르앗 장로들과 암몬 왕에게 사용한 동일한 수법을 사용했다(Webb, 74). 입다의 서원 속에 하나님의 반응과 개입이 없는 것으로 보아, 입다는 스스로 올무를 준비한다.

둘째 단락은 입다 서원의 성취이다(11:34~40). 입다의 서원으로 준비된 비극은 그의 약속대로 암몬을 무찌르고 돌아올 때 시작된다. 나레이터는 주의 집중의 '히네'(הִנֵּה)를 사용하여 소고 치며 춤추며 나오는 입다의 무남독녀를 주목하게 한다. 입다의 반응은 옷을 찢으며 통곡한다. 그러나 "너는 나로 참담케 하는 자요 너는 나를 괴롭게 하는 자 중의 하나이로다 내가 여호와를 향하여 입을 열었으니 능히 돌이키지 못하리로다"(35절)라는 입다의 고백은 전형적인 자중심적 사고를 보여 준다. 그는 하나님과 무관한 자신의 일방적 서약만을 생각하고 타인 즉 자신의 딸의 생명조차도 개의치 않는다. 오히려 그 책임을 딸에게 돌리려는 것처럼 보인다. 과연 이것이 진정한 신앙인의 모습이라 할 수 있는가? 그러나 입다의 딸은 부친의 이기적인 맹세에 순응한다. 그녀는 애곡의 시간으로 두 달을 요청한 후 약속대로 부친에게로 돌아온다. 결국 사사기 11:39중은 '그가 맹세했던 그의 맹세를 행했다'고 기록한다. 이 히브리어 구문은 입다의 딸이 성전에서 일하는 여인으로 드려졌다거나 입다의 딸이 아닌 동물이 번제로 드려졌다는 윤리적 당위성을 위한 해석을 수용하지 않는다. 입다는 그의 딸을 번제로 드렸다. 입다가 그의 딸을 번제로 드렸다고 해서 하나님의 윤리성이 문제가 되지 않는다. 성경 본문은 입다의 맹세와 그 맹세의 실천에 대한 하나님의 개입이나 반응을 전혀 보여 주지 않기 때문이다.

입다의 맹세와 그 맹세의 실천은 하나님과 무관한 개인의 이기적 행동에 불과하다. 오코넬의 말처럼(1996:186~187), '입다는 자신의 이기적 목적을 위해 여호와를 기계적으로 조종하려고 했을 뿐 아니라 인간의 생명까지도 담보로 행하는 이방적 행위를 감행했다.' 결론적으로 입다 이야기는 자신의 이기적 욕망을 채우기 위해 하나님을 이용하려는 샤머니즘적 행위를 감행하는 자들에게 경고한다. 단지 자신의 목적만을 이루기 위한 무분별한 서원과 약속은 자신과 타인에게도 큰 아픔과 비극을 초래할 수 있음을 경고한다. 우리의 신념이 곧 하나님의 뜻이라는 사고는 위험천만하다.

(5) 입다와 에브라임의 전쟁: 동족상잔(同族相殘)의 비극(12:1~7)

입다 이야기의 비극은 여기서 멈추지 않는다. 사사기 12:1~7은 입다와 에브라임 사람 사이에 벌어진 동족상잔의 비극을 다룬다. 사사기 12:1~3은 입다와 에브라임 사람들 사이의 논쟁을 다룬다. 특별히 사사기 12:1의 '그들이 모여… 그들이 건너갔다'는 시작 문구는 에브라임 사람들의 군사적 행동을 암시한다(참고 10:17). 그 원인은 입다에 대한 에브라임 사람들의 비난이다. "네가 암몬 자손과 싸우러 건너갈 때에 어찌하여 우리를 불러 너와 함께 가게 하지 아니하였느냐"(1절). 이 문장은 질문 차원을 넘어 '우리가 너와 네 집을 태울 것이다'는 협박으로 나아간다.

우리는 사사기 8:1~3과 관련하여 이 협박을 주목할 필요가 있다. 기드온 기사에서 에브라임 사람들은 기드온이 미디안을 공격할 때 자신들을 부르지 않는 이유를 물으며 항의한다. 이때 기드온은 "에브라임의 끝물 포도"와 "아비에셀의 맏물 포도"에 대한 비교 논법으로 그 위기를 모면한다. 에브라임 사람들이 기드온에게 행했던 동일한 방식과 내용으로 입다에게 도전하는 상황에서 독자들은 입다의 태도에 주목하도록 한다. 사사기 12:2~3에 기록된 입다의 태도는 기드온의 지혜로운 태도와는 다르게 나타난다. 입다는 전쟁에 에브라임을 불렀으나 너희가 나를 도와 구원하지 않았다고 주장하며 어찌 나와 전쟁을 하려고 하느냐고 비난한다. 우리는 여기서 '협상의 대가'인 입다의 또다른 면모를 발견할 수 있다. 입다는 비타협적인 자세로 권력 다툼에서 물러서지 않는다.

사사기 12:4~7은 에브라임과 입다의 긴장과 갈등의 결과가 동족상잔의 비극이라는 사실을 보고한다. 사사기 12:4은 입다와 에브라임 사이에 벌어진 전쟁의 원인을 기록한다. 그것은 에브라임 사람들이 길르앗 거민을 비꼬는 말 때문이다. "너희 길르앗 사람은 본래 에브라임에서 도망한 자로서 에브라임과 므낫세 중에 있다 하였음이라." 우리가 여기서 주목할 단어는 '도망자'이다. 이것은 에브라임 사람들이 길르앗 사람들에게 추방당했던 입다의 경험을 자극하려는 의도를 담고 있다. 즉 '도망자'라는 말은 '창녀의 아들'로서 공동체에서 추방되었던 입다를 자극하기에 충분했다.

사사기 12:5~6은 그 결과 벌어진 전쟁 상황을 설명한다. 그 전쟁 상황은 길르앗 사람들과 에브라임 사람들이 서로 동족을 죽이는 비극을 만들었다. 사사기 12:5은 요단 나루터를 장악한 길르앗 사람들이 '십볼렛'과 '씹볼렛'의 발음을 이용해 에브라임 사람 42,000명을 살해했음을 기록한다. 특별히 우리는 이 장면을 '요단 나루턱'과 관련된 사사기 본문들과 비교해 볼 필요가 있다. 요단 나루턱은 에훗이 모압 사람 10,000명을 죽이고(3:27~30) 에브라임이 미디안 방백을 죽였던 장소(7: 3)이다. 그런데 이제 요단 나루턱은 동족 에브라임 사람 42,000명을 죽이는 장소가 된 것이다. 특별이 이 전쟁에 주목할 것은 여호와의 개입이 없다는 점이다.

이 전쟁은 지파 간에 언약에 충실하지 못하고 서로에 대한 시기와 이권 때문에 권력 투쟁으로 빚어진 비극적 전쟁이다. 언약 공동체의 특징은 강한 결속력인데 상호연대감에서 벗어나 서로의 입장만을 고수하기 위해 피의 전쟁을 마다하지 않는 것은 비극 중에 비극이다. 결국 입다 이야기에는 평안은 없고 오직 비극만 있다. 입다 이야기는 욕망에 사로잡혀 여호와마저도 이용하려는 타락한 인간의 모습을 적나라하게 보여 준다. 그럼에도 이 욕망에 사로잡혀 인간에 의해 세워진 사사 입다는 하나님의 놀라운 긍휼과 은혜로 암몬을 정복하고 길르앗 거민을 구해 낸다. 그러나 실제로 그가 정복한 것은 그의 딸과 동족 에브라임이 아닌가! 그는 사사로서 언약 공동체에게 샬롬을 가져다주지 못하고 비극을 남겨 준 자가 되었다.

3) 입산, 엘론, 압돈 이야기(12:8~15)

이 세 명의 소사사는 "그 후에 ~가 이스라엘을 다스렸다"라는 동일한 공식으로 시작한다. 입산의 기사(12:8~10)는 "아들 삼십과 딸 삼십"을 두었다는 점과 딸들은 타국으로 시집을 보내고 아들들을 위하여 여자 30을 데려왔다는 점을 주목하게 한다. 30이란 숫자는 베들레헴 사람 입산의 세력을 드러내는 동시에 그의 아들과 딸의 결혼에 관한 정보는 입산이 평화를 유지하는 수단으로 그의 아들과 딸들을 정치적으로 이용했음을 보여 준다. 즉 그는 정략결혼을 통해 그의 지지 기반을 유지하려고 한 것을 볼 수 있다. 이 견해가 옳다면 이것은 분명히 '이방인과 통혼하지 말라'는 언약을 파기하고 있음을 보여 준다.

반면에 스블론 사람 엘론에 대한 기사(12:11~12)는 특별한 언급 없이 10년 동안 사사로 있다가 스불론 땅 아얄론에 장사되었다고만 기록한다. 그러나 마지막 소사사 압돈 기사(12:13~15)는 아들 40과 손자 30이 어린 나귀 70을 탔음을 알려 준다. 이것은 사사기 10:4의 야일처럼 그의 부와 평안을 알려 준다. 이처럼 소사사들의 기사는 그들이 정치적 안정을 위해 이방인들과 연대하였으며 그들이 권력과 부를 소유한 자들이었음을 보여 준다.

4) 사사기 10:1~12:15에 대한 목회적 적용

언약 공동체의 사명은 언약의 주 여호와의 계명을 지켜 행하는 것이다. 그 계명은 여호와 하나님에 대한 충성과 구성원 상호 간에 충성을 요구한다. 이 계명이 충실히 수행되기 위해서는 무엇보다도 언약 공동체를 위임 받은 지도자들의 역할이 중요하다.

사사기 10~12장은 슬프게도 하나님에 대한 언약 백성의 충성과 구성원 상호간의 충성 또한 신실한 지도자의 역할 모두가 무너지는 온전치 못한 양상을 보여 준다. 이스라엘이 언약의 주 하나님에 대한 충성을 거부한 것은 '다산'이라는 물량주의적 세태에 잠식당했기 때문이다. 그들은 하나님이 보시기에 가증한 문화로 더럽혀진 세계(레 18:1~5, 24~30)에서 언약의 말씀을 준행함으로 거룩한 문화를 세우려는 이상적 가치를 포기했다. 뿐만 아니라 가나안의 다산의 문화가 가져다주는 달콤한 쾌락의 문화에 취해 있었다. 그들에게 유익이 된다고 생각하는 모든 신들과 그 가치들을 무조건적으로 수용하고 안주했다. 사사기 10:6은 그 사실을 잘 반영한다. 심지어 그들은 언약 파기에 대한 하나님의 심판 때에도 생각과 삶을 갱신하여 바로 세우는 진정한 회개를 통해 언약의 주 여호와에게 돌아오지 않았다. 오히려 그들은 그 언약의 주를 마치 이방신처럼 이용하려고 했다. 이런 어리석은 언약 백성의 행위는 하나님의 마음에 비통함을 가져다줄 뿐이었다(10:6~16).

이런 현상은 현대 그리스도인들에게도 흔히 나타난다. 살아계신 하나님마저도 자신의 목적을 위해 수단화 하려는 무서운 욕망이 타락한 인간의 마음에 자리하고 있다. 이러한 언약 공동체의 부패는 공동체 구성원 상호 간 협력과 결속을 파괴한다. 언약 공동체는 상호간에 충성과 돌봄으로 공동체를 견고히 할 책임이 있음에도 서로 자신들의 이익과 자리를 확보하기 위해 갈등과 다툼 그리고 피 흘리는 전쟁으로 나아갔다(10:1~2; 12:1~7). 그 결과 그들이 얻은 것은 무엇인가? 가나안 문화와 신들, 그리고 주변의 나라들은 언약 공동체 이스라엘에게 위험한 적들이었지만 가장 위험한 적은 언약 공동체 안에 도사리고 있는 비난과 대립과 분열이었다. 이 비난과 대립과 분열은 언약 공동체를 해체시킬 수 있는 무서운 힘을 가지고 있다. 사사기 10~12장에 나타나는 사사들의 이야기는 비난과 대립과 분열의 위기 속에 있는 수많은 현대 교회에 교훈을 준다.

즉 그리스도의 보혈로 값주고 사신 공동체의 책임은 서로에 대한 사랑과 희생이다. 이 모든 것은 공동체를 이끄는 지도자들의 책임이다. 언약 공동체의 지도자들이 하나님 앞에서 겸손히 행하여 말씀의 원리로 공동체를 이끈다면 그 공동체는 질서와 평화와 안정 속에 기뻐한다. 그러나 지도자들이 자신의 권력과 이권, 욕망에 사로잡혀 있을 때 그 공동체는 평화를 상실한다. 현 시대도 공동체가 직면한 위기 앞에서도 방향을 바르게 설정하지 못하고 우왕좌왕하며 역사의 주관자이신 하나님 앞에서 이 문제를 해결하려 하지 않는 길르앗 장로들과 같은 지도자들이 있는가 하면, 비난과 대립하는 자들을 넓은 관용으로 수용하지 못하고 배척하여 투쟁과 싸움의 자리로 이끄는 입다와 같은 지도자들이 있다. 오직 자신의 욕망을 위해 계산적이고 조작적인 지도자, 안정과 평안을 유지하는 방법으로 적절한 타협을 단행하는 지도자들도 있다. 무엇보다 지도자들의 책임은 자신이 속해 있는 공동체 구성원들이 하나님의 말씀을 따라 살도록 하는 것이다. 그러나 이런 책임에는 관심이 없고 오직 자신의 부와 권력에만 집착하는 지도자들이 있다. 이러한 모습을 사사기 10~12장은 보여 준다. 물량주의 속에 거하고 있는 현대 교회는 사사기 10~12장의 외침을 들으며 참된 하나님의 백성으로서 삶을 갱신하고 하나님 앞과 이웃 앞에서 바르게 서야 한다.

5) 삼손 내러티브(13~16장)

(1) 이스라엘 자손의 배반과 여호와의 심판(13:1)

삼손 이야기는 사사기에 등장하는 배교공식으로 시작한다. "이스라엘 자손이 다시 여호와의 목전에 악을 행하였다"(참고 3:12; 4:1; 10:6; 13:1). 특별히 저자는 '더하다, 증가하다'는 동사 '야싸프'의 히필형을 사용해 여호와의 목전에서 악을 행하기를 계속했음을 보고한다. 그 결과는 사사기의 기본 공식(배교-파심-간구-구원-평안)에 따라 여호와께서 이스라엘 자손을 블레셋 손에 주셨다고 기록한다. 이것은 저자가 사사기 10:6~7의 "이스라엘 자손이 다시 여호와의 목전에 악을 행하여… 여호와께서 이스라엘 자손에게 진노하사 블레셋 사람의 손과 암몬 자손의 손에 파시매"를 연결하여 상기시키고 있다. 즉 사사기 저자는 사사기 10:6~7에서 제시했던 블레셋과 암몬에 대한 문제에서 먼저 입다 이야기를 통해 암몬의 문제를 다루고 이제 삼손과 블레셋의 문제를 다루려고 하는 것이다.

여기서 우리가 주목할 것은 삼손 이야기에서 배교-파심 다음에 등장하는 "간구"공식의 부재이다. 이것은 사사기 전체 구조 안에서 고찰할 때 중요한 의미를 가진다. 우선 옷니엘에서 드보라 기사까지는 이스라엘 자손이 여호와께 부르짖는 장면이 등장하고 여호와는 구원자를 세운다. 그러나 기드온 기사에서 새로운 요소가 등장한다. 즉 이스라엘 자손이 미디안 때문에 부르짖었을 때 여호와는 '한 선지자'를 택하여 이스라엘 자손을 책망한다(6:7~10). 그런데 입다 기사는 또 다른 요소가 첨가된다. 그것은 이스라엘 자손이 암몬 자손 때문에 여호와께 부르짖었을 때 여호와는 책망할 뿐 아니라 조롱하는 모습이 등장한다(10:10~16). 특별히 사사기 10:17~11:11에서 암몬이 이스라엘을 공격하기 위해 진을 쳤을 때 그들은 여호와를 찾지 않고 입다를 찾았다. 그러나 삼손 이야기 시작에서 여호와께서 이스라엘 자손을 블레셋 사람의 손에 붙였음에도 그들은 전혀 여호와를 찾지 않는다. 이것은 이스라엘 자손의 타락이 극도로 진행되었음을 드러낸다. 저자는 이렇게 타락한

이스라엘 자손을 구원하기 위한 하나님의 이야기를 사사기 13~16장에서 전
개한다.

(2) 삼손의 출생과 여호와의 계획(13:2~24)

삼손의 출생과 여호와의 계획을 다루는 사사기 13:2~25은 크게 삼손의
출생에 대한 계시(13:2~14)와 그 계시에 대한 마노아의 반응(13:15~23)과 삼손
의 출생(13:24~25)으로 구분된다.

① 삼손 출생에 대한 계시(13:2~14)

삼손 출생에 대한 계시는 여호와의 사자가 마노아의 아내에게 한 말씀
(2~5절)과 마노아의 아내가 마노아에게 한 말(6~7절)과 마노아의 기도와 여호
와의 응답(8~14절), 즉 삼중적으로 삼손에 대한 출생과 하나님의 계획을 진술
한다.

삼손 이야기는 '소라 땅에 단 지파 마노아'와 '그 아내의 불임'을 소개함으
로 시작한다(2절). 특별히 '그의 아내는 불임이고 그래서 그녀가 아이를 낳을
수 없다'는 문장은 마노아의 아내의 불임을 이중적으로 강조한다. 이 불임에
대한 강조는 구약신학의 관점에서 볼 때 하나님의 창조 사역의 토대일 뿐 아
니라 새로운 인물 출생에 대한 예고이다(참고 창 11:30; 삼상1:5). 김지찬 교수는
마노아의 아내의 불임은 이스라엘의 불임으로 희망도 없고 미래를 창출할
능력이 없는 이스라엘의 상황을 유비로 제시한다고 보았다(김지찬 1999: 101).
즉 여호와는 마노아의 불임을 통해 불임의 상태와 같은 이스라엘의 미래를
열기 위한 그의 창조 사역을 예고하고 있는 것이다.

불임과 같은 이스라엘을 위한 하나님의 계획은 2~5절에서 등장한다. 저
자는 '여호와의 사자'의 현현을 보고한 후 주의 집중의 '히네'(הִנֵּה)를 사용해
여호와 사자가 전달한 세 가지 메시지를 보고한다.

첫째, 아들 출생 예고이다. '너는 불임이어서 자식을 낳지 못하나 너는 임
신하여 아들을 낳을 것이다.' 여기서 불임과 출생이란 주제 대조는 불가능한

인간의 문제를 여호와께서 해결하신다는 소망의 선언이다.

둘째, 나실인에 대한 언급이다. 4절은 '샤말'의 '니팔 명령형'을 통해 주의해 지킬 것을 강조한다. 그 내용은 부정 명령을 통해, "너는 포도주와 독주를 마시지 말라"와 "모든 부정한 것을 먹지 말라"이다. 5절은 '키'(כִּי)를 사용해 그 이유를 '보라! 네가 임신하여 아들을 낳을 것이기 때문이다'라고 밝힌다. 따라서 4절의 명령은 마노아의 아내가 지켜야 하는 내용이다. 저자는 다시 부정 명령을 사용해 "그 머리에 삭도를 대지 말라"고 명령한다. 본문은 그 이유를 "그 아이는 태중에서부터 하나님의 나실인이기 때문이다"고 밝힌다. 여기서 '아이'로 번역된 히브리어 '나아르'는 '소년, 젊은이, 종'이란 뜻으로 조력자란 의미를 가진다. 저자가 '아들' 혹은 아이를 의미하는 '얄라드'를 사용하지 않고, 이 동사를 사용한 것은 이 아이가 하나님의 조력자로서 그 역할을 할 것이라는 의미는 아닌가?

셋째, 구원이다. 이것은 마노아의 아내가 낳은 아이의 머리에 삭도를 대지 말아야 하는 이유를 설명하는 구절에 담겨 있다. "그는 블레셋의 손에서 이스라엘을 구원하기 시작할 것이다." 김의원 교수는 '구원하기 시작할 것이다'는 문구를 주목하면서 블레셋의 손에서 이스라엘의 구원은 한 순간에 완성되는 것이 아니라 점차적인 성취에 대한 표현이라고 본다(2007:497). 2~5절에서 여호와의 사자가 전한 하나님의 계획은 아들의 출생과 나실인과 블레셋의 손에서 이스라엘의 구원이다. 김지찬 교수는 이 세 요소가 삼손 이야기를 이해하는 핵심(Key)으로 이해한다. 그는 첫 번째 약속은 24절에서 성취되고, 두 번째와 세 번째 약속은 단계적으로 성취되는데 사사기 14~15장은 세 번째 약속이 중심을 이루고, 사사기 16장은 두 번째 나실인으로서 삼손의 모습을 다룬다고 주장한다(김지찬, 1993: 184~185).

6~7절은 마노아의 아내가 경험한 것을 그의 남편에게 보고하는 내용이다. 이 보고는 이 사건에 대한 마노아의 아내의 설명(6절)과 여호와의 사자가 전한 말에 대한 보고(7절)로 이루어져 있다. 전자에서 마노아의 아내는 '여호와의 사자'를 '하나님의 사람'으로 묘사하며 그 모습이 '하나님의 사자' 같았

다고 설명한다. 또한 그녀는 매우 두려워서 하나님의 사람이 온 장소와 이름을 묻지 못했다고 설명한다. 이 사건에 대한 설명에서 마노아의 아내가 여호와의 사자를 선지자로 인식했음을 드러내는 동시에 그 상황이 매우 두려웠음을 보고한다. 후자는 여호와의 사자의 말과 마노아의 아내의 말 사이에는 차이가 있다. 블럭은 그 차이를 다음과 같은 도표로 제시한다(Block, CD).

사사기 13:3중~5	사사기 13:7
보라,	보라, 네가
너는 불임이고 아이를 낳지 못한다. 그러나 너는 임신하여 아들을 낳을 것이다. 그리고 지금	임신하여 아들을 낳을 것이다. 그리고 지금
네 스스로 주의하라 그리고 포도주와 독주를 먹지 말라 모든 부정한 것을 먹지 말라	포도주와 독주를 먹지 말라 모든 부정한 것을 먹지 말라
왜냐하면, 보라 너는 임신했고 아들을 낳을 것이다. 그리고 그의 머리에 삭도를 대지 말라 그 소년이 하나님의 나실인이기 때문이다. 태중에서부터	그 소년이 하나님의 나실인이기 때문이다 태중에서부터 그의 죽음의 날까지
그리고 그는 이스라엘을 블레셋의 손에서 구원하기 시작할 것이다.	

　　마노아의 아내는 머리에 삭도를 대지 말라는 말과 블레셋 사람의 손에서 이스라엘을 구원하기 시작할 것이라는 말을 생각하고 '그의 죽음의 날까지'라는 말을 첨가한다. 해밀턴은 이 점을 주목하면서 성경 안에서 '나실인'에 대한 언급들을 고찰하지만 이 구절에 대한 특별한 해석을 내리지 않는다(Hamilton, 2005:197~200). 김지찬 교수는 '그의 죽음의 날까지'란 말을 주목하면서 이것은 단순히 '평생'(all his life)이란 의미를 넘어 삼손의 궁극적인 죽음에 대한 그림자로써 부정적 모습을 반영한다고 본다(김지찬 1993:191). 우선 민수기 6장에 기록된 나실인은 한시적 활동으로 규정하고 있는데, '태중에

서부터 그의 죽음의 날까지'라는 문구는 마노아의 아들이 평생 나실인으로 독특한 사역자임을 드러내는 동시에 사사기의 전략적 측면에서 볼 때 나실인의 주제가 삼손 이야기를 이끄는 중심 모티프로 작용하는데, '죽음'이라는 어두운 그림자를 그 밑바닥에 깔고 있다고 볼 수 있다.

사사기 13:8~14은 마노아가 그의 아내가 진술한 내용을 재 확인하기 위해 여호와께 한 기도 내용(13:8)과 응답(13:9~14)을 기록한다. 사사기 13:8의 시작 문구 '아탈'은 마노아의 기도가 간절한 '간청'이었음을 드러낸다. 마노아의 기도 내용은 '하나님의 사람을 다시 우리에게 오게 하소서'와 '낳을 아이를 위해 무엇을 해야 하는지 가르쳐 달라'는 것이다. 이 내용은 여호와의 계시에 대한 강한 의문을 담고 있다. 사사기 13:9~14은 하나님이 '마노아의 소리를 들었다'는 말이 뒤따르는 것으로 볼 때 마노아의 기도에 대한 하나님의 응답임을 분명히 알 수 있다. 사사기 13:9~14은 '하나님의 사자의 현현과 마노아 아내의 반응'(13:9~10)과 마노아와 '여호와의 사자'의 대화로 구성된다. 여기서 김지찬 교수가 주목한 것처럼 마노아의 아내의 신속한 행동(13:10)과 마노아의 느린 행동(11:11)의 대조는 마노아가 신중히 행동하고 있음을 보여 준다. 마노아의 신중함은 '바로 당신이 이 여자에게 말한 그 사람입니까'라고 확인하는 질문에서 재확인된다. 이 질문에 대한 여호와의 사자의 대답은 '나다'이다. 마노아는 여호와의 사자의 신분 확인 후 재차 아이에 관계된 내용을 질문한다. '이 아이를 어떻게 기르오며 우리가 그에게 어떻게 행하오리까?' 이 질문의 의미에 대한 논의가 필요하다. 우선 히브리어 '미쉬파트 하나아르'는 무엇을 의미하는가? 영어역본 NIV와 NAS는 '소년의 삶의 방식'(the rule for the boy's life/the boy's mode of life)으로 번역했고, 김의원 교수는 '아이의 양육 방식'으로 해석한다(2007:501). 그러나 '미쉬파트'(מִשְׁפָּט)는 기본적으로 '판단, 판결' 또는 '법령'을 의미하고 김지찬 교수(김지찬 1993:201~202)와 블럭(CD)이 주목한 것처럼 우가릿 본문과의 평행적 관계에서 볼 때 이 질문은 '아이' 즉 '소년'에 대한 신적 결정이 무엇이며 그에게 부여한 사명이 무엇인가에 대한 질문으로 보아야 한다.

사사기 13:13~14은 마노아의 질문에 대한 여호와의 사자의 답변을 기록한다. 여호와의 사자의 답변은 다음과 같은 문학 구조를 구성한다.

A 긍정 명령: 내가 그 여자에게 말한 모든 것을 지키라(13:13하)

 X. 부정 명령 : ～말라

  1. 포도나무에서 나온 모든 것을 먹지 말라(13:14상)

  2. 포도주와 독주를 마시지 말라(13:14중)

  3. 모든 부정한 것을 먹지 말라(13:14중)

A′ 긍정 명령: 너는 내가 그 여자에게 명령한 모든 것을 지키라(13:14하)

AA′는 인클로지오를 형성하여 열고 닫는 역할을 하면서 마노아가 행할 적극적 행동의 원칙을 명령한다. 그것은 여자에게 명령한 모든 것을 지키는 것이다. 특별히 우리는 본문이 "모든"을 문두에 위치시켜 강조하고 있음을 주목해야 한다. X는 부정 명령으로 마노아의 아들이 행할 행동의 원칙이다. 문학 구조상 1과 3은 '먹다'는 히브리어 동사 '아칼'을 사용해 평행을 이루는데, 1과 3은 동일하게 "모든"을 문두에 두어 강조한다. 반면에 2는 '마셨다'는 동사 '샤타'를 사용해 포도주와 독주를 마시는 것을 금지한다. 여기서 주목할 것은 마노아는 태어날 아이에 대한 신적 결정과 사명을 질문했는데, 여호와의 사자는 나실인이 지킬 규례를 통보한다. 이같은 사실은 태어날 마노아의 아들에 대한 신적 결정과 사명이 나실인이라는 사실을 확정하는 것이다. 우리는 마노아의 아내와 마노아는 하나님의 계획에 대한 명확한 이해를 하지 못하고 접근하지만 여호와는 그와 상관없이 그의 계획을 확고히 하고 있음을 알 수 있다. 따라서 마노아의 아들의 출생에 하나님의 주권적 결정이 있음을 드러낸다.

② 삼손 출생 계시에 대한 마노아의 반응(13:15~23)

사사기 13:15~23은 삼손 출생에 대한 계시에 대한 마노아의 반응을 보고

한다. 마노아의 반응은 번제를 둘러싸고 발생한 사건(13:15~20)과 이 사건에 대한 마노아와 그 아내의 반응(13:15~23)으로 구성된다.

사사기 13:15~20과 관련된 사건에서 학자들은 염소 새끼를 준비하려는 마노아의 행동이 환대를 위한 것인지 혹은 아이 출생에 대한 감사의 표시인 지에 대해 분명치 않다고 지적한다. 그러나 여호와의 사자의 말, '번제를 행하려거든'은 마노아의 행동이 제의적 행동과 무관하지 않다. 이것은 사사기 6:18에 기록된 기드온의 행동과 유사하다. 이것은 여호와 사자가 전달한 내용을 확증하기 위해 마노아의 행동으로 이해할 수 있다. 그러나 본문은 마노아의 행동이 무지한 행동임을 두 가지로 지적한다. 하나는, 사사기 13:16에 기록된 평가적 서술이다. '왜냐하면 마노아는 그가 여호와의 사자라는 것을 알지 못했기 때문이다.' 다른 하나는, 여호와의 사자의 이름을 묻는 장면이다. 마노아는 '당신의 이름이 무엇입니까?'라고 묻고 이유를 '왜냐하면 우리가 당신의 말이 이루어질 때 당신에게 영광을 돌리려 하기 때문입니다'라고 밝힌다. 이때 여호와의 사자는 마노아에게 "왜 너는 내 이름을 묻느냐? 그는 '펠리'(פֶּלִאי)이다"라고 대답한다. 여기서 '펠리'는 '놀라운, 이해할 수 없는'이 란 뜻을 가진다. 이것은 저자가 마노아에게 발생할 사건이 놀랍고 이해하기 어려운 사건임을 '펠리'라는 여호와의 사자의 말 속에 담고 있다. 마노아의 무지는 여호와의 계획을 이해할 수 없었다. 여호와의 사자의 정체에 대한 마노아의 무지는 단에서 하늘로 올라가는 불꽃 가운데로 여호와의 사자가 올라가는 것을 보고 벗겨진다.

사사기 13:21~23은 마노아가 여호와의 사자를 인식한 후 발생한 사건을 기록한다. 이 사건에서 마노아와 그 아내의 행동이 대조를 이룬다. 마노아는 '우리가 반드시 죽을 것이다. 왜냐하면 우리가 하나님을 보았기 때문이다' 하며 두려움에 휩싸인다. 그러나 마노아의 아내는 대담하다. 그녀는 번제와 소제를 받으심과 모든 일을 보이시고 말씀하심을 근거로 여호와께서 죽이지 않으실 것이라고 말한다. 마노아의 아내는 여호와를 인식한다.

③ 삼손의 출생(13:24)

사사기 13:24은 여호와의 약속대로 마노아에게 아들이 태어났음을 기록
한다. 본문은 여인이 아들을 낳고 이름을 삼손이라 했다 기록한다. 히브리
어 이름은 '쉼숀'(שִׁמְשׁוֹן)이며, 그 뜻은 '작은 태양'이다. 이것은 '쉼숀'이 밝은 희
망임을 드러낸다. 더 나아가 본문은 두 가지를 첨부한다. 그것은 여호와께서
'쉼숀'이 자라매 그에게 복을 주셨다는 것이다. 이것은 분명히 사사기 13:3
에서 여호와께서 계시한 아이 출생에 대한 분명한 성취를 말한다.

우리는 사사기 13:2~24에 대한 고찰에서 한 가지를 주목해야 한다. 그것
은 마노아와 그 아내의 무지와 분별력 상실이다. 마노아의 아내는 여호와께
서 여호와의 사자를 통해 놀라운 계획을 선포했음에도 그녀는 여호와의 사
자에 대한 실체를 파악하지 못한다. 반면에 마노아는 자신이 기도한 응답으
로 여호와의 사자가 다시 나타나 재진술함에도 불구하고 그는 여호와의 사
자를 알지 못한다. 오히려 그의 이름이 누구인지 묻는다. 이같은 서술은 마
노아와 그 아내의 영적 무지를 드러낸다. 저자는 이 무지와 분별력의 상실에
대한 언급을 통해 이스라엘의 무지와 무분별력을 담는다. 그럼에도 불구하
고 여호와는 그들의 무지와 분별력을 상실한 그들을 위한 자신의 계획을 성
취하신다. 이것이 바로 하나님의 놀라운 은혜와 긍휼이 아니고 무엇인가?

(3) 삼손의 사랑 이야기를 둘러싼 하나님의 구원 스토리(14:1~16:3)

사사기 13:5하에 기록된 "그가 블레셋 사람의 손에서 이스라엘을 구원하
기 시작하리라"는 하나님의 계획은 사사기 14:1~16:3에서 중심 주제가 되
어 전개된다. 물론 나실인의 주제 또한 서로 밀접하게 연결되어 있다. 사사
기 14:1~16:3은 삼손이 딤나에서 한 여자를 보고 아내를 삼으려는 이야기
(13:25~14:4)로 시작하여 삼손이 가사에서 한 기생을 보고 들어갔다가 죽음의
위기를 모면하는 이야기(16:1~3)로 마감한다. 그 중앙에 삼손이 블레셋의 딸
을 보고 아내로 취하려는 사건을 둘러싸고 벌어지는 삼손과 블레셋의 전투
를 다룬다. 표면적 스토리는 삼손의 사랑 때문에 펼쳐지는 사건들의 연속으

로 비쳐지지만 본문이 간헐적으로 언급하는 '여호와의 신이 비로소 그에게 감동하시니라'(13:25, 참고 14:19; 15:14), '이 일이 여호와께로서 나온 것인 줄을 알지 못하였더라'(14:4) 하는 말씀은 이 사건의 배후에 이스라엘을 구원하기 시작하는 여호와의 구원 이야기임을 우리에게 알려 준다.

사사기 13:25~16:3은 크게 네 장면으로 구성된다. 첫째 장면은 사사기 13:25~10상로, 사사기 13:25~16:3을 위한 배경이다. 이 장면에서 저자는 삼손이 여인을 좋아함과 사자의 죽음과 꿀이라는 모티프를 설정한다. 둘째 장면은 사사기 14:10하~19로, 삼손과 블레셋 사람 사이에 벌어진 수수께 끼 전쟁이다. 이 장면에서 저자는 수수께끼가 단순한 유희가 아닌 전쟁의 성 격을 부각시킨다. 셋째 장면은 사사기 14:20~15:8로 삼손이 블레셋 사람의 곡식밭과 감람원을 불사르고 블레셋 사람을 도륙하는 사건이다. 넷째 장면 은 사사기 15:9~16:3로 삼손이 여호와의 신의 권능으로 블레셋으로부터 이 스라엘을 구원하는 이야기이다. 이 장면들은 서로 긴밀하게 연결되어 '틈을 타서' 이스라엘을 구원하는 하나님의 놀라운 전략을 드러낸다.

① 삼손이 블레셋 딸을 보고 아내로 삼으려 하다(13:25~14:10상)

사사기 13:25은 "소라와 에스다올 사이 마하네단에서 여호와의 신이 비 로소 그에게 감동하시니라"고 기록한다. 히브리어 본문을 직역하면 '여호와 의 영이 그를 움직이기를 시작했다'이다. '움직이다'는 히브리어 '파임'(פעם)은 '압박하여 ~하게 하다. 밀어 붙이다' 또는 '움직이다, 분발시키다'는 의미를 가진다. 따라서 이 문장은 여호와의 영이 삼손을 움직이도록 영향력을 미쳤 음을 말한다. 특히 '시작하다'라는 히브리어를 사사기 13:5에 언급된 "그가 블레셋 사람의 손에서 이스라엘을 구원하기 시작하리라"는 약속과 연관하 여 해석하도록 유도한다. 즉 여호와의 영이 삼손을 움직여 이스라엘을 구원 하기 시작했음을 보고한다. 따라서 이것은 다음에 등장한 삼손과 관련된 사 건 배후에 이스라엘을 위한 여호와의 구원 스토리가 작용하고 있음을 알려 준다.

사사기 14:1~4은 삼손이 딤나에서 본 블레셋 딸과 결혼하기 위해 부모에게 요청하는 장면이다. 본문은 삼손이 딤나로 '내려갔다'가 '올라왔다'는 기록 사이에 삼손이 '블레셋 사람의 딸을 보았다'는 것을 강조하고 그녀를 취하여 아내로 삼고자 부모에게 요청했음을 말한다. 이런 묘사는 나실인 삼손의 행동이 욕망과 본능에 충실한 감각적 원리를 따르고 있음을 드러낸다. 이런 삼손의 행동이 옳지 못함은 부모들 목소리에서도 찾을 수 있다. 부모의 목소리에 대한 히브리어 본문을 직역하면 '네 형제의 딸과 내 모든 백성 중에 여자가 없어서 너는 할례 받지 못한 블레셋 사람들 중에서 여자를 취하기 위해 가고 있느냐?'이다. 부모는 삼손의 행동이 옳지 않음을 책망한다. 그러나 삼손은 "내가 그 여자를 좋아하오니 나를 위하여 그를 데려오소서"라고 간청한다. 이 문장의 히브리어 직역은 '그녀는 내 눈에 옳습니다'이다. 이와 같은 삼손의 표현은 사사기 저자가 사사기 17:6과 21:25에서 마치 사사기의 결론 문구처럼 사용한 '사람이 그의 눈에 옳은 대로 행했다'의 전조이다. 나실인 삼손의 행동은 전적으로 욕망과 본능에 지배되어 행동하고 있음을 보여 준다.

그러나 우리가 주목할 것은 이 사건에 대한 부모의 무지이다. 본문은 "부모는 이 일이 여호와께로서 나온 것인 줄을 알지 못하였더라"는 문장을 문두에 위치시켜 강조한다. 그렇다면 하나님의 목적은 무엇인가? 본문은 '왜냐하면 그가 블레셋으로부터 기회를 찾는 중이었기 때문이다'고 밝히고 '그때에 블레셋이 이스라엘을 다스리고 있었다'고 말한다. 따라서 사사기 14:4에 기록된 저자의 평가는 하나님의 구원에 대한 주제를 부각시킨다. 해밀턴은 이 사건에 대한 해석에서 여호와께서 한 여인을 향한 삼손의 성적인 욕구를 자극하셨다는 크렌쇼의 입장을 부정하고 "여호와께서 자신의 목표를 이루기 위해 육체적인 방자함의 지배를 받는 자들을 사용할 수도 있음을 의미한다"고 주장한다(Hamilton, 2005:202).

사사기 14:5~7은 삼손이 딤나로 내려가 포도원에 이르렀을 때 발생한 사건을 기록한다. 본문은 '히네'(הִנֵּה)를 사용해 '보라! 어린 사자가 그를 맞아 소리를 지르고 있다'라고 기록함으로 독자의 주목을 요청한다. 그 결과는 무엇인가? 개역한글 성경은 "삼손이 여호와의 신에게 크게 감동되어… 그 사자를 염소 새끼를 찢음 같이 찢었"(6절)다고 기록한다. '크게 감동하다'라는 히브리어 '찰라흐'(צלח)는 '진하다, 갑자기 덤벼들다'는 의미이다. 즉 급작스런 상황에서 여호와의 영이 삼손 위에 강하게 임한 것이다. 우리는 이 장면에서 삼손의 강함과 사자의 무력함이 대조됨을 본다. 그러나 본문은 삼손의 강함은 자생적인 것이 아니라 여호와의 영이 강력하게 임했기 때문이라는 것을 분명히 한다. 그럼에도 삼손이 이 사건에 대해 부모에게 말하지 않고 그 여자에게 말했다는 사실은 나실인 삼손의 마음이 어디에 집중되어 있는지 드러난다.

사사기 14:8~10상은 블레셋 여인과 결혼하기 위해 다시 딤나로 가는 도중에 만난 사건을 기록한다. 본문은 사자가 죽었던 사건을 언급하면서 다시 '히네'(הנה)를 사용해 '보라! 사자의 몸에 벌떼와 꿀이다'로 기록함으로 독자를 상기시킨다. 과연 삼손은 어떻게 행동하는가? 삼손은 그 꿀을 취하여 먹고 부모에게 먹도록 했다. 그러나 삼손은 꿀의 출처를 철저히 숨긴다. 우리는 이 사건에서 두 가지를 주목해야 한다. 하나는, 신학적 입장에서 나실인 삼손의 행동이다. 그는 나실인 규례에 근거해 죽은 시체로 자신을 더럽히지 말아야 한다. 그러나 본문에서 삼손은 나실인으로서 정체성이 드러나지 않는다. 단지 그는 여인을 보고 취하려고 하는 행동처럼, 꿀을 보고 취하여 먹는다. 다른 하나는, 이 사건이 지니는 문예적 측면이다. 문예적 측면에서 이 사건은 다음 장면에서 등장하게 될 수수께끼 전쟁을 위한 발판을 제공한다. 사사기 13:25~14:10상은 플롯의 발전을 따라 삼손을 딤나에 있는 결혼식 장소로 옮겨 놓으며 그 과정에서 발생한 사건에서 여호와의 영의 개입과 욕망과 본능에 충실한 삼손의 행동은 장차 발생할 사건에 대한 여호와의 일하심과 삼손의 어리석은 행동에 기대하게 한다.

② 삼손과 블레셋 사람이 벌이는 수수께끼 전쟁(14:10하~19)

사사기 14:10하~19은 삼손과 블레셋 사람이 벌이는 수수께끼 전쟁을 다룬다. 이 단락은 크게 삼손이 수수께끼를 제안하는 장면(14:10하~14상), 수수께끼를 풀기 위해 삼손의 아내를 이용한 블레셋 사람들의 전략 장면(14:14하~16), 수수께끼 해답과 삼손이 아스글론에서 30명을 죽인 장면(14:17~19)으로 구성되었다.

사사기 14:10하~14상은 삼손이 잔치를 배설함과 블레셋 사람들의 반응(14:10하~11), 삼손의 제안(14:12~13), 삼손이 제안한 수수께끼(14:14상)로 구성되었다. 사사기 14:10하는 "삼손이 거기서 잔치를 배설하였으니 소년은 이렇게 행하는 풍속이 있음이더라"고 기록한다. 우리가 주목해야 하는 두 가지 중 하나는 '잔치'라는 단어이다. 잔치를 의미하는 히브리어 '미쉬테'(מִשְׁתֶּה)는 '마시다'를 의미하는 동사 '샤타'(שָׁתָה)에서 왔다. 이것은 이 잔치가 7일 동안 술과 함께 벌어지는 잔치임을 보여 준다. 이것은 삼손이 사사기 13:4, 7, 14에서 강조했던 '포도주와 독주를 마시지 말라'는 명령과 나실인의 규례를 어기고 있음을 드러낸다. 다른 하나는 '소년'이라는 히브리어이다. 히브리어 '하바후림'(הַבַּחוּרִים)은 기본적으로 '선별된 자들, 선택된 자들'을 의미하지만, 잔치를 위해 선별된 자들인지 아니면 다른 목적으로 선별된 자들인지 분명치 않다. 김의원 교수는 이 단어를 사사기 14:11의 '동무'를 의미하는 히브리어 '레아'(רֵעַ)가 전쟁의 문맥에서 사용된 것을 주목하면서 군사적 의미를 배제하지 않는다(2007:519). 특히 사사기 14:11의 표현인, '그들이 그를 보았을 때 삼십 명을 데려다가 동무를 삼았다'는 기록은 삼손의 외적 모습에 대한 반응을 표현하기에 단순한 잔치 분위기는 아님을 드러낸다.

사사기 14:12~14상은 블레셋 사람들의 행동에 대한 삼손의 반응을 기록한다. 삼손은 자신이 낸 수수께끼의 해답을 찾으면 그들에게 베옷 30벌과 겉옷 30벌을 줄 것이며, 찾지 못하면 베옷 30벌과 겉옷 30벌을 달라고 제안한다. 블레셋 사람들은 삼손의 요청을 수용하고 수수께끼에 대해 묻는다. 사사기 14:14상은 그 수수께끼를 ABC－A′B′C′란 평행법을 사용해 전달한다.

먹는 자에게서(A) / 나온다(B) / 먹는 것이(C)

강한 자에게서(A′) / 나온다(B′) / 단 것이(C′)

　

이 수수께끼의 배경은 분명히 사사기 14:5, 8의 사건이다. 이 사건에 근거하면 AA′는 '사자'를 가리키고 CC′의 '먹는 것'과 '단 것'은 꿀을 가리킨다. 이 수수께끼는 아무도 알지 못하고 삼손과 독자만이 안다. 니이취(Niditch)는 이 수수께끼가 나는 너희가 알지 못하는 어떤 것을 알고 있다는 원리에 기초한 삼손의 오만과 자신감을 반영한다고 말한다(Hamilton, 204).

사사기 14:14하~17은 삼손이 질문한 수수께끼에 대한 블레셋 사람들의 반응을 기록한다. 그 반응은 수수께끼에 대한 블레셋 사람의 인식에 대한 서술자의 평가(14:14하)와 블레셋 사람들의 반응(14:15)과 삼손 아내의 요청과 삼손의 행동(14:16~17)을 기록한다. 서술자의 평가는 '그들이 그 수수께끼를 말하는 것을 할 수 없었다'이다. 이 평가는 블레셋 사람들의 무능력을 드러낸다. 블레셋 사람들은 그들의 무능력에 대한 대안을 세운다. 그 대안은 그들이 삼손의 아내에게 한 말 속에 담겨 있다. '너는 네 남편을 속이라. 그리고 그 수수께끼를 우리에게 말해라. 그렇지 않으면 너와 네 아비의 집을 불로 태울 것이다.' 이 문장은 명령과 협박으로 구성되어 있다. 더 나아가 '너희가 우리를 부른 것은 우리의 소유를 취하고자 함이 아니냐? 그렇지 않느냐?'는 수사법은 삼손의 아내와 아버지를 삼손의 동조자로 몰아세운다. 이렇게 행동함으로 삼손의 아내를 궁지로 몰아넣는다. 이것은 삼손의 수수께끼가 블레셋 사람들에게 단순한 놀이가 아니라 마치 전쟁을 방불케 하는 사건으로 인식하고 있음을 드러낸다. 그렇다면 여기서 삼손의 아내는 삼손을 이기기 위한 블레셋 사람들의 무기로 활용되고 있음을 알 수 있다(김의원 523). 사사기 14:16~17은 삼손의 아내의 행동과 삼손의 반응을 ABC－A′B′C′라는 평행 구조를 통해 전달한다.

　

A 삼손의 아내가 그 앞에서 울었다(14:15상)

B 삼손 아내: 당신은 나를 미워하고 사랑하지 않는다.

당신은 수수께끼를 내 백성의 자손에게 말하고 내게 말하지

않았다(14:15중하).

C 삼손의 반응: 보라, 내 아비와 어미에게 말하지 않았다.

내가 네게 말하겠느냐

   A′ 그녀가 그 앞에서 칠일 동안 울었다(14:16상).

     B′ 삼손이 그녀에게 말했다. 왜냐하면 그녀가 강요했기 때문이다.

       C′ 아내의 반응: 그녀가 그 수수께끼를 그녀의 백성의 자손에게 말했다.

AA′는 '삼손의 아내가 그 앞에서 울었다'는 문장으로 평행을 이룬다. 그 울음은 탄식에 가깝다. BB′는 삼손의 아내의 요청과 삼손의 궁극적 반응을 기록한다. B에서 삼손의 아내는 블레셋을 '내 백성의 자손'이라고 표현한다. 이 표현에는 삼손의 아내가 삼손의 편이 아님을 드러낸다. 그녀는 삼손에게 '내게 말하지 않았다'고 강청한다. 그러나 B′에서 '그가 그녀에게 말했다'고 표현함으로 삼손이 아내의 강청에 굴복했음을 보고한다. CC′는 삼손과 그 아내의 상반된 행동을 보고한다. 삼손은 그 수수께끼의 비밀을 부모에게도 비밀로 했지만 삼손의 아내는 그 수수께끼를 그의 백성의 자손에게 말한다. 결국 삼손과 블레셋 사람들 사이에 벌어진 수수께끼 전쟁은 삼손의 실패로 기울어져 간다.

사사기 14:18~19은 제7일에 블레셋 사람들의 대답과 삼손의 반응을 기록한다. 사사기 14:18은 삼손이 낸 수수께끼에 대한 블레셋 사람들의 대답은 삼손처럼 ABC−A′B′C′ 형식의 질문으로 되어 있다.

무엇이(A) − 달겠느냐?(B) − 꿀보다(C)

무엇이(A′) − 강하겠느냐(B′) − 사자보다(C′)

1행은 삼손의 수수께끼 1행 "먹는 자에게서(A) − 나온다(B) − 먹는 것이

(C)"에 대한 답이다. 꿀(C)은 바로 그 해답이다. 2행은 삼손의 수수께끼 2행 '강한 자에게서(A′) - 나온다(B′) - 단 것이(C′)'에 대한 해답이다. 사자(C′)가 바로 그 해답이다. 아이러니하게도 이 해답들은 삼손이 행했던 것처럼 수수 께끼의 형식을 취한다. 블레셋은 삼손의 질문에 해답을 했을 뿐 아니라 지금 삼손을 조롱하고 있다. 블레셋의 이런 태도에 대한 삼손의 대답 또한 ABC -A′B′C′라는 형식의 이행시로 되어 있다.

> 아니하였다면 / 너희가 밭을 갈지(B) / 내 암소로(C)
>
> 못하였을 것이다 / 너희가 발견하지(B′) / 내 수수께끼를(C′)

이러한 삼손의 대답은 그의 분노를 담고 있다. 그 분노는 '너희가 내 암소 로 밭을 갈았다'는 표현 속에 담겨 있다. 이것은 블레셋 사람들이 답을 할 수 있었던 것은 자의적인 것이 아니라 기만적인 행동에서 기인했다는 것이다. 따라서 사사기 14:19은 블레셋의 기만적인 행동에 대한 삼손의 보복을 기록 한다. 그런데 여기서 우리가 주목할 것은 "여호와의 신이 삼손에게 크게 임 하시매"(19절)라는 문구이다. 히브리어를 직역하면, '여호와의 영이 그 위에 돌진했다'이다. 이 표현은 사사기 3:25과 14:6의 내용과 평행을 이룬다. 그 결과로 삼손이 아스글론에 내려가서 30명을 죽여 수수께끼를 푼 자들에게 옷을 주었다. 결국 블레셋 사람이 삼손의 '암소'를 밭 갈아 수수께끼를 푼 결 과로 얻은 것은 동족 30인의 죽임이었다. 이것은 분명히 사사기 14:4의 "삼 손이 틈을 타서 블레셋 사람을 치려 함이었으나"라는 진술의 실체를 보여 준다.

사사기 14:10하~19은 삼손의 결혼식을 둘러싸고 발생한 사건, 즉 수수 께끼 전쟁을 보고한다. 표면상 삼손의 결혼식이 드러나지만 심층에는 '틈을 타서' 블레셋 사람을 치는 하나님의 구원 이야기가 흐른다. 이러한 삼손의 행동 배후에 여호와의 영의 사역이 강력하게 작용했음을 드러낸다.

③ 삼손이 블레셋 사람의 곡식밭과 감람원을 불사르다(14:20~15:8)

사사기 14:20~15:8로 삼손이 블레셋 사람의 곡식밭과 감람원을 불사르고 블레셋 사람을 도륙하는 사건이다. 이 이야기는 사건의 배경(14:20~15:2)과 블레셋 사람의 곡식밭과 감람원을 불사름(15:3~5)과 블레셋 사람의 도륙(15:6~9)으로 구성되었다.

블럭은 사사기 14:20을 하나의 에필로그로 보려고 하지만, 이 구절은 사사기 15:1~9 뿐만 아니라 사사기 16:3까지 진행될 사건을 위한 초석으로 역할을 감당한다. 히브리어 본문은 '삼손의 아내가 삼손과 친했던 동료에게 있었다'라고 기록한다. 이 표현은 다시 한 번 삼손의 아내로 인해 발생될 사건에 대한 준비이다. 사사기 15:1~3은 삼손과 그의 장인 사이에 오고 간 대화를 기록한다. 우선 삼손은 밀을 추수할 때에 '염소 새끼'를 가지고 그의 아내를 방문한 삼손을 소개한다. 해밀턴은 '염소 새끼'에 대한 언급을 주목하며 삼손의 방문이 결혼의 완성을 위한 행보였음을 주장한다(2005:205). 특별히 본문은 삼손의 직접화법을 다음과 같이 소개한다. '나로 내 아내의 침실로 들어가게 하라.' 이 진술은 아주 모호하다. '그녀에게 들어가게 하라'는 말은 그는 단순히 그녀를 방문하고자 하는 것인지 또는 그가 성적 관계를 하기를 원하는지를"(CD) 질문한다. 해밀톤은 염소 새끼와 성관계의 연관성(참고 창 38:17, 20)을 주목하며 후자에 그 무게를 둔다(2005:205). 삼손의 직접 화법에 드러난 '이스티'(אשתי) 즉 '내 여자' 혹은 '내 아내'란 표현은 삼손의 결혼 관계가 형성되었다고 보고 있음을 드러낸다. 따라서 삼손의 요청은 결혼 관계의 지속성을 의미한다. 그러나 장인의 행동은 삼손의 기대를 무너뜨린다. 특별히 장인의 행동을 묘사하는 히브리어 구문은 주목할 만하다. 그 구문을 직역하면, '그녀의 아버지가 그가 들어가는 것을 그에게 주지 않았다'이다. 이 표현에서 두 가지를 주목할 수 있는데, '장인'이란 표현 대신 '그녀의 아버지'라고 표현함으로 삼손과의 관계를 분리하고 있다는 점과 '나탄'(נתן 주다) 동사를 사용한다는 점이다. 특히 후자인 '그가 그에게 주지 않았다'는 말은 사사기 15:2의 '내가 그녀를 네 친구에게 주었다'는 말과 자연스럽게 연결된다.

따라서 저자는 장인의 행동을 이렇게 서술함으로 장인이 삼손을 그녀에게 들어가게 못하게 한 것이 아니라 삼손에게 그녀를 줄 수 없음을 드러낸다.

사사기 15:3~8은 삼손의 행동(15:3~5)과 블레셋 사람들의 반응(15:6), 그리고 삼손의 재반응(15:7~8)을 기록한다. 사사기 15:3~5은 삼손의 계획과 행동을 묘사한다. 김지찬 교수는 삼손의 생각을 반영하는 문장인 '이번에 내가 블레셋 사람들로부터 깨끗하게 될 것이다. 내가 그들을 악으로 행할 것이다'에서 '악'과 사사기 15:2중의 '좋은'의 연결을 주목하고 이것은 나레이터가 삼손의 어리석음을 함축하고 있다고 보는 것이 가능하다고 말한다 (1993:272). 반면 해밀턴은 이 삼손의 말이 복수에 대한 예고임과 동시에 과거 아스글론에서 자신의 행동이 정당하지 못했음을 인정하는 것이라고 말한다 (2005:205). 사사기 15:4~5은 삼손이 여우 300을 잡아 그 꼬리에 횃불을 연결하고 불을 붙여 블레셋 사람들의 곡식밭에 있는 곡식단과 곡식과 감람원을 불사른 행동을 보고한다. 일부 학자들은 이런 삼손의 행동이 '곡식의 신' 블레셋의 다곤 신에 대한 종교적 공격으로 해석하려 한다. 그러나 일부 학자들은 다곤이 곡식의 신인지 불확실하다는 점과 화재에 과수원이 포함되었다는 점을 고려하며 다곤 신과의 종교적 관련성을 부정한다(김지찬, 1993: 273). 그러나 문예적 측면에서 볼 때, 이 사건은 삼손이 틈을 타 블레셋을 치기 위한 예비적 사건임을 알 수 있다. 그것은 사사기 14:5~8에 기록된 딤나로 내려가는 과정에서 발생한 사자와 꿀의 사건이 결국 아스글론의 30인을 죽이는 사건으로 발전했던 것처럼, 이 사건은 블레셋을 도륙하는 사건의 기초로 작용할 것이다.

사사기 15:6은 여우와 횃불로 블레셋 사람들의 곡식과 감람원을 태운 사건에 대한 블레셋 사람들의 반응이다. 그들의 첫 반응은 '누가 이것을 행했느냐?'는 질문에 담겨 있다. 그들은 이 사건에 매우 당혹스런 모습이다. 그들은 즉시 삼손과 관련된 딤나의 사건을 기억하고 딤나로 올라가 삼손의 아내와 그 아비를 불태운다. 우리는 저자가 사사기 14:15과 15:6의 문장을 동일한 구문을 사용한다는 점을 주목할 필요가 있다.

사사기 14:15 "우리가 너와 네 아비의 집을 불로 태울 것이다."
사사기 15:6 "그들이 그녀와 그녀의 아비를 불로 태웠다."

전자는 블레셋 사람들이 삼손의 수수께끼를 알아내기 위해 행했던 삼손의 아내에 대한 협박 내용이다. 그런데 후자는 동일한 문장으로 그 협박을 실행했음을 보고한다. 이런 대비적 표현은 블레셋 사람들의 행위가 악하다는 것을 드러낸다. 삼손은 블레셋 사람들에게 다음과 같이 말한다. "너희가 이같이 행하였은즉 내가 너희에게 원수를 갚고야 말리라"(15:7 개역개정). 히브리어 본문을 직역하면 '너희가 이같이 행했기 때문에 내가 너희들을 복수할 것이다. 그 후에 내가 멈출 것이다.' 이 문장은 삼손의 복수의 지속성을 남겨 놓는다. 삼손은 결국 블레셋 사람들의 정강이와 넓적다리를 크게 쳐서 죽인 후 에담 바위 틈에 숨는다. 여기에 '에담 바위 틈'이란 문구는 다음 '에담 바위 틈'에서 벌어질 사건을 준비한다.

④ 삼손이 여호와의 권능으로 블레셋으로부터 이스라엘을 구하다(15:9~16:3)

사사기 15:9~16:3은 세 장면이 긴밀하게 연결되어 삼손이 여호와의 권능으로 블레셋으로부터 이스라엘을 구원하는 이야기를 전달한다. 우선 사사기 15:9~13은 '에담 바위 틈'에서 발생한 사건을 다룬다. 그 사건의 원인은 삼손이 블레셋 사람을 크게 도륙한 일로 블레셋 사람이 올라와 레히에 진영을 구축했기 때문이다. 본문은 유다 사람과 블레셋 사람과의 대화 그리고 유다 사람과 삼손과의 대화에 초점을 맞춘다. 이들의 대화는 다음과 같은 문예적 구조로 구성되었다(김지찬, 1993: 283).

A 우리가 그에게 행하기 위하여 올라왔다

B 그가 우리들에게 행했던 것처럼

X 네가 우리에게 행한 이것이 무엇이냐

B′ 그들이 나에게 행했던 것처럼

AB는 블레셋 사람들의 말이고, A′B′는 삼손의 말이다. 그 중심 X에 유다 사람들이 있다. 이 문예적 구조는 블레셋 사람과 삼손 사이에 벌어지고 있는 '복수'가 자리한다. 그 사이에 유다 사람들의 태도는 또 다른 사건을 얘기하도록 한다. 특별히 유다 사람들의 말과 행동은 주목할 만하다. 유다 사람 3,000명은 블레셋을 대항하지 않고 오히려 삼손을 대항하기 위해 에담 바위 틈으로 내려 간다. 그리고 그들은 삼손에게 "너는 블레셋 사람들이 우리를 다스리고 있다는 것을 알지 못하느냐"라고 말한다. 이스라엘은 언약 백성이다. 그들을 다스리는 자는 블레셋이 아니라 우주의 통치자 하나님이다. 그러나 그들의 타락은 정치적·심리적으로 블레셋의 지배 아래 있게 했다. 그들은 앞에 등장했던 이스라엘 자손들과 매우 다르다. 전반부에 나타난 이스라엘 자손은 압제를 받을 때 여호와께 부르짖었다. 그러나 지금 유다 사람들은 그들의 실질적 지배자인 여호와께 도움을 요청하기는커녕 '틈을 타 블레셋 사람'을 치는 삼손을 책망한다. '네가 우리에게 행한 이것이 무엇이냐?' 이스라엘은 하나님이 세운 구원자 삼손을 대적하기 위해 군사 3,000명을 일으켰다. 이 아이러니는 이스라엘이 극도로 타락했음을 적절하게 보여 준다.

사사기 15:12~13에 기록된 유다 사람들의 말은 그 사실을 더욱 부각시킨다. 유다 사람들은 삼손에게 자신들이 삼손에게 내려온 목적을 다음과 같이 설명한다. '우리가 너를 묶어 블레셋 사람의 손에 주기 위해 내려왔다.' 이 말은 블레셋 사람들이 레히에 올라온 목적을 그대로 반영한다. 블레셋 사람들은 사사기 15:10에서 유다 사람들에게 자손들이 올라온 이유를 다음과 같이 말했다. '우리는 삼손을 묶어 그가 우리에게 행했던 대로 그에게 행하기 위해 올라왔다.' 지금 유다 사람들의 말은 당면한 위협을 모면하기보다, 대신 블레셋 사람들의 목적을 성취해 주고자 한다. 더욱이 본문은 '우리가 너를 묶어 너를 그들 손에 줄 것이다'와 '그들이 새 줄 둘로 그를 묶어 그 바위 틈에서 올라갔다'는 언급은 블레셋의 목적이 성취되고 있음을 드러낸다.

그러나 사사기 15:14~17의 기록은 블레셋과 유다 사람들의 기대를 뒤엎는다. 사사기 15:14은 3인칭 대명사를 문두에 위치시키며 "그가 레히까지 왔다"고 기록함으로 독자의 주목을 끌어낸다. 다음 문장은 블레셋 사람의 급작스런 행동과 여호와의 영의 급작스런 행동의 대조를 보여 준다. 블레셋 사람은 일어나 그에게 소리 지르며 돌진한다. 그때 본문은 "여호와의 영이 그 위에 돌진했다"고 기록한다. 이것은 삼손을 두고 벌어진 여호와의 영과 블레셋과의 전투이다. 본문은 그 결과를 "그 팔 위의 줄이 불 탄 삼과 같아서 그 결박되었던 손에서 떨어진지라"고 기록한다.

사사기 15:15은 동사 네 개를 연속으로 사용해 삼손의 신속한 행동을 보고한다. '발견했다… 손을 내밀었다… 취했다… 죽였다.' 삼손의 신속한 행동은 블레셋 사람 1,000명을 죽였다. 사사기 15:16은 삼손이 블레셋과의 전투에서 일방적인 승리를 한 후 그의 노래를 기록한다. 그 노래는 ABC−A′B′C′라는 이행시로 구성되었다.

A 나귀의 턱뼈로
　B 한 더미
　　C 두 더미를 쌓았도다
A′ 나귀의 턱뼈로
　B′ 내가 쳤도다
　　C′ 일천 명을 죽였도다

제1행(ABC)는 언어유희이다. 삼손은 '하몰'이란 히브리어를 세 번 사용해 그의 승리를 노래한다. 제2행(A′B′C′)은 제1행을 구체화한다. BC의 '한 더미', '두 더미'는 C′에서 그 더미들이 블레셋 사람 1,000명임을 분명히 하고 그것은 삼손이 쳐 죽인 것(B′)임을 구체화한다. 특별히 삼손은 그곳의 이름을 '라맛 레히'라고 이름 한다. 우리는 여기서 다시 한 번 '레히'를 둘러싼 언어유희를 발견한다. 사사기 15:9에서 블레셋 사람들은 '레히'에 편만했다. '레히'는 장소 이름이지만 '턱뼈'를 가리킨다. 또한 '편만하다'는 히브리어 '나타쉬'는 기본적으로 '길게 뻗치다, 확장하다, 내버리다, 버려두다'는 의미를 가지고 이것이 니팔형으로 사용될 때 '넓게 뻗다 혹은 내던져지다'는 의미다. 따라서 블레셋 사람들이 올라와 레히에 편만했다는 말은 '턱뼈로 가득했다, 혹은 그들이 턱뼈로 가득 채웠다'는 말을 암시하게 한다. 그런데 사사기 15:15에서 삼손은 '나귀의 턱뼈'(레히)를 취하여 그곳을 사람의 더미를 쌓았다. 즉 저자는 이런 언어유희를 통해 삼손이 여호와의 권능으로 '레히'(턱뼈)에 가득 찼던 블레셋 사람을 레히의 산으로 만들었다고 조소하고 있는지 모른다. 사사기 13:5에서 여호와는 "그(삼손)가 블레셋 사람의 손에서 이스라엘을 구원하기 시작하리라"고 약속했다. 이 사건은 이 약속의 성취를 점진적으로 보여준다. 블레셋과의 전투에서 삼손의 승리는 전적으로 '여호와의 영'이 그에게 임했기 때문이다. 그러나 삼손의 노래에는 하나님이 없고 '내가 쳤다'는 말 속에 삼손의 자중심적 사고가 담겼다.

그러나 그의 자중심적 도취는 오래가지 못했다. 사사기 15:18은 '그(삼손)가 매우 목말라 여호와를 불렀다'고 기록한다. 삼손은 자신의 문제를 스스로 해결할 수 없었다. 그래서 그는 여호와께 기도한다. 삼손의 기도는 표면상 두 주제인 것처럼 보이지만, 사실상 하나의 주제를 강조한다. 그것은 바로 '구원'이다. 이 '구원'은 두 측면으로 강조된다. 하나는 이미 이루어진 사실에 대한 강조이다. '당신은 정말 당신의 종의 손에 이 큰 구원을 주셨습니다'라는 삼손의 기도에서 강조된 것은 '당신'으로 지칭된 여호와와 '종'으로 지칭된 삼손이다. 삼손은 여호와께서 종에게 구원을 주셨다고 고백한다. 이것은 분명히 나귀 턱뼈로 블레셋 사람들을 친 것을 가리킨다. 여기서 우리는 삼손의 변화를 본다. 삼손은 사사기 15:16에서 분명히 "내가 일천 명을 죽였도다"고 말했다. 그러나 이제 그는 그것이 곧 여호와께서 주신 구원이라고 고백한다. 삼손의 목마름 그것이 그의 관점을 변화시켰다. 다른 하나는, 현실 문제에서 구원 요청이다. 삼손은 '이제 내가 목마름으로 죽습니다. 내가 할례 받지 못한 자들의 손에 떨어지겠나이다'라고 기도한다. 삼손은 현재 죽음의 상황에서 여호와께 구원을 요청한다. 이 삼손의 기도가 타락한 이스라엘의 기도가 되어야 하지 않는가? 사사기에서 여호와는 이스라엘 자손의 부르짖음에 사사를 통한 구원으로 응답했다. 사사기 15:19은 여호와의 구원 행위를 이렇게 소개한다. "하나님이 레히에 한 우묵한 곳을 터치시니 물이 거기서 솟아나오는지라." 그 결과 본문은 "삼손이 그것을 마시고 정신이 회복되어 소생하니"라고 기록한다. 히브리어 원문은 '그가 마셨다. 그의 영이 돌아왔다. 그가 살았다'고 기록한다. 여호와의 구원 행위가 삼손을 살렸다. 삼손은 구원을 경험한 사건을 '엔학고레', 좀 더 정확하게 말하면 '엔 하코레'라고 불렀다. 사사기 14:20~15:20은 여호와께서 약속한대로 삼손을 통해 '틈을 타서' 이스라엘을 구원한 사건이다. 삼손은 이 구원이 자신의 힘에서 나온 것으로 알았지만 결국 그는 여호와 하나님을 의지할 수밖에 없는 사람임을 목마름을 통해 경험했다. 그렇다. 구원은 오직 여호와께 있다.

사사기 16:1~3은 15:9에서부터 진행된 이스라엘의 구원 이야기를 종결짓는 본문이기도 하지만 사사기 14:1에서 시작된 삼손 이야기를 마감한다. 사사기 14:1~3이 삼손이 딤나에서 한 블레셋 사람의 딸 중 한 여자를 '보고' 발생한 사건을, 사사기 16:1~3은 삼손이 가사에서 한 기생을 '보고' 발생한 사건을 기록한다. 사사기 16:1은 삼손의 신속한 행동을 세 동사, 즉 '그가 갔다', '그가 보았다', '그가 들어갔다'로 표현한다. 삼손은 나실인이다. 삼손은 나면서부터 죽을 때까지 하나님께 바쳐진 나실인이다. 그는 이스라엘을 구원하기 위한 사명이 있는 자이다. 그런데 그가 이제 다시 여인, 그것도 기생의 품으로 들어갔다. 위의 세 동사는 나실인이 아닌 육체적 욕망에 사로잡힌 인간 삼손을 전적으로 보여 준다. 본문은 그가 '밤중에' 사로잡혀 있음을 은유적으로 표현한다. 그것은 가사 사람들이 삼손을 '밤새도록' 죽일 기회를 찾고 있었기 때문이다. 그러나 삼손은 '밤중까지' 누웠다가 밤중에 일어나 성 문짝들과 두 설주와 빗장을 떼어 어깨에 메고 헤브론 앞산 꼭대기까지 갔다. 과연 이 사건은 무엇을 의미하는가? 우리는 적어도 두 가지를 주목할 수 있다. 하나는, '밤중'이라는 단어이다. 사사기 16:1~3은 '라옐라'(밤)를 무려 네 번이나 사용한다. 다른 하나는, 그 밤에 탈출하는 괴력의 삼손이다. 만약 우리가 이 이야기를 사사기 14:1에서 시작된 이야기의 종결과 사사기 16:4부터 시작하는 이야기를 연결하는 복선으로 볼 수 있다면 이 두 가지는 앞으로 진행될 들릴라를 중심으로 한 블레셋과의 이야기의 큰 줄거리를 함축하고 있다고 볼 수 있다.

(4) 밤의 여인에게 붙잡힌 작은 태양(16:4~31)

사사기 16:4~31은 삼손 이야기의 마지막 부분으로 들릴라에게 사로잡힌 삼손의 최후를 소개한다. 이 이야기는 네 장면(16:4~9, 10~14, 15~22, 23~31)이 서로 긴밀하게 연결되어 삼손의 죽음과 블레셋 사람들이 어떻게 죽음에 이르게 되는지를 설명한다.

① 삼손을 결박하기 위한 블레셋 사람과 들릴라의 1차 전략(16:4~9)

사사기 16:4은 새 단락을 소개하는 공식, '그렇게 된 후였다'라는 문구로 시작한다. 저자는 '그가 소렉 골짜기에서 한 여자를 사랑했다'고 보고한다. 이 문장은 사사기 14:3의 사건과 약간 차이를 보인다. 그때 삼손은 딤나에서 한 여자를 보고 '좋아했다'(그녀는 눈에 옳았다). 그러나 사사기 16:4은 소렉 골짜기에서 삼손이 한 여자를 사랑했다고 말한다. 두 본문이 유사한 사건이지만 이 보고는 삼손이 이전보다 더 긴밀한 관계로 들어 간 것을 말해 준다. 본문은 '그녀의 이름은 들릴라다'라고 보고한다. 삼손 이야기에는 네 명의 여인이 등장하는데, 여인의 이름이 기록된 것은 여기 뿐이므로 그 이름의 의미에 대해 학자들은 관심을 가졌다. 일부 학자들은 들릴라가 아랍 어원 '달라'(dalla)에서 온 것으로 보아 '바람을 피우다'는 의미로 해석하기도 하고, 또 다른 학자들은 '들릴라'를 문학적인 언어유희로 보려고 한다. 히브리어 '들릴라'를 '들'(ㄱ)＋'릴라'로 볼 경우 릴라의 자음은 '밤'을 의미하는 '라옐라'의 자음과 동일하다. 따라서 학자들은 들릴라를 '밤의 여인'으로 본다. 만약 우리가 사사기 16:1~3에서 '밤'에 대한 강조를 하나의 암시로 본다면 바로 그 밤은 들릴라와 관계있고 그렇다면 삼손은 밤의 여인 들릴라에게 사로잡혀 있는 것이다. 블럭은 "이 해석을 취하면 그 이름은 삼손의 눈이 보이지 않는 것에 대한 의도적 암시를 제공하고 빛과 어둠의 모티프는 삼손 내러티브에서 중요한 역할에 잘 어울린다"고 말한다(CD). 즉 이것은 작은 태양 삼손이 밤의 여인 들릴라에게 사로잡힘을 드러낸다.

사사기 16:5~9은 블레셋 사람의 방백들이 밤의 여인 들릴라를 통해 작은 태양 삼손을 결박하기 위한 첫 번째 전략과 그 결과를 소개한다. 블레셋의 방백들은 들릴라에게 다음과 같이 요청한다. "삼손을 꾀어서 무엇으로 말미암아 그 큰 힘이 생기는지 그리고 우리가 어떻게 하면 능히 그를 결박하여 굴복하게 할 수 있을는지 알아보라 그리하면 우리가 각각 은 천백 개씩을 네게 주리라"(개역개정). 우리는 이 문장에서 사사기 14:15의 사건을 상기할 수 있다. 블레셋 사람들은 딤나의 여인에게 '네 남편을 꾀어' 수수께끼를 알게 하라고 요청한다. 지금 다시 그들은 들릴라에게 '삼손을 꾀어' 힘의 원천을 알게 하라고 요청한다. 그러나 사사기 16:5은 사사기 14:15과 약간의 차이를 보인다. 사사기 14:15은 협박이지만 16:5은 들릴라와 협상을 한다. 사사기 14:15은 불로 태운다는 것으로 협박하지만 사사기 16:5은 '은 일천 일백'을 그 대가로 제시한다.

사사기 16:6~9은 들릴라(질문)→삼손(대답)→들릴라(행동)순으로 기록된다. 들릴라의 질문의 핵심은 '네 큰 힘이 무엇이며'와 '네가 묶여 곤고하게 할 것이 무엇인지'에 관한 것이다. 삼손은 이 질문에 '마르지 아니한 푸른 칡 일곱으로 나를 결박하면 내가 약하여질 것이다'라고 답한다. 들릴라는 삼손의 말대로 블레셋 방백들이 가져온 '마르지 아니한 푸른 칡 일곱'으로 삼손을 결박한다. 우리는 여기서 계속 반복되는 '결박'이란 어휘를 만난다. 삼손을 '결박'하는 것은 본래 블레셋 사람의 목적이었다. 그들은 삼손을 '결박'하기 위해 '레히'에 올라왔다(15:10). 그러나 유다 사람들은 그들을 대항하지 않고 오히려 삼손을 '결박'하여 블레셋 사람들에게 넘기려 한다(15:12). 그러나 그 계획은 실패로 돌아가고 블레셋 사람 1,000명이 죽임을 당했다. 지금 들릴라는 유다 사람들처럼 삼손을 '결박'하여 블레셋 사람의 손에 넘기려 한다. 그러나 삼손이 그 칡 끊기를 불탄 삼실 끊음같이 하므로 결국 실패로 돌아갔다.

② 삼손을 결박하기 위한 들릴라의 2~3차 전략(16:10~14)

사사기 16:10~14은 제1차 전략에서 실패한 들릴라의 제2차, 제3차 전략과 실패를 기록한다. 사사기 16:10은 들릴라의 불평으로 시작한다. '보라, 당신이 나를 속였고 나에게 거짓을 말했다.' 그 후 들릴라는 제1차 때와는 달리 "이제 당신은 나에게 무엇으로 당신을 묶을 수 있는지 말하라"고 말한다. 삼손은 "만일 쓰지 아니한 새 줄로 나를 결박하면 내가 약하여져서 다른 사람과 같으리라"고 말한다. 우리는 여기서 '새 줄'에 주목할 필요가 있다. 이 단어는 사사기 15:13에서 유다 사람들이 삼손을 블레셋 사람들에게 넘기기 위해 사용했던 도구이다. 우리는 이런 관계 속에서 그 새 줄의 무력함을 이미 알 수 있다. 들릴라는 '새 줄'의 무력함은 모르지만 독자들은 그 '새 줄'의 무력함을 안다. 사사기 16:12은 그 '새 줄'이 '실을 끊음 같이 하였다'고 기록함으로 그 무력함을 여실하게 드러낸다. 제1차와 제2차에 본문은 블레셋 사람의 '매복'을 강조한다. 그러나 우리는 이 단어가 사사기 16:2에서 사용된 것을 안다. 블레셋 사람들은 가사의 한 기생에게 삼손이 들어갔을 때 그를 에워싸고 밤새도록 '매복'을 했다. 그들은 아무런 작전의 변화도 없이 들릴라에게 삼손을 묶도록 하고 그들은 '매복'한다. 그러나 그 매복이 아무런 의미가 없다는 것을 안다.

제2차 계획에 실패한 들릴라는 집요하게 삼손에게 집착한다. 그녀는 제2차 때와 동일하게 '보라, 당신이 나를 속였고 나에게 거짓을 말했다'고 삼손에게 불평한다. 그리고 계속적으로 또 동일하게 무엇으로 그를 묶을 수 있는지 말하라고 요청한다. 삼손은 들릴라의 요청에 다음과 같이 말한다. "그대가 만일 나의 머리털 일곱 가닥을 위선에 섞어 짜면 되리라"(13절). 우리는 삼손의 대답에서 위기를 느낀다. 삼손은 밤의 여인이 자신을 진정으로 묶으려 한다는 점을 인식하지 못하는 것 같다. 그는 밤의 여인의 품에 안겨 마치 장난을 치는 듯한 행동을 지속한다. 그런데 이제 그는 나실인으로서 매우 중요한 규례 중 하나인 머리털로 옮겨간다. 이것은 나실인 삼손이 아슬아슬한 줄타기를 하는 듯하다. 과연 삼손이 이 줄타기에서 성공할 수 있을까? 사사기 16:14은 들릴라가 삼손의 말대로 '머리털을 단단히 짰다.' 그러나 삼손이 잠에서 깨어 "직조틀의 바디와 위선을 다 빼어내니라"고 기록함으로 삼손이 일단 그의 줄타기에서 성공한 듯 보이고 들릴라는 실패한 듯 보인다.

③ 작은 태양 삼손이 밤의 여인 들릴라에게 묶이다(16:15~22)

사사기 16:15~22은 작은 태양 삼손이 밤의 여인 들릴라에게 묶여 그 힘을 발휘하지 못하게 된 상황을 소개한다. 들릴라는 사사기 16:15에서 이전에 하지 않은 말을 첨가한다. 그것은 "당신의 마음이 내게 있지 아니하면서 당신이 어찌 나를 사랑한다 하느냐"이다. 들릴라는 '사랑'이란 단어를 전략적으로 사용한다. 그녀는 '사랑'이란 단어를 사용해 삼손을 압박한다. 그리고 '세 번'이란 단어를 사용해 삼손의 속임을 강조한다. 사사기 16:16은 "날마다 그 말로 그를 재촉하여 조르매"라고 표현함으로 들릴라의 집착성을 전달한다. 들릴라는 '사랑'이란 말을 사용하지만 그녀는 삼손을 사랑하지 않는다. 그녀는 단지 '돈'을 사랑할 뿐이다. 그래서 그는 삼손의 힘의 원천을 알기 위해 재촉하며 삼손을 압박한다. 그 결과 사사기 16:16은 "삼손의 마음이 번뇌하여 죽을 지경이라"고 기록한다. 여기서 우리는 '죽을 지경이라'는 히브리어 표현을 주목할 필요가 있다. 히브리어 본문은 '그가 그의 마음이 죽도록 고통스러웠다'고 기록한다. 이 표현은 사사기 10:16에서 여호와의 마음을 표현했던 동일한 어휘이다. 여호와는 이스라엘의 고통 때문에 견딜 수 없었다. 그러나 나실인 삼손은 이스라엘 백성의 고통에는 관심이 없고 여인의 재촉 때문에 고통스러워 한다. 나실인으로 이스라엘을 구원하기 시작하는 사명이 있는 삼손의 마음에 하나님은 없고 오직 자신을 해하려는 밤의 여인 들릴라만 있다. 삼손의 마음에는 하나님의 마음에 고통스러워 하는 이스라엘은 없다. 오직 욕망에 사로잡혀 자신을 묶으려는 여인만 있다.

삼손은 여인의 압박을 견딜 수 없어서 나실인으로서 자신의 비밀을 실토한다. "내 머리에는 삭도를 대지 아니하였나니 이는 내가 모태에서 하나님의 나실인이 되었음이라 만일 내 머리가 밀리우면 내 힘이 내게서 떠나고 나는 약하여져서 다른 사람과 같으리라"(17절). 사사기 13:5은 "아들을 낳으리니 그 머리에 삭도를 대지 말라"고 명령한다. 이것은 그가 죽을 때까지 하나님께 드려진 나실인으로서 지켜야 할 규례이다. 그러나 그는 '사랑'에 눈이 멀어 여호와께서 지시한 명령을 무시한다. 삼손의 비밀을 알게 된 들릴라는 상당히 계산적이다. 그녀는 제1, 2, 3차 계획 때와는 다르게 행동한다. 그것은 블레셋 방백들에게 연락하여 약조했던 '은'을 가지고 올라오게 한다. 들릴라는 삼손을 사랑하지 않을 뿐 아니라 돈을 얻기 위해 철저한 거래를 할 줄 아는 탁월한 전략가다. 들릴라는 삼손을 자기 무릎에서 잠들게 한 후 사람을 불러 '그 머리털 일곱 가닥을 밀고 괴롭게' 했다. 그 결과 삼손의 힘은 없어졌다. 삼손은 예전처럼 몸의 힘을 과시하려고 한다. 그러나 사사기 16:20은 '그가 여호와께서 이미 자기를 떠나신 것을 알지 못하였다'고 기록함으로 삼손의 무지를 들어낸다. 예전엔 삼손의 부친과 모친이 무지했다. 그러나 이제 그의 아들 나실인 삼손이 무지하다. 결국 사사기 16:21은 "블레셋 사람이 그를 잡아 그 눈을 빼고 끌고 가사에 내려가 놋줄로 매고 그로 옥중에서 맷돌을 돌리게 하였더라"고 기록한다. 우리는 이 문장에서 두 가지를 주목해야 한다. 하나는, 삼손은 작은 태양이다. 그런데 작은 태양 삼손이 눈이 뽑혀 그가 이제 밤의 사람이 되었다. 다른 하나는, 삼손은 나실인이다. 그는 여호와 하나님께 나실인으로 묶여 있는 사람이다. 그런데 그가 이제 그 묶임을 풀고 블레셋 사람들에게 묶인다. 이런 비극은 없다. 그러나 사사기 16:22은 "그의 머리털이 밀리운 후에 다시 자라기 시작하니라"고 기록한다. 저자는 왜 이 문장을 기록했을까? '머리가 자라기 시작했다'는 말은 절망에서 희망을 보여 주고자 한 것이 아닌가?

④ 삼손의 죽음(16:23~31)

사사기 16:23~31은 삼손의 최후를 기록한다. 사사기 저자는 사사기 16:23~24에서 블레셋 사람들의 승전가를 주목하게 한다. 블레셋의 승전가의 특징은 다음과 같다.

23절	우리 신이 주었다	나탄 엘로헤누
	우리 손에	베야데누
	우리 원수 삼손을	에트 심손 오예베누
24절	우리 신이 주었다	나탄 엘로헤누
	우리 손에	베야데누
	우리 원수를	에트 오예베누
	우리 땅을 망친 자를	에트 마하리브 아르체누
	우리의 많은 사람을 죽인	베아쉐르 히르바 에트 할랄레누

김지찬 교수는 이 시에서 각운을 주목하며 "이런 각운이 단지 음성적·구조적 기능만을 가지는 것이 아니라 의미까지도 전달한다"(2006:86)고 본다. 그는 "우리의 복수성을 강조하면서 고독하게 두 눈이 뽑혀 홀로 적 가운데 있는 삼손의 처량한 모습을 강하게 부각시키면서 승전가를 부르는 3,000명의 블레셋인과 고독한 삼손의 모습을 극적으로 대조하는데 공헌한다"(2006:87)고 주장한다. 삼손은 항상 혼자였다. 그러나 그는 홀로 블레셋 사람 30명을 쳐 죽이고, 여우 300을 붙잡고 홀로 블레셋 사람 1,000명을 쳤던 자이다. 그런데 이제 그는 블레셋 사람 3,000명에 둘러싸여 그들의 승전가에 묻힌 무기력한 인간으로 남았다. 그는 블레셋 사람이 자신들의 신에 바치는 찬송에 홀로 힘없이 있다.

삼손의 무기력함과 비참함은 여기서 멈추지 않는다. 사사기 16:25에서 블레셋 사람들은 삼손을 조롱한다. 블레셋 사람들은 그들의 마음이 극도로 고조되었을 때 삼손을 불러 재주를 부리게 하자고 제안한다. 삼손은 여기서 아무런 저항 없이 무기력하게 재주를 부린다. 나실인이 행하는 이 행동을 보라! 얼마나 비참한가! 그는 여호와의 명령에 따라 움직이며 행동할 자이다. 그러나 그가 밤의 여인의 포로가 되어 블레셋 사람들의 명령에 따라 어두운 밤(?)을 헤매는 것을 보라! 마치 삼손의 모습은 언약을 파기한 이스라엘 자손의 모습이 아닌가? 그들은 그들의 왕 여호와와 맺은 언약을 파기했을 때 그들은 블레셋에게 지배되어 무기력하게 살아갔다.

사사기 16:26~30은 삼손의 마지막 상황을 세 개의 에피소드를 통해서 전달한다. 첫 번째 상황은, 사사기 16:26~27로 삼손이 집을 버티고 있는 기둥을 의지함과 그 집안에 있는 블레셋 사람들의 상황이다. 이때 삼손은 한 소년에게 붙잡혀 그의 인도를 받아야만 하는 비참한 상황에 처하게 된다. 특별히 히브리어 본문은 그 소년을 "그의 손으로 강하게 붙잡고 있는 그 소년"이라고 묘사한다. 홀로 1,000명을 죽였던 강한 삼손이 이제 한 소년에게 붙잡혀 그의 인도를 받아야만 하는 처지로 전락했다. 그는 그 소년에게 이 집을 버틴 기둥을 찾아서 그것을 의지하게 해달라고 요청한다. 무엇 때문에 삼손은 기둥에 자신의 몸을 의지하게 하려는 것일까? 아직도 삼손은 '틈을 타서' 블레셋을 치려는 것일까? 나레이터는 사사기 16:27에서 삼손의 지속적 행동을 소개하는 것을 중단하고 그 집안에 있는 블레셋의 상황을 상세히 소개한다. 그 집은 남자들과 여자들로 가득 차 있다. 그곳에 블레셋의 모든 방백이 있었다. 그리고 지붕 위에 남자와 여자가 3,000명 가량 있었다고 소개한다. 덧붙여 그들이 삼손이 재주 부리는 것을 보고 있다고 말한다. 저자가 이처럼 집안의 상황을 상세하게 소개하는 이유는 무엇일까? 우리는 이 상황에 대한 저자의 서술에서 승리감에 도취되어 있는 블레셋 사람들과 한 소년을 의지해야만 하고 재주를 부려야만 하는 나실인의 초라함이 극적으로 대조되고 있음을 발견한다. 그러나 집안과 지붕 위에 있는 블레셋 사람들에 대한 상세한 소개와 삼손이 기둥을 의지하게 해달라고 소년에게 요청하는 장면을 소개한 것은 또 다른 사건에 대한 예시가 아닐까?

두 번째 상황은, 사사기 16:28이다. 나레이터는 '삼손이 여호와를 불렀다'고 소개한다. 삼손은 사사기 15:18의 '레히'에서 목마름의 위기에서 여호와를 불러 구원을 요청하여 구원을 경험한 적이 있다. 따라서 나레이터는 이 동일한 문장을 통해 독자들에게 새로운 기대를 일으킨다. 과연 여호와는 자신이 명령한 나실인의 규례를 파기한 삼손을 구원할 것인가? 우리는 이전 이야기에서 삼손이 나실인의 규례, 즉 시체를 만지지 말고, 포도주를 마시지 말아야 하는 규례를 어김에도 여호와의 영을 내림으로 삼손을 도운 적이 있음을 기억한다. 이 사건은 사사기 16:28의 '삼손이 여호와를 불렀다'는 이 말씀에서 희망을 가지게 한다. 이어서 나레이터는 삼손의 기도를 소개한다. 먼저 삼손은 "주 여호와여"(28절)라고 부른다. 사사기 15:18에서 삼손은 여호와를 '당신'이라고 불렀다. 그런데 이제 그는 하나님을 '주 여호와여'라고 부른다. 그는 하나님을 그의 주권자요, 자신의 주인임을 고백한다. 작은 태양 삼손이 실제적 상황은 어둠에 사로잡혀 있지만, 그의 내면은 이전의 어둠에서 밝은 태양으로 거듭나고 있다. 그는 무지의 상황에서 이제 여호와 하나님을 인식하고 있다. 그의 기도 내용은 두 가지다. 하나는, '나를 기억하옵소서'이다. 구약에서 여호와께서 '기억'은 구원의 동기로 작용했다(참고 창 8:1; 출 2:23~25). 삼손은 주 여호와께서 자신을 기억해 주기를 간구했다. 다른 하나는, "이번만 나로 강하게 하사"이다. 그 이유는 자신의 두 눈을 뺀 원수를 단번에 갚기 위해서다. 과연 이런 삼손의 기도가 응답될 것인가?

세번째 상황은, 사사기 16:29~30이다. 이 본문들은 삼손의 최후를 소개한다. 우선 나레이터는 삼손의 행동을 상세히 묘사한다. 나레이터는 삼손이 두 기둥을 붙잡았다고 소개하고, 그 기둥이 집을 버티고 있는 기둥이라고 부연 설명한다. '집을 버티고 있는 기둥'이라는 표현은 왠지 의미심장하게 들린다. 나레이터는 여기에 멈추지 않고, 하나는 왼손으로 하나는 오른손으로 의지했다고 그 상황을 상세하게 설명한다. 사사기 16:30은 삼손의 짧은 말을 소개한다. '내 영이 블레셋 사람과 함께 죽을 것이다.' 이러한 삼손의 짧은 한마디에 그가 취한 행동의 이유가 드러난다. 삼손은 힘을 다해 몸을 굽혔다. 본문은 그 상황에 대해 "그 집이 곧 무너져 그 안에 있는 모든 방백과 온 백성에게 덮이니 삼손이 죽을 때에 죽인 자가 살았을 때에 죽인 자보다 더욱

많았더라"고 서술한다. 우리는 이 상황에 대한 묘사에서 두 가지를 생각해
야 한다. 하나는, 다곤 신에게 승전가를 찬송하던 3,000명의 합창 소리의 무
가치함을 드러냈다는 것이다. 그들은 잠시 승리에 도취되었지만 그들은 한
순간에 함몰됨을 알지 못했고 동시에 그 위험을 대처할 능력이 없는 자들이
었다. 하나님의 놀라운 권능 앞에 그들은 전적으로 무능한 자들이었다. 다
른 하나는, 삼손은 자신을 드려 블레셋을 치고 이스라엘을 구했다. 사사기
13:5에 기록된 삼손의 사명은 "블레셋 사람의 손에서 이스라엘을 구원하기
시작"하는 것이다. 그는 마지막 순간에 "이번만 나로 강하게 하사"라고 기도
했다. 하나님은 그 기도에 응답하사 삼손이 자신을 드려 다곤 신전을 부수고
그곳에 모인 모든 자들을 죽게 함으로 그 사역을 완성하게 하고 그의 영광을
드러냈다.

사사기 16:31은 삼손의 형제와 아비의 온 집이 내려와 그 시체를 마노아
에 장사함을 보고한다. 삼손은 외롭고 고독하게 블레셋과 싸웠다. 그러나 그
의 시신은 그의 조상들에게로 돌아갔다. 사사기 16:31하는 "삼손이 이스라
엘 사사로 이십 년을 지내었더라"고 기록한다.

설교를 위한 적용

우리는 나실인, 작은 태양 삼손이 딤나의 한 여인, 가사의 한 기생, 그리
고 가사의 들릴라와의 사랑 이야기를 둘러싸고 발생하는 이스라엘을 위한
하나님의 구원 이야기를 살펴보았다. 우리는 이 이야기에서 몇 가지 주목할
점을 발견한다.

1. 언약 백성 이스라엘의 무지와 타락
삼손 이야기는 언약 백성 이스라엘의 전적인 무지와 타락을 보여 준다.
이스라엘 자손의 무지는 마노아와 그의 아내 그리고 삼손에게서 발견된다.

마노아의 아내는 여호와의 사자가 자신에게 나타나 불임의 문제를 해결하고 나실인의 출생을 예고했는데도 그가 누구인지 알지 못한다. 뿐만 아니라 마노아는 그가 기도한 대로 여호와의 사자가 임했음에도 그는 여호와의 사자의 이름을 물어 확인하려고 한다. 이 사건만이 아니다. 마노아와 그의 아내는 삼손의 사역에 대해 구체적인 지시를 받았음에도 딤나에서 삼손의 사역이 여호와께로서 나온 것인 줄을 알 수 없었다. 삼손은 어떠한가? 그는 여호와의 영이 임하여 블레셋 사람들을 죽였음에도 그는 자신의 힘으로 행한 것으로 착각한다. 더 나아가 삼손은 나실인의 규례를 파기하여 여호와께서 이미 삼손을 떠났음에도 그는 여호와께서 떠나신 줄을 깨닫지 못했다.

마노아와 마노아의 아내 그리고 삼손의 무지는 전적으로 이스라엘 자손의 무지로 드러난다. 여호와께서 이스라엘을 구원하여 자기 백성 삼으신 이유는 여호와 하나님을 알도록 하기 위함이다(출 6:7). 이스라엘의 본질적 사명은 약속의 땅에서 여호와를 아는 지식을 소유하고 그를 섬기는 것이었다. 그러나 그들은 그들의 주 여호와를 알기보다 이방 신들을 추구했다. 이것이 이스라엘의 타락이다. 특별히 삼손 이야기는 이스라엘 자손들이 블레셋의 압제를 받으면서도 여호와께 부르짖지 않는 모습에서 그들의 타락의 극치를 드러낸다. 그들은 여호와께 도움을 요청하거나 부르짖기보다 오히려 구원자 삼손을 결박하여 블레셋의 손에 넘기려 한다. 더 나아가 그들은 블레셋 사람들이 자신들을 다스린다고 고백한다. 실제 이스라엘을 통치하고 다스리는 분은 여호와시다. 그러나 그들은 그 사실을 부인하고 블레셋 통치를 시인했다. 이것은 이스라엘 자손이 그들의 정체성을 상실했을 뿐 아니라, 현실에 익숙하여 방향 감각을 상실했음을 보여 준다.

2. 작은 태양이 밤의 여인에게 결박되다.

'작은 태양'이란 뜻을 가진 삼손, 그는 여호와께서 이스라엘을 구원하기 위해 나실인으로 정한 사람이었다. 불임과 같은 암흑에 있는 이스라엘에게 그는 그 이름의 뜻대로 '작은 태양'과 같은 존재였다. 그는 나실인으로 본질적으로 '여호와께 결박'되어 있는 자였다. 그러나 그는 나실인으로서 묶여 있는 결박을 스스로 풀고자 한다. 나실인의 규례, 즉 시체를 만지지 말아야 하는 것과 포도주를 마시지 말 것, 그리고 머리에 삭도를 대지 말아야 하는 규례를 모두 어겨 자신을 더럽혔다. 그는 이스라엘을 구원하기 위해 나면서부터 죽음까지 나실인으로서 구원자로서 그 사명을 감당해야 함에도 그는 그 사명을 망각했다. 그는 오직 정욕과 욕망에 지배되어 여인들의 포로가 되었다. 딤나에서, 가사에서, 들릴라에게 매료되어 방향 감각을 잃어버렸다. '밤의 여인' 들릴라는 작은 태양을 결박하려고 했다. 밤이 태양을 결박한다는 것 자체가 아이러니이다. 그러나 결국 작은 태양 삼손은 밤의 여인 들릴라에게 결박되어 그 빛을 상실했다.

오늘날 나실인과 같은 삶으로 구별되어 초대된 사람들은 누구인가? 그들은 그리스도인이 아닌가! 마치 불임과 같은 암흑에서 생명의 빛을 찾는 자들을 구원하기 위해 하나님이 선택한 그리스도인들이 아닌가! 더욱이 그리스도인은 세상의 빛이 아닌가! 그런데 과연 우리는 세상과 구별된 나실인으로서 삶을 살고 있는가? 혹시 삼손과 같이 작은 태양으로 암흑 속에 있는 백성을 구원하는 일에 혼신을 다해야 함에도 정욕과 욕망에 매료되어 스스로 그 빛을 상실하고 있지는 않은가! 과연 우리 삶의 기준은 무엇인가? 삼손은 '그의 눈'이요, '그의 감정'이었다. 언약 백성의 삶의 기준은 오직 언약의 말씀이다. 이 말씀이 우리를 지배할 때 우리는 세속의 도전을 넘어설 수 있고 세상에 빛을 발할 수 있다. 작은 태양이 밤의 여인에게 결박된 사건은 세상의 빛인 그리스도인들을 결박하기 위한 세상의 어둠의 세력에 대해 어떻게 해야 하는지 좋은 교훈을 준다.

3. 하나님의 긍휼, 하나님의 구원

불임과 같은 이스라엘 자손의 희망은 삼손에게 있는 것이 아니라 삼손을 나실인으로 출생케 한 여호와께 있다. 여호와는 블레셋의 압제를 받아 고통스러워하면서도 그들의 왕 여호와께 기도할 줄 모르는 타락한 이스라엘 자손을 구원하기 원한다. 여호와께서 그들의 왕이심에도 그들은 블레셋이 자신들을 다스린다고 고백하는 이스라엘을 위해 하나님은 싸우신다. 삼손 그는 정욕과 욕망에 사로잡혀 나실인의 신분을 망각하고 행동하지만 전능하신 하나님은 삼손을 통해 자기 백성 이스라엘을 구원한다. '그가 블레셋 사람의 손에서 이스라엘을 구원하기 시작하리라'는 것이 삼손을 통해 성취하려는 하나님의 뜻이다. 여호와는 그의 영을 보내어 삼손을 이끌었다. 그리고 틈을 타서 블레셋 사람들을 치게 했다. 여호와는 자신의 영을 삼손에게 보내심으로 아스글론에서 30명을, 레히에서 1,000명을 그리고 삼손이 죽음에 이르는 기도를 들으시고 그에게 힘을 주셔서 3,000명을 죽게 함으로 다곤 신을 찬송하는 블레셋 사람들의 찬송 소리를 그치게 했다. 이것이 삼손의 사랑 이야기를 둘러싼 이스라엘을 구원하는 하나님의 사랑 이야기며, 하나님께서 자기 백성 이스라엘 자손에게 베푸신 긍휼이요, 구원이다.

그때 그 사람들은
무엇을 위해 살았을까

사사기 17~18장 주해와 적용

본문의 개요

우리가 읽을 본문은 사사기 17장과 18장이다. 우리는 사사기 1장부터 꼼꼼히 읽어 왔기 때문에 그 내용이 어떻게 전개되는지 잘 알고 있다. 사사기 전체 구조를 살펴보면, 3:7에서부터 이민족들의 침입을 받는 이스라엘 백성들을 구하는 위대한 영웅들 즉 사사들에 대한 이야기로 시작하며, 문학적 형태를 유지하면서 16장까지 계속 이어진다. 사사들에 대한 거대한 이야기의 흐름은 삼손의 비장한 죽음으로 일단락된다. "그의 형제와 아비의 온 집이 다 내려가서 그 시체를 취하여 가지고 올라와서 소라와 에스다올 사이 그 아비 마노아의 장지에 장사하니라 삼손이 이스라엘 사사로 이십 년을 지내었더라"(16:31).

그런데 사사기 17장은 "에브라임 산지에 미가라 이름하는 사람이 있더니"(1절)라고 시작한다. 이것은 사사기 3:7~16장까지 이어지는 사사들에 관한 이야기의 시작 형태와 전혀 다르다. 사사들의 이야기는 '이스라엘 자손이 여호와의 목전에 악을 행하여 자기들의 하나님 여호와를 잊어버리고 바알들과 아세라들을 섬긴지라'로 시작한다. 이스라엘 백성들은 이민족의 지배를 받는데, 그들이 고통 가운데 하나님께 부르짖으면 하나님은 그들을 구원할 사사 즉 메시아를 보내신다. 그 사사가 이스라엘 백성들을 이민족으로부터 구하고, 이스라엘 백성들은 사사가 다스리는 동안에 평화를 누린다. 이것이 사사들에 관한 전형적인 이야기의 형태다.

그러나 17장은 사사들의 이야기와 완전히 다른 모양을 보인다. 그리고 등장하는 주인공도 사사가 아니다. 그렇다면 사사들에 관해서는 삼손의 이야기(13~16장)로 끝난 것이 된다. 사사들이 등장해 이스라엘 백성들을 이민족들로부터 구해 내는 거대한 이야기는 삼손이 비장하게 죽는 장면으로 끝이 난다. 따라서 더 이상 영웅은 없다.

본문 주해: 덧글(부록) – '왕정을 향하여'(삿 17~18장)

그렇다면 사사기 17~21장은 사사기 3:7~16장까지의 이야기와 별개의 묶음이라고 할 수 있다. 17~21장은 덧붙인 글 즉 부록(附錄)에 해당한다. 사사기의 덧글은 17~18장과 19~21장 두 부분으로 나뉜다. 덧글은 각기 다른 한 가지 사건을 다루고 있는데 17~18장은 미가(17장)와 단 지파(18장)에 관한 이야기이고, 19~21장은 한 레위인에 관한 이야기이다.

그런데 두 이야기는 공통점이 있다. 즉 레위인이 등장한다는 것과 사건이 일어나는 지역이 에브라임 산간 지대라는 점이다. 즉 에브라임 산지에서 일어난 두 사건을 사사기의 마지막 부분에 첨가한 것이다. 이 이야기는 사사기 뒷부분에 나오지만, 실제 사건 발생 시간은 사사 시대 초기로 보인다. 그 이유는 단 지파가 정착하지 못하고 이주하는 상황을 배경으로 하기 때문이다.

여기서 생기는 우리의 의문은, 사사들에 관한 이야기를 끝내고 왜 부록을 첨부했을까 하는 점이다. 사사기 1:1~3:6까지를 서론부라고 한다면, 3:7~16장까지는 본론부이고, 17~21장까지는 결론부에 해당한다. 그렇다면 사사기 기자는 결론적으로 어떤 이야기를 하려 했을까? 결론부에서 두 가지 사건을 언급하는 이유는 무엇일까? 다른 이야기들도 많이 있을 텐데, 굳이 두 가지 이야기로 사사기를 마무리하는 이유는 무엇일까?

먼저 사사기 17~21장을 읽어 보면, 특별한 구절을 발견할 수 있다. '그때에는 이스라엘에 왕이 없으므로 사람마다 자기 소견에 옳은 대로 행하였더라.' 우리는 사사기 기자가 의도적으로 부각시키려 한다는 인상을 강하게 받는다. 본문에서 그 당시에 왕이 없었다는 사실을 강조하는 이유는 무엇일까? 당시는 사사 시대였기 때문에 왕이 없는 것은 너무도 당연한 사실인데, 이것을 굳이 지적하는 이유가 무엇일까? 이 말은 왕이 없었기 때문에 사사 시대가 좋았다는 게 아니라, 오히려 왕이 없어서 많은 문제들이 생겨났다는 뜻이다.

히브리어 성경은 사사기 다음에 사무엘과 열왕기가 이어진다. 사무엘과 열왕기는 이스라엘의 왕정 시대에 관해 다룬다. 특히 사무엘 전반부는 이스라엘이 왕정 체제를 택하는 과정을 비교적 상세하게 일러 준다. 그리고 나머지 부분은 다윗에 관해 이야기한다. 이런 구조를 본다면, 사사기는 사사 시대에 관한 이야기로 마무리할 수 없고, 왕정 시대에 관한 이야기를 사무엘로 이어져야 한다. 그런데 연결 고리를 만들기 위해 즉 사사 시대에서 왕정 시대로 넘어가는 당위성을 제시하기 위해 사사기 17~21장을 첨부한 것으로 보인다. 덧글을 쓴 기자는 사사 시대에 대해 긍정적으로 평가하지 않는다. 따라서 본문은 사사 시대를 부정적으로 평가하고 그 대안으로 왕정 시대를 제시하기 위해 기록한 것으로 보인다.

사사기는 영웅들이 활약하던 시대이다. 그들은 하나님의 영을 받고 즉 소명과 권위를 부여받고 영웅적인 활동을 펼침으로써 이스라엘을 구하고 다스렸다. 그런데 이제 그런 사사 시대가 지나간 것이다. 기자는 사사 시대에 일어난 많은 일들 중에 두 가지 사건을 대표적으로 언급하면서, 사사 시대가 결코 온전하지 못했음을 명백하게 드러내고자 한다. 동시에 우리에게 사사 시대의 영웅들에 관한 이야기에 빠져 들지 말라고 경고한다. 기자는 '사사들의 이야기에서 벗어나라. 삼손의 로맨스에서 벗어나라. 그 영웅들이 다스리던 시대에도 이런 불미스러운 일들이 일어났다. 사사 시대는 결코 이상적이지 않다'는 사실을 알려 주려 했던 것으로 보인다.

이런 의도는 룻기도 마찬가지다. 룻기 역시 사사 시대를 배경으로 한다. 그런데 룻기는 사사들에 대해 이야기하지 않는다. 다만 어느 한 마을에 사는 평범한 사람들이 어떤 일들을 겪었는지에 대해 말한다. 따라서 기능적으로 보면, 룻기도 사사기의 부록 같은 느낌을 들게 한다.

이처럼 본문은 영웅들의 이야기에서 눈을 돌려, 일반인들이 살던 모습을 보여 준다. 따라서 사사기의 덧글과 룻기는 우리에게 매우 중요한 역사적 자료가 된다. 즉 당시 사람들이 어떻게 살았는지를 구체적으로 보여 주기 때문이다. 본문은 그들이 무엇을 생각하고 어떤 일들을 겪으면서 살았는지를 생생하게 보여 준다. 이제 본문을 한 단락씩 읽으면서 흥미로운 이야기에 깊이 빠져 보자.

1. 미가 – '어떻게든 복을 받자'(17:1~6)

사사기 17장과 18장은 무슨 이야기인가? 본문은 전형적인 이야기 형태를 취한다. 이야기의 도입부는 무슨 흥미진진한 일이 일어날 것 같은 긴장감을 준다. 한 사람이 에브라임 산지에 살고 있는데, 그의 이름은 '미가'이다. 이 구절은 우리로 하여금 미가라는 사람에게 초점을 맞추도록 한다. 그는 어떤 인물이고 무엇을 하며 그를 통해 과연 어떤 일이 일어날 것인가 하는 호기심을 갖게 만든다. 그런데 이어지는 이야기는 아무래도 이해하기 힘들 뿐 아니라 당혹스럽기까지 하다.

당시 미가는 40세 전후였을 것이다. 그렇게 추정하는 이유는 아들이 여럿이 있었는데, 그중에 한 명을 제사장으로 삼았기 때문이다. 성인인 미가가 어머니에게 하는 말을 보면, 자신이 어머니의 재산을 훔쳤는데 1,100세겔이었다는 것이다. 나중에 미가가 그 사실을 어머니에게 실토하고 그 돈을 돌려 드리자 어머니는 자식이 대견스러워 200세겔로 한 신상은 새기고 다른 한 신상은 부어, 신상 둘을 만들게 했다. 미가는 성소도 만들고 에봇과 드라빔도 만들어, 자기 아들들 중에 한 명을 제사장으로 삼았다. 그리고 곧바로 다음 구절이 따라온다.

"그때에는 이스라엘에 왕이 없으므로 사람마다 자기 소견에 옳은 대로 행하였더라"(17:6).

이것은 부정적인 평가이다. 도대체 무엇이 옳고 그른지 일러 줄 사람이 없었기 때문에 백성들은 황당한 짓을 한다는 의미를 담고 있다. 본문을 보면 미가와 그의 어머니는 가정 성소를 만든다. 그리고 미가는 자신의 한 아들을 제사장으로 삼는다. 그렇게 한 이유는 무엇인가? 자기 집안을 잘 되게 하려는 마음 때문이었을 것이다. 신을 섬기려는 마음보다 신을 통해 복을 받으려는 생각이 강했다. 무엇보다 미가는 전통적인 이스라엘의 예배 방식에서 완전히 떠나 있었다. 그는 하나님이 금지한 신상을 만든다. 그리고 자격이 없는 사람을 제사장으로 삼는다. 그가 어떤 방식으로 예배를 드렸는지는 전혀 알 수 없다. 신상 외에 여러 가지를 만들었는데, 어떤 방식으로 만들었는지도 알 길이 없다.

우리는 출애굽기, 레위기, 민수기를 읽으면서 모세라는 특출한 사람이 하나님의 섬세한 지시를 받아서 성막을 만들고 성막에 필요한 물품들과 제사장들이 입을 의복도 만들며, 제사를 드렸음을 알고 있다. 그런데 성경은 모세가 자의적으로 한 일이 아무것도 없음을 강조한다. 하나님이 모세에게 일러 준 그대로 행했음을 역설한다. 아론의 아들들인 나답과 아비후는 하나님을 섬기지 않았기 때문에 죽임을 당한 게 아니다. 그들은 하나님을 섬겼지만, 하나님이 지시하지 않은 불을 사용했기 때문에 죽임을 당한 것이다.

그렇다면 미가의 행동은 매우 불경스러운 것이며 이스라엘에서 끊어짐을 당할 것이다. 하나님을 섬기는 것은 좋은 일이지만, 더욱 중요한 것은 하나님이 원하시는 방식대로 즉 하나님이 일러 주시는 방식대로 섬기는 일이다. 이것을 미가는 알지 못했다. 이런 점에서 미가는 사무엘상에 나오는 홉니와 비느하스의 원조가 된다. 홉니와 비느하스는 사사였고 제사장이었지만, 하나님이 원하시는 방식대로 행하지 않았다. 하지만 그들은 하나님이 능력 있는 분이심을 잘 알고 있었다. 그래서 블레셋과 전투를 벌이다 이기기 어렵다고 판단이 되자, 실로에 있던 하나님의 법궤를 전쟁터로 가져간다. 하지만 그 전투에서 이스라엘은 완패했다. 홉니와 비느하스가 하나님을 잘못 섬겼기 때문이다. 그들은 하나님을 섬기지 않고, 하나님이 원하시는 방식대로 하지 않으며, 하나님을 이용하려 했다.

미가도 마찬가지였다. 그가 하나님을 바르게 섬기기 위해 가정 성소를 만든 게 아니다. 그는 하나님을 바르게 섬기는 일에 관심도 없는 사람이다. 그런 인격을 갖출 만한 사람도 아니다. 그저 하나님의 힘을 빌어서 자신이나 잘 되고자 하는 사람이다. '무슨 수를 써서라도 복을 받자'는 것이 그가 가진 유일한 인생의 목표였는지도 모른다.

2. 레위인-'어떻게든 출세하자'(17:7~13)

어느 날 레위인 한 사람이 에브라임 산지를 지나가다가 미가의 집에서 체류하게 된다. 그 사람도 고향을 떠나 정착할 곳을 찾아다니다가 미가의 집에 머물게 된 것이다. 레위인이 미가의 집에 머물기로 결정한 이유는 이렇다.

"미가가 그에게 이르되 네가 나와 함께 거하여 나를 위하여 아비와 제사장이 되라 내가 해마다 은 열과 의복 한 벌과 식물을 주리라 하므로 레위인이 들어갔더니"(17:10).

레위인은 일자리를 찾던 중이었다. 그가 미가의 집에 머물기로 결정한 까닭은 미가가 제시하는 연봉이 마음에 들었기 때문이다. 우리는 그 레위인이 어떤 사람인지 알 수 없다. 사사기 19~21장에도 레위인이 중심 인물로 등장한다. 그런데 우리가 보기에 그도 레위인답다는 생각이 들지 않는데, 17~18장에 등장하는 레위인도 마찬가지다. 물론 그 레위인에 대해 알 수 있는 정보는 거의 없다. 하지만 본문을 더 읽어보면, 우리의 생각이 그리 틀리지 않음을 알 수 있다. 그 레위인이 어떤 가치관을 갖고 있는지 분명히 알 수 있기 때문이다.

사람이라면 누구나 생활하는 데 필요한 것들을 구비할 만큼 봉급을 받아야 한다. 그런데 우리가 보기에 문제는 그 레위인이 미가의 집에 머물기로 결정한 유일한 이유가 바로 경제적인 측면이라는 것이다. 보통 우리가 '잘 산다'고 말할 때, 그 기준은 무엇일까? 어떻게 사는 것을 잘 산다고 할 수 있을까? 예를 들면, 결혼하는 사람들이 '우리 잘 살게요'라고 말할 때, 열심히 바르게 살겠다는 다짐이다. 그러나 대체로 '누구는 잘 산다'고 말할 때, 그 기준은 오로지 경제적인 측면이 된다. 돈이 많으면 잘 사는 것이고, 돈이 없으면 못 사는 것이 된다. 이제 잘 사는 것을 평가하는 기준을 다양화해야 한다. 돈이 별로 없어도 화목하게 살면 잘 사는 것이고, 이웃을 위해 봉사하면 잘 사는 것이며, 최선을 다해 바르게 살려고 노력하면 잘 사는 것이고…. 이렇듯 잘 산다는 기준을 다양화해야 한다.

그런데 그 레위인의 판단 기준은 경제이다. 그는 경제적인 측면을 고려해 미가의 집에 머물고, 제사장직도 수락한다. 그가 제사장직을 수행할 만큼 인품과 자격을 갖췄는지는 알 수 없다. 그러나 계속되는 이야기를 읽어보면, 단 지파에서 그를 스카우트한다. 그렇다면 그 레위인이 상당히 능력 있게 제사장직을 감당했을 가능성도 있다. 어쨌든 두 사람은 계약하고, 미가는 그 레위인을 성별해서 제사장으로 삼는다. 그런 후에 미가는 이렇게 말한다.

"이에 미가가 가로되 레위인이 내 제사장이 되었으니 이제 여호와께서 내게 복 주실 줄을 아노라 하니라"(17:13).

이 구절은 미가가 무엇을 추구하면서 사는지를 분명하게 보여 준다. 사사기 기자도 미가가 한 말들 중에 이 구절을 기록함으로써 우리로 하여금 미가가 어떤 사람인지 평가하게 만든다. 미가는 복 받는 것에 관심이 많다. 어쩌면 복 받는 것이 유일한 관심이었는지도 모른다. 그리고 미가는 자기 아들보다 레위인이 제사장직을 맡는 게 더 나은 것으로 여긴다. 이것은 규정상 레위인이 제사장이어야 한다는 것이 아니라, 레위인이 제사장직을 맡으면 복

받는 데 더 낫다는 생각에서다.

사사기 17장은 당시 사람들이 무슨 생각을 하며 어떻게 살았는지를 명확하게 보여 준다. 사사기 17장은 돈 이야기로 시작해 복 받으려는 이야기로 마무리한다. 이것은 미가와 레위인뿐 아니라 그 당시 사람들이 돈(맘몬신)에 관심이 많았음을 보여 준다. 그들은 경제적으로 풍요로워지는 일에 마음을 쏟았다. 이런 생각은 사사기 18장에 그대로 이어진다. 따라서 사사기 기자는 사사 시대를 정말 한심한 시대로 생각했는지도 모른다. 별다른 해설이나 평가 없이 현장을 보도하듯, 그러면서 우리로 하여금 그 시대 상황과 등장인물들이 어떠했는지 스스로 평가하게 만드는 탁월한 문학적 능력을 발휘한다.

3. 단 지파 – '살 곳을 찾아라'(18:1~6)

사사기 18장은 "그때에 이스라엘에 왕이 없었고"로 시작한다. 이는 매우 심상찮은 구절이다. 도대체 앞으로 어떤 일이 일어날 것인가? 여기서부터 이야기는 좀더 복잡한 구조를 갖는다. 미가의 집안 이야기가 한 레위인의 등장으로 복잡해지고, 이어 단 지파가 등장하면서 더욱 복잡해진다. 레위인 한 사람이 살 곳을 찾아 이리저리 떠돌아다녔는데, 이제 한 지파 전체가 살 곳을 찾아 이리저리 떠돌아다닌다. 그만큼 살기 어려웠던 모양이다.

그때까지도 단 지파는 살 곳을 얻지 못해 다섯 명의 탐사대를 선발해 그 일대를 살피도록 보낸다. 그런데 그들이 찾아간 곳이 공교롭게도 에브라임 산지에 있는 미가의 집이다. 이렇게 미가의 집에 베들레헴 출신 레위인이 찾아오고, 단 지파 탐사대가 찾아온다. 그곳에서 단 지파 탐사대는 레위인을 만나는데, 그 레위인이 제사장 역할을 하고 있는 것을 알고서 일부러 찾아간 것으로 보인다. 그들은 레위인에게 세 가지를 물어본다.

> **"누가 너를 이리로 인도하였으며 네가 여기서 무엇을 하며 여기서 무엇을 얻었느냐"(18:3).**

레위인은 지금까지 일어난 일들에 관해 소상하게 말해 준다. 그러자 단 지파 탐사대는 앞으로 일이 어떻게 될 것인지를 물었는데, 그 레위인은 탐사대에게 "평안히 가라 너희가 가는 길은 여호와 앞에 있느니라"고 말한다. 무슨 근거로 그런 말을 했는지 알 수 없지만, 단 지파 탐사대는 그 말에 힘을 얻고 길을 떠난 듯하다. 이렇게 해서 그 레위인과 단 지파 사람들은 연관을 맺게 된다.

4. 단 지파 – '라이스를 정복하라'(18:7~10)

살 곳을 찾아 이리저리 떠돌던 단 지파 탐사대는 라이스라는 곳에 이른다. 그리고 그곳을 탐지하고 이렇게 평가한다.

"염려 없이 거하여 시돈 사람 같이 한가하고 평안하니 그 땅에는 권세 잡은 자가 없어서 무슨 일에든지 괴롭게 함이 없고 시돈 사람과 상거가 멀며 아무 사람과도 상종하지 아니함이라"(18:7).

이 구절은, 라이스 거주민들은 세상과 고립된 채 평화를 누리며 살고 있다. 이 구절을 읽으면서 〈웰컴 투 동막골〉이라는 영화가 떠올랐다. 라이스는 바로 동막골과 같은 곳이다. 당연히 단 지파 탐사대는 그곳을 탐낸다. 그들은 돌아가서 이렇게 보고한다.

"일어나서 그들을 치러 올라가자 우리가 그 땅을 본즉 매우 좋더라 너희는 가만히 있느냐 나아가서 그 땅 얻기를 게을리 말라 너희가 가면 평안한 백성을 만날 것이요 그 땅은 넓고 그곳에는 세상에 있는 것이 하나도 부족함이 없느니라 하나님이 너희 손에 붙이셨느니라"(18:9~10).

이 구절을 살펴보면, 단 지파 사람들이 어떤 욕심을 갖고 있는지 알 수 있다. 그들은 자신들이 살기 위해 다른 사람들을 무자비하게 죽이는 것을 너무도 당연하게 생각한다. 그들은 라이스를 탐낸다. 라이스는 그들이 살기 위해 반드시 차지해야 할 곳이다. 그들은 라이스에서 살고 있는 사람들에 대해 눈곱만큼도 생각지 않는다. 영화 〈타이타닉〉을 보면, 침몰한 타이타닉 호를 탐사하는 사람들은 그 배에 있을지도 모르는 보물에 관심을 갖는다. 그런데 그 배에서 어떤 일들이 일어났는지를 깨달으면서 탐사 대장은 이렇게 말한다. "그곳엔 삶이 있었다."

라이스를 탐사한 단 지파 사람들은 욕심만 냈을 뿐이지 그곳에 사는 사람들에 대한 배려는 조금도 없었다. 그리고 뻔뻔스럽게도 하나님이 라이스를 자신들에게 넘겨주셨다고 말함으로써, 라이스를 빼앗는 것에 대해 신이 내린 명령으로 변조한다. 소년 레위인이나 단 지파 탐사대는 자신들의 행동을 하나님의 이름으로 정당화한다. 이런 행동은 불경스럽기 짝이 없다. 하나님이 그렇게 하는 것을 원하시는지 않으시는지 그들이 어떻게 알겠는가?

5. 단 지파 – '빼앗아라'(18:11~13, 14~20)

탐사대의 보고를 들은 단 지파는 즉각 무장한 군사 600명을 라이스로 보낸다(18:11, 16). 그들은 기럇여아림에 진을 쳤는데, 그래서 그곳 이름을 마하네단이라고 한다. 그리고 다시 에브라임 산지에 있는 미가의 집으로 간다. 그런데 전에 라이스를 탐지하러 왔던 다섯 명이 미가의 집에 관한 정보를 흘린다. 그들의 관심은 욕심나는 것이 있다면 무슨 수를 써서라도 강제로 빼앗는 것이다. 하지만 그들은 그런 사실을 약탈이라고 생각지 않는다.

> "이 집에 에봇과 드라빔과 새긴 신상과 부어 만든 신상이 있는 줄을 너희가
> 아느냐 그런즉 이제 너희는 마땅히 행할 것을 생각하라"(18:14).

그들은 미가의 집으로 들어간다. 군사 600명은 무기를 들고 문 입구에 서고 탐사대 다섯 명은 미가의 집안으로 들어간다. 무장 군사 600명이 문 입구에 서 있다는 것은 무엇을 의미하는가? 만약 조금이라도 마음에 들지 않는

다면, 즉각 군사 행동으로 옮기겠다는 뜻이다. 문 입구에 무장 군사 600명이 서 있는데, 누가 감히 그들의 원하는 것을 거부할 수 있겠는가? 탐사대 다섯 명은 집 안으로 들어가 '새긴 신상과 에봇과 드라빔과 부어 만든 신상'을 가져간다. 그들이 이를 가져가는 이유는 무엇일까? 만약 그들이 하나님을 섬기는 일에 관심이 있었다면, 이를 가져가려 하지 않았을 것이다. 하지만 그들은 하나님을 섬기는 것보다 하나님이 주시는 물질적 풍요에 더 관심이 있었다. 신상은 두 개였고 모두 은으로 만들었다. 그래서 단 지파 사람들은 더욱 욕심을 내었을 것이다.

야곱이 가족들을 데리고 밧단아람에서 야반도주할 때, 라헬은 아버지 집에 있던 드라빔을 훔쳐온다. 라반은 그 드라빔을 매우 소중하게 여겼는데, 그것을 라헬이 훔쳐온 것이다. 그것은 곧 그 집안이 누리고 있는 복을 빼앗아 온다는 것을 의미한다.

이렇게 단 지파가 미가의 집에 있는 종교적 기물들을 약탈하는 동안, 레위인 제사장은 어디서 무엇을 하고 있었을까? 단 지파가 약탈한 기물들은 지금껏 레위인 제사장이 사용하던 것이고, 이를 통해 생계를 유지하고 있었다. 레위인 제사장은 기물들을 약탈하는 것에 대해 어떤 반응을 보일까? 사사기 기자는 그런 상황에서 레위인 제사장이 어디서 무엇을 하고 있었는지 비교적 상세하게 알려 준다. 그 레위인은 군사 600명과 함께 문 입구에 서 있었다(18:17). 그리고 탐사대 다섯 명이 새긴 신상과 에봇과 드라빔과 부어 만든 신상을 가지고 나오자, 레위인 제사장은 그들에게 무슨 짓을 하느냐고 묻는다. 자신의 생계와 직결되는 중요한 기물들이었기 때문이다. 그러자 단 지파 사람들은 그에게 입을 다무는 게 좋을 것이라고 말한다. 그러면서 솔깃한 제안을 한다.

"우리와 함께 가서 우리의 아비와 제사장이 되라 네가 한 사람의 집의 제사장이 되는 것과 이스라엘 한 지파, 한 가족의 제사장이 되는 것이 어느 것이 낫겠느냐"(18:19).

그러자 그 "제사장이 마음에 기뻐하여 에봇과 드라빔과 새긴 우상을 취하고 그 백성 중으로 들어"갔다(18:20). 앞서 살핀 대로, 그 레위인은 생계 유지를 위해 제사장직을 수행하는 사람이다. 그의 관심사는 오직 물질적 풍요에 있었다. 그러니 더 좋은 조건으로 스카우트하겠다는데 마다할 이유가 없지 않은가! 오히려 그는 그런 기회를 기다리고 있었는지도 모른다. 그는 단 지파 사람들이 더 좋은 조건을 제시하자, 지금까지 그를 제사장으로 일하게 해 준 미가에게 이런저런 말 한마디 없이 곧바로 제의에 필요한 기물들을 챙겨서 단 지파 사람들과 함께 어우러진다. 돈 앞에서 친구도 적도 순식간에 바뀜을 여실히 보여 준다. 하지만 그 레위인은 배은망덕(背恩忘德)하면 안 된다. 이유는 미가의 집이 바로 자신의 집이었기 때문이다.

"다섯 사람이 그 편으로 향하여 소년 레위 사람의 집 곧 미가의 집에 이르러 문안하고"(18:15). 이 구절을 보면, 사사기 기자는 레위인의 집이 곧 미가의 집이고 미가의 집이 곧 레위인의 집이라는 사실을 알려 줌으로써 우리로 하여금 그 레위인에 대해 스스로 평가하도록 한다.

6. 단 지파-'힘으로 제압하라'(18:21~31)

단 지파 사람들이 미가의 집에 있는 기물들을 약탈해 가자, 동네 사람들이 모여 그들을 추격한다. 그들에게 미쳐 미가는 단 지파 사람들을 책망한다. 그들의 행한 짓을 명확하게 밝힌다. 그러자 단 지파 사람들은 되레 미가에게 협박한다. 적반하장(賊反荷杖)이라는 말이 여기에 딱 들어맞는다. 그들은 남의 기물들과 사람을 빼앗아 가면서도 오히려 큰소리친다. 미가가 자신의 기물을 돌려달라고 말하지만, 오히려 그들은 자신들의 화를 돋우지 말라면서 계속 기물들을 돌려달라고 한다면 가족들을 진멸하겠다고 협박한다. 결국 미가는 단 지파가 자신들보다 훨씬 강한 것을 깨닫고 조용히 물러선다.

아무리 예를 갖추고 문안해도, 힘의 논리가 모든 것을 지배하던 시기였다. 단 지파의 유일한 행동 지침은 바로 힘의 논리였다. 힘으로 미가를 물리친 단 지파는 라이스에 이르러, 전쟁이 무엇인지도 모를 것 같은 사람들을 모두 죽인 후에 정착한다. 그리고 그곳의 이름을 '단'으로 바꾼다. 그런데 사사기 기자는 "그 성읍의 본 이름은 라이스더라"(18:29)고 분명하게 밝힘으로써, 우리에게 '라이스'가 어떻게 '단'으로 바뀌었는지를 상기시켜 준다.

지금까지 살펴보았듯이, 단 지파는 무엇이든지 자신들의 유익만을 생각한다. 그들은 "자기를 위하여 그 새긴 신상을 세웠"(18:30)다. 그들은 그 신상을 계속 보존한다. "하나님의 집이 실로에 있을 동안에 미가의 지은 바 새긴 신상이 단 자손에게 있었더라"(18:31). 이 구절은 단 지파가 그 신상을 매우 소중하게 여겼음을 말해 준다. 그 후에 단 지파는 더 명망 있는 사람들을 제사장으로 세운다. 오직 복을 받기 위해서 말이다.

설교를 위한 적용

지금까지 우리는 사사기 17~18장을 읽었다. 사사기 기자는 왜 사사들의 이야기를 16장으로 마무리하고 그 다음에 이런 이야기를 첨부했는지에 대해 조금은 짐작할 수 있게 되었다. 사사들이 다스리던 그 시대에 일반 사람들이 어떻게 살았는지를 미가의 집을 중심으로 전개한 것은, 왕이 없던 그 시대상을 실감나게 이해하도록 하기 위함이다. 사사기 17~18장은 그들이 무엇을 가장 소중하게 생각하고, 그들이 무엇을 위해 치열하게 살았는지를 보여 준다. '무엇을 소중하게 여길 것인가? 무엇을 위해 삶을 바칠 것인가?' 하는 것은 예나 지금이나 모든 사람들이 공통적으로 갖는 물음이다. 그런 점에서 우리는 본문에 등장하는 인물들을 도무지 닮지 말아야 한다. 그들처럼 복 받기 위해 애쓰고, 출세하고 성공하기 위해 조변석개(朝變夕改)하며, 다른 사람이 누리는 복을 빼앗기 위해 죽임을 서슴지 않는 삶을 절대 따르지 말아야 한다. 사사기 기자도 그 점을 우리에게 역설하고 싶었을 것이다.

이스라엘에 왕이 없을 때 무슨 일이 있었나

사사기 19~21장 주해와 적용

본문의 개요

출애굽과 가나안 땅 점령에 관한 이야기가 이스라엘 초기 역사의 가장 중요한 사건이라는 사실을 이스라엘의 원신앙 고백(역사 신조)에서 보여 주고 있다(신 6:20~24; 26:5~9; 수 24:2~13). 특히 현재 히브리 성경의 정경 구성은 이스라엘 초기 역사의 근간을 이루는 이 두 개의 사건을 위대한 두 인물 모세와 여호수아를 중심으로 다루고 있다. 출애굽으로부터 시작해 가나안 땅 점령 이전까지의 역사가 모세의 탄생(출 2장)과 그의 죽음(신 34장)으로 끝맺는다면, 가나안 땅 점령의 시작은 모세가 죽은 후 여호수아로부터 시작한다(수 1장). 가나안 땅 점령에 관한 이야기에서 여호수아서에서 출애굽한 이스라엘 모든 지파가 일시에 가나안 땅 모두를 점령한 것으로 보도한 반면에, 사사기에서 이스라엘의 각 지파별로 점진적으로 이뤄진 것으로 보도한다. 그로 인해 학계에서는 가나안 땅 점령에 관한 여러 모델들이 이야기되곤 했다.

그러나 히브리 성경의 정경적 구성은 여호수아와 사사기를 오경과 예언서의 첫 번째 책인 여호수아를 연결하는 중요한 구실을 했던 방식을 따른다. 곧 모세의 죽음(신명기) 이후의 문제에 대한 답이 여호수아였다면, 이제 여호수아가 죽은 후에 어떻게 진행되는가에 관심을 두고 있다. 이에 관한 이야기가 곧 사사기의 내용이다. 여호수아서 마지막은 여호수아가 살아 있는 동안, 그리고 그가 죽은 후에도 야웨가 이스라엘에게 행한 모든 일을 아는 장로들이 살아 있는 동안에는 이스라엘이 야웨를 섬겼다는 보도로 끝을 맺고 있다(수 24:31). 이는 여호수아와 이스라엘의 장로들이 죽은 후에 새로운 문제가 발생할 것임을 암시하고 있고, 이를 연결하고 있는 것이 곧 사사기의 시작인 셈이다(삿 2:10).

그리고 사사기의 마지막은 '이스라엘에 왕이 없을 때'라는 말을 함으로써(21:25), 그 다음 이스라엘에 왕정이 들어오게 되는 것을 다루고 있는 사무엘과 연결을 의도적으로 구성하고 있는 것이다.

여호수아와 야웨의 구원사를 경험한 이스라엘 장로들이 죽은 후에 어떤 일이 일어났는지를 사사기가 다루고 있다면, 사사들이 활동한 다음 왕정 제도가 들어오기 직전에 이스라엘에 무슨 일이 있었던 것일까? 여기서는 사사기와 사무엘을 연결하는 사사기의 마지막 부분인 사사기 19~21장에 대해 살펴보고자 한다.

1. 사사기 전체 구성과 마지막 두 개의 에피소드

1) 사사기 전체 구성과 히브리 성경의 구성

사사기는 크게 세 부분으로 구성되어 있다. 개론적 성격인 1:1~3:6까지, 사사기의 대부분을 차지하고 사사들의 이야기를 다루고 있는 3:7~16:31까지, 그리고 마지막 두 개의 에피소드를 다루고 있는 17~21장까지다. 그런데 우리가 눈여겨 볼 점은 세 부분의 처음과 마지막이 사사기 전체 구성의 의미를 보여 준다는 것이다. 첫 부분(1:1~3:6)은 "여호수아가 죽은 후에"(1:1)로 시작해 어떤 문제 발생의 여지를 보여 주고, 3:6에서 '그들(이스라엘)이 다른 신들을 섬겼다'고 말함으로 여호수아 사후의 결과를 말해 준다.

사사들의 이야기를 다루고 있는 두 번째 부분(3:7~16:31)은 '야웨께서 보시기에 악한 일을 저질렀다'(3:7)라고 시작함으로써, 그로 인해 전개될 사사기 대부분을 차지하는 사사들의 활동 내용을 다루게 될 그 발단을 제공하고,

16:31은 ‘이스라엘에 사사가 있었다’라고 말을 맺는다. 세 번째 부분의 시작 (17:6)과 끝(21:25)은 ‘이스라엘에 왕이 없을 때’라는 말로써 사사들 이후 어떤 문제가 있었으며, 이에 대한 이스라엘의 왕정 도입의 발단을 제공한다.

이상으로 사사기 전체 구도는 가나안 땅 점령을 인도한 여호수아가 죽은 후, 이스라엘에 사사들이 등장한 이유와 사사 이후 이스라엘 왕정 도입의 필요성을 암시함으로써 현 히브리 성경의 최종 형태 구성의 의도를 보여 준다. 곧 모세가 죽은 후의 문제에 대한 답으로써 여호수아서의 내용, 여호수아가 죽은 후에 문제를 이어가는 사사들의 이야기, 사사들의 시대가 끝난 후에 나타날 이스라엘 왕정 제도의 도입에 이르는 큰 틀을 히브리 성경이 매우 의도적으로 보여 주고 있다.

사사기 전체 구성의 시작은 분명한 시점을 이야기한다. 곧 “여호수아가 죽은 후”(1:1)와 옛 세대들이 모두 죽고 야웨를 알지도 못하며 야웨가 이스라엘을 돌보신 일을 알지 못하는 새로운 세대들(2:10)이 시작되는 시점이다. 이렇게 시작하는 것은 사사기 전체 내용을 이끄는 발단이 된다. 야웨를 알지 못하는 이스라엘의 새로운 세대들이 야웨가 보시기에 악한 일을 행하면, 야웨는 이방 민족들로 하여금 이스라엘을 공격하게 한다. 그로 인해 이스라엘이 고통에 처하게 되면 야웨는 사사를 세워 그들을 구원한다. 이스라엘의 범죄와 하나님의 심판, 이스라엘의 회개와 하나님의 구원이라는 반복적 도식[범죄 → 심판 → 회개 → 구원(사사 등장)…(사사 죽음)…범죄 → 심판 → 회개 → 구원…]이 사사들의 이야기를 중심으로 사사기 전체에 계속 반복된다 (2:11~23).[1]

이런 반복되는 도식은 본론부인 16:31로 끝이 나고, 결론부인 17~21장에는 사사들이 더 이상 등장하지 않는다. 다만 이스라엘의 종교적 범죄 행위 (첫 번째 에피소드 17~18장)와 윤리적 범죄 행위(두 번째 에피소드 19~21장)를 ‘이스라엘에 왕이 없을 때’라는 이전의 사사들의 죽음으로 인한 사사들의 부재가 아닌 ‘왕의 부재’라는 새로운 문제를 제기하고 있다. 그러면 마지막 두 개의 에피소드가 갖고 있는 구조의 특성은 무엇인가?

2) 사사기의 마지막 두 개의 에피소드 구조

사사기의 마지막인 17~21장은 두 개의 에피소드를 보여 준다. 하나(17~18장)는, 에브라임 산지에 살고 있던 미가라는 사람이 임의대로 신상을 만들어 한 레위인을 제사장으로 세운 일과 그가 단 자손의 제사장이 되고 미가의 신상을 섬기게 한 종교적 타락에 관한 이야기이다. 다른 하나(19~21장)는, 에브라임에 살고 있던 한 레위인이 자신의 아내(첩)가 베냐민 지파에 속한 기브아 사람들에게 윤간을 당한 후 죽게 되자, 이 일을 이스라엘 온 지파에게 알리게 되고 이로 인해 이스라엘 모든 지파가 베냐민 지파와 벌인 전쟁 이야기를 다루고 있다.

그런데 두 이야기는 모두 '이스라엘에 왕이 없을 때'라는 특정 시기를 반복적(17:6; 18:1; 19:1, 25)으로 언급함으로써, 왕정 제도가 없음으로 인해 생기는 부정적인 모습을 드러냄과 동시에 왕정 제도의 필요성을 부각시키고 있다. 특히 이런 표현이 사사기의 마지막을 장식하고 있다는 것은 이스라엘에 처음으로 왕이 생기게 된 이야기를 다루고 있는 사무엘서가 사사기를 뒤이어 바로 다음에(히브리 성경에 따르면) 나오는 것을 염두에 두고 있음을 엿볼 수 있다.

사사기의 마지막에 나오는 두 개의 에피소드는 서로 다른 이야기임에도 매우 유사한 구조를 갖고 있다.

	문제 발단	장소의 이동	나그네 접대	지파	성소
17~18장	에브라임에 살던 미가와 그의 모친(女)	베들레헴으로부터 온 레위인	미가: 레위인/단 지파의 정찰병들	단	실로
19~21장	에브라임에 살던 레위인과 그의 부인(첩-女)	베들레헴에서 기브아로 이동	장인과 기브아의 노인: 레위인/첩/하인	베냐민	실로/베델/미스바

그런데 앞서 언급한 두 에피소드는 사사기 전체 구조와 비교하면 큰 특징을 보여 준다. 사사기의 대부분을 차지하는 본론 부분(3:7~16:31)에 나오

는 이스라엘의 범죄에 따른 야웨의 심판과 사사의 등장을 통한 구원사의 반복이 두 에피소드에는 등장하지 않는다는 점이다. '사사들이 죽자 다시 악을 행하였다'의 순서가 아니라, 다만 '이스라엘에 왕이 없을 때에 사람이 자기의 소견(눈)에 옳은 대로 행하였다'라고 말한다. 그래서 사사기 17~21장의 두 에피소드를 흔히 사사기의 부록이라고 말한다.

그렇다면 사사들도 등장하지 않고 이스라엘에 왕이 없을 때, 사람이 자기 소견에 옳은 대로 행하던 시대의 두 사례는 사사기 전체와 관련하여 히브리 성경의 구성과 어떤 연관이 있을까? 사사들의 등장이 이스라엘의 범죄에 대한 하나님의 심판으로부터의 구원을 상징한다면, '왕이 없을 때'라는 표현은 이제 더 이상 사사들의 등장으로 해결되지 않는다는 것을 의미하는가? 사사기 전체 구조를 비교해 보면 특이하게도 계속적으로 반복되던 사사들의 등장으로 인한 이스라엘의 평화가 있었다는 보도가 뒤로 가면서 나오지 않는 것도,[2] 이제 이스라엘에 사사들이 아니라 왕이 등장해야 하는 것을 뒷받침하는지도 모른다.

사사기 전체에서 사사들의 등장은 범죄한 이스라엘에 대해 하나님이 이방 민족들로 하여금 이스라엘을 침략케 하자, 이로 인해 이스라엘이 고통 중에 하나님께 울부짖고 하나님께서 그들을 구원케 하시려고 해서 나타나는 것이다. 이런 사사기 전체 구조와 비교하면, 사사기 19~21장의 내용은 이방 민족의 침략이 있는 게 아니라 이스라엘 지파 간의 전쟁이다. 이스라엘을 이방 민족으로부터 구원할 사사가 필요한 게 아니라, 모든 이스라엘 지파를 통일하고 다스릴 왕이 필요하다는 것을 제시한다고 볼 수 있다. 그렇다면 이스라엘에 왕이 없을 때 도대체 무슨 일이 있었던 것인가? 무엇이 이스라엘에 왕을 필요로 하는 것인가?

본문 주해

1. 기브아의 범죄란 무엇인가

사사기 19~21장의 주요한 두 가지 에피소드는 한 레위인의 첩이 기브아 거민에 의해 무참하게 윤간 당하고 죽게 된 일(19:1~28)이 그의 남편을 통해 온 이스라엘 지파에게 알려지게 되고(19:29~20:7), 이 일로 인해 온 이스라엘 지파가 베냐민 지파와 전쟁을 하게 되는 것이다(20:8~48). 결국 베냐민 지파의 주민들이 거의 다 죽게 됨으로써 이스라엘 지파에서 한 지파의 명맥이 끊어지게 됨을 우려한 이스라엘은 살아남은 베냐민 지파의 남자들을 위해 실로의 야웨 축제에 참가한 여자들을 베냐민 지파의 남자들에게 주어 그 맥을 잇게 하고(21:1~22), 베냐민 지파와 이스라엘 모든 지파가 각기 자신들에게 주어진 땅으로 돌아가는 것(21:23~24)으로 사건을 종결짓는다는 내용이다. 그리고 "그때에 이스라엘에 왕이 없으므로 사람이 각각 그 소견에 옳은 대로 행하였더라"(21:25)는 말로 그 시대를 평가하며 끝을 맺는다.

이러한 결론을 통해 사사기 기자는 무엇을 말하려고 했을까? 훗날 예언자 호세아는 이스라엘의 범죄에 대해 '기브아의 날들부터 범죄했다'(호 10:9, 참고 9:9; 5:8)고 상기시킨다. 그렇다면 기브아의 범죄란 무엇인가? 사사기 저자의 평가인 '사람들이 자기의 소견대로(눈에 보이는 대로) 행한 것'이란 과연 무엇인가? 과연 베냐민 주민들이 행한 한 여성에 대한 윤간과 살인 행각의 사건만을 말하는 것일까?

기브아의 사건에 얽힌 수많은 이야기들은 매우 복잡하고 길게 엮어져 있다. 여기서 우리가 주의해야 할 점이 있다. 곧 사사기 결말의 총 평가이다. 개역한글은 '사람(사람들, 사람마다)이 자기 소견에 옳은 대로(자기의 뜻에 맞는 대로, 제 멋대로, 눈에 옳은 대로)'라고 번역하고 있지만, 히브리어 성경은 분명하게 '남자'(אִישׁ이쉬)가 그랬다고 적고 있다. 본문은 성별의 구별 없이 일반적인 '사람'을 뜻하는 히브리어를 쓰지 않고, '여자'(אִשָּׁה이샤)의 상대적 의미인 '남자'(이쉬)를 쓰고 있다는 점을 놓치지 않는다면, '남자들이 자기들 멋대로 자기들 마음대로 행했다'라고 읽게 될 때 그 앞의 내용은 매우 다르게 해석된다.

사실 본문(19~21장)의 여러 이야기들을 '여성'의 눈으로 읽으면, 결코 쉽게 이해하고 넘어갈 수 없는 것들이 많이 있다. 기브아의 범죄가 단지 한 여인을 윤간하고 죽음까지 이르게 한 반윤리적 문제만이라면, 굳이 본문은 이 사건과 관련해 무엇 때문에 그토록 장구하게 많은 이야기들(그 여인의 남편이 장인의 집에 가서 며칠을 머물게 된 이야기, 기브아에서 한 노인의 집에 머물게 된 이야기, 이스라엘 모든 지파들의 총회 내용과 전쟁에 대한 자세한 묘사들, 베냐민 지파의 살아남은 남자들을 위한 길르앗 야베스의 처녀들과 실로에서의 여자 납치에 이르는 제반 이야기들)을 함께 나열하고 있는 것일까? 이 모든 이야기들 뒤에 나오는 '남자들이 자기 멋대로 행했다'는 전체적인 평가의 말과 어떤 관련이 있는 것은 아닐까?

본문은 남자들(레위인, 기브아의 노인, 베냐민 남자들, 이스라엘 온 지파의 전쟁 용사들, 살아남은 베냐민의 남자들)이 행한 여자들의 문제(레위인의 첩, 노인의 딸, 길르앗 야베스의 처녀들, 실로의 처녀들)를 다루고 있음을 간과해선 안 된다. 여기에서 사사 입다(남자)가 자기 멋대로 행한 서약을 통해 억울하게 죽은 입다의 딸(여자)의 이야기와 나실인으로 구별된 삼손(남자)이 '자기 눈에 든'(14:3, 7)[3] 여자와의 결혼으로 인한 문제를 상기할 필요가 있다.

유독 사사 입다와 삼손의 이야기에만 다른 사사들의 이야기 구조에 나오는 저들이 '(살아 있는) 동안 평온했다'(3:11, 30; 5:31; 8:28)는 보도가 나오지 않는다는 점도 주목할 일이다.

'눈에 옳은 대로'라는 표현은 사사기 전반에 걸쳐 이스라엘의 범죄를 지목하는 모든 대목의 서두를 이끄는 '야웨의 눈 앞에서 악을 행했다'[4]는 보도와 대조를 이룬다. 이제 이런 문제들을 염두에 두면서 본문의 내용을 살펴보도록 하자.

1) 레위인의 첩이 친정으로 간 이유

여기서 가장 난해한 것은 본문의 시작, 곧 기브아 사건에 대한 발단을 말하는 사사기 19:2에 대한 번역상의 문제다. 한글 성경은 아주 상이한 번역들을 하고 있다.[5] 개역한글, 개역개정, 현대인의 성경, 한글 킹제임스, 현대어 성경에서 번역은 유대 땅 베들레헴 출신인 레위인의 첩이 남편에게 음행의 죄를 지어 자기 친정으로 마치 쫓겨 간 것처럼 말한다.

반면에 표준새번역과 공동번역에서는 그 부인에게 어떤 잘못이 있었던 게 아니라, 오히려 남편에게 어떤 문제가 있어서 그 일로 인해 화가나 친정으로 간 것으로 번역한다. 히브리어 본문은 '봐 티쯔네 알라브'(그리고 그녀가 그에게 행음했다)라고 나온다.

그런데 여기서 '행음하다'로 쓰인 히브리어 '짜나'(זנה)는 반드시 '행음하다'라는 뜻만을 가리키지 않는다. 이는 아카디아어에서 온 것으로 '화내다', '증오하다'의 뜻도 있다. 그래서 70인역은 이를 '행음하다'로 번역하지 않고, '그리고 그녀가 그에게 화를 냈다'라고 번역한다.[6]

서로 상이한 번역 중에 어느 하나를 선택하느냐는 것은 사사기 19~21장 전체 이야기에 있어서 매우 중요하다. 신명기 법(신 24:1 이하)에 의하면 아내로 맞이한 여인에게서 부정한 일이 드러나면 이혼 증서를 써주고 그녀를 친정으로 돌려보낼 수 있도록 했지만, 본문에서 전혀 그런 모습을 찾아볼 수 없다. 그녀가 음행한 연고가 있다면 친정아버지의 집에 머물 수도 없는 것이 신명기 법이기도 하다(신 22장).

친정으로 간 아내를 데려오기 위해 찾아간 남편의 모습(19:3)을 통해, 우리는 2절에서 그녀가 남편에게 죄를 저지른 행음의 문제가 아니라, 오히려 남편에게 어떤 문제로 인해 '화가 나서 또는 그가 미워서' 남편을 떠나 친정에 간 것이며 남편은 넉 달이나 지나서야(!) 아내에게 찾아가 용서를 구하는 모습으로 보는 것이 맞다.

특히 본문은 그녀를 '젊은 여자', '소녀'의 의미를 지닌 '나아라'(נערה)라고 부른다(19:3, 4, 5, 6, 8, 9). 특히 '나아라'는 사사기 전체에서 오직 여기에만 나오고, 이스라엘 온 지파가 살아남은 베냐민 지파의 남자들을 위해 잡아온 남자와 관계를 가지지 않았던 길르앗 야베스의 '처녀'를 가리킬 때, '나아라'라고 부른다(21:12).

여기서 전체 문맥을 보지 않고 잘못 번역함으로 인해 억울하게 죽임을 당한 여자에 대한 소개의 첫 장면을, 이미 그녀가 행음한 여자라고 단정 짓는다는 것은 그녀를 두 번 죽이는 일이다. 음행한 여자가 윤간으로 죽임을 당하는 것이 아니라, 남편(남자)의 잘못 또는 허물로 인해 시작된, 비록 사소해 보이는 것 같은 친정집으로 간 일이 결국 그녀가 남자들(남편도 함께)[7]에게 윤간을 당하고 억울하게 죽임을 당하는 이야기인 것이다. 다시 말해 '남자'들이 자기 멋대로 행한 일들로 인해 여자에게 생긴 일이다!

2) 자기 마음대로 행하는 '남자'들(19:3~25상): 친정집에서와 기브아의 노인의 집에서

3~10절은 레위인이 처가에 가서 머물게 된 이야기를 다루고, 16~25상절은 레위인이 자신의 젊은 아내와 기브아의 한 노인의 집에 머물게 된 이야기를 다루고 있다. 11~15절은 처가를 떠나 기브아의 노인의 집에 머물게 되는 그 과정을 설명한다. 두 이야기는 나그네[19:1 레위인은 '나그네'(게르)라고 나옴]를 대접하는 고대 근동의 풍습을 잘 보여 준다. 앞에는 장인이 나그네 사위를 대접하는 장면이고, 뒤에는 나그네인 기브아의 노인이 동향 사람(에브라임)인 또 다른 나그네를 대접하는 장면이다.

그런데 두 장면의 공통점은 모두 '남자'들만의 이야기로 되어 있고 '여자'는 배제되어 있다. 젊은 아내가 남편의 그 어떤 허물로 인해 화가 나서 스스로(!) 남편을 떠나 친정으로 돌아갔지만, 다시 친정집을 나서게 되는 장면에서 그녀는 그 어떤 입장도 자신의 남자들에 의해 꼭꼭 숨겨져 있다. 친정아버지의 권유와 남편의 결정에 의해 체류 기간과 떠남이 결정될 뿐이다(19:4~10). 오직 남자들이 자신들의 뜻대로 행한다!

처가를 나와 기브아에 이르는 과정(19:11~15)에서도, 철저하게 여자는 빠져 있다. 여부스(예루살렘)에 머물자고 권하는 것도 어린 남자 하인(나아르)이고, 기브아로 결정하는 것도 역시 레위인 남편이다. 함께 따라 나섰던 그 여자는 철저하게 남자들에 의해 숨겨져 있다. 오직 남자(이쉬)들이 자신들의 뜻대로

행한다!

그들이 기브아 노인의 집에 머물게 될 때의 모습을 살펴보자. 아무도 그들을 맞아들여 묵게 하는 사람이 없을 때, 당시 기브아에 머물고 있던 한 에브라임 산골 출신의 한 노인이 다가와 그들을 맞이한다. 해도 저물고 어디 묵을 곳이 없는 곤경을 벗어나려는 레위인 남자는 자신의 젊은 부인을 노인을 위해 기꺼이(!) '당신의 시종'(라아마테카)이라고 부른다(19:19).

노인의 집에 머물게 된 후, 그 집으로 기브아의 '불량배 남자들'(아느쉐 브네 – 벨리야알)이 찾아온다. 그들은 집주인인 노인에게 그 남자와의 '관계'(야다)를 요구한다. 일반적으로 '…을 알다'라는 히브리어 '야다'는 종종 남녀간의 성행위를 묘사하기도 하지만, 여기서 기브아의 불량배들이 요구한 것이 그 남자와의 성행위를 말하는 것인지는 확실치 않다.

노인은 그들에게 그것이 '악한 일'(라아)이며, '수치스러운 일'(한니발라)이라고 말한다(23절). 그리고 남자에게만은 '그 수치스런 일'을 하지 말고, '처녀'(베툴라)인 자신의 딸과 심지어 손님으로 온 레위인의 부인을 '첩'이라 부르며 기꺼이 내어줄 테니 '욕'(아나)을 보여도 좋고, '너희의 눈에 좋을 대로'(하토브 베에네킴)하라고 말한다. 집주인 노인(남자)은 오직 그 레위인 남자에게만은 '수치스런 일'을 하지 말 것을 말한다.

여기서 우리가 주의해야 할 것이 있다. 마치 노인의 말을 보면 '수치스런 일'이란 남자가 남자에게 행하는 것만을 말하는 것처럼 보인다. 그러나 이후 그 젊은 여인이 윤간을 당하고 죽임을 당한 모든 일들을 가리켜 '수치스러운 일'이라고 말하고 있다는 점(20:6, 10)은 남자들끼리의 어떤 관계만이 '수치스러운 일'이 되는 것이 아님을 알 수 있다.

결국 노인은 남자들끼리의 관계가 '수치스러운 것'이기에 그에 대한 부정적 측면을 꺼려 자연스런 남녀 간의 관계를 위해 자신의 딸과 손님의 부인을 내어 주려 했던 것이 아니다. 여자들은 철저히 배제된 채 오직 남자들이 자기 뜻대로 또 다른 남자들이 하고 싶은 대로 여자들을 '악하고'(20:3) '수치스런 일'(20:6, 10)의 희생자로 삼고 있다는 것이다. 레위인 남자는 자신에게 닥

칠 위험을 막기 위해 자신의 딸까지 내어주려고 하는 집주인 노인에게 순간 감동을 받았을지도 모른다. 그리고 자신의 첩을 내어준다. 이것이 남자들의 의리인가? 남자를 보호하기 위한 남자들의 의리란 곧 여자를 희생시키는 것이다! 오직 남자(이쉬)들이 자신들의 뜻대로 행한다!

3) 남자에 의한 여자의 희생(19:15중~30)

남편의 허물로 인해 그 남편을 떠나 친정으로 갔던 첩이었던 한 젊은 여자는 그 남편을 모두 용서한 것인지는 모르지만, 그 남편을 따라 다시 따라 나섰다가 기브아에서 남편의 처절한 배신 속에 다른 남자들에게 동이 틀 때까지 온밤을 윤간 당하고서야 다시 남편이 있는 그 집 문 앞에서 쓰러져 아침이 훤하게 밝을 때까지 그 누구의 관심도 없이 방치된다(19:15~26). 남자들이 밤새 한 것이 무엇인가? 남자들(기브아의 불량배들)이 한 여자를 밤새워 윤간한 것이고, 남자들(남편과 집주인 노인)은 밤새워 아무런 조치도 취하지 않았다! 그렇게 남자들이 밤새워 자기 뜻대로 하는 동안 여자가 억울하게 죽임을 당하게 된 것임을 본문은 전하고 있다.

남편은 아침에 자기 길을 떠나려고 그제야 문을 열고 쓰러져 있는 첩을 발견한다(27절). 쓰러져 있는 자신의 첩인 젊은 여자를 보고 하는 남편의 말을 보라! '일어나 가자!' 남편은 그녀가 죽었는지를 아직도 모르고 있다. 남편은 밤새워 무엇을 했나? 남자들이 자기 뜻대로 할 때마다 여자는 철저하게 숨겨져 있었다면, 이제 반대로 여자가 밤새워 고통을 당할 때, 남자는 철저하게 숨어 있었다. 그녀가 언제 죽었는지 확실치 않다.

그러나 성경이 분명하게 말하려는 것이 있다. 비록 그녀가 기브아의 불량배들로 인해 죽음에 이르렀지만, 그들이 그녀를 죽이지는 않았다는 것이다. 그녀가 밤새 윤간을 당하고 남편이 있는 집까지 왔고, 문지방을 부여잡고 쓰러져 있었다(27절). 죽을 지경의 몸을 끌다시피 하여 남편이 있는 곳으로 돌아온 여자가 날이 밝을 때까지 문지방을 붙잡고 애타게 부르짖다가 그 안에 있는 남자들의 철저한 무관심으로 인해 죽게 되었다는 것이다.

남편은 그녀의 주검을 나귀에 싣고 자기 고향으로 돌아온 뒤 그녀의 주검을 열두 토막으로 내어 이스라엘의 모든 지파로 보낸다. 남편의 이러한 행동은 이스라엘 온 지파가 벌이는 피의 전쟁이 시작되었음을 알린다. 그에 따른 결과는 이스라엘의 한 지파가 사라지게 될 지경에 처하게 될 만큼 처절한 학살극이었으며, 그것을 방지하기 위해 남자들은 자기의 뜻대로 여자들을 또다시 희생시키게 된다(21장). 오직 남자(이쉬)들이 자신들의 뜻대로 행한다!

4) 미스바 총회에서 남자(남편)의 증언과 전쟁의 시작(20장)

한 여자의 죽음으로 인해 이스라엘 온 지파가 미스바에 모여 총회를 갖는다. 물론 이 일을 주도한 이는 남자들에 의해(남편도 함께) 억울하게 죽임을 당한 여자의 남편이다. 모든 이스라엘의 지파들이 모인 자리에서 죽은 여자의 남편인 레위인은 사건 경위를 설명한다. 그런데 그의 사건 경위의 설명(20:4~5)은 실제 사건과 차이가 있다. 남편은 '기브아 사람들이 자신을 죽이려 했고, 자신의 첩을 욕보여서 그녀가 죽었다'고 말한다(20:5).

남편의 증언은 자신의 부인이 마치 자기 옆에서 욕을 당하고 죽은 것처럼 말한다. 자신은 죽음의 위험에 처해 있어서 자신의 부인이 욕을 당하고 죽어가는 데에도 어쩔 수 없었다는 식의 분위기를 자아낸다. 이것은 앞서 살펴본 것과 전혀 다른 증언이다. 사사기 19장에서의 죽은 여자의 남편이 보인 모습과 20장 미스바 총회에서 보이는 그의 다른 모습을 보여 주는 성경의 의도는 다분히 남자(이쉬)가 자신의 뜻대로 행한다는 점을 부각시키고 있음을 보여 준다.

20:8~17은 죽은 여자의 남편의 증언을 통해 이스라엘 모든 지파가 베냐민 지파를 대항에 전쟁에 임하게 되는 내용이다. 처음에 이스라엘의 모든 지파들은 베냐민 지파에게 기브아에서 악을 행한 불량배들을 내놓을 것을 요구했지만, 베냐민 지파는 이를 거절하고 이스라엘 온 지파와 대항해 전쟁을 하기로 결정한다. 특히 베냐민 지파가 전쟁에 나갈 용사를 기브아의 주민들 중에서 모집하고 모병된 기브아의 용사들의 숫자가 엄청나다는 것을 의도

적으로 보여 준다. 기브아의 불량배 몇 명만을 처형하는 것으로 이스라엘에
서 악을 끊을 수 있었던 일을 베냐민 지파의 남자들의 의리와 기브아 남자들
의 의리가 온 이스라엘에 피를 뿌리는 혈육간의 참혹한 전쟁을 부르게 되었
다는 것을 성경은 밝히고 있다. 오직 남자(이쉬)들이 자신들의 뜻대로 행한다!

20:18~48은 이스라엘 온 지파와 베냐민 지파 간에 이뤄진 전쟁에 관한
기사다. 이 민족 내부의 전쟁 기사 내용의 특징은 전쟁으로 인해 이스라엘과
베냐민 지판 간에 죽은 남자들의 숫자를 매우 자세하게 열거하고 있다. 이는
단지 전쟁의 기사를 자세하게 보도하려는 데 그 목적이 있는 게 아니라, 베
냐민 지파의 남자들 중에 간신히 살아남은 자가 600명이라는 데 있다(20:47).

이는 21장에 가서 이들(남자)을 위한 아내(여자)의 숫자 맞추기를 하려는 것
과 맞물린다(21:12, 14, 16 이하). 결국 살아남은 남자들의 숫자 이야기는 베냐
민 지파의 모든 여자들이 죽었다는 것을 말한다(20:48; 21:16). 베냐민 지파에
속한 기브아의 불량배에 의해 이름 없는 한 여인이 억울하게 죽었다면, 불량
배 몇을 두둔한 베냐민 지파의 남자들 때문에 베냐민 지파의 모든 여자들이
죽었다는 말이 된다. 오직 남자(이쉬)들이 자신들의 뜻대로 행한다!

5) 베냐민 지파의 남자들을 위한 이스라엘 온 지파 남자들의 생각(21장)

21장은 이스라엘 모든 지파 남자들이 꾸미는 베냐민 지파의 살아남은 남
자들을 위한 여자 구하기다. 이스라엘에서 한 지파가 사라지는 것을 막기 위
해 여자를 구하는 방식은 여자를 납치하는 것이다. 이미 미스바 총회에서 이
스라엘의 모든 남자들은 자신들의 딸을 베냐민 지파에게 결혼시키지 않을
것을 결의한 바 있다(21:1). 자신들의 딸을 주지 않으면 어디서 여자들을 구
할까(21:7)? 베냐민 지파와의 전쟁 결의를 위한 미스바 총회에 참석치 않은
길르앗의 야베스 주민을 모두 죽이기로 결정하면서, 오직 남자와 관계를 갖
지 않은 처녀들만 살려 그녀들을 잡아다가 베냐민 지파의 살아남은 남자들
의 아내로 삼게 한 것이다.

그런데 사로잡아 온 그 처녀들의 수를 세어 보니 400명이다. 베냐민 지파

의 살아남은 남자 600명에 비해 200명이 모자라게 되었다(21:12~14). 그 방책으로 짜낸 묘책은 베냐민 지파의 남자들로 하여금 매년 실로의 야웨 축제에 올라오는 처녀들을 몰래 납치하도록 한 것이다(21:19~23).

전쟁으로 온 가족을 잃어버리고 사로잡혀 강제로 베냐민 지파의 아내가 된 길르앗 야베스의 처녀들! 실로의 야웨 축제에 참여하려고 기쁨으로(춤을 추며) 실로에 올라갔다가 강제 납치돼 어떤 법적 제재도 없이 하루아침에 베냐민 지파의 아내가 되어버린 실로의 처녀들! 이렇게 오직 남자(이쉬)들이 자신들의 뜻대로 행한 것에 여자들의 희생만이 뒤따랐다는 것을 성경은 증언한다.

마치 아버지를 기쁨으로 맞으러 나갔던 입다의 딸이 희생양이 되었던 것처럼 말이다. 이스라엘의 온 지파가 여자들을 만들어 준 뒤에야, 그리고 베냐민 지파의 살아남은 자들에게 여자들이 생긴 뒤에야 자신들이 유산으로 받은 땅으로 되돌아갔다고 성경은 보도한다(21:24). 전쟁이 끝났다. 이름 없는 여자들의 희생만이 남자들의 유산을 이어가는 방책이 되고 나서야 말이다. 이 모든 것을 보고 사사기의 결론은 말한다.[8] '이스라엘에 왕이 없을 때, 남자(이쉬)들이 자신들의 뜻대로 행하였다!'

룻기

어떻게 설교할 것인가

발간사

I. 룻기 배경연구

II. 룻기 본문연구

룻기의 구조 및 신학

룻기의 저자와 저작 연대

룻기(記)는 알려진 대로 고대 이스라엘의 사사 시대에 모압 여인으로서 유다 지방 베들레헴의 이스라엘 가정에 시집 온 룻을 주인공으로 하는 짤막한 가족사이다. 룻기는 총 4장 85절로 이루어진 이야기로, 번역본으로 읽어도 약 15분 정도면 한 번 읽을 수 있을 만큼 비교적 짧은 분량이다. 한문 성경 제목으로는 '路得記'(로득기)라고 번역되었다. '룻'(רוּת)이라는 히브리어 이름의 어원은 분명하지 않으나, 여성명사 '레우트'(רֵעוּת 친구, 이웃)에서 유래한 여성 이름으로 보아 '동반자, 동료, 동지'의 뜻으로 풀이해 볼 수 있다.

룻기를 연구하는 학자들 가운데 룻기가 고대 이스라엘의 민속 설화에서 발전된 일종의 단편 '역사 소설'(historical novella)이라고 주장하는 이들도 있다. 또한 후대에 다윗의 출생과 족보를 뒷받침하는 의도에서 각색되어 재사용된 자료이며, 사사기와 사무엘서의 왕정의 필요성과 왕정의 출현 역사를 이어주는 가교 역할을 위해 히브리어 성경 전승에 포함되었다고 주장하기도 한다. 그러나 룻기에 나오는 인물들의 이름들이 상징적 의미를 가지는 것으로 볼 때 이 이야기가 모두 사실이라기보다는 어떤 역사적 동기에 의해 대부분 창작되었을 가능성이 크다. 나오미의 두 아들의 이름은 이미 그들의 죽음을 예고하듯이 말론(병골, 病骨)과 기룐(약골, 弱骨)으로 나오며, 룻의 동서 '오르바'는 '곧은 목'(고집 센)이라는 뜻에서 붙여진 이름이라고 한다('오르바'를 '반항녀'로 번역하는 것은 지나친 것이다. 히브리어 사전은 이러한 의미보다 갈기와 같이 '긴 머리카락'의 소유자라는 뜻으로 풀이한다.[1] '나오미'라는 이름도 히브리어 발음으로는 '노오미'인데, '노암' 즉 유쾌함, 즐거움, 친절함을 뜻한다)에서 온 이름으로 보이며, 나중에 자신을 '나오미'라고 부르지 말고, '마라'(쓴 것, 괴로움)라고 부르라고 한 것과 대조해 볼 수 있다(1:20~21). 룻의 남편이 되는 '보아스'도 '능력있는 사람'이란 뜻을 상징하는 이름으로 생각된다.[2]

또한 룻과 나오미를 중심한 여성 주인공들의 가족 이야기가 계속되다가, 끝에 가서 갑자기(?) 다윗 가계의 남성 중심의 족보가 제시된 것은 문맥의 통일성에 맞지 않는다는 지적이 끊이지 않았다. 그래서 룻기의 본래 이야기는 1:1에서 시작하여 4:17 상반절에서 끝이 났다고 보며, 여성의 심리묘사가 뛰어난 것으로 보아 어떤 여성 작가가 썼을 가능성이 크다는 의견도 제시되었다. 베들레헴의 이웃 여인들이 나오미에게 아들이 태어났다고 하여 그 아기의 이름을 '오벳'(섬기는 자, 종)이라고 지어주었다는 것도 아무래도 어색하다는 것이다(4:17). 그래서 다윗으로 연결되는 이새의 아버지 이름이 따로 있었는데(아마도 '벤 노암'), 후대에 다윗 족보(4:18~22)가 첨가되면서 '오벳'으로 바뀌었다는 것이다.

그러나 이러한 설명은 어디까지나 추측에 불과하며, 오늘날 우리는 본문이 밝히 말하지 않고 있는 룻기의 원작의 범위와 그 저자가 누구인지 확실히 알 수 없다. 다만 유대교 전승에서는 탈무드에 사무엘이 사무엘서와 사사기와 룻기를 썼다는 기록이 있으나(Talm. Baba Bathra 14중), 이 주장 역시 증거는 없다.

룻기의 저작 연대에 관해 학자들은 바벨론 포로기 이전이냐 이후냐에 관해 계속 논쟁을 하고 있으나, 오늘날은 대체로 포로기 이후설은 후퇴하고 포로기 이전설이 더 설득력을 얻고 있다.[3]

포로기 이후설은 룻기의 저작 시기를 주후 5세기부터 2세기까지로 말하는데, 그 주요 근거는 룻기에 사용된 언어의 특징 중에 후대에 사용되는 아람어와 히브리어의 특징이 나타나 있다는 것이다. 또한 저작동기에 관해서는 에스라-느헤미야 개혁을 통해 과도한 이방인 결혼 배척운동이 일어나자 이에 대한 반론으로 모압 여인을 등장시켜 이스라엘의 이상적 왕의 전형인 다윗의 증조모가 되었다는 이야기를 제시하게 되었다는 것이다. 그러나 룻기의 산문체는 대체로 포로기 이전의 고전 히브리어 문체이며, 자주 지적되는 18개 정도의 후기 아람어 내지 히브리어 용례들도 사실은 '사사 시대 언어 습관'일 가능성을 배제할 수 없다는 반론이 제기되었다.[4] 룻기의 문체는 역대기보다 사무엘서의 문체에 더 가까우며, 룻기의 언어는 그 이야기의 후대 연대를 증명하지 않는다는 것이 일반적인 견해이다. 또한 룻기에는 '대화체'가 유난히 많이 사용되었는데 거기에 나오는 보아스의 말에서 유다 지방 베들레헴의 고대 사투리 특징이 나타나고 있다는 지적도 있다.

또 에스라-느헤미야 시대 이방 결혼 배척에 반대하는 문서라면, 그러한 논쟁 성격이 드러나야 하는데, 룻기에는 전혀 이방인 문제로 인한 논쟁의 성격이 없다는 점과 만약 에스라-느헤미야 개혁에 반대하기 위해 다윗 왕의 증조모가 모압 여인이었다는 허구로 창작된 이야기를 만들어 내어 유포하였다면, 과연 그러한 문건이 히브리 경전에 들어올 수 있었겠는가 하는 의문이 제기된다.

현재 히브리어 본문에서 룻기의 마지막 단어는 다윗으로 끝나고 있는데, 다윗은 유다 지방 베들레헴이 고향이며, 그의 아버지 이새의 집은 대대로 베들레헴에서 살았던 것으로 보여진다. 그렇다면 다윗의 출생과 관련하여, 베들레헴 지역에 알려져 있던 이새 가문의 족보 이야기가 그 지역에 구전으로 유포되어 있었을 것을 쉽게 생각할 수 있다. 이새의 아버지 오벳의 어머니가 모압 여인이었다는 사실은 이러한 맥락에서 매우 흥미 있는 점이고, 전승에서 강조되는 점이었을 것이다. 다윗이 사울왕의 추격을 피해 도망다닐 때, 아둘람 굴에 피신하였는데, 그때 다윗의 부모와 그 가족 및 따르는 무리 약 400명이 그의 주위에 모여 들었다. 이때 다윗은 모압 왕가에 자신의 부모를 보호해 주도록 요청한 적이 있다(삼상 22:1~4). 다윗은 모압 땅 미스베로 가서 모압 왕에게 자신의 부모를 맡겼고, 다윗의 부모는 다윗이 산성 요새에 머무는 동안 모압 왕가에서 지냈다. 왜 하필이면 모압 왕가인가? 다윗의 아버지 이새 가문과 당시 모압 왕가의 관계에 관해 보다 자세한 설명이 없는 것이 아쉽지만, 이만한 정보를 통해서도 우리는 과거 모압 여인 룻을 통한 다윗 가문의 모압 관련 배경을 충분히 짐작해 볼 수 있다.

다윗 왕 이후 이스라엘 역사에서 후대로 내려갈수록 모압과의 관계는 평탄치 않았고, 적대적 관계와 전쟁이 계속된 것을 알 수 있다(최근 모압의 역사에 관해 과거 넬슨 글룍의 요단 동편 고고학의 명제를 수정하여 구약 역사의 맥락에서 재조명하고 있는 학계의 동향에 관해서는 다음 문건을 참조할 수 있다.[5] 이러한 점을 고려할 때 다윗의 부모가 모압 왕가의 신세를 졌으며 모압 여인과 다윗 가문의 혼인 관계가 있었다는 이야기를 허구로 창작한다는 것은 불가능하다고 여겨진다. 참고 신 23:3~6).

보아스와 룻 사이에 태어난 아들 오벳이 다윗의 할아버지라고 볼 때, 룻기의 이야기는 사사 시대 말에 일어났던 사건들을 소재로 하고 있으며, 룻기의 저작은 다윗 왕조 성립의 초기 역사 시대에 다윗 왕궁의 사관이나 서기관 중에서 다윗 왕의 족보를 기술하는 가운데, 예루살렘에서 멀리 떨어져있지 않은 베들레헴의 다윗 가문 장로들로부터 자료를 얻어서 룻기와 같은 이야기를 저술하였을 가능성이 크다고 생각된다(룻 1:1이나 4:7의 경우 룻기 저자와 사사 시대 사이에 먼 거리를 전제하는 것은 아니다). 그렇다면 마지막 4장에 나타난 족보(18~22절)도 이러한 관점에서 전체적인 통일을 이루는 부분으로 볼 수 있다.

여기서 신명기 율법의 모압인에 대한 여호와 총회 가입 금지(신 23:3 이하)는 문제가 되지 않는다. 룻은 더 이상 이방의 모압 여인이 아니고, 앞에서 언급된 대로 어디까지나 나오미와 그 가정의 신앙을 따라 철저히 이스라엘의 야웨 신앙으로 개종한 사람이 되었기 때문이다. 레온 모리스가 룻기에 나타난 언어, 초기 관습들, 일상생활의 분위기는 이스라엘 초기 왕국시대(주전 약 100년 전후 시대)로 그 저작연대를 추정케 한다고 결론을 내리는 것은 가능성이 크다고 생각된다.[6]

경전에서 룻기의 위치와 목적

일반적으로 경전에서 룻기의 위치는 사사기 다음이다. 이것은 룻기가 사사 시대 이야기를 담고 있다는 데(삿 1:1) 그 이유가 있다. 역사적인 관점에서 보면, 약 300년 이상의 사사 시대의 혼란기가 막을 내리고, 실로 성소가 파괴되며 엘리 대제사장 가문이 몰락하면서, 사무엘을 중심한 이스라엘의 고전 예언 시대가 개막되고 다윗 왕조 신학이 등장하는 시대적 전환기에, 룻기의 이야기는 사사 시대, 즉 왕이 없음으로 사람들이 각자의 소견대로 행하던 무질서와 배도의 시대로부터 야웨 하나님의 선택하신 왕권을 가지고 이스라엘을 통치하는 다윗의 연합왕국 시대로 연결하는 '교량' 역할을 한다.

잘 알려진 대로, 히브리어 본문 전통에서는 일찍이 요세푸스의 기록[7]에 근거하여, 히브리어 경전을 3부 22권으로 이해했고, 이러한 전통은 오리겐과 히에로니무스(제롬)에 이르기까지 확인된다. 히브리어 성경의 22권 분류에서는, 사사기와 룻기가 하나의 책으로, 예레미야와 애가가 다른 한 권으로 분류되었다. 이러한 사사기 다음에 룻기의 위치는 70인역과 불가타 전통에서도 확인된다. 이러한 경전 안에서 룻기의 위치는, 경전적인 배열순서에 따른 룻기의 이해, 즉 룻기의 목적과 연결될 수 있다는 점이다. 어느 책이 경전의 배열 순서에서 어디에 위치하고 있느냐는 것은 오늘날의 구약 신학에서 점차로 그 책의 신학적인 강조점, 그리고 목적과 관련하여 중요하게 주목되는 점이다.

그런데 현재 우리가 사용하는 대다수의 히브리 성경 인쇄본들은, 레닌그라드 사본[8]에 기초하여 그 구조와 배열 순서에 따라 3부 24권으로 정리되어 있다. 그중에서 룻기는 사사기와 분리하여, 크투빔(소위 성문서)에 속하며, 시편, 욥기, 잠언 다음에 위치하는 '다섯 두루마리'의 첫 번째 책으로 배열되어 있다(BHS의 경우). 물론 필사본들이나 편집 관례에 따라 크투빔의 배열 순서에도 다소 차이가 있으며(예컨대, 룻기가 시편 앞에 나오는 경우), 므길롯트 내에서도 아가가 룻기보다 선행하는 경우가 있다. 최근 유대교 출판 협회에서 출간

한 히브리어-영어 대조판 「타나크」[9]에서는 레닌그라드 사본에 의존하면서
도 크투빔의 배열을, 시편, 잠언, 욥기, 아가, 룻기, 애가, 전도서, 에스더…
로 처리하였다. 그러나 대체로 현재 맛소라 본문의 경전 순서는 레닌그라드
사본의 배열에 따라 룻기의 위치가 크투빔에서 잠언 다음의 순서로 또한 아
가서 앞의 위치로 고정되어 있다(그러나 레닌그라드 사본의 배열 순서도 절대적인 것
은 아니다. 맛소라 본문의 경전 권위에 대한 논쟁도 가열되고 있는 현실이다).

이러한 크투빔의 배열 순서에 따르면, 룻기의 경전적 성격과 그 신학적
목적은, 잠언이 강조하는 ‘지혜 있는 여인’(잠 31:10~31 אֵשֶׁת־חַיִל 에쉐트 하일)을 ‘룻’
이라는 여인을 통해 구체적으로 제시하려는 의도가 있다고 보는 것이다
(3:11). 또한 룻기의 마지막 단어를 ‘다윗’으로 끝맺음으로, 뒤이어 나오는 아
가서의 표제인 다윗의 아들 ‘솔로몬’과의 연결이 순조롭다고도 볼 수 있는 것
이다. 뿐만 아니라 아가서의 남녀간의 사랑은 룻기의 룻과 보아스의 지순한
사랑의 연장선상에서 이해될 때, 그 의미가 더욱 살아난다고 볼 수 있는 것
이다.

유대교 전통에서는 알려진 대로 다섯 두루마리는 축제와 연결되어 낭송
되는 책으로서, 아가는 유월절, 룻기는 칠칠절(맥추절 또는 오순절), 전도서는
수장절(장막절), 애가는 아브월 9일(주전 586년 예루살렘 멸망일), 에스더는 부림절
과 연결된다. 그러나 이러한 축제와 관련해서 룻기 등을 낭송하는 전통은 중
세 시대부터 시작된 관습으로 알려져 있다.

룻기의 히브리어 본문 전승은 양호한 편이고, 70인역이나 불가타는 맛소
라 본문과 이렇다 할 차이를 보이지 않는다. 다만 시리아어역은 자유역의 성
격 때문에 차이점이 드러나고 있다. 쿰란의 제2, 4 동굴에서 나온 룻기의 주
전 1세기 사해사본 4개 단편 사본들(1:1~12; 1:1~6, 12~15; 3:1~8; 3:13~18)도
맛소라 본문과 큰 차이가 없는 것으로 알려져 있다.[10]

룻기의 내용과 구조

룻기는 사사들이 치리하던 시대에 유다 지파에 속한 엘리멜렉의 가족이 기근 때문에 베들레헴에서 모압 지방으로 이주하는 이야기로 시작한다. 엘리멜렉의 가족이 모압 지방에서 겪는 가족 상실의 아픔과 고통을 배경으로 엘리멜렉의 이름이 끊어지지 않도록 그의 가문의 이름을 보존하려는 주제를 그 밑바탕에 놓고 이러한 평범한 이스라엘의 한 가정의 역사를 통해 그 가정뿐만 아니라, 이스라엘 민족과 국가, 더 나아가 전세계에 메시아 왕을 통해 구원을 베푸시는 야웨 하나님의 역사가 함께 진행되는 것을 보여 준다. 룻기는 먹고 살기 위해 두 아들을 데리고 모압으로 이민 갔던 엘리멜렉과 나오미 부부, 그러나 그곳에서 엘리멜렉이 죽고, 두 아들은 모압 여인인 룻과 오르바와 결혼한다. 그리고 10년도 못 되어 두 아들 또한 자식 없이 죽고, 세 과부만 남게 된다. 나오미는 며느리인 룻과 오르바를 불러 친정으로 돌아갈 것을 권한다. 오르바는 그 권면을 따라 떠났으나, 룻은 끝까지 나오미를 따를 것을 결심한다.

> "룻이 가로되 나로… 어머니를 따르지 말고 돌아가라 강권하지 마옵소서… 어머니의 백성이 나의 백성이 되고 어머니의 하나님이 나의 하나님이 되시리니… 만일 내가 죽는 일 외에 어머니와 떠나면 여호와(야웨)께서 내게 벌을 내리시고 더 내리시기를 원하나이다"(1:16~17).

이제 모압 여인 룻은 더 이상 모압 여인이나 이방 여인이 아니고, 하나님의 백성의 한 일원이 되었다. 이를테면, 룻은 모압의 그모스 종교를 버리고, 이스라엘의 야웨 신앙으로 철저히 개종한 것이다. 이때 나오미와 룻은 고향 땅 베들레헴에 기근이 물러갔다는 소식을 듣고 귀향하는데, 이때가 보리를 수확하는 계절이었다. 베들레헴에 돌아온 나오미와 룻은 생계를 위해 한창 수확 중인 보리밭에 나가 떨어진 이삭을 주워서 먹고 살려는 계획을 갖고 밭에 나가게 된다. 하루는 룻이 우연히(!) 나오미의 남편 친족인 유력한 사람 보아스의 밭에 가서 이삭을 줍게 되었고(2:3), 결국 보아스의 눈에 띄어 나오미의 며느리라는 사실이 알려지게 되었으며, 룻은 보아스의 호의로 기대하지 않았던 뜻밖의 풍성한 양식을 얻게 된다.

이러한 사정을 알게 된 나오미는 룻과 보아스를 결혼시키기 위해 계획을 세웠고, 룻은 그대로 따랐다(3:18). 결국 보아스는 '기업 무를 자'(고엘)의 자격으로써 엘리멜렉의 소유지를 나오미에게서 사고, 룻과 결혼하여 그 가문의 이름을 잇도록 하였다(4:9~10). 이렇게 하여, 보아스와 룻 사이에 태어난 아들이 '오벳'이며, 오벳은 이새를 낳았고, 이새는 다윗을 낳게 된다. 아마도 여기까지(1:1~4:17)가 룻기의 본래 이야기로써 베들레헴의 이새 가문을 통해 전해진 내용이라고 생각된다. 나머지 4:18~22에 이르는 다섯 절은 앞에서 언급한 대로, 다윗 왕궁의 사관이나 서기관 편집자가 족보 자료를 고증하면서 야곱의 아들 유다가 낳은 베레스 계보에 따라 다윗까지 내려오는 계통을 밝히는 내용으로서 첨가한 부분으로 볼 수 있다(비교 '다윗의 가계 대상' 2:9~15).

한편 룻기의 문학적인 구조는 교차대구법으로 다음과 같이 정리해 볼 수 있다.

A. 가정의 시련(1:1~22)

B'. 룻과 보아스의 약속(3:1~18)

B. 룻과 보아스의 만남(2:1~23)

A'. 가정의 회복(4:1~22)

룻기의 신학과 그 강조점

룻기는 일반적으로 오랜 사사 시대의 무질서와 배교와 동족간의 범죄와 전쟁으로 얼룩진 어두움의 역사를 배경으로 하고 있지만, 그와는 대조적으로 밝고 긍정적인 메시지를 전해 주는 책으로 알려져 왔다. 모든 권위가 땅에 떨어지고, 절망적으로 보이는 사사 시대의 역사에서도 하나님은 살아 계셔서 한 가정의 연약한 여인들의 믿음과 신실함과 인내와 사랑을 통해 다윗왕의 출현을 준비하고 계시다는 놀라운 메시지를 읽게 된다는 것이다. 룻기는 '모든 것이 합력하여 선을 이룬다'(롬 8:28)는 바울 사도의 기록에 상응하는 이야기로 구약에서 욥기와 함께 '해피 앤딩'으로 끝나는 책이다.[11]

그런데 룻기의 신학은 사사기 신학과 별개로 분리해서는 이해하기 어렵다. 사사기의 신학은 그 사사 시대의 역사적 상황과 함께 다음과 같은 도식으로 정리할 수 있다.

- 이스라엘이 우상 숭배로 범죄함
- 하나님이 이방의 침략자들을 통해 벌하심
- 이스라엘이 회개하고 하나님께 부르짖음
- 하나님이 구원자인 사사들을 보내어 구원하심

사사 시대 이스라엘의 야웨 하나님은 오래 참으시는 은혜의 하나님, 거듭 범죄하고 회개하는 자기 백성을 결코 버리지 않으시는 신실하신 하나님이시다. 사사기 문맥에서는 하나님의 '신실하심'(חֶסֶד헤세드)이 문자적으로 사용되지는 않았으나, 룻기 문맥에서는 하나님의 헤세드(1:8; 2:20)와 함께 룻의 헤세드(3:10)가 드러나 있다.

룻기의 신학에서는 무엇보다 하나님의 '헤세드'[12]와 함께 룻, 나오미, 보아스의 '헤세드'(이때는 '신실함'이라고 번역할 수 있다)가 하나님의 구원사를 이루어 나가는 데 귀중한 도구와 통로로 사용되고 있음을 깨닫게 한다. 여기서 '헤세드'를 신약적 용어로 바꾸면 '아가페'에 해당된다.

오늘날 한국 사회와 교회의 상황도 역사적으로 볼 때, 사사 시대와 같은 무질서와 우상(돈과 권력) 숭배로 인한 배교와 혼란과 범죄 현상들이 드러나고 있다. 사사 시대에는 모세의 율법책도 행방이 묘연하며, 시내산 율법에 따른 예배 생활도 뒷전으로 밀려나 버렸다. 이러한 상황에서 이스라엘의 회개와 부르짖음은 반복적이며 상투적인 형식일 뿐, 진정한 회개의 열매와 신앙의 회복은 바라볼 수 없는 상황이었다. 문자 그대로 캄캄한 암흑이 앞에 놓여있을 뿐이었다. 그러나 야웨 하나님은 창조주시며 역사의 주관자로서 이러한 역사를 외면하거나 버리지 않으시고, 평범한 가정의 불행한 사건들을 통해서 구원의 빛의 역사를 이루어내고 계신다.

먼저, 에브라임 산골 마을에서 아기를 낳지 못해 슬픔과 고통에 빠져 있던 '한나'라는 여인의 소박한 믿음의 간구를 통해, 사사 시대 무너진 대제사장의 가문과 권위를 사무엘 예언자를 통해 다시 일으켜 세우며, 신앙과 기도의 역사로써 무너진 기초를 수축하고 이스라엘의 역사를 개혁하였던 일을 우리는 알고 있다. 뿐만 아니라 이제 베들레헴에 기근이 들어 모압으로 이민 간 이스라엘 유다 지파의 어느 가정에 며느리로 들어 왔으나 10년도 못 되어 자식없이 청상과부가 된 모압 여인 '룻'의 '헤세드'를 통해, 하나님은 그 가정뿐 아니라 온 이스라엘 나라와 민족을 구원하는 '다윗' 가계의 역사를 이루어 나가고 계셨던 것이다.

다윗 가계에 그 이름이 올라 있는 이방 여인은 룻뿐만 아니라 다말, 라합, 밧세바가 있다. 이들은 예수 그리스도의 족보에까지 기록되는 놀라운 역사에 참여하였음을 볼 수 있다(마 1:1~6, 비교 눅 3:31~32). 구약 시대는 부가장적 사회로써, 여성의 인격이나 지위나 기회가 억압되고 무시되는 것으로 지적되고 있지만, 그러한 일반적인 악조건 하에서도 구약의 계시적 사건들은 소외된 여인들을 통해 위대한 구원 역사를 이루시는 하나님의 계획과 행동을 웅변적으로 우리에게 증언하고 있는 것이다. 룻기나 에스더서가 보아스기나 모르드개서로 전해지지 않고, 여성의 이름으로 정경의 목록에 들어가게 된 것도 결코 우연은 아닐 것이다.

룻기의 경우 가족 상실의 비극적인 상황은 욥기에서 욥이 자식과 재산을 잃어버리고 건강마저 잃어버린 상황과도 비교될 수 있다. 욥은 이해할 수 없는 비극적인 고난의 상황에서 괴로워하면서, 그의 친구들과 함께 많은 논쟁적인 대화와 질문을 했으며, 하나님께 괴로움을 쏟아내었으나(욥의 아내는 욥에게 하나님을 욕하고 죽으라는 극언까지 하였다! 욥 2:9), 고난 중에 있던 나오미와 룻의 경우에는 그러한 모습을 찾아 볼 수 없는 것이 신기한 일이다. 그만큼 나오미와 룻의 믿음과 헤세드(신실함)가 욥보다 더 깊고 뛰어났기 때문일까? 나오미는 '전능자가 나를 심히 괴롭게 하셨다'는 사실을 그대로 인정하고 받아들이고 있다(1:20~21). 나오미는 오히려 하나님의 선하심을 확증하고 있다(1:6). 나오미나 룻은 결코 하나님께 어리석은 질문을 하거나 신세를 한탄하면서, 태어난 생일을 원망하거나 자살이라도 하겠다는 생각은 하지 않았다. 평범한 촌부들이라고 할 수 있는 나오미와 룻, 그들이 보여 주는 평범한 일상생활을 통한 신앙의 비범함을 우리가 배울 수 있으면 좋겠다.

룻기에서 하나님은 한 가정의 일상생활, 평범한 사건들의 진행과 함께 역사하시며 하나님의 계획에 따라 인도하신다. 어떤 의미에서 하나님의 직접적인 역사 간섭이나 특별한 기적 사건이나 구원 행동은 룻기에서 숨겨져 있다. 오늘날 우리는 이러한 하나님의 현존과 행동방식에 주목할 필요가 있다. 룻기에서 나오미나 룻이나 보아스는 일상생활에 충실하면서, 열심히 자신의 계획을 세우고 실천하며, 하나님의 도우심을 믿고 있다. 그러므로 하나님께 헌신하고, 하나님께 모든 것을 맡긴다는 의미는 '세상만사 생각하니 다 헛되구나'를 구슬프게 노래하면서 일상의 생활을 내팽개치고, 아무것도 생각하지 않으면서 하나님의 기적적인 간섭만 기다린다는 의미가 아니다. 우리는 하나님께서 주신 믿음과 이성을 조화롭게 사용하여, 최선을 다해 일상생활에 충실함으로써 하나님의 역사에 동참할 수 있을 따름이다.

룻기는 다시 한 번 야웨를 따르는 진정한 신앙은 무엇보다 가정이라는 일상의 삶을 통해 드러나는 것임을 말해 준다. 하나님의 일은 가정 안에 있으며 밖에 있지 않다. 가정을 소홀히 생각하고, 가정의 살림과 아이를 낳아 기르는 일과 가정의 역사와 전통을 무시하는 태도는 성경이 말하는 진정한 신앙의 모습이 아니다. 왜 하나님의 일을 하지 않고 가정에서 썩고 있느냐는 말을 듣는 경우가 있는데, 이것은 특별한 예외의 경우에 해당되는 질책이 될

지는 몰라도, 정상적인 성경적 신앙인의 생각은 아니다. 하나님은 가정을 통해 위대한 일을 계획하시고 실행하신다는 것이 룻기 신학의 오늘을 향한 적용이라고 생각한다. 누가 누구를 낳고, 낳고 하는 성경의 족보 신학은 오늘같이 출산율이 떨어져 가는 한국 사회에서 하나님의 신실한 사람들의 '출산'이 얼마나 하나님 나라의 역사를 이루어 나가는 데 중요한가를 새삼 깨닫게 해 준다.

무엇보다 하나님에 대한 신앙과 사랑은 또한 가족 간의 정(情)과 신실함으로써 증거되는 것을 알아야 한다. 가족 식구와 일가친척 사이에 반목불화하며, 집밖으로 뛰쳐나가서 하나님의 일을 하고 하나님의 은혜와 도움의 역사를 기대한다는 것은 어불성설이다. 그래서 바울 사도는 말하길 "누구든지 자기 친족 특히 자기 가족을 돌보지 아니하면 믿음을 배반한 자요 불신자보다 더 악한 자니라"(딤전 5:8)고 강하게 질책하였다.

룻기를 통해 우리는 하나님께서 믿음의 가정의 비극과 불행을 결코 외면하고 방치하시지 않는다는 사실을 알게 된다. 하나님은 환난 당한 가정을 치유하시고 회복하게 하시며, 축복하시고 그 가정의 역사를 통해 나라와 민족, 나아가 세계를 향해 하나님의 축복을 전하게 하신다(참고 창 12:1~3). 룻기를 통한 가정 신학은 아무리 강조해도 지나치지 않다. 우리 한국 사회와 교회 안에까지 이런저런 이유와 사정 때문에, 가정이 파괴되고 가정의 기초가 흔들리고 있다. 이럴 때에 우리는 룻기를 통해 한 가정이 다시 회복되고 축복받고 나아가 하나님 나라의 역사에 동참하는 일에 있어서, 한 사람의 '지혜 있는 여인'의 역할이 얼마나 귀중한가를 배울 수 있어야 할 것이다. 이러한 관점에서, 룻기를 볼 때 구약의 여성은 남성보다 위대하다. 오늘의 '여성─신학'('여성신─학'이 아님)은 이러한 점에 주목해야 한다.

그런 측면에서 폴 하우스(Paul House)는 룻기가 잠언 31장의 '지혜있는 여인'을 구현하고 있다는 점을 경전신학적으로 지적하였으며,[13] 나아가 작은 분량의 책인 룻기에 구약정경이 말하는 야웨 신앙의 순전성과 온전성이 그대로 드러나고 있다는 것은 상상하기 어렵다고 평한 것은 일리가 있는 것이

다.[14]

　물론 룻기에서 보아스를 통한 '고엘'(기업 무를 자, 즉 구속자 또는 속량자: 영어로는 redeemer)의 신학이 룻기 신학의 또 하나의 견고한 기초라는 점(룻 4:14; 고전 6:20; 7:23; 행 20:28; 갈 3:13; 벧전 1:18~19, 참고 레 25:23~34)에 이의를 제기할 사람은 없을 것이다.

02

설교적 관점에서 본
룻기 이해

다윗 왕조의 용비어천가: 룻기

룻기의 저작 연대는 과연 언제일까? 에드워드 영(E. J. Young)은 룻기 맨 마지막에 등장하는 족보(4:18~22)에 솔로몬의 이름이 없고 다윗으로 마치는 것을 근거로 룻기의 저작 연대를 다윗 시대라고 추정한다. 그렇다면 저자가 다윗 시대에 다윗의 선조들인 보아스와 룻에 얽힌 한 가정사(a family history)를 이처럼 아름답게 기록한 목적은 무엇일까?

고대 중근동에서는 역사 기록자들이 한 왕조를 창업한 왕들의 탄생 이야기나 그 조상들의 가문에 얽힌 일화를 이야기 형식으로 기록한다. 소위 그 왕조의 창업 이념을 대중이 이해하기 쉽게 설명하는 역사 서술 방식을 종종 택하는데 바로 룻기 기자도 이와 같은 방식을 택하였다는 것이다. 이것은 마치 세조 때에 이씨 왕조의 창업 이념을 태조 이성계 이전의 조상들의 행적을 통하여 설명하려는 목적에서 기록된「용비어천가」와 같은 맥락에서 룻기를 해석하려는 태도이다. 이런 해석에 따르면「룻기」는 '다윗 왕조의 용비어천가'인 셈이다.

그렇다면 왜 이처럼 다윗 왕조의 통치 이념이라는 맥락에서 룻기를 해석해야 하는가? 그 이유는 바로 룻기 맨 마지막에 기록된 족보 부분을 룻기 해석의 핵심부분으로 인식하기 때문이다.

카일(Keil)과 델리츠(Delitzsch)는 '보아스와 룻 사이에 나온 오벳이 다윗의 조부가 되었다'(4:1~17)는 족보의 의미를 다음과 같이 해석한다. "본서는 다윗의 조상들의 가정생활을 통하여 이 위대한 왕들의 조상들이 하나님과 사람 앞에서 어떻게 의로운 생활을 하였는가를 보여 주고 있다… 그리고 그러한 조상들에게서 온 이스라엘이 충성을 다하고 경의를 최대한 표한 다윗 왕이 탄생한 것이다. 즉 다윗 왕의 통치를 드러내는 본서는 이스라엘의 고대사에서 중요한 한 부분을 차지한 족보에 대한 내면적인 면 즉 영적인 배경을 간직하고 있으며, 더 나아가 당대 역사(사사 시대)의 결론일 뿐 아니라(왕조사의) 한 출발점을 구성하는 것이다."

이처럼 구약성경 안에 자주 등장하고, 또 신약의 서두인 마태복음에서 장엄하게 다시 등장하는 족보의 구속사적 의미는 과연 무엇인가?

차일즈(B. S childs)는 그의 저서「정경 신학(*Canonical Theology*)」에서 '톨레돗'(족보, Toledot)을 수직 톨레돗(족보)과 수평 톨레돗(이야기)으로 나누며, 특히 수평 톨레돗이 담고 있는 여러 이야기들(창조 이야기, 홍수 이야기 등)이야말로 고대사를 신학적으로 해석하는 아주 중요한 부분이라고 했다. 동시에 수직 톨레돗 즉 족보는 한 시대와 다음 시대를 이어 주는 역사의 전환점으로써 깊은 신학적 함축과 연속성을 담고 있는 것이다. 그렇다면 룻기의 저자는 사사 시대가 마감되고 새로이 다윗 왕조 시대가 열리는 역사적 전환의 의미를 룻과 보아스의 아름다운 결혼 이야기와 다윗 가문의 족보를 기록함으로써 알리고 있는 것이다. 또 동시에 이 족보는 다윗의 후손으로 오신 예수 그리스도의 족보(마태복음)와 연결됨으로써 구속사적으로 메시아 왕국의 족보인 셈이다.

그러므로 우리는 룻기를 한 '가정사' 또는 한 '개인사'로만 볼 수 없다. 룻기는 '다윗 왕조사'의 관점에서 뿐만 아니라 더 장엄한 하나님의 구원사적 이야기로 우리에게 다가오는 것이다. 룻기는 장차 예수 그리스도의 구속을 통해 이루어질 하나님 나라의 다스림을 사사 시대를 배경으로 미리 보여 주는 예시적(illustrative)인 한 실례인 것이다.

따라서 룻기를 강해함에 있어 먼저 이와 같은 역사적 관점뿐 아니라 다윗 왕조사적 관점과 함께 구속사적인 관점에서 예수 그리스도 안에서 성취된 하나님 나라를 분명히 염두에 두고 설교해야 할 것이다.

종말론적인 땅의 신학과 룻기

구속사적 관점에서 우리가 주의 깊게 살펴야 할 룻기의 중심 주제는 '땅' (land)이다. 룻기에는 '기업을 무르다'라는 동사(גאל가알)가 무려 20회 나온다. 이것은 하나님께서 이스라엘에게 가나안 땅을 분배해 주신 후, 그 땅의 신학적 의미를 알려 주신 희년 제도 규례(레 25장)에서 나온 용어다.

레위기 25장의 희년 제도에 따르면 한 가족의 친족은 다른 가족 구성원을 보호할 다음과 같은 의무를 가지고 있다.

- 친족의 땅이 팔렸을 때, 그것을 대신 무르거나(레 25:25)
- 그 빚을 대신 갚아 주어(레 25:27)
- 종으로 팔린 친족을 자유롭게 해 주거나(레 25:47)
- 죽은 친족의 후사를 이어 주어 그 기업을 물려받도록 해 주어야 하며(신 25장)
- 친족을 죽인 자에게 복수하는 의무를 다함으로써 친족의 보호자가 되어야 한다(민 35장, 신 19:6).

이와 같은 구약의 규례에 따르면 하나님의 언약의 땅을 회복하거나 지켜야 할 신앙적 책임은 바로 근족에게 있으며, 그 일가친척에게 하나님의 해방과 자유라는 희년의 이상을 실현해야 하는 자도 바로 '기업 무를 자'(고엘)인 근족인 것이다.

이런 측면에서 보아스는 이스라엘 공동체의 오랜 이상인 희년 공동체를 실현하는 참된 신앙인 고엘의 전형이다. 또 룻과 보아스가 낳은 오벳은 바로 땅을 상실한 나오미의 기업을 무를 자로서 다윗 왕의 표상이며 이스라엘의 고엘(구원자)의 모형이 되는 것이다.

이것은 구약에서 '여호와가 이스라엘의 고엘'이라고 고백하는 것을 염두에 둘 때 보아스, 오벳, 다윗 등은 이스라엘 역사에서 여호와의 구원을 대행하는 자로서의 의미를 갖게 된다. 다윗 왕국의 통치 이념은 바로 이 보아스처럼 이스라엘의 희년을 성취하는 것이며 그 땅의 구속자요 회복자(고엘)가 되는 것이다. 다윗 왕조의 왕들의 책무는 바로 이스라엘의 '기업 무를 자'로서 하나님의 은혜의 통치를 대행하는 데 있음을 상징적으로 보여 주는 이가 바로 보아스다. 그리고 다윗의 후손으로 오시는 예수님이야말로 진정한 희년의 성취자이며 고엘의 완성자이신 것이다.

누가는 예수님이 나사렛 회당에서 행한 첫 취임 설교에서 이사야의 예언을 인용하시며 희년을 선포(눅 4장)하시는 것을 통해 예수님이야말로 하나님의 백성들의 진정한 '기업 무를 자', '고엘', '자유와 해방의 성취자', 그리고 '구원자'이심을 명백하게 드러낸다. 이런 측면에서 룻기는 사사 시대에 이루어진 희년의 일시적 성취이며 보아스는 예수님의 구원을 미리 실행한 인물인 것이다.

이처럼 룻기가 희년의 일시적 성취라면 신약 시대의 성도들은 레위기 25장의 희년으로부터 무엇을 배워야 하는가?

첫째, 사회 정의이다. 희년에는 토지나 재산을 본래의 소유주에게 돌려주었다. 이는 모든 것이 하나님의 소유이기 때문이다. 오늘날에도 우리 그리스도인들은 땅과 그 모든 소유를 관리하는 청지기일 뿐이다. 따라서 우리는 하나님의 선하신 뜻대로 우리의 물질을 사용해야 한다.

둘째, 참된 예배이다. 희년은 안식일과 안식년의 확장이다(3절 이하). 우리가 드려야 하는 참된 제사는 무엇일까? 선지자는 '하나님께서 자비를 원하고 제사를 원치 않으신다'(호 6:6)고 말했다. 희년에 베푼 자비가 오늘날 그리스도인들에게도 적용되어야 한다(롬 12:1).

셋째, 선행이다. "네 이웃을 네 몸같이 사랑하라"(레 19:18)는 말씀은 '희년 법'에 담겨 있는 도덕적 윤리다. 신약도 역시 부자에게는 가난한 사람에게 자신의 소유물을 나눠 주어야 할 의무가 있음을 말하고 있다(요일 3:17, 약 2:15 이하). 이스라엘 백성은 가나안 땅에서 "나그네요 우거하는 자"(23절)였다. 마찬가지로 그리스도인들도 이 땅에서는 '외국인이고 나그네'로서 '하나님께서 설계하고 세우신' 또 다른 도성을 바라보며 살아야 한다(히 11:10). 따라서 그리스도인들은 먹고 마시는 일보다 이웃을 사랑하라는 하나님의 뜻을 먼저 행해야 한다(레 25:18 이하, 마 6:25 이하).

넷째, 메시아의 예표(그림자)이다. 나사렛에서 예수님은 '포로된 자에게 자유를 선포하러 이 땅에 왔다'(참고 눅 4:18~19; 사 61:1)고 말씀하셨다. 여기에서 '자유를 선포하다'는 말은 히브리어로 '데로르'이다. 이 단어는 레위기 25:10에서 사용되었다. 희년은 가나안 땅에 이스라엘의 자유를 공포한 해였다. 이는 그리스도께서 이 땅에 오셔서 억눌린 사람을 풀어 주고 포로된 자에게 자유를 주실 것에 대한 예표였다. 희년은 애굽에서 해방된 것을 회상시키는 것일 뿐만 아니라(레 25:38, 55), '만물이 새롭게 되는 새 하늘과 새 땅'과 함께 도래할 메시아의 초림과 재림에 대한 그림자였다(행 3:12, 벧후 3:13).

이처럼 룻기 해설에 있어서 '가나안 땅의 희년 규례'가 중요한 주제라면, 성경 전체에서 땅이 차지하는 신학적 의미는 과연 무엇일까?

월터 브루그만(Walter Brueggemann)은 그의 저서 「성서로 본 땅」(*The Land*)에서 "땅은 하나님의 은총의 선물이며 약속이며 도전으로써, 성경은 크게 (1) 땅으로 이끄는 약속의 이야기(족장사와 가나안 정착사), (2) 땅에서 쫓겨나는 이야기(왕정사와 포로기), (3) 예수 그리스도의 십자가와 부활을 통한 새 하늘과 새 땅으로의 회복 이야기(신약)로 이루어져 있으며, 종말론적으로 '땅의 상실'은 '십자가'로, '땅의 회복'은 '부활'로 완성된다"고 보았다. 이제 땅은 예수 그리스도 안에서 '하나님의 은혜로운 통치의 영역'이라는 새로운 종말론적인 의미를 갖게 된 것이다.

그렇다면 룻기 1장에 나오는 '땅의 상실'에 대한 모티브(나오미의 귀환)와 룻기 4장의 '땅의 회복'에 대한 모티브(오벳의 탄생)는 둘 다 예수 그리스도 안에 있는 '십자가의 죽음'과 '부활'을 예표하는 사건이 되는 것이다. 사사 시대의 이스라엘의 불신앙과 그 결과인 기근으로 인하여 모압에서 재앙을 만나 '땅의 상실자'로서 홀로 귀환하는 나오미의 모습은 '예수 그리스도의 십자가의 대속적 죽음'을 필요로 하는 타락한 인간(人間)의 비참한 현실을 보여 주며, 보아스의 기업 무름으로 인하여 태어난 오벳을 안고 기뻐하는 성문 앞의 나오미(땅의 회복자)의 모습은 '예수 그리스도의 부활'의 은총을 기뻐하는 하나님의 백성들의 예표적인 모습인 것이다.

그렇다면 이와 같은 '땅의 신학'은 오늘의 목회 현실에서 어떻게 해석 적용될 것인가? 브루그만은 '땅의 신학'을 그의 삶의 자리인 미국의 현실에 응용한다. 브루그만에 따르면 오늘날의 현대화되고 산업화된 세계에서는 개인이나 집단이나 할 것 없이 과도한 탐욕 추구로 인해 땅으로부터 유리된 뿌리를 상실하고 고향을 상실한 삶 곧 도덕적인 무질서가 중심을 이루는 삶을 강요당한다. 땅의 본질로부터의 이탈은 인간의 삶을 파괴하는 결과를 가져오며 더 나아가서 인간 정신의 위기를 초래한다. 즉 우리 현대인은 모두 나오미라는 것이다.

브루그만의 이러한 현실 진단은 오늘의 우리나라에도 그대로 적용된다고 볼 수 있다. 우리나라에서는 최근 몇 년 사이에 땅에 대한 문제가 모든 사람들에게 가장 중요한 관심사가 되었다. 우리가 잘 아는 것처럼 부동산 투기의 과열로 인하여 대부분의 땅이 소수의 상류 계층에 독점되어 있다. 아울러 토지 소유의 집중과 토지 가격의 상승은 천문학적인 액수의 불로소득을 낳고 그 결과 경제적인 불평등이 심화되면서 무엇인가를 빼앗긴 듯한 박탈감에 빠져드는 백성들이 갈수록 늘어가고 있다.

땅을 관리할 자격이 없는 자들의 탐욕으로 인해 집이나 땅이 없는 자들의 고통과 탄식이 날로 커져가고 있다. 이것은 인간 내부의 본질적인 타락과 죄악이 시대적 특징으로 모습을 드러낸 이 땅의 현실이며 우리 시대의 죄악이 반영된 사회적 현상이다.

이와 같은 현대판 죄인들과 그 멍에를 짊어진 자인 나오미들의 '땅 상실의 아픔'이 어떻게 오늘의 고엘이며 대속자이며 구원자이신 예수 그리스도를 통하여 '새 하늘과 새 땅'을 바라보는 소망으로 다시 회복될 수 있을까? 이것이 바로 우리 시대의 사회적 현실과 적응성이 있는 룻기 속의 참된 메시지가 아닐까?

오늘날 설교자들은 '땅 상실'의 현실 앞에서 나오미처럼 울부짖는 오늘날의 회중들에게 어떻게 예수 그리스도 안에 있는 하늘의 유업―새 하늘과 새 땅―에 대한 소망을 룻기를 통해 선포할 수 있을까를 고민해야 한다. 이처럼 룻기의 '땅의 신학'이라는 주제는 신학적이며 목회적이며 사회학적인 의미를 갖고 있는, 오늘날 우리 시대의 메시지인 것이다.

개인 또는 가정의 맥락에서 본 룻기

어떻게 성경 안에 기록된 유일한 구속 사건이 오늘날의 개인 또는 가정의 상황에 맞추어 해석될 수 있는가 하는 질문은 끊임없이 우리 목회자들을 괴롭히는 해석학적 질문이다.

소위 룻기에서 '기독교적인 효의 윤리'나 '부부 생활의 원리' 또는 '은혜를 받는 삶의 모델'을 살피는 것이 가능할까? 이런 태도는 소위 구속사적 성경 해석과 상반되는 것은 아닐까? 필자는 '그렇지 않다'고 생각한다. 구약의 계시는 단순히 신약의 계시의 예표나 그림자가 아니다. 오히려 신약의 복음이 구약 시대의 삶의 자리에서 예증적으로 미리 이루어진 사건(先取)인 것이다. 이 구약 성도들의 믿음에 의해 구원 사건이 미리 이루어지는 것이다.

이것을 히브리서 기자는 "믿음은 바라는 것들의 실상이요 보지 못하는 것들의 증거니 선진들이 이로써 증거를 얻었느니라"(히 11:1~2)고 말하고 있다. 구약 성도들의 믿음은 한마디로 하나님 나라의 미래(바라는 것들)의 현재화(실상)요 현실화(증거)인 것이다. 이처럼 하나님 나라는 믿음 안에서 미리 현재화되고 현실화된 실체로 우리 성도들의 삶 속에서 미리 이루어지는 것이다.

믿음 안에서 앉은뱅이가 새 하늘과 새 땅에 뛰게 될 것은 앉은뱅이가 미리 뛰며, 소경이 미리 눈을 뜨고, 죄인이 미리 죄사함을 받으며, 문둥병자가 어린아이 피부처럼 변하고, 포로된 자가 자유자로, 땅을 잃은 자가 땅의 회복자로, 절망이 소망으로, 죽음이 새 생명으로 변화하는 것이다.

따라서 구약의 구원 사건은 구속사적인 차원에서 단순히 예언이나 예표나 그림자로써 신약적 성취의 보조 역할만 하는 것이 아니라 오히려 '종말론적인 되돌아옴'(eschatological retrograde)이요 '미리 취하여진 증거'(preoccupied example)로써 실체화된 복음 그 자체인 것이다.

따라서 구약의 사건 속에서 보이는 구약 성도들의 개인적인 반응이나 믿음의 자세, 구약 시대 공동체의 삶의 원리 또는 시편 등에서 보이는 것처럼 구약 성도 개인의 깊은 내면적인 심리적 반응 등은 모두 하나님의 다스림에 대하여 시대나 개인의 삶의 자리에 따라 각기 다른 형태로 나타난 것이다. 그러나 그렇다 할지라도 그 안에 숨어 있는 보편적 신앙의 원리는 동일한 것이다.

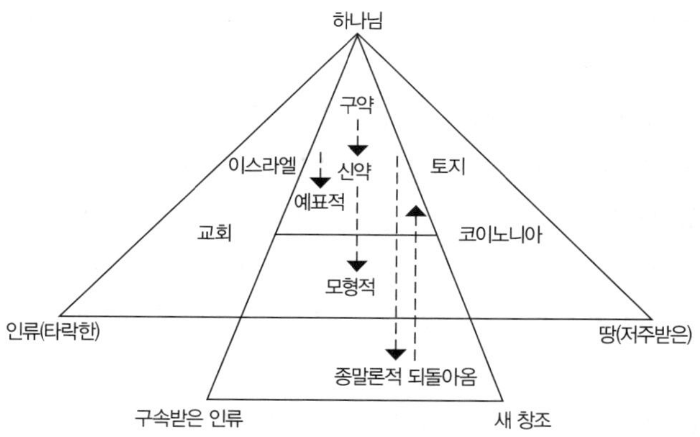

1. 범형적 해석(paradigmatic interpretation)

이 보편적 원리를 오늘의 시대에 적용하는 방식도 여러 가지인데 먼저 유니온 신학교의 구약학 교수인 캐서린 두웁 자켄펠드(Katherine Doob Sokenfeld)는 그의 룻기 주석 「현대성서주석 룻기」의 '해석학적 신학적 후기'에서 룻기에 나오는 베들레헴 공동체를 오늘의 전인류가 지향해야 할 평화 공동체의 모델로 제시하며 소위 범형적 해석을 강조한다. 이 해석은 구속의 원리는 창조 원리의 핵심이며, 창조 원리는 구속 원리의 확장이라는 세계관적 전제 하에서 구속사의 원리는 인류 보편사의 규범적 원리로 적용한다는 것이다. "성경의 룻기 이야기와 오늘 우리의 불완전한 세계 사이에 연속성이 있음을 깨닫는 것이 우리가 취해야 할 적절한 첫 단계다. 우리가 성경의 율법적 규정을 특별한 판례법을 넘어서서 신학적으로 해석하는 것처럼 특정한 사회적 구조를 넘어서서 중요한 원리들을 보는 것이다. 이 관점으로부터 보면 룻기는 인간 공동체에 대해 성경이 제시하는 기본적인 여러 주제들을 구현하고 있음을 알 수 있다."

그리고 자켄펠드는 룻기를 통해 발견되는 인류 공동체적 주제를 다음의 네 가지로 요약한다.

- 인류 공동체는 굶주린 자들을 먹여야 할 책임이 있다(베들레헴 공동체).
- 외로움과 절망 가운데 있는 자들을 무시해서는 안 된다(룻).
- 자녀들과 함께 노인도 돌봄을 받아야 한다(나오미).
- 도시 변두리에 있는 자들을 중심에 들어오도록 적극적으로 나아가야 한다(보아스).

요약하면 하나님께서 룻기를 통하여 인류 공동체가 평화 공동체로 전환되어야 할 것을 오늘날의 사회에도 요구하신다는 것이다.

2. '크리스천의 삶의 양식'(life style)의 발견

노옴 웨이크 펠드(Norm Wakefield)는 그의 저서 「이스라엘에서 온 남자, 모압에서 온 여자」에서 '고엘'이라는 단어에 주목한다. "주님은 자기 백성을 사랑으로 돌보는 한 방법으로 구약에 중요한 원리를 심어 놓으셨다. 그것은 '친족 무를 자'(고엘)의 개념이다."

그것을 정리하면 다음과 같다.

사회적 맥락 - 누군가를 속박이나 억압에서 자유롭게 해 주는 것이다.
심리적 맥락 - 두려움이나 불안에서 해방시키는 것이다.
종교적 맥락 - 죄의 속박에서 구원받게 하는 것이다.

'고엘의 삶의 양식'을 보아스가 가진 것처럼 오늘날의 그리스도인들도 그와 같은 '무르는 삶의 양식'(Kinsman redeemer life style)을 지녀야 한다고 주장한다. 그는 이와 같은 삶의 양식이야말로 주님의 삶의 양식이며, 이 양식을 통하여 그리스도인 남녀관계와 가정 그리고 교회 공동체가 하나님의 공동체로 변화된다고 보았다. 특히 그는 결혼 생활과 교회 공동체 생활에 이 원리를 적용시켜 목회적이며 실제적인 상담 신학적 접근을 하고 있다.

3. 신학적 주제: 헤세드

룻기에서 우리가 결코 놓칠 수 없는 아주 중요한 신학적 주제가 있다. 이 주제는 지극히 신학적이며 영성적인 주제이고 동시에 목회적인 주제다. 즉 룻기의 핵심적인 주제는 바로 '헤세드'라는 단어로 압축된다. 이 단어는 비록 룻기에서 세 번 밖에 쓰이지 않았지만, 이것은 메시아 왕조와 그 통치 이념의 핵심이요 기원인 개념이다.

룻의 나오미에 대한 헤세드(자비), 그리고 보아스의 헤세드를 통하여 하나님의 헤세드가 온 이스라엘 공동체와 다윗의 집안과 그 후손 예수 그리스도를 통해 온 세상에 실현되는 것을 우리는 발견할 수 있다(1:8, 2:20, 3:10).

먼저 이 '헤세드'에 의해 다윗의 가문의 조상 '오벳'이 탄생하였다. 즉 메시아 왕조인 다윗 왕조의 성립의 기초가 바로 '하나님의 헤세드'였던 것이다. 다윗 왕국은 하나님이 보아스를 통하여 룻과 나오미에게 헤세드를 베푸셨기 때문에 탄생한 것이다. 그러므로 다윗 왕국의 태생적 본질은 바로 '하나님의 인애' 그 자체인 것이다.

다윗 왕국의 완성자인 예수 그리스도는 바로 이 헤세드 왕국을 세우러 이 땅에 오신 것이며, 그것을 완성하러 다시 이 땅에 오실 것이다. 여기서 보아스와 룻은 나오미에게 '인애를 베푼 자'로 나오는데, 이들은 오늘날 우리 그리스도인들의 삶의 모델인 셈이다.

이 헤세드의 삶을 통하여 개인이 구원받고, 가정이 거룩해지며, 하나님 나라가 세워지고, 그 거룩한 통치가 온 세계에 이루어지는 것이다. 한마디로 신·구약성경에 나타난 하나님 나라의 원리 ─ '수신제가 치국평천하'의 원리 ─는 바로 '자비'(hesed)인 것이다. 이것이 바로 신약 성경의 가장 큰 계명인 '아가페'요 '원수 사랑'이요 선한 사마리아인 비유를 통하여 보여 주신 예수님의 이웃사랑의 원리인 것이다.

하나님 나라의 중심을 꿰뚫고 흐르는 이 헤세드의 원리를 개인과 가정, 또 모든 교회 공동체가 종말론적인 인류 공동체의 원리로 받아들일 때, 이 땅 위에 하나님 나라가 이루어지는 것이다.

맺는 말

룻기는 '통치권', '후손', '땅'이라는 하나님 나라의 세 요소 중 '통치권'과 '땅'의 개념을 그 중심에 두고 있다. 이 가운데 다윗 왕조를 통해 나타나는 하나님의 '통치권'은 '헤세드'의 개념으로 룻기에서 명백히 드러나고 있으며, '땅'의 신학은 '기업 무를 자 보아스'를 통한 희년의 성취로 나타난다.

'베들레헴 공동체(평화공동체)의 모델', '고엘의 삶', '희년의 실천'이라는 주제는 오늘날 우리 성도들의 삶의 자리에 직접적으로 연관성을 갖는 주제로서 탁월한 상황적 적응성(contextual relevance)을 갖고 있다.

룻기를 목회자의 입장에서 이와 같은 다양한 해석학적 지평을 갖고 접근한다면 룻기는 더 이상 '그때 거기'의 이야기가 아니라, '지금 이곳'의 살아 있는 메시지로 오늘날 우리에게 다가올 것이다.

03

룻기의 신앙관:
하나님이 침묵하실 때

'당신은 어떤 신앙을 소유하고 싶으십니까'라고 묻는다면, 아마도 대부분의 사람들은 주저하지 않고 다음과 같이 대답할 것이다. 언제든지 기적을 행하고, 기도하는 대로 무엇이든지 실행되는 능력으로 가득한 믿음이라고 말할 것이다. 왜냐하면 평소에 이러한 신앙이 훌륭한 믿음이요 성도들이 갈망해야 할 것으로 배웠기 때문이다. 물론 이 세상에서 하늘나라의 백성으로서 살아가는 데는 이처럼 능력이 함께하는 신앙이 많은 도움을 줄 것이다. 그러기에 이러한 믿음을 갈망하고 간구하는 데 대하여 부정적으로 말할 수만은 없을 것이다. 그러나 우리는 한 번쯤 이러한 믿음이 바람직하고 고귀한 것인가라는 질문을 해 보아야 할 것이다. 어쩌면 이러한 시각은 성경과 오랜 전통의 기독교적 가치관에서 비롯된 것이 아니라 이벤트를 중심으로 한 교회 공동체와 성공주의 신앙관에서 비롯된 것이 아닐까? 이같은 가능성을 전적으로 배제할 수 없는 이유가 있는데, 그것은 기독교 서적들의 주제와 여기서 사용하는 용어들의 변화에서 그 근거가 될 만한 증거들을 목격할 수 있기 때문이다.

그리스도의 길을 싫어하는 그리스도인

20세기 전반까지만 해도 기독교 서적들은 포기(surrender), 희생(sacrifice), 노예(slave), 자기부인(self-denial) 등 매우 강한 헌신을 요구하는 단어들을 서슴없이 사용했지만, 현대로 접어들면서 이러한 개념들은 종(servant), 서약(commitment), 자기인식(self-actualization) 등으로 대치되었다. 물론 사람들에게 혐오감을 주는 개념들을 덜 자극적인 것들로 대치했다고 말할 수도 있겠으나 일면 우리의 신앙 자세가 희석되어 가는 현상을 단적으로 보여 주는 한 사례로 볼 수 있겠다. 이러한 변화 속에서 한 가지 염려스러운 것은 고통과 희생이 어느덧 이질적이거나 부자연스러운 것들로 변해 있다는 사실이다. 게다가 믿는 사람들 중에도 이 세상에서 성공하여 물질적인 축복을 누리는 것을 당연하게 생각하는 사람들이 태반이다. 그러다 보니 상당수의 교인들이 자신도 모르는 사이에 고통과 희생을 통하여 하나님의 역사에 동참하는 것을 혐오하게 되었으며, 오히려 세상적인 승리와 성공이야말로 성경적인 삶의 지침인양 이것들을 보듬어 안고 있다.

승리주의자들과 성공병자들이 자리를 점차 메워가고 있는 현대 교회에 과연 룻기는 어떠한 신앙관을 제시해 주고 있을까? 그야말로 룻기는 이러한 세상에 상반되는 가치관과 삶을 권면하고 있다. 실패는 승리주의에 젖어 있는 성도들에게 성공만큼이나 소중하며, 인간의 실패는 하나님의 섭리가 한 드라마로 펼쳐지는 역사의 무대 위에서 성공만큼이나 중요한 요소임을 룻기는 증언하고 있다. 룻기는 역사를 주관하시는 하나님 앞에 성공병을 앓고 있는 인간의 성패 여부는 중요치 않음을 말한다. 다만 삶에서 좌절을 맛보았을 때 어떻게 대응하느냐가 중요하다는 것을 역설하고 있다. 아울러 이러한 맥락에서 룻기는 성도들의 바람직한 신앙은 무엇이며, 성도들이 진정으로 갈망해야 할 믿음은 어떤 것인가에 대한 정의를 내리고 있다. 룻기에 의하면, '가장 훌륭한 신앙'은 이적과 즉흥적인 기도 응답을 동반한 능력 있는 믿음이 아니라 지속되는 삶의 좌절과 하나님의 오랜 침묵을 체험하면서도 그분에 대한 신뢰를 버리지 않는 것이다.

침묵하시는 하나님

전통적으로 룻기는 학자들 사이에서 성경 중 가장 짜임새 있는 단편(short story)으로 취급된다(Campbell, 참고 Dante; Goethe). 룻기는 전체가 85절로 구성되어 있는 매우 짧은 책이며, 그 어느 성경책보다도 대화(dialogue)를 효율적으로 사용하는 책이기도 하다(Gunkel). 책 전체가 85절에 불과하지만, 45절이 대화로 구성되어 있다. 플롯 전개와 발전이 거의 모두 대화 부분에서 진행된다. 그러므로 등장 인물들 간의 대화를 주시하고 평가하는 것은 이 책의 메시지를 해석하는 데 필수적이다.

이미 언급한 것처럼 룻기는 85절로 이루어져 있으며 이 중 23절은 하나님에 대하여 언급하고 있다. 여기 하나님에 대한 언급들 중 둘(1:6; 4:13)을 제외하고는 모두 인물들의 입술에서 발견된다. 즉 등장 인물들이 주고받는 대화 속에서 하나님의 이름이 끊임없이 언급되고 있는 것이다. 대화부분이 45절에 달하며 그중 약 1/2의 구절들이 하나님을 언급하고 있으며, 책 전체의 1/4이 직간접적으로 하나님과 그의 역사에 대하여 증언하고 있다.

실제적으로 룻과 나오미의 여정에서 결정적인 순간들에는 꼭 하나님의 축복이 언급 된다. 룻이 시어머니를 따라 베들레헴으로 이주해 온 후 처음으로 이삭을 주우러 밭에 나갔다가 보아스를 만났을 때(물론 첫 만남이었다), 보아스는 서슴없이 "여호와께서 네 행한 일을 보응하시기를 원하며 이스라엘의 하나님 여호와께서 그 날개 아래 보호를 받으러 온 네게 온전한 상 주시기를 원하노라"(2:12)라고 하며 룻을 위로했다. 저녁에 보리를 잔뜩 안고 돌아온 룻에게 자초지종을 들은 나오미는 "여호와의 복이 그에게 있기를 원하노라 그가 생존한 자와 사망한 자에게 은혜를 베풀기를 그치지 아니하도다"(2:20)라고 하며 하나님에 대한 자신의 자세의 변화를 뜻하는 발언을 하고 있다.

시어머니의 권고에 따라 목욕재계한 룻이 타작 마당에서 자고 있던 보아스를 찾았을 때, 보아스는 감동하여 "내 딸아 여호와께서 네게 복 주시기를 원하노라 네가 빈부를 물론하고 연소한 자를 좇지 아니하였으니 너의 베푼 인애가 처음보다 나중이 더하도다"(3:10)라고 위로하며 "여호와의 사심으로 맹세하노니 내가 기업 무를 자의 책임을 네게 행하리라"(3:13)고 약속했다. 모든 일이 잘 풀려서 룻이 보아스와 결혼하여 아들을 낳았을 때, 소식을 들은 동네 아낙네들은 기뻐하며 모든 영광을 여호와께 돌렸다. "찬송할지로다 여호와께서 오늘날 네게 기업 무를 자가 없게 아니하셨도다"(4:14).

이처럼 등장 인물들은 룻의 주변에서 끊임없이 하나님의 역사와 축복에 대하여 찬양하고 있다. 그러나 하나님께서는 정작 주인공 룻에게는 침묵하실 뿐이다. 특이하게도 룻기에는 성경의 다른 곳에서 하나님의 뜻을 알리는 수단으로 흔히 등장하는 계시 하나 없다. 심지어 선지자들을 통한 말씀 한마디조차도 없다. 물론 하나님께서 룻이 새로운 일원이 된 공동체의 지체들을 통하여 자신의 뜻을 지속적으로 계시하시고 확인하시기에 룻이 공동체의 음성을 통하여 하나님의 뜻을 분별할 수 있었을 것으로 결론지을 수도 있겠다. 그러나 룻기에 기록된 대부분의 사건이 약 6주간의 짤막한 시간 내에 진행되었다는 점을 고려할 때, 룻이 스스로 그러한 분별력을 이미 터득했을 확률은 그리 높아 보이지 않는다. 그러나 한 가지 확실한 것은 저자는 하나님의 침묵을 통하여 주인공이 보거나 의식할 수 없는 곳, 즉 역사 무대의 뒷편 (behind the scene)에서 모든 것을 간섭하시고 조정해 나가시는 하나님의 사역을 노래하고자 했다는 것이다. 그러한 원리가 다음 장에서 더욱 확실하게 드러난다.

보이지 않는 하나님

룻기는 역사(歷史) 무대의 뒷편에서 역사(役事)하시는 하나님을 잘 묘사하고 있다. 주인공 룻과 함께하시는 하나님이 책 안에서 보이지 않는 것도 아니다. 그러나 등장 인물들의 입술을 통해서 끊임없이 찬양을 받으시는 하나님의 이름과는 대조적으로 하나님의 직접적인 개입이나 역사하시는 손길은 보이지 않는다. 하나님의 역할이 지속적으로 매우 은밀한 것으로 묘사되고 있을 뿐이다. 내레이터(narrator) 또한 의도적으로 하나님에 대한 언급을 피하는 듯하다. 앞서 언급한 것처럼 그는 하나님에 대하여 겨우 두 차례 말할 뿐이다. 게다가 분명한 것은 얼마든지 하나님의 섭리와 인도하심으로 해석될 수 있는 일들마저도 우연, 또는 인간의 행동의 결과로 묘사하고자 하는 것이 저자의 의지인 듯하다.

보아스는 타작 마당으로 그를 찾아온 룻에게 하나님의 이름으로 맹세하며 기업 무르는 문제를 해결하겠다고 약속했다(3:13). 문맥을 파악해 보면 기업을 무르는 일에 있어서 보아스보다 우선권을 지닌 자가 있으니 이 일의 결과는 결국 하나님의 인도하심에 달려 있다는 뉘앙스가 짙다. 그러나 사건의 전말을 듣고 난 나오미는 "내 딸아 이 사건이 어떻게 되는 것을 알기까지 가만히 앉아 있으라 그 사람이 오늘날 이 일을 성취하기 전에는 쉬지 아니하리라"(3:18)고 말함으로써 마치 일의 결과가 전적으로 보아스의 노력에 달려 있는 것처럼 발언하고 있다. 하나님의 주권을 인간의 일상생활에 숨기고자 하는 저자의 노력이 감지되는 순간이다.

사건 전개에 있어서 하나님의 개입을 최대한 가리고자 하는 저자의 의도가 극적으로 묘사되는 곳이 있다. 룻은 시어머니와 함께 베들레헴에 도착한 직후 추수하는 밭을 찾아다니며 이삭을 주우러 다니기 시작했다(2:2). 일을 시작하자마자 그녀는 보아스의 밭에 이르렀다(2:3). 물론 보아스가 남편의 집안과 어떤 관계를 형성하고 있는지를 모르는 상황에서였다. 앞으로 룻과 보아스 사이에 있을 일을 감안할 때 이 사건은 하나님의 섭리와 간섭이 이루어 낸 숙명적인 만남의 서곡이었다. 어느 누가 보아도 하나님의 개입을 찬양하는 간증적인 언급이 적절하다고 여겨지는 곳이다. 그러나 저자는 하나님의 간섭에 대한 찬양은 고사하고 룻이 보아스의 밭에 이르게 된 것을 우연히

되어진 일로 묘사하고 있다(2:3).

룻기가 주는 믿음의 정의

저자가 이처럼 의도적으로 하나님의 모습을 가리고자 하는 것에는 어떤 의도가 숨겨져 있는 것일까? 그것은 무엇보다도 우리가 성도로서 추구해야 할 바람직한 믿음의 모형을 제시하기 위함이다. 이미 언급한 것처럼 사람들은 흔히 참신하고 훌륭한 신앙이란 뜨거운 기도로 허다한 이적을 이루며 하나님의 임재를 뜨겁게 체험하는 능력으로 가득한 믿음 생활로 정의한다. 그러다 보니 기도해도 원하는 대로 응답 받지 못하면 어느 누구든 믿음 없는 자로 단정되기 일쑤다. 그러나 룻기는 이러한 정의에 완전히 상반되는 입장을 표명하고 있다. 참신하고 바람직한 믿음은 이적과 능력으로 가득 찬, 심지어는 기도하는 대로 모든 것이 이루어지는 기적을 늘 동반하며 살아가는 그런 신앙이 아니라 오히려 아무런 이적과 능력이 나타나지 않는다 할지라도 끝까지 하나님의 섭리와 인도하심을 믿으며 의지하는 믿음이라고 외치는 것이다.

생각해 보면 이러한 룻기의 믿음에 대한 정의가 타당함이 역력하게 드러난다. 믿음을 지키며 사는 것이 가장 쉽게 여겨지는 때가 언제인가? 모든 것이 기도하는 대로 이루어지는 때가 아닌가? 이럴 때일수록 기도하기도, 믿음을 유지하기도 쉽다. 모든 것이 기도하는 대로 잘 되는데 뭐가 어렵겠는가? 하나님의 능력이 끊임없이 이적으로 일어나는데 무엇 때문에 그분의 신실하심을 의심하겠는가? 삶이 이러한 일들로 가득하다면 믿음이 연약한 자들도 얼마든지 신앙생활을 지속할 수 있을 것이다. 그것도 아주 훌륭하게 말이다. 반면 신앙인으로서 기도하며 사는 것이 가장 어렵고 부담스러울 때는 언제인가? 모든 것에 실패하고 하나님께 기도해도 전혀 응답 받지 못하는 것처럼 느껴질 때가 아닌가! 아무리 간구해도 아무리 울부짖어도 이적은커녕 하나님의 간섭으로 간주될 수 있는 일이라곤 전혀 일어나지 않는 것 같을 때가 하나님의 백성으로 살기가 가장 버거운 때이다.

별다른 변화가 없는 평범한 삶의 현장에서 하나님을 의지하고 살아간다는 것은 결코 쉬운 일이 아니다. 이럴 때일수록 하나님께 드리는 기도는 형식적이거나 중언부언하는 기도가 되기 쉽고 하나님의 개입과 인도하심이 다른 사람들의 이야기로 들리기 십상이다. 하는 일마다 계획하는 것마다 실패에 실패를 거듭할 때에는 더욱더 그렇다. 하나님께서 내가 정성을 다해 간곡히 드리는 기도마다 모두 무시한다는 느낌이 들 때는 더욱 견디기 힘들다. '하나님께서 정녕 나를 버리셨는가', '나는 더 이상 하나님의 자녀가 아니란 말인가' 등의 질문을 피해갈 수도 없다. 이러한 질문들은 신앙생활에 대한 일상적인 범위를 초월하여 하나님과 우리의 관계에 대한 가장 기본적인 확신까지 뿌리째 흔들어 버릴 수 있는 마력을 지니고 있기에 매우 위험하다.

아마도 룻은 이러한 질문들을 마음속에 새기며 살아왔을 것이다. 결혼하여 남편과 시댁 식구들에게 여호와 하나님에 대하여 알게 되고 개종한 후 누린 행복도 잠깐, 순식간에 남편을 포함한 시댁 식구들과 사별했다. 순식간에 버려진 생명이 되어 버린 시어머니의 손을 잡고 남편의 고향 베들레헴을 찾아오는 룻의 심정은 착잡하기만 했다. 그녀의 마음은 새로이 알게 된 여호와 하나님에 대한 숱한 질문들로 수놓아져 있었다. 특히 자신과 여호와를 경외하고 사랑하던 시댁의 운명이 왜 이렇게 되었는가에 대하여 많은 혼란을 겪고 있었다. 그러나 그녀는 그러한 정황 속에서 좌절하기는커녕 오히려 모든 의구심을 전능자 하나님의 주권에 맡기고 그분을 전적으로 신뢰하는 마음으로 남편의 고향을 찾았다(참고 2:12). 그녀에게는 이 책의 저자가 가장 선호하고 갈망하는 믿음이 있었던 것이다. 하박국 선지자의 말을 빌리면 룻은 진정으로 "비록 무화과나무가 무성치 못하며 포도나무에 열매가 없으며 감람나무에 소출이 없으며 밭에 식물이 없으며 우리에 양이 없으며 외양간에 소가 없을지라도 나는 여호와를 인하여 즐거워하며 나의 구원의 하나님을 인하여 기뻐하리로다"(합 3:17~18)라고 확신하는 신앙의 소유자였던 것이다.

믿음의 두 버팀목

무엇이 룻으로 하여금 믿음을 소유할 수 있게 했을까? 저자는 '남에 대한 각별한 배려'와 '개인적인 신실함'이라는 두 가지 요소가 그녀의 신앙의 버팀목이 되었다고 결론 내린다. 남편이 죽은 후 자신의 생계를 유지하는 것조차도 어려울 수밖에 없었던 룻이 홀로된 시어머니 나오미를 돌보아야 할 책임은 없었다. 간혹 어떤 주석가들이 주해 속에서 룻의 동서 오르바가 시어머니를 버리고 떠난 것을 비난하는 설명을 읽게 되곤 한다. 그러나 룻기의 저자는 어떠한 방법으로도 그녀의 행위를 비난하지 않는다. 이는 룻기가 강조하고자 하는 포인트는 이러한 내용이 아닐 뿐 아니라 오히려 정상적으로 생각하고 행동하는 자는 당연히 오르바처럼 행했을 것임을 시사하는 것이다. 나오미도 이러한 시대적 정황을 잘 파악하고 있었기에 자부들이 떠나가더라도 축복할 의향이었다. 그러기에 룻이 자신의 미래까지 포기해 가며 홀로된 시어머니를 보살필 것을 결심하고 행동으로 옮긴 것은 더욱더 아름답고 소중한 것으로 빛나는 것이다. 저자는 이러한 룻의 행위를 '자비' 또는 '인애'(헤세드)로 정의한다. 즉 인애는 서로에게서 요구되는 책임의 한계를 초월해서 은혜를 베푸는 것이다. 예컨대 다른 사람에 대한 의무가 100이라면 인애는 130을 실행하는 것이다. 물론 내가 100만 베풀더라도 그 누구도 나를 비난할 수 없다. 나의 책임과 의무를 완수했기 때문이다. 인애는 이처럼 우리의 의무를 초월해서 남을 배려하고 은혜를 베푸는 것이다.

베들레헴을 찾은 나오미와 룻을 환대하는 보아스의 자비는 룻의 인애 만큼이나 아름다운 빛을 발한다. 보아스는 하나님의 복을 빌어 주는 것 등으로 이들을 위로했고 심지어는 커다란 경제적인 손실을 감수하면서까지 기업을 무름으로 이들을 보살폈다. 룻기의 저자는 룻과 보아스의 삶에서 가장 중요한 요소는 '자비' 또는 '인애'(헤세드)였음을 암시하고 있는 것이다. 그들의 삶은 독자들에게 진정한 헤세드가 무엇인가를 보여 주는 실제적인 예로 두루두루 빛날 뿐만 아니라 하나님의 인간을 향한 헤세드가 어떤 것인가를 인간

관계를 통해 조금이나마 맛볼 수 있게 해 준다. 하나님의 헤세드를 갈망하는 자는 남에게 먼저 헤세드를 베풀 줄 알아야 하며, 이웃에게 헤세드를 베푸는 자야말로 진정한 믿음을 소유할 수 있다는 것이 저자의 암시된 메시지인 것이다.

룻의 참신한 믿음의 두 번째 요소는 모든 것을 하나님께 맡기고 일상생활에 충실했던 그녀의 신실함이었다. 룻기를 읽다 보면 4:17에 이르러서 룻이 훗날 이스라엘의 가장 위대한 왕이었던 다윗의 조모가 된다는 것을 알게 된다. 이 대목을 읽은 사람은 룻이 시어머니 나오미를 모시고 베들레헴을 찾았을 때에 위대한 왕 다윗의 조모, 더 나아가서 온 인류의 메시아로 오실 예수의 조상이 되어 인류에 의하여 영원토록 기억될 것을 조금이라도 짐작하고 있었을까 하는 질문을 한 번쯤은 해 보았을 것이다. 물론 룻이 초자연적인 계시의 경로를 통해서 이러한 사실을 조금이나마 알고 있었다는 것을 전적으로 배제할 수는 없다. 그러나 그녀가 사전(事前)에 자신의 미래에 대하여 무언가를 알고 있었을 가능성은 너무나 희박하기에 전혀 몰랐다고 간주하는 것이 오히려 바람직하다. 즉 룻은 여호와의 섭리에 의하여 진행될 미래의 일에 대하여 전혀 알지 못했으며 알려고 하지도 않았다. 룻과 시어머니 나오미가 당면하고 있던 생존에 대한 위협이 자신들의 힘으로 해결하기에는 너무도 버거운 현실적인 문제였기에 미래에 대한 기대와 상상이 거추장스러운 사치품에 지나지 않았을 것이다. 그러므로 룻은 오직 최선을 다해 자신에게 주어진 현실을 진실 되게, 열심히 살아갈 뿐이었다. 그렇게 살다가 그녀는 세상에 태어난 여성으로서 누릴 수 있는 가장 큰 영광을 누리게 된 것이다. 저자는 믿음이 인간의 최선을 배제하는 것이 아니라 오히려 전제조건으로 요구하고 있다는 사실을 룻의 삶을 통해서 확인하고 있다.

간혹 하나님께 자신의 미래에 대한 청사진을 보여 달라고 간구하는 사람들을 보게 된다. 심지어 어떤 이들은 기도의 은사가 있다는 사람들을 찾아가 예언기도를 받는다고도 한다. 그러나 진정한 믿음은 자신의 미래에 대하여 꼭 알아야 한다는 강박관념에 사로잡히거나 하나님께 청사진을 보여 달라고 요구하지 않는다. 룻처럼 오늘 우리에게 주어진 삶을 진실되며 열심히 살다 보면 미래는 자동적으로 자신에게 다가온다. 미래에 대한 환상을 보여 달라는 간구보다는 오늘 내게 주어진 이 순간을 최선을 다해 살아가는 열심과 신실함을 달라고 기도하는 것이 가장 바람직한 믿음인 것이다.

맺는 말

지금까지 살펴본 대로 룻기는 승리주의의 노예가 되어 있고 이벤트성에 도취되어 있는 현대 교회에 참신한 신앙생활이 어떤 것인가를 생각해 보라고 도전하는 책이다. 이적과 능력으로 벅적거리는 신앙생활보다는 거듭되는 실패와 지속되는 하나님의 침묵에도 좌절하지 않고 그분의 선하심을 믿고 신뢰하는 것이야말로 모든 성도들이 갈망해야 할 진정한 믿음이라는 것이다. 즉 아무리 노력해도 실패만 반복하게 되고, 아무리 기도해도 응답되지 않는 듯한 느낌이 엄습하더라도 역사의 주인이신 하나님을 떠나거나 배반하지 않을 뿐만 아니라 오히려 그분께 삶의 모든 것을 맡기는 자야말로 진정한 신앙인인 것이다.

아울러 룻기는 어느 시대에서나 다음과 같은 메시지를 전한다. '룻과 같이 진실하라. 보아스와 같이 자비로워라. 그러면 하나님이 너에게 복 주시리라.' 룻이 나오미 곁을 떠났다 할지라도 아무도 그녀를 비난할 수는 없었을 것이다. 그러나 그녀는 나오미를 버리지 않았다. 남편의 가정을 통해 하나님의 은혜를 체험한 그녀가 자신이 체험한 은혜를 시어머니에게 베풀기를 원했던 것일까? 그녀는 거지가 되어 시어머니를 모시고 죽은 남편의 고향 베들레헴을 찾았다. 베들레헴의 유지 보아스는 그녀의 이야기를 듣고 그냥 지나치지 않았다. 그녀를 칭찬하는 것은 물론 그녀에게 실질적인 도움이 되기를 원했다. 결국 그는 상당한 경제적인 손해를 감수하고 룻과 나오미에게 유산을 찾는 기회를 만들어 주었다. 이 모든 것을 지켜보시던 하나님께서는 이들에게 복을 주셨다.

룻과 보아스의 공통점은 둘 다 베푸는 자들이었다는 것이다. 룻은 시어머니인 나오미에게 헤세드를 베풀었으며, 보아스는 과부가 된 룻과 나오미에게 헤세드를 베풀었다. 하나님께서는 이들에게 헤세드를 베푸셨다. 여호와께서 남을 배려하고 자비 베풀기를 주저하지 않는 자들에게 더 큰 자비를 베푸신 것이다. 룻기를 통하여 하나님께서는 그를 사랑하는 공동체가 어떤 자세로 서로를 바라보며, 어떻게 서로를 도우며 살아가야 하는가를 가르쳐 주고 계신다. 우리 서로에게 자비롭자. 룻과 같이 사랑하고, 보아스 같이 인애하자. 그리하면 하나님께서 우리 모두에게 복 주실 것이다.

04

룻기를 중심으로 살펴보는
고엘 제도

고엘의 정체-'우리는 친척이다'

룻기를 읽으면, 1장과 달리 2~4장까지 보아스를 이야기 중심으로 끌어들이기 위해 애쓰는 모습을 볼 수 있다. 룻기 2장은 느닷없이 "나오미의 남편 엘리멜렉의 친족으로 유력한 자가 있으니 그의 이름은 보아스더라"(2:1)로 시작하면서, 1장의 어두운 이야기 흐름을 확 바꾸어 놓는다. 그리고 2:19~20을 보면, 룻이 낮에 밭에서 보아스를 만난 이야기를 하자 나오미가 '그 사람은 우리와 가까우니 우리 기업을 무를 자 중의 하나이니라'(2:20)고 말한다. 여기서 '기업을 무를 자'는 히브리어로 '고엘'(גֹּאֵל)이다. 보아스가 엘리멜렉의 친척이고 유력한 사람일 뿐만 아니라, 더 나아가서 엘리멜렉 집안의 '고엘'이라는 사실은 룻기에서 매우 중요한 의미를 갖는다. 그렇기 때문에 룻기를 제대로 이해하기 위해서는 '고엘'이 무엇인지 살피는 것이 중요하다.

먼저 '고엘'이라는 말이 구약성경에서 몇 번이나 나타나고 어떻게 쓰이는지를 살펴보자. '고엘'은 기본형이 '가알'(גָּאַל)이라는 동사이고, '가알'과 그 파생어들은 구약성경에 모두 118회 나온다. 가알은 다음의 단어들과 평행 관계를 이루며 함께 쓰인다.

1. 구약 성경의 고엘

1) '파다'(פָּדָה)—속량하다

- "내가 저희를 음부의 권세에서 속량하며(파다) 사망에서 구속하리니(가알) 사망아 네 재앙이 어디 있느냐 음부야 네 멸망이 어디 있느냐 뉘우침이 내 목전에 숨으리라"(호 13:14).

- "거기는 사자가 없고 사나운 짐승이 그리로 올라가지 아니하므로 그것을 만나지 못하겠고 오직 구속함을 받은 자(גְּאוּלִים게울림)만 그리로 행할 것이며 여호와의 속량함(파다)을 얻은 자들이 돌아오되 노래하며 시온에 이르러 그 머리 위에 영영한 희락을 띠고 기쁨과 즐거움을 얻으리니 슬픔과 탄식이 달아나리로다"(사 35:9~10).

- "여호와께서 야곱을 속량하시되(파다) 그들보다 강한 자의 손에서 구속하셨으니(가알)"(렘 31:11).

- "내 영혼에게 가까이하사 구속하시며(가알) 내 원수를 인하여 나를 속량하소서(파다)"(시 69:18).

2) '야샤'(יָשַׁע)—구원하다

- "네가 열방의 젖을 빨며 열왕의 유방을 빨고 나 여호와는 네 구원자(호시아), 네 구속자(고엘), 야곱의 전능자인 줄 알리라"(사 60:16).

- "저희를 그 미워하는 자의 손에서 구원하시며(호시아) 그 원수의 손에서 구속하셨고(가알)"(시 106:10).

3) '나치르'(נָצַר)—구원하다

- "딸 시온이여 해산하는 여인처럼 애써 구로하여 낳을지어다 이제 네가 성읍에서 나가서 들에 거하며 또 바벨론까지 이르러 거기서 구원을 얻으리니(나치르) 여호와께서 거기서 너를 너의 원수들의 손에서 속량하여(가알) 내시리라"(미 4:10).

4) '아자르'(עזר)-돕다

• "지렁이 같은 너 야곱아, 너희 이스라엘 사람들아 두려워 말라 나 여호와가 말하노니 내가 너를 도울 것이라(아자르) 네 구속자(가알)는 이스라엘의 거룩한 자니라"(사 41:14).

	칼(단순동사) (가알)	닢알 (수동동사)	능동분사 (고엘)	수동분사 (게울라, 게울림)	합계
창세기	1				1
출애굽기	2				1
레위기	13	7	2	9	31
민수기			8(6)		8
신명기			2(2)		2
여호수아			3(3)		3
사무엘하			1(1)		1
열왕기상			1		1
이사야	9	1	13	(1)	24
예레미야	1		1	2	4
에스겔				1	1
호세아	1				1
미가	1				1
시편	9		2		11
욥기	1		1		2
잠언			1		1
룻기	12		9	2	23
애가	1				1
합계	51	8	44(12)	14+1	118

이상에서 '가알'은 '파다', '야샤', '나치르', 그리고 '아자르'와 함께 쓰이면서 그 의미를 공유한다. 그래서 '가알'은 구속하다, 구원하다, 건져 내다, 돕

다는 의미를 갖는다. 위 도표에서 보듯이 가알은 레위기와 이사야, 룻기에 많이 나온다. 특히 '고엘'이라는 분사형이 많이 나오는 곳은 이사야와 룻기 인데, 이사야는 하나님을 고엘로 칭하는 경우가 많고, 룻기는 어려운 친척을 돕는 유력한 친척을 가리킨다.

고엘을 유력한 친척으로 볼 경우, 고엘을 이해하기 위해서는 이스라엘의 가족 제도를 먼저 알아야 한다. 고대 이스라엘은 '아버지 집'을 기본 단위로 해서 엮은 씨족 사회였는데, '아버지 집'은 한 부락 이곳저곳에 살면서 서로 돕고 사는 대가족(大家族)을 가리킨다. 대가족 구성원 수는 많을 경우 150명 정도였던 것으로 보인다. 이러한 가족 제도는 아간 이야기에서 명확하게 드러난다.

> "이에 여호수아가 아침 일찍이 일어나서 이스라엘을 그의 지파대로 가까이 나아오게 하였더니 유다 지파가 뽑혔고 유다 족속을 가까이 나아오게 하였더니 세라 족속이 뽑혔고 세라 족속의 각 남자를 가까이 나아오게 하였더니 삽디가 뽑혔고 삽디의 가족 각 남자를 가까이 나아오게 하였더니 유다 지파 세라의 증손이요 삽디의 손자요 갈미의 아들인 아간이 뽑혔더라"(수 7:16~18).

여기서 보는 대로, 이스라엘의 인구 구성을 이스라엘←지파←족속←가족(베트)←개인으로 도식화할 수 있는데, 여기서 '가족'이 바로 '아버지의 집'에 해당하는 것이다. 고엘은 이 아버지 집에서 어려운 친척을 돕는 유력한 사람을 가리킨다.

그런데 고엘이 친척 중에 형편이 어려운 사람들을 돕는 일만 하는 것은 아니다. 살해당한 친족을 위해 보복하는 사람도 고엘이라고 칭하는데, '고엘 핫담' 즉 피의 보복자라고 한다. 이런 고엘들은 보호를 받았다(민 35:11~28; 신 19:6, 12; 수 20:2~3, 5, 9).

"그러나 살인자가 어느 때든지 그 피하였던 도피성 지경 밖에 나가면 피를 보복하는 자가 도피성 지경 밖에서 그 살인자를 만나 죽일지라도 피 흘린 죄가 없나니 이는 살인자가 대제사장이 죽기까지 그 도피성에 머물러야 할 것임이라 대제사장이 죽은 후에는 그 살인자가 자기 소유의 땅으로 돌아갈 수 있느니라"(민 35:26~28).

민수기 5:5~8에서는 가족의 어른으로서 속죄금을 대신 수령하는 사람을 고엘이라고 한다.

"여호와께서 모세에게 말씀하여 이르시되 이스라엘 자손에게 이르라 남자나 여자나 사람들이 범하는 죄를 범하여 여호와께 거역함으로 죄를 지으면 그 지은 죄를 자복하고 그 죄 값을 온전히 갚되 오분의 일을 더하여 그가 죄를 지었던 그 사람에게 돌려줄 것이요 만일 죄 값을 받을 만한 친척(고엘)이 없으면 그 죄 값을 여호와께 드려 제사장에게로 돌릴 것이니 이는 그를 위하여 속죄할 속죄의 숫양과 함께 돌릴 것이니라"(민 5:5~8).

이렇게 고엘은 가족을 위해 여러 가지 일들을 했는데, 그것을 정리하면 다음과 같다.

- 친족이 잃은 재산을 구입한다(레 25:25).
- 친족 재산이 이방인에게 넘어갈 위험이 있을 때, 그것을 구입한다(레 25:32 이하).
- 법적으로는 그렇지 않다고 해도, 최측근 친족의 과부가 생계를 위해서 부동산에 의지할 수밖에 없을 때, 그 과부를 도덕적으로 지원해주어야 한다(룻 4:4 이하)
- 파산해서 종살이하는 친척을 구속한다(레 25:47 이하)
- 친족이 피를 흘릴 때, 그를 위해 보복한다(민 35:17 이하)

고엘은 이스라엘의 사회적 균형을 유지하는 역할을 한다. 이스라엘 사회는 지금보다 훨씬 공동체적이었기 때문에 한 가정이 어려움에 처하면 그것은 공동체에 지대한 영향을 미쳤다. 가족, 지파, 그리고 국가의 결속을 강화하기 위해서 고엘은 중요한 역할을 했다. 지파의 공동 생활을 깨뜨리는 일이 발생할 때마다, 고엘은 그것을 바로잡는 역할을 했다.

그런데 고엘이 해야 할 임무를 다루는 모든 성경 본문들은 그 적용 범위를 가족에게만 국한하지 않는다. 고엘은 기본적으로 이스라엘과 야웨의 관계를 전제한다. 이스라엘은 야웨의 법과 규례를 준수해야 한다(레 25:18). 야웨가 이스라엘 땅을 소유하고, 이스라엘은 거기에 '우거'한다(레 25:23). 그래서 이스라엘은 땅을 완전히 자기 것으로 소유할 수 없고, 부득이 땅을 사고 파는 경우, '땅을 무르는 것'으로 여겨서 나중에 원주인에게 땅을 돌려주어야 한다(레 25:24). 이스라엘 사람들이 하나님으로부터 부여받은 땅을 '기업'이라고 하는데, 하나님은 이스라엘 사람들이 아무리 형편이 어려워도 이 기업만큼은 보유케 하심으로써, 그들이 기본적인 생계를 유지하고 인간적인 삶을 살게 해주셨다. 이러한 이유로 고대 이스라엘 사람들은 야웨를 '고엘'로 칭한다. 그리고 이스라엘 사람들은 역사적 경험을 통해서 야웨를 그들의 고엘로 인식했는데, 출애굽기 6:6~7에 잘 드러난다.

"그러므로 이스라엘 자손에게 말하기를 나는 여호와라 내가 애굽 사람의 무거운 짐 밑에서 너희를 빼내며 그들의 노역에서 너희를 건지며 편 팔과 여러 큰 심판들로써 너희를 속량하여 너희를 내 백성으로 삼고 나는 너희의 하나님이 되리니 나는 애굽 사람의 무거운 짐 밑에서 너희를 빼낸 너희의 하나님 여호와인 줄 너희가 알지라"(출 6:6~7).

'고엘' 제도의 법규―레위기 25장

지금까지 '고엘'에 관한 어휘들과 고엘의 역할 등을 이야기했는데, 여기서는 레위기 25장이 말하는 '고엘' 제도에 대한 법규를 살피면서, 고엘 제도가 무엇인지를 자세하게 알아보려고 한다. 레위기 25장은 25절부터 고대 이스라엘 사회에서 사람이 파산하는 과정과 회복하는 절차를 자세하게 언급하는데, 네 가지 상황을 설정하면서 이야기를 전개한다. 여기서는 고엘과 연관된 첫 번째 상황과 네 번째 상황을 다루겠다.

1. 첫 번째 상황(25~28절)

〈상황〉 만일 네 형제가 가난하여 그의 기업 중에서 얼마를 팔았으면,

- 대책1: 그에게 가까운 기업 무를 자(고엘)가 와서 그의 형제가 판 것을 무를 것이요.
- 대책2: 만일 그것을 무를 사람(고엘)이 없고 자기가 부유하게 되어 무를 힘이 있으면 그 판 해를 계수하여 그 남은 값을 산 자에게 주고 자기의 소유지로 돌릴 것이니라.
- 대책3: 그러나 자기가 무를 힘이 없으면 그 판 것이 희년에 이르기까지 산 자의 손에 있다가 희년에 이르러 돌아올지니 그것이 곧 그의 기업으로 돌아갈 것이니라.

이것은 어떤 사람이 경제 상황이 나빠져서 빚을 졌는데, 그것을 갚을 수 없을 때, 자신이 소유한 땅을 일부 팔아서 그것으로 빚을 갚는 경우이다. 그 땅은 그들에게 영구히 주어진 것이기 때문에, 경제적인 이유로 다른 사람에게 팔았다고 해도 어떤 방법으로든 원주인에게 돌려주어야 했는데, 제일 좋은 방법은 고엘이 땅을 다시 사주는 것이다. 그러나 그런 경우가 많지 않았을 것이다. 고엘 제도에 관한 구체적인 언급은 룻기와 예레미야서에서 찾아볼 수 있다.

"예레미야가 이르되 여호와의 말씀이 내게 임하였느니라 이르시기를 보라 네 숙부 살룸의 아들 하나멜이 네게 와서 말하기를 너는 아나돗에 있는 내 밭을 사라 이 기업을 무를 권리가 네게 있느니라 하리라 하시더니 여호와의 말씀과 같이 나의 숙부의 아들 하나멜이 시위대 뜰 안 나에게 와서 이르되 청하노니 너는 베냐민 땅 아나돗에 있는 나의 밭을 사라 기업의 상속권이 네게 있고 무를 권리가 네게 있으니 너를 위하여 사라 하는지라 내가 이것이 여호와의 말씀인 줄 알았으므로 내 숙부의 아들 하나멜의 아나돗에 있는 밭을 사는데 은 십칠 세겔을 달아 주되 증서를 써서 봉인하고 증인을 세우고 은을 저울에 달아 주고 법과 규례대로 봉인하고 봉인하지 아니한 매매 증서를 내가 가지고 나의 숙부의 아들 하나멜과 매매 증서에 인 친 증인 앞과 시위대 뜰에 앉아 있는 유다 모든 사람 앞에서 그 매매 증서를 마세야의 손자 네리야의 아들 바룩에게 부치며 그들의 앞에서 바룩에게 명령하여 이르되 만군의 여호와 이스라엘의 하나님께서 이와 같이 말씀하시기를 너는 이 증서 곧 봉인하고 봉인하지 않은 매매 증서를 가지고 토기에 담아 오랫동안 보존하게 하라 만군의 여호와 이스라엘의 하나님께서 이와 같이 말씀하시니라 사람이 이 땅에서 집과 밭과 포도원을 다시 사게 되리라 하셨다 하니라"(렘 32:6~15).

이 본문을 읽으면 고엘 제도가 어떻게 시행되었는지를 확인할 수 있다. 하지만 룻기에서 보듯, 고엘 제도가 자동적으로 시행되지는 않았다. 고엘이 경제적 손해를 감수하면서까지 고엘 의무를 자발적으로 수행하려고 하지 않았을 것이기 때문이다. 경제적으로 어려움에 처한 사람이 고엘 제도를 통해서 회생할 수 있기 위해서는, 나오미가 적극적으로 나서서 보아스로 하여금 고엘 제도를 작동케 했듯이, 먼저 본인들이 강한 의지를 갖고 그 제도가 실행되게 해야 했다. 게다가 고엘 제도가 실제로 효력이 있었는지는 단언하기 어렵다. 고엘이 도와주지 않는다면, 그 다음 방법은 자기 스스로 돈을 모아서 땅을 되사는 방법이다. 쉬운 일은 아니었겠지만, 그래도 아직 남은 땅이 있기 때문에 열심히 노력하면 불가능한 일만은 아니었을 것이다. 그러나 이게 그리 쉽지는 않은 일이었을 것이다. 이것도 불가능하다면, 희년까지 기다리는 수밖에 없다. 이렇게 보면, 희년은 고엘도 없고, 스스로 땅을 되살 수도 없는 사람들을 위한 회생방법이었다.

그런데 25~28절이 언급하는 상황은 아직 어떤 가능성이 있는 경우이다. 남은 땅을 경작해서 수입을 낼 수 있기 때문이다. 하지만 그렇다고 해도 땅을 온전히 소유할 때에도 빚을 졌는데, 땅을 일부 팔아서 부채를 상환한 상황, 즉 다른 요인이 아니더라도 소출이 줄어들 수밖에 없는 상황에서, 빚을 갚기 위해 남에게 판 땅을 되살 만한 돈을 마련한다는 것은 여간 어려운 일이 아니었을 것이다. 그렇기 때문에 오히려 땅의 일부를 판 이후에 경제상황이 더 악화될 것은 명약관화한 일이었다.

2. 네 번째 상황(47~55절)

채무를 지고 파산하는 상황에서 가장 심각한 것은 이스라엘 사람이 동족이 아닌 이방인에게 빚을 지고 그 빚을 감당하지 못해 파산해서 결국 종으로 팔릴 수밖에 없는 상황이 되는 것이다. 먼저 본문을 읽어보자.

〈상황〉 만일 너와 함께 있는 거류민이나 동거인은 부유하게 되고 그와 함께 있는 네 형제는 가난하게 되므로 그가 너와 함께 있는 거류민이나 동거인 또는 거류민의 가족의 후손에게 팔리면,

- 대책1: 그가 팔린 후에 그에게는 속량 받을(가알) 권리가 있나니 그의 형제 중 하나가 그를 속량하거나(가알) 또는 그의 삼촌이나 그의 삼촌의 아들이 그를 속량하거나(가알) 그의 가족 중 그의 살붙이 중에서 그를 속량할 것이요(가알).

- 대책2: 그가 부유하게 되면 스스로 속량하되(가알),

  방식: 자기 몸이 팔린 해로부터 희년까지를 그 산 자와 계산하여 그 연수를 따라서 그 몸의 값을 정할 때에 그 사람을 섬긴 날을 그 사

람에게 고용된 날로 여길 것이라 만일 남은 해가 많으면 그 연수 대로 팔린 값에서 속량하는(가알) 값을 그 사람에게 도로 주고 만 일 희년까지 남은 해가 적으면 그 사람과 계산하여 그 연수대로 속량하는(가알) 그 값을 그에게 도로 줄지며 주인은 그를 매년의 삯꾼과 같이 여기고 네 목전에서 엄하게 부리지 말지니라.

- 대책3: 그가 이같이 속량되지(가알) 못하면 희년에 이르러는 그와 그의 자녀가 자유하리니,
  근거: 이스라엘 자손은 나의 종들이 됨이라 그들은 내가 애굽 땅에서 인도하여 낸 내 종이요 나는 너희의 하나님 여호와이니라.

여기서 보는 대로, 이스라엘 땅에서 사는 이방인들도 경제활동을 통해서 부유해질 수 있었고, 이스라엘 사람이 그들에게 빚을 지고 종으로 팔릴 수도 있었던 모양이다. 그럴 경우, 이것은 경제적으로 뿐만 아니라 신학적으로도 매우 심각한 문제를 야기한다. 하나님이 애굽에서 출애굽시킨 이스라엘 백성이 동족들에게 종으로 팔리는 것도 문제인데, 이방인에게 종으로 팔린다는 것은 당사자뿐만 아니라 이스라엘 백성들에게 상당히 치욕스러운 일이었을 것이다. 그들을 고엘이 회생시켜야 하는데, 그렇지 못할 경우에는 자기 스스로 회생할 수밖에 없다. 하지만 이것은 거의 불가능한 것으로 보인다. 그럴 때는 희년까지 기다릴 수밖에 없다. 희년에 그들에게 자유를 주어야 하는 근거는 그들이 하나님의 종, 하나님의 품꾼이기 때문이다. 이것은 이스라엘 땅에 거주하는 이방인들도 이스라엘 백성들과 동일한 법적용을 받는다는 사실을 보여 준다.

우리는 지금까지 레위기 25장을 통해서, 고대 이스라엘 씨족 사회에서 일어나는 파산과 회생 제도에 대해서 살펴보았는데, 부채를 감당할 수 없어 파산한 경우, 그들을 회생시키기 위해 판 땅 무르기를 법제화하는데, 그 회생 과정에서 고엘이 매우 중요한 역할을 한다는 사실을 확인했다.

고엘 제도의 실제–룻기

우리는 지금까지 레위기 25장을 중심으로 고엘 제도에 대한 법적인 측면을 다루었는데, 여기서는 룻기에서 고엘을 언급한 구절들을 찾아, 고엘 제도 실행에 대해서 구체적으로 살펴보려고 한다. 앞에서 언급한 대로, 룻기에서 고엘이라는 말은 룻기 2:20에 처음 나온다.

> "나오미가 자부에게 이르되 여호와의 복이 그에게 있기를 원하노라 그가 생존한 자와 사망한 자에게 은혜 베풀기를 그치지 아니하도다 나오미가 또 그에게 이르되 그 사람은 우리의 근족이니 우리 기업을 무를 자(고엘) 중 하나이니라"(룻 2:20).

이 구절 앞부분에서 나오는 복을 빈 다음, 자신이 아는 정보를 룻에게 알려 준다. 보아스가 그들에게 가까운 친척이며, 그들을 도와줄 고엘들 가운데 한 사람이라고 말한다. 여기서 우리는 친척들 가운데 여러 사람들이 고엘 집단을 형성하는 것을 알 수 있다. 고엘은 한 사람만이 아니다. 그리고 3:9에 두 번째로 언급되고 있다.

> "가로되 네가 누구뇨 대답하되 나는 당신의 시녀 룻이오니 당신의 옷자락으로 시녀를 덮으소서 당신은 우리 기업을 무를 자(고엘)가 됨이니이다"(룻 3:9).

이 말을 듣고, 보아스는 잠에서 깨어 정신을 차렸다. 그리고 자세를 바로 하고 룻을 앉게 한 다음, 그녀에게 묻는다. 아마도 주변을 의식해서 조용한 목소리로 물었을 것이다. '당신은 누구요?' 룻은 자신의 신분을 밝힌다. '나는 당신의 시녀 룻입니다.' 룻은 자신을 '나오미의 며느리, 모압 여인 룻'이라고 소개하지 않는다. '당신의 시녀'라고 한다. 2:13에서도 룻은 '당신의 시녀'라는 말을 한다. '당신의 시녀'는 히브리어로 '시프하테카'(שִׁפְחָתֶךָ)이다. 그런데 3:9에서 '당신의 시녀'는 '아마테카'(אֲמָתֶךָ)이다. 우리말로는 같은데, 히브리어로는 다르다. 둘 다 하녀이지만, '시프하테카'는 '당신의 하녀'라는 말이고, '아마테카'는 '당신의 시첩'이라는 말이다. 그러므로 우리는 룻이 자기 신분을 보아스의 첩으로 생각한다는 것을 짐작할 수 있다.

룻은 계속해서 말한다. '당신의 옷자락으로 시녀를 덮으소서'라고 말한다. 여기서 '옷자락'은 직역하면 '날개'이다. '당신의 날개를 당신의 시첩 위에 펴소서.' 우리는 이 날개라는 말이 앞에서도 한번 나왔음을 기억한다. 2:12을 보면, 보아스는 룻이 하나님의 날개 아래 보호받기 위해서 왔다고 말한다. 보아스는 이 말을 관용적으로 사용했는지 모르지만, 룻은 그 단어를 사용해서 자신이 보아스의 날개 아래 보호를 받겠다고 말하는 것이다. 날개를 펴서 자신을 덮어달라고 한다. 즉 그녀를 보호해달라는 것이다. 책임져달라는 것이다. 어떤 사람들은 이때 룻이 보아스에게 경제적인 측면에서 보호해달라고 했을 뿐이지 자신을 부인으로 삼아달라고 한 것은 아니라고 말한다. 그러나 룻이 경제적인 측면만 이야기하려고 했다면, 그렇게 신부단장을 하고 한밤중에 아무도 모르게 보아스를 찾아가서 묘한 장면을 연출하지는 않았을 것이다. 룻이 보아스에게 자신을 그의 날개로 덮어달라고 한 것은 자기 남편이 되어달라는 말이다. 룻은 대담하게 청혼을 한 것이다.

그런 다음, 룻은 '당신은 고엘이기 때문입니다'라고 말한다. 룻은 보아스가 법적으로 그녀의 고엘임을 분명하게 밝힌다. 이것은 한편으로는 보아스가 엘리멜렉 집안을 책임져야 하는 고엘임에도 불구하고, 그 사실을 알고 있었는지 모르지만, 어쨌든 그 책임을 다하지 못한 것을 간접적으로 꾸짖는 것이기도 하다. 고엘의 역할이 구체적으로 무엇이며 어디까지인지 정확하게 알 수는 없지만, 룻은 두 가지를 부탁한 것이다. 하나는 경제적인 측면이고, 다른 하나는 자신의 결혼에 대한 것이다. 자초지종을 들은 보아스는 룻에게 이렇게 대답한다.

"참으로 나는 네 기업을 무를 자(고엘)나 무를 자가 나보다 더 가까운 친족이

있으니"(룻 3:12).

보아스는 자신이 고엘인 것은 분명하다고 말한다. 그런데 보아스는 자신이 고엘이라는 사실을 처음부터 알고 있었을까? 아니면 룻이 하는 말을 들으면서 자신이 고엘이라는 사실을 깨달았을까? 2:20에서 나오미는 보아스라는 이름을 듣는 순간 그가 누구인지 알아차리고, 보아스가 그들의 고엘이라는 사실을 룻에게 이야기한다. 그렇다면 보아스도 자신이 엘리멜렉 집안의 고엘이라는 사실을 알았을 것이다. 그런데 그토록 관대하고 아량있는 보아스가 나오미와 룻이 모압에서 돌아와서 어렵게 산다는 이야기를 들었을텐데 그들을 위해서 어떤 조치를 취하지 않았다는 것은 납득하기 어렵다. 보아스가 자기 책임을 일부러 회피했을 것으로는 보이지 않는다. 그는 그런 비열한 사람은 아니기 때문이다. 그렇다면 당시 고엘 제도가 그렇게 활발하지 않았던 이유는 무엇일까? 고엘 제도는 고엘이 주도적으로 행하는 것이 아니라, 그 혜택을 원하는 사람이 청원해야 이뤄지는 것은 아니었을까? 그리고 단순하게 청원만 해서는 고엘의 혜택을 받기 어려웠던 것은 아니었을까? 만약 그랬다면 나오미가 일부러 그런 계책까지 세우진 않았을 것이기 때문이다. 당시 누군가가 고엘 제도를 요청하면 그것을 법적인 문제로 다루었던 것으로 보인다. 이렇듯 고대 이스라엘 사회에 고엘 제도라는 것이 있기는 했지만, 그것을 실행하는 데에는 여러 가지 복합적인 문제가 있었다. 그래서 고엘 제도는 쉽게 실행하기 어려운 제도였던 것이다.

보아스는 룻이 자기에게 고엘 제도 실행을 요청하는 것으로 생각하고, 그 요청을 받아들인다. 그런데 보아스는 한 가지 문제를 제기한다. 고엘이 자기 혼자가 아니라는 것이다. 엘리멜렉 집안을 책임질 고엘들이 여럿이라는 말이다. 그들 중에서 자기보다 더 가까운 친척이 있다는 사실을 룻에게 알려 준다. 이것은 가까운 친척들이 고엘이 되지만, 고엘들 사이에도 촌수에 따라서 고엘 의무를 행사하는 순번이 정해졌음을 보여 준다. 보아스는 둘째 고엘이었던 모양이다. 이것은 나오미도 모르는 사실이었을 것이다. 아니면 첫째 고엘보다는 보아스가 더 유력한 사람이었는지도 모른다. 그래서 첫째 고엘이 그들을 책임지느니 보아스가 더 낫겠다고 생각했는지도 모른다. 그리고 자기 뜻을 이루기 위해서 룻에게 계책을 알려 주고 그대로 하게 한 것인지도 모른다. 어쨌든 자기 외에 더 가까운 고엘이 있다는 보아스의 말은 룻을 긴장케 했을 것이다. 사건이 어떻게 진행될 것인가? 이제는 보아스의 처분을 기다릴 수밖에 없다. 보아스는 룻에게 어떻게 해야 할 것인지를 일러 준다.

> **"이 밤에 여기서 머무르라 아침에 그가 기업 무를 자의 책임을 네게 이행하려 하면 좋으나 그가 그 기업 무를 자의 책임을 행할 것이니라 만일 그가 기업 무를 자의 책임을 네게 이행코자 아니 하면 여호와의 사심으로 맹세하노니 내가 기업 무를 자의 책임을 네게 행하리라 아침까지 누울지니라"(4:13).**

보아스는 룻에게 여러 사실들을 이야기한 다음, 그곳에 머무르라고 말한다. 더 가까운 고엘이 있다는 말을 들은 룻으로서는 이제 어떻게 해야 할지 여러 가지로 곤혹스러웠을 것이다. 계속 머무를 수도 없고, 그렇다고 돌아갈 수도 없고, 어떻게 해야 할지 몰랐을 것이다. 그것을 헤아린 보아스가 룻에게 몇 시간 더 머무르라고 말한다. 그러면서 자신이 앞으로 일을 어떻게 해 나갈 것인지를 들려준다. 그는 아침이 되면, 고엘을 찾아가서 고엘 의무 행사 여부를 물을 것이다. 만약 그 사람이 고엘로서 책임을 이행하겠다고 하면, 모든 것이 그에게 넘어간다. 하지만 그렇지 않겠다고 하면, 고엘 의무가 보아스에게로 넘어온다는 것이다. 그러면 자기는 고엘 의무를 행사하겠다고 약속한다. 보아스는 룻을 안심시키기 위해서 여호와의 사심을 걸고 맹세한다.

우리는 이 말에서 겉으로 드러내지 않는 보아스의 속셈을 조금은 눈치챌 수 있다. 보아스는 자신이 고엘이 되기로 이미 마음먹은 모양이다. 그런데 법적으로는 자신이 둘째 고엘이기 때문에 첫째 고엘이 고엘 의무를 행사하겠다고 하면 그것을 막을 도리가 없다. 법적인 절차를 밟으면서 보아스는 자연스럽게 고엘 의무가 자기에게로 넘어오게 해서 자신이 룻을 책임지고 또 엘리멜렉 집안의 경제적인 문제도 해결해 주려고 마음먹었을 것이다. 만약 그가 그런 정도의 능력을 갖추지 못했다면, 자기에게 밤중에 찾아와서 자기를 받아달라고 요구하는 룻을 책임질 수 없다면, 보아스는 '유력한 사람', 즉 '이쉬 깁보르 하일'일 수 없다. 보아스는 이런 신뢰감을 룻에게 주었을 것이다. 그래서 룻이 조금도 염려하지 않도록 해주었을 것이다.

룻기 4장은 보아스가 고엘 제도를 시행하기 위해 일종의 재판하는 장면으로 시작한다.

> "보아스가 성문에 올라가서 거기 앉았더니 마침 보아스의 말하던 기업 무를 자가 지나는지라 보아스가 그에게 이르되 아무여 이리로 와서 앉으라 그가 와서 앉으매"(4:1).

보아스는 재판을 열고 주관한다. 이것은 보아스가 '재판장'이었음을 알려 주는데, 그렇다면 그는 베들레헴에서 정말로 지체 높은 신분이었음을 보여 준다. 보아스는 재판하는 자리에 앉아서 사람들이 도착하기를 기다리고 있다. 그렇게 앉아 있는데, 보아스가 룻에게 이야기한 첫째 고엘이 '마침' 도착했다. 이 '마침'이라는 말은 '뜻하지 않게 우연히'라는 의미를 갖고 있기 때문에 일이 잘되려고 첫째 고엘이 때맞춰서 우연히 그곳을 지나가는 것을 보아스가 보고 불렀다는 의미로 읽을 수 있다. 이 '마침'에 해당하는 히브리어는 '힌네'인데, 이것은 '보라', '자', '드디어'라는 의미를 갖는다. 그러니까 그 사람이 우연히 지나가는 것이라기보다는 보아스가 재판준비를 하면서 사람을 보내서 첫째 고엘을 불렀을 텐데, 드디어 재판정에 나타났다는 것이다.

보아스는 그 사람을 보고 앉을 자리를 일러 준다. 그런데 보아스는 그 사람을 '아무개'라고 부른다. 이 '아무개'는 히브리어로 '펠로니 얄모니'(אַלְמֹנִי פְּלֹנִי)이다. 이것은 사람 이름이 아니다. 그리고 사람을 부를 때 이름을 부르지 이렇게 부르지 않는다. 그런데 본문에서 보아스는 그 사람 이름을 부르지 않고, '아무개'라고 부르는 것이다. 실제로는 그렇지 않았을 것이다. 보아스는 그 사람 이름을 불렀을 텐데, 사사기 기자가 그 이름을 빼버리고 '아무개'로 대치한 것이다.

보아스는 재판을 하기 위해서 베들레헴의 장로 열 명을 불렀다. "보아스가 성읍 장로 십인을 청하여 가로되 당신들은 여기 앉으라 그들이 앉으매"(룻 4:2). 여기에 '성읍 장로 십인'은 '그 성의 장로들 가운데 열 사람'이다. 베들레헴 장로들이 모두 열 명이라는 말이 아니고, 몇 명인지는 알 수 없지만, 열 명은 넘었을 텐데 그들 중에서 열 명을 일종의 배심원으로 불렀다는 말이다. 지금 장로들이 도착했다. 보아스는 그들에게 자리를 잡아준다. 이 장면을 한 번 상상해보라. 아마 보아스는 앞쪽 중앙에 자리를 잡았을 것이고, 첫째 고엘은 왼쪽에 베들레헴 장로들은 오른쪽에 자리를 잡았을 것이다. 그리고 베들레헴 사람들이 방청객이었을 것이다. 이렇게 해서 재판 준비가 끝났다. 보아스가 재판하는 것을 보면, 앞에서도 언급했지만, 고엘 제도는 고엘들이 주도적으로 행하는 것이 아니고, 고엘 제도 수혜대상자들이 고엘 제도 시행을 요청해야 재판을 거쳐서 고엘 제도를 시행했던 것으로 보인다.

성문 앞 광장을 지나가는 사람들은 보아스가 나와서 재판하는 자리에 앉는 것을 보고 그날 재판이 있는 것을 눈치 챘을 것이다. 그리고 무엇을 재판하는지 알아보았을 것이다. 그들은 엘리멜렉 집안을 책임질 고엘을 선정하는 재판이라는 것을 알았을 것이다. 이 흔하지 않은 재판을 보기 위해서 동네 사람들이 모여들었을 것이다.

드디어 재판이 시작된다. 보아스가 먼저 재판 안건을 내놓는다. "보아스가 그 기업 무를 자에게 이르되 모압 지방에서 돌아온 나오미가 우리 형제 엘리멜렉의 소유지를 관할하므로"(룻 4:3). 보아스는 첫째 고엘에게 이야기한다. '우리의 형제인 엘리멜렉에게 속한 그 밭을 모압 땅에서 돌아온 나오미가 관할하고 있다.' 이 '관할한다'에 해당하는 히브리어는 '마케라'인데, 그것은 '팔다, 양도하다'는 의미를 갖는다. 그래서 '나오미가 판' 또는 '나오미가 양도한' 것으로 번역할 수 있다. 여기서 문제가 생긴다. 나오미가 엘리멜렉 소유의 밭을 이미 다른 사람에게 팔았거나 양도했느냐 아니면 지금 팔려고 내놓았느냐 하는 것이다. '마케라'는 완료형이기 때문에 문자적으로 밭을 이미 판 것으로 해석해야 하지만, 나오미가 모압에서 돌아온 이후에 그 밭을 팔았다는 말이 없기 때문에 나오미가 팔려고 내놓은 것으로 해석하는 것이 좋을 듯하다. 그리고 모압으로 떠나기 전에는 엘리멜렉이 호주였기 때문에 땅을 사고파는 것은 엘리멜렉의 권한이었다. 그래서 나오미가 땅을 팔았다고 해석할 수가 없고, 나오미가 땅을 팔려고 내놓았다고 해석해야 한다.

또 한 가지 문제가 있다. 어떤 사람들은 엘리멜렉이 가족들과 더불어 모압으로 떠날 때 모든 재산을 처분했을 것이기 때문에 그때 처분한 밭을 다시 되찾으려는 것으로 생각한다. 그러면 또 번역이 달라져야 한다. 혹자는 엘리멜렉이 모압으로 떠날 때는 극심한 기근으로 경제 상황이 좋지 않아 밭을 그대로 두고 갔는데, 나오미가 돌아와서 생활이 어렵자 그것을 팔려고 내놓았다는 것이다. 기근이 심해서 모압으로 떠날 수 밖에 없었던 당시 상황을 고려하면, 두 번째 가설이 더 타당하다고 생각한다. 이것은 앞으로 재판이 진행되는 과정에서 더욱 분명해질 것이다.

보아스는 재판 안건을 고엘에게 설명한 후 '나는 이렇게 말했다'고 하면서, 자신이 그에게 말하려는 것을 명확하게 전달하려고 했음을 강조한다. "내가 여기 앉은 자들과 내 백성의 장로들 앞에서 그것을 사라고 네게 고하여 알게 하려 하였노라 네가 무르려면 무르려니와 네가 무르지 아니하려거든 내게 고하여 알게 하라 네 다음은 나요 그 외에는 무를 자가 없느니라 그가 가로대 내가 무르리라"(룻 4:4). 이것은 일인칭 단수 인칭대명사, 즉 '나'에 해당하는 히브리어 '아니'를 4절 맨 앞에 두는 것에서도 드러난다. 히브리어는 동사에 인칭이 포함되어 있기 때문에 일반적인 경우에는 인칭대명사를 따로 사용하지 않는다. 그래서 동사에 인칭이 포함되어 있는데 인칭대명사를 사용하면, 그것은 그 동사의 주어를 그만큼 강조하는 것이다.

보아스가 하려는 말은 '앉아있는 자들 앞에서, 그리고 내 백성의 장로들 앞에서 사라'는 것인데, 그 말을 '내가 당신의 귀에 밝히 말하겠다'는 것이다.

여기서 '사다'는 말은 히브리어로 '카나'(קנה)이다. '카나'는 '얻다, 사다'는 의미를 갖는다. 문장이 단순하지 않은데, 그 의미는 보아스가 안건을 명확하게 하려고 한다는 것이다.

이렇듯 보아스는 안건을 다시 명확하게 밝힌 다음, 첫째 고엘에게 선택을 요구한다. "당신이 고엘 의무를 행하고 싶으면 그렇게 하고, 고엘 의무를 행하지 않으려면 그 사실을 나에게 말해주어서 내가 알게 해주십시오." 보아스는 계속해서 말한다. "당신 외에는 고엘 의무를 행할 사람이 더 이상 없습니다. 당신 다음은 바로 나입니다." 문장이 매끄럽지는 않지만, 보아스는 그 사람이 고엘 의무를 행사하지 않으면, 자기가 고엘이 되겠다는 것을 여기서 분명히 밝힌다.

보아스가 제기하는 안건은 나오미의 경제적인 어려움을 해결해 주자는 것이다. 보아스가 말하자 그 사람은 내가 고엘 의무를 행하겠다고 말한다. 나오미 집안의 경제적인 문제를 해결하기 위해서 그 사람이 나서겠다고 한다. 이렇게 해서 한 가지 문제가 일단락된다.

첫 번째 재판이 끝났다. 그러자 보아스는 둘째 안건을 내놓는다. "보아스가 가로되 네가 나오미의 손에서 그 밭을 사는 날에 곧 죽은 자의 아내 모압 여인 룻에게서 사서 그 죽은 자의 기업을 그 이름으로 잇게 하여야 할지니라"(룻 4:5). 본문의 의미를 분명하게 파악하기 위해서는 두 가지 문제를 먼저 해결해야 한다. 첫째는, 본문 자체에서 생기는 어려움이다. 본문의 두 번째 구절, 즉 '죽은 자의 아내 모압 여인 룻에게서 사서'라는 문장에서 '사다'라는 동사의 주어가 누구냐는 것이다. '사다'의 동사 형태가 자음 형태로는 일인칭 단수형이고, 모음 형태로는 이인칭 단수형이다. 그러니까 자음 형태로는 '내가 산다'(카니티)는 것이고, 모음 형태로는 '네가 산다'이다. 이 문제를 어떻게 해결해야 할까? 자음 형태를 따라서 '내가 산다'를 택하는 사람은 '네가 밭을 사고, 나는 룻을 사겠다'는 의미로 번역한다. 그래서 밭을 사는 것과 룻을 사는 것을 분리하는 것이다. 여기까지는 문제가 없어 보인다.

그런데 보아스는 죽은 자의 이름을 그의 기업 위에 세워야 한다고 말한다. 이것은 무슨 뜻일까? '엘리멜렉의 두 아들이 자식을 낳지 못하고 죽음으로써 대가 끊긴 엘리멜렉 집안의 대를 잇게 해주어야 한다'는 것이다. 그런데 대를 이으려면 나오미나 룻이 다시 결혼해서 아들을 낳아야 하는데, 나오미는 나이가 많아서 그럴 가능성이 없기 때문에, 엘리멜렉 집안의 대를 잇기 위해서 룻이 재혼해서 아들을 낳아야 한다. 그러면 밭을 산 고엘은 그 아들 이름으로 밭을 이전해야 한다. 결국 그 사람은 나오미에게서 밭을 사서 그 밭을 다시 룻이 재혼해서 낳은 아이에게 물려주어야 하는 것이다. 이렇게 해야 고엘 의무를 완전히 수행한다는 것이다. 이것이 둘째 안건이다. 우리는 여기서 보아스가 경제적인 문제를 해결해 주는 차원에서 한 단계 더 나아가 그 집안의 대가 끊길 경우 그것을 잇게 해주는 것으로 고엘 제도의 적용을 확대하는 것을 알 수 있다. 신명기 25:5~10을 보면, 형제 간에 대를 잇는 '레비레이트'(levirate)에 대해 기록하고 있다.

"형제가 동거하는데 그중 하나가 죽고 아들이 없거든 그 죽은 자의 아내는 나가서 타인에게 시집가지 말 것이요 그 남편의 형제가 그에게로 들어가서 그를 취하여 아내를 삼아 그의 남편의 형제된 의무를 그에게 다 행할 것이요 그 여인의 낳은 첫 아들로 그 죽은 형제의 후사를 잇게 하여 그 이름을 이스라엘 중에서 끊어지지 않게 할 것이니라 그러나 그 사람이 만일 그 형제의 아내 취하기를 즐겨하지 아니 하거든 그 형제의 아내는 그 성문 장로들에게로 나아가서 말하기를 내 남편의 형제가 그 형제의 이름을 이스라엘 중에 잇기를 싫어하여 남편의 형제된 의무를 내게 행치 아니하나이다 할 것이요 그 성읍 장로들은 그를 불러다가 이를 것이며 그가 이미 정한 뜻대로 말하기를 내가 그 여자 취하기를 즐겨 아니하노라 하거든 그 형제의 아내가 장로들 앞에서 그에게 나아가서 그의 발에서 신을 벗기고 그 얼굴에 침을 뱉으며 이르기를 그 형제의 집 세우기를 즐겨 아니하는 자에게는 이같이 할 것이라 할 것이며 이스라엘 중에서 그의 이름을 신 벗기운 자의 집이라 칭할 것이니라"(신 25:5~10).

보아스는 레위기 25:23~28을 변형한 땅 무름 제도와 신명기 25:5~10에 나오는 형제간의 '레비레이트'를 결합한다. 그런데 실제로 보아스와 엘리멜렉은 친척이기는 하지만 친형제 사이는 아니기 때문에 엄밀한 의미에서 '레비레이트'는 아니다. 이것을 염두에 두었던지 보아스는 3절에서 엘리멜렉을 '우리의 형제'라고 부름으로써, 친형제 사이에서 이루어지는 '레비레이트'를 친족으로 확대한다. 보아스는 고엘의 의무를 한 집안의 경제적인 문제를 도와주는 것뿐만 아니라 대를 잇게 해주는 것까지 포함시킴으로써, 고엘 제도를 확대·정립하는 데 큰 역할을 한다. 보아스 외에 그 누구도 이 두 가지를 결합시키지 않았다. 이런 점에서 보아스는 고엘 제도의 본질을 새롭게 정의하는 중요한 역할을 한다.

보아스가 고엘 제도를 확대해석하자, 상황이 달라졌다. 보아스가 제기하는 것이 적합한지에 대한 법리논쟁이 있었을 것이다. 결국은 보아스가 의도한 대로 고엘 제도가 확장되었던 모양이다. 그러자 첫째 고엘은 고엘 의무행사를 포기한다. "그 기업 무를 자가 가로되 나는 내 기업에 손해가 있을까 하여 나를 위하여 무르지 못하노니 나의 무를 권리를 네가 취하라 나는 무르지 못하겠노라"(룻 4:6). 그 이유는 자기 재산에 심각한 손해가 발생할 것을 우려했기 때문이다. '손해보다'는 말은 히브리어로 '샤하트'(שחת)인데, 이것은 '망치다(spoil), 망하다(ruin), 흔적없이 치우다(wipe out)'는 의미를 갖는다. 그러니까 보아스가 말한 대로 하면 그 사람은 조금 손해 보는 정도가 아니고, 망할 지경이라는 말이다. 물론 과장일 수도 있지만, 그 사람은 재산이 넉넉하지 않은 모양이다. 보아스는 그 사람이 어느 정도 재력을 갖고 있는지 잘 알고 있었을 것이다. 그래서 룻에게 자신 있게 말했는지도 모른다.

만약 이 상황이 나오미가 땅을 되찾는 상황이었다면, 즉 엘리멜렉이 이미 판 땅을 되사서 나오미에게 돌려주는 경우라면, 그 사람은 처음부터 결코 승낙하지 않았을 것이다. 이런 점에서 나오미가 현재 소유한 땅을 그 사람에게 팔려는 것이 분명한데, 나오미는 땅을 실제 지가(地價)보다 싸게 내놓지 않았나 싶다. 그래서 그 사람은 싸게 살 수 있다고 생각해서 그 땅을 사겠다고 했는데, 그것을 룻이 낳은 아들에게 양도해서 엘리멜렉 집안의 대를 이어주어야 한다는 말을 듣고 포기하는 것이다. 그 사람은 아무리 자기 친척이라고 해도 자신이 망할 정도로 손해 볼 마음은 없었던 것이다.

이상에서 보듯이 레위기 25:23~28에 나오는 땅 무름은 쉽지 않았을 것으로 보인다. 가난한 친척이 판 땅을 무르기 위해서 자기 돈을 지불해야 한다면, 결국 그 사람이 손해를 보는 것인데, 그렇게 하려는 사람이 얼마나 되었겠는가, 그리고 그런 정도로 재력을 갖춘 친척들이 과연 몇 사람이나 되었겠는가? 또한 이 땅 무르기 제도가 법적으로 강제력을 갖고 있었던 것은 아니었다. 구약성경은 땅을 사고 팔 수 없는 절대적인 기업이라고 말하지만, 실제로는 땅을 사고파는 일들이 많았기 때문에 땅 무르기 제도가 생겼을 것이다. 그리고 이 제도는 희년 제도만큼이나 거의 실행되지 않았을 것이다.

그 사람은 자신이 그렇게 하지 않겠다는 말을 두 번이나 한다. 그렇게 하면서 자기 의사를 명확하게 밝힌다. 자신이 손해 보지 않겠다는 것을 잘못이라고 할 수 없고, 그만한 재력을 갖추지 못한 것이 잘못은 아니지만, 보아스와 견주어 볼 때 새삼 보아스가 얼마나 유력한 사람인지 확인할 수 있다. 보아스는 당시에 그렇게 구속력도 없고, 실제로 잘 이루어지지도 않는 고엘 제도를 시행하려고 했고, 또 한 가족의 경제적인 문제뿐만 아니라 그 집안의 대를 잇는 문제까지 고려하는 치밀함과 사려깊은 관대함을 보여 주고 있다.

그 사람이 땅 사는 것을 거부하고 고엘 의무를 보아스에게 넘기자, 이 고엘 의무 양도를 명확하게 하기 위한 의식을 행한다. 즉 땅을 사거나 무를 때, 그리고 물건을 교환할 때 신을 벗어서 상대방에게 주는 것인데, 이것이 이스라엘에서 확증하는 의식이었다. "옛적 이스라엘 중에 모든 것을 무르거나 교환하는 일을 확정하기 위하여 사람이 그 신을 벗어 그 이웃에게 주더니 이것이 이스라엘의 증명하는 전례가 된지라"(룻 4:7). 여기에 '증명하는 전례'는 히브리어로 '테우다'인데, 이는 '확증, 증거'라는 의미를 갖는데, 구약성경에 모두 세 번 기록되었다(사 8:16, 20; 룻 4:7). 다른 사람들 앞에서 명확히 함으로써 증거로 삼는다는 것이다. '옛적'이라는 말에서 알 수 있듯이, 이 규례는 룻기가 기록될 때에는 이미 실행되지 않았을 것으로 보인다.

앞에서 살펴본 신명기 25장을 보면, 신을 벗는 의식은 '레비레이트' 규례에서 나타난다. 그런데 계혼 의무를 거부하는 사람이 신을 벗어주는 것이 아니고, 그의 형제의 아내가 그 사람의 신을 벗기고 침을 뱉으면서, '형제의 집 세우기를 즐겨 아니하는 자에게는 이같이 할 것이라'고 욕을 한다. 그리고 그 사람 집안을 '신 벗기운 자의 집'이라고 부르게 한다. 이것은 룻기와 유사하면서도 많이 다르다. 룻기에는 고엘 의무를 거부하는 사람이 스스로 자기 신을 벗어서 고엘 의무를 양도받는 사람에게 준다. 그리고 그렇게 고엘 의무를 거부했다고 해서 침뱉음을 당하거나 욕을 먹지는 않는다. 고엘 의무가 자기에게 부담이 되면, 그것을 거부할 수 있는 자유가 있고, 사람들이 그것을 비난하거나 욕하지 않는다. 이런 점이 신명기와 다른 특징이다.

무엇보다도 고엘은 여러 가지를 생각해 본 다음, 자신이 고엘 의무를 감당할 수 없다는 사실을 알았을 것이다. 그래서 고엘 의무를 보아스에게 넘긴다고 말한다. 그는 6절에서 이미 고엘 의무를 보아스에게 넘긴다고 말했다. 그런데 여기서 다시 말한다. 앞에서는 그 의사를 밝힌 것이고, 여기서는 그것을 증명하는 의식을 행하는 것이다. 보아스에게 고엘 의무를 양도한다는 것을 사람들 앞에서 명확하게 말하고 그 사람은 자기 신을 벗는다. "이에 그 기업 무를 자가 보아스에게 이르되 네가 너를 위하여 사라하고 그 신을 벗는지라"(4:8). 여기서는 그 신을 보아스에게 주었다는 말이 없는데, 70인역은 '그가 그에게 주었다'는 말을 첨가한다.

고엘 의무를 양도받은 보아스는 재판을 계속한다. 자신이 '엘리멜렉과 기론과 말론에게 있던 모든 것을 나오미의 손에서' 샀음을 분명하게 한다. 그리고 그 일에 '장로들과 모든 백성'들이 '증인들'(에딤)이라고 말한다. "보아스가 장로들과 모든 백성에게 이르되 내가 엘리멜렉과 기론과 말론에게 있던 모든 것을 나오미의 손에서 산 일에 너희가 오늘날 증인이 되었고"(4:9). 앞에서도 말했듯이, 보아스는 재판건을 두 가지로 나눈다. 하나는, 엘리멜렉의 땅을 사주는 것이다. 그래서 현재 나오미와 룻이 겪는 경제적인 어려움을 일단 해결해주는 것이다. 보아스는 이 안건을 먼저 처리한다.

그런데 여기서 룻기가 짧은 이야기임에도 기록에 얼마나 세심한 주의를 하는지 알 수 있다. 보아스는 자기가 사는 밭을 '엘리멜렉의 밭'이라고 하지 않는다. '엘리멜렉과 기룐과 말론에게 있던 모든 것'이라고 말한다. 그래서 그것이 엘리멜렉과 기룐, 그리고 말론의 소유임을 분명히 한다. 이것은 소유 권을 법적으로 명확히 밝히는 것이다. 그리고 그것을 지금은 나오미가 관리 하고 있어서 나오미에게 샀다고 말하는 것이다.

첫째 안건을 처리한 보아스는 다시 둘째 안건을 내놓는다. "또 말론의 아 내 모압 여인 룻을 사서 나의 아내로 취하고 그 죽은 자의 기업을 그 이름으 로 잇게 하여 그 이름이 그 형제 중과 그곳 성문에서 끊어지지 않게 함에 너 희가 오늘날 증인이 되었느니라"(룻 4:10). 그가 사는 것은 엘리멜렉의 밭만이 아니다. 보아스는 룻도 산다. 이때도 보아스는 여전히 법적이다. 그는 룻을 '말론의 아내 모압 여인 룻'이라고 부른다. 보아스는 룻이 누구인지를 정확 하게 밝힌다. 그녀가 어떤 사람인지, 어느 나라 출신인지, 그리고 누구와 결 혼했는지를 상세하게 밝힌다. 그런 다음 보아스는 룻을 자기 아내로 삼겠다 고 말한다.

그런데 보아스가 룻을 아내로 맞이하는 것은 엘리멜렉 집안을 세우기 위 해서다. 엘리멜렉의 소유 위에 죽은 사람의 이름을 세우는 것, 그래서 엘리 멜렉 집안의 대끊김을 막기 위해서라는 것이다. 죽은 자들의 이름이 끊어지 지 않게 하는 것, 보아스는 이것을 중요하게 여긴다. 엘리멜렉 가문의 비극, 대끊어짐의 비극은 오늘날 우리가 생각하는 것과는 비교되지 않을 것이다. 옛날에 우리나라에서도 한 가문의 대가 끊기는 것을 그 가문에서 일어나는 가장 큰 저주와 비극으로 생각했다. 고엘을 통한 대이음은 그 비극을 끊는 것이다. 끊어진 이름을 이어줌으로써 비극을 끊어주는 것이다. '레비레이트' 의 진정한 의미가 여기에 있다. 이러한 사실로부터 예수님께 찾아와 이 '레 비레이트'를 논쟁거리로 삼아 부활 여부에 관한 시비를 거는 사두개인들은 얼마나 비인간적이고 삶에서 괴리된 사람들인지 모른다(마 22:23~33). 그들은 인간 삶의 문제를 갖고 장난을 치는 아주 몹쓸 사람들이다. 예수님은 하나님이 죽은 자의 하나님이 아니고 산 자의 하나님이라고 말씀하심으로써, 사람의 삶과 관계된 '레비레이트'를 결코 비생산적이고 소모적인 논쟁거리로 삼지 말라고 그들에게 따끔하게 경고하신다.

그 이후로 시간이 흘러, 룻이 아들을 낳았다는 소문이 베들레헴에 퍼졌다. 그 소식을 듣고 베들레헴 여인들이 나오미를 찾아간다. 그리고 그녀에게 축하 인사를 한다. "여인들이 나오미에게 이르되 찬송할지로다 여호와께서 오늘날 네게 기업 무를 자가 없게 아니하셨도다 이 아이의 이름이 이스라엘 중에 유명하게 되기를 원하노라"(룻 4:14). 그들의 축하 인사는 하나님을 찬양하는 것으로 시작한다. '여호와여, (우리의) 송축을 받으소서!' 그들은 이루어지는 모든 일들이 다 하나님이 하시는 일임을 안다. 룻이 낳은 첫째 아들은 나오미의 아들로 입적되기 때문에 엘리멜렉 집안은 대가 끊이지 않게 되었는데, 그들은 이 일들을 하나님이 하셨다고 고백하는 것이다. 앞에서도 말했듯이 고대 이스라엘 사회에서 자식을 낳지 못하거나 자녀가 없다는 것은 매우 수치스러운 일이었다. 그런데 보아스가 이 모든 문제를 해결해주었고, 룻과 결혼해서 아들을 낳음으로써 나오미는 수치스러움에서 벗어났을 뿐만 아니라, 노년을 걱정 없이 지낼 수 있게 된 것이다. 그래서 그는 나오미에게 '고엘'이 된다.

나오미를 찾아온 동네 여인들은 축하 인사를 계속한다. "이는 네 생명의 회복자며 네 노년의 봉양자라 곧 너를 사랑하며 일곱 아들보다 귀한 자부가 낳은 자로다"(룻 4:15). 그들은 나오미를 찾아와서 그저 '축하한다'고 인사하는 것으로 그치지 않는다. 축하 인사가 의례적인 것처럼 보이면서도 얼마나 정교하고 세심한지 모른다. 그녀들은 룻이 낳은 그 아이로 인해서 나오미가 앞으로 어떤 힘을 얻을지를 상세하게 나열한다. 그녀들은 그 아이가 나오미의 생명, 즉 '네페쉬'를 회복시켜 줄 것이라고 말한다. 생명을 회복시켜 준다는 말은 시편 23편에도 나온다.

"여호와는 나의 목자시니 내가 부족함이 없으리로다 그가 나를 푸른 초장에 누이시며 쉴만한 물가으로 인도하시는도다 내 영혼을 소생시키시고 자기 이름을 위하여 의의 길로 인도하시는도다"(시 23:1~3).

이것은 나오미가 그동안 겪었던 일들로 인해서 기력이 소진했음을 보여 준다. 우리는 나오미가 남편과 두 아들을 모압 땅에 묻고 희망을 잃고 베들레헴으로 돌아오던 때를 기억한다. 그녀가 룻과 오르바를 친정집으로 돌려 보내기 위해서 하는 말에서 우리는 나오미가 얼마나 처절한 심정이었는지를 느꼈다. 그녀는 삶의 기쁨과 희망을 다 잃어버린 여인이었다. 그런데 룻이 낳은 그 아이가 나오미에게 다시 힘을 불어넣어서 희망을 갖고 살게 해 준다는 것이다. 그리고 그 아이는 나오미의 노년을 책임져줄 것이라고 말한다. 그 아이로 인해서 나오미는 마라에서 다시 나오미로 돌아올 수 있었을 것이다. 이런 점에서 그 아이는 이름의 회복자이기도 하다.

지금까지 우리는 룻기에 나타난 고엘에 대해서 살펴보았는데, 그것을 정리하면 다음과 같다.

- 고대 이스라엘에 고엘 제도가 있었다.
- 고엘 제도가 자동적으로 실행되지는 않았다.
- 고엘 제도를 발동하기 위해서는 어려움에 처한 사람이 강력하게 요청해야 했다.
- 친척들은 가까운 순서에 따라서 고엘이 될 수 있었다.
- 고엘 제도를 구체적으로 실행하기 위해서 공개적인 재판을 했다.
- 재판을 통해 고엘로 지명된 사람은 고엘 의무를 포기하고 그 다음 사람에게 넘길 수 있었다.
- 고엘은 재산을 회복시켜 줄 뿐만 아니고 그 집안의 대를 이어주는 역할도 했다.
- 고엘 제도는 어려움을 당하는 친척을 위해 공동책임을 지고 공동체를

유지하는데 목적을 두었다.

고엘 제도의 확장-우리의 고엘이신 하나님

앞에서 말한 것처럼, 고엘은 기본적으로 고대 이스라엘의 특수한 가족 제도에서 비롯된 것인데, 성경은 하나님을 고엘로 칭하기도 한다. 이것은 가족 관계를 확장해서, 하나님과 이스라엘 백성을 한 가족, 또는 가까운 친척으로 여기고, 하나님을 이스라엘의 유력한 구속자, 즉 고엘로 생각했기 때문이다. 하나님을 유력한 친척인 고엘로 여기는 것은 제2이사야(사 40~55장)에서 두드러지고, 신약성경에서는 예수 그리스도를 '고엘'로 생각한다. 먼저 이사야가 말하는 고엘에 대해 살펴보자.

1. 이사야서

"야곱아 너를 창조하신 여호와께서 이제 말씀하시느니라 이스라엘아 너를 조성하신 자가 이제 말씀하시느니라 너는 두려워 말라 내가 너를 구속하였고 (가알) 내가 너를 지명하여 불렀나니 너는 내 것이라 네가 물 가운데로 지날 때에 내가 너와 함께할 것이라 강을 건널 때에 물이 너를 침몰치 못할 것이며 네가 불 가운데로 행할 때에 타지도 아니할 것이요 불꽃이 너를 사르지도 못하리니 대저 나는 여호와 네 하나님이요 이스라엘의 거룩한 자요 네 구원자임이라 내가 애굽을 너의 속량물로, 구스와 스바를 너의 대신으로 주었노라 내가 너를 보배롭고 존귀하게 여기고 너를 사랑하였은즉 내가 사람들을 주어 너를 바꾸며 백성들로 네 생명을 대신하리니 두려워 말라 내가 너와 함께하여 네 자손을 동쪽에서부터 오게 하며 서쪽에서부터 너를 모을 것이며 내가 북방에게 이르기를 놓으라 남방에게 이르기를 구류하지 말라 내 아들들을 먼 곳에서 이끌며 내 딸들을 땅 끝에서 오게 하며 내 이름으로 불려지는 모든 자 곧 내가 내 영광을 위하여 창조한 자를 오게 하라 그를 내가 지었고 그를 내가 만들었느니라"(사 43:1~7).

"야곱아 이스라엘아 이 일을 기억하라 너는 내 종이니라 내가 너를 지었으니 너는 내 종이니라 이스라엘아 너는 나의 잊음이 되지 아니하리라 내가 네 허물을 빽빽한 구름의 사라짐같이, 네 죄를 안개의 사라짐같이 도말하였으니 너는 내게로 돌아오라 내가 너를 구속하였음이니라 여호와께서 이 일을 행하셨으니 하늘아 노래할지어다 땅의 깊은 곳들아 높이 부를지어다 산들아 삼림과 그 가운데 모든 나무들아 소리내어 노래할지어다 여호와께서 야곱을 구속하셨으니(가알) 이스라엘로 자기를 영화롭게 하실 것임이로다"(사 44:21~23).

"너희의 구속자시요(고엘) 이스라엘의 거룩하신 자이신 여호와께서 가라사대 나는 네게 유익하도록 가르치고 너를 마땅히 행할 길로 인도하는 너희 하나님 여호와라 슬프다 네가 나의 명령을 듣지 아니하였도다 만일 들었더면 네 평강이 강과 같았겠고 네 의가 바다 물결 같았을 것이며 네 자손이 모래 같았겠고 네 몸의 소생이 모래 알갱이 같아서 그 이름이 내 앞에서 끊어지지 아니하였겠고 없어지지 아니하였으리라 하셨느니라 너희는 바벨론에서 나와서 갈대아인을 피하고 즐거운 소리로 이를 선파하여 들리며 땅 끝까지 반포하여 이르기를 여호와께서 그 종 야곱을 구속하셨다 하라 여호와께서 그들을 사막으로 통과하게 하시던 때에 그들로 목마르지 않게 하시되 그들을 위하여 바위에서 물이 흘러나게 하시며 바위를 쪼개사 물로 솟아나게 하셨느니라 여호와께서 말씀하시되 악인에게는 평강이 없다 하셨느니라"(사 48:17~22).

"여호와의 팔이여 깨소서 깨소서 능력을 베푸소서 옛날 옛시대에 깨신 것같이 하소서 라합을 저미시고 용을 찌르신 이가 어찌 주가 아니시며 바다를, 넓고 깊은 물을 말리시고 바다 깊은 곳에 길을 내어 구속 얻은 자들(게울림)로 건너게 하신 이가 어찌 주가 아니시니이까 여호와께 구속된 자들(파다)이 돌아와서 노래하며 시온으로 들어와서 그 머리 위에 영영한 기쁨을 쓰고 즐거움과 기쁨을 얻으리니 슬픔과 탄식이 달아나리이다"(사 51:9~11).

"좋은 소식을 가져오며 평화를 공포하며 복된 좋은 소식을 가져오며 구원을 공포하며 시온을 향하여 이르기를 네 하나님이 통치하신다 하는 자의 산을 넘는 발이 어찌 그리 아름다운고 들을지어다 너의 파수꾼들의 소리로다 그들이 소리를 높여 일제히 노래하니 이는 여호와께서 시온으로 돌아오실 때에 그들의 눈이 마주 봄이로다 너 예루살렘의 황폐한 곳들아 기쁜 소리를 발하여 함께 노래할지어다 이는 여호와께서 그 백성을 위로하셨고 예루살렘을 구속하셨음이라(가알) 여호와께서 열방의 목전에서 그 거룩한 팔을 나타내셨으므로 모든 땅 끝까지도 우리 하나님의 구원을 보았도다"(사 52:7~10).

"여호와께서 가라사대 구속자(고엘)가 시온에 임하며 야곱 중에 죄과를 떠나는 자에게 임하리라 여호와께서 또 가라사대 내가 그들과 세운 나의 언약이 이러하니 곧 네 위에 있는 나의 신과 네 입에 둔 나의 말이 이제부터 영영토록 네 입에서와 네 후손의 입에서와 네 후손의 후손의 입에서 떠나지 아니하리라 하시니라 여호와의 말씀이니라"(사 59:20~21).

이 구절들에서 보는 대로, 하나님은 이스라엘을 구원하시는 '고엘'(גאל)이다. 그리고 이스라엘은 '구속받은 자'(מגאלים게울림)이다. 이스라엘의 고엘이신 하나님이 어려움에 처한 이스라엘을 구원하시려는 의지와 열정이 본문들에 고스란히 드러난다. 하나님을 '고엘'로 직접 칭하는 것은 제2이사야에서 총 9회 나타난다.

“지렁이 같은 너 야곱아, 너희 이스라엘 사람들아 두려워 말라 나 여호와가 말하노니 내가 너를 도울 것이라 네 구속자(고엘)는 이스라엘의 거룩한 자니라”(사 41:14).

“너희의 구속자(고엘)요 이스라엘의 거룩한 자 여호와가 말하노라 너희를 위하여 내가 바벨론에 보내어 모든 갈대아 사람으로 자기들의 연락하던 배를 타고 도망하여 내려가게 하리라”(사 43:14).

“이스라엘의 왕인 여호와, 이스라엘의 구속자(고엘)인 만군의 여호와가 말하노라 나는 처음이요 나는 마지막이라 나 외에 다른 신이 없느니라”(사 44:6).

“우리의 구속자(고엘)는 그 이름이 만군의 여호와 이스라엘의 거룩한 자시니라”(사 47:4).

“너희의 구속자(고엘)시요 이스라엘의 거룩하신 자이신 여호와께서 가라사대 나는 네게 유익하도록 가르치고 너를 마땅히 행할 길로 인도하는 너희 하나님 여호와라”(사 48:17).

“이스라엘의 구속자(고엘), 이스라엘의 거룩한 자이신 여호와께서 사람에게 멸시를 당하는 자, 백성에게 미움을 받는 자, 관원들에게 종이 된 자에게 이같이 이르시되 너를 보고 열왕이 일어서며 방백들이 경배하리니 이는 너를 택한 바 신실한 나 여호와 이스라엘의 거룩한 자를 인함이니라”(사 49:7).

“내가 너를 학대하는 자로 자기의 고기를 먹게 하며 새 술에 취함 같이 자기의 피에 취하게 하리니 모든 육체가 나 여호와는 네 구원자요 네 구속자(고엘)요 야곱의 전능자인 줄 알리라”(사 49:26).

"이는 너를 지으신 자는 네 남편이시라 그 이름은 만군의 여호와시며 네 구
속자(고엘)는 이스라엘의 거룩한 자시라 온 세상의 하나님이라 칭함을 받으
실 것이며"(사 54:5).

"네가 열방의 젖을 빨며 열왕의 유방을 빨고 나 여호와는 네 구원자, 네 구
속자(고엘), 야곱의 전능자인 줄 알리라"(사 60:16).

이사야서는 이렇듯 하나님이 이스라엘의 고엘이심을 명확하게 밝힌다.
이스라엘의 고엘이신 하나님은 이스라엘을 구속하셔서 새로운 역사를 만들
어 가실 것이다. 하나님은 이스라엘을 보호하고 회복하고 영적으로 안정시
키는 책임을 갖는다.

구약에서 이사야서 외에 하나님을 '고엘'로 부르는 곳은 다음과 같다.

"나의 반석이시요 나의 구속자(고엘)이신 여호와여 내 입의 말과 마음의 묵상이
주의 앞에 열납되기를 원하나이다"(시 19:14).

"하나님이 저희의 반석이시요 지존하신 하나님이 저희 구속자(고엘)이심을 기억
하였도다"(시 78:35).

"주는 우리 아버지시라 아브라함은 우리를 모르고 이스라엘은 우리를 인정치
아나할지라도 여호와여 주는 우리의 아버지시라 상고부터 주의 이름을 우리
의 구속자(고엘)라 하셨거늘"(사 63:16).

"내가 알기에는 나의 구속자(고엘)가 살아 계시니 후일에 그가 땅 위에 서실
것이라"(욥 19:25).

이 구절들에서도 우리는 하나님이 '고엘'이시며, 이스라엘 사람들은 그 사

실을 통해서 많은 위로와 힘을 얻었음을 확인할 수 있다.

2. 신약성경

신약성경도 구약의 고엘 사상을 이어받아, 예수님을 '고엘'로 생각한다. 즉 예수님의 십자가 구속 사건을 고엘로서 행하신 사역으로 보는 것이다. 이렇게 구약의 고엘 사상을 신약의 구원 사건으로 연결하는 것은 다음 본문에서 확인할 수 있다.

> "형제들아 너희가 스스로 지혜 있다 함을 면키 위하여 이 비밀을 너희가 모르기를 내가 원치 아니하노니 이 비밀은 이방인의 충만한 수가 들어오기까지 이스라엘의 더러는 완악하게 된 것이라 그리하여 온 이스라엘이 구원을 얻으리라 기록된 바 구원자(호 뤼오메노스)가 시온에서 오사 야곱에게서 경건치 않은 것을 돌이키시겠고 내가 저희 죄를 없이 할 때에 저희에게 이루어질 내 언약이 이것이라 함과 같으니라"(롬 11:25~27).

로마서 11:25~27은 70인역 이사야 59:20~21을 인용하는데, 여기서 구원자는 히브리어로 '고엘'이다. 하나님을 '고엘'로 칭하면, 그 대상인 이스라엘은 '게울림'이다. '게울림', 즉 '구속 받음'에 대해 언급하는 신약성경은 다음과 같다.

> "너희 몸은 너희가 하나님께로부터 받은 바 너희 가운데 계신 성령의 전인 줄을 알지 못하느냐 너희는 너희의 것이 아니라 값으로 산 것이 되었으니 그런즉 너희 몸으로 하나님께 영광을 돌리라"(고전 6:19~20).

> "너희가 알거니와 너희 조상의 유전한 망령된 행실에서 구속된 것은 은이나 금 같이 없어질 것으로 한 것이 아니요 오직 흠 없고 점 없는 어린양 같은 그리스도의 보배로운 피로 한 것이니라"(벧전 1:18~19).

"그가 모든 사람을 위하여 자기를 속전으로 주셨으니 기약이 이르면 증거할 것이라"(딤전 2:6).

"그가 우리를 대신하여 자신을 주심은 모든 불법에서 우리를 구속하시고 우리를 깨끗하게 하사 선한 일에 열심하는 친 백성이 되게 하려 하심이니라"(딛 2:14).

이 구절들에 따르면, 구원 사건을 속량, 즉 '값 주고 사심'으로 정의함으로써, 구약성경의 고엘 사역과 연결시키고, 예수 그리스도를 '고엘'로 생각하는 것을 알 수 있다. 이 구절들은 '우리는 하나님의 친척이며, 예수님의 친척이다. 그것도 가장 가까운 친척이고, 우리의 유력한 친척이신 하나님은 우리를 결코 버려두지 않으신다'는 사실을 명확하게 보여 준다.

우리는 지금까지 구약성경과 신약성경에 나타난 '고엘'에 대해서 살펴보았다. 고대 이스라엘 사회에서 채무로 인해 파산한 친척을 속량하기 위한 한 방편이 고엘 제도였다. 고엘 제도는 대가족을 근간으로 이루어지는 이스라엘 공동체를 유지하기 위한 좋은 제도였다. 이런 고엘 제도는 현대 사회에서 파산한 개인과 단체에 대해 사회가 공동책임을 지는 파산과 회생제도로 재현된다.

구약성경은 여기서 한 걸음 더 나아가, 역사적으로 이스라엘을 어려움 가운데서 구원하신 하나님을 이스라엘의 고엘로 칭한다. 그리고 신약성경은 예수 그리스도의 구속 사역을 속량으로 규정하고 예수 그리스도를 인류의 고엘로 여긴다. 우리 하나님은 예나 지금이나 우리를 위해서 귀한 것들을 내 주시고 우리를 속량하신다. 그래서 우리는 이렇게 고백한다. "그는 우리의 친척이다."

05

룻기에 나타난 구원과 효

룻기의 시대 배경

룻기(The Book of Ruth)는 히브리어 성경에 있어서 제3부인 성문서(Ktubim)에 속하는 책으로써, 다섯 두루마리, 즉 '메길로드'(megilloth) 가운데 하나다. 유대교에서 추수의 축제인 오순절(Pentacost)[1]에 자주 낭독된 이 책은 전쟁을 주제로 하는 사사기(The Book of Judges)와는 달리 전원(田園)에 있어서의 평화로운 가정의 사건이 그 중심 주제를 구성하고 있다.

이 책의 명칭(名稱)은 모압여자 룻의 이름에서 따온 것인데 유대 전승(Inheritance)은 룻을 모압왕 에글론[2]의 딸이었을 것이라고 추측한다. 룻(Ruth)이라고 하는 히브리 말의 본뜻은 정확히 알 수는 없으나 대개 '벗'(friend) 또는 '친구'(companion)의 의미로 해석하기도 하고 히브리어의 '라와'(רוה)라고 하는 동사에서 파생되어 "물이 풍부하게 된다"는 뜻으로 해석하기도 한다.

룻기의 저자(著者)에 대해서는 유대교 전승(傳承)에 의하면 선지자요 제사장이었던 사무엘이 사사기, 룻기, 사무엘서를 저작하였다고 한다. 그러나 사무엘의 죽음이 사무엘상 25:1에 기록되었으므로 저자일 수가 없으며, 사무엘 생전에 실현되지 못했던 다윗이 왕이었다는 사실이 룻기 4:22에 기록되어 있기 때문에 더욱 그러하다. 룻기는 룻기 그 자체에서도 저자에 대해서는 아무런 언급이 없기 때문에 어느 누구도 저자를 잘 모른다는 사실이다.

유대인의 회당에서 축제일에 자주 낭독된 이 룻기의 저작 연대(著作年代)에 대해서 성경학자들은 이 책 자체에서 약간의 단서를 찾아낸다. 그것은 룻기 4:17, 22에 다윗이 언급되어 있는데 이것을 보면 주전 10세기 이전에 기록되었다고는 생각하진 않는다. 또 룻기 4:6~8에는 이스라엘의 고대 관습에 대한 설명도 기록되어 있는데, 이것으로 미루어 볼 때 아마도 룻기는 이 관습들이 폐지되고 난 후에 기록되었을 것이다. 그러나 이것은 모두 추측일 뿐이지 룻기가 기록된 정확한 연대는 아니다. 일부 학자들은 주전 4세기 후의 기록이라고도 하고 또 다른 학자들은 이스라엘 백성들의 바벨론 포로 이전에 기록된 책이라고 주장하기도 한다. 예컨대 에드워드 영(Edward Young)은 룻기에 나타난 계보에 솔로몬의 이름이 없는 것을 환기시키면서 아마도 다윗 왕의 통치 기간에 이 책이 쓰여졌다고 주장하고, 일부 학자들은 이 책의 저작 연대를 포로시대 이후 주전 430년경에 쓰였다고 주장하기도 한다. 그러나 룻기의 저작 연대는 정확히 알 수 없고 다만 초기 왕조시대에 완성되었다는 잠정적 연대 결정으로 보는 것이다.

룻기의 역사적 배경(歷史的 背景)은 사사들이 통치하던 주전 1200~1020년경으로 본다.[3] 이 시대는 소란과 불안의 시대였다. 이스라엘 각 지파 간의 질시(嫉視)와 외세의 억압 등 정치적으로 혼란기였다. 종교적으로는 우상 숭배에 빠지고 출애굽 당시에 경험했던 하나님의 권능에 대한 도의심(道義心)이 약화되었을 때 이 룻기는 인간 삶의 아주 다른 면을 보여 준다. 그것은 하나님을 믿는 베들레헴 출신의 독실한 엘리멜렉 가정의 기쁨과 슬픔, 그리고 이스라엘 하나님을 경배하게 된 모압 여인 룻의 신앙과 충결(忠潔)을 보여 주는 것이다.

룻기의 기록 목적은 첫째, 유대주의를 보존하려고 노력했던 주전 430년경 에스라,[4] 느헤미야[5]에 의하여 제시되었던 협소한 배타주의로써 당시 잡혼에 관하여 그들이 제정한 법령에 대항하기 위하여 썼다는 것이다. 둘째, 다윗의 족보에 어떻게 모압인들의 이름이 등제되었는가를 보여 주기 위해서 기록되었다는 것이다. 셋째, 형이 죽으면 동생이 형수와 같이 살면서 끊어져가는 가문을 계승하는 '레비레이트'[6] 강화를 위해서 이 책이 쓰였다는 것이다. 넷째, 룻기의 내용이 매우 목가적(牧歌的)이고 등장인물들의 이름 즉 나오미(희락), 룻(동료), 말론(병), 기론(파괴)이 모두 형이상학적인 인상을 주기 때문에 룻기를 하나의 단편소설이나 흥미로운 옛이야기의 하나로 기록되었 다는 것이다. 다섯째, 이방 여인인 룻이 유대 랍비들에 의하여 유대교로 개 종한 것이 기록 목적이 되었다는 것이다. 여섯째, 희망을 잃고 좌절한 사람 들에게 룻의 삶을 보여 주면서 좌절하지 말고 용기와 희망을 가지고 인생을 살아가도록 하기 위해서 이 글을 기록했다는 것이다. 학자들은 이런 이유들 로 인해서 룻기가 기록되었다고 주장한다.

예루살렘 제사장 가문에서 태어난 유명한 역사가 요세푸스[7]는 영감받은 책 목록에서 사사기와 룻기를 하나의 책으로 보았고, 성 제롬[8]은 이 두 책이 히브리어 경전에서 같이 있었다고 보았다.

이 책은 신화나 전설이 아닌 사실성이다. 즉 실제적이며 역사적 이야기이 다. 왜냐하면 이 사건은 사사들이 통치하던 특별한 시대에 일어났기 때문이 다. 그리고 언어는 변증적이라기보다는 간단하고 솔직하며 숨김이 없다. 이 시대의 관습에 대한 각각의 언급이 매우 정확하고 실제적이다. 이 시대의 초 기에는 이스라엘과 모압 사이에 평화가 있었고, 이족결혼(intermarriage)은 아 브라함과 롯의 후손 사이에 외형적으로 금지된 것이 아니었다(창 19:38). 신명 기 23:3에 보면 그것은 단지 모압과 암몬 남자에게만 적용되었을 뿐이다.

무엇보다 예수님의 족보에 룻이란 이름이 나오는 것도 중요한 사실이다 (마 1:5). 누가복음에서도 이 룻의 계보를 언급하고 있는데(눅 3:32), 이런 사실 로 미루어 볼 때 저자는 룻이 역사적 실제인물이며 그 여인의 삶의 기록은 정확한 사실임을 말한다. 모든 세대에 적용되는 진리는 여호와는 그의 백성 을 사랑하시고 다스리시며 섭리로 보살피시는 일에 신실하신 분이라는 것 이다. 뿐만 아니라 하나님의 백성은 일상적인 활동 중에서 하나님의 일을 행 하고 있어야 하며 하나님의 은혜를 받는 자들이므로, 룻과 보아스처럼 하나 님께는 신실한 순종으로 다른 사람에게는 자비로운 행동과 그 반응을 보이며 살아가야 함을 보여 준다.

'그때에 이스라엘에 왕이 없으므로 사람이 각각 그 소견에 옳은 대로 행하였더라'(삿 17:6; 21:25)는 말씀처럼 이스라엘 역사상 가장 무책임한 사사 시대 말기에 룻기는 책임 있는 삶을 살라는 명료한 외침을 외치고 있다. 이러한 룻기의 메시지는 오늘날에도 마찬가지로 필요한 것이다. 보아스는 예수 그리스도의 예증이며, 또한 룻을 구속하려고 은혜를 베풀었던 보아스처럼 예수 그리스도는 모든 인류를 구속하시려고 구속자로서 자신을 비우고 인간에게 은혜를 베푸신 것이다.

일반적으로 룻기는 당시 좋은 가정생활에 대한 가치 있는 통찰을 우리에게 보여 준다. 무엇보다 하나님의 인도하심과 축복 가운데 살아가는 위대한 인간 사랑의 이야기를 담고 있다. 그것은 불안하고 무정부적인 상태의 사사 시대로부터 참다운 인간 사랑이 전적으로 사라지지 않았음을 보여 주는 것이다. 그래서 룻기는 어지럽고 혼탁한 시대 가운데서 진정한 경건과 성실한 삶의 태도가 승리하고 건재함을 보여 주는 책이다.

룻기의 조감도

룻기를 조감도 식으로 본다면, 1장에서 엘리멜렉과 나오미 가정의 불행한 이주, 모압 땅에서의 생활, 말론과 기룐의 결혼, 엘리멜렉과 말론과 기룐의 죽음, 그리고 룻의 효심이다. 2장에서는 이삭 줍는 룻과 보아스의 이야기, 3장에서는 엘리멜렉 기업의 향방이며, 4장에서는 룻과 보아스의 결혼 그리고 그들의 후손의 이야기로 끝이 난다.

1. 나오미 가정의 불행(1장)

1) 1:1~10에는 나오미 가정의 불행한 이야기를 기록하고 있다

이 사건이 일어난 시기는 사사[9]들이 통치하는 때였다. 사사들이 치리하는 시대에 유대 땅 베들레헴에 엘리멜렉과 그의 아내 나오미와 두 아들 말론과 기론이 있었다. 이들은 모두다 에브랏 사람이라고 하였는데, 에브랏은 에브라임[10] 지파를 의미한다. 이들이 유대 지방에 기근이 들어[11] 팔레스틴 최남단에 자리 잡고 있는 모압 땅으로 이주하여 살면서 그곳에서 두 아들이 결혼을 하게 되었다.

말론과 기론은 모압 여자인 오르바와 룻과 결혼을 하였는데(룻은 말론의 아내, 4:10), 이곳 모압 지방에서 10년을 사는 동안 불행하게도 엘리멜렉과 말론, 그리고 기론, 세 사람이 다 죽는 비극이 그의 가정에 찾아왔다. 나오미와 그의 두 며느리인 오르바와 룻, 이 세 과부만이 살아가는 가정에 뜻하지 않는 불행을 우리는 '히브리인 나오미 가정에 불어 닥친 불행'이라고 부른다.

세월이 흐른 후, 나오미는 유대 지방에 기근이 지나갔다는 소식을 듣고 고향 땅 베들레헴으로 돌아가기로 결심한다. 그러나 나오미에게는 행복했던 결혼생활에 대한 기억들을 뒤로 한 채 고국을 등지고 자기를 따라 고향 베들레헴으로 오는 두 며느리에 대하여 동정의 마음이 있었다. 그래서 도중에 나오미는 그들을 향하여 이렇게 말한다. "너희는 모압에 있는 너희 집으로 돌아가서 너희 민족 사람 중에 남편을 얻어 가정을 가지도록 하여라"(1:9). 이 말은 며느리들로 하여금 다시 결혼하여 평안함을 얻도록 하라는 권고이다.

2) 1:11에는 '레비레이트'가 언급되어 있다

유대 수혼법이란 형이 자식이 없이 죽었다면 동생은 형수와 결혼할 것을 요구하는 것이다. 이에 대한 성경의 첫 번째 언급은 유다와 다말과의 대화(창 38:8~11)에서 나타난다. 유목민의 관습에 따르면 딸의 처소는 항상 어머니의

천막이었다. 이것은 일부다처주의 결혼에서 요청되는 여인들의 처소에 대한 언급이다.[12] 이 문제는 마가복음 12:18~27에 사두개인들과 예수님 사이에서 부활에 대한 논쟁에서도 제시되었던 문제이다. "나의 태중에 너희 남편될 아들들이 오히려 있느냐"(1:11)라고 말하는 나오미의 간청 이면에는 유대 수혼법 사상이 숨어 있다. 신명기 25:5~6에도 기록되어 있는 이 관습은 고대 근동 지방에서도 널리 퍼져 있었다.

그런데 룻의 경우에는 나오미의 연령 때문에 그 효력이 의문시된다. 나오미는 자신이 아들을 낳을 수 있는 능력이 있다손 치더라도 며느리들이 너무 오랫동안 자기와 함께하기를 원치 아니했고 나아가 자기의 비극 속에 하나님의 뜻이 있음을 깨닫고는 체념적으로 이것을 받아들이려 한 것이다. 그리하여 두 며느리에게 친정으로 돌아가 모압 땅에 머물러 살도록 설득했다. 이 결단의 순간에 오르바는 시부모에게 입맞춤으로 뒤돌아갔으나 룻은 계속 나오미를 뒤따랐다. 성경은 '룻은 그를 붙좇았더라'라고 하였는데(1:14) 우리는 룻의 이 어려운 결단의 말에 귀를 기울여야 한다.

3) 1:15~18에는 룻의 위대한 신앙심이 기록되어 있다

나오미가 룻에게 다시 돌아가기를 권고하였지만 룻의 자세는 확고부동하며, 그의 맹세는 위대한 사랑의 이야기로 기록되어 있다.

"나로 어머니를 떠나며 어머니를 따르지 말고 돌아가라 강권하지 마옵소서. 어머니께서 가시는 곳에 나도 가고 어머니께서 유숙하시는 곳에서 나도 유숙하겠나이다. 어머니의 백성이 나의 백성이 되고 어머니의 하나님이 나의 하나님이 되시리니"(1:16)라고 고백하였는데, 이처럼 다정한 우정과 사랑을 이 세상에서 찾아보기란 참으로 어렵다. 성경에서는 이런 모습을 다윗과 요나단(삼상 20:17, 41), 예수님과 열한 제자(요 15:9, 15) 사이에서 찾아볼 수 있는데, 클라이드 리달(R. Clyde Ridall)은 이러한 룻의 고백에 대해, 그녀의 꿋꿋한 신앙적 결단을 보여 주는 말이라고 했다.[13]

룻은 모압의 신을 버리고 나오미를 따라 이스라엘의 주 하나님을 따르기로 결단하였는데, 그 이유는 룻이 이스라엘 사람들의 삶과 신앙 안에서 주 여호와 하나님을 만났기 때문이다.

룻기에는 룻의 개인적인 헌신의 이야기가 잘 나타나 있는데, 모압 사람의 유산을 버리고 나오미의 백성과 하나님을 받아들여 일생을 나오미와 같이 살아야겠다는 위대한 결심 선언이 그것이다. 룻과 나오미의 대화는 고상한 우정의 표현을 간직하고 있으며, 룻의 말 끝머리에서 하나님에 대한 낯익은 히브리 이름 야웨(Yahweh) 곧 주님(Lord)을 사용한 것을 볼 때, 모압인과 이 방인까지도 여호와 하나님을 믿고 따르고 있음을 보여 준다. 무엇보다 룻기 1:14~18에 요약되어 있는 '룻의 위대한 선택'은 오늘날 우리 그리스도인들이 이것이냐 저것이냐를 결정하는 정확한 모습이라고도 할 수 있다.

여호수아 24:15에는 "너희가 섬길 자를 택하라"는 말씀이 기록되어 있는데 여호수아는 이스라엘 모든 지파 곧 이스라엘의 장로와 그 두령들과 재판관들과 유사들을 세겜에 모아 놓고 그들에게 섬길 자에 대한 단호한 선택을 요구한 바 있다. 이것은 모든 사람에게는 하나님을 선택하거나 거부할 수 있는 자유가 있음을 알고 여호수아는 "너희는 섬길 자를 택하라"고 했다. 하나님을 믿고 사는 삶의 길은 너무도 잘 알려져 있어서 분별력이 있는 사람은 바른 선택을 하도록 명령하면서 "오직 나와 내 집은 여호와를 섬기겠노라"고 했다.

여호수아의 이 명령은 오늘 우리 그리스도인들에게 제시하는 명제에 대한 선택과 유사한 면이 있다. 첫째는, 우리가 그리스도를 선택할 때 그 동기와 이유가 합리적이라는 것이고, 둘째는, 그 선택은 생명과 죽음에 관계되는 것이며, 셋째는, 그 선택이 인간의 행복과 불행을 결정하고, 넷째는, 최선의 삶을 갈망하는 인간의 열망을 자극하며, 다섯째는, 거룩하신 하나님의 사랑이 인간을 택하는 강력한 동기와 원인이 되는 것이다. 그러므로 룻의 선택은 하나님을 믿고 인생의 방향을 결정짓는 가장 중요한 순간이 되는 것이다.

이러한 룻의 선택에 대해 클라이드 리달은 다음과 같이 말한다.[14] 첫째, 14절의 오르바와는 대조적으로 확신과 신념에 찬 선택이지 결단코 감정에 의한 선택이 아니다. 둘째, 11~13절에서 유리한 자연적인 조건 속에서의 자기 선택이지 타인의 강요에 의한 선택이 아니다. 셋째, 16절은 한 인간의 선택이다. 넷째, 16절 하반절에서 이 선택은 신앙의 최고 대상자를 선택하는 것이다. 다섯째, 어머니께서 죽으시는 곳에서 나도 죽어 거기 장사될 것이라는 17~18절의 고백은 인간이 다시는 되돌릴 수 없는 선택을 말하는 것이다.

4) 1:19~20에는 베들레헴에 도착한 나오미와 룻의 이야기가 기록되어 있다

나오미와 룻은 보리 추수가 시작될 때 베들레헴에 도착했다. 그들이 베들레헴에 도착하자마자 큰 소동이 일어났는데, 그 소동이란 히브리 말의 '시끄러운 대화'라는 뜻이다. 곧 자자한 소문과 좋지 않은 험담이 있었음을 상상할 수 있다. 19절에 '이가 나오미냐'라는 말은 '나오미가 여호와를 버리고 모압 사람의 신 그모스[15]의 땅으로 가지 않았던가'라는 의미이다. 이러한 소동에 대하여 나오미는 자신에게 닥친 불행을 하나님께 책임을 전가시켰다.

"나를 나오미라 부르지 말라"(1:20). 즉 "나를 '마라'(mara)(괴로움 또는 슬픔)라 부르라 주님이 나를 괴롭게 하셨다"(1:21)는 것이다. 이 말이 70인역에는 '주님이 나를 비천(humbled)하게 하셨다'로 되어 있는데, 여기 비천의 의미는 '나를 부서뜨렸다' 또는 '나를 산산조각 나게 했다'는 뜻이다. 처음에는 나오미가 자신의 남편 엘리멜렉과 두 아들 말론과 기론과 함께 행복한 여자로서 자기의 고국 베들레헴을 떠나 모압으로 갔지만 이제는 모든 것을 잃고 가진 것 없는 빈손으로 불행한 여자가 되어 다시 자기의 고국 베들레헴으로 돌아왔다는 것이다.

2. 이삭줍기와 보아스의 호의(2장)

1) 2:1~7에는 룻과 보아스의 만남이 기록되어 있고, 2:8~23에는 추수 후에 이삭을 줍는 룻의 이야기가 기록되어 있다

생계의 수단으로 룻은 가난한 자에 대한 법(신 24:19~21)에 보장되어 있는

대로 추수 후에 들에 나가 이삭을 거두었다. 신명기 법전에 기록된 합법화된 옛 관습에 의하면 궁핍한 나그네와 고아 또는 과부는 수확하는 사람들이 남긴 이삭을 거둬 모으는 일이 허용되어 있었기 때문이다.

'우연히'(2:3) 그녀가 엘리멜렉의 친족인 부유한 보아스 소유의 밭에 이르게 되었는데 로버트 왓슨(Robert A. Watson)[16]은 여기 '우연히'를 분명히 하나님의 큰 도움이라고 말한다. 그 이유는 그날 마침 보아스가 추수하는 상황을 보기 위해서 우연히 나왔다가 곡식을 베는 자들에게 유대인식으로 인사를 했는데, 그것은 '주가 너희와 함께하시기를 원한다'(2:4)고 했기 때문이다. 그리고 보아스는 모압 여자가 자기 가까이서 일하는 것을 보았고. 그녀의 신원과 열심히 일하는 모습을 본 보아스는 그와 대화하기 위하여 찾아갔다.

2) 2:8~13에는 보아스와 룻의 대화가 기록되어 있다

보아스는 룻에게 베는 자가 곡식을 벤 후 단을 묶는 소녀들 가까이 머물라고 말하였다. 여기서 보아스가 룻에게 이르되 "나의 딸아 들어라"라고 하는 것을 보면 보아스와 룻이 나이 차이가 많음을 알 수 있다. 보아스는 그의 소년들에게 룻을 괴롭히지 말라고 명령하고 룻에게는 보아스의 종들을 위해서 가지고 온 물동이로부터 물을 마셔도 된다는 말도 잊지 않았다(2:9).

룻은 이방인인 자신에게 이렇게까지 관대하게 대해 주는 보아스의 배려에 놀라움을 표현하고 있을 때, 보아스는 룻이 남편이 죽은 후에도 나오미에 대한 친절과 고국 모압을 떠나 베들레헴으로 왔다는 이야기를 들었다고 했다. 이 정직하고 순진한 종교적 신앙의 대담은 정도(正道)를 가는 모든 사람들의 마음을 이끄는 이야기다. 보아스는 룻에게 다음과 같이 말한다. "네 행한 모든 일에 여호와께서 보응하시기를 원하며 이스라엘 하나님 여호와께서 그 날개 아래 보호를 받으러 온 네게 온전한 상 주시기를 원한다"고 했다(2:12).

룻의 이러한 위대한 선택(1:16~17)은 종교적인 측면에서 볼 때 그녀가 유대교로 개종했음을 암시해 준다.

3) 2:14~16에는 보아스와 같이 식사하는 룻의 모습을 볼 수 있다

점심 시간에 보아스는 룻에게 곡식 베는 자 곁에 앉아 식사를 하라고 초대한다. 식사는 볶은 곡식과 빵을 신포도주나 포도주 초에 찍어먹는 것이다(2:14). 식사 후 룻이 이삭을 주우려 일어날 때는 보아스는 종들에게 그녀에게 친절하게 대하고 성가시게 굴지 말라고 명령한다.

4) 2:17~23에는 혈연관계에 대한 기록이다

룻이 첫날 하루 동안 주운 것은 보리 한 에바[17]쯤으로 10오멜[18]이다. 룻은 그날의 모든 일을 나오미에게 낱낱이 보고할 때마다 나오미는 보아스의 극진한 친절에 대한 말도 빼놓지 않았다.

나오미는 보아스의 친절함에 감사하면서 "주님의 축복이 그에게 있기를 원하노라. 그가 생존자와 사망한자에게 은혜 베풀기를 그치지 아니하였도다"(2:20)라고 했다. 지나친 친절은 오해를 부르기도 한다는 말이 있지만, 여기 친절은 히브리어의 '헤세드'(חֶסֶד)인데 이 말은 자비와 자애, 충실과 미덕이란 뜻이다. 이 말은 엄격한 정의(正義)에 의하여 요구되는 것보다도 사랑에 잠긴 인간의 행위를 나타내는 말이며, 이는 신약성경에서 하나님이 인간에게 은혜를 나타내는 말로 사용되기도 하였다. 룻기 2:20에 "우리의 근족이니 우리 기업을 무를 자 중 하나이니라"고 했다. 이 말은 보아스가 가장 가까운 친족이 아님을 보여 주는 말이다. 그 당시에는 가장 가까운 친족이 경작했던 밭을 다시 되찾을 수 있는 권리가 있었다(레 25:25). 그리고 피 흘림에 대한 복수의 의미(민 35:19)와 죽은 형의 아내와 결혼할 의무(신 25:5~10)가 있었는데, 여기 보아스에게 있어서는 이런 의무나 권리가 없었다. 다만 보아스는 근족 그 다음에 속하는 사람이었다.

나오미는 룻에게 보리와 밀 추수가 마칠 때까지 보아스의 종들과 같이 있으라고 했다. 그리고 만약 다른 밭으로 가더라도 사람을 만나지 말라고 했는데(2:22), 이 말은 '다른 밭에 가서 일을 할 경우 그 사람들이 너를 괴롭힐 것이다'란 의미로 생각된다. 성경에서 '만나다'라는 말은 가끔 해로운 일이 엄습하는 의미로 사용되기도 한다.

3. 룻과 보아스의 결혼(3장)

1) 3:1~18에는 룻이 구원자를 발견하는 모습을 볼 수 있다

3:1~5은 룻에게 조언하는 나오미의 이야기이다. 추수가 끝날 때에 나오미는 룻에게 그녀의 계획을 알려 주었다. 그것은 여자의 직감으로 룻에 대한 보아스의 관심이라고 판단했다. 왜냐하면 룻기 3:1에서 나오미는 룻에게 안식할 곳을 구했기 때문이다. 이 말은 평안함을 가지는 안식의 결혼을 의미하는 것이다. 그래서 룻은 목욕을 하고, 기름을 바르고, 옷을 입도록 나오미의 지시를 받는다. 보아스가 타작 마당에서 보리를 타작하고 있는 장소로 갔을 때, 보아스는 먹고 마시기를 마치고 잠자리에 누웠다. 룻이 조심스럽게 그곳으로 들어갔다. 룻은 발치 이불을 가만히 들고 들어가 누웠다. 나오미는 룻에게 어떻게 해야 하는가를 일러 주고 룻은 순종하는 마음과 결혼과 평안을 구하려는 여자의 마음으로 나오미의 지시를 수행한다. 그 단적 예가 룻기 3:5에 "당신의 말씀대로 내가 다 행하리이다"에 잘 나타난다.

2) 3:6~13에는 맹세하는 보아스의 사실을 발견할 수 있다

룻은 나오미가 시키는 대로 했다. 보아스는 곡식을 지키기 위해서 곡식단 곁에 누웠다. 그가 잠든 후에 룻이 그의 발치 이불을 들고 누웠을 때 보아스가 깜짝 놀라 "너는 누구냐"라고 묻는다. 그때 룻은 "나는 당신의 여종 룻입니다"라고 대답했다. "당신의 옷자락으로 당신의 시녀를 덮으소서. 당신은 우리 기업을 무를 자가 됨이니이다"(3:9)란 이 요구는 보아스가 그의 죽은 친척 아내를 향해 혈연자로서의 해야 할 일을 바란다는 것으로 이해할 수 있다. 보아스는 그의 뜻을 밝혔는데, 그 결과는 "여호와의 사심으로 맹세하노니"(3:13)라는 말로 언약을 하였다.

3) 3:14∼18에는 선물을 가지고 나오미에게 돌아온 룻의 이야기가 기록되어
   있다

룻은 보아스가 지시한 대로 아침까지 조용히 누워 있었다. 그 당시 사회
관습에 따라 일이 조용히 진행되는 동안, 보아스는 현명하게 그의 종에게 명
령하므로 룻과 자신의 평판을 지켰다. "여인이 타작 마당에 들어온 것을 사
람이 알지 못하여야 할 것이라"(3:14)는 말씀이 그것을 잘 증명해 주고 있다.

아직 어두워서 사람을 잘 알아보지 못할 때 보아스는 룻의 옷에 보리 여
섯 번을 부어 주고 그녀를 보냈다. 에릭 프롬(Erich Fromm)은 「사랑의 기술」이
란 책에서 사랑이란 주는 것, 관심을 갖는 것, 책임을 다하는 것, 존중하고
소중히 여기는 것, 이해하는 것이라고 했다. 그런데 여기 룻과 보아스의 관
계를 보면 프롬이 말한 사랑의 정의가 무엇인지 이해할 수 있다. 돌아온 룻
에게 나오미는 "내 딸아 어떻게 되었느냐"(3:16)고 물었다. 룻은 사실대로 이
야기했다. 그때 나오미는 "내 딸아, 이제 기다리라 그 사람이 이 일을 성취하
기까지는 쉬지 아니하리라"고 했다.

4. 엘리멜렉 기업의 향방(向方)(4장)

1) 4:1∼22에는 룻을 구원한 보아스의 이야기가 기록되어 있다

룻기 4:1∼6에는 엘리멜렉의 기업 무를 자 보아스에 대한 기록이다. 다음
날 아침 일찍 보아스는 성문에 올라갔다고 기록하고 있는데(4:1), 맥도날드
(A. Macdonald)는 이 성문은 장로들이 시민의 일과 법을 집행하기 위하여 만
나는 장소라고 말한다. 죽은 엘리멜렉의 기업 무를 자가 지나갈 때 보아스가
그들을 불렀다. "친구여 와서 앉으라" 하매 그가 와서 앉았다. 이때 열 명의
장로[19]들이 모였다. 여기 열 명의 장로는 공적인 행동을 하기 위한 정족수를
말한다. 보아스는 나오미의 친족에게 전에 엘리멜렉에게 있었던 밭을 그녀
가 팔고 싶어한다고 말하고 그 사람에게 사겠느냐고 물었다. 여기에 간단하
게 언급된 것 외에 이 제안된 거래에 대해서는 우리가 더 이상 알 수가 없다.

구약 시대에 재산은 가족이나 부족 안에서 지켜져야 했기 때문에 가장 가까운 친척에게 팔도록 되어 있다. 모팻(Moffatt)은 4절의 '내가 너에게 알게 하려 하였다'는 말이, 내가 그 문제를 너에게 제시하려고 했다는 말이라고 해석한다. 그런데 그 '기업 무를 자'(레 25:25)가 자신이 사겠다는 의사를 밝혔을 때 보아스는 그 밭을 무르는 사람이 룻을 아내로 삼아야 된다고 덧붙였다. 이때 기업 무를 자가 이의를 제기하면서 "나는 내 자신의 기업에 손해가 있을까 하여 나 자신을 위해서 무르지 못하겠노라"(6절)라고 하였는데, 이는 밭이 죽은 남편의 아들로 간주되게 될 장남에게 주어지는 법조문 때문이라고 생각된다. 그래서 기업 무를 자는 그러한 것을 취하고 싶지 않았다. 그 결과 그의 책임을 무를 자가 그 다음으로 가까운 친척인 보아스에게 넘어가게 되었다.

2) 4:7~12에는 베들레헴에서의 결혼 이야기이다

옛날 이스라엘에서는 땅이나 재산을 거래하거나 교환할 때 합의를 확인하는 표로 다른 사람에게 자신의 신을 벗어주는 관습이 있었는데 보아스의 경우에도 이런 관습이 행해졌다. 증인들은 보아스에게 주께서 룻이 그들의 자녀를 통해 이스라엘을 세운 라헬과 레아[20]같기를 원한다고 하였다. 그리고 다말이 유다에게 낳아준 베레스[21] 기사가 언급되어 있는데, 이것은 그들이 베들레헴 부락의 조상이었기 때문에 특별히 언급되었다고 생각한다. 그들은 자손을 통해서 히브리 가정에 하나님의 큰 복이 임하고 위대해지기를 간절히 기도한 것이다.

3) 4:13~17에는 오벳[22]의 탄생을 기록하고 있다

오벳의 탄생으로 말미암아 나오미 가정에 큰 행복이 찾아왔다. 룻기 1:1~10에서 히브리인 나오미 가정에 불어 닥친 불행한 이야기는 이제 히브리인 나오미 가정에 찾아온 큰 행복의 이야기로 바뀐다. 그것은 나오미 자신의 것으로 이스라엘에서 그녀의 집안이 영속하도록 아이를 주셨으니 나오미는 정말 행복한 사람이 되었다. 왜냐하면 오벳은 이스라엘의 가장 위대한 다윗의 아버지인 이새의 아버지가 되었기 때문이다.

4) 4:18~22에는 다윗 왕의 족보를 기록하고 있다

롯기의 마지막 부분은 유다가 그의 자부 다말(창 38:29)에게서 낳은 베레스로부터의 족보와 다윗 가족의 역사로 끝을 맺고 있는데 이것은 유대주의를 보존하고 이방인과 혼인을 금지하고 있는 유대전통을 허물고 신앙이란 만인의 것임을 내면적으로 나타내는 사건이라 할 수 있다.

특히 이 부분에서 다윗의 조상 롯의 세계를 명백히 밝히고 있는데, 그것은 "보아스가 롯을 취하여 아내를 삼고 그와 동침하였더니 여호와께서 그로 잉태케 하시므로 그가 아들을 낳은지라 나오미가 아기를 취하여 품에 품고 그의 양육자가 되니 그 이웃 여인들이 그에게 이름을 주되 나오미가 아들을 낳았다 하여 그 이름을 오벳이라 하였는데, 그는 다윗의 아비인 이새의 아비였더라"라고 하였다. 베레스의 세계는 이러하니 베레스는 헤스론을 낳고(대상2:4~15), 헤스론은 람을 낳고, 람은 암미나답을 낳았고, 암미나답은 나손을 낳았고, 나손은 살몬을 낳았고(출 6:23; 민 1:7), 살몬은 보아스를 낳았고, 보아스는 오벳을 낳았고, 오벳은 이새를 낳았고, 이새는 다윗을 낳았더라고 했다 (헤스론은 '벽으로 둘러싸이다', 람은 '높은', 암미나답은 '왕자의 친척', 나손은 '매혹시키는 사람', 살몬은 '옷을 입은'이라는 뜻이다).

룻기가 주는 교훈

롯기의 가장 중요한 특징은 서민적이고 소박한 일들에 대한 하나님의 직접적이고 친밀한 관심의 의미로 가득 차 있다. 즉 하나님은 전혀 쓸모없는 인간을 위해서 일상생활의 환경을 조성하고 다스리시는 분이라는 사실이다. 왜냐하면 롯의 후손 가운데 다윗 왕이 나오며 다윗 왕의 계보에서 구원자이신 메시아가 오셨기 때문이다.

사사 시대에 있었던 룻의 이야기는 포로 시대 이후 편협한 민족주의 사상을 단호히 배격하고 있다. 에스라, 느헤미야 시대에 이방 여자들과의 결혼을 금지하는 법이 선포되었는데, 이 쇄국적인 정신에 사로잡혀서 다른 민족은 사람 취급하지 않은 것을 통탄이 여긴 한 유대인에 의해 이 글이 쓰였을 가능성이 크다.

인간이란 항상 혹독하고 매몰찬 비판으로 상대를 숨죽이게 만드는 습성이 있는데, 여기 유대인이야말로 자기들에게는 한없이 관대하면서도 타인에 대해서는 관용이 없다. 이와 같은 시기에 이러한 글이 쓰였다는 것은 오늘 우리에게도 큰 희망을 준다.

이방인 룻도 하나님을 믿고 하나님의 백성이 되었으며 이스라엘 정통 왕족의 한 사람으로 족보에 기록되어 있다는 사실을 밝혀줌으로써 이스라엘 백성의 편협한 마음을 고쳐 보려는 것 같이 보인다. 룻기는 인정이 메말라 찬바람이 감도는 시대에 아름다운 역사 이야기를 통해 다시 한 번 인간 삶의 인정미(人情味)를 되찾게 한다.

1. 다윗 왕가(王家) 계보의 의미

룻기 4:13~22에 다윗의 조상 룻의 세계를 명백히 하고 있는데, 마태복음 1:1~6에도 다윗 왕가의 계보가 기록되어 있다. 그것은 "아브라함과 다윗의 자손 예수 그리스도의 세계라 아브라함이 이삭을 낳고 이삭은 야곱을 낳고 야곱은 유다와 그의 형제를 낳고 유다는 다말에게서 베레스와 세라를 낳고 베레스는 헤스론을 낳고 헤스론은 람을 낳고 람은 아미나답을 낳고 아미나답은 나손을 낳고 나손은 살몬을 낳고 살몬은 라합에게서 보아스를 낳고 보아스는 룻에게서 오벳을 낳고 오벳은 이새를 낳고 이새는 다윗 왕을 낳으니라 다윗은 우리야의 아내(밧세바)에게서 솔로몬을 낳았다"는 것이다.

여기에 여자들의 이름이 네 경이나 기록되어 있다. 그런데 부정하고 수치스러운 여성들이 예수 그리스도의 조상 중에 끼어 있어서 이러한 사실들이 우리에게 기독교의 부정을 드러내는 느낌을 주기도 한다. 그러나 가장 신성함을 원하는 유대인의 관습에 반하여 예수의 족보에는 다말,[23] 라합,[24] 룻, 밧세바,[25] 이 네 명의 여성들의 이름이 기록되어 있다. 이 중에서 두 명은 이방 여인이며, 세 명은 불륜의 관계에 있었다. 그러나 우리는 이러한 사실을 통해 하나님의 깊은 뜻을 발견하게 된다.

첫째는, 인간의 역사는 그 모두가 불결한 그대로 하나님 앞에 나타나서 하나님 앞에 이를 숨길 수가 없다는 사실이다. 동양에 있어서 여러 영웅들의 전기처럼 자기들의 오점을 숨기고 좋은 점만을 주장하는 일은 하나님 앞에서 무효임을 보여 주는 참 좋은 예가 된다.

둘째는, 유대인들이 그들의 혈통을 매우 사랑하고 중요시 했을 뿐만 아니라, 메시아는 항상 자국민을 위한 구주로 생각하고 있었다. 이런 일에 대해서 그들이 가장 존경하는 메시아의 혈통 중에서 조상들이 상상외로 추잡함과 더러움에 있었고 또 족보에 이방인의 피도 섞여 있음을 밝혀냄으로써 완곡한 유대인의 교만을 꺾는데 이 글의 의미가 있는 것이다.

셋째는, 인류의 죄가 아무리 깊다 할지라도 하나님은 그의 약속을 헛되이 돌리는 일이 결코 없으며 인간의 죄를 정결케 하고 인간을 구원하여 영예로운 지위에 둘 수 있음을 보여 준다.

다윗 왕가의 계보를 생각할 때 다음 성경구절을 떠올리게 된다. "수고하고 무거운 짐진 자들아 다 내게로 오라 내가 너희를 쉬게 하리라"(마 11:28). 이러한 그리스도의 초청에 많은 사람들이 주님의 몸된 교회를 찾는다. 그리고 하나님을 불신하고, 우상을 섬기며, 경건성(敬虔性)을 잃은 망령된 언어를 비롯하여, 시간 선용을 못한 죄, 불효, 살인, 간음, 도적질, 거짓 증거, 탐심 등 무거운 죄의 짐들을 풀어놓는다. 즉 죄를 고백(confession)한 것이다. 생각해 보면 교회란 수많은 사람들이 고백한 더러운 죄 짐으로 가득 찬 창고이다. 그래서 더럽고 추한 생각이 든다. 하지만 하나님은 이 모든 죄를 속죄(atonement)하고 용서(forgiveness)하고 못 본(overlooking) 체하고 덮어(cover) 주신다. 그리고 그곳에서 영생수(永生水)를 내주면서 마시게 하신다

(요 4:14). 그래서 찾아간 모든 사람을 '의'(righteousness)로 여기시고 '의인'(義認, justification)화 해 주심으로 '새 생명'(new life)을 얻고 '다시 태어나며'(again birth) '새 창조'(new creation)가 되는 것이다. 교회란 거룩한 성전이며 구원의 방주다.

하나님은 인류에게 희망과 용기를 주신다. 인간이란 하나님 앞에서 정직하고 숨김없이 자기를 나타낼 때, 이를 하나님이 기뻐하시는 것이다.

마태복음 1:1~17은 참으로 지루하게 느껴지는 무미건조한 인명이 나열되어 있다. 그러나 여기에 하나님의 놀라운 사랑의 교훈이 포함되어 있음을 지나쳐서는 안 된다.

룻기는 룻과 나오미에 관한 이야기로써 민족적 또는 개인적 이해의 관계를 훨씬 초월하는 인정과 헌신의 이야기이다. 룻기는 오랫동안 이야기 기법의 완벽한 표본으로 인용되어 온 구약성경의 한 작은 책이다. 여기 베들레헴 태생의 히브리인 보아스와 모압 여인 룻과의 결혼, 그리고 그들 사이에서 태어난 오벳이 이새의 아버지이자 다윗의 할아버지가 되는 사실은 정말 놀랄만한 사건이며, 또 예수 그리스도의 족보 기사에서 룻이 다윗과 예수의 조상으로 언급된 사실은 아무리 강조해도 지나치지 않다.

2. 여호와 종교의 보편성

"어머니의 백성이 나의 백성이 되고, 어머니의 하나님이 나의 하나님이 되리니"(룻 1:16)에서 이스라엘의 하나님을 자기의 하나님으로 섬기기로 약속하고 따라온 룻에게서 우리는 이방 여인인 룻도 하나님을 믿는 하나님의 백성이 되었음을 알 수 있다. 우리는 이 룻기에서 다윗 왕가의 핏줄 속에 모압인의 피가 섞였다는 전통을 보존하고 따라서 모압인까지도 이스라엘 신앙에 관련하여 뜻있게 이를 공유할 수 있다는 이스라엘 신앙의 진정한 보편성(普遍性)을 찾아볼 수 있다.

룻기는 야웨의 선하신 인도를 다룬 책으로써 그 중심인물이 야웨이다. 이방 여인이 야웨의 인도를 받았다는 사실은 구원(救援)의 보편성과 우주성(宇

宙性)을 말하는 것이다. 인간은 누구나 이스라엘 하나님의 날개 아래서 도피처를 찾는 일은 칭찬을 받아야 한다. 우리도 하나님의 날개 아래서 안전한 안식처를 발견해야 한다. 참된 종교는 깨끗한 마음과 올바른 생활에 있지 민족성에 달린 것이 결코 아니다. 룻기는 이스라엘 밖의 세계에서도 얼마든지 하나님의 손길이 널리 퍼진다는 교훈을 준다. 그러므로 하나님의 섭리가 모든 상황 아래서 결정적인 힘으로 입증된다는 사실이 바로 룻기의 교훈이다.

또 개인적인 사건 속에서도 하나님의 인도가 구원사를 형성하는 전체의 인도 속에 편입된다는 사실을 잘 나타내 주고 있다.

에스겔은 하나님께서 죄인이 죄로 말미암아 죽는 것을 원치 아니하시고 돌이켜 회개하여 살기를 원한다고 하였는데, 어찌 이방사람들이 하나님께로 돌아오는 것을 하나님께서 금하시겠는가. 우리는 룻기를 읽으면서 야웨 하나님을 믿는 자들에게는 천국의 문이 열리고 지역이나 계층 간의 관계없이 모두가 하나님의 백성이 될 수 있으며 축복을 받을 수 있다는 사실을 알아야 한다.

모압 여인 룻이 새롭게 발견한 신앙과 시어머니를 위한 그녀의 희생적인 효성(孝誠)이 하나님의 위대한 구원 계획 속에 함께 들어 있으며 룻의 후손에서 다윗 왕이 나오며 다윗 왕의 계보에서 메시아가 오시기 때문에 우리는 여기서 여호와 종교의 우주성과 구원의 보편성을 찾아볼 수 있는 것이다.

이 룻기는 참된 인간관계와 이스라엘 종교 속에 들어 있는 근본적인 문제들을 많이 해결해 주고 있다. 룻기는 이해관계를 떠난 참된 인간관계에서 충성된 삶은 하나님의 보응을 얻게 된다는 사실을 교훈하며 정직하고 신중하며 부지런한 보아스는 전형적인 참 이스라엘인임을 보여 준다.

우리는 이러한 사실을 사도행전에 나타난 베드로의 설교에서도 찾아볼 수 있는데, 그것은 곧 "하나님은 사람의 외모로 취하지 아니하시고 각 나라 중 하나님을 경외하며 의를 행하는 사람은 하나님이 받으시는 줄 깨달았도다"(행 10:34~35)라고 한 말씀이 그것이다.

룻기의 단순성과 가정적 성격은 곧 서민의 이야기인 동시에 감동적으로 우리의 폐부에 와 닿는다. 그래서 룻기는 희망을 잃고 좌절한 사람과 절망 속에서 울부짖는 모든 사람들에게 솟구치는 용기와 희망을 전해 준다.

3. 룻의 효성

룻기 1:14~17에서 우리는 룻에게 효부의 모범을 발견할 수 있다. 룻은 이방여자로서 구원을 얻는 여성의 모범일 뿐만 아니라 참 좋은 며느리로서 그 효가 오늘날 우리의 삶에 큰 본이 된다. 서문에서 밝힌 바와 같이 룻은 모압 여성으로서 자기 땅에 와 거하는 이스라엘 사람의 며느리며 또 아내가 되었다가 남편을 잃은 사람이다. 그럴 경우에 인간적인 욕망으로는 시어머니를 떠나 친정으로 가도 무방하지만 그는 시어머니의 처지를 생각하며 그를 따랐는데, 그 따름이 오히려 하나님의 큰 축복을 가져왔다. 효부의 모범이 되는 룻의 신앙적 선택은 다음과 같다.

첫째, 룻이 시어머니와 함께하기로 결심을 한 것이다. 흔히 사람들이 시어머니 섬기기를 꺼려하는데 반해 그녀는 이 길을 택한 것이다. 이러한 행동은 우리 속담에 '그 아버지에 그 아들'이란 말처럼 '그 시어머니에 그 며느리'라는 교훈을 준다.

둘째, 룻이 이스라엘 백성이 되기로 한 것이다. 어머니의 백성이 나의 백성이 된다는 사실 속에서 믿는 자와 하나 되고자 하는 그녀의 강한 결단을 엿볼 수 있다.

셋째, 룻이 시어머니가 믿는 하나님을 자기도 모시기로 결심한 것이다. 이 말은 참된 신앙을 가지기로 결심한 것인데, 최고의 신앙을 가지고 사는 자에게는 언제나 최고의 축복도 임한다는 교훈을 준다.

넷째, 룻이 시어머니와 같이 즉어 장사되기를 결심한 것이다. 여기에서 우리는 룻의 철저한 자기희생과 그 의미를 발견할 수 있다.

우리는 룻의 신앙적 선택에서 이스라엘이 이방화되면 멸망하지만 이방인이 선민화되면 하나님의 큰 축복을 받는다는 교훈을 배울 수 있다. 이러한 사실을 통해 오늘날 우리 그리스도인들이 세상으로 나가면 멸망하지만 세상 사람들이 하나님께로 돌아오면 축복을 받는다는 진리를 배울 수 있다. 결국 룻이 보아스의 아내가 되고 다윗의 증조모로, 또 예수 그리스도의 조상이 되었는데 이러한 축복은 신앙의 길을 선택한 룻의 인간 승리라고 할 수 있다.

룻기 2:18 이하에 나타난 룻의 효성을 살펴보자. 첫째, 그는 시가(媤家)를 사랑했다. 특별히 남편 없는 시어머니를 더욱 사랑한 것이다. 둘째, 그는 효성(孝誠)이 지극했다. 셋째, 그는 존귀(尊貴)하게 되었다. 곧 부유한 집의 주부가 되고, 선민의 어머니가 되었으며, 다윗 왕가의 조모가 되었다. 넷째, 그는 그리스도의 조상(祖上)이 되었다. 룻과 보아스 사이에 태어난 오벳의 후손에서 구세주 메시아가 탄생했다.

바울은 에베소 교회에 보낸 편지에서 "네 아버지와 어머니를 공경하라 이것이 약속 있는 첫 계명이니 이는 네가 잘 되고 땅에서 장수하리라"(엡 6:2~3)고 했다. 정말 룻은 비천했지만 헌신적인 사람이었다. 이러한 룻에게 이스라엘의 위대한 왕의 조상과 다윗의 후손 메시아이신 예수 그리스도의 조상이 되는 명예가 주어졌다(마 1:5, 16; 눅 3:23, 32). 룻기의 이야기는 여자 주인공이 결국 행복하게 잘 살아간다는 것이 마치 하나의 가공적인 이야기로 우리에게 들릴지 모르나 룻의 선하고 경건한 삶의 이야기는 결코 가공적인 이야기가 아니며 역사적인 사실을 담고 있다.

경건한 신앙의 삶은 하나님 없는 삶보다 말할 수 없는 수고와 고통이 따른다 할지라도 그것은 여전히 무한한 축복이자 만족이 있음을 교훈한다. 하나님과 하나님의 백성들과 자신을 동일시하며 살아가는 모든 남녀는 이런 결단 가운데서 기쁨으로 인생을 살아가는 것이다.

예컨대 오르바와 같이 시어머니를 버리고 뒤돌아간 사람은 자신의 결정을 잠시는 잘했다 할지 모르나 반드시 후회할 날이 올 것이다.

그래서 시편 기자는 이렇게 노래했다. "여호와께서 의인의 길을 아시나니 악인의 길은 망하리로다"(시 1:6). 또한 "너희 길을 여호와께 맡기라 저를 의지하면 저가 이루시리라"(시 37:5). "의인의 길은 돋는 햇볕 같아서 점점 빛나서 원만한 광명에 이르거니와 악인의 길은 어둠 같아서 그가 거쳐 넘어져도 그것이 무엇인지 깨닫지 못하느니라"(잠 4:18~19).

맺는 말

룻기의 메시지는 우리에게 고대 이스라엘의 관습, 기근, 이웃 나라와의 관계, 곡식재배, 추수기에 대한 이해를 돕고, 가정생활에 대한 통찰과 어디에도 비길 데 없는 사랑의 이야기를 전해 준다. 그리고 인간 삶을 통해서 일하시는 하나님의 주권적인 계획을 감동적으로 묘사하고, 나아가 하나님의 확실한 계획의 성취를 보여 준다.

룻기는 총 4장 85절로 이루어진 짧은 책이다. 본서는 소수의 등장인물들의 일상생활을 배경으로 서로 아끼며 사랑하는 내용들이 진솔하게 기록되어 있다.

히브리인 나오미 가정에 불어 닥친 불행의 이야기로 시작하여 보아스와 룻의 결혼으로 인하여 다시 행복한 삶의 이야기로 전환되어 다윗 왕가의 족보를 명백히 보여 주는 이 책은 성경의 다른 부분에서 쉽게 찾아볼 수 없는 이방인과 여성 문제를 잘 설명하고 있으며, 아브라함을 통해서 주시겠다고 약속하신 하나님의 축복의 근원이 다윗 왕가를 통하여 역사적으로 잘 성취되고 있음을 보여 주고 있다.

무엇보다 룻기는 에스라와 느헤미야 시대의 잡혼에 대한 편협한 민족적 태도의 반동으로 생겨난 한 이데올로기 문학이라고 생각해 왔다. 하지만 룻은 모압 여자라고 하는 사실을 본문에 여러 번 기록하고 있으며(1:22; 2:2, 6, 21; 4:5, 10), 룻 자신도 자기를 이방사람이라고 했다(2:10). 이 이방인 여자 룻이 여호와를 믿고 남편이 죽은 뒤 시어머니의 권고를 물리치고 타국인 베들레헴에 와서 시어머니를 정성스럽게 섬김으로써 효성을 다하고 여호와께 축복을 받아 드디어 위대한 다윗의 조상이 되었다(4:17~22).

오늘 우리가 하나님 앞에 복된 자가 되는 것도 하나님께로 돌아와 '나는 죄인입니다'라고 고백하고 예수의 마음을 품고 살아갈 때 가능한 것이다. 룻기의 이야기는 역사적인 사실로써 진정한 종교는 깨끗한 마음과 올바른 생활에 있는 것이지 결코 민족성에 있는 것이 아님을 보여 주고 있으며, 여호와 하나님은 반드시 이방인과 잡혼을 싫어하는 것이 아님도 잘 나타내주고 있다.

룻기의 가장 큰 교훈은 여호와 종교의 우주성 곧 보편성이다. 에스라, 느헤미야는 이스라엘 종교가 잡혼으로 인하여 생기는 위험성에서 보수하려는 편협한 생각을 가졌음에 반하여 룻기는 이방여자라도 이스라엘의 하나님 여호와께 충성을 다 할 수 있음을 가르쳐 준다. 시어머니와 함께하기로 결심하고 그의 백성이 되고 그의 하나님을 자기 하나님으로 모시고 살며 그 땅에서 같이 죽어 장사되기를 결심하며 하나님의 법을 따라 살아가는 룻은 진정 효부의 모범이며 철저한 자기희생에서 우러나오는 효성임을 알 수 있다.

오늘날 그리스도인들은 이러한 모압 여인 룻을 통해 여호와 종교의 보편성과 룻의 효심을 잊어서는 안 된다.

이러한 룻의 생애를 볼 때 시편의 말씀이 생각난다. "여호와는 나의 목자시니 내가 부족함이 없으리로다 그가 나를 푸른 초장에 누이시며 쉴 만한 물가로 인도하시는도다"(시 23:1~2), "복 있는 사람은 악인의 꾀를 좇지 아니하며 죄인의 길에 서지 아니하며"(시 1:1), "의인의 길은 여호와께서 인정하시나 악인의 길은 망하리로다"(시 1:6).

II. 본문
연구

01

길 위의 탐색

롯기 1장 주해와 적용

본문의 개요

한국적 상황에서 룻기 1장은 흔히 뛰어난 효도의 전형으로 이해되고 있다. 룻이 끝까지 시어머니 나오미를 따르기로 결심하고 실천한 것은 성경이 유교 못지 않게 효도를 강조하는 예로 제시되기도 한다. 그러나 본문은 룻이 시어머니 나오미를 따르기로 결정한 주된 이유가 시어머니에 대한 효심이라고 말하고 있는가? 또는 룻기 전체가 불합리한 가부장제도 아래서 여성들이 겪는 숙명적인 고통과 슬픔, 그리고 그 해결책을 모색하는 이야기인가? 본문에서 저자는 과연 제도에 대한 비평이나 여성의 존재양식에 대한 탐구를 목적으로 하는가? 이와 같은 해석적 질문에 답하기 위해 먼저 룻기 1장을 포함한 룻기 전체가 고도의 문학성을 가진 역사적 작품으로써 구속사적·정경적 관점에서 읽혀야 함을 확인할 필요가 있다.

룻기 1장을 읽는 가장 적절하고 주도적인 해석의 틀은 구속사적 해석이다. 룻기는 인간 제도의 비평이나 여성적 삶의 비극성을 제시하기보다는 구속의 역사를 주로 기술하고 있다. 룻기 전체의 메시아적 전망은 개인의 운명이나 가문의 혈통계승을 뛰어넘어 구약 구속사의 정점인 다윗의 족보를 내다보고 있다. 이렇게 룻기 1장의 내용은 룻기뿐만 아니라 신·구약 전체를 아우르는 구속사 안에 견고하게 자리 잡고 있다. 따라서 1장에 나타난 룻의 선택은 궁극적으로 효심의 발로나 실존적 결단이라기보다 믿음의 결단이다. 이러한 해석적 입장이 다음에 제시되는 주해와 적용의 기초가 될 것이다. 먼저 룻기 1장의 구조를 살펴보자.

룻기 전체의 구조를 어떻게 보느냐에 따라 1장의 구조는 달라질 수 있다. 아래의 구조는 1장의 두 주인공인 나오미와 룻의 대화를 중심으로 구성한 것이다. 1장 전체의 구성원리는 나오미의 '이주-귀환'(1~5; 19~22절)으로 그 무대는 모압과 베들레헴이다. 그리고 이 주제는 '풍부-결핍'의 주제와 연결된다. 풍부함 가운데 이주했던 나오미는 빈손으로 귀환한다. 중간의 1:6~18은 나오미가 귀환하는 '길 위' 무대에서 룻이 어떻게 나오미를 따르기로 결심하게 되었는가를 자세하게 기술하고 있다. 나오미의 귀환 길은 혼자 걷는 길이 아니었다.

1. 모압에 이주한 엘리멜렉 가정의 비극(1~5절)

2. 룻의 결심(6~18절)

　1) 돌아가는 나오미(6~7절)

　2) 룻의 결심(8~18절)

　　A 나오미의 말(8~9절)

　　　B 오르바와 룻의 대답(10절)

　　　　C 나오미의 말(11~13절)

　　　　　X 두 길(14절): 오르바와 룻

　　　　C′ 나오미의 말(15절)

　　　B′ 룻의 대답(16~17절)

　　A′ 나오미의 말이 그침(18절)

3. 베들레헴에 돌아온 나오미와 룻(19~22절)

　1) 베들레헴 사람들의 놀람(19절)

　2) 나오미의 대답(20~22절)

위의 구조는 대화 중심의 구성을 드러낸다. 1~5절의 배경 기술 다음에 나오는 두 단락(6~18절, 19~22절)은 대화로 구성되어 있다. 룻기의 저자는 등장인물 사이의 대화를 주축으로 이야기를 이끌어 가면서 그들 간의 대화와 태도를 통하여 자기 견해를 간접적으로 표현하고 있다.

본문 주해

1. 모압에 이주한 엘리멜렉 가정의 비극(1~5절)

이 단락은 유다 베들레헴 사람 엘리멜렉 가정이 모압으로 이주한 시대와 사연, 그리고 이주 후 상황을 기술함으로써 앞으로 전개될 이야기의 배경을 제시한다. 이스라엘 백성의 배도에 대한 하나님의 징계가 사사기에서는 주로 외세의 침입과 억압의 형태로 나타나지만, 본문에서는 흉년과 기근의 형태로 나타난다(1절). 이에 따라 사사 시대의 구원은 하나님이 보내신 사사들을 통해 이루어지나, 룻기의 구원은 하나님이 긍휼히 여기셔서 흉년을 그치게 하는 일로 나타난다(6절).

이와 같이 양식의 공급을 약속의 땅에 임한 하나님의 돌보심으로 이해할 수 있기 때문에 가나안 땅에 임한 흉년은 하나님의 언약적 징계로 해석되어야 한다.

엘리멜렉 가정이 모압 지방에서 체류하게 된 사실을 저자는 거류(1절), 체재(2절 '거기 살더니'), 그리고 거주(4절 '정착')란 말로 표현한다. 이러한 점층적인 표현방식은 두 아들의 이방결혼과 더불어 그들이 점차 이방의 삶에 '동화'되어 가고 있음을 보여 준다. 그들은 잠시 동안 흉년이란 역경을 피하려는 의도로 이주를 결정했지만 뜻대로 귀환하지 못한 채 불행으로 점철된 10년의 세월이 흘러간다. 하나님의 인도를 따라 나그네로 살아간 족장들과 달리 이들은 하나님의 뜻에 반하여 모압으로 이주한 결과 징계를 경험하게 된다.

나오미가 모압으로 이주한 후에 겪은 가정적 불행은 남편의 죽음(3절)으로 시작되어 두 아들의 죽음(5절)으로 절정에 이른다. 나오미의 가정에 닥친 연속적 재앙은 약속의 땅을 떠난 가정에 대한 하나님의 경고로 이해할 수 있을 것이다. 나오미는 분명히 그렇게 이해하고 있었고(13절), 이러한 이해는 저자의 간접적인 평가이기도 하다. 이방에서 거듭되는 재앙을 통하여 하나님의 징계를 경험한 나오미에게 과연 희망은 있는가(후에 나오미는 룻을 통하여 일곱 아들을 둔 것보다 더 나은 은혜를 경험하게 된다)?

여기에서 등장인물들의 이름이 자세히 소개된 것(2절)도 주목할 만하다. 이들의 이름은 결과적으로 그들이 이미 경험한 일과 앞으로 겪게 될 일을 암시하고 평가하는 기능을 가진다. 엘리멜렉[(나의) 하나님은 왕이시다]은 그의 모압 이주에 대한 간접적 비평으로, 나오미(유쾌함)는 그가 겪은 쓰디쓴 불행에 대한 아이러니로 활용되며, 두 아들의 부정적인 이름, 즉 말론(약함)과 기론(쇠약)은 그들의 때 이른 죽음을 암시하는 듯하다. 두 며느리의 이름은 그 의미가 분명하지 않다. 그럼에도 이방 여인 룻은 믿음으로 이스라엘 백성의 일원으로, 나아가서 메시아의 조상으로 확고하게 자리하고 있다.

그러나 지금은 나오미와 두 며느리가 위기에 처해 있다. 그들은 이 위기를 어떻게 타개해 나갈 것인가?

2. 룻의 결심(6~18절)

1) 돌아가는 나오미(6~7절)

나오미가 처한 위기상황의 돌파구를 마련한 것은 하나님의 '긍휼'(헤세드)이었다. 하나님은 이스라엘 편의 어떤 선행 때문이 아니라 다만 이스라엘 백성을 사랑하셨기 때문에 긍휼을 베푸신 것이다. 하나님이 이스라엘에게 양식을 선물로 주신 일은 그분이 자기 백성을 돌아보신 사건으로, 나오미에게는 그야말로 구원의 기쁜 소식이었다. 약속의 땅에 흉작이 그쳤다는 소문을 들은 나오미는 드디어 돌아가기로 결심한다(6절). 막다른 골목에서 구원의 손길을 내미시는 분은 언제나 신실하신 하나님이시다.

나오미에게는 당연한 귀환길이 두 며느리에게는 선택과 결단의 기회를 제공한다(7절). 나오미의 말처럼 두 이방 여인은 이스라엘에서 어떤 인간적인 소망도 찾을 수 없었다. 선택의 갈림길에서 오르바는 자기 백성과 신에게로 돌아가지만, 룻은 시어머니를 끝까지 붙좇는다. 그렇다면 두 사람이 내린 결정의 근거는 무엇인가? 두 며느리의 상이한 신념과 인생관이 이어지는 대화와 행동을 통하여 대조적으로 나타나 있다.

2) 룻의 결심(8~18절)

세 여인이 길에서 나눈 대화는 두 단계로 구성되어 있다. 첫 단계는, 오르바가 동족에게 돌아가는 일로 끝나고(8~14절), 둘째 단계는, 룻의 동행을 나오미가 승낙하는 것으로 끝난다(15~18절). 특히 16~17절에 나타난 룻의 대답은 그가 시어머니를 따르기로 결심한 이유와 그가 내린 결정의 근거를 보여 준다. 결과적으로 볼 때 모압으로 돌아가라는 나오미의 거듭된 권고는 믿음을 시험하는 의미가 있다. 왜냐하면 그들이 모압에서 살았던 10년의 삶이 다섯 절(1~5절)로 요약되는 반면, 기껏해야 한나절이면 족할 대화와 이별의 장면이 열세 절(16~28절)로 취급된 사실은 이 단락의 중요성을 보여 주기 때문이다.

A 나오미의 말(8~9절)

나오미는 두 며느리에게 각각 자기 '어머니의 집으로 돌아가라'고 말한다. 이 표현은 모압의 일부다처제 사회의 모습을 반영한 듯하다. '돌아가라'는 나오미의 말 속에는 자부들에 대한 안쓰러움과 미안함이 담겨 있다. 이 단계에서 나오미는 자기연민을 억제하면서 신앙적인 문제를 직접적으로 언급하지 않고 있다.

그러나 나오미가 아는 여호와는 이방 땅에서도 며느리들을 선대하시는 하나님이시다. 비록 자신은 하나님의 혹독한 징계를 경험하고 있지만 두 며느리들은 각각 새 남편을 맞아 여호와의 위로를 받기 원한다. 여기에서 나오미가 하나님이라는 일반적인 칭호나 모압의 신 그모스가 아닌 여호와를 직접 언급한 점, 그리고 언약적 신실함을 내포하는 '선대'(헤세드)라는 말을 사용한 점은 그의 신관이 아브라함 이래 확립된 이스라엘의 정통적 신관을 반영하고 있음을 보여 준다. 나오미는 며느리들의 장래가 여호와 하나님의 은혜 주심에 달려 있는 것으로 믿었다.

여기서 나오미가 사용한 '너희가 죽은 자들과 나를 선대한 것같이'라는 표현을 주목할 필요가 있다. 나오미가 언약의 하나님 여호와가 이방 며느리들을 선대하실 근거로 자기와 죽은 아들들에 대한 선대를 든 것은 아브라함에게 주신 하나님의 약속을 상기시킨다. "너를 축복하는 자에게는 내가 복을 내리고… 땅의 모든 족속이 너로 말미암아 복을 얻을 것이니라"(창 12:3). 나오미가 여호와의 징계를 경험하는 자리에서 며느리들에게 여호와의 은혜를 빈 것은 나오미의 정통적인 신관 때문이었다.

두 며느리의 반복되는 입맞춤과 통곡(9하, 14상)은 비극적 현실에 대한 슬픔을 표현할 뿐만 아니라 문학적으로는 이별의 과정을 지연시키는 의미가 있다. 이 지연은 특히 며느리들에게 일생일대의 선택을 위한 자기성찰의 기회를 제공한다.

B 며느리들의 대답(10절)

두 며느리들은 처음에는 이구동성으로 자기 동족에게로 돌아가지 않겠다고 말한다. 이 말이 진심인가? 아니면 예의상 하는 말인가? 두 며느리의 말이 진심을 담고 있는 사실을 구태여 의심할 필요는 없을 것이다. 그러나 얼마나 심지가 견고한 진심인가, 어디에 뿌리박은 진심인가가 중요하다. 그 진실은 이어지는 대화를 통해서 곧 밝혀진다. 오르바는 두 번째 고비에서 탈락하고 룻은 세 번째 고비를 통과한다. 이 사실은 세 사람의 대화를 두 며느리가 표명한 선택의 진실성과 그 '신학적' 근거를 밝히는 과정으로 이해할 수 있게 한다. 15절에 나오는 나오미의 평가('그의 백성에게로, 그의 신들에게로')에 비추어 볼 때, 오르바를 포함한 세 사람은 동족에게로 돌아가는 것은 사실상 그 신(들)을 믿는 것을 의미한다는 사실을 무언중에 동감하고 있었다.

C 나오미의 말(11~13절)

며느리들이 돌아가야 할 이유를 설명하는 나오미의 말 속에는 자신에 대한 비탄이 포함되어 있다. 나오미에게 언약적 이해나 여호와께 대한 신앙이 없었다면 이 긴 '대사'는 한많은 과부의 신세타령이나 푸념에 불과했을 것이다. 나오미가 언급한 유대 수혼법은 현대인의 관점에서는 이해하기가 쉽지 않다. 그러나 본문에서 이 옛날 관행은 실제적인 대안으로 제시된 것이 아니라 며느리들에게 불가능한 상황을 확인시켜 주어서 자기를 따라오는 일이 아무런 소망이 없음을 강조하려는 득적으로 사용된 장치이다. 이렇게 유대 수혼법 모티프는 나오미를 축으로 한 두 며느리의 비극성을 강조하면서 그들이 모압으로 돌아가야 할 이유를 제시하고 있다.

유다 백성이 전체적으로 하나님의 돌보심을 경험하는 가운데(6절) 나오미는 개인적으로 거듭된 불행의 무게에 짓눌려 있다. 나오미는 자신이 당한 비극이 여호와의 징계라고 신학적으로 해석하면서 자기에게는 소망이 없다는 사실을 강조한다. 이러한 이해는 그들이 경험하고 있는 현실을 언약저주의 실현으로 본 것인데, 이와 같은 언약적 이해가 나오미의 생각과 행동을 지배하고 있다. 시어머니의 애끓는 '권면'에 대해 며느리들은 어떻게 반응할 것인가(하나님은 상처 입은 나오미를 장차 어떻게 치료하실 것인가)?

X 두 길(14절): 오르바와 룻

나오미의 두 번째 권면에 대해 자부들은 정반대의 결정을 내리고 서로 갈라선다. 오르바는 나오미를 떠나 동족에게로 돌아가는 반면 룻은 나오미를 붙좇기로 결심한다. 오르바가 나오미를 떠난 일을 일종의 순종이라고 보는 것은 적절하지 않다. 그렇다면 오르바는 진정 떠나고 싶지 않았으나 나오미의 '강요'에 못 이겨 어쩔 수 없이 떠났다는 말이 되는데 이러한 해석은 본문의 지지를 받지 못한다. 15절의 평가에 비추어 볼 때 나오미는 오르바가 떠나는 것을 진정으로 원했거나 긍정적으로 평가한다고 보기 힘들다.

인간적으로 볼 때 오르바가 나오미를 떠난 사실을 비난하기는 어렵다. 그러나 분명한 것은 그가 결과적으로 '자기 백성과 신들'을 선택했다는 점이다. 이 차이는 오르바가 이방 가운데 '소멸'되는 반면, 룻은 믿음으로 메시아의 조상이 되는 영광을 얻게 되었다. 그들이 길 위에서 벌인 '진실게임'의 첫 단계는 이렇게 언명한 진심의 기초가 확연히 드러나는 것으로 끝을 맺는다 (이방 여인이 하나님의 능하신 일에 대한 소문을 듣고 행한 결과 구원을 받고 메시아의 조상이 되는 주제는 라합을 통하여 이미 예시되었다).

C′ 나오미의 말(15절)

왜 나오미는 야속하게도 이미 행동으로 동행의사를 밝힌 룻에게 거듭 떠나라고 '강요'하는가? 나오미는 아마도 룻에게 자유로운 선택의 기회를 주고 그녀의 진정한 '신앙고백'을 기다리고 있었는지도 모른다. 이 해석은 오르바의 행동에 대한 나오미의 평가, 곧 오르바는 그의 백성과 그의 신들에게로 돌아갔다는 말이 뒷받침한다. 이 말을 통해 저자는 오르바의 선택에 대한 비판적이고 부정적인 평가를 간접적으로 표현한다. 오르바는 최소한 모압의 신들을 섬기게 될 상황을 받아들인 것이다. 이러한 상황에서 '너도 그리하라'는 말은 '너도 그렇게 하겠느냐'는 말로 들린다(비교 요 6:67 '너희도 가겠느냐?'). 룻은 다음 단락에서 이 물음에 답한다.

B′ 룻의 대답(16~17절)

시어머니에 대한 룻의 긴 말은 그의 굳은 결심을 보여 준다. 나오미는 드디어 룻이 토로한 진심과 그 신앙적 뿌리를 인정하고 더 이상 강권하지 않는다. 나오미가 세 번에 걸친 대화를 통하여 얻은 것은 룻의 진심이었다. 나오미는 그 진심의 중심에는 여호와에 대한 신앙이 있었음을 확인했다. 룻이 자신의 굳은 결심을 보여 주기 위해 사용한 표현은 다음과 같다.

어머니의 가시는 곳에 나도⋯
어머니의 머무는 곳에 나도⋯
어머니의 백성은 나의 백성 –
어머니의 하나님은 나의 하나님
어머니의 죽으시는 곳에 나도⋯
죽는 일 외에 어머니를 떠나면⋯(맹세)

어머니와 룻의 뗄 수 없는 관계가 점층적으로 표현된다. 가시는 곳, 머무는 곳, 죽는 곳. 이 결심의 중심에는 이스라엘 백성과 그 하나님을 선택한 룻의 신앙이 자리하고 있다. '백성'과 '하나님'에 대한 룻의 언급은 '나는 너의 하나님이 되고, 너는 나의 백성이 되리라'는 언약공식의 변형이라고 볼 수 있다. 오르바가 실패한 바로 그 자리에서 룻은 온전한 믿음을 고백하고 있다. 룻은 오르바처럼 그 백성과 그 신(들)을 따르지 않고 이스라엘 백성과 그 하나님 여호와를 따를 것이다.

룻이 나오미를 좇은 것은 엘리사가 엘리야를 따른 것과 유사하다. 엘리야가 거듭 돌아가라고 하는데도 엘리사는 끝까지 좇아간다. 아마도 그의 '영감의 갑절'을 바라는 소원이 있었기 때문이다. 마찬가지로 룻이 나오미를 따르기로 결정한 중심에는 나오미의 하나님에 대한 신앙이 있었다. 룻은 자신의 결심이 변치 않음을 보여 주기 위해 여호와의 이름으로 맹세함으로써 고부간의 '갈등'에 종지부를 찍는다.

A′ 나오미의 말이 그침(18절)

나오미는 룻과의 대화를 통하여 그의 신앙과 굳은 결심을 확인한다. 진정한 믿음은 좋은 밭에 뿌려진 씨앗처럼 중도에서 좌절하지 않는다. 이로써 우리는 나오미가 두 자부의 처음 대답을 기다렸다는 듯이 받아들이지 않은 이유가 그들이 내린 결정의 기초를 확인하기 위함이었다는 결론을 받아들일 수 있게 된다.

3. 베들레헴에 돌아온 나오미와 룻(19~22절)

1) 베들레헴 사람들의 놀람(19절)

베들레헴 사람들, 특히 여자들이 나오미를 보고 소동한 까닭은 그의 상한 모습과 그가 겪은 비극적 상황 때문이다. 그들이 목도한 나오미의 현재의 모습은 그들이 기억하고 있는 과거의 모습과는 너무도 달랐다.

2) 나오미의 대답(20~22절)

베들레헴 여인들이 차마 입 밖에 내지 못하는 진실을 나오미가 드러내 놓고 말한다. 이 과정에서 나오미가 언급한 개명은 심중의 괴로움을 토로하고 하나님 앞에서의 소외와 궁핍을 나타내는 문학적 장치다. 이 고통과 궁핍의 배후에는 개인의 삶과 민족의 역사를 주관하시는 전능자의 손길이 있다. 나오미는 고통스러운 현실을 인과응보의 원리를 통하여 설명하면서도 하나님에 대해 원망이나 불평을 토로하지 않는다. 구약에서 하나님의 징계에 대한 수용적인 태도는 종종 믿음의 증거로 간주된다.

이로써 1절에서 시작된 풍요한 이주는 핍절한 귀환으로 마감한다. 그러나 우리는 여기서 두 가지 변수를 주목할 필요가 있다. 그것은 며느리 룻이 나오미와 함께 돌아온 사실과 추수철이 시작되었다는 표현이다. 추수는 하나님이 베푸신 긍휼의 증거이자, 앞날에 대한 희망을 암시한다. 룻은 결국 이 수확에 참여할 뿐만 아니라, 더 큰 은혜, 즉 보아스를 통하여 이스라엘의 기업에 참여하는 복을 누리게 됨을 암시한다. 사사기 저자는 나오미와 룻이 장차 누리게 될 새로운 삶에 대한 희망의 가능성으로 룻기 1장을 마감한다.

설교를 위한 적용

룻기 1장을 일반적 윤리와 도덕적 차원에서 해석하고 적용하는 일은 독

자와 설교자에게 쉽게 다가오는 유혹이다. 그러나 일견 자명해 보이는 이 해
석방식은 본문의 메시지를 개인적 효도나 충직함, 또는 제도적인 개혁의 테
두리 안에 가둠으로써 본문을 크게 제한하거나 오해하게 만든다. 우리가 본
문을 구속사적으로, 여호와에 대한 신앙을 중심으로 해석하는 것은 단지 우
리가 구속적·정경적 해석 방법을 택했기 때문만은 아니다. 본문의 문학적
구조와 등장인물 간의 대화가 앞에서 설명한 바와 같이 이러한 읽기의 타당
성을 강조하기 때문이다.

예컨대 흉년을 하나님의 징계로 보는 해석도 신명기의 언약적 저주의 신
학적인 구조를 룻기의 본문에 무리하게 덧씌웠다고 할 수만은 없다. 본문의
내용이 그 읽기의 타당성을 보장해 주고 있다. 내러티브의 특성상 저자는 자
기의 견해를 직접 드러내지 않지만 유다 사람들의 말과 나오미의 입을 빌어
간접적인 방법으로 자신의 언약적 해석을 제시한다. 그러나 룻기의 위대성
은 이러한 보응적인 관점에 놓여 있는 것이 아니다. 룻기 1장은 보응사상을
최종적인 메시지로 제시하는 것이 아니라 하나님의 주권과 은혜의 메시지
를 '선포'하기 위한 신학적 배경으로 삼고 있다는 점이다.

하나님의 은혜와 관련하여 룻기 1장이 신앙에 기초한 선택의 문제를 핵
심적인 내용으로 다루고 있다는 사실은 의미심장하다. 하나님의 은혜는 하
나님의 백성 모두에게 주어지지만 하나님을 믿고 의지하는 신실한 사람들
만이 그 은혜를 누릴 수 있기 때문이다. 룻기 1장이 보여 주는 믿음은 민족의
차이나 성별에 종속되는 것이 아니라, 오히려 그 차이를 뛰어넘는, 은혜의
초대에 참여할 수 있게 하는 결정적 요인이다. 이렇게 룻기는 하나님의 은혜
와 인간의 믿음 사이에서 기능하는 역동적인 조화를 한 가정의 이야기를 통
하여 절묘한 방식으로 그리고 있다.

보이지 않는 하나님, 헤세드의 하나님

롯기 2장 주해와 적용

본문의 개요

우리의 삶에서 가장 어려운 때는 종종 하나님의 함께하심을 의심하는 순간이다. 실제로 아무리 둘러보아도 하나님이 나와 함께 계신 것을 확실하게 알게 해 주는 것은 없다. 그러나 성경에서는 그러한 순간에도 하나님은 우리와 항상 함께하신다는 것을 보여 준다. 롯기 2장도 바로 그러한 하나님을 우리에게 알려 준다. 무엇보다도 하나님이 함께하시기만 하면 그것이 곧 믿는 자에게는 축복이라는 것도 깨닫게 해 준다. 이러한 사실을 아는 백성들이 살아가는 방식에 대해 아주 자세하게 기록해 놓은 것이 롯기의 말씀이고, 특히 2장에서는 보이지 않는 하나님의 손길이 분명하게 드러나고 있다.

1. 나오미와 룻: 배경(1~3절)

　　1) 해설(1절)

　　2) 나오미와 룻(2~3절)

2. 보아스와 룻: 보아스의 친절(4~17절)

　　1) 첫 번째 이야기(4~13절)

　　2) 두 번째 이야기(14~17절)

3. 나오미와 룻: 새로운 소망(18~23절)

룻기 2장은 크게 세 부분으로 나누어 볼 수 있다. 2장의 대부분은 보아스와 룻의 만남에 관해 이야기하지만, 앞뒤로 나오는 나오미와 룻의 대화를 통해 전체적인 관점까지도 전달한다. 엄밀하게 말해서 1절의 보아스에 대한 소개는 전체 이야기 속에 들어가지 않고 다만 룻기 2장 전체를 읽는 데 필요한 관점을 주고 있다.

1. 나오미와 룻: 배경(1~3절)

1절을 직역하면 '나오미는 남편을 통해 언약적 형제가 있는데 그는 유력한 자요 엘리멜렉의 친족이며 그의 이름은 보아스이더라'고 말할 수 있다. '형제'로 번역될 수 있는 히브리어로는 '메웃다'(מידע)와 '고엘림'(גאלים)이 있는데 현재의 본문에서는 '메웃다'[1]가 사용되고 있다. 그러나 룻기 3:2과 그 이후에는 주로 '고엘림'이 많이 쓰였다. 이 두 단어는 서로 밀접한 관계를 가지고 있는 혈연관계로 맺어진 관계로써 서로 언약적 책임이 있다는 의미가 내포되어 있다. '메웃다'는 원래 '안다'(야다 know)라는 말의 분사형으로써 언약적 관계에서 서로간의 관계를 표현할 때 쓰는 말이다. 시편 31편에서는 대적으로부터 이웃 그리고 언약적 형제(메웃다)로 그 반경이 좁혀지는 점진을 볼 수 있다(시 31:11). 이는 이웃보다 훨씬 가까운 관계를 나타내며, 더 나아가 여호와와 유다의 관계(렘 3:4), 부부관계(잠 2:7), 기업 무를 자(룻 2:20) 등과 함께 쓰이고 있다.[2] 그러므로 이 단어는 혈연관계를 나타내는 말로써 언약적 관계까지를 포함한다고 할 수 있다.

여기 '유력한 자'는 전투적인 의미에서는 용사를 말하고(왕하 15:20), 재력이 있거나(왕하 24:14~16), 명성이 있는 사람(삼상 9:1)을 가리킨다. 기드온과 여로보암을 이 말로 표현하기도 하였다(삿 6:12; 왕상 11:28). 보아스가 베들레헴 지방에서 재력과 명성이 있는 유지인 것을 보여 준다.

뿐만 아니라 엘리멜렉의 친족이란 표현을 통해 보아스가 어떻게 나오미와 관계가 되는지도 보여 준다. 남편과의 혈연관계를 통해서 언약적 형제의 관계가 있는 것이다. 직계 가족은 아니지만 기업을 무를 책임과 자격이 있는 가까운 친척이라는 것이다. 보아스라는 이름은 '강함'을 뜻하는 히브리어에서 파생된 것으로 생각된다.

고대 근동에서는 모든 재산권이 남자에게 있었다. 그러므로 과부들은 모든 경제적 능력을 잃게 된다. 결국 나오미와 룻은 다른 사람이 추수하는 곳에서 이삭을 주워서 생계를 이어나가야 한다. 룻이 이삭을 주우러 나가면서 "뉘게 은혜를 입으면"하고 말하는 것은 이삭을 줍기 전에 주인에게 허락을 얻어야 함을 표현하는 것으로 생각된다.

룻은 우연히 엘리멜렉의 친족 보아스에게 속한 밭에 이르렀다. 구약 성경은 이 세상의 모든 일이 하나님의 의지대로 된다는 사상을 그 밑바탕에 깔고 있다. 이러한 의식 속에서 '우연히'라는 말을 사용하는 것은 오히려 하나님께서 개입하고 계심을 암시하는 것이다.

1~3절은 룻기 2장 이야기 전체를 보는 관점을 제시해 준다. 1절에서 처음부터 보아스가 친족이고 유력한 자라는 것을 보여 줌으로써 2장 전체를 읽는 데 독자들에게 일정한 관점을 주고 있다. 룻기 기자는 독자들에게 보아스를 통해서 하나님의 구원이 임할 것을 암시하고 있다. 보아스는 나오미 집안의 기업 무를 권리와 책임이 있는 사람이요, 또한 그는 마음만 먹으면 그렇게 할 수 있는 사람이라는 것을 보여 준다. 또한 3절에서 룻이 이삭줍기를 나갔을 때 '우연히' 보아스의 밭에 가게 되었다는 것을 말함으로 이제부터 일어날 일에 대해 하나님께서 그 과정을 어떻게 진행하실지 기대하며 읽게 된다. 인간의 눈으로 볼 때 모든 일들이 우연히 벌어지는 것 같지만 하나님의 관점에서 보면 거기에 하나님의 분명한 뜻이 있는 것이다.

2. 보아스와 룻: 보아스의 친절(4~17절)

1) 첫 번째 이야기(4~13절)

"마침 보아스가 베들레헴에서부터 와서…." 하필이면 룻이 보아스의 밭에 있을 때 보아스가 그곳에 왔다. 참으로 우연한 일이지만 하나님의 손길이 느껴진다. 여기 '마침'이라고 번역된 말은 '히네'(הִנֵּה)인데, 예를 들면 '짠'하고 장면이 바뀌면서 놀라운 일이 벌어지거나 이야기의 긴박감을 더해 줄 때 사용하는 말이다. 이와 유사한 장면으로 아브라함의 늙은 종이 하란 땅에 가서 이삭의 아내를 위해 아브라함의 하나님께 기도할 때 기도를 마치기도 전에 리브가가 물을 길러 우물가로 나오는 것을 보는데(창 24:10~20), 이것도 하나님의 인도하심과 기도의 응답이 있음을 표현한 것이다. 보아스가 밭에 온 때가 룻이 밭에 온 때와 어떤 시간적 관계가 있는지는 학자들 간에 이견이 있다.[3] 하여간 룻이 밭에 온 지 얼마 되지 않아서 보아스가 왔으며 그 사이에 사환들이 룻이 누구인지를 알 수 있는 시간은 있었으리라고 생각된다.

보아스는 곡식을 베는 사람들에게 "여호와께서 너희와 함께하시기를 원하노라"고 축복한다. 성경의 모든 축복의 말씀 중에서 하나님이 가장 많이 약속하신 말씀이 바로 '내가 너희와 함께하리라'이다. 출애굽 당시 이스라엘 백성들이 금송아지의 우상으로 범죄하였을 때, 하나님과 모세 사이의 문제는 '과연 하나님께서 이스라엘 백성들과 함께 가나안 땅에 가실 것인가'였다(출 33:3, 14). 모세가 죽고 여호수아가 지도자가 된 때에도 '내가 너와 함께한다는 약속을' 주신다(수 1:9). 예수님도 부활하신 후에 제자들에게 항상 함께하신다는 약속을 하신다(마 28:20). 기드온은 여호와께서 함께하실 때 그 백성은 축복을 받으리라는 기대를 가지고 있었다(삿 6:11~12). 우리가 하나님과 함께하는 가장 최고의 표현을 예배라고 한다. 이러한 축복의 말씀을 서로 인사할 때 상대편을 위해서 빌어 주고, 또 그 응답으로 "여호와께서 당신에게 복 주시기를 원한다"고 문안해야 한다.

보아스가 룻에 대하여 묻는다. "이는 뉘 소녀냐." 고대 근동에서는 한 사람이 누구인지를 알기 위해서는 그 사람이 속한 가족, 부족, 사는 지방 등을 알아야 했다. 그 관계 속에서 그 사람을 이해했다. 특히 여자들은 결혼 전에는 아버지에게 속해 있고 결혼 후에는 남편에게 속해 있었다. 그래서 이 질문은 "이는 누구에게 속해 있는 여자냐"라고 이해된다. 사환들은 그녀가 모압 여인이라는 것을 보아스에게 고한다. 히브리어 성경에는 정관사가 없고,

70인역에는 정관사가 있다. 정관사가 없을 때는 일반적으로 그 여인에 대하여 어떤 종류의 사람인지를 말하는 것이고, 정관사가 있을 때는 특정한 사람, 곧 바로 그 모압 여자를 지칭하는 것이다.

7절은 원어적으로 해석하기 어려운 구절로 7절과 8절의 해석이 아주 다양하다. 그러나 그 해석의 공통점을 보면 크게 두 가지 면을 볼 수 있다. 첫째, 룻이 이삭 줍는 것의 허락을 바라고 있다. 둘째, 보아스는 이러한 룻의 요청에 대하여 그녀의 기대보다 훨씬 더 관대한 처분을 내린다. 10절에서 보아스의 관대함에 대하여 룻이 대단히 놀라고 있다. 너무나 감사해서 땅에 엎드려 감사한다. 특히 이방 여인인 자기에게 이렇게 대해 주는 것에 대하여 놀라고 있다. 여기에 대한 보아스의 대답이 룻기 2장의 초점이라고 할 수 있다(11~12절).

"여호와께서 네 행한 일을 보응하시기를 원하며 이스라엘의 하나님 여호와께서 네게 온전한 상 주시기를 원하노라." 룻기 2장에 대한 보아스의 대답이 11절과 12절에 나온다. 첫째, 보아스는 자신의 관대함이 오히려 룻의 관대함에 대한 반응이라고 말한다. 보아스는 또한 룻이 시어머니 나오미에게 보인 헌신과 성실함에 대한 반응이라는 것을 보여 주고 여호와께서 룻의 행동에 대하여 보응하시고, 그녀를 보호하기를 원한다고 말한다. 그러나 실제로 룻의 헌신에 대한 반응은 보아스 자신이 하고 있다. 결국 룻을 보호하게 되는 것도 보아스 자신이다. 이렇게 룻기에는 하나님의 역사가 전면에 나오지 않는 반면에 등장인물들의 입술로 그 하나님을 고백하게 하고 오히려 말한 사람의 삶을 통해서 고백된 하나님의 품성이 드러난다.

'그 날개 아래 보호를 받으러 온'이란 상징적 표현은 시편에도 나온다(시 91:4). 참된 피난처는 여호와시다. 여호와에게 피한 사람에게 하나님께서 어떻게 대하시는지를 룻기가 잘 보여 주고 있다. 신명기에서도 출애굽을 설명할 때 독수리의 날개로 업음과 같이 자기 백성을 인도하셨다고 한다(신 32:11~12). 또한 여호와는 그 백성이 피할 수 있는 반석이라고 한다(신 32:37). 시편에서도 여호와께서 눈동자처럼 지키시고 주의 날개 그늘 아래 감추신

다고 한다(시 17:8). 여호와께서 인자하셔서 인생이 주의 날개 그늘 아래 피한
다고 고백한다(시 36:7; 57:1; 61:4). 하나님은 이렇게 말씀을 통하여서 우리에
게 여호와께 피하고 그 안에서 안식을 얻으라는 초청을 하고 계신다.

'내 주여 내가 당신께 은혜 입기를 원하나이다'라는 표현은 지금까지의 베
풂에 대한 감사를 표현하면서 계속적으로 그렇게 해 줄 것이라는 믿음까지
들어 있는 말이다. '당신이 이 시녀를 위로하시고 마음을 기쁘게 하는 말씀
을 하셨나이다'에서 시녀라는 말은 또 룻기 3:9에 나오는데 히브리어로는 다
른 단어이지만 동일한 문맥에서 사용된다. 이 말은 여종이 자기 주인과 결혼
할 때 부르는 말이다. 사무엘상에서 나발의 아내였던 아비가일도 다윗에게
스스로를 부를 때 '시녀'라고 했다(삼상 25:23~42). 결국 그녀도 다윗의 아내가
된다. 여기서도 스스로를 낮추는 말로 해석이 되나 후에 부인이 될 수 있음
을 암시하고 있다. 룻이 스스로를 시녀라고 부르다가 그것도 자기에게 너무
과분한 것을 깨달아 "당신의 시녀의 하나와 같지 못하다"는 말을 덧붙인다.

2) 두 번째 이야기(14~17절)

14절부터 두 번째 이야기가 계속 진행된다. 식사할 때에(점심) 보아스의
돌봄은 계속되고 그는 룻이 더 많은 곡식을 줍게 사환들에게 명령한다. 결국
그날 룻이 많은 것을 얻어서 시어미 나오미에게 돌아가게 된다. "네 떡 조각
을 초에 찍으라"에서의 초는 포도주나 술로 만든 것으로 추정되는데 목마른
사람이 마시기를 원하는 것은 아니다(시 69:21; 마 27:48). 그 자체를 마시는 것
보다는 떡에 찍어 먹어 맛을 내는 것이라고 생각한다. 나실인은 이것을 먹는
것이 금지되었다(민 6:3).

보아스가 룻에게 주어서 먹게 한 볶은 곡식은 미리 준비했다가 식사로 먹
을 수 있게끔 한 것이다. 다윗이 아비의 명령을 받아서 블레셋과 싸우고 있
는 형들에게 이것을 갖다 준다(삼상 17:17). 아비가일이 나발에게 분노하여 쳐
들어오는 다윗과 소년들에게 볶은 곡식을 갖다 준다(삼상 25:18). 이것은 일종
의 야영식량(野營食糧)으로도 편리한 것이었다. 룻은 보리를 주워서 떨어 보

니 한 에바쯤 되었다고 한다(17절). 한 에바는 정확하지는 않지만 30리터 전후의 양을 가리킨다.

3. 나오미와 룻: 새로운 소망(18~23절)

룻은 많은 양의 보리를 가지고 나오미에게 돌아온다. 두 사람의 대화를 보면 그들의 삶 속에서 많이 거둔 소산이 바로 미래의 더욱 큰 축복의 기대와 밀접한 관련이 있다. 또 하나 특이할 만한 것은 앞에서 보아스와 룻의 만남을 자세하게 다루고 있는데 이 부분에서 나오미와 룻의 대화 이후 몇 달간의 시간을 아주 간략하게 적고 있다. 이는 룻기 기자가 독자들로 하여금 어디에 초점을 맞추도록 하는지 잘 보여 주는 대목이다.

아직까지 나오미는 룻이 누구의 밭에서 일했는지, 누구를 만났는지, 듣지 못한 상태에서 "너를 돌아본 자에게 복이 있기를 원하노라"(19절)라고 말한다. '돌아본다'라는 단어는 보아스가 룻을 대한 표현에서도(10절) 사용된 단어이다. 나오미는 계속해서 말한다. "그가⋯ 은혜 베풀기를 그치지 아니하도다"(20절). 여기서 말하는 그가 여호와이신지 보아스인지는 약간 모호하지만 전자일 가능성이 크다. 또한 은혜라는 말이 히브리어로 '헤세드'인데 이 말이 룻기의 중요한 주제이기도 하다. '은혜'(헤세드)의 의미는 전혀 법적인 의무가 없는 상태에서 받는 사람에게는 아무런 조건이 주어지지 않고 오직 주는 사람의 마음속에 사랑과 긍휼함이 있어서 베풀지 않고는 견딜 수 없는 심정으로 베푸는 것을 말한다. 하나님께서 인간에게 베푸시는 것도 이 단어로 표현하고 있고 사람과 사람의 관계에서도 마찬가지이다. 예를 들어 룻이 나오미를 따라올 책임이 전혀 없다. 그런데도 룻은 나오미를 따라온다. 룻이 나오미에게 '은혜'(헤세드)를 베푼 것이다. 룻기 2장에서도 보아스는 룻에게 은혜를 베푼다. 결국 나오미와 룻에게 은혜를 베푸시는 것은 하나님이시다. 룻에게 보아스를 남편으로 주시고, 나오미에게는 생명의 회복자, 노년의 봉양자를 주셨다. 이런 개인적인 인간의 삶에 은혜를 주심으로 말미암아 궁극적으로는 예수 그리스도를 선물로 주신다. 따라서 하나님의 '은혜'(헤세드)는 예수님에게서 나타난다.

'기업 무를 자'(고엘)라는 개념은 성경에 세 가지 면으로 나온다.

첫째, 이스라엘 백성 중에 땅을 팔게 되면 가까운 친족이 그 땅을 대신 사서 돌려줄 수 있다. 이때 친족을 고엘이라고 한다. 이 제도는 그 땅을 하나님께서 그 가족에게 주신 것이므로 다른 가족이나 이방인에게 넘어가서는 안 된다는 전제 속에 존재한다(레 25:23~34). 땅은 하나님의 백성들에게 주어졌지만 여호와께서 계속적으로 이중적 소유권을 갖고 계신다. 그러므로 이스라엘 백성들은 자기가 받은 땅의 소유권을 완전하게 다른 사람에게 넘길 수 없다.

둘째, 이스라엘 백성 중에 재정적인 이유 때문에 스스로 종으로 팔리는 경우이다. 이때에도 친족 중에서 팔린 값을 갚고 그를 자유롭게 해 줄 수 있다. 이때도 그 친족을 고엘이라고 한다.

셋째, 피의 보수자를 고엘이라고 한다. 한 사람이 다른 사람에게 죽임을 당했을 때 죽은 자의 친족 중에서 복수를 할 수 있는 권한이 있는데 그 친족을 고엘이라고 한다(신 19:6, 12; 민 35:19 이하; 수 20:3 이하). 이 개념에 익숙해진 이스라엘 백성들에게 여호와께서 이스라엘의 고엘이라고 선포한다(사 43:1). 스스로를 도저히 구원할 수 없는 이스라엘 백성들에게 고엘의 등장은 곧 소망을 의미한다. 나오미의 말 속에서 그녀가 소망을 갖게 되었음을 알 수 있다. 여기서 또 한 가지 알 수 있는 것은 보아스만이 기업을 무를 자가 아니라는 것이다. 이로써 룻기 4장에서 더 가까운 친족과 성문에서 누가 고엘이 될 것인지 대화하는 모습을 볼 수 있다.

룻기 기자는 '모압 여인 룻'이라는 표현을 통해서 다시 한 번 룻이 이스라엘 백성이 아니라는 것을 상기시켜 준다. 그녀에게는 더욱 많은 '은혜'(헤세드)가 필요하다는 것을 암시하고 있다. 그러나 룻은 2장의 보아스와 만나는 사건을 통해서 그 지위가 이방인에서 이미 보아스의 한 집안 식구로 여겨질 만큼 그 신분이 상승하게 된다.[4] 나오미도 보아스를 우리의 근족이라고 한다(2:20). 보아스는 나오미나 엘리멜렉의 친족만이 아니다. 이미 룻의 친족인 것이다. 룻은 그를 통해 이미 필요한 양식도 얻게 된다. 이러한 면은 이미 시작된 하나님의 역사가 부분적으로 이루어지고 있음을 보여 준다. 이 속에서 하나님의 역사하심의 끝은 보이지 않지만 이미 시작하신 역사를 보고 하나님에 대한 확신과 소망을 갖게 된다.

이제 보아스와 나오미의 말대로 룻은 추수 기간 동안 계속 보아스의 밭에만 있게 된다. 보리 추수의 시작부터 밀 추수의 끝까지는 7주이고 그때 칠칠절(오순절)을 지킨다. 이때가 대략 4월 말에서 6월초까지이다. 캠벨은 베들레헴에서 보리 추수는 6월 하순이고 밀 추수는 7월초라고 한다.[5] '그 시모와 함께 거하니라'라는 표현을 통해 룻기 2장의 모든 사건이 끝나고 이제 다시 원래의 장면으로 돌아갔음을 보여 준다.

본문 주해

룻기는 전체적으로 하나님이 직접 나오지는 않지만 모든 사건의 진행 과정에서 하나님이 함께하심을 암시하고 있는 것을 본다. 또한 그 하나님께서 직접 역사하셔서 그 백성에게 복을 내리시는 과정을 기록하고 있다. 이러한 하나님의 품성을 확신하는 백성들이 사는 삶이 또한 룻기에 그려져 있다.

1. 하나님의 임재

하나님만이 위의 세 장면에 전부 나온다. 외형적으로는 룻과 나오미(2~3절), 보아스와 룻(4~17절), 다시 룻과 나오미(18~23절)가 등장하지만 여호와께서는 이 모든 장면의 뒤 배경으로 나온다. 또한 룻기 2장을 읽는 접근방법을 결정짓는 것이 1절이다. 1절에서 보아스라는 베들레헴의 유력한 사람이 등장한다. 그가 바로 나오미의 언약적 형제(고엘)이며 친족이라는 것이다. 그가 마음만 먹으면 나오미와 룻을 구원할 수 있는 능력이 있는 사람이라는 것을 보여 준다. 그 다음에 룻이 우연히도 보아스의 밭에서 이삭을 줍게 되고 마침 그때 보아스가 그 밭에 와서 룻을 만나게 되는 모든 것은 하나님께서 함께하신다는 것을 이미 독자에게 말하고 있는 것이다. 구약의 율법에 익숙한 하나님의 백성들이 1절을 읽게 되면 하나님께서 보아스를 통해서 구원하실 것이라는 소망을 전제하고 나머지를 읽게 된다. 2절 이하로 하나님께서 구체적으로 어떻게 구원하시는지 그 점진적인 과정을 보여 준다. 그러므로 룻기 2장 전체의 배경 속에는 하나님이 함께하셔서 그 과정을 인도하신다는 것이다. 이렇게 하나님께서 함께하실 때 그 백성에게는 최고의 축복이 임하게 된다. 하나님의 임재와 축복은 언제나 함께 간다.

이렇게 우연한 일이 바로 하나님의 인도하심이라는 면이 성경 곳곳에 나온다. 앞에서도 언급했지만 아브라함의 종과 리브가의 만남의 사건이 바로 그런 경우이다. 아브라함의 종이 이삭의 아내를 찾으러 아브라함의 보냄을 받았을 때, 나홀의 성에 이르러 우물 곁에서 하나님께 기도한다. 그가 말을 마치지 못하여서 리브가가 물항아리를 메고 나온다(창 24:1~27). 참으로 우연한 일이다. 그러나 전후를 살펴볼 때 이 우연도 하나님께서 인도하시고 역사하시는 가운데 있는 것을 알게 된다. 보이지 않으면서도 하나님의 인도하심, 하나님이 함께하실 때 그 하나님의 인도하심으로 말미암아 하나님의 백성들은 가장 복된 인생길을 가게 된다. 성경에 나오는 수많은 이야기 중에서 모든 과정을 하나님께서 인도하셨음을 고백하는 구절들이 많다. 요셉이 애굽에서의 20여 년 간의 생활 뒤에 형들에게 '하나님께서 나를 이곳에 보내신 것은 분명한 뜻이 있다'고 고백한다(창 45:4~8). 다윗이 압살롬의 반란을 피해 도망할 때도 아히도벨의 모략을 무력하게 해 달라고 하나님께 기도한다. 그 뒷 이야기는 하나님께서 어떻게 아히도벨의 모략을 무력화시키셨는지 그 설명이 나온다. 이 전쟁의 과정 중에도 하나님께서 개입하고 계시다는 것을 보여 준 것이다(삼하 15:31). 이러한 핵심 구절들을 통해서 각각의 사건들에서 내면적으로 은밀하게 흐르는 하나님의 역사하심을 추적해 볼 수 있다.

출애굽기 32장이하에서 모세는 호렙산에 올라가 40일 동안 하나님과 함께 있는 동안 아래에서 이스라엘 백성들은 음란하게 금송아지를 만들어 경배한다. 이때 하나님은 그들에게 진노한다. 모세는 중보기도를 통해서 하나님의 진노를 멈추게 한다. 이때 하나님은 그들과 함께 가나안 땅에 가지 않겠노라고 하신다(출 33:3). 모세는 하나님의 함께하심을 간절히 간구한다. 왜냐하면 하나님이 함께하시지 않으면 어느 곳에 가더라도 참된 '샬롬'(평화)이 없기 때문이다. 결국 하나님은 그들과 함께 가시겠다는 약속을 하신다(출 33:14). 하나님께서 함께 가시는 것이 이스라엘의 안녕과 축복을 위해서 얼마나 결정적인 역할을 하는지를 볼 수 있다

하나님께서 자기 백성을 축복하시는 최고의 말이 "내가 너와 함께하리라"는 말씀이다. 야곱에게 주신 축복의 말씀 중에 핵심이 네가 어디를 가든지 내가 함께 있어서 야곱을 축복하신다는 것이다(창 28:15). 그 후 야곱의 인생은 하나님이 함께하시는 자의 인생이 어떻게 전개되어 가는지를 설명한다. 20년 간의 삼촌 라반의 집에서의 생활도 인간적으로는 많은 어려움을 겪었지만 하나님께서 야곱에게 많은 가족과 재물을 가질 수 있게 한 축복의 기간이었다. 요셉도 여호와께서 함께하심으로 보디발 장군의 집에서나 감옥에서도 축복을 받았다고 한다(창 39:2~3, 21~23). 하나님께서 처음 모세를 부르실 때에도 하나님께서 함께하신다는 약속을 주신다(출 3:12). 모세가 죽은 직후에 하나님께서 여호수아에게 함께하시는 축복의 말씀을 주셨다(수 1:9, 비교 출 31:6). 그 후 여호수아의 인생에서 끝없는 싸움이 계속되었지만 모든 어려움을 이기고 승리하게 된다. 하나님께서 선지자를 부르실 때에도 함께하신다는 약속을 하신다(렘 1:8). 예수님은 부활하신 후 제자들에게 마지막 위대한 명령을 주실 때 "내가 세상 끝날까지 너희와 항상 함께 있으리라"(마 28:20)고 축복하신다. 또한 예수님이 십자가에 못박히신 후 또 다른 보혜사 성령이 오셔서 믿는 자들과 함께하신다고 약속하신다(요 14:16). 예수님께서는 '두세 사람이 내 이름으로 모이는 곳에는 예수님도 그들 중에 있겠다'고 하신다(마 18:20).

믿는 자의 삶에서도 가장 복된 성경의 약속은 하나님께서 함께하신다는 것이다. 하나님께서 함께하실 때 다른 모든 축복도 믿는 자의 것이요, 심지

어는 잘못된 길로 갈 때에도 하나님의 인도하심을 받게 된다. 본문에 나오는 룻, 나오미, 보아스 모두 이러한 하나님의 인도하심 속에 있는 것이다.

2. 하나님의 축복

하나님이 함께하실 때 믿는 자에게 임하는 것이 곧 하나님의 축복이다. 참된 샬롬의 축복은 궁극적으로 여호와께로서 온다. 이러한 고백이 하나님의 백성들의 입에서 나온다(2:4, 12, 20). 특히 4절에서는 하나님의 백성들의 인사가 처음에는 여호와께서 함께하심을 구하는 것이요 답례로는 여호와께서 당신에게 복 주시기를 원한다는 말을 한다. 이러한 여호와의 복 주심을 가장 특징적으로 나타내는 말이 바로 '인자하심'(헤세드)이다.

'헤세드'라는 말은 하나님께서 인간에 대한 면을 나타낼 때도 쓰지만 인간 사이의 관계에서도 쓰이는 말이다. 사켄펠트(Sakenfeld)는 이러한 관계의 특징을 다음과 같이 보았다. 첫째는, 한 개인이 자기의 필요를 채울 능력이 없음이다. 둘째는, 그 필요가 근본적인 부분에서의 도움이나 구출을 말함이다. 셋째는, 다른 곳에서는 그러한 구원이나 도움을 받을 수 없음이다. 넷째는, 도움을 주는 측은 '헤세드'를 베풀 권한도 있고 거절할 권한도 있음을 말한다고 했다.[6] 이러한 특징에 맞추어서 성경에서 요셉과 술맡은 관원, 라합과 정탐꾼들, 다윗과 요나단의 관계에서 이러한 면을 볼 수 있다. 이러한 측면에서 볼 때 룻기 2장에 나오는 보아스의 룻에 대한 선대가 과연 헤세드의 범주에 속하느냐 하는 데는 문제가 있다. 룻이 이삭을 줍는 것은 이미 하나님께서 보장하신 가난한 자의 삶의 방식이다. 보아스가 만일 그것을 거절할 때는 율법을 어기는 것이 된다. 그러니까 선대를 베푸는 입장에서 꼭 해야 하는 것보다 조금 더 한 것인데 그것을 헤세드로 보기는 어렵다는 견해도 있다.[7] 그러나 율법이 하나님의 품성을 표현한 것이고 율법대로 하는 것이 하나님의 품성을 우리 삶 가운데 나타내는 방편이라는 것을 생각할 때 율법의 바른 정신을 행하는 자체가 하나님의 은혜로우신 품성을 나타내는 것이다. 올바른 정신 속에서 율법을 지키는 것 자체가 이웃사랑이요 헤세드의 표현이다. 이러한 측면에서 보아스의 행동을 헤세드로 보는 것은 무방하다고 생각된다. 성경에서 가장 두드러지게 나타나는 헤세드의 용법은 하나님께서 인간을 향하신 사랑의 방법을 가장 대표적으로 표현하는 것이다. 롯은 소돔에서 여호와의 구원하심을 받고 하나님께서 자기에게 '인자'(헤세드)를 베푸셨다고 한다(창 19:19). 창세기 32장에 보면 야곱이 눈앞에 에서를 맞으면서 여호와께 간구하는 대목이 나온다. 에서의 위협에서 그가 하나님께 구해 달라는 기도를 하면서 그때까지 여호와께서 자기에게 행하신 축복이 오직 여호와의 '은총'(헤세드)이었다고 고백한다(창 32:10~12). 요셉도 여호와께서 함께하시고 그에게 헤세드를 베푸셔서 감옥에서도 전옥에게 은혜를 받게 하신다(창 39:21). 롯기 2장에서도 나오미의 고백에서 하나님의 헤세드에 대하여 말하고 있다(20절). 이러한 사실은 앞의 주해에서 설명한 것이다. 룻기 2장 전체에서 룻과 나오미에 대한 하나님의 헤세드가 설명되고 있고 나아가서 룻기 전체가 이러한 하나님의 헤세드를 설명하고 있는 것이다.

좀더 넓은 구속사적 입장에서 볼 때, 하나님께서 룻과 나오미를 축복하시는 것뿐만 아니라 모든 인류에게 베푸시는 하나님의 임재와 축복이 룻기에 나타난다. 하나님께서 계속해서 메시아 계보를 이어갈 수 있도록 기적적 은혜를 베푸시는 장면 중에 룻기도 포함된다. 인간의 부족함이 계속 나오지만 그 가운데서 하나님은 모든 인간의 부족함을 이기시고 메시아의 계보를 살리신다. 특히 룻기에서는 아브라함의 계보와 다윗을 연결시키는 중요한 징검다리 역할을 한다. 여기서 아브라함의 씨가 이중적 의미를 갖는다.

첫째, 복수적 의미로서는 이스라엘 백성을 일차적으로 가리킨다. 출애굽을 통하여 이스라엘 백성을 만드시고 그 백성을 약속대로 가나안 땅으로 인도하셨다. 그러나 그 백성도 죄로 말미암아 점점 갈라지고 멸망의 길로 가게 되는 것을 본다(사사기). 이러한 과정 속에서 하나님의 기적적인 역사가 있지 않고서는 인간이 구원받을 수 없다는 것을 깨닫게 될 때에 하나님은 룻기를 통해 소망을 주신다.

둘째, 아브라함의 씨의 두 번째 측면인, '오직 하나를 가리켜 말하는 메시아의 계보'이다(갈 3:16). 창세기에서도 요셉의 이야기 중간에 유다의 이야기가 끼여 있다(창 38장). 창세기 38장이 빠져도 요셉의 이야기는 끊어짐 없이 전개된다. 엉뚱하게 유다의 이야기가 요셉 이야기 가운데 끼여 있는 것 같은데 사실은 이를 통한 하나님의 의도를 분명하게 볼 수 있다. 즉 단수로써의 아브라함의 씨, 메시아의 계보는 요셉으로 흐르는 것이 아니라 유다를 통해 흐른다는 것을 보여 주고 있는 것이다. 창세기 38장에서 유다가 다말에게서 얻게 되는 아들이 베레스이다. 그 뒤 출애굽의 역사나 여호수아, 사사기의 역사에서도 메시아의 계보는 보이지 않는다. 그러나 사사기에서 명백하게 알 수 있는 것은 아무리 하나님께서 인간을 구원하시고 축복하시기를 원하신다 하더라도 인간은 끝없이 죄를 향해가므로 도저히 인간의 힘으로는 하나님의 축복을 누릴 능력이 없다는 것이다. 이에 룻기를 통해 이 문제를 해결하는데, 오직 다윗의 계보에서 나오는 메시아를 통해서만 인간의 모든 문제가 비로소 해결되는 것이다. 그리고 이것이 바로 우리를 향하신 하나님의 '은혜'(헤세드)이다. 아브라함의 계보에서 다윗의 계보로 연결하는데 그 연결의 징검다리가 바로 룻기이다. 보아스가 룻에게서 낳는 오벳이 바로 베레스의 후손이고 다윗의 할아버지라는 것이다. 무엇보다 이 과정을 이끄시는 것이 하나님이시라는 것을 룻기 2장이 보여 준다. 보아스와 룻을 연결하는 것이 바로 하나님이시다. 작게는 한 개인, 한 가족에게 베푸신 하나님의 헤세드가 나오지만 그 참된 의미는 이보다 훨씬 깊은 것이어서 온 인류에게 베푸시는 하나님의 헤세드가 룻기 2장에 나오고 있는 것이다. 그리고 그 헤세드는 마침내 예수 그리스도 안에서 그 절정을 맞게 된다.

3. 하나님의 은혜 안에 있는 백성들의 삶

룻기 2장에서는 하나님의 축복을 믿는 백성들의 소망의 삶이 의로운 삶, 헤세드의 삶으로 나타나고 있다. 특히 룻기 전체에서 보면 여호와께 간구하는 말을 하는 바로 그 사람이 하나님의 축복의 도구가 되는 것을 보게 된다. 보아스는 룻이 여호와의 날개 아래 보호받으러 왔다고 한다(2:12). 실제로 롯과 나오미가 보호받는 날개는 보아스 자신이다(3:9). 나오미가 룻에게 말하기를 여호와께서 그녀의 남편의 집에서 평안함을 얻기를 원한다고 한다(1:9). 그러나 실제 룻을 그렇게 만든 것은 나오미이다(3:1). 나오미는 여호와께서 생존한 자와 사망한 자에게 은혜를 베푸신다고 고백한다(2:20). 정작 룻이 그러한 은혜를 베푸는 사람이 된다(3:10). 이와 같이 여호와께서는 그 백성들의 베푸는 삶을 통해 하나님의 사랑의 역사를 이루신다. 그 백성들은 이러한 하나님의 역사의 도구로 쓰임을 받는다.

나오미나 룻의 입장에서 볼 때 가장 절망적인 순간에 하나님께서 그들에게 찾아오셔서 아직도 그들에게 소망이 남아 있음을 보여 주신다. 그들이 소망을 붙들고 행동할 때에 하나님께서는 그들의 소망을 저버리지 아니하시고 참된 구원으로 인도하셨다. 이 하나님이 지금 모든 절망 중에 있는 사람들에게도 동일하게 역사하시는 하나님이다. 이러한 하나님을 체험한 하나님의 백성들은 나오미나 룻과 같이 소망을 가지고 살아갈 수 있다. 그들처럼 서로에게 헤세드를 베풀면서 살아갈 때 하나님의 더하신 복을 받아 누리게 되는 것이다.

결국 믿는 모든 자를 향하신 하나님의 명령도 이러한 측면에서 볼 수 있다. 율법의 마침(telos)은 사랑이다. 이러한 사랑이 잘 나타나 있는 신약의 가르침은 선한 사마리아인의 비유이다(눅 10:30~37). 이 비유도 가장 대표적인 헤세드의 삶을 나타낸 것이다. 서로가 서로에게 베푸는 삶을 통해서 하나님은 그 백성들에게 샬롬의 축복을 주신다. 이러한 삶을 그 백성들이 살게 될 때 헤세드의 하나님을 가장 잘 체험하게 된다. 또한 이러한 삶은 오직 하나님의 헤세드를 체험한 사람만이 비로소 살 수 있는 것이다. 참으로 예수님의 사랑을 아는 사람만이 이 삶을 누릴 수 있고, 이러한 삶을 살 때 예수님의 사랑을 진정으로 경험하는 삶을 사는 것이다. 룻기 2장에는 그 백성을 구원하시는 하나님과 이 하나님을 믿는 하나님의 백성들의 삶이 잘 나타나 있다.

헤세드의 세 사람

룻기 3장 주해와 적용

본문의 개요

룻기 3장은 룻기에서 '위기' 부분에 속한다. 세 명의 주인공들이 등장하여 각각 사건을 진행시키는 핵심 역할을 하는 가장 '긴장감' 있는 부분이라고 하겠다. '헤세드'라는 단어는 주로 인간들 사이에, 또는 하나님과 그의 백성, 그리고 하나님과 인간 사이의 '관계'를 나타내는 용어로써 구약에서 246회나 사용된 신학적 깊이가 있는 단어인 동시에 룻기의 핵심주제를 나타내는 용어이기도 하다. 개역개정에 따르면 같은 단어를 룻기에서만도 선대(1:18), 은혜(2:20), 인애(3:10)로 각 문맥마다 해석을 달리 할 만큼 그 의미의 폭이 다양하다. 각 문맥을 살펴보면 첫 번째 용도는 하나님께서 베푸신 은혜를 기록하고 있고, 두 번째는 보아스가 베푼 호의에 대하여 언급하고 있으며, 세 번째는 룻이 한 일에 대하여 '헤세드'를 적용하고 있다. 그러므로 룻기의 본문 속에서 '헤세드'라는 단어는 자기 자신보다는 다른 사람의 유익을 위하여 무엇인가를 베풀었을 때, '비이기적인 행동'(selfless act)에 적용하여 이 단어를 사용하고 있다. 그런 의미에서 볼 때 룻기 3장에서 세 사람의 행동은 타인을 위한 것이므로 '헤세드의 세 사람'이라는 제목을 붙여 보았다.

본문 주해

1. 나오미의 계획: 베들레헴의 집에서(1~5절)

룻의 시모 나오미가 "내 딸아 내가 너를 위하여 안식할 곳을 구하여 너로 복되게 하여야 하지 않겠느냐"(3:1)고 룻에게 말문을 열므로 본문은 시작된다. 1장에서 나오미가 자부들에게 각각 살 길, 즉 남편들을 찾아 평안함을 얻으라고 한 대목에 비하면(1:8~9) 여기에서는 나오미가 자원해서 룻에게 '안식'을 찾아 주려 한 것을 보면 나오미에게 많은 발전이 있었음을 보여 준다. 자신의 삶을 비관적으로 바라보던 나오미가(1:19~21) 이제는 순수히 룻의 안식을 위하여 무엇인가를 해야겠다고 결심한 것이다. 룻을 잃어버린다는 것은 나오미에게는 당장의 생활고에 대한 대책이 없음을 의미함에도 그녀는 룻의 안녕을 먼저 생각하는 여인으로 바뀌었다.

그렇게 된 데에는 두 가지 가능성이 그녀에게 아이디어와 희망을 주었기 때문이다. 첫째는, 2장에서 일어난 사건으로 보아스가 룻에게 베푼 '은혜'(헤세드, 2:20)로 인해 그에게 기대를 걸게 된 것이다. 둘째는, 그가 나오미의 친족이라는 점이다. 나오미의 계획은 그가 친족이라는 사실이 주는 신뢰감과('모르는 사람보다 백배 낫다') 그가 룻에게 베푸는 호의에 근거해서 며느리를 맡길 수 있는 대상으로 지목한 것이다.

나오미의 치밀한 계획에 따른 지시가 룻에게 주어진다. 첫 번째 지시는, '목욕하고 기름을 바르고 의복을 입고 타작 마당으로 내려가라'는 것이다. 이 부분의 해석은 두 가지로 가능하다. 하나는, 에스겔 16:8~12에 근거하여 결혼에 대한 준비로 보는 것이다. 에스겔서의 "너를 씻겨서…기름을 바르고…옷을 입히고" 등의 표현들이 룻기에서도 사용되었기 때문이다. 그러나 에스겔서를 보면 이외에도 더욱 화려한 수식어들이 예비 신부의 모습을 나타내고 있다. 여기에 비해 룻의 준비는 너무 단순하다. 또 다른 가능성은 사무엘하 12:20에 근거하여 과부로서의 상복을 벗고 결혼할 수 있는 준비가 되었음을 알리는 복장으로 보는 견해이다. 다윗이 자신의 "아이가 죽은 것을 발견하고 일어나 몸을 씻고 기름을 바르고 의복을 갈아입고"라는 묘사가 나온다. 여기 '의복'이라는 단어는 룻기에 나오는 '의복'과 같은 단어를 사용하고 있다. 룻기 전체 문맥으로 볼 때 나오미가 룻에게 초야를 치르도록 준비시켰다기보다는 결혼에 대한 담대한 요청을 하는, 또는 과부의 상복을 벗음으로 결혼의 가능성을 알리는 표시로 해석하는 것이 본문의 의도에 가깝다.

두 번째 지시는, 보아스가 먹고 마시기를 다하기까지는 그에게 보이지 말라는 것이다. 많은 주석들이 이 부분과 룻이 모압 여인이라는 사실을 상기시키며 과거 그녀의 조상들의 사건과 이 사건을 연결시키려는 노력을 한다. 아브라함의 조카 롯과 그의 두 딸의 사건도 포도주(창 19:30~38)를 마신 후에 일어났기 때문이다. 그러나 '먹고 마신다'는 표현 속에서 보아스가 정신이 혼미할 만큼 취했을 것이라는 의미를 유추해 내기보다는 '그가 저녁을 먹은 후에'라는 지극히 일상적인 표현으로 보는 것이 적당하다.

세 번째 지시는, 그가 누울 때에 눕는 곳을 알았다가 들어가서 그 발치 이불을 들고 거기 누우라는 것이다. 이 부분이 우리의 흥미를 돋움과 동시에 해석도 그만큼 다양하다. 도대체 '나오미가 룻에게 무엇을 지시했는가'라는 것이다.

여기에서 여러 해석들을 소개하기보다는 핵심적인 몇 가지를 생각해 보고 결론을 내리도록 하겠다.

먼저 저자가 '발'이라는 말 대신에 다른 단어를 선택했다는 것에 주목해야 한다. 개역판에서는 '발치'라고 번역함으로 차이를 두었다. 어원은 동일하지만 뉘앙스는 분명 차이가 있다. 성경에서 '발'이라는 단어는 생식기를 가리키는 완곡어법으로 많이 쓰였다(출 4:25; 삿 3:24; 삼상 24:3 등). '발치'라는 단어는 성경에서 5번 쓰였는데, 룻기(3:4, 7, 8, 14) 외에는 다니엘 10:6에 유일하게 사용되었다. 다니엘에서는 '팔과 발'이라는 표현에서 팔과 나란히 쓰임으로 팔에 동등한 부위로 적어도 '발'보다는 넓은 부위를 가리킨다. 여기서는 '다리'(legs)라고 번역하는 것이 더 정확하다. 그러니까 다리 부위 있는 곳을 치우고 그 옆에 나란히 누워 있으라는 지시이다.

저자는 '발'이라는 단어를 피해서 사용함으로 직접적이고 노골적인 성적 의도가 아님을 밝히고 있다. '이불'이라는 단어는 원어에는 나오지 않는다. '들고'라는 단어는 레위기에서 '하체를 범치 말라'에서 '범치 말라'와 원어상 같은 단어이다(레 18:6~18). 이 동사는 충분히 성적 분위기를 전달할 수 있는 단어이다. '누우라'는 단어도 '잠을 잔다'라는 뜻도 있으나 또한 '성(性)'적인 뉘앙스도 생각하게 만드는 표현이다.

사실 저자는 나오미의 지시 속에서 남녀가 타작 마당에서 밤에 남몰래 만남에 있어서 충분히 누구나 상상해 볼 수 있는 묘사들을 다 동원하고 있다. 그러면서도 확증을 줄 수 있는 단어는 피하고 있다. 아마도 스토리의 흥미를 더함과 동시에 이러한 애매모호함을 통하여 두 사람 사이에 일어난 일의 정확한 진상은 4장에서 얻을 수 있도록 만들었다. 또한 이러한 지시 속에서 나오미가 의도한 바를 보아스가 놓치지 않고 정확히 이해할 수 있도록 몸짓으로 커뮤니케이션을 분명히 하고 있다. 나오미의 마지막 지시는 룻이 할 일을 다 한 후에 결과는 보아스에게 맡기라고 당부한다. "그가 너의 할 일을 네게 고하리라"(3:4).

룻은 놀랍게도 시모에게 "어머니의 말씀대로 내가 다 행하리이다"(3:5)라고 고분고분 대답한다. 이제까지의 룻의 모습과는 조금 다르다. 룻은 처음부터 시모의 말을 잘 듣지 않았다. 1장에서는 가서 살 길을 찾으라는 시모의 말을 뿌리치고 굳이 시모를 따라 나선 룻이었다. 2장에서는 시키지도 않았는데 먼저 밭에 나가 이삭을 줍겠다고 주장한다. 상당히 고집이 있는 며느리 룻이 3장에 와서 재혼을 시키려 하는 시모의 말을 순종적으로 듣는 다는 것은 조금은 의아하다. 그녀의 의도가 무엇인지 궁금하다.

2. 룻의 계획 추진: 타작 마당에서(6~15절)

룻이 무슨 생각을 하고 있는 지 알 틈도 주지 않고 저자는 룻이 "타작 마당으로 내려가서 시모의 명대로 다 하니라"(3:6)고 기록하고 있다. 나오미가 시킨 모든 것을 룻이 철저히 지켰다는 것이다(7절). 시모의 말대로 룻이 보아스

옆에 누워 있는데 밤중에 보아스가 놀라 몸을 돌이켜 본즉 한 여인이 누워있는 것을 보고(8절) 보아스가 묻는다. "네가 누구뇨." 룻이 "나는 당신의 시녀 룻이오니다"라고 말문을 연다. 시어머니의 지시대로라면 이쯤에서 조용히 보아스의 처신을 기다려야 하는데 룻은 본인의 의사를 뚜렷이 밝힌다. 타작마당 사건에서 가장 중요한 것은 이 두 사람 사이의 대화 내용이다. 여기서부터 본문을 더 주의 깊게 보아야 한다.

룻이 계속해서 "당신의 옷자락으로 시녀를 덮으소서 당신은 우리 기업을 무를 자가 됨이니이다"라고 답한다(9절). '옷자락으로 덮으라'는 표현은 에스겔 16:7~8에서 여호와와 이스라엘을 신랑과 신부처럼 묘사하는 대목에서 쓰인 '결혼'의 요청에 대한 문맥으로 해석된다. 또한 이 표현은 2:12에서 보아스가 룻에게 한 이야기를 상기시키고 있다. 룻이 하나님의 날개(옷자락) 아래 보호받기를 바랐던 보아스에게 이제 그 말을 성취할 수 있는 기회가 주어진 것이다. 그런데 그 다음 문장이 문제이다. 아마도 이 부분이 룻기에서 가장 난해한 부분일 것이다. 원어로는 세 마디로 되어 있다. '왜냐하면 당신은 기업 무를 자이기 때문입니다'(for a goel are you). 여기에 룻의 의도가 있다. 이제까지의 룻의 행동으로 보아 단순히 자신의 안락만을 위해 시모의 제안에 순종한 것만은 아니라는 것을 쉽게 짐작할 수 있다. 이 부분에서 지금 룻은 시모가 시킨 것 이상을 제안하고 있는 것이다. 도대체 룻의 의도가 무엇이겠는가가 핵심이다.

이 부분에 대해서는 너무나 많은 이론들이 있지만 여기에서 그러한 것을 다 다룰 수는 없고 다만 중요한 이슈만 다루고 결론을 내리는 방향으로 나가고자 한다. 먼저 '기업 무를 자' 라는 단어는 여러 가지 의무들을 포함하고 있지만 룻기와 연결해서는 레위기 25:24~25에 나오는 역할과 관련이 있다. '어떤 자가 가난하여 유산으로 물려받은 기업을 팔면 그 근족(近族)이 와서 기업을 대속해야' 했다. 이러한 기업 무를 자를 히브리어로 '고엘'이라고 불렀다. 룻기의 논지는 보아스가 '고엘'이라는 사실과 룻과의 결혼을 연결시킨데에 문제가 있다. 모세 율법에 따르면 '고엘'의 의무 속에는 죽은 자의 대를

있는 '유대 수혼법'(levirate marriage)의 의무까지 포함되어 있지는 않기 때문
이다. 적어도 그러한 조항을 찾을 수 없다.

'유대 수혼법'은 신명기 25:5~10에서 잘 규정하고 있는데 죽은 형(또는 동
생)의 아내와 혼인하여 죽은 자의 후사를 이어줌으로 죽은 형제의 이름을 끊
어지지 않게 하기 위한 목적으로 고안된 제도이다. 그러나 이 결혼의 조건은
신명기의 율법에 따르면 '형제가 동거하는데'(신 25:5)로 한정시키고 있다. 그
러니까 모세의 율법에서는 적어도 근족들이 '기업 무를 의무'가 있기는 해도
'유대 수혼법'의 의무까지 규정하고 있지는 않다. 이러한 상황에서 룻은 결
혼과 기업 무를 자를 연결해서 이야기하고 있는 것이다. 이러한 불일치를 설
명하기 위하여 얼마나 많은 주석가들이 많은 이론들을 내놓았는가는 독자
의 상상에 맡긴다. 룻이 이방 여인이라서 모세 율법을 잘 몰랐다는 이론부터
시작하여 룻이 결혼과 고엘의 의무 두 가지를 다 요청했다는 주장도 상당히
설득력을 얻고 있다. 이 경우 문제가 되는 것은 한글 개역판에 번역되어 있
지 않지만 원어에는 분명히 나와 있는 '원인'(왜냐하면)을 나타내는 전치사가
문제이다. 또한 룻기 시대 율법의 해석이 다양해지고 적용범위가 확대되어
우리는 알지 못하지만 이미 고엘의 의무 속에 '유대 수혼법'까지 포함되어 있
을 것이라고 편리하게 해석하는 학자들도 있다. 물론 절대적인 동의를 얻은
결론은 아직까지 없다. 그러나 본문의 의도를 살리면서도 모세오경의 율법
에 손상을 주지 않는 테두리 안에서 룻의 요청을 다시 한 번 묵상해 볼 필요
가 있다.

룻이 보아스에게 한 말은 '결혼해 주세요. 왜냐하면 당신은 고엘이기 때
문입니다'(9절)로 의역해 볼 수 있다. 여기에서 몇 가지 해석을 시도해 보자.

첫째로, '유대 수혼법의 가능성은 없다'라는 결론을 내려야 한다. 그러한
가능성이 조금이라도 있었다면 1장에서 나오미가 며느리들에게 갈 길을 가
라고 종용하지 않았을 것이다. 장황한 나오미의 설득 속에서 이미 자손에 대
한 가능성은 불가능하다는 것을 저자가 분명히 한 것이다. 나오미의 절망 속
에는(1:21) 대(代)가 끊어졌으며 그것은 이루어 질 수 없다는 원망이 섞여 있

었다. 나오미는 이미 보아스가 '고엘'이었음을 알았음에도(2:20) 그때에도 자손에 대한 기대를 나타내지 않았다는 것은 자손과 고엘은 관계가 없음을 간접적으로 보여 준다.

둘째로, 보아스가 룻의 말을 듣고 "여호와께서 네게 복 주시기를 원하노라 네가 빈부를 물론하고 연소한 자를 좇지 아니하였으니"(3:10)라는 말에 따르면 룻이 보아스를 선택한 것에 대한 미덕을 이야기하고 있다. 이는 연소한 자 대신에 상대적으로 나이 많은 보아스를 택한 것에 대한 고마움의 표시 같지는 않다. 그러나 이 말 속에서 감지할 수 있는 것은 룻도 보아스에게 결혼할 의무가 없으며 얼마든지 자신의 원함을 따라 결혼할 수 있는 자유가 있다는 것을 뜻한다. 그럼에도 룻은 보아스와의 결혼 작전(?)에 동의했으며 그 이유로 그가 '고엘'이기 때문임을 강조하고 있다.

셋째로, 만약 고엘에 대한 의무만을 위한 것이라면 번지수가 틀렸다는 것을 13절에서 알 수 있다. 만약 룻이 이 사실을 몰랐다고 할지라도 고엘의 의무는 이렇게 야밤에 비밀스럽게 진행시킬 필요가 없다. 또한 이러한 타작 마당에서의 사건으로 보아 어느 누구도 '율법적인 의무'로 이 일을 진행시키고 있지 않음도 알 수 있다. 이러한 정황들을 종합해서 분석하면 룻이 보아스에게 한 말 속에는 보아스만이 해 줄 수 있는 무엇인가가 있다는 것을 알 수 있다. 룻은 그것이 의무가 아님도 잘 알고 있다. 그렇기 때문에 그의 '헤세드'에 호소하고 있는 것이다. 그러니까 결혼만을 원했다면 다른 선택사양도 가능했다. '고엘'의 의무만을 원한다면 그것은 공적으로 우선순위에 정해진 순차에 따라 처리할 수 있는 문제였다. 그런데 룻이 원한 것은 그 이상이었음을 알 수 있다. 그것은 보아스만이 할 수 있고 그가 '헤세드'를 베풀어야만 일어날 수 있는 기적과 같은 사건인 것이다. 그것이 무엇이었는지는 4장에 잘 나타나 있다. 그것은 다름 아닌 죽은 자의 기업을 그 이름으로 잇게 해 주는 자손에 대한 요청이었다. 그러니까 룻은 결혼을 원했고, 기업을 물어줄 것을 원했고('고엘'의 의무), 그리고 그렇게 하는 이유는 그 기업을 죽은 자의 이름으로 이어 주기 위함이었다. 룻이 시모의 제안에 동의한 것은 나름대로의 생각이 있었기 때문이었다. 그녀는 '후손'을 잇기 위해 이 길을 택한 것이다. 이런 의미에서 룻과 다말(창 38장)은 서로 유사하다. 다말은 '의롭다'라는 칭찬을 받았고(창 38:26) 룻은 '현숙한 여인'이며 '헤세드'의 여인이라는 평판을 얻었다. 룻의 요청은 율법적인 요구가 아니다. 그렇기 때문에 4장에서의 이름 모를 '기업 무를 자'도 자신의 의무에 대한 요청은 받아들였으나 그 이상의 요구에 있어서는 사양한 것이다. 이것은 '헤세드'를 가진 '고엘'의 자격이 있는 자만이 자원함으로 이루어 줄 수 있는 일이며 더 놀라운 것은 보아스가 그 일에 동의한 것이다. 보아스가 "두려워 말라 내가 네 말대로 네게 다 행하리라"(11절)고 답한다. '다' 행한다는 것은 룻의 간단한 말 속에 여러 가지 요청이 있었음을 알려 주고 있다. 그렇다면 왜 저자는 이 모든 것을 뚜렷하게 하지 않았는가? 모든 것의 결말은 4장에서 보여 주고 있다. 이것이 저자의 문학적 기교 중의 하나다. 끝까지 본문을 읽어나가는 기대감과 긴장감을 조성하고 있다. 또한 이러한 해석은 룻기 전체의 구조를 통해서도 뒷받침된다. 남편과 자녀를 다 잃어버리고 후사의 가능성이 없는 집안에서 어떻게 다윗이 탄생하게 되었는가를 보여 주는 것이 저자의 의도이다. 그것은 다름아닌 '헤세드'의 세 사람을 통해서이다.

3. 룻의 계획 추진 결과 보고: 베들레헴의 집에서(16~18절)

룻의 보고가 얼마나 자세했는지는 알 수 없다. 이제 결과는 기다리는 수밖에는 없다(18절). 그러나 이 기다림에는 희망이 있다. 나오미가 여호와께서 '비어 돌아오게' 하셨다고 불평했지만(1:21) 보아스가 룻을 '빈손'으로 보내지 않음으로(17절), 이제 다른 방법으로 여호와께서 빈 것을 채우시는 것을 기대하게 만들며 룻기 3장은 막을 내린다.

설교를 위한 적용

첫째, '헤세드'의 삶을 사는 사람은 다른 사람의 '축복의 통로'가 된다. 과거 자주 부르던 복음 성가 중에 "사랑을 줄 수 없을 만큼 가난한 자도 없구요, 사랑을 받지 않아도 될 만큼 부요한 자도 없어요"라는 가사가 생각난다. 기독교인의 삶을 대변하는 인생철학이라 생각된다. 나오미의 삶을 보면 그녀가 룻에게 줄 것은 아무것도 없는 듯이 보인다. 다 늙은 나이에 과부가 되어 며느리에게 의존해야 하는 시어머니 신세는 과거나 지금이나 바늘방석에 앉은 기분일 것이다. 늘 며느리에게 미안하고, 체면 없어 하며 '죽지 못해 산다'라는 모습으로 살아가는 분들도 실제 우리의 현실상황에서도 많이 본다. 그러나 많은 경우에 그러한 태도는 주위 사람들을 지치게 하고 정신적으로 괴롭게 한다. 그런 생각은 건설적인 것이 아니다. 룻기에서는 꼭 나오미처럼 며느리를 재혼시켜야 한다거나 시어머니로서 며느리를 위해 무엇인가 해야한다는 식의 교훈을 주려는 것이 목적이 아니다. 그것보다는 '헤세드'의 삶을 살아가는 사람들의 모습을 한 예로 우리들에게 보여 줌으로 사람들이 그러한 방식으로 살아갈 때에 과연 어떤 일들이 일어나는가를 보여 주는 데에 있다.

룻기는 오늘을 살아가는 우리에게 '헤세드'의 삶을 산다는 것이 과연 어떻게 사는 것인가를 가르쳐 주고 있다. 자기 자신을 넘어서 다른 사람을 생각하는 것이다. 그것은 자기 자신의 현재의 입장과 처지에 관계없이 누구나 그렇게 해야 하며 할 수 있다는 메시지를 주고 있다. 나오미가 자신의 문제를 해결하려고 할 때에는 사방이 막혀 있는 것 같았다. 그러나 룻을 위하여 무엇인가 하기로 생각했을 때에 방법이 주어졌다. 이런 방식으로 나오미는 룻의 삶에 '축복의 통로'가 된 것이다. 룻도 나오미를 생각함으로 그녀에게 '축복의 통로'가 되었고, 보아스도 나오미와 룻에게 '축복의 통로'가 되었다. 결국 이들을 통해서 메시아의 선조인 다윗이 탄생했으며 하나님의 구속사의 계획이 이루어졌다. 이들은 자신들도 모르는 사이에 모든 인류를 위한 구원의 '축복의 통로' 역할을 한 것이다.

둘째, '헤세드'의 삶을 사는 사람은 다른 사람이 기대한 것 이상을 하는 것이다. 룻기 1장의 오르바와 4장의 이름 모를 '기업 무를 자'들은 나쁜 사람들이 아니다. 그들은 좋은 사람들이다. 그들은 자신들의 의무를 다하고 예의를 다하는 사람들이다. 착하고 건전한 시민들이다. 그러나 룻기에서는 우리 모두에게 '헤세드'의 삶을 사는 사람들은 당연히 기대되는 것 이상을 해야 한다고 도전하고 있다. 룻은 나오미를 따라올 필요가 전혀 없었다. 보아스는 룻에게 그렇게까지 호의를 베풀지 않아도 되었다(2장). 나오미는 룻에게 타작마당의 밤을 계획할 필요가 없었다. 룻은 보아스에게 죽은 자의 이름을 잇게 해 달라는 요청을 할 필요가 없었다. 보아스는 룻의 요청을 다 들어줄 필요가 없었다. 그러나 룻기의 세 사람들은 다 '헤세드'의 삶을 살기로 작정한 자들이었다. 비록 그들의 사회적, 경제적 신분과 지위는 달랐지만 각자의 위치에서 이들은 다른 사람들이 기대한 것 이상을 한 것이다. 이러한 삶이 어떻게 보면 산상수훈에서 요구하는 '복 있는 자들'의 모습이 아닌가 생각된다. 그리스도인들이 지극히 상식적이고 기대하는 만큼만 살아도 우리 사회는 달라질 것이다. 더 나아가 '헤세드'의 삶을 살기로 작정한다면 이 세상에는 날마다 기적이 일어날 것이다.

셋째, '헤세드'의 삶을 사는 사람은 위험부담을 감수해야 한다. 룻이 나오미를 따라 나올 때 결과는 예측할 수 없었다. 과부 혼자도 처신하기 어려운데 과부인 시모까지 모셔야 한다는 것은 과도한 부담이었다. 또한 이방 여인으로 베들레헴에 거주하는 데에는 그만큼의 위험부담이 더 따랐다. 그녀의 삶은 보장된 삶이 아니었다. 그러나 룻은 한 가지 사실을 알았다. 자신은 나오미가 필요 없지만 나오미는 룻이 필요하다는 것을 말이다. 그렇기 때문에 행동으로 옮긴 것이다. 나오미가 룻을 재혼시키기로 작정했을 때 그녀는 앞으로의 생계에 대한 위험부담을 감수해야 했다. 일이 잘 풀릴 것이라는 보장도 없었고 늙은 나이에 봉양하던 며느리를 떠나 보낸다는 것은 자신의 안녕에 대한 희생이 아닐 수 없다. 그러나 나오미는 옳은 일을 하기로 선택했다.

보아스가 룻의 요청을 들어준다면 그것은 많은 재정손실을 의미한다. 그렇기 때문에 4장에서의 이름 모를 기업 무를 자가 자신의 기업에 손해가 있을까 하여(4:6) 보아스의 제안을 거부한 것이다. 그러나 보아스는 룻이 이방 여인이면서도 하나님의 언약 백성들도 생각하지 못한 '죽은 자의 가문과 기업을 이어가는 데 대한 헌신'의 거룩한 목적을 거부할 수 없었다. 모두가 '헤세드'의 삶을 위하여 자신의 일부를 희생했으며 위험부담을 감수했으며 어떤 보장성도 없음에도 옳은 것을 선택한 삶을 산 자들이다. 우리는 이러한 삶을 사는 자들 속에서 무한한 가능성을 본다. 현재 우리 사회가 처하고 있는 많은 어려운 문제들의 근본적인 해답은 어쩌면 이러한 삶의 방식이 아니고는 해결이 불가능하지 않나 생각해 본다.

04

하나님의 주권과 섭리

롯기 4장 주해와 적용

본문의 개요

롯기는 사사 시대를 배경으로 하고 있다. 사사 시대는 사사기의 결말 (17~21장)이 예시해 주는 대로 이스라엘의 종교적, 도덕적 타락이 극심하던 때였다. 가나안 정복의 실패로 구속사는 후퇴하고 백성들의 삶은 내적인 부패와 외적인 억압으로 찌들려 있었다. 하나님의 백성이 언약을 중심으로 하나님을 바로 섬기지 못하고 하나님을 멀리한 결과 하나를 이루지 못하고 지파 간 갈등의 골이 깊어져서 두 번이나 내전상황으로 치닫기도 하였다. 롯기는 이러한 참담한 시대를 배경으로 펼쳐지는 한 편의 아름다운 사랑 이야기 (love story)를 담고 있다. 광야에 핀 한 떨기 장미와도 같이 배도의 시대에 전개되는 롯기의 드라마는 생동하는 하나님의 사랑과 인간의 사랑을 담고 있다. 롯기 4장은 이 드라마의 마지막 장으로 하나님의 자비의 절정을 보여 주고 있다.

롯기는 사사기에 기술된 삶의 정황과 사뭇 다른 모습을 그려준다. 롯기에서는 사사기처럼 이스라엘과 모압 사이에 긴장이 흐르는 대신 평화가 지속되고 있다. 그러나 이 둘을 모순된 상황묘사로 이해하는 것은 부당하다. 사사 시대에도 비교적 안정된 시대도 있었으며, 롯기의 서사는 이스라엘 전체의 국가적 상황보다는 개인생활의 서술에 치중하기 때문이다. 롯기에서는 지도자와 백성의 타락과 심판 그리고 구원의 문제보다는 평범한 이들의 일 상의 모습을 보여 준다. 어쨌든 사사 시대의 전반적인 상황이 상당히 암울하 다는 것은 틀림없는 사실이다. 룻기는 이러한 사사 시대를 배경으로 주요 등 장인물들의 경건하고 신실한 모습을 사실적인 터치로 묘사한다. 이스라엘 역사의 태피스트리(tapestry)에서 사사기는 어두운 색조를, 룻기는 밝은 색조 를 나타낸다. 룻기 4장은 그 가운데 가장 밝은 빛을 띤다고 할 수 있다.

룻기 4장은 룻기의 다른 부분과 더불어 고도의 문학적 아름다움을 지니 고 있어 히브리 서사문학의 진수라고도 일컬어진다. 문체는 생생하고 간결 할 뿐만 아니라, 체온처럼 따스하다. 등장인물들은 사사기에 등장하는 대부 분의 인물들과는 달리 강한 윤리의식을 가진다. 하나님의 주권과 섭리의 신 학이 이러한 섬세한 문학적 표현 가운데 녹아 있다. 4장의 주권적인 하나님 은 생사화복을 주장하실 뿐만 아니라 2장에서처럼 배후에서 '우연'을 통하여 도 역사하신다. 이 사상의 바탕 위에 하나님의 은혜와 등장인물의 경건이 룻 기 4장의 서사에서 씨줄과 날줄처럼 짜여 있다. 4장의 구조를 개관하면 다음 과 같다.

    1. 마지막 무대(1~12절)

        1) 보아스가 다른 상속자를 대면함(1~8절)

        2) 보아스가 룻과의 결혼을 확정함(9~12절)

    2. 끝맺음(13~17절)

        1) 아들의 탄생과 여인들의 축복(13~15절)

        2) 아이의 양육과 여인들의 '작명'(16~17절)

    3. 결말: 베레스의 족보(18~22절)

룻기의 마지막 무대(4:1~12)는 앞선 네 무대 즉 모압, 베들레헴, 밭, 타작 마당에 이어 성문에서 펼쳐지는 다섯 번째 무대이다. 보아스가 상속 절차와 결혼 절차를 밟는 이 성문 무대는 다시 두 장면으로 구성되어 있다. 첫째로,

보아스가 다른 상속자(고엘)를 대면하는 장면과 둘째로, 보아스가 자신과 룻의 결혼을 확정짓는 장면이다. 후자에는 상속의 확정도 포함되어 있다. 룻기 전체의 끝맺음(4:13~17) 역시 두 구분으로 되어 있는데, 둘 다 여인들의 말과 행동을 중심으로 구성되어 있다. 결말(4:18~22)은 10명의 이름으로 구성된 베레스의 족보를 소개하는데, 베레스의 후손 보아스가 아들 오벳을 거쳐 다윗의 조상이 되는 것이 핵심이다. 히브리 성경에서 룻기의 마지막 말이 '다윗'인 사실이 확인해 주듯이, 족보의 결론이자 정점은 다윗이다.

1. 룻기 4장의 문학적 특징

히브리 내러티브의 진수라 불리는 룻기의 문학적 특성을 4장을 중심으로 몇 가지 대표적인 기술을 통해 살펴보자.

1) 인물의 대조

룻기에서는 등장인물들의 말과 행동을 대조적으로 표현함으로써 주요 인물의 신앙과 성품을 두드러지게 나타내는 경우가 많다. 4장에서는 보아스의 성품과 다른 상속자(기업 무르는 자)의 성품이 대조적으로 묘사되는데, 이는 1장에서 시어머니를 따르는 룻의 결정과 고향으로 돌아가는 오르바의 결정이 상반되는 것과 같다. 두 대조의 차이점이 있다면 1장의 오르바의 결정은 4장의 다른 상속자의 결정과 같은 정도로 비난받지는 않는다는 점이다. 이와 같이 대조의 효과는 중심 인물의 부각이다. 즉 룻과 보아스가 오르바와 다른 고엘(기업 무르는 자)을 배경으로 삼아 무대의 전면에 부각되고 있다. 함께 신실성을 대표하는 룻과 보아스도 다른 측면에서 대조된다. 젊음과 중년, 가난과 부요, 이방과 이스라엘, 객과 토박이. 이 대조의 효과로 부각되는 것은 보아스가 보인 관대함과 룻이 받은 은혜이다. 어떤 경우에는 같은 인물의 전후가 비교되기도 한다. 나오미가 4장에서 누리는 충만(4:13~17)은 나오미가 전에 경험한 공허함(1:7~19상)과 비교된다. 상호 비교를 통해서 본 등장인물의 세 범주는, 실제적인 오르바, 이기적인 다른 '고엘', 그리고 자비롭고 신실한 룻과 보아스이다.

2) 인물의 평행

자비롭고 신실한 성품의 측면에서 바라볼 때 룻과 보아스는 평행되는 인물이다. 룻은 나오미를 선대하고, 보아스는 룻을 선대한다. 보아스와 나오미에게 빌어준 축복도 평행된다(4:11~12, 14~17). 보아스의 축복은 룻과의 결혼이 결정되자 사람(주로 남자)들이 법정에서 보아스에게 후손을 위하여 복을 빈다. 나오미가 탄생한 아이를 품에 안자 여인들이 그녀의 집에서 하나님이 베푸신 축복을 기뻐한다. 두 축복은 모두 룻이 낳은 아이를 통하여 이루어진다는 점에서 통합된다. 룻은 보아스와 나오미에게 축복의 근원이다.

3) 줄거리

룻기의 문학적 흐름은 구약의 다른 내러티브가 대부분 그러하듯이 긴장과 해소의 구조를 가진다. 이야기의 전개 방향은 나오미의 빈손이 가득 채워지고 고통이 기쁨이 되며, 불안정과 절망이 안전과 소망으로 바뀌는 방향으로 움직이는데, 그것은 룻과 보아스의 자기희생적인 자비를 매개로 하여 목적지에 도달한다. 서사의 움직임을 달리 표현하면, 기업과 남편의 상실에서 기업과 남편의 회복으로, 복의 기원에서 복의 성취로 나아간다. 전체적으로는 1장에서 야기된 문제가 4장에서 해결된다. 이렇게 서언에서 나오미가 경험한 공허와 마지막 결말에서 나오미가 누리는 충만은 수미쌍괄적 구조를 가진다. 이러한 구조는 인식의 관점에서 볼 때 주인공이 나오미임을 보여 준다. 그러나 저자와 독자의 관심의 초점이 모아지는 관점에서 본 주인공은 다름 아닌 룻이다.

4) 시간과 장소

잘 알려진 대로 룻기의 문학적 구성은 희곡에 가깝다. 이는 다섯 무대로 구성되는데 등장인물의 말과 행동이 이 무대를 중심으로 펼쳐진다. 룻기

1~3장의 무대인 모압이 상실을, 베들레헴이 귀환을, 밭이 만남을, 타작 마당이 약속을 의미하는 것처럼, 4장의 무대인 성문은 상속과 결혼의 확정을 의미한다. 성문에서 보아스의 상속과 룻의 결혼이 정당한 법적 절차를 거쳐 공적으로 분명하게 확정된다. 명시적으로 언급되지는 않았으나, 다른 중요한 장소는 나오미의 집이다. 이곳은 남자들의 공간인 성문의 법정과 대조적으로 여인들의 공간이다. 여기에서 여인들을 태어난 아이를 안고 있는 나오미의 형통을 축하한다.

시간의 진행도 스토리 전개의 완급조절과 의미부여에 중요한 역할을 한다. 성문 법정에서 진행된 절차와 성읍 사람들의 축복은 길어야 한 나절이면 족했을 것이다. 이 법정 장면이 열두 절에 걸쳐 기술된다. 이와 유사하게 나오미가 여인들에게 축하를 받는 장면도 네 절에 걸쳐 그대로 소개된다. 반면 280일이 걸렸을 잉태에서 해산까지의 기간이 반(1/2) 절에 기술된다. 족보는 서사 자체는 아니지만, 10대에 걸친 기간(1대를 25년만 잡아도 250년)이 불과 짧은 5절에 기록된다. 이러한 실제 시간의 흐름과 서술 시간의 차이는 서사의 강조가 어디에 있는지를 보여 준다.

5) 인물의 지칭

4장 안에서 사용된 여러 인물에 대한 다양한 지칭과 지칭의 변화는 이야기의 진전과 관계의 발전을 그대로 반영한다. 룻은 '죽은 자의 아내 모압 여인 룻'(5절), '말론의 아내 모압 여인 룻'(10절), '나(보아스)의 아내'(10절), '네 집에 들어가는 여인'(11절), '이 젊은 여자'(12절), '너(나오미)를 사랑하며 일곱 아들보다 귀한 네 며느리'(15절) 등으로 불린다. 이러한 명칭의 변화는 이방 여인 과부 룻이 유력한 이스라엘인 보아스의 아내로서 존귀한 존재가 되었음을 보여 준다. 또한 나오미는 '모압 지방에서 돌아온 나오미'(3절)에서 룻이 낳은 아이의 '양육자'가 된다(16절). 역시 가련한 귀향녀가 손자의 양육자가 되는 나오미의 변화를 잘 보여 준다. 더 나아가 보아스는 명실공히 '기업 무를 자'이자(14절) 룻의 남편이다. 다른 고엘, 즉 '그 기업 무를 자'(1, 3, 6, 8절)는 '아무개'로 불린다. 그의 이름이 거명되지 않는 것은 그의 성품과 역할과 관계가 있다. 그는 이름을 언급할 만한 가치가 없는 존재로, 보아스의 배경일 뿐이다. 엘리멜렉은 '우리 형제 엘리멜렉'(3절), '그 죽은 자'(5, 10절), 그리고 아들들과 함께 '엘리멜렉과 기룐과 말론'(9절)으로 불린다. 이는 그의 기업이 상속되었음을 의미한다. 아이 오벳은 '네(나오미) 생명의 회복자'와 '네 노년의 봉양자'(15절), 그리고 '다윗의 아버지인 이새의 아버지'이다(17절). 이와 같이 인물에 대한 지칭은 단순한 기호가 아니라 그가 맡은 역할과 이야기의 진전을 암시하거나 반영한다.

본문 주해

4장에서 보아스의 등장은 예상치 못한 것이 아니다. 3장에서 나오미가 룻을 위하여 구체적이고 지혜로운 계획을 세우고 실현시킨 결과이다(3:1~5). 그녀는 이미 룻이 보아스를 통해 안식을 얻는 방안을 생각하고 순종하는 룻을 통하여 보아스가 상속과 결혼 절차를 밟도록 디딤돌을 깔아 놓았다. 즉 나오미의 제안에 따라 룻은 타작 마당으로 보아스를 찾아간다(3:6~13). 룻은 분명한 제스처로 결혼의사를 전달한다. 이에 대해 보아스는 순전하고 관대한 마음으로 룻에게 자신의 상속, 결혼 계획을 알린다. 이를 통하여 하나님의 날개 아래 피한 룻(2:12)은 보아스를 통해 하나님의 보호를 누릴 것이다. 나오미는 타작 마당에서 집에 돌아온 룻의 보고를 받고(3:14~18) 보아스가 룻과 결혼하기까지 쉬지 아니할 것을 알았다. 이로써 텅 빈 나오미는 다시 채워질 것이다(참고 3:17; 4:15). 이러한 움직임을 배경으로 4장의 이야기가 펼쳐진다.

1. 마지막 무대(1~12절)

마지막 무대는 성문 앞에서 펼쳐진다. 이 무대는 보아스의 적극적인 주도권 행사로 시작된다. 나오미가 그러리라고 예측한 대로이다. 룻기 3장에서는 나오미가 주도권을 쥐고 보아스는 다소 수동적인 위치에 있다. 드디어 등장하는 다른 '기업 무를 자'는 이기적이고 기회주의적인 인간으로 판명되는데, 이는 상속자 보아스의 믿음과 자기희생적인 '사랑'이 넘치는 모습과 크게 대조된다. 보아스가 다른 상속자를 대면하는 이 마지막 무대는 처음 무대인 모압에서 나오미가 두 자부를 대면하는 장면(1:6~18)과 비교된다.

1) 보아스가 다른 상속자를 대면함(1~8절)

(1) 법정 소집(1~2절)

보아스는 룻에게 약속한 대로(3:10~13) 엘리멜렉의 기업을 무르고 룻과 결혼하기 위하여 소정의 법적 절차를 밟을 목적으로 성문에 가서 앉는다(1절). 당시 성문은 매매와 집회의 장소일 뿐만 아니라 재판과 같은 공적이고 법적인 일을 확정짓는 장소로 이용되었다. 그가 앉자마자 다른 고엘이 지나갔다. 개역성경에는 히브리 단어 '히네'(보라)가 번역되지 않았는데, 이 단어는 보아스가 다른 '고엘'(기업 무를 자)을 일부러 기다린 것이 아니라 우연히 그를 보게 된 것을 보여 준다. 그러나 이 우연은 사실 하나님의 인도와 섭리였다. 보아스가 다른 고엘을 보고 '아무개여!'로 불렀을 것 같지 않다. 보아스는 그 사람의 실명을 불렀으나, 설화자가 그의 이름을 '아무개 씨'로 바꾸어 기록한 것이다. 이는 다른 상속자를 바라보는 저자의 낮은 평가가 반영된 표현이다.

다른 상속자를 자리에 앉힌 보아스(2절)는 재판에 필요한 10명의 장로를 초청한다. 10명은 장로회의 전체 수이거나 판결을 위한 정족수였을 것이다. 초청받은 장로들이 하나둘씩 자리에 앉자 보아스는 곧바로 법적 절차에 들어간다. 보아스가 이 장면에서 보인 적극성은 그가 룻에게 한 약속대로 기업 무르기와 결혼 문제를 속히 타결하려는 진지함과 열의를 보여 준다. 보아스는 법과 절차에 대해 잘 알고 있었을 뿐만 아니라 실행하는 일에서도 순전성과 지혜를 보인다.

보아스는 법정에서 기업을 무르고 룻과의 결혼을 추진함에 있어 정당한 절차를 밟는다. 만일 다른 고엘이 허락한다면 엘리멜렉의 기업을 물리고 룻과 결혼하려는 보아스의 의도는 좌절될 것이다. 그러나 그가 이러한 위험을 무릅쓰고 정당한 절차를 밟은 것은 한편으로 그의 올곧고 공명정대한 성품을 보여 주고, 다른 한편으로는 하나님에 대한 그의 신뢰를 보여 준다. 보아스는 자기 뜻을 이루기 위하여 '보쌈'과 같은 편법(참고 삿 21:16~23)으로 일을 추진하지 않는다.

(2) 보아스와 다른 고엘(3~8절)

다른 상속자와의 첫 번째 대면(3~4절)에서 보아스가 먼저 그에게 말한다 (3~4상절). 보아스는 거두절미하고 본론으로 들어간다. 모압에서 돌아온 여자 나오미가 우리 형제 엘리멜렉의 소유를 팔려고 한다. 죽은 '형제'의 '소유'를 '판다'라는 표현은 기업 무르기의 법과 전통과 연관된 용어들이다. 엘리멜렉을 '우리 형제'라고 표현한 것은 기업 무르기가 둘 중 하나가 반드시 행해야 할 언약적 의무인 사실을 주지시킨다. 나오미가 소유를 '팔게' 된 상황에 대해서는 두 가지 경우를 상정할 수 있다. 첫째로, 엘리멜렉이 생존시 모압으로 내려갈 때 이미 기업을 판 경우이다. 이 경우에 나오미가 팔려고 내놓은 것은 땅 자체가 아니라 땅을 물릴 수 있는 권한이다. 둘째로, 엘리멜렉이 기업을 팔지 않은 경우이다. 이 경우에는 문자 그대로 그 기업을 파는 것을 가리킨다. 상황을 설명한 보아스는 문제의 핵심으로 들어간다(4상절). 기업 무르기를 확정짓기 위해서는 우선권을 가진 다른 고엘이 먼저 가부간 선택하여 공적으로 공포하여야 한다.

다른 고엘이 보아스에게 '내가 무르리라'고 답변함에 따라(4중절) 독자의 기대는 좌절되고 긴장이 고조된다. 나오미의 기업을 무를 뿐만 아니라 룻과 결혼하려는 보아스의 의도는 어떻게 될 것인가? 나오미의 계획과 룻의 기대와 보아스의 추진이 무산되고 말 것인가? 아직까지 나오미와 룻의 삶에 개입하신 하나님의 뜻은 과연 어디에 있는가?

다른 고엘의 답변을 들은 보아스는 그러리라고 예상하고 준비라도 한 듯 기업 무르기와 앞서 언급하지 않은 추가적인 '의무'를 설명한다(5절). '고엘'(기업 무르는 자)은 엘리멜렉의 기업을 무를 뿐만 아니라 룻과 결혼하여 엘리멜렉의 이름이 끊어지지 않게 하여야 한다. 보아스는 왜 갑자기 다른 의무를 제시하는 것일까? 모세의 율법에서 기업 무르기 제도(레 25장)와 유대 수혼법(신 25:5~10)은 하나로 통합되지 않고 별개의 제도로 설명된다. 그러나 보아스는 율법의 문자에 매이지 아니하고 정신에 호소한다. 고엘은 기업을 살 뿐만 아니라 죽은 자의 아내 룻과 결혼하여 죽은 자의 이름과 그의 기업을 잇게 해 주어야 한다. 예상치 못한 카드를 꺼내든 보아스에게 다른 고엘은 과연 어떤 선택을 할 것인가? 긴장은 계속된다.

다행히도(물론 하나님의 섭리로) 다른 고엘은 명백한 거부의사를 밝힌다(6절). 아마도 그는 나오미의 기업과 룻의 형편을 이미 잘 알고 있었다. 또한 고엘 제도와 유대 수혼법이 사실상 결합된 당시의 풍습도 알고 있었다. 보아스의 제안이 언약의 정신에 입각한 자비의 실천임도 모르지 않았다. 다른 고엘의 장황한 변명이 이를 암시한다. 그러나 그는 '내 기업에 손해가 있을까 하여' 거절한다. 그가 염려하는 기업의 손해는 무엇일까? 아마도 그는 룻과 결혼하여 아들을 하나만 낳을 경우 그 아들이 엘리멜렉의 이름과 기업을 잇게 되면 막상 자기 기업은 없어지게 될 것을 염려했을 것이다. 그러면 바로 전에 기업을 무르겠다고 대답한 것은 무엇 때문일까? 그것은 룻의 상황을 그냥 내버려 둔다면 언젠가 엘리멜렉의 기업이 자기 차지가 될 것으로 예상했기 때문일 것이다. 그렇다면 다른 고엘은 언약적 자비가 아닌 경제논리에 의해 이기적이고 계산적으로만 움직이는 모습을 볼 수 있다.

룻기 저자는 7절에서 이야기의 진행을 잠시 멈추고 보아스 당시의 풍습을 설명한다. 신명기에서 유래한 이 풍습은 기록 당시 독자들에게 설명이 필요할 정도로 오래 된 것이다. 다른 상속자가 풍습대로 행한 것(8절)은 기업 무르기에 대한 우선권의 포기가 확정적임을 보여 준다. 룻과의 결혼도 이와 함께 무산된 것이다. 대화를 통하여 다른 고엘이 뒤로 물러간 것은, 오르바가 나오미와 말한 후에 뒤로 물러간 것과 같다. 이제 기업 무르기와 결혼의 문제는 중대한 고비를 넘기고 보아스의 의도대로 성사될 전기가 마련되었다. 이제 긴장은 해소되었다. 보아스는 과연 어떤 방식으로 이 일을 이루어갈 것인가?

2) 보아스가 룻과의 결혼을 확정함(9~12절)

두 번 째 장면은 보아스가 법적 절차를 확정하는 말(9~10절)과 이에 대한 백성과 장로들의 응답과 축복(11~12절)으로 이루어져 있다. 보아스도 나오미의 기업을 무르고 룻과 결혼함에 있어서 다른 고엘이 염려한 위험부담을 그대로 안고 있다. 그러나 보아스의 말(9~10절)은 다른 고엘의 이기적, 탐욕적 모습과는 전혀 다른 자비와 신실함을 보여 준다. 더 나아가 보아스의 말은 전에 자신이 다른 고엘에게 했던 말과도 비교된다. 먼저 기업 무르기(9절)에 관하여 보아스는 엘리멜렉과 기룐과 말룐을 다 언급하고, 그들의 ‘모든 것’을 나오미의 손에서 사겠다고 선언한다. 이러한 포괄적인 표현에서 우리는 보아스의 관대하고 헌신된 마음을 읽을 수 있다. 또한 보아스는 말룐의 여인 룻을 사서 죽은 자의 기업을 그의 이름으로 세워서 그의 이름이 그의 형제 중에서와 그곳 성문에서 끊어지지 않게 할 것이다(10절). 이는 유대 수혼법에 대한 언급이다. 이렇게 보아스의 자비와 관대함은 다른 고엘의 이기적인 행태에 의해서 더욱 부각된다. 보아스는 법의 취지를 잘 알 뿐만 아니라 언약의 정신에 따라 이를 성실하게 행하고 있다.

백성과 장로들은 보아스의 말에 호응하여 스스로 증인이 됨으로써 위에 언급한 두 가지 사실, 즉 기업 무르기와 유대 수혼법이 확정되었다(11상절). 나아가서 이들은 보아스와 그의 집을 위하여 복을 빈다. 룻의 명칭도 말룐의 아내에서 ‘네 집에 들어가는 여자’로 바뀐다. 보아스는 아내가 된 룻을 통하여 축복을 받을 것이다. 룻에게 주어질 풍성한 축복은 나오미가 며느리를 위하여 남편과 안식처를 마련할 수 없었던 사실과 대조된다(1:11~13). 장로와 백성이 보아스를 위하여 빈 복의 풍성함은 삼중적으로 표현된다.

(1) 축복1(11중절)

장로들은 룻이 후손을 많이 두어 이스라엘(야곱)의 집을 세운 라헬과 레아와 같이 네 집, 곧 보아스의 집을 세울 것을 기원한다. 이스라엘 민족의 어머니라고 할 수 있는 두 사람을 축복의 예로 든 것은 너무나 적절한 비유이자 축원이다. 보아스는 아들 오벳을 거쳐 유다 지파 가운데 다윗의 조상이 되는 가장 왕성한 가문을 이어간다.

(2) 축복2(11하절)

에브랏에서 유력한 자가 되고 베들레헴에서 유명(이름)하게 되기를 구한 기도는 유명한 다윗 왕을 후손으로 둠으로써 이루어진다(4:17, 22). 이는 사무엘서의 표현에서도 확인된다(삼상 17:12). "다윗은 유다 베들레헴 에브랏 사람 이새라 하는 자의 아들"이었다. 상속자를 통하여 보아스의 집이 세워지는 것은 장차 다윗 집을 통하여 이스라엘 집이 세워지는 것과 같다(삼하 7장). 이 때문에 유다 지파 내에서 베레스 가문의 이름이 두드러진다.

(3) 축복3(12절)

유다가 후사를 잇기 어려운 상황에서 다말이 자신을 통하여 섭리적으로 유다의 후사를 잇게 하였다는 점에서 다말은 룻과 일치한다. 베레스의 탄생도 일종의 유대 수혼법에 의한 것(창 38:27~30)이었다. 게다가 보아스는 베레스의 직계 후손이다. 이 축복은 다윗과 그의 왕조를 통해 이루어진다. 보아스가 베레스의 족보를 잇는 것은 축원의 성취를 의미한다. 이로써 1장에서 나오미와 두 자부 간의 대화의 초점이었던 남편과 가정의 문제가 해결된다.

2. 끝맺음(13~17절)

룻기 전체의 끝맺음은 두 부분으로 구분된다(13~15절; 16~17절). 두 부분은 각각 여인들의 축하와 그들의 '작명'을 기술한다. 여인들의 축하한 내용은 나오미에게 주어진 축복이다. 아이의 탄생은 가까이는 나오미의 양육을, 멀리는 다윗의 탄생을 의미한다. 이 끝맺음의 축하는 룻기의 시작부분(1:1~5)에서 나오미가 상실한 축복의 회복을 의미한다. 룻기의 이야기는 이렇게 저주와 탄식으로 시작하여 축복과 기쁨으로 끝맺는다.

1) 아들의 탄생과 여인들의 축하(13~15절)

아들의 탄생이 여인들이 축하하고 복을 비는 계기가 되었다(13절). 하나님은 보아스와 결혼한 룻이 '허니문 베이비'라도 갖게 하시려는 것처럼 즉시 잉태하게 하신다. 백성들과 장로들의 복을 비는 기도에 지체없이 응답하신 것이다. 이러한 사실은 그녀가 이전에 10년 동안이나 아이를 낳지 못했던 사실(1:4)과 비교해 볼 때 룻의 회임은 하나님의 주권적인 개입과 아이가 하나님의 선물임을 가리킨다. 하나님은 전에도 나오미의 생애에 직간접적으로 개입하셨다(참고 1:6, 13, 21; 2:20). 여인들은 나오미에게 기업 무를 자를 주심을 찬송하고(14a), 그 아이의 이름이 이스라엘 중에 유명하게 되기를 기원한다(14b). 아이는 나오미에게 생명의 회복자요 노년의 봉양자이다(15절). 나오미를 사랑하는 룻이 아들을 낳음으로써 이방인 과부가 일곱 아들보다 귀한 며느리가 되었다. 드디어 룻이 사랑과 헌신으로 온전한 가정을 이루어 후손을 잇게 되었다. 과부 룻이 유력자 보아스를 만나 아들을 낳는 '해피 엔딩'(happy ending)은 1장에서 나오미가 상실한 축복의 회복을 의미한다.

2) 아이의 양육과 여인들의 '작명'(16~17절)

나오미가 아이의 양육자가 되었다는 표현(16절)은 나오미가 오벳을 양자로 삼았거나 할머니가 손자를 사랑하였다는 것을 의미한다. 나오미의 행복한 모습은 다시 한 번 여인들의 축하를 불러일으킨다(17절). '나오미에게 아들이 태어났다.' 아이의 탄생이 나오미의 관점에서 기술되고 있다. 여인들은 아이의 이름을 오벳이라고 부르는데 이는 여인들이 아이의 이름을 작명한 것으로 보기 힘들다. 전통적으로 아이의 작명은 아버지인 보아스의 권한이다. 여기에서 여인들의 말은 아이의 이름에 의미를 부여하고 축하하는 것으로 이해하는 것이 좋을 것이다. 아이 오벳은 다윗의 아비인 이새의 아버지, 곧 다윗의 조부가 된다.

3. 결말: 베레스의 족보(18~22절)

베레스의 족보가 룻기의 결말(coda)을 장식한다. 족보의 의미를 살피기 전에 짚어보아야 할 문제는 왜 엘리멜렉의 족보가 아닌 보아스의 족보가 소개되었는가, 그것이 타당한가라는 문제이다. 기업 무르기와 유대 수혼법을 제도적 배경으로 삼아 전개되는 룻기 전체의 흐름은 죽은 엘레멜렉의 계보인 것 같은데, 그렇다면 엘리멜렉의 계보가 소개되어야 마땅하지 않을까? 또 보아스가 말한 것처럼 이 아이는 엘레멜렉의 이름을 이어야 하지 않을까? 그러나 이 문제는 하나님의 또 다른 섭리, 또는 하나님의 숨겨진 의도라고 할 수 있다. 이러한 이해는 장로들이 보아스를 위하여 빈 축복에서도 암시되어 있다. 장로들은 후사가 없는 보아스의 집이 복 받기를 힘써 축원한다. 룻은 라헬과 레아가 야곱의 집을 세운 것처럼 이제 결혼할 남편 보아스의 집을 세워 '에브랏에서 유력하고 베들레헴에서 유명'하게 될 것이다(11절). 이는 후에 다윗에게 그대로 성취되었다. 나아가서 보아스에게 주시기를 구한 상속자는 누구의 상속자를 의미하는가? 네 집 곧 보아스 집의 상속자를 의미한다(12절). 축복의 예로 든 다말 역시 유다의 후사를 잇게 하였다. 그렇다면 기업 물리기를 통해 베레스의 가문이 룻의 아이를 통하여 계승되고 다윗의 가문으로 복을 받는 것은 하나님의 또 다른 섭리이다. 그러면 베레스의 족보가 내포하고 있는 의미는 무엇인가?

1) 베레스의 족보는 다윗의 족보

베레스 족보의 정점이자 종착역은 다윗이다. "이새는 다윗을 낳았더라"(22절). 히브리 성경에서 룻기의 마지막 말은 '다윗'이다. 다윗은 사사기 문제의 해결자, 소망의 실현자이다. 그를 통하여 하나님의 계획과 역사의 목적이 주권적으로 이루어진다. 마태복음 1장에서 다윗을 포함한 베레스의 계보

가 그리스도의 더 큰 계보에 포괄되는데, 이는 다윗이 그리스도가 오실 통로
요, 그리스도가 이 족보의 궁극적인 의미와 성취임을 보여 준다.

2) 다윗은 하나님의 선물

이 결말은 그저 덧붙인 것이 아니라 앞선 서사와 밀접한 관계를 가지고
있다. 보아스와 룻의 만남이 없었다면, 이들의 결혼이 없었다면, 그리고 오
벳의 탄생이 없었다면, 당연히 다윗의 탄생도 없었을 것이다. 그런데 두 사
람의 만남과 결혼은 하나님의 세심한 섭리에 의해 이루어졌고, 아이의 탄생
은 하나님의 주권적인 개입에 의해 이루어졌다. 이렇게 다윗은 하나님의 주
권적 섭리의 산물로써 이스라엘에게 주어진 하나님의 선물이다.

3) 은혜와 믿음의 족보

이 족보는 기적적인 섭리의 족보이다. 대가 끊어질 것을 염려하는 가문이
하나님의 은혜로 가장 위대한 이름을 얻게 되었음을 보여 준다. 은혜는 믿
음을 수반한다. 족보에서 찾아볼 수 있는 믿음은 보아스가 룻에게 낳은 아들
오벳이 포함되어 있다는 점이다. 베레스의 족보는 단지 혈통의 족보가 아닌
룻과 같이 믿음으로 참여한 이들의 족적이 담긴 족보이다. 룻의 나오미에 대
한 자비와 헌신, 보아스의 관대함과 자비도 이 족보 안에 다 녹아 있다.

4) 하나님의 응답

이 족보는 백성의 필요에 대한 하나님의 응답이다. 하나님이 많은 사람의
기도를 들어주신 결과가 이 족보 안에 반영되어 있는 것이다. 전망을 사사기
까지 확대하면 다윗은 '왕이 없으므로 자기 소견에 옳은 대로 행하던' 사사
시대에 대한 대답이다. 죄된 이스라엘을 위해 세우신 하나님의 대책이다. 하
나님이 준비한 왕이다. 이렇게 베레스의 족보는 메시아적 의미를 가진다. 이
족보 안에는 이러한 하나님의 응답이 담겨 있다.

5) 선교적 의미

베레스의 족보는 원대한 선교적 의미를 가진다. 하나님의 나라는 혈과 육이 아닌 오직 믿음으로 상속한다는 사실을 보여 준다. 이방인 룻은 믿음의 조상으로서 참 이스라엘이 가져야 할 모습을 예시하였다. 이 족보에 함축된 선교적 의미가 그리스도의 족보(마 1장)에서는 분명하게 드러난다. 룻기는 구약에서 요나서와 더불어 이방 선교에 대하여 가장 긍정적인 메시지를 가지고 있는 책이라고 할 수 있다.

6) 미래의 전망

시간적으로 족보는 과거의 기록이다. 그러나 등장인물의 관점에서 볼 때 이 족보는 미래에 속한다. 이 두 관점을 함께 볼 수 있는 독자들에게 베레스의 족보는 '오래된 미래'이다. 하나님의 축복이 당장의 누림과 만족에 그치는 것이 아니라 미래의 구원자 다윗에게로, 그리스도에게로 향한다. 이렇게 베레스의 족보는 하나님의 구원역사에 대한 예표로써 과거의 역사이나 내러티브 진행의 관점에서는 미래에 속한다.

4. 룻기 4장의 의미

1) 윤리의 언약적 의미

룻기에는 윤리적 측면이 분명하게 나타난다. 룻의 효도를 비롯하여, 나오미와 보아스 같은 이들의 고상한 성품과 행동은 현대 그리스도인들이 배워야 할 바를 깨우쳐준다. 그러나 룻기에 등장하는 인물들이 보여 주는 윤리는 세속윤리가 아닌 언약적 윤리이다. 다시 말해 룻은 잠언이 말하는 '현숙한 여인'의 이상을 역사적으로 구현한다. 룻은 가정을 세우는 여인이다. 엘리멜렉 가정과 보아스의 가정을 세울 뿐만 아니라 다윗의 통로가 된다. 이 모든 효성과 성품의 배후에는 잠언이 말하는 '여호와에 대한 경외'가 자리하고 있다. 만일 설교자가 룻기에 등장하는 인물의 윤리적인 측면만 부각시킨다면 이는 룻기의 성격을 오해한 공허한 해석이다.

다른 한편으로 룻기에 나타난 강한 윤리는 구속사적 안목에 밀려 무시되어서는 안 된다. 등장인물들이 보인 강한 윤리는 하나님에 대한 신앙과 사랑의 반영이기 때문이다. 이런 측면에서 룻기의 윤리는 신자가 세상에 예시해야 할 외적 모습이다. 이것은 룻기 내에서 룻이 나오미를 봉양하는 모습을 통하여 그의 효심뿐만 아니라 그의 신앙이 확인되는 것과 같다. 그렇다면 현대는 룻기의 인물들이 보여 주는 신본적 윤리의 수준을 애타게 찾고 있는 시대라고 할 수 있다. 이러한 윤리는 복음의 반대가 아니라 복음의 예시이자 접촉점이며, 복음에 합당한 삶이 된다. 기독교 윤리의 토양 위에 선포된 복음은 듣는 자의 심령 속에 더욱 깊숙이 뿌리내릴 것이다.

2) 구원의 이야기

보아스가 수행하는 고엘의 의무에는 가족의 기업을 되찾으며(레 25:25), 노예가 된 형제를 속량하고(레 25:46~55), 피를 보수하며(민 35장), 대를 잇는 의무를 가진다. 보아스는 언약의 정신에 따라 이 고엘의 의무를 충실하게 수행한다. 이러한 보아스의 '구속' 행위는 여호와가 이스라엘의 위대한 '고엘'이심을 예시하고(사 43:1), 그리스도가 위대한 구속자임을 예표한다. 룻기에는 구속의 개념이 편만하다. 즉 나오미 이야기, 룻의 이야기, 그리고 보아스의 이야기도 구속의 이야기이다. 구원의 역사는 자신을 희생하여 형제들을 구원하신 궁극적 고엘, 곧 그리스도를 정점으로 한다. 이렇게 하나님의 구원은 궁극적으로 구원자로 오신 그리스도를 통하여 완전하게 이루어진다.

다른 한편 우리는 룻기의 등장인물들이 어떤 방법으로든 구원의 참여자가 된 사실을 보게 된다. 예컨대 하나님은 보아스가 율법의 풍습에 따라 성실하게 살아가는 일상의 삶과 행동을 사용하셔서 하나님의 구원을 이루신다. 보아스가 하나님이 행하시는 구속의 도구(agent)라는 사실, 그리고 그의 행동이 하나님의 구속역사에 섭리적으로 사용된다는 사실은 일상의 깊은 의미를 되새기게 한다. 하나님은 오늘의 나와 나의 모든 것을 사용하셔서 장

대한 구속사와 오늘의 구원을 이루어 가신다는 점이다. 이런 점에서 그리스도인은 신앙생활을 교회 안에서의 활동에만 국한시키고, 복음전파를 특정한 전도행위에만 국한하려는 타성에서 벗어나 통전적인 삶으로 신앙의 지평으로 확대되어야 한다.

3) 사랑의 실천

룻기의 대표적인 은혜의 언어 '헤세드'는 사랑, 은혜, 자비, 인자 등으로 번역된다(1:8, 2:20, 3:10). 이 단어가 하나님에게 적용되면 죄인에게 다가가시는 하나님의 성품과 자기의 언약 백성에 대한 신실함을 가장 포괄적으로 표현한다. 즉 언약적 자비와 신실함이라고 요약된다. 룻기의 등장인물들은 하나님의 자비를 반영하여 '자비'를 베푼다. 주님도 같은 취지의 말씀을 하셨다. '내가 너희를 사랑한 것같이 너희도 서로 사랑하라.'

'인자'는 현대인들이 잃어가고 있는 가치이자, 세속화되어 가는 교회가 회복해야 할 가치이다. 이웃 사랑의 실천을 잃어가는 현대 교회가 회복해야 할 공동체의 모습이다. 보아스를 통하여 두 과부에게 자비를 베푸신 것처럼 하나님은 오늘도 말씀을 따라 살고 사랑으로 헌신하는 사람들을 통하여 자비를 베푸신다. 오벳을 통해 나오미를 회복시키신 것처럼 하나님은 곤경에 처한 사람들을 돌아보고 회복시키실 것이다. 하나님은 경건한 자들을 통하여 이 세상을 여전히 자기 통제 하에 두시고 경건한 자들을 돌보시기 때문이다. 룻기의 자비는 자신만을 돌보고 자기만 사랑하는 현대 사회에 필요한 메시지이다.

4) 섭리의 손길

룻기에는 하나님의 섭리가 강조된다. 룻기의 하나님은 숨겨진 하나님이다(a hidden God). 우연은 섭리의 반대말이 아니다. 우연은 인간적인 조작이 없는 하나님의 전적인 섭리를 가리킨다. 4장에서 보아스가 다른 고엘을 우연히 만난 것은 하나님의 섭리적 돌보심이다. 섭리의 손길은 초자연적인 기적이 아닌 일상의 삶에서 섬세하게 나타난다. 섭리의 심오한 신학이 평범한 사람들의 삶 속에 하나님이 지속적으로 역사하고 계심을 보여 준다. 인간은 자기의 생각과 성품에 따라 행동하지만, 하나님은 이것을 통하여 자기 목적을 이루어 나가신다. 하나님의 주권적 섭리는 인간의 자만이 어질러놓은 난장판에서 구원의 아름다운 꽃을 피워 낸다.

하나님의 섭리적 돌봄은 여러 모습으로 나타난다. 하나님이 나오미에게 양식을 제공하시고, 룻의 결혼과 아이의 탄생을 통해 그녀를 회복시키신다. 나오미의 무자함을 보아스와 룻을 통해 회복시키신다. 이렇게 룻기는 보아스와 룻이 결혼하기까지 모든 과정을 통하여 하나님의 주권과 섭리의 오묘함을 아름답게 보여 준다. 룻의 헌신은 보아스와의 결혼을 통하여 상상하기 어려운 상급을 받는다. 다윗의 조상, 메시아의 조상이 되리라는 것을 상상이나 할 수 있었을까? "기록된 바 하나님이 자기를 사랑하는 자들을 위하여 예비하신 모든 것은 눈으로 보지도 못하고 귀로도 듣지 못하고 사람의 마음으로도 생각하지 못하였다 함과 같으니라"(고전 2:9).

5) 인간의 신실함

하나님의 주권적 섭리에 대응하는 또 다른 측면은 백성의 언약적 자비와 신실함이다. 특히 두드러지게 나타나는 것은 룻과 보아스의 자비이다. 룻은 시어머니를 좇고 부양함으로써 그녀에게 자비 베풀기를 그치지 않는 여인이다. 룻은 여호와의 날개 아래 보호 받으러 온 이방 여인이다(2:12). 룻은 시어머니의 하나님 여호와와 그 백성 이스라엘을 택함으로 언약적 신실함을 보여 주었다. 보아스도 룻을 대하는 태도와 그녀를 선택하는 과정에서 자비를 보여 준다. 4장에서 보아스는 하나님의 말씀을 듣고 순종한 사람이다. 자기 개인의 이익보다 말씀의 요구를 위에 놓은 사람이다. 보아스의 신실함은 사사 시대 정신과 당대의 이기적 정신에 대항하는 강력한 증거이다. 이러한 인간의 언약적 충성은 하나님의 신실함을 반영한다. 자비와 신실함이야 말로 하나님의 통치 '철학'이다. 하나님은 룻의 인자를 따라 그에게 인자를 베푸시기를 기뻐하셨다. 이렇게 룻기는 하나님이 다스리는 나라가 어떠한 나라인지 아름다운 사랑 이야기를 통해 예시하고 있다. 그 배경이 사사 시대라는 점이 혼합주의 시대를 사는 우리에게 하나님의 나라를 어디에서 찾아야 할지를 보여 준다.

보아스가 사랑의 실천을 통하여 곤경에 빠진 이웃을 회복시켰듯이 우리 주변에도 회복시켜야 할 사람들이 있다. 자비를 통하여 회복시키는 일을 할 때 필요한 것은 헌신적인 사랑이다. 많은 생각을 하는 것도 중요하지만 조금이라도 실천하는 것이 자비의 일에 있어서는 중요하다. 자기 기업만을 지키고 조금이라도 손해를 보지 않으려는 시대풍조를 넘어 자비와 긍휼을 통하여 삶을 회복하는 중심으로 살아야 한다. 자기 눈에 보기에 좋은 대로 행하는 세상풍조에 휩쓸리지 말고 그리스도인으로서의 언약적 신실함을 지키는 생활양식을 택해야 한다. 이렇게 할 때 하나님의 자비는 힘의 원천이 된다.

6) 구속사와 선교

하나님의 통치는 이방에 드리운 어두운 그림자와 사사 시대의 암울한 상황에서도 신실한 자기 백성에게 세심하게 미치고 있다. 룻기에서는 이방인 룻에 대한 하나님의 주권과 섭리가 초점이다. 그녀에게 베풀어진 하나님의 주권적 자비는 진정한 하나님의 백성이 누구인가를 보여 준다. 신약에서 이방이나 헬라인의 벽을 복음으로 무너뜨리기 전에 룻기는 벌써 그 벽을 하나님의 자비로 무너뜨리고 있다. 사실 이것은 아브라함 언약의 목적이기도 하다(창 12:2~3). 이방인 룻이야 말로 하나님이 예비하신 그 나라에 '침노'하여 '빼앗은' 자이다(마 11:12).

룻기에 명시되고 족보에 암시된 것처럼 룻기의 이방 모티브는 선교적 의미를 가진다. 이방인 룻의 헌신과 믿음은 참 이스라엘의 표본이다. 마태복음 1장의 족보가 보여 주는 대로 다윗의 조상되기에 부족함이 없다. 룻기의 족보는 또한 믿음으로 하나님의 백성이 되는 선교의 족보이다. '하나님의 나라는 혈과 육이 아닌 믿음에서 나오는 순종이 상속한다'(롬 1:5). 룻기는 이렇게 모압 여인 룻과 같이 모든 나라가 복을 받을 날을 예비한다.

설교를 위한 적용

한국 교회 강단에서 룻기가 차지하는 위치는 어떠한가? 룻기는 여전도회 헌신예배에 시부모, 특히 시어머니에게 효도하라고 강조하는 본문으로 사용되는 경우가 적지 않다. 이때 만일 '효도'의 언약적 성격을 배제하고 순전히 동양윤리적인 차원만 강조한다면 이는 룻기를 크게 오해하는 것이다. 룻기는 근거 없는 효도의 의무를 말하는 것이 아니라, 주권적 섭리와 언약적 사랑의 복음을 가르치며, 그 기초 위에 자비를 베풀 것을 말한다. 룻기에서 단순한 효도의 윤리만을 전한다면 복음을 의무로 바꾸어버리는 일이 된다.

이런 의미에서 룻기의 구속사적 의미를 살펴보는 것이 중요하다. 원래 히브리어 성경에서 룻기는 성문서의 오축에 속하여 전선지서인 사사기 및 사무엘서와 위치가 전혀 달랐다. 그런데 주제별 배치를 채택한 70인역과 불가타의 배열을 따르는 한글성경에서 룻기는 사사기와 사무엘서 사이에 위치하게 되었다. 그 결과 룻기는 새로운 위치에서 사사 시대와 왕정 시대를 연결하는 가교의 역할을 하게 되었다. 이것도 일종의 섭리가 아닌가 생각된다. 이렇게 볼 때 룻기는 구속사의 연결고리를 제공한다. 선남선녀의 사랑 이야기처럼 보이는 룻기가 이러한 중요성을 갖는 것은 놀라운 일이다.

룻기는 배후에서 역사하시는 하나님의 섭리가 얼마나 강력한가를 보여줌으로써 우리의 믿음을 고양하는 책이다. 룻기에서 섭리의 정점은 다윗이라고 하는 메시아적 인물을 준비하신 일이다. 룻과 같은 이방 여인을 사용하셔서 다윗을 준비하시는 하나님은 어떠한 분이신가? 하나님의 섭리는 인간의 불신앙과 연약성 때문에 목적하는 바를 이룰 수 없을 것 같으나, 종국에는 그 목적을 완전하게 이루어 내고야 만다. 이것이 진정한 하나님의 능력이다. 하나님의 섭리를 믿는 신앙은 가장 약한 신앙 같으나 사실은 가장 강력한 신앙이다. 룻기는 이렇게 하나님이 섭리로 역사하시는 방법과 능력을 보여 줌으로써 하나님의 주권을 더욱 신뢰하게 만든다.

사사기 주(註)

1부

1장

1. 출애굽기 19:5~6에 대한 이해는 각주 12번을 참고하라.

2. 신명기를 주전 7세기 중엽부터 쓰기 시작했다는 학설의 토대가 되는 신명기의 구조, 문체는 사실 주전 2000년경의 고대 중동 문헌에 흔히 나타나는 요소들이기 때문에 그 학설을 지지하는 증거로 사용할 수 없다. 오히려 신명기의 구조는 주전 2000년경에 고대 중동에서 공통적으로 사용된 봉신 조약의 구조를 반영하고 있다. 또한 신명기의 내용은 그 시대의 작품임을 시사하기 때문에, 신명기의 연대를 주전 7세기 중엽으로 보는 견해는 벨하우젠의 신학적 토양에 근간을 두고 있다. 참고 장미자, "언약 맥락 안에서의 신명기 11:26~32의 이해,"「성경과 문화」.

3. 구약 전체를 언약 신학의 맥락에서 통전적으로 연구하는 것은 앞으로의 과제이다.

4. 사사기 구조에 대한 이해는 다음의 연구에서 많은 도움을 받았음을 밝힌다. Daniel. I. Block, *Judges, Ruth*, The New American Commentary 6 (Nashville: Broadman & Holman, 1999). 윌리엄스(J. G. Williams)는 열두 지파에서 한 명씩 선출된 열두 사사들의 활동이 4계절 주기로 나누어 한 지파가 한 달 주기로 이스라엘을 다스린 것으로 이해하는 새로운 접근을 제시한다. 이러한 접근은 사사기가 문예적으로 통일된 유니티를 형성하고 있음을 보여 준다. "The Structure of Judges 2:6~16:31," *JSOT* 49 (1991), 77~85.

5. 다수의 학자들[예: R. H. O'connell, *The Rhetoric of the Book of Judges* (Leiden: E. J. Brill, 1996), 59~80]은 1:1~3:6을 이중 서론으로 본다. 맥캔(J. McCann)은 1:1~2:5은 이스라엘의 관점에서 군사적인 영역을, 2:6~3:6은 하나님의 관점에서 종교적 영역을 보여 주는 이중 서론으로 본다. 맥캔은 사사기 관점에서 그 두 영역을 결코 분리할 수 없다고 하지만, 두 단락을 이중 서론으로 보는 견해는 타당하지 않다. 1장에서 이스라엘 지파들이 정착 싸움에서 실패한 이유를 2:1~3:6에서 설명하기 때문에, 1:1~3:6을 '하나의 서론'으로 이해해야 한다. 이에 대한 탁월한 논의는 다음을 참조하라. Barry G. Webb, *The Book of the Judges*, JSOT Sup 46 (Sheffield, England: JSOT Press, c1987), 81~122.

6. 사사기 1장에 기록된 이스라엘 지파들이 분배받은 땅에 정착한 과정은 여호수아 13~19장에 의존하고 있다. Younger, "The Configuration of Judicial Preliminaries: Judges 1:1~2:5 and its Dependence on the Book of Joshua," *JSOT* 68 (1995), 75~92.; "Judges 1 in the its Near Eastern Literary Context," in *Faith Tradition & History*. A. R. Millard & J. K. Hoffmeier & D. W. Baker, eds. (Winona Lake: Eisenbrauen, 1994), 207~27.

7. 여호수아의 가나안 정복은 남방과 북방 원정의 전면전에서 승리함으로 일단 종결된다. 여호수아가 남겨 둔 영토는 다음 세대가 정복해야 할 과제인 것이다(수 13:1~6상). 전면전이 일단 종결되었다는 것은 여호수아 13장부터 가나안 민족들이 연합군을 형성하여 남방과 북방

원정처럼 이스라엘과 맞서지 않는다는 의미이다. 참고 R. Hess, *Joshua*, TOTC (Leicester: Inter-Vasity Press, 1996), 284~86.

8. 악사는 옷니엘이 기럇 세벨을 성공적으로 정복하자마자 우물을 요청한 것으로 보인다(참고 18~22절). 악사의 이러한 행동은 물이 귀한 지역에서 기럇 세벨의 주민과 그녀의 가족의 생활을 위해 지혜로운 처사였다.

9. R. Drews, "The Chariots of Iron of Joshua and Judges," *JSOT* 45(1989), 15~23. 여기서는 사사기에 나오는 '철 병거'를 페르시아 시대에 사용된 전차의 한 유형으로 본다. 하지만 병거를 튼튼하게 하기 위하여 부분적으로 철로 강화한 것을 배제할 필요는 없다. 고대 근동의 철은 주전 3000년경부터 사용되었고, 가나안에서도 2000년경부터 사용되었다. 참고 G. E. Hasel, "Iron," *ISBE* II, 880~82. 여호수아와 사사 시대에 가나안 사람들이 철 병거를 사용할 수 없었을 것이라는 드류(R. Drews)의 견해는 설득력이 없다.

10. 이전에 유다와 시므온 군사들의 예루살렘 정복(8절)은 완전한 정복이 아니었다. 여부스족이 '오늘날까지 예루살렘에서 베냐민 자손과 함께 살고 있다'란 언급은 다윗 정복 이전이다. 사무엘하 5:1~5에 다윗이 여부스족의 예루살렘을 정복한다. 블레셋에 대한 언급이 없는 것을 보면, 정착 과정에 아직 블레셋이 이스라엘에 정착하지 않았던 것으로 보인다.

11. 각주 12를 참고하라.

12. 이스라엘을 위한 세 가지 표현은 시내산 언약의 맥락에서 이해되어야 한다. 이것은 여호와의 관계와 세상을 향한 이스라엘의 신분과 위치를, 언약 백성인 이스라엘의 특성을 나타낸다. '여호와의 개인 소유'-이스라엘은 여호와께 속한 온 세상 민족들 중에서 특별한 목적을 보유한, 왕이신 여호와 하나님의 특별한 보물이 될 것이다. '제사장 나라'-여호와의 특별한 보물인 이스라엘은 토라를 실천함으로써 여호와가 어떤 분이신지를 온 세상에 전하는 언약 백성이 될 것을 시사한다. '거룩한 백성'-여호와와 온 세상을 향한 이스라엘의 관계는 시내산 언약을 준수하는 '여호와의 개인 소유'인 이스라엘이 여호와의 경륜을 이루어 갈 백성이라는 것이다. 장미자, "아브라함 약속의 이해(창 12:1~3)," 「성경과 교회 4」(2006), 13~14.

13. 사실 여호수아의 가나안 정복이 가능했던 것은 그가 여호와의 작전 지휘에 협력할 수 있는 언약에 충실하게 순종(수 1:1~9)했기 때문이다.

14. '사사기 4장은 드보라의 노래인 5장에 대한 신명기적 역사가의 해석'이라고 보는 견해는 '신명기적 특징'에 따라서 본문을 분석한 결과이다. 참고 B. Halpern, "The resourceful Israelite Historian: The Song of Debrah and Israelite Historiography," *HTR* 76(1983), 379~401. 사사기에 나타난 이스라엘 지파들의 정착 과정에서 '가나안화'된 과정을, 신명기가 7세기 중엽에 쓰이기 시작했다는 가설에 근거하여 해석하는 것은 방법론상 여러 문제가 있다. 신명기의 내용은 가나안 정복을 눈앞에 두고 40년 전에 시내산에서 맺은 언약의 갱신이다. 사사기가 보여 주는 이스라엘의 역사는 여호수아의 정복사 후에 일어난 사건들임을 보여 준다. 5장의 드보라 노래는 문맥상 4장의 역사적 사건에 근거하고 있다. 참고 J. P. U. Lilley, "A literary Appreciation of the book of Judges," *TB* 18(1967), 94~102.

15. 참고 D. I. Block, "Deborah among the Juddges: the Perspective of the Hebrew Historian," in *Faith Tradition & History*, 249.

16. 기드온이 만든 '금 에봇'은 기드온의 업적을 기념하는 제의적 물건으로 보인다. 이에 대한

논의는 다음을 참고하라. W. Bluedorn, *Yahweh Versus Baalism: A Theological Reading of the Gideon-Abimelech Narrative* (Sheffield: Sheffield Academic Press, 2001), 170~81.

17. 참고 M. J. Smith, *The Failure of the Family as a Theme in the Book of Judges* (UMI, 2004), 178~79.
18. 각주 12를 참고하라.
19. 참고 장미자, "십계명: 언약의 규정들—제6계명(신 5:17)," 「헤르메네이아 투데이」 35(2006), 59~60.
20. 참고 Y. Aharoni, *The Land of the Bible* (Philadelphia: The Westminster Press, 1979), 21~42.

2장

1. Martin Noth, *The History of Israel* (N.Y.: Harper & Row, 1960), 53~84, 141~63
2. George Mendenhall, "The Hebrew Conquest of Palestine," *Biblical Archaeologist* 25 (1962), 66~87; Norman K. Gottwald, *Tribes of Yahweh* (Maryknoll: Orbis, 1979).
3. 여호수아서와 사사기 1장과의 관계에 대하여는 다음을 참조하라. Yehezkel Kaufmann, *The Biblical Account of the Conquest Canaan* (Jerusalem: The Magnes Press, 1985).
4. 이런 점과 연관해서는 다음을 참조하라. U. Cassuto, "The Arrangement of the Book of Ezekiel," *Biblical and Oriental Studies* (Jerusalem: The Magnes Press, 1975), 227~40.
5. Shemaryahu Talmon, "In Those Days There was No מלך in Israel: Judges 18~21," in *King, Cult and Calendar in Ancient Israel* (Jerusalem: The Magnes Press, 1986), 39~52.

3장

1. 여호수아를 통한 영적 리더십의 성공적 이양은 양자 사이의 유사한 사건들의 강조를 통해서도 드러난다. 모세와 여호수아 모두 여호와(출 3:5) 또는 여호와의 군대장관(수 5:15)이다. 모세와 여호수아는 각각 홍해와 요단강이 갈라지고 마른 땅을 건너는 체험을 한다(출 14~15; 수 3~4장). 기타 양자가 경험하는 유사한 사건들 및 양자 간의 관계에 대해서는 다음을 참고하라. B. S. Childs, *Introduction to the Old Testament as Scripture* (Philadelphia: Fortress, 1979), 245~47.
2. 이 구분은 사사기의 통상적인 구조 분석을 따른 것이다. 특히 다음 책의 구조 분석이 준 영감에 기초해 필자의 분석에 따라 대폭 수정했다. Victor P. Hamilton, *Handbook on the Historical Books* (Grand Rapids: Baker Academic, 2001).
3. 레이몬드 딜러드, 트렘퍼 롱맨, 「최신구약론」(서울: 크리스챤다이제스트, 1997), 185~87; 김지찬, 「요단강에서 바벨론 물가까지: 구약 역사서의 문예적 신학적 서론」(서울: 생명의말씀사, 1999).
4. 아래의 도표는 Daniel I. Block, *Judges, Ruth*, The New American Commentary 6

(Nashville: Broadman, 1999), 84의 도표를 단순화한 것이다. 도표 오른쪽 열의 결과에 관한 사항들은 서로 약간씩 중첩된다. 그러나 이스라엘의 쇠퇴의 강도가 점점 더 심화되는 것은 확실하다.

5. 이 구조에 대한 더 상세한 해설은 다음을 참고하라. J. Robert Vannoy, "Judges, Theology of," in Willem A. VanGemeren(ed.), *New International Dictionary of Old Testament Theology and Exegesis* (Grand Rapids: Zondervan, 1997), 830~31.

5장

1. James K. West, *Introduction to the Old Testament* (New York: Macmillan Publishing Co., Inc., 1981), 222.

2. B. G. Webb, *The Book of Judges: An Integrated Reading*, JSOT Sup 46 (Sheffield: JSOT Press, 1987).

3. Robert Alter and Frank Kermode, *The Literary Guide to the Bible* (Cambridge: Harvard University Press, 1987), 117.

6장

1. 폰 라트, 「구약성서 신학 I」, 허혁 옮김(경북 왜관: 분도출판사, 1979), 328.

2. 각 개별 본문들마다 사사기 역사 서술 도식의 구성 요소가 일정하게 나타나는 것이 아니다. 길게는 11개(3:7~11), 적게는 4개(13:1; 15:20; 16:31)가 포함되어 있다. 그 가운데 편집자의 손길로 돌릴 수 있는 부분도 있다. 예를 들어 사사 옷니엘부터 기드온까지 나오는 평안 양식은 '그 땅은 x년 동안 평온하였다'(3:11상, 30하; 5:31; 8:28)이다. 참고 U. Becker, *Richterzeit und Königtum*, BZAW 192 (Berlin/New York: Walter de Gruyter, 1990), 83. 사사기 도식의 구성 요소를 분명히 볼 수 있는 구절들은 다음과 같다. 에홋(3:12, 14, 15상, 30), 드보라—바락(4:1상, 2상, 3상, 23~24; 5:31하), 기드온(6:1, 6하; 8:28), 입다(10:6~7, 10상; 11:33하), 삼손(13:1; 15:20; 16:31중). 참고 원진희, 「전기 예언서 연구」(서울: 한우리 출판사, 2007), 160.

3. 삼손의 결혼이 반민족적(적국의 여인) 혹은 비신앙적(할례받지 못한 민족의 여인)이라는 오점을 희석시킨다.

4. 결혼 반대 이유 중 '할례받지 않은 민족과의 혼인을 반대'하는 것은 이스라엘에서 포로기와 포로 후기의 경험을 반영하고 있다. 참고 소긴, 「판관기(국제성서주석 7)」(서울: 한국신학연구소, 1993), 338.

5. 신명기 24:1(참고 렘 3:1)에는 이혼한 아내가 재혼했을 경우 그녀를 다시 맞는 것을 엄격히 금지하고 있다.

6. F. Crüsemann, *Der Widerstand gegen das Königtum, Die antiköniglichen Texte des Alten Testamentes und der Kampf um den frühen israelitischen Staat*, WMANT 49 (Neukirchen—Vlyun: Neukirchener Verlag, 1978), 42.

7. 사사기 6:1은 미디안의 침략(삿 6:2~5)에 대한 신명기 사가의 신학적 해설이다.

8. 참고 출애굽기 3:9~12; 사사기 6:11~24; 사무엘상 9:1~10:16; 예레미야 1:4~10.

9. 표징에 대한 요구는 야웨께서 아브라함에게 땅을 약속하자, "그 땅을 소유할 것을 내가 무엇으로 알 수 있겠습니까?"라고 묻는 아브라함의 질문과 유사하다(참고 창 15:8). 이에 대하여 야웨 하나님은 스스로 맹세의식을 행하여 약속이 반드시 실현됨을 증거하였다.

10. 시편 10:16; 24:8, 10; 29:10; 47:2이하; 84:3(참고 9절); 93:1; 95:3, 7; 96:10; 97:1; 98:6; 99:1; 102:12, 15; 103:19; 110:2~3; 146:10.

11. 여호수아가 소집한 세겜 회의(수 24:1)는 백성들을 각자의 집으로 돌려보냄(수 24:28)으로 끝난다. 여호수아의 죽은 후 그와 함께했던 장로들이 생존하는 동안 백성들은 야웨를 섬겼다(수 24:29~31). 그리고 사사기 2:10에서 새로운 세대의 전환을 보도함으로써 사사기 역사 서술 양식의 시작을 준비한다. 사사 시대는 새 세대의 악한 행위와 함께 시작된다. 그 사이에 미정복 영토의 목록(삿 1:1~2:5)이 있다. 따라서 연결이 부자연스럽고, 이를 극복하기 위해 사사기 2:6~9의 재수용(Wiederaufnahme)을 통하여 다시 연결된다.

12. 출애굽기 23:33; 34:12; 신명기 7:16; 여호수아 23:13; 사사기 2:3; 8:27; 시편 106:36; 신명기 7:25(올무가 되다); 12:30(유혹되다). 모든 본문은 각기의 의도와 입장을 갖고 있다.

13. 한동구, 「신명기 해석」(서울: B&A, 2004), 186~87. 다른 한편으로 이러한 강한 분리 주장에는 이스라엘이 세계의 다른 많은 민족들에 비하여 강한 민족으로 성장하고 싶다는 열망도 들어있다(참고 신 7:23~24).

14. 사사기 2:22에서 율법 대신에 '야웨의 도'라고 언급한다.

15. 아마도 이러한 관점 하에서 사사기 17~21장이 사사기의 부록으로 덧붙여질 수 있었을 것이다.

7장

1. 70인역에서도 몇몇 구절은 어떻게 번역해야 할지를 잘 모른 채, 히브리어 단어를 그리스어로 문자적으로 번역되기도 했으며(7, 16, 21, 22절), 추측에 의해 번역된 구절도 많다. 더욱이 이 노래 전체의 4분의 1 정도는 정말로 이해하기 어려운 난해 구절로 되어 있다. 그래서 각 성경 번역본들(한글과 영어 성경을 막론하고)은 이러한 구절들에 대해서 다르게 번역하는 경우가 많다.

2. J. Blenkinsopp, "Ballad style and Psalm style in the Song of Deborah: A Discussion," *Biblica* 42 (1961), 61~62.

3. 이러한 형태를 성경에서 가장 잘 볼 수 있는 곳은 출애굽기 15장에 나오는 '승리의 감사 노래'이다. 모세가 먼저 감사의 노래를 부르면, 미리암의 화답송이 교송(交誦)된다. 화답송을 교송하면서 여인들은 춤을 추었다(참고 출 15:20~21; 삿 11:34; 삼상 18:6~8). 비단 성경에서 뿐만 아니라 고대 근동 세계에서는 이러한 노래의 형태가 낯설지 않게 나타난다.

4. Alexander Globe, "The Literary Structure and Unity of the Song of Deborah," *Journal of Biblical Literature*, vol. 93 (1974), 494.

5. 14절에 나오는 '마길'을 므낫세로 보아 여섯 지파라고 주장하기도 한다.

6. 4:4을 개역한글은 "그때에 랍바돗의 아내 여선지 드보라가 이스라엘의 사사가 되었는데"로

되어 있지만, 히브리어 원문에 따르면 '그때에'라는 시간을 나타내는 부사구로 시작하는 것이 아니라, '드보라'의 이름이 먼저 나타난다. 즉 "드보라는 여자요, 여선지자로서"로 읽어야 한다. 따라서 이 구절은 바락이 아니라 드보라가 이 노래의 주인공임을 분명히 밝히는 증거다.

7. 그렇지만 3인칭 단수 동사는 주어가 복수인 경우에도 자주 사용되었기에, 단정적으로 후대 첨가라고 말할 수는 없다.

8. 이 노래를 페미니즘 시각으로만 보아서는 안 되는 이유이기도 하다.

9. "이스라엘에서 머리카락을 흩어 내리고(JPS)"로 읽거나, "이스라엘에 계시가 드러났고(70인역)"라고 읽거나, "이스라엘에 지도자가 이끌 때(NASB)," "이스라엘의 영도자들은 앞장서서 이끌고(표준새번역)"라고 읽기도 한다.

10. 창세기 32:3; 36:8에서는 세일 땅과 에돔 땅을 같은 곳으로 여기고 있다.

11. J. 알베르토 소긴, 「국제성서주석: 판관기」, 한국신학연구소 학술부 (서울: 한국신학연구소, 1992), 130.

12. P. C. Craigie, "Deborah and Anat: A Study of Poetic Imagery (Judges 5)," *ZAW* vol. 90 (1978), 375.

13. 루터판 독일어 성경은 'Bauern'(농부들)이라고 번역했다.

14. P. C. Craigie, *Ugarit and Old Testament* (Grand Rapids: Eerdmanns, 1983), 85.

15. 히브리어의 어원을 따라 겐 사람은 대장장이의 일을 하였기 때문에, 헤벨이 블레셋과 가나안의 제철 사업과 연관을 맺고 있었다고 할 수 있다.

16. 헤벨과 야엘이 거주하고 있는 샤아난님은 '엘론-베자난님'(Elon-Bezaanannim)의 제사장 직분을 수행하고 있는 곳이라고 주장하기도 한다.

17. Tammi J. Schneider, *Berit Olam: Judges* (Collegeville: The Liturgical Press, 2000), 92~93.

18. 아낫이 남편 바알을 구하려고 죽음의 신 모트와 싸워 이긴다.

8장

1. 이 논고는 김진섭, "사사기에 나타난 성령님의 사역," 「진리가 너희를 자유케 하리라」 학교법인 백석학원 설립 제25주년, 설립자 장종현 박사 육영 기념 신학논문집 (서울: 백석출판사, 2001), 33~63을 축약 개정한 것이다.

2. 한국 교회에 고착된 '종교개혁'(reformation)이란 용어는 '신앙개혁'으로 번역되어야 한다. 왜냐하면 칼빈의 「기독교 강요」(*The Institutes of the Christian Religion*)에 사용된 그 당대 라틴어 *religio*'(신앙심)의 의미와 함께 '기독교가 과연 종교인가?'라는 질문을 제기하기 때문이다. 한글 개역성경에 3회 사용된 '종교성'(행 17:22), '종교'(행 25:19; 26:5, 비교 KJV, 갈 1:13, 14, "Jews' religion")는 모두 초자연적 이방신들에 대한 공포(또는 경외)에 근거한 이방 종교를 가리키고 있기 때문이다. 또한 종교는 '변혁'(transformation; 롬 12:2)되어야 한다면, 신앙은 '개혁'(reformation; 히 9:10)되는 것이다. 종교는 선행과 공로에 의한 인간 자력 구원이라면, 복음(또는 신앙)은 그리스도 예수님 안에서 계시된 '오직 하나님 은혜'(*Sola Gratia*)에 의한 신적 구원을 강조한다. 이런 맥락에서 소위 '비교종교학'이란 용어는 기

독교와 타종교의 유사성과 차별성을 논하는 방법론적 문제와 함께 타종교가 가짜임을 기독교의 바른 신앙으로 꾸짖음을 강조하는 '선교변증학'(elenctics)으로 대체되어야 한다.

3. 참고 디모데후서 3:1~5은 '자기 사랑, 돈 사랑'과 '하나님 사랑보다 쾌락 사랑, 경건의 능력보다 모양 중시'라는 일종의 봉투 구조(inclusio)와 그 15가지 항목(자긍, 교만, 훼방, 부모 거역, 감사치 않음, 거룩 않음, 무정, 원통을 풀지 않음, 참소, 무절제, 사나움, 선(善)을 사랑치 않음, 배신, 조급, 자고)이 얼마나 '위험하고 다루기 힘든'(1절, '고통하는'의 원어 '칼레포스'는 마 8:28에서 귀신들려 '사나운'으로 번역) 말세를 살고 있는지를 실감하게 하며, "이같은 자들에게서 네가 돌아서라"(5절)는 성령님의 음성에 귀 기울이게 한다.

4. 참고 사도행전 19:2; 유다서 1:19.

5. 참고 마태복음 10:19~20; 사도행전 1:8; 2:4; 15:28; 20:28; 갈라디아서 6:8.

6. 구약에 나타난 사탄 연구의 출발점은 '뱀'(창 3:1; 계 12:9)이지만, 이스라엘과 관련해서는 단연코 사탄의 화신인 바알이다. 귀신의 왕 '존귀한 바알'이란 뜻의 '바알세불'(마 12:24)은 곧 '집 주인 바알세불'(마 10:25; 12:29)로써 불신자의 전 인격을 지배하며, 오직 '하나님의 영', 곧 성령님 안에서만 쫓겨나간다(마 10:28).
기드온의 아버지 요아스(6:31~32), 기드온(8:27), 미가와 단 지파(17~18장)의 실례에서 드러난 대로, 사사 시대에 시작된(주전 1360~50년경) 가나안의 바알 종교는 사사기 연구의 가장 중요한 중심 주제 중의 하나이다. 더욱이 사탄이 조종하는 바알 종교에 대한 구약과 고대 근동학의 고찰 역시 성령님 이해에 사활적인 관련을 가진다. 가나안 종교의 주신들로써 구약에 바알(89회)과 그 아내들인 아세라(40회)와 아스다롯(10회)이 언급되고 있다. 바알의 여형제 겸 아내인 아낫(삿 1:33; 3:31), 중부 메소포타미아에서 가나안에 영입된 다곤(삿 16:23; 우가리트 문헌에서는 바알은 다곤의 아들로 11회 사용)과 태양(여)신 샤먀슈/샤파슈[사사기의 삼손(심손), 벧 세메스(쉐메쉬)] 등도 있다. 우가리트 문헌, 고전 헬라 작품, 에블라 문서, 마리 문서, 아마르나 서신 등의 자료와 함께 폭넓은 연구가 필요하다. 바알 종교를 책망하는 의도를 보여 주는 창세기 1~2장에 대한 탁월한 논고를 참고하라. Mark Futato, "Because It Had Rained—A Study for Gen. 2:4~25 and Gen. 1~2:3," *WTJ* 60 (1998), 1~21.

7. 참고 로마서 5:20.

8. 인류 역사 최초의 '하라'(영생과를 중심한 모든 과실을 먹고 영생하라)와 '하지 말라'(선악과를 먹지 않음으로 절대 죽음을 면하라)는 하나님의 계명(창 2:16~17)은 원리적으로 '믿음으로 구원-영생 받는' 복음의 원리이다. 이것이 모세오경에서 248개(몸의 뼈의 총계)의 '하라' 명령과 365개(1년)의 '하지 말라'의 명령의 총 613개('온몸으로 매일 하나님의 계명을 순종하라'는 숫자적 의미)로 확대되었으나, 성령님의 사역에 의한 '심령 할례'(신 30:6, 비교 렘 31:33; 32:39~40; 겔 11:19; 36:26~27; 롬 2:28~29; 갈 6:15; 골 2:11)로서만이 하나님의 계명 준수가 가능함을 결론 짓는다. "생명 즉 선과 사망과 악을 네 앞에 두었나니"(신 30:15)나 "생명과 사망과 복과 저주를 네 앞에 두었은즉… 그는 네 생명이시요 네 장수시니"(신 30:19~20) 라는 선언은 창세기 2:16~17의 재천명이요, 복음적인 결단을 촉구하는 모세오경과 성경 전체의 결론이다. 보다 자세한 논의를 위해 김진섭, "한국 교회를 위한 복음주의 신학의 사명: 창 2:16~17에 나타난 *Sola Scriptura*를 중심으로," 「성경과 신학」 한국복음주의신학회 논문집 29 (서울: 하나, 2001), 31~58을 보라.

9. 사사를 가리키는 '구원자'(모쉬아)와 '사사'(쇼페트)란 두 용어의 상호보완적 의미 분석과 함께, 구원자(또는 사사)와 예수님이 동일하신 성령님에 의해 세워졌다는 모형론적 맥락에서(눅 4:18~19; 행 10:38; 특히 삼손과 예수님의 잉태—성장—사명에 역사하신 성령님), 참 구원자(또는 사사)는 오직 우리 주 예수 그리스도뿐이심을 논증할 수 있다. 메시아 사상에 대한 20세기 표준서로 인정받는 방대한 저서에 사사기 논의가 겨우 5쪽 정도로 끝나고 있는 G. Van Groningen, *Messianic Revelation in the Old Testament* (Grand Rapids: Baker, 1990); 「구약의 메시야 사상」, 유재원·류호준 옮김(서울: 기독교문서선교회, 1997), 311~16을 참고하라.

10. 여호수아 9~12장을 중심으로 고대 근동의 정복 기사인 아시리아(원정일기, 요약비문, "신에게 보내는 편지"), 히타이트(원정일기), 이집트(전쟁설화) 문헌들의 역사철학과 문예비평을 통하여 여호수아—사사기 역시 그 역사성과 문예—신학적 의미가 고대 근동의 전쟁 신학적 문맥에서 이해되어야 함을 지적한 중요한 책인 K. Lawson Younger, Jr, *Ancient Conquest Accounts: A Study in Ancient Near Eastern and Biblical History Writing* (JSOT Sup 98; Sheffield: JSOT Press, 1990)을 보라. 사사기에 나타난 성령님의 사역은 여호수아—사사기를 영적 정복 기사로써 신약의 짝인 사도행전과 교회의 6대 상(像) 중의 결론인 '전투적 교회'(엡 6:10~20)와 계시록과 함께 비교 연구를 요청한다.

11. 출애굽—광야—가나안 정복—사사 시대의 유기적 연대 문제는 성경 본문과 고고학 증거가 맞물려 있는 난제이다. 그러나 성경 기록의 진정성을 믿는 전통적인 복음주의의 주장은 출애굽 연대를 주전 1446년 4월로 본다(왕상 6:1, 주전 966년 솔로몬 성전 기공+480년 전 유월절). 출애굽 시 여호수아의 나이가 50세 정도라면, 사사 시대의 기간이 339년이요[참고 J. Barton Payne, "Chronology of the Old Testament," ed. Merrill C. Tenney, *The Zondervan Pictorial Encyclopedia of the Bible* v. 1 (Grand Rapids: Zondervan, 1975), 829~45], 우리의 입장으로 30세 정도로 본다면(출 17:10; 33:11), 그는 주전 1366년경 죽었다(수 24:29). 따라서 여호수아 인도 하의 가나안 1차 정복[주전 1399년; 수 14:7,10에 따른 출애굽(1446년) 후 가데스 바네아까지의 1년 6개월 여정과 그 이후 광야 여정 45년] 7년과 그 이후 각 지파의 기업 분배(수 13~19장)까지 33년이 걸려, 여호수아는 40년의 기간을 다루고 있는 셈이다.
여호수아가 죽고 몇 년 안에 동시대 장로들도 다 죽었고(삿 2:7~10), 그 후 옷니엘은 첫 사사로서의 사역을 1362년경 시작했다(비교 갈렙의 딸 악사와 1399년경 결혼, 수 14:7, 10; 15:17). 암몬과 블레셋의 이스라엘 압제는 동시대로써(삿 10:7~8) 주전 1124년이며(삿 11:26, 이스라엘의 암몬 영토 정복 주전 1406년에서 합법적 거주 300년과 암몬 압제 18년을 감함), 마지막 사사 삼손은 블레셋 압제 40년(주전 1124~1084년)의 초기에 출생하여(주전 1124년경, 삿 13:1) 20년 사사 활동 후(약 20~40세, 삿 15:20) 압제 종결 직전(주전 1084년경)에 죽었다. 삼손의 동시대 사사인 사무엘은 주전 1121년경 출생하여[삼상 8:1, 5; 10:1; 사울 왕 기름 부을 때 '늙은'(70세 쯤, 비교 왕상 1:1, 15; 삼하 5:4) 사무엘], 17세 쯤(주전 1104년경) 언약궤가 아벡 전투에서 블레셋에게 빼앗길 때 공적인 사사가 되었고(삼상 4:1), 20년 후 미스바에서 블레셋 압제를 종결했다(주전 1084년; 삼상 7:2, 11, 13). 사무엘은 사울이 왕이 된 후 적어도 25년은 더 살았다(1020년경, 참고 삼상 25:1, 약 12세의 다윗을 기름 부음). 연대와 관련하여 Eugene H. Merrill, *Kingdom Of Priests: A History*

of Old Testament Israel (Grand Rapids: Baker, 1987); 「제사장의 나라: 구약 이스라엘의 역사」, 곽철호 옮김(서울: 기독교문서선교회, 1997), 187~194; 출애굽 연대를 주전 1470년으로 보는 J. J. Bimson, *Redating the Exodus and Conquest* (JSOT Sup 5; Sheffield: Almond Press, 1981), 79~103; 사사들 후의 평안한 시기 200년과 사사들 이전의 압제 시기 53년과 함께 엄밀한 의미에 있어서 사사 시대를 136년으로 보는 W. Richter, *Die Bearbeitungen des "Retterbuches" in der deuteronomischen Epoche* (BBB 21; Bonn; P. Hanstein, 1964), 132~40을 참고하라.

12. 정복-정착 시대의 가나안 정치 상황에 대한 J. P. van der Westhuizen, "The Situation in Syro-Palestine Prior to the Exodus/Conquest/Settlement as Reflected in the Amarna Letters," *Journal for Semitics* 7 (1995), 196~231 및 인명 표기, 연대, 최근 동향에 있어서 수정과 보충이 필요하지만, 복음주의 입장에서 이 주제에 대하여 비교적 잘 요약된 Merrill, 앞의 책, 194~203을 참고하라.

13. 필자가 제안하는 '십자가 해석학'이란 주 예수 그리스도의 수직적 신성과 수평적 인성의 교차점에서 십자가의 역사적 의미가 해석될 수 있다면, 우리의 역사 해석도 그것이 성경의 구속 역사이든 성경 밖의 세속 역사이든, 항상 수평적 원인-과정-결과(인간의 자유의지, 선택과 그에 따른 결과에 대한 책임을 강조하고, 세속 문서와 유물을 적극적으로 비평 활용하며, 동일하거나 유사한 현재의 동인에서 유추하여 과거를 해석하는)와 수직적 원인-과정-결과(하나님의 주권적 예정과 섭리에 따른 예측불허의 은혜를 강조하며, 역사의 기적 개입을 기대하는)의 교차점에 두어야 한다는 것이다. 구약의 여호수아-사사기-사무엘-열왕기를 유대교에서 '전(前) 선지서'로 분류하는 것도 바로 수평적 역사에 대한 선지자-하나님의 수직적 역사 평가가 함께 진행되기 때문이다[예: 통일왕국의 인과론적 분열(왕상 11장)과 멸망(왕하 17, 24~25장)에 대한 십자가 해석학]. "성경(본문) 계시와 역사(사건) 계시 및 역사적 서술의 문학 형식"에 대한 John H. Sailhamer, *The Pentateuch as Narrative: A Biblical-Theological Commentary* (Zondervan, 1992); 「서술로서의 모세오경(상)」, 김동진 옮김(서울: 새순, 1994), 53~65, 69~84; "신학적 역사기술학"에 대한 V. Philips Long, *Israel's Past in Present Research: Essays on Ancient Israelite Historiography* (Winona Lake: Eisenbrauns, 1999), 580~592; "역사적 사건을 통한 성경의 계시"에 관한 David M. Howard Jr, *An Introduction to the Old Testament Historical Books* (Chicago: Moody Bible Institute, 1993); 「구약 역사서 개론」, 류근상 옮김(서울: 크리스챤, 2001), 17~57을 참고하라.

중생한 그리스도인은 누구나 역사의 십자가 해석학적 진단과 처방으로 자기 시대를 책임져야 할 '현대판 선지자들'이다(예: 8·15 해방과 6·25 남침의 십자가 해석학). 왜냐하면 첫째, 신약 교회는 이사야의 선지자 소명에 비교하여(사 6:6~8), 오순절에 "불의 혀같이 갈라지는 것이 각 사람 위에 임하고", 다 성령의 충만함을 받은 증거로 입술의 변화인 "다른 방언 말하기를 시작"했기 때문이다(행 2:1~4). 둘째, 구약의 선지자가 감람 기름을 부어 임직되었다면, 시리아 안디옥 교회에서부터 불러졌던 '그리스도인'(크리스타아노스)이란 별명도(행 11:26) "그리스도(즉 기름 부음 받은 자)에 속한 자"란 뜻이며, 성령님의 '기름 부음'(크리스마 요일 2:20, 참고 행 10:38)을 받고, 그 '기름 부음'이 우리 안에 거하기 때문이다(요일 2:27). 셋째, 구약의 참 선지자처럼 "만일 누가 말하려면 하나님의 말씀을 하는 것같이" 할 수 있고

(벧전 4:11), 오히려 성경 말씀이 기록되는 과정 속의 신·구약 선지자들보다는 더 확실하게 기록되고 마감된 하나님의 말씀을 가졌기 때문이다(벧후 1:19~21). 넷째, '하나님의 사람'(이쉬 하엘로힘, 구약 76회 중 엘리야에게 7회, 엘리사에게 29회 각각 사용)이라는 선지자의 별칭은 모든 그리스도인들에게도 똑같이 적용되기 때문이다(딤전 6:11; 딤후 3:17). 다섯째, 선지자들보다 더 정확하고 분명한 참 선지자의 사명을 그리스도인들은 감당할 수 있기 때문이다(비교 겔 2장에 나타난 선지자의 소명; 마 28:18~20; 딤후 4:1~5).

14. 현 이라크 동북 산지 Luristan에서 기원하며, 바벨론 제1왕조(Old Babylonian; 주전 1894~1595년)를 멸망시키고 중앙과 하부 메소포타미아를 지배하는 동안 서쪽으로 진출하여 팔레스틴을 위협할 겨를이 없었다. 본명 galzu의 아카드 이름이 Kaššû이며, 헬라어 κοσσοιι에서 영어 Kassites로 발전되었다. 카슈 왕국에 대하여 J. A. Brinkman, *Materials and Studies for Kassite History I: A Catalogue of Cuneiform Sources Pertaining to Specific Monarchs of the Kassite Dynasty* (Chicago: University of Chicago, 1976), 같은 저자의 "Kassiten," *Reallexikon der Assyriologie* 5 (Berlin/New York: 1980), 464~73; W. Sommerfeld, "The Kassites of Ancient Mesopotamia: Origins, Politics, and the Culture," *Civilizations of the Ancient Near East* v. 2, ed. J. M. Sasson (New York: Scribner, 1995), 917~30을 보라.

15. 그 창시자 Aššur-uballit I(주전 1363~1328년)에서 Aššur-dan I(주전 1179~1133)까지의 카슈 왕국과 미타니 왕국 양쪽에 대한 갈등 속에서의 아시리아 국제 정세를 위하여 J. M. Munn-Rankin, "Assyrian Military Power 1300~1200 BC," *Cambridge Ancient History* v. 2.2, ed. I. E. S. Edwards et al. (Cambridge: Cambridge University Press, 1975), 276~79; A. K. Grayson, *Assyrian Rulers of the Third and Second Millennia BC (to 1115 BC)* (RIMA 1; Toronto: University of Toronto Press, 1987), 109~308; H. W. F. Saggs, *The Might That Was Assyria* (London: Sidgwick & Jackson, 1984), 35~57를 보라.

16. Aššur-rēša-iši I(주전 1133~1115년)가 바빌로니아의 Nebuchadnezzar I(주전 1124~1103년)를 정복한 후, 그 아들로서 아시리아 역사의 중심인물 중 하나인 Tiglath-pileser I(주전 1114~1076년, 비교 사사 시대의 종결 연대로 제안하는 주전 1084년)가 서쪽으로 Hittite, Mushki(아마도 Phrygians), Tadmor(Palmyra), Byblos, Sidon까지 정복하고 역사에 최초로 연대기를 8각형 토판 프리즘에 남겼으나 가나안 정복을 시도하지 않았던 아시리아의 국제 정세를 위하여, D. J. Wiseman, "Assyria and Babylonia c. 1200~1000 BC," *Cambridge Ancient History* v. 2.2, ed. I. E. S. Edwards et al. (Cambridge: Cambridge University Press, 1975), 457~64; A. K. Grayson, *Assyrian Rulers of the Third and Second Millennia BC (to 1115 BC)* (RIMA 1; Toronto: University of Toronto Press, 1987), 309~27; A. K. Grayson, *Assyrian Rulers of the Early First Millennium BC I (1114~859 BC)* (RIMA 2; Toronto: University of Toronto Press, 1991), 5~84; H. W. F. Saggs, *The Might That Was Assyria* (London: Sidgwick & Jackson, 1984), 58~69을 참고하라.

17. 아시리아 왕 Shalmaneser I(주전 1274~1244년경)에 의해 종속될 때까지 Aleppo, Assyria, Nuzi, Alalakh를 거쳐 지중해 연안을 지배하므로 아시리아의 서쪽 진입을 방해했

다. 본명은 Maitta란 개인 이름에서 유래한 Mittani로 관행적 Mitanni는 잘못 표기된 것이다. 미타니 왕국에 대하여 다음 자료를 참고하라. Amir Harrak, *Assyria and Hanigalbat: A Historical Reconstruction of Bilateral Relations from the Middle of the Fourteenth to the End of the Twelfth Centuries B.C.* (Hildesheim/New York: G. Olms: 1987); G. Wilhelm, "The Kingdom of Mitanni in Second-millennium Upper Mesopotamia," *Civilizations of the Ancient Near East.* ed. J. M. Sasson (New York: Scribner, 1995), 1243~54.

18. 히타이트는 주전 2300년경 아나톨리아에 진입한 인도-유럽 계통의 민족으로 중부 아나톨리아의 원주민 Hatti 족을 지배하면서 그 이름(Hittite)이 유래된다. 히타이트 신(新) 왕국의 창시자 Šuppiluliuma I(주전 1370~1340)는 여호수아 사망 시기에 시리아를 침공하였고, 그 뒤 Muwatalli II(주전 1309~1279)는 1284년 이집트의 람세스 2세(Rameses II, 주전 1289~1222년)를 Orontes강의 Kadesh에서 퇴각시켰으나, 아시리아의 계속된 위협으로 결국 Hattušili III(주전 1280~50년)는 람세스 2세와 불가침 조약(주전 1278년)을 맺는다. 이 시대의 연대 문제의 불확정성과 함께 최근의 논의를 위하여, T. Bryce, *The Kingdom of the Hittites* (Oxford: Oxford University Press, 1998); O. R. Gurney, *The Hittites* (Baltimore: Penguin, 1990); H. A. Hoffner, Jr, "Hittites," *Peoples of the Old Testament World*, eds. A. J. Hoerth, G. L. Mattingly and E. M. Yamauchi (Grand Rapids: Baker, 1994), 127~55; J. G. Macqueen, "The History of Anatolia and the Hittite Empire: An Overview," *Civilizations of the Ancient Near East* v. 2, ed. J. M. Sasson (New York: Scribner, 1995), 1085~1105; Ahmet Ünal, *The Hittites and Anatolian Civilizations* (Ankara: Etibank, 2000), 39~55를 보라.

19. 이집트 왕 Amunhotpe IV(Akhenaten, 주전 약 1360~1343년)이 세운 Akhenaten(el-Amarna)에서 발견된 동쪽 셈족어 아카드어로 쓰여진 382개 문서가 출판되었는데, 그 중 32개는 사전-문예 토판이며, 44개 서신은 이집트의 바로와 그에 부응하는 제국들(Babylon, Assyria, Mitanni, Arzawa, Alashia, Hatti) 간의 국제 외교 문서이다. 그 나머지 306개는 이집트와 그 속국인 가나안과 북 시리아의 도시국가 간에 교환된 서신들로써 16개 서신에 하비루가 언급되고 있다(고대 근동 문서 전체에서는 250회 이상 사용). 하비루가 언급된 서신에 관하여 Merrill, 앞의 책, 125~137과 그 서신에 언급된 도시국가들에 대한 훌륭한 지도인 Michael Roaf, *Cultural Atlas of Mesopotamia and the Ancient Near East* (New York: Facts on File, 1996), 135를 보라.
아마르나 서신은 Jørgen A. Knudtzon이 1907년까지 알려진 358 서신의 음역과 번역을 출간하였고(*Die El-Amarna Tafeln* 2 vols. Aalen: Otto Zeller, 1964 repr.), 1915~70년에 알려진 새로운 20토판을 Anson F. Rainey가 출간한 후(*El-Amarna tablets, 359~379: suppl. to J. A. Knudtzon, Die El-Amarna-Tafeln*, AOAT 8; Neukirchen-Vluyn: Neukirchener Verlag, 1972), W. L. Moran에 의해 영문 결정판이 나왔다(*The Amarna Letters* Baltimore: Johns Hopkins University, 1992). 가나안 언어 분석에 대한 Rainey의 최근 역작, *Canaanite in the Amarna Tablets: A Linguistic Analysis of the Mixed Dialect used by the Scribes from Canaan* 4 vols. (Leiden: Brill, 1996)을 보라.

20. 따라서 John D. Currid는 광야 시대와 통일왕국 사이의 중간 시대에 대한 고찰이 전혀 없

다[그의 책 *Ancient Egypt and the Old Testament* (Grand Rapids: Baker, 1997), 155~59 를 보라]. 이 시대의 개요를 위하여 J. K. Hoffmeier, "Egyptians," *Peoples of the Old Testament World*, eds. A. J. Hoerth, G. L. Mattingly and E. M. Yamauchi (Grand Rapids: Baker, 1994), 251~90; D. B. Redford, *Egypt, Canaan, and Israel in Ancient Times* (Princeton: Princeton University Press, 1992), 192~280; W. W. Hallo and W. K. Simpson, *The Ancient Near East: A History* (Fort Worth: Harcourt Brace College Publishers, 1998), 253~81을 보라. Merneptah 비문에 관하여 참고 Frank Yurco, "Merenptah's Canaanite Campaign," *Journal of the American Research Center in Egypt* 23 (1986), 189~215; idem, "3,200-Year-Old Picture of Israelites Found in Egypt," *Biblical Archaeology Review* 16.5 (1990), 20~38.

21. 참고 Merrill, 앞의 책, 194~95.

22. 같은 내용을 하나님의 직접화법으로 반복하는 다음 구절을 참고하라. 2:1~3, 20~23; 6:8~10.

23. 보다 자세한 통계를 위하여 Hakjae Lee, *A Rhetorical and Theological Interpretation of* רוח *in Ezekiel 37:1~14* (Th. D. diss.; University of Stellenbosch, 1999), 24~30 및 그의 학위논문 요약인 이학재, "에스겔서 37:1~14에 나타난 루아흐의 수사학적 신학적 해석," 「성서사랑방」 12 (2000, 여름), 58~73을 보라. 본 논고의 통계는 위의 책 31~52에서 '기상학적'(115회) 용법에 포함시킨 '호흡'의 의미(9회; 우상-시 135:17; 렘 10:14; 51:17; 합 2:19; 마른 뼈들-겔 37:8, 9상, 9중, 9하, 10)를 '인류학적'(141회) 용법으로 이동시킨 것이다.

24. 이 주제에 대한 고전적 참고서인 Frederick E. Marsh, *Emblems of the Holy Spirit* (Grand Rapids: Kregel, 1911, repr. 1976)를 보라.

25. Ray Pritchard, *Names of the Holy Spirit* (Chicago: Moody Press, 1995)이 논하는 87개의 명칭과 상징; Towns, Elmer and Ron Durham, ed. *The Names of the Holy Spirit* (Ventura, CA: Gospel Light Publications, 1994); 「성령의 명칭들」, 홍원팔 옮김(서울: 알뜰기획, 1995)이 논하는 100개 이상의 명칭과 상징을 참조하라.

26. '영'(루아흐), 민수기 27:18; 역대상 12:18; 사사기 32:15; 에스겔 2:2; 3:12, 14, 24; 8:3; 11:1, 24; 43:5.

27. '그 영'(하루아흐), 민수기 11:17, 25(2x), 26; 호세아 9:7.

28. '여호와의 영'(루아흐 아도나이)의 문맥적 용법은 다음과 같다. ① '~에게 임하다': '하야 알'(삿 3:10; 11:29; 대하 20:14); '누아흐 알'(사 11:2); '나팔 알'(겔 11:5); ② '~를 옷 입히다': '라바쉬 에트'(삿 6:14); ③ '~를 휘젓다': '파암'(삿 13:25); ④ '~에게 돌진하다': '누스 베'(사 59:19); ⑤ '~에게 관통하다': '짤라흐 알'(삿 14:6, 19; 15:4; 삼상 10:6; 16:13); ⑥ '~에게 불다': '나샤브 베'(사 40:17); ⑦ '~를 운반하다': '나사'(왕상 18:12; 왕하 2:16); ⑧ '~에서[동풍(카딤)] 올라오다': '알라 민'(호 13:15); ⑨ '~에서 건너가다': '아바르 메에트'(왕상 22:24; 대하 18:23); ⑩ '~로부터 떠나다': '수르 메임'(삼상 16:14); ⑪ '~를 쉬게 하다': '누아흐'(사 63:14; 겔 37:1); ⑫ '성급하다': '카짜르'(미 2:7); ⑬ '말씀하다': '다바르'[삼하 23:2, 참고 호 9:7의 선지자의 별칭인 '그 영의 사람'(이쉬 하루아흐)]; ⑭ '여호와의 영을 헤아리다': '타칸 에트'(사 40:13); ⑮ '여호와의 영에 의해 ~ 충만하다': '말레 에트'(미 3:8), 대

조. 사울 '에게 임한'(하야 알 삼상 19:9) '여호와의 (부리신) 악령'(루아흐 아도나이 라아)은 '재앙의 영'으로도 해석이 가능하다.

29. '하나님의 영'(루아흐 엘로힘, 비교 루아흐 엘로아흐, 욥 27:3; 루아흐 엘 욥 33:4; 루아흐 엘라힌 단 4:8, 9, 18; 5:11, 14)의 문맥적 용법은 다음과 같다. ① ~위에 선회하다: '라하프 알'(창 1:2); ② ~에게 임하다: '하야 알'(민 24:2; 삼상 19:20, 23; 대하 15:1); ③ ~에게 관통하다: '짤라흐 알'(삼상 10:10; 11:6); ④ ~를 옷 입히다: '라바쉬 에트'(대하 24:20); ⑤ ~를 ~로 충만하게 하다: '말레 베'(출 31:3; 35:31); ⑥ ~ 안에 하나님의 영이 있는 사람: '이쉬 아쉐르 루아흐 엘로힘 베'(창 41:38, 비교 민 27:18; 단 4:8, 9, 18; 5:11, 14); ⑦ 하나님 영에 의한 이상: '말에 베루아흐 엘로힘'(겔 11:24). 대조 하나님의 재앙(또는 악)의 영(5회) ① '루아흐 엘로힘': '~에게 임하다'; '하야 엘'(삼상 16:23); ② '루아흐 엘로힘 라아': '~에게 임하다'; '하야 알'(삼상 16:16); '하야 엘'(삼상 16:23); ③ '~에게 관통하다': '짤라흐 엘'(삼상 18:10); ④ '~를 전율시키다': '바아트'(삼상 16:15).

창세기 1:2의 '하나님의 영'을 실례로 들더라도, 유대인과 진보주의 학자들이 '하나님의 바람'("a wind from God"; NRSV, NJB, NJPS)이나 '강한 바람'("mighty wind"; NAB) 등으로 번역함은 성령님의 인격과 사역에 대한 무지에서 비롯된 것이다. 개역한글 성경에 하나님/여호와의 '영'을 모두 하나님/여호와의 '신'으로 번역한 것도(참고 대하 18:23에만 '영'), '신'은 개역한글 성경에 하나님을 가리키는 '엘로힘'의 번역이므로(예: 삼상 5:7~6:5에 6회 사용된 '이스라엘 신') 오해와 혼란의 여지가 있다.

30. '성령'(루아흐 핫코데쉬, 시 51:11; 사 63:10, 11)은 곧 '여호와의 영'(사 63:14)이요, 신약 '성령'[(토) 프뉴마 (토) 하기온 또는 토 하기온 프뉴마]과 동의어이지만, '거룩의 영'(프뉴마 하기오수네스, 롬 1:4)으로도 번역될 수 있다.

31. '프뉴마'[마 22:43; 요 3:5; 7:39; 행 6:3; 롬 2:29; 7:6; 8:4, 5, 9, 13; 고전 2:4; 14:2; 고후 3:6; 갈 3:3; 4:29; 5:5, 16, 18, 25(2회); 엡 2:22; 3:5; 5:18; 6:18; 빌 2:1; 골 1:8; 살후 2:13; 딤전 3:16; 벧전 1:2; 요일 1:19; 계 1:10; 4:2; 17:3; 21:10]

32. '토 프뉴마'[마 4:1; 10:20; 12:31; 막 1:10,12; 눅 2:27; 4:1,14; 요 1:32, 33; 3:6, 8, 34; 6:63; 7:39; 14:17; 15:26; 16:13; 행 2:4; 6:10; 8:18, 29; 10:19; 11:12, 28; 19:21; 20:22; 21:4; 롬 8:2, 5, 6, 10, 11, 15, 16, 23, 26(2회), 27; 15:30; 고전 2:10(2회), 12, 13,; 12:7, 8(2회); 고후 1:22; 3:6, 8, ; 5:5; 갈 3:2, 5, 17(2회), 22; 6:8(2회); 엡 4:3; 6:17; 살전 5:19; 딤전 4:1; 히 10:29; 요일 3:24; 4:6; 5:6(2회), 8; 계 2:7, 11, 17, 29; 3:6, 13, 22; 14:13; 22:17]

33. '토 프뉴마 투 쎄우'(고전 2:11, 14; 6:11; 엡 4:30; 요일 4:2); '프뉴마 쎄우'(마 3:16; 12:28; 롬 8:9, 14, 19; 고전 7:40; 12:3; 고후 3:3; 빌 3:3, 비교 벧전 4:14).

34. '토 프뉴마 쿠리우'(행 5:9; 고후 3:17); '프뉴마 쿠리우'(사 61:1의 인용인 눅 4:18; 행 8:39).

35. '토 프뉴마 투 파트로스'

36. '토 프뉴마 크리스투'(롬 8:9; 벧전 1:11).

37. '토 프뉴마 예이수'

38. '토 프뉴마 예이수 크리스투'

39. '아우투 프뉴마'(롬 8:11); '토 프뉴마 아우투'(엡 3:16; 요일 4:13).

40. '토 프뉴마 투 휘우 아우투'.

41. 예를 들면 사도행전 16:6, 8과 로마서 8:2, 9, 14, 16, 23, 26, 27의 문맥에서 이 사실이 확증
된다.

'프뉴마 하기온'(47회; 마 1:18, 20; 3:11; 막 1:8; 눅 1:15, 35, 41, 67; 2:25; 3:16; 4:1;
11:13; 요 1:33; 20:22; 행 1:2, 5; 2:4; 4:8, 25; 6:5; 7:55; 8:15, 17, 19; 9:17; 10:38;
11:16, 24; 13:9, 52; 19:2; 롬 5:5; 9:1; 14:17; 15:13,16; 고전 12:3; 고후 6:6; 살전 1:5,
6; 딤후 1:14; 딛 3:5; 히 2:4; 6:4; 벧전 1:12; 벧후 1:21; 유 1:20).
'토 프뉴마 토 하기온'(28회; 마 12:32; 막 3:29; 12:36; 13:11; 눅 2:26; 3:22; 10:21; 요
14:26; 행 1:16; 2:33; 5:3, 32; 7:5; 10:44, 47; 11:15; 13:2; 15:8, 28; 19:6; 20:23, 28;
21:11; 28:25; 엡 4:30; 히 3:7; 9:8; 10:15).
'토 하기온 프뉴마'(12회; 마 28:19; 눅 12:10, 12; 행 1:8; 2:38; 4:31; 9:31; 10:45; 13:4;
16:6; 고전 6:19; 고후 13:13).

42. Wilf Hildebrandt, *An Old Testament Theology of the Spirit of God* (Peabody, Mass.:
Hendrickson, 1995); 「구약의 성령신학 입문」, 김진섭 옮김(서울: 이레서원, 2005)은 바로
이러한 논리적 전개를 보여 준다.

43. 사사기의 중심 주제는 '누가 참 사사며 왕인가?'이다. 문예-신학적 구조상 아비멜렉은 사
사기의 중심점과 전환점이 되는 자칭 왕이요(마살 9:2; 말라크 9:16, 18), 반(反) 사사(사라르
9:22)이다. 그의 몰락의 결정적 동인이 되는 세겜 사람들의 '배신'(바가드)의 배후에는 "하나
님이 보내신 재앙의 영"의 역사가 있다. 이 '재앙의 영'의 실체가 성령님의 '재앙'(라아의 기본
뜻 중의 하나, 참고 2:15)의 활동인지 아니면 재앙의 영, 즉 악령 그 자체인지에 대한 논의
를 위해 Daniel I. Block, *Judges, Ruth*, NAC 6, 323~24를 보라. 비교 '하나님의 재앙의 영'
(루아흐 엘로힘 라아 삼상 16:15, 16, 23; 18:10); '하나님의 영'(삼상 16:23); '여호와의 재앙의
영'(삼상 19:9), 비교 '거짓의 영'(왕상 22:22, 23; 대하 18:22); '더러운 영'(슥 13:2); '깊은
잠의 영'(사 29:10), 비교 욘 1:5; 마 26:43.

44. 사사기의 문예 구조의 신학적 의미를 심도있게 다룬 최근 저서로서 Barry G. Webb,
The Book of Judges: An Integrated Reading (Sheffield: Sheffield Academic Press,
1987); R. H. O'Connell, *The Rhetoric of the Book of Judges* (VTS up; 63; Leiden:
Brill, 1996); Dennis T. Olson, "The Book of Judges," in *The New Interpreter's Bible*
vol. II (Nashville: Abingdon Press, 1998), 721~888; David A. Dorsey, *The Literary
Structure of the Old Testament: A Commentary on Genesis-Malachi* (Grand Rapids:
Baker, 1999), 105~20; Block, *Judges, Ruth*; 김지찬, 앞의 책, 142~233.

45. 사사기 전체에 반복되는 네 항목의 기본 유형인 이스라엘의 반역-하나님의 보응-이스라
엘의 회개-하나님의 구원이 2:11~19에서 여섯 항목으로 소개된다. ① 이스라엘이 죄를
범하여(2:11~13), ② 여호와께서 압제자의 손에 그들을 팔고(2:14상), ③ 압제자의 지배로
백성들이 여호와께 부르짖고(2:14하~15), ④ 하나님이 구원자를 세우시고(2:16상), ⑤ 그
가 이스라엘을 구원하며(2:16하), ⑥ 상당한 기간 동안 땅은 평안하며 마침내 사사가 죽는
다(2:19상). 자세한 논의를 위하여 다음의 책을 참고하라. Connell, 앞의 책, 19~57.

46. '잘못된 하나님과의 관계'(불경건)가 '잘못된 인간관계'(불의)를 낳는다는 신학적 원리는 십
계명의 제1~4계명(신앙/경건)과 제5~10계명(윤리/의) 및 로마서 1:18; 요한계시록 22:11

에서 재확인된다.

47. 김지찬 교수의 규범적 틀 도표에서 이 항목이 완전 삭제된(「요단강에서 바벨론 물가까지」 166~71) 것을 실례로, 사사 시대의 문제 해결이 바로 '성령님의 은사와 능력'에 달려 있다는 사실이 지금까지 사사기 연구에서 가장 등한시되므로 사사기 이해의 맥을 놓치고 있다.

48. 이러한 구도로 사사 개인의 삶을 분석한 다음의 책을 참고하라. Michael Wilcock, *The Message of Judges* (Leicester: InterVarsity Press, 1992); 「사사기 강해」, 정옥배 옮김(서울: 한국기독학생회, 1997), 47.

49. 규범적 틀의 구성 요소 중 이스라엘이 우상을 '섬김'(아바드 3:7)으로 이스라엘을 '여호와께서 압제자의 손에 주시므로' 이스라엘이 압제자를 '섬기는'(아바드 3:8) 보응을 받는다. '여호와께서 A를 B의 손에 주신다'를 분석해 보면, 여호와의 전쟁 신학의 공식인 "이스라엘(B)을 '위하여'(for)"의 경우와 "이스라엘(A)을 '거스려'(against)"의 경우에 A와 B의 위치가 교환됨에서 이 원리가 분명해진다. ① 이스라엘 손에 압제자를 '주신다'[1:2, 4; 2:23; 3:10, 28; 4:7, 14; 7:2, 7, 9, 14, 15; 8:3, (6, 15),7; 9:29; 11:21, 30, 32; 12:3; '파신다'(4:9)], ② 이스라엘을 압제자의 손에 '주신다'(2:14; 6:1; 13:1; 15:12, 13); '파신다'(3:8; 4:2; 10:7).

50. 옷니엘을 사사로 세움에 성령님이 임한 것은 모든 사사에게 규범적으로 다 적용되는 것이다. 드보라의 경우 그녀가 여선지자(4:4)라는 것은 성령님의 감동을 받아 말하고 있음을 전제한다(삼하 23:2; 벧후 1:21). 삼손이 나귀의 새 턱뼈로 블레셋 사람을 쳐 죽일 때 성령님이 임하셨다면(15:14), 비슷하게 소 모는 막대기로 블레셋 사람을 쳐 죽이는 삼갈에게도 성령님이 임하셨다고 추론될 수 있다(3:31). 특별히 삼손의 초인간적 능력 행사는 네 가지 사건 직전에 성령님의 임재를 밝힌다면, 삼손의 동일한 다른 능력 행한 다섯 가지 사건에 성령님의 임재가 추론됨이 타당하다.

51. 진멸해야 할 가나안 7족(신 7:1) 중 6족 가운데 거주한다(3:5). 땅은 곧 섬기는 신의 소유이므로, 그들을 쫓아내지 못하는 것과(1:19; 수 15:63) 쫓아내지 않는 것(1:27~33; 2:2)과 공존을 소원하는 것(15:9~13)은 이방신과 그 족속들의 진멸을 명령하고 보증하는 하나님과의 관계성에 있어서 각각 별개의 문제이다.

52. 사사기 연구에 소홀히 취급되는 부분은 바로 '여호와 앞에 악을 행하는' 출발점이 되는 불신자 가운데 살면서 필연적으로 따라오는 불신 결혼이다. 유다 지파 악사와 결혼한 옷니엘 (1:11~13)에 반해 기드온과 세겜 첩에서 난 아비멜렉의 악행(8:29~9:57), 길르앗과 창녀에서 난 입다의 가나안 방식의 딸 제사(11:30~40), 블레셋의 세 여자로 인한 삼손의 말로 (14~16장)를 보라! 창세기 3:15의 원시 복음의 삼중 '원수 관계'(에바) 속에 '여인의 씨'와 '뱀의 씨'로 규정되는 불신 결혼의 심각한 결과에 대한 원칙이 세워지고, 한 어머니 하와의 후손이 처음부터 아벨-셋 계통과, 가인-라멕 계통으로 나눠진다. 구약에 나타난 불신 결혼에 관하여 다음의 책을 참고하라. 김진섭, "이단·사이비 분별과 바른 신앙에 대한 구약 원리,"「바른 신앙」4 (2000), 47~51.

53. 여기 사용된 동사(자나 '창녀 노릇을 하다')는 '음행하다'(나아프)와 구별된다. ① 일회용이 아닌 습관적인 행동, ② 그 동기는 성욕보다는 개인적인 물욕, ③ 성행위 대상이 여러 명, ④ 분사형(조나)은 현재 계속 중인 중독 증세, ⑤ 오직 여자편의 음행에만 국한되어 사용되어, 이스라엘이 하나님의 신부임을 암시한다(참고 Block, *Judges, Ruth*, 128~233).

54. 열역학의 엔트로피(entropy) 법칙처럼 첫 사사 옷니엘의 규범적 최상에서 출발하여, 마

지막 사사 삼손에서는 이스라엘의 불경건과 불의가 최하의 수준으로 떨어진다. 1:1~2과
20:18의 봉투 구조가 극명하게 보여 주는 영적 하향에 대하여, 김지찬, 앞의 책, 166~71;
Block, 앞의 책, 129~32를 보라.
예를 들면, 이스라엘이 압제로 인해 회개보다는 괴로움 때문에 '신음'(네아카 2:18)하며, 옷
니엘(자아크)과 에훗(자아크 3:15)과 드보라(짜아크 4:3) 시대의 '울부짖음'에는 즉각 응답하신
하나님이 기드온(6:6, 7)의 경우는 구원보다는 책망하시며, 입다(10:10, 비교 10:14)의 경
우는 더 준엄한 책망을 내리시며, 마지막 사사 삼손의 경우는 전혀 울부짖음 자체가 나타나
지 않는 영적 최하강 상태를 보인다. '나선형'이라 함은 사사의 생존 동안에는 영적 명맥을
유지하다가 다시 더 하강하게 되는 현상을 가리키는 것으로써, 삼손의 '울부짖음'은 다만 자
신의 '목마름'(카라 15:18)과 죽는 당일에 드린 자기중심의 '기도'(카라 16:28에서 '내가'를 4회
사용) 정도이다.
사사기 1장에 4단계로 사용된 '거주하다'(야샤브) 역시 그 영적 하강 상태를 잘 드러낸다. 즉
유다 지파 안에는 어떤 가나안 사람도 '거주'하지 못했으나, 베냐민, 므낫세, 에브라임, 스
불론(비록 가나안 사람을 강제 노동시켰지만) 지파 안에는 그들이 거주했으며, 아셀과 납
달리(비록 가나안 사람을 강제 노동시켰지만) 지파는 거꾸로 가나안 사람들 안에 거주했고,
마침내 단 지파는 아모리 사람들의 '압제'(라하쯔) 하에 '강제 노동꾼'(마스)으로 전락했다(비
교 압제와 강제 노동꾼이 연결되는 출 3:9). 자세한 논의를 위하여 K. Lawson Younger,
"Judges 1 in Its Near Eastern Literary Context," eds. A. R. Millard, J. K. Hoffmeier
and D. W. Baker, *Faith Tradition and History* (Winona Lake: Eisenbrauns, 1994),
214~27을 보라.

55. J. M. Miller and J. H. Hayes, *A History of Ancient Israel and Judah* (Philadelphia:
Westminster, 1986), 93이하를 보라. 개역한글의 '사사' 또는 공동번역의 '판관'(判官), 영
어 성경의 'Judges' 등은 라틴역본(Vulgata)의 'Judices', 헬라역본(Septuagint)의 'κριται'
에서 유래한 것으로 현대 독자들에게는 법정의 재판적 기능을 연상케 한다. 사사기 어디
에도 재판적 기능의 사사는 볼 수가 없고, 또 사사 개인에게 이 명칭을 사용한 경우가 전
혀 없고(11:27, 여호와만이 참 사사), '사사'는 왕정 시대 직전까지 하나님의 임시 방편적
(ad-hoc) '구원자'[모쉬아(3:9, 15), 대조 8:22 참 구원자도 하나님뿐(삼상 14:39; 삼하
22:3; 시 7:10; 17:7; 106:21; 사 19:20; 43:3, 11)]로서, 어원적으로 수메르어 si-pad,
'목자'와 관련된 목자의 이미지를 가진다. 인간 왕이 자기를 '목자'라 부르고, 자기의 신을
'왕'(lugal)이라 부른 수메르 문화권에서, 전쟁, 자연 재해 등의 긴급한 재난의 문제 해결사
로 민중/원로원(비교 11:5~11; 21:16; 수 20:4; 룻 4:1~12; 삼상 8:4~5, 19~20)에 의
해 임시방편적으로 선출되어 임무 완수 후 평상으로 복귀함에서 왕 제도의 기원을 찾는 다
음의 책들은 사사의 기원과 역할을 이해하는데 중요한 출발점이다. Thorkild Jacobsen,
"Early Development in Mesopotamia," *ZA* 52(1957), 91~140과 구약 이스라엘 장로들
의 역할에 대한 H. Reviv, *The Elders in Ancient Israel: A Study of a Biblical Institution* tr.
L. Plitmann (Jerusalem: Magnes, 1989)을 참고하라. 한편, '지도자'(나기드 비교 노케드 '목
자', 왕하 3:4; 암 1:1, 비교 수메르어 ᵈEN.ZU-na-gi₄-id)란 단어는 하나님이 사사 시대
말기에서 왕정 시대로 변천하는 과도기에 선택한 이스라엘의 영도자에게 선택적으로 사용
된 명칭이다. 사울(삼상 9:16; 10:1); 다윗[삼상 13:14; 25:30; 삼하 5:2=대상 11:2 '백성

을 목양하다'(라아)]; 삼하 6:21; 7:8=대상 17:7 '그 목장[(하나베)의 양을 따르는 데'], 참고 대상 5:2; 28:4; 대하 6:5.

56. Daniel. I. Block, "The Period of the Judges: Religious Disintegration under Tribal Rule," *Israel's Apostasy and Restoration: Essays in Honor of Roland K. Harrison* ed. A. Gileadi (Grand Rapids: Baker, 1988), 39~58.

57. 참고 사사기 2:20(하나님을 왕으로 인정하지 않는 이스라엘 '백성'을 '이방 국가'로 여김); 8:22~23(기드온은 입술로만 하나님의 '통치'를 말하나 자신이 왕처럼 행세); 9:22(사사기에 유일하게 나오는 인간 '왕' 아비멜렉의 통치에 '샤파트', '말라크'가 아닌 '사라르'의 의도적 사용); 17:6; 18:1; 19:1; 21:25("이스라엘에 왕이 없으므로"—하나님이 왕이 아니신가!); 왕정제도의 찬성(삼상 9:1~10:16; 11장)과 반대(삼상 7:2~8:22; 10:17~27; 12장)의 이중성.

58. Tammi J. Schneider, *Judges* (Berit Olam; Collegeville: Liturgical Press, 2000), 40~41.

59. 만일 같은 표현인 20:16과 70인역의 번역 '암포테로덱시오스'(ἀμφοτεροδέξιος)를 따라 '양손잡이'의 뜻이 아니라면 말이다.

60. 신약의 대응구로써 다음을 참고하라. 마태복음 3:16; 누가복음 1:35; 4:18; 사도행전 1:8; 11:15; 19:6.

61. 이 주제에 대한 보다 자세한 주석적 고찰을 위하여 다음의 책을 참고하라. James M. Hamilton Jr, *God's Indwelling Presence: The Holy Spirit in the Old & New Testaments* (Nashville: B & H, 2006).

62. "여호와의 손이 A에게 임하시매"[하야 야드—아도나이 알, 겔 3:22; 8:1(나팔); 33:22; 대상 28:19; 하자크 야드—아도나이 알, 겔 3:14]. 이 원리는 오순절 초대 교회 태동을 전제한 예수님의 유언(행 1:8)에서도 확증된다. '하나님의 영'(마 12:28)은 곧 '하나님의 손가락'(눅 11:20)이다. 선지자들에게 주로 사용되는 '여호와의 말씀이 A에게 임하시매'(바예히 데바르—아도나이 엘/알)라는 고정 문구와 성령님이 강림하여 예언의 은사를 주심에 대한 관계성에 대하여 민수기 11:25, 사무엘상 10:6; 19:20~24를 보라. 성령님의 사역을 상징하는 "하나님의 손(또는 손가락)"의 의미에 대하여 Leland Ryken et al. eds., *Dictionary of Biblical Imagery* (Downers Grove: Inter-Varsity Press, 1998); 「성경 이미지 사전」, 홍성희 외 옮김(서울: 기독교문서선교회, 2001), 778~80을 보라.

63. 위의 책, 1192~96.

64. 성령님이 옷을 '입히는' 것과 우리가 그 옷을 '입는' 양면의 문제(빌 2:12~13; 갈 5:16~26; 6:7~10)에 대한 논의를 위하여 다음의 책을 참고하라. 김진섭, 「바른 신앙」 4 (2000), 33~61.

65. 고대 근동의 신이나 귀신이 덮치는 사람을 묘사한 비슷한 관용구에 대하여 다음 자료를 참고하라. N. M. Waldman, "The Imagery of Clothing, Covering, and Overpowering," *JANES* 19 (1989), 161~70.

66. H. G. M. Williamson, *I and II Chronicles*, NCB (1982), 108, 324.

67. 이 본문에 대한 탁월한 주석인 Block, 앞의 책, 206~301을 보라.

68. 각주 36과 다음의 책을 참고하라. 김지찬, 앞의 책, 164~66, 189~197.

69. 사사기 총 558절 중 삼손 이야기는 문예적 구조상 "사사/구원자 행전"(3:7~16:31)
의 옷니엘(3:7~11; 5절)을 모델로 대칭적인 쌍을 이루는 에훗(3:12~30, 19절) – 삼
손(13:1~16:31; 96절), 드보라(4:1~5:31; 55절) – 입다(10:6~12:7; 50절), 기드온
(6:1~8:35; 100절) – 아비멜렉(9:1~57; 57절)의 결론 부분이다.

70. 나실인 제도는 레위인이 아니라도 자원하는 자(민 6:1~21; 행 18:18)는 하나님 앞에 거룩
히 구별될 수 있다는 구약의 만인제사장 제도로써, 하나님의 은혜는 '혈통, 육정, 사람의 뜻'
(요 1:13)에 매이지 않음을 보여 준다.

71. 삼손(쉼손 = 쉐메쉬 '태양' + 온 '작은')은 태양신[쉐메쉬, 비교 소라에 인접한 벧 세메쉬, '태양(신)
의 집'] 숭배의 이방 종교 배경에서의 인명이므로, 본문을 피상적으로 읽을 때는 이상적인
가정이요, 복된 삼손으로 보이나, 자세히 읽을 때 미래에의 불신앙적 불안감이 스며 있음을
분석한 Lillian R. Klein, *The Triumph of Irony in the Book of Judges* (Sheffield: Almond
Press, 1988), 109~32; Block, 앞의 책, 418~20을 보라.

72. 삼손 이야기 전반에 나타나는 동사 '시작하다'(할랄 13:5,25; 16:19, 22, 참고 다른 문맥에서
의 20:31, 39, 40)의 전략적 의미에 대하여 Block, 앞의 책, 463을 참고하라.

73. 이사야 44:3의 평행 구문에서 '나의 복'이 곧 '나의 (성)령'이다. 마태복음 7:11의 '좋은 것들'
은 동일 구문인 누가복음 11:13의 '성령님'과 같은 실체라면, 최상의 좋은 것은 '성령님'이
심이라는 사실이 '영적 출생'($\psi\nu\chi\iota\kappa\acute{o}\varsigma$프수키코스 '혼적 인간'의 중생으로 주 예수님을 '믿음',
고전 2:14), '성장'($\sigma\alpha\rho\kappa\iota\nu\acute{o}\varsigma$사르키노스 '육적 인간'의 주 예수님을 '배우고 닮는' 성화), '사명'
($\pi\nu\epsilon\upsilon\mu\alpha\tau\iota\kappa\acute{o}\varsigma$프뉴마티코스 '영적 인간'의 주 예수님을 '전하는' 은사와 능력)의 사활적 주제에
서 분명해진다. 이사야 44:3과 관련하여 Hildebrandt, 「구약의 성령신학 입문」, 앞의 책,
100~101, 131~132의 논의를 보라.

74. 유다 지파의 대표성은 여호수아서의 중심 주제인 '땅 분배'(12~21장)가 유다 지파 갈렙
(14:6~15)과 유다 지파(15장)로 시작됨과 사사기 봉투 구조의 시작(1:1~2)과 끝(20:18)
에 가나안 정복의 최선두가 모두 유다이며, 사사기 서론의 각 지파 정복 목록표(1:1~2:5)
의 선두에 정복의 성공 모델인 유다를 소개하며(1:1~21), 사사기 본론인 사사행전
(3:7~16:31)의 이상적 모델로서의 유다 지파 옷니엘(3:7~11)로 시작함에서 확증된다.

75. 13:25와 14:4은 14:1~3의 봉투 구조를 이루어 이 사실을 해설한다.

76. 하나님의 이름이 '질투'임은(출 34:14) 경쟁자에 대한 알레르기 반응의 결혼 유추이다. "나
외에는 다른 신들을 네게 있게 말지니라"(출 20:3; 신 5:7). 가나안의 바알('주인, 남편') 종
교를 쳐서 이스라엘을 하나님의 아내로 묘사함(사 54:5; 62:4; 렘 2:1~3; 3:20; 겔 16:32;
호 2:16, 19~20; 3:1)에 대하여 다음의 책을 참고하라. 손석태, 「여호와, 이스라엘의 남편:
성경의 결혼 은유」(서울: 솔로몬, 1997).

77. 성령님의 '진동'에 대한 철저한 고찰이 요구된다. 구약의 '진동'과 관련된 27개의 용어들 중
에 하나님의 현현(顯現)과 성령님의 사역에 관련된 최소한 열 개의 용어들(하라드, 잘랄, 모
트, 누아, 팔라쯔, 라가즈, 라아드, 라아쉬, 라파프)과 신약의 '진동'과 관련된 최소한 네 개의 용어들
($\dot{\alpha}\pi o\tau\iota\nu\acute{\alpha}\sigma\sigma\omega$아포티나소, $\dot{\epsilon}\kappa\tau\iota\nu\acute{\alpha}\sigma\sigma\omega$에크티나소, $\sigma\alpha\lambda\epsilon\acute{\nu}\omega$살류오, $\sigma\epsilon\acute{\iota}\omega$세이오)의 문맥적 의미 고
찰과 또 이 단어들과 연계 관계에 있는 중요 단어들을 정리해야 할 것이다. 스룹바벨의 성
전 재건 시, 6년간 짓는 도중 방해로 중단된 채 10년이 지난 후, 3년 반 만에 완공하게 된 동
인(動因)인 성령님의 '흥분/각성'(우르 학 1:1, 12~15; 슥 1:1; 스 1:1, 5)이나, 믿음의 아버

지 바울 사도의 투옥으로 공포와 수치의 연약에서 목회 위기를 맞은 디모데에게 주셨던 성
령님의 은사들을 '다시 불붙임/부흥'(ἀναζωπυρέω아나조푸레오, 딤후 1:6, 비교 살전 5:19;
엡 4:40; 5:18; 약 4:5) 등도 같은 논제 아래 다루어야 할 것이다.

78. 자세한 논의와 참고 문헌은 *HALOT*, "צלח"를 참고하라.

79. *Lexicon hebraicum et aramaicum Veteris Testamenti* (Rome: 1962), "צלח".

80. 창세기 24:21, 40, 42, 56; 신명기 28:29; 여호수아 1:8; 사사기 18:5; 시편 37:7; 이사야
48:15. 이 동사의 70인역의 번역은 '유오도오'(εὐοδόω), '좋은 길을 따라 인도하다'(비교
롬 1:10)로써 '성공(번영)하다'의 어원적 의미를 설명한다. 참고 H. Tawil, "Hebrew צלח/
הצליח, Akaadian: A Lexicographical Note," *JBL* 95 (1976), 405~13.

81. 개역한글의 '어린 사자'(대조 같은 성경의 겔 19:3 번역 '젊은 사자')란 번역은 잘못되었다.
에스겔 19:1~3은 젖 먹는 '어린 사자'를 젖 떼고 자기 먹이를 움키는 '젊은 사자'와 '어른 사
자'에서 구별한다.

82. T. O. Lambdin, *Introduction to Biblical Hebrew* (SanFrancisco: Scribner's Sons,
1971), 168: "It differs from יש in that it emphasizes the immediacy, the here-and-
now-ness of the situation."

83. 이 짧은 두 구절에 히브리어 주 동작 연결형 동사가 무려 8개 사용되어, 한 개인으로서는 불
가능하게 보이는 이 작업이 식은 죽 먹듯이 이루어진 인상을 주고 있다.

84. 이 새 밧줄이 만일 짐승의 힘줄이라면, 나실인이 부정한 시체를 만지는 또 다른 범죄이다.

85. 심지어 최후의 기도문(16:28)에서조차 18 단어 중에서 '나'란 인칭대명사가 5번 사용될 정
도로 사사로서의 공적 사명은 없고 자기중심적이다. 그가 "죽을 때에 죽인 자가 살았을 때
에 죽인 자보다 더욱 많았다"(16:30)는 기록도 비록 그의 최후 순간의 회개로 말미암아 '믿
음의 전당'(Hall of Faith)에 등록되었지만(히 11:32), 그의 탕진한 삶에 대한 비극적인 평가
로 보아야 할 것이다.

86. Block, *Judges, Ruth*, 392, 삼손과 이스라엘은 ① 하나님의 뜻에 의해 기적적으로 탄생된
귀재(Wunderkind)이고, ② 여호와에게로 구별되고 헌신된 고상한 삶을 향해 부름 받으
며, ③ 경솔과 기회주의와 미성숙한 인격의 소유자이고, ④ 이스라엘이 이방 신들에게 끌
린 것처럼 삼손도 이방 여자들에게 집요하게 끌렸으며(양자가 '창녀 노릇'), ⑤ 원수의 속
박과 압제를 경험하고, ⑥ 압제 속에서 여호와께 부르짖으며, ⑦ 삼손은 맹인이 되었고(비
교 삼상 3:1~3의 사사 시대의 영적 암흑), ⑧ 하나님에 의해 유기(遺棄)되고도 그것을 모
른다.

87. 성령님의 역사는 먼저 죄인의 전 인격을 '쪼개심'(히 4:12, 비교 성령님이 말씀으로 '찔러 쪼
개는' 역사)으로 시작된다. '그분의 성령님'(사 63:10, 11)이나 '여호와의 영'(사 63:14)이 언
급되는 보다 광범위한 '성령 강림을 통한 여호와의 구원을 간구함'(63:7~64:12)의 문맥에
서 시내산 강림의 재현을 사모하는 이사야 64:1~2(63:19~64:1)의 자세한 주석이 요청된
다. '오! 주님은 하늘을 '찢으시고', '강림하시고', 주님의 면전에서 산들이 '진동하기'를 불이
섶들을 '사르며' 불이 물을 '끓임' 같게 하사, 주님의 대적으로 주님의 이름을 알게 하시며,
열방으로 주님의 면전에서 '떨게' 하소서." 지난 세기 성령님의 사람으로 귀히 쓰임 받은 마
틴 로이드 존스(M. Lloyd Jones)가 우리 시대에 성령님이 주도하시는 부흥을 갈망하며 외
친 네 개의 설교(사 62:6~7; 63:1~6; 63:7; 63:15~19; 64:1)를 수록한 그의 설교집을 참

고하라. *Revival: Can We Make It Happen?* (London: Pickering & Inglis, 1986);「로이드 존스의 부흥」, 서문강 옮김(서울: 생명의 말씀사, 1988), 325~407.

삼손(사무엘과 동일) 시대는 말씀이 '희귀하였고', '뚫고 나와지는', '이상'이 없었다(삼상 3:1). 성령님의 비전과 광선이 뚫고 나옴의 관계와 성령님의 충만과 영광의 광채에 대해서는 다음의 책을 참고하라. 김진섭,「종교경책학 입문－고대 근동학의 배경에서 본 구약성경」(서울: 솔로몬, 1999), 92~93.

88. 하나님의 고유하신 이름인 '여호와'를 유대인들이 경외심으로 '아도나이', '나의 주님')로 대신 발음했으며, 구약의 여호와는 신약에서 '그 주님'(호 쿠리오스)으로 표현된다(행 2:36; 롬 10:9, 13; 신앙고백적 고정 문구인 '우리 주 예수 그리스도').

89. '현대 바알은 누구인가?'는 바알 종교의 첫 도입 시기인 사사 시대 연구의 신학적 적용에 중요한 질문이다. 이 질문의 한 해답으로써 다음의 책을 참고하라. 김진섭, "우리 주 예수 그리스도의 바른 복음: 현대 바알은 누구인가? 혼합 종교로써의 천주교(로마 가톨릭)"「등촌 교회 신문」23 (1999년 11월 14일), 4~5.

9장

1. Martin Noth, *The History of Israel* (London: A. & C. Black, 1960), 5.

2. 왜냐하면 사사의 명칭도 없고, 공통적으로 인정하는 사사기 핵심 본문인 3:7~16장까지의 본문과 같은 구조적 특징도 지니지 않기 때문이다. 따라서 내용상 보다 구조나 형태에 있어서 중심적이지 않다는 말이다.

3. 이런 작업이 필요한 것은 이들 본문의 해석적 지평을 넓히기 위함이다. 곧 다양한 해석적 방법과 내용에 대한 언급이야말로 더 좋은 이해를 가져올 수 있는 지름길이기 때문이다. 물론 필자가 이들의 견해를 모두 받아들이는 것이 아님을 밝힌다.

4. George F. Moore, *A Critical and Exegetical Commentary on Judges(ICC)* (Edinbrough: T. & T. Clark, 1976), 406~7.

5. 앞의 책.

6. 앞의 책. 미스바－20:1상, 하, 3하~10, 3상, 14, 19, 29, 36하~38, 40~42상; 벧엘－20:1하, 2, 11~13, 15, 17, 20~28, 30~33상, 34상, 35~36상이 그것이다. 아울러 20:39은 벧엘과 조화를 이루도록 미스바를 삽입한 것으로, 같은 이유로 33하, 34하절은 벧엘을 언급함으로 미스바와 조화를 이루도록 한 것으로 보았다. 16, 18절 역시 3:15; 1:1, 2에서 파생된 용어로, 27하절과 28장 역시 여호수아와 사무엘과 연결된 구도에서 파악하려 했다. 21장 역시 미스바－21:1, 15, 17상, 18, 19, 20하~22, 23; 벧엘－21:2~5, 9, 10~12, 13, 14상, 24로 구분하고, 각각 16, 17하, 19, 20상절은 편집자 의도에 따라 미스바 본문에, 6~8, 11, 12절은 벧엘에 삽입한 것으로 보았다. 또한 그는 20, 21장 벧엘과 연결되는 본문은 포로 후 시대 기록된 비역사적 자료며, 벧엘과 미스바를 연결시킨 편집자는 17~21장 전체를 편집한 신명기적 편집자에 의한 것이라 주장했다.

7. 앞의 책.

8. 앞의 책., 407. 특히 무어가 언급하는 본문의 문제점으로는 숫자의 과장성, 여부스를 제외한 전체 이스라엘의 일치단결 등이며, 실제적으로는 이러한 많은 숫자가 동원되며, 열두 지파

가 일치한다는 것이 왕정 이후에나 가능했었다고 하는 주장이다.

9. 앞의 책.

10. 앞의 책.

11. F. E. Greenspain, "The Theology of the Frame Work of Judges," in *The Book of Judges* (Denver, Colorado). "사사기 구조 분석과 그에 따른 신학적인 면모를 살펴보면 다음의 특징이 있다. 첫째, 각 항목들 간에 내적인 연속성이 없다는 사실이다. 둘째, 사사기 핵심 항목들은 신명기적이 아니며, 신학 역시 단순한 '보상과 처벌'(reward-and-punishment) 구도가 아니라 '처벌과 은혜'(punishment-and-grace)의 구도를 지닌다."

12. J. Alberto Soggin, *A Commentary on the Judges* (London: SCM Press, 1981), 4. 건달(Gundall)의 경우 1:1~2:5까지 본문은 가나안 정착과 연관 깊은 것으로 보며, 전체적인 사사기의 진행 근거를 제시해 준다고 이해한다. Arthur E. Gundall, *An Introduction and Commentary on the Judges* (Downers Grove: Inter-Varsity Press, 1968), 19.

13. 1:1~15, 20(17:11~13), 21(15:63), 27, 8(17:11~13), 29(16:10).

14. 입다는 사사라 호칭되지 않는다(10:6~12:7). 11:8 '우두머리', 11:11 '머리와 장관'으로 나타난다. 뿐만 아니라 삼갈(3:31, 참고 5:6)과 아비멜렉(9장)은 사사로 아무런 역할도 하지 않았다.

15. ① "다시", ② "악을 행하였고", ③ "이방신을 섬겼고", ④ "하나님의 진노가 임했으며", ⑤ 그 결과 "이방인에게 종살이하였고", ⑥ 결국 하나님께서 그들을 "용서하시고, 사사를 보내 구원했다"는 패러다임이다.

16. 이러한 이유로 후자의 경우 아론의 장손자 비느하스가 언급(20:28)될 뿐 아니라 여호수아 22:9~34에 나타나는 지파 동맹체로서의 면모가 강하게 나타나기 때문이다. 동시에 전자의 경우 사실상 13~16장에 나타나는 삼손 이야기와 직접 연결되는 것으로 보기 때문이다. Arthur E. Gundall, *An Introduction and Commentary on the Judges* (Downers Grove: Inter-Varsity Press, 1968), 183.

17. "이스라엘에 아직 왕이 없을 때에"란 표현은 단 지파 북방 이동과 연관되어 2회(17:6, 18:1), 본문과 연관되어 2회(19:1, 21:25) 나타나며, 그 문장 형태는 17:6; 18:1; 21:25에는 בְּיָמִים הָהֵם אֵין מֶלֶךְ בְּיִשְׂרָאֵל과, 19:1에는 וַיְהִי בַּיָּמִים הָהֵם וּמֶלֶךְ אֵין בְּיִשְׂרָאֵל 등으로 나타난다.

18. Martin Noth, 앞의 책, 105.

19. '첩'(concubine)이라 번역된 '이샤 필레게쉬'(אשׁ פלגשׁ)는 실제적으로 고대 결혼 제도에서 결혼은 하였으나 아버지 집에 기숙하고 있는 부인을 말하는 경우와 문자적으로 비정상적인 결혼을 통해 부부관계를 맺는 두 가지 경우 모두 사용된다. 특히 고대로 갈수록 전자의 의미가 강하고, 후대에 올수록 후자의 의미에 가깝다. 또한 번역도 처, 서모, 첩 등으로 다양하다. 성경에 나타나는 실례를 보면 "나홀의 처"(창 22:24), 아브라함의 서자나 '첩'(창 25:6; 대상 1:32), 야곱과 연관된 서모(창 35:22), 엘리바스(36:12), 사울 왕(삼하 3:7, 21:11), 다윗(삼하 5:13, 15:16, 16:21, 19:6, 20:3; 대상 3:9), 솔로몬(왕상 11:3), 르호보암(대하 11:21), 갈렙(대상 2:46, 48), 므낫세(대상 7:14), 사무엘하 5:13에는 "처첩들"로 복수형으로 나타난다. Ludwig Köhler and W. Baumgartner, eds. *Lexicon In Veteris Testamenti Libros* (Leiden: E. J. Brill, 1958), 761.

568

20. 동사 '봐티즈네'(וַתִּזְנֶה)의 원형은 '자나'(זָנָה, Akkadian 'zen')로 70인역은 ωργισδη, επορυδη 로 번역했고, 탈굼은 "scorned him"으로 번역했다. 중세 히브리 해석 역시 70인역과 동일 하게 보고 "그 여자가 경멸함으로 그를 떠났다"라고 번역했다. 따라서 해석상 레위인의 첩 이 행음했다는 표현은 성립되기 어려운 것으로 본다(J. Alberto Soggin, 앞의 책, 284). 그 러나 전체적 의미에서 이 동사는 통상적으로 네 가지 측면에서 고찰된다. ① 창녀같이 행 동하다(창 38:24; 신 22:21; 레 21:9; 호 4:13, 4; 암 7:17 등). ② 외국과 무분별하게 교 류하다(사 23:17; 겔 23:30, 43; 홈 3:4 등). ③ 창녀같이 다른 신들을 섬기다(출 34:15, 6; 신 31:16; 레 17:7, 20:5; 대상 5:25; 민 15:39 등). ④ 도덕적으로 변절하다(사 1:21; 겔 16:34 등) 등이다. 따라서 본문의 의미는 문자적으로 음행한 것으로 보는 것이 MT 사본의 정신에 합당하리라 생각된다.

21. Arthur E. Cundall, 앞의 책, 193.

22. George F. Moore, 앞의 책, 410.

23. 10절 후반부에 레위인과 함께한 대상들을 밝히는 부분에 70인역과 어떤 역본(RSV, JB 등) 들에는 "and his young servant"라는 표현이 첨가된다. 이는 3절에 "하인 하나"라는 본문 과 11절에 나타나는 본문을 기억하고 균형을 갖도록 하기 위함이다. 그러나 맛소라 본문에 는 이러한 표현이 나타나지 않는다.

24. 개역에는 '해가 지려 했다'고 언급하지만 여기에 사용된 동사 '라드'(רד)는 학자들 사이에 두 가지 견해로 나타난다. 그 하나는 '라다드'(רָדַד)로 보고 '소모되다, 지나가 버리다'로 해석하 는 경우와 '야라드'(יָרַד)로 보고 '이지러지다'로 번역하는 경우다. 원래 이 동사가 해가 지는 것과 사용한 경우는 구약에 없다. 따라서 이 해석은 부정확한 것으로 보이며, 단순히 '하루 가 지나갔다'로 번역하는 것이 합당할 것으로 보인다.

25. '여부스'나 '여부스 사람들'이라는 표현은 다윗이 정복하기 이전까지 사용된 예루살렘의 고 전적 표기다(대상 11:4). 그러나 예루살렘(Arcadian, Uru-Slim or urus lim)이란 표현도 Tel-el Ammarna 서신(주전 14세기)과 Egyptian Execration(주전 18, 9세기) 자료들을 볼 때 나타난다. 반면에 여부스란 호칭은 구약 외의 자료에 전혀 나타나지 않는다. 이 사실 로 미루어 여부스는 예루살렘과 동일한 지역의 상이한 이름이 아니라 예루살렘에서 얼마 간 떨어진 곳이며, 오늘날 '샤파트'(ša'fat)일 것으로 추측한다(J. Alberto Soggin, 앞의 책, 286). 특별히 여부스를 '외인의 성읍'이라고 호칭한 것은 대단히 흥미롭다.

26. MT 사본에는 '여호와의 집'이 나타난다. 70인역은 '나의 집으로'(εις τον οικον μου에이스 톨 오이콘 무), RSV와 JB는 'my home'이라고 번역한다. 물론 레위인이 성전에서 그 어떤 직임 을 맡아 감당하고 있는지는 본문이 밝히지 않는다. 따라서 혹자들은 '알 베티'(אל בתי)의 1 인칭 대명사 접미를 잘못 읽음으로 Tetragrammaton을 표기하는 단축 현상(abbreviation) 이 있지 않았나 추측하기도 한다(Jeorge F. Moore, 앞의 책, 415).

27. 이는 맛소라 사본에는 '아브데카'(עבדיך)로 복수형으로 표기한 반면 라틴 벌게이트나 아람 어 탈굼, 시리아 페쉬타 본문들이 단수로 번역한 문제다. 이는 문맥의 전후관계로 볼 때 단 수로 환원해야 할 것으로 생각되며, 그래야 본문의 일관성이 유지될 것으로 보인다.

28. J. Alberto Soggin, 앞의 책, 288. '성읍의 비류들'은 '그 도시의 남자들 곧 벨리알의 아들들' 이라 묘사된다. 이 표현은 모두 27회 나타나고 항상 연계형과 연결되어 나타나지만 그 어원 과 의미는 애매모호하다. 제롬도 따르지만 랍비들은 벨리알을 "토라나 율법의 멍에를 벗어

던진 무법자"로 해석하며, 혹자들은 '스올'(Sheol)을 암시하는 "지옥을 벗어날 수 없는 자"
로 해석하기도 한다(삼하 22:6; 시 18:5). 또 다른 본문은 인간이나 하나님의 법을 무시함
으로 자기 마음대로 행하는 자들로 이해한다(삼상 1:16; 2:12; 10:27 등). 중간기 시대 이
표현은 사탄의 세력으로 설명되며, 사해사본, 시벨리우스의 신탁, 12족장 언약, 이사야 승
천기, 고린도후서 6:15 등에서 사용된다.

29. 본문에 나타나는 '니다에누'(ונדענו)의 의미는 'and so we can have sex with him'이다. 이
는 사실상 창세기 19장에 나타나는 소돔 사람들의 남색 함과 동일한 의미를 지니는 말로,
이 본문이 창세기의 그것과 대단히 유사한 것임을 알려 준다.

30. 23절의 "이 사람들에게 망령된 일을 하지 말라"는 일반적으로 지시 대명사를 한정적으로
연결함으로 의미의 강조를 나타낸다. 강조 본문에서의 의미는 정상적인 인간관계나 남녀
관계를 위협하는 어리석은 행위를 나타낸다. 따라서 앞서의 '야다'(ירע)와 연결해 볼 때 건
전하지 못한 성관계를 하지 말 것을 부탁하는 것으로 보인다(J. Alberto Soggin, 앞의 책,
288).

31. 중요한 문제는 23~25절에 언급되는 내용들의 논리적 흐름과 본문과의 조화이다. 곧 맛
소라 사본 "처녀인 나의 딸과 그의 첩"은 70인역 "ιδου η θυγατηρ μου η παρδενος κα
ι η παλλακη αυτου," 루터판 독일어 역본 "Siehe, ich habe eine Tochter, noch eine
jungfrau, und dieser hat eine Nebenfrau" 로 기술한 반면 JB와 RSV는 "Here is my
daughter, she is a virgin"으로 번역하고 있기 때문이다. 그러나 문맥의 전후관계를 볼 때
오히려 후자의 견해가 더 적절할 것으로 사료된다. 왜냐하면 논리적 흐름과 함께 24, 25절
에 사용된 인칭 대명사를 모두 단수로 읽어야 할 것이기 때문이다(J. Alberto Soggin, 앞의
책).

32. 유사한 경우로 사무엘상 11:7도 사울이 왕이 된 후 암몬 사람 나하스가 이스라엘을 모욕할
때 이를 징벌하기 위한 군사 모집을 위해 한 겨리의 소를 12조각으로 각을 떠 열두 지파에
보낸 경우가 나타난다. 이 사건 역시 모든 이스라엘이 크게 각성하는 계기가 되어 나하스를
정복하는 기회를 갖도록 만든다. 또한 후대 예언자 호세아는 이러한 일이 이스라엘에 있었
던 가장 잔혹한 현상이었다고 언급한다(호 9:9).

33. 미스바라는 지역이 갖는 의미는 지파 공동체에 있어서 매우 중요했다. 특히 사무엘상 7:5,
6에 나타나는 집단적인 회개와 정결케 하는 행위는 민족적, 국가적인 갱신의 면모를 나타
내는 사건으로 매우 긍정적으로 미스바가 사용되고 있음을 보여 준다.

34. 사무엘상 7:5 "온 이스라엘은 미스바에 모이라"는 사무엘의 요청은 이미 미스바가 상당히
알려진 후에 이루어진 사건으로 보아야 한다.

35. 이러한 표현의 출발점은 창세기 15:18에 나타나는 아브라함과 하나님의 계약에 따른 조항
이며, "애굽 강에서부터 그 큰 강 유브라데까지"가 핵심이다. 이것이 다시 출애굽기 23:31
"홍해, 블레셋, 광야"가, 여호수아 1:4 "레바논과 헷 족속"이, 열왕기상 4:21 "블레셋", 역대
하 9:26 역시 "블레셋" 등이 나타남으로 좀 더 구체적이고 명확해진다.

36. 사사기 20:1; 사무엘상 3:20; 사무엘하 3:10; 17:11; 24:2, 15; 열왕기상 4:25; 역대상
21:2; 역대하 30:5; 아모스 8:14.

37. 최초의 단 지파는 에브라임, 베냐민, 유다 지파 분깃 사이에 위치한다(수 19:40). 그러나 단
의 지경은 점차 확대되고 있으며, 후에는 점점 북쪽으로 이동해 요단강 발원지 근처에 그들

의 근거지를 마련하게 된다(수 19:47; 삿 1:34, 18:1). 그러나 초기 멤버들 중 일부는 여전히 원래의 거처에 살았던 것으로 추측된다(삿 5:17의 드보라의 노래가 이를 증명).

38. 원래 '제비를 뽑는다'라는 표현은 구약에서 세 가지 경우에 사용되는 말이다. ① 아사셀 염소를 위해 제비 뽑는 경우로 레위기 16:8, 9, 10 등이 실례가 된다. ② 좀 더 통상적인 경우는 땅을 분배하기 위한 경우로 민수기 26:55; 여호수아 14:2; 사사기 1:3을 위시해 상당한 경우 나타난다. ③ 성전에서의 직무 분담을 위한 경우 또한 있다(느 10:34). ④ 전쟁을 위해 나가는 경우로 이는 대단히 적다. 그러나 잠언 18:18 본문이 언급하는 바와 같이 통상적으로 다툼을 그치며, 강한 자 사이의 문제 해결을 위해 이 방법을 사용했고, 본문의 경우도 이에 속한다.

39. 신명기 13:12~18까지의 본문을 보면 구체적인 법 조항으로 이 같은 사실이 나타나며, 그 구체적인 실례로 아간의 사건이 역시 언급된다(수 7장).

40. 본문 외에 "매복"이라는 표현은 사사기에 약 8회 정도 나타난다. 처음 5회는 아비멜렉과 연결된 것이요(9:25, 32, 34, 35, 43), 나머지 경우는 삼손과 연결된 것이다(16:2, 9, 12).

41. 통상적으로 연이어 '번제와 화목제'를 나타내는 경우로는 구약에 28회 정도 나타나며(출 20:24; 24:5; 32:6; 레 4:10; 6:12; 7:37; 9:2; 민 15:8; 29:39; 수 8:31; 22:23, 27; 삿 20:26; 21:4; 삼상 10:10; 13:9; 삼하 6:17, 18; 24:25; 왕상 8:64; 대상 16:1, 2; 21:26; 대하 7:7; 29:35; 31:2; 암 5:22), 대부분의 경우 신적인 맹세와 결정을 위한 예비적인 경우로 나타난다.

42. 사실 이 부록 전체를 살펴 볼 때 이러한 결정을 언제 내렸는지는 알려지지 않는다. 아마도 통상적인 면에서 이스라엘 전체 행사에 동참하지 아니한 자들을 징계하는 것과 연관된 것이 아닌가 싶다.

43. 길르앗 야베스 사람들이 왜 이스라엘 총회에 동참하지 않았는지는 명백하게 나타나지 않는다. 그러나 문맥의 전후관계를 미루어 그들이 베냐민 지파와 서로 정치적 또는 문화, 경제적 교류가 있었든지, 혹은 서로 결혼과 같은 혈연적인 유대감이 있었든지, 아니면 상호간 종교적 교류가 있었을 것으로 유추된다. 그러나 이러한 것은 단지 추측일 뿐이다.

44. 평화를 공표하는 중요한 이유로는 전쟁이 끝남을 선언하고, 상호간 무장을 해제하며, 서로 평화롭게 공존, 번영할 것을 희망하는 표현이다.

45. "회중의 장로" 라는 표현은 말을 바꾸어 본문을 포함해 구약에 4회 나타나는 전문 용어다. 레위기 4:5; 에스라 10:14; 예레미야 26:17 등으로 각 지파에서 선택된 일련의 장로들로 구성된 모임을 지칭해 사용되는 말이다.

46. "매년"이란 표현은 나중 영역자들의 번역인 "there is Yahweh's feast which is held every year at Shiloh"(KJV, RSV, JB)를 그대로 채용한 것으로 생각된다. 원래 맛소라 מִיָּמִים יָמִימָה, 70인역 ημερων εις ημερας로 날을 강조하고 있으며, 절기상 모이는 날들을 나타내는 것으로 생각된다.

47. 혹자들은 이 절기를 유대 공동체의 7대 절기 곧 안식일, 유월절, 무교절, 칠칠절, 나팔절, 속죄일, 초막절 중 하나인 것으로 추정한다. 또한 이들 절기 중 춤을 주는 경우는 나팔절과 초막절이며, 본문의 경우 포도나무와 실과가 언급되는 것으로 보아 후자일 것이라 추정하기도 한다.

48. 예언자 호세아는 세 차례나 기브아를 언급함으로 이 사건을 재해석하고, 그 의미를 분명히

한다. 특히 5:8; 9:9; 10:9의 본문들은 예언자가 살고 있던 시대적 상황을 기브아의 패륜에서 그 전형을 찾으려 하는 예언자의 탁월한 감각에 의해 언급된 것으로 앞서 언급한 소돔과 고모라, 기브아 사건, 예언자 시대의 타락 등의 연결 고리로 이어지는 일련의 반신앙적이고, 반인륜적인 대표적 삶의 행태로 취급한다. ① 호세아 5:8 본문에 언급된 기브아나 라마, 벧아웬은 모두 베냐민의 성읍들이며, 베냐민 지파를 향한 시민전쟁 때를 염두에 둔 표현이다. ② 호세아 9:9는 가장 분명하게 기브아 사건을 해석한 본문으로 당시 에브라임 지파의 타락 현상이 마치 기브아 시대의 윤리, 도덕적 타락과 그 궤를 같이한다는 것이다. 아울러 기브아 사람들이 크게 진멸된 것같이 이들에게도 하나님의 진노가 가까이 이르렀음을 동시에 밝힌다. "기브아 시대"란 이미 언급한 기브아 사람들이 레위인 첩을 향해 행했던 모든 행위와 그 결과들을 총칭하는 표현이다. 또한 "패괴한지라" 역시 멸망의 길로 인도하는 엄청난 죄를 의미한다. ③ 호세아 10:9에는 '기브아'라는 표현이 두 번 나타난다. 전자는 이스라엘이 타락하기 시작한 출발점이 기브아 시대부터 임을 밝히며, 이스라엘 당시 상황이 다른 지파들이 들고일어나 베냐민과 기브아 사람들을 징계한 것과 같은 역사가 아직 이스라엘에 이루어지지 않고 있다는 사실을 분명히 나타내는 표현이다.

49. 기브아 사람들의 타락상을 묘사하는 19:16~26과 창세기 19:1~11을 살펴보자. ① 유사성 측면에서 이들 두 본문의 갈등은 원래 주민과 그 지역을 방문한 탐방자 사이에 일어난 일이요, 밤에 그 일이 발생했으며, 모두 패륜과 연관이 있다는 점이다. 구체적으로 이들 본문을 고찰해 볼 때 동일하게 사용되는 것으로 비류와 연결되어 "그 집을 에워싸고, 그들을 이끌어 내라, 우리가 상관하리라" 등이고, 주인의 입장에서 "이러한 악행을 하지 말라, 이 사람들에게는 아무 짓도 하지 말라"는 언급 등이다. ② 상이한 형태로는 먼저 패륜이 일어난 시점이 소돔과 고모라 사건에는 "눕기 전"이나 기브아 사건은 "그들이 마음을 즐겁게 할 때"로 나타난다. 또한 패륜에 가담한 사람들도 전자는 "무론 노소하고"지만 후자는 "성읍의 비류들", 비류들이 행한 일을 대변하는 표현으로 전자는 "내 형제들아 이런 악을 행치 말라", 후자는 전자의 경우에 추가로 한 문장을 더 언급해 "내 형제들아 이 사람이 내 집에 들었으니 이런 망령된 일을 행치 말라"로 언급된다. 이어 패륜아들을 위해 내보낸 상대 역시 전자는 "남자를 가까이하지 아니한 두 딸"로 나타나지만 후자는 "내 처녀 딸과 이 사람의 첩"으로 나타난다. ③ 두 본문 사이에 어떠한 관계가 있는지에 대해서는 다양한 견해가 있다. 그러나 사사기 저자들이 창세기 본문을 염두에 두고 더 강화시킨 입장에서 본문을 기록한 것으로 유추되며, 이 경우 저자의 의도는 기브아 사건의 면모가 과거 이스라엘 역사의 다른 어떤 경우보다 훨씬 더 악한 일로 부각되게 된다.

50. 실제적 면에서 이스라엘 초대 왕 사울의 등장과 그가 기브아 사람이라는 사실, 그리고 사사기 마지막 부분에 위치한 기브아 사람들의 패륜 사건에서 유발된 전체 이스라엘과의 시민전쟁은 그 직접적 연결점은 찾기 어려울지는 모르지만 지파들 간의 상호관계를 고려해 볼 때 중요한 의미를 지닌다. ① 사무엘에 의해 왕으로 기름 부음 받게 된 사울은 사실상 모든 백성들에 의해 환영받지 못했다. 사무엘상 10:25~27은 비류들이 있어 사울의 통치권을 의심했다고 밝힌다. '비류'는 사사기 본문에도 사용된다. ② 첩 시체를 12조각으로 나누어 각 지파에 보낸 사건과 사무엘상 11:6~7까지 나타나는 소를 찍어 열두 지파에 보냄으로 암몬 사람 나하스를 치기 위해 33만의 군사를 동원하는 사건 역시 중요하다. 첩의 몸뚱어리와 소라는 대상은 서로 다르지만 조각내, 열두 지파에 보내는 그 행동이 목적하는 바가 일치하기

때문이다. ③ 왜 본문의 저자가 이 기브아 사건을 확대했을까? 혹 사울을 내려 깎고, 다윗 곧 유다 지파를 높이기 위한 방편은 아니었는가? 20:18 이하에 언급되는 유다 지파가 먼저 올라가 베냐민과 싸우게 됨은 더욱 이러한 베냐민 지파와 유다 지파, 사울과 다윗 사이의 긴장 관계를 염두에 두고 행하는 것이 아닌가 싶다. 혹 사울이 왕이 된다는 것에 분명한 반대 의견을 제시하기 위함 아닐까 싶기도 하다.

51. 김희보, 「구약 이스라엘사」(서울: 총신대출판부, 1981), 180.

2부

1장

1. 정복에 관한 이 논의는 필자가 이미 「그말씀」(2004년 2월호)에 게재한 것을 요약했다.

2. *ANET*, 320.

3. R. P. Carroll, "Myth, Methodology and Transformation in the Old Testament," *Studies in Religion* 12 (Ontario: Wilfred Lqurier University), 301~312.

4. 김회권, "가나안 정복 전쟁은 인종 학살 전쟁인가 하나님의 거룩한 심판인가?" 「그말씀」 (2005년 8월), 71.

5. Eugene H. Merrill, *Numbers, Deuteronomy*, The Bible Knowledge Commentary (Wheaton, IL: Victor Books, 1983), 158~159.

6. Ian Cairns, *Word and Presence, Deuteronomy*. ITC (Grand Rapids: Eerdmans, 1992), 39.

7. 창세기는 만물이 창조주 하나님께 속해 있음을 분명하게 보여 준다. 인간은 땅에 대해 '소유자'가 아니고 하나님의 소유를 관리하는 '청지기'이다(참고 창 1:26~28). 신명기 사가적 사료 편집론에 의해 토지 소유가 복의 상징이라는 주장은 땅의 소유자는 야웨 하나님이라는 레위기 법전과 상반된다. 신명기 사가적 사료 편집에 관하여 다음을 참고하라. 김영진, "신명기 사가의 역사" 「한국기독교 신학논총」 38 (2005), 5~25.

8. 하나님께서 이스라엘에게 정복할 땅과 정복하지 말아야 할 땅을 말씀하셨다. 아담은 에덴동산의 청지기였지 소유자가 아니었다. 모세의 사역은 이스라엘 백성들을 가나안으로 인도하는 것이었지 가나안을 소유하는 것이 아니었다. 가나안에서도 하나님은 이스라엘에게만 땅을 주신 것이 아니라 에돔과 모압과 암몬에게도 주셨다(신 2:1~8; 민 20:14~21; 신 2:9~15; 민 21:24). 창조주 하나님은 인류의 모든 족속을 한 혈통으로 만드시고 온 땅에 거하게 하시며 저희의 연대를 정하시고 거주의 경계를 한하셨다(행 17:26). 이한영, 「구약 어떻게 읽을 것인가?」, 155~166.

9. 알토(A. Alt)는 희년을 50년째가 아닌 49년째 안식년으로 지켜야 한다고 주장한다. 그러나 그것은 농경지 휴지가 2년 연속되면 경제적 어려움에 처하게 된다는 논리적 사고에 의한 가설이다. 카와시마(Kawashima)는 50년 주기의 희년은 50주기의 칠칠절(Reast of Weeks, 레 23:15~16, 25:8~10)과 평행을 이루고 있으며 이는 히브리인들의 계산법상 50년째를 의미한다고 논증한다. 참고 A. Alt, *Essay on Old Testament History and Religion* (New York: Doubleday and Comp., 1968), 165; Roberts S. Kawashima, "The Jubilee,

Every 49 or 50 Years?" *Vetus Testamentum* 53:01 (2003), 117~120.

10. 희년을 포로기 이후의 평등을 위한 토지 개혁이나 반대로 바벨론 유수에서 돌아온 족속들이 팔레스타인에 머물었던 사회 하위 층의 소유를 다시 매립하려는 것이라는 사회학적 해석들이 있다. 그러나 이는 구약의 종교적 동인을 충분히 배려하지 못한 해석이라고 할 수 있다. 희년을 구약 언약의 총체적 맥락에서 이해할 필요가 있다. 참고 Henry T. C. Sun, *Land Tenure and the Biblical Jubilee: Uncobering Hebrew Ethics through the Sociology of Knowledge* (Sheffield: JSOT Pr., 1993).

11. "네 자손은 사대 만에 이 땅으로 돌아오리니 이는 아모리 족속의 죄악이 아직 관영치 아니함이나라 하시더니"(창 15:16). 하나님께서 아모리 족속의 죄악이 관영치 아니함을 보시고 그들을 계속 기다리셨다. 오히려 이스라엘이 400년 동안 애굽에서 종노릇하더라도 아모리 족속의 회개를 기다리신 것이다.

12. 소긴(J. Alberto Soggin)은 사사기 1:1이 여호수아서를 이어가는 사사기의 문학적 장치로 평가하고 사사기 1:3의 '제비 뽑아 얻은 땅'을 여호수아 14:2과의 문학적 조화(literary harmonization)로 설명한다. *Judges* OTL (London: SCM Press, 1981), 21. 저자는 이를 실제 사건에 대한 내러티브적 구성이라고 본다.

13. 앞의 책, 20.

14. George F. Moore, *Judges*, Critical and Exegetical Commentary (Edinburgh: T. & T. Clark, 1976), 17.

15. 앞의 책, 25.

16. Daniel l. Block, *The New American Commentary* (Nashville, Tennessee: Broadman & Homan Publishers, 1999), 94~95.

17. G. F. Moore, 앞의 책, 28~29.

3장

1. 사사기 3:7("이스라엘 자손이 여호와 목전에 악을 행하여")은 사사기 2:11~13을 요약하고 사사기 3:8상("여호와께서 이스라엘에게 진노하사")은 사사기 2:13의 어구를 재활용한다.

2. 저자는 이 부분과 더불어 모두 6개의 배교의 시기를 다루는데 모두 "이스라엘 자손이 여호와의 목전에 악을 행하였다"란 어구로 시작하였다(3:7, 12; 4:1; 6:1; 10:6; 13:1).

3. 많은 학자들은 '아세롯'(3:7, NASB)을 가나안 여신 '아세라'(NIV)와 우가릿 여신 '아시랏'(Athirat)과 동일시한다. 그들은 그 여신을 메소포타미아 여신 '아스타르테'(Astarte)와 구분하였다. 아세라는 '생명나무'를 뜻하는데 자주 그림에 그려져 있고 풍산제의에서는 성소에 심겨진 나무로 혹은 아세라로 불리는 나무 막대기로 표현되었다.

4. 에훗(3:15), 드보라(4:3), 기드온(6:6~7), 입다(10:10)의 기사는 백성들이 여호와께 부르짖음으로 구원을 얻었다고 말한다. 또 뒤이은 기사에서 백성들이 부르짖을 때 여호와는 기다렸다는 듯 백성들에게 구원을 베푸시기보다는 심한 징계와 꾸짖음이 있고 난 뒤에 일하신다. 그러나 삼손 기사에 이르면 백성들이 아예 부르짖지도 않았는데 구원이 주어진다.

5. 뒤따르는 에피소드들은 이런 제도가 백성들에 의하여 얼마나 자주 남용되었나를 보여 준다.

6. 여호와는 사사를 세우실 때 독자들이 전혀 예상치 못한 인물, 곧 사회 계층에서 결출한 자들

보다 평범한 사람들 내지 소외된 자들(왼손잡이, 여자, 기생의 아들 등)을 세웠다.

7. 이런 사실은 창세기 족장 기사에서 확인된다. 야곱과 에서, 야곱과 라반, 요셉과 열 형제, 에 브라임과 므낫세.

8. 성령의 감동한 언어는 매우 다양하다. "여호와의 영이 임하였다"(옷니엘, 3:10; 입다, 11:29), "여호와의 신이 강림하시니"(기드온, 11:29), "여호와의 신이 강림하시니"(기드온, 6:34), "여호와의 신에게 감동받아"(삼손, 14:6)

9. '돌 뜨는 곳'(직역 '우상들')은 아마 모압 왕이 자신의 돌 형상을 세워 통치권을 나타내는 일종 의 표시로, 이는 모압의 영향권이 미치는 경계선으로 보인다. 이는 여기서 에훗이 자기와 함 께 온 자들을 돌려보낸 사실에서 추론해 볼 수 있다.

10. 모압 족속과 암몬 족속은 둘 다 가나안 동남쪽에 살았던 이웃 나라일 뿐 아니라 동일한 선조 롯의 후손들이다. 아말렉 족속은 이스라엘 남쪽 변경에 살았고 에서의 후손들이다.

11. "기름이 칼날에 엉기었더라"를 직역하면 "(배의) 기름이 에훗의 칼자루(가 나오는 것)을 닫 았다." 곧 에훗이 칼을 빼지 않았더니 기름이 칼날에 엉기어 뺄 수 없는 모습을 저자는 풍자 적으로 기름으로 가득 찬 뚱뚱한 배가 칼을 삼켰다고 서술하였다.

12. 사사기 3:22은 칼을 찌른 동작과 결과에 대한 세세한 설명이다. '칼자루도 날을 따라 들어 갔고 그가 칼을 그의 배에서 빼내지 않았으므로 기름이 칼날 주변을 닫았고(엉기고) 그리고 무엇인가 나왔다.' 즉 문장의 주어는 '칼자루', '기름'이다. 그러므로 '나왔다'라는 동사의 주 어를 사사기 3:21에 언급된 '칼'이나 '칼끝'으로 보는 것은 타당하지 않다.

13. "매우 흥미롭고 저속한 방법으로 꼬였다. 에글론에게서 전혀 예상하지 못한 변이 나왔다. 그런 기괴한 일은 이런 종류의 기사가 들려지면서 기쁨을 선사하기 위해 빠트릴 수 없이 매 우 상세하게 기록되었다. 이런 표현은 현대 독자들에게 저속하고 불쾌한 표현이지만 이 기 사의 문맥에서 모압 왕에 관한 극단적인 비천한 모습을 더함으로써 이 기사의 절정에서 이 스라엘 청중들에게 기쁨을 준다. 국가 영웅은 매우 지혜롭게 적의 왕을 죽일 뿐 아니라 그 런 과정에서 그를 배설물 정도로 만들었다." Michael L. Barré, "The Meaning of prsd in Judges Ⅲ 22," *Vatus Testament* 41:1(1991), 9~10.

14. '삼갈'은 아마 힛타이트 또는 후리 족속의 기원으로 보인다. 이 말이 맞다 할지라도, 그것이 그가 자동적으로 가나안 사람이라는 것을 입증해 주지는 않는다.

15. 이외에도 학자들은 '아낫의 아들'을 다양하게 해석하였다. ① 아낫은 삼갈의 아비 이름이 다. ② 일부 주석가들은 '아낫'이 삼갈의 고향 지역을 지칭한다고 한다. 일부 주석가들은 삼 갈이 납달리 지역의 Beth-anath(lit. house of Anath)이나 유다 지역의 Beth-anoth(수 15:59)에서 왔다고 말한다. ③ 삼갈은 아낫과 같은 성품 곧 전쟁을 좋아하는 성격을 가진 자 이다.

16. 당시 이스라엘 백성들이 어떻게 무장하였나를 생각해 볼 필요가 있다. 아마 주로 활과 팔매 돌일 것이며 (끝에 돌을 달아맨)곤봉 종류였을 것이다.

17. '소 모는 막대기'에 사용된 히브리 어근은 '라마드'로, '배우다, 가르치다'라는 뜻이다. 이 용 어를 사용함으로써 삼갈은 풍자적으로 '가르치는 도구'로 적군들을 '가르쳤다.'

18. Keil and Delitzsch, 299

참고 문헌

1. Barr, Michael L. "The Meaning of prsdn in Judges Ⅲ 22.," *Vetus Testamentum* 41:1, 1991, 1~11.
2. Boling, Robert G. *Judges*. Anshor Bible series. Garden City, N.Y.: Doubleday, 1975.
3. Bush, George. *Notes on Judges*. New York: Newman & Ivion, 1852; reprint ed., Minneapolis: James & Klock Publishing, 1976.
4. Constable, Thomas L. "A Theology of Joshua, Judges, and Ruth". In *A Biblical Theology of the Old Testament*, 89~113. Edited by Roy B. Zuck. Chicago: Moody Press, 1991.
5. Craigie, Peter C. "A Reconsideration of Shamgar ben Anath (Judg. 3:31 and 5:6)," *Journal of Biblical Literature* 91:2, June 1971. 239~40.
6. Cundall, Arthur E. "Judges" In *Judges and Ruth*. by Arthur E. Cundall and Leon Morris. Tyndale Old Testament Commentaries series. Downers Grove: Inter-Varsity Press, 1968.
7. Davis, Dale Ralph. *Such a Great Salvation*. Grand Rapids: Baker Book Housw, 1990.
8. Day, John. "Asherah in the Hebrew Bible and Northwest Semitict Literature," *Journal of Biblical Literature* 105:3, 1986. 385~408.
9. Gooding, D. W. "The Composition of the Book of Judges," *Eretz Israel* 16 (1982), 70~79.
10. Gray, John. *Joshua, Judges and Ruth*. New Century Bible Commentary series. London: Thomas Nelson and Sons, 1967.
11. Keil, C. F. and Delitzsch, Franz. *Joshua, Judges, Ruth*. Translasted by James Martin. Biblical Commentary on the Old Testament. N.P.; reprinted., Grand Rapids: Wm. B. Eerdmans Publishing Co., n.d.
12. Lewis, Arthur H. *Judges and Ruth*. Everyman's Bible Commentary series. Chicago: Moody Press, 1979.
13. Washburn, David L. "The Chronology of Judges: Another Look". *Bibliotheca Sacra* 147:588, 1990. 414~25.
14. Webb, Barry G. *The Book of Judges: An Integrated Reading*. JOST Supplement Series 46. Sheffield: JSOT Press, 1987.
15. Wood, Leon. *Distressing Days of the Judges*. Grand Rapids: Zondervan Publishing House, 1975.

4장

1. 구약성경에서 똑같은 사건을 산문체와 운문체로 반복하여 보도하고 있는 또 다른 대표적인 예는 출애굽기 14장과 15장이다.
2. 범죄 → 환난 → 부르짖음 → 구원 → 타락/ 범죄 등.
3. '드보라'는 '꿀벌'이라는 뜻을 지닌다.

4. Robert G. Boling, *Judges*, Anchor Bible 6A (New York: Doubleday, 1980), 95.

5. Dennis T. Olson, *The Book of Judges*, NIB Ⅱ (Nashville: Abingdon, 1998), 774.

6. 한 설화 비평가는 사사기 4:20의 시스라가 야엘에게 "만일 사람이 와서 네게 묻기를 여기 어떤 사람이 있느냐 하거든 너는 없다 하라"고 부탁하는 장면에서, 히브리어로 사람인 '이쉬'는 곧 '남자'이기에 본문은 '여기 남자가 있습니까?'라고 번역해야 한다. 이 질문에 대한 대답을 야엘에게 '없습니다'라고 유도함으로써 본문에서 진정한 '남자'가 실종되고 오직 여인(들)만이 부각되고 있음을 보여 주고 있다고 설명한다. 장일선, 「다윗 왕가의 역사 이야기: 신명기 역사서 연구」(서울: 대한기독교서회, 1997), 236~37.

7. Boling, 앞의 책, 107.

8. J. 알베르토 소긴, 「판관기」 국제성서주서 7(서울: 한국신학연구소, 1992), 134.

9. 요르단 동부의 지파로써 갓 지파와 지역적으로 상응한다.

10. 소긴, 「판관기」, 앞의 책, 139.

11. Olson, 앞의 책, 788.

12. 우리는 '메소르'가 이스라엘 지파 중에 어느 부족을 의미하는지 또는 어떤 지역을 의미하는지 정확히 알 수 없다. 그러나 본문의 맥락에서 메로스는 출정치 않은 지파를 대표하는 표현으로 여겨진다.

13. Boling, 앞의 책, 113.

14. 꾸부러져 엎어졌다. '카라 나팔'이라는 단어쌍이 한 절에 세 번씩이나 반복되면서 처음에 꾸부러지고 엎드러져 '쓰러졌다'는 '샤카브'로 묘사하고 맨 나중에 꾸부러지고 엎드러져 '죽었다'는 '사두드'라고 시스라가 점차로 죽어가는 장면을 마치 영화의 한 장면처럼 순차적으로 생생하게 그리고 있다. 또 다른 단어쌍이 반복되는데로 바로 "그의 발 앞에, 그녀의 발 사이에"의 구절이다. 즉 장막에 거하는 힘없는 한 여인 앞에서 적군의 장수가 쓰러져 죽어 감을 묘사하면서 역설적(paradoxical)인 대조를 강조한다.

15. 소긴, 「판관기」, 앞의 책, 120.

16. Boling, 앞의 책, 119.

17. "여호와께서"로 시작하는 모든 구절(4:2, 6, 9, 14, 15, 23).

5장

1. 참고 Lawson Younger Jr, *Judges, Ruth*, NIVAC (Grand Rapids: Zondervan, 2002), 167~68.

2. Wolfgang Bluedorn, "Yahweh Versus Baalism". JSOT, 2001, 119~124. 이 책의 의견과 동의하지 않는 부분도 있지만, 이 부분의 분석을 포함해 여러 곳이 참고할 부분이 많이 있다.

3. 다양한 해석 중에서 본문의 결론은 6상절을 핵심으로 본 것이다. 손으로 물을 떠먹은 자가 무릎을 꿇은 자라는 결론은 5절을 어떻게 해석하느냐에 달려 있다. 5절의 'vav'(와우)를 무릎 꿇은 자 중에서 손을 사용치 않고 개같이 핥은 자를 설명하는 것으로 보고(epexegetical), 6절은 무릎 꿇은 자 중에서 손으로 마신 자를 선택했다고 보는 견해다. 또 다른 해석에서 5절은 무릎 꿇은 자와 그렇지 않고 개같이 핥은 자를 구분하는 것으로 보고, 두 번째 단계로 6절

은 무릎 꿇은 자 중에서 손으로 떠서 마신 자와 그렇지 않은 자로 보는 견해다. 결론은 마찬가지이다. 무릎을 꿇지 않고 손으로 떠 마신 자가 300명이라는 결론은 우리 성경의 번역이 그렇게 보일지라도 문제가 있다.

참고 문헌

1. O'Connell, Robert H. *The Rhetoric of the book of Judges*. New York: E. J. Brill, 1996.
2. Block, Daniel I. *Judges, Ruth*. The new American commentary 6. Nashville: Broadman & Holman Publishers, 1999.
3. Klein, Lillian R. *The triumph of irony in the Book of Judges*. Sheffield, England: Almond Press, 1988.

6장
참고 문헌

1. Block, Daniel I. *Judges, Ruth*. The new American commentary 6. Nashville: Broadman & Holman Publishers, 1999.
2. Dyck, Elmer H. "Thebez," *Anchor Bible Dictionary*, vol. 6, 443.
3. McCann, J. Clinton. *Judges*. Interpretaion. Louisville: John Knox, 2002.
4. Pressler, Carolyn. *Joshua, Judges, and Ruth*. Westminster Bible Commentary. Louisville: Westminster John Knox, 2002.
5. Webb, B. G. *Judges*. New Bible Commentary. Downers Grove: Intervarsity, 1994.

7장
참고 문헌

1. O'Connell, R. *The Rhetoric of the Book of Judges*. New York: E. J Brill. 1996.
2. Block, Daniel I. *Judges, Ruth*. The new American commentary 6. Nashville: Broadman & Holman Publishers, 1999.
3. Webb. B.G. *The Book of the Judges, An Integrated Reading*. JSOT Sup 46. Shaffield Academic Press. 1987.
4. 김지찬, 「요단강에서 바벨론 물가까지」 서울: 생명의 말씀사, 1998.
5. 김지찬, 「언어의 직공이 되라」 서울: 생명의 말씀사, 2006.
6. 김의원, 「사사기 / 룻기: 성서주석」 서울: 대한기독교서회, 2007.
7. 강규성, "하나님의 고통, 불행한 사사 입다: 사사기 10:6~12:7에 관한 문예적 고찰." 「교회와 문화」 제17호, 2006.
8. Jichan Kim, *The Structure of the Samson Cycle*, Kampen: Kok Pharos Publishing House, 1993.
9. Hamilton, V. P. *Handbook on the Historical Books*. Grand Rapids: Baker Academic, 2004.

10. Wilcock, M. 「사사기 강해」. 정옥배 옮김. 서울: IVP, 1992.

11. Boling, R. G. *Judges*. Anchor Bible Series 6A. Garden City, N.Y, 1975.

12. Exum, J. C. "on Judges 11." *A Feminist Companion to Judges*. The Feminist Companion to the Bible 4. Sheffield: Academic Press, 1993.

9장

1.

이스라엘의 범죄 행위	이방 민족 (야웨의 심판의 도구)	이스라엘의 회개	사사 (구원자)	사사들이 살아 있는 동안
주께서 보시기에 악한 일(3:7)	메소포타미아왕 구산 리사다임(3:8)	울부짖음(3:9)	옷니엘(3:9)	40년간 평온함(3:11)
주께서 보시기에 악한 일(3:12)	모압왕 에글론(3:12)	울부짖음(3:15)	에훗(3:15)	80년간 평온함(3:30)
주께서 보시기에 악한 일(4:1)	가나안왕 야빈(4:2)	울부짖음(4:3)	드보라(4:4)	40년간 평온함(5:31)
주께서 보시기에 악한 일(6:1)	미디안(6:1)	울부짖음(6:6)	기드온(6:11이하)	40년간 평온함 (8:28)
주께서 보시기에 악한 일(10:6)	블레셋, 암몬(10:7)	울부짖음(10:10)	입다(11:29)	
주께서 보시기에 악한 일(13:1)	블레셋(13:1)		삼손(13:24)	

2. 왕의 필요에 대한 문제가 기드온 때에 있었지만 거절당하고, 그 후에 기드온의 아들 아비멜렉이 왕으로 행세했지만 저주로 끝난다(9장). 그런데 기드온 이후 나오는 사사 입다와 삼손의 경우에 그들이 살아 있는 동안 이스라엘에 평화가 있었다는 반복적인 공식구가 더 이상 언급되고 있지 않다는 것을 눈여겨 볼 점이다.

3. 사사기 전체에서 '자기 눈에 옳은 대로'라는 표현은 사사기의 마지막에 두 에피소드의 처음(17:6)과 끝(21:25)그리고 삼손 이야기에만 나온다.

4. 사사기 2:11; 3:7,12; 4:1; 6:1; 10:6; 13:1.

5. 개역한글 및 개역개정: "그 첩이 행음을 하고 남편을 떠나."
   현대인의 성경: "그 첩이 간음을 하고 달아나."
   한글 킹제임스: "그의 첩이 그를 배반하여 행음하고 그를 떠나."
   현대어성경: "그런데 그 여인이 여러 남자들과 잠자리를 같이하며 돌아다니더니 결국 남편 집을 나와."
   표준새번역: "그러나 무슨 일로 화가 난 그 여자는, 그를 떠나."
   공동번역: "그 첩은 화나는 일이 있어서 그를 버리고."

6. 70인역 바티칸 사본은 아예 그녀가 행음을 했는지, 화를 낸 것인지 아무런 언급도 없이 다만 그녀가 남편을 떠나 친정으로 갔다고 말한다.

7. 그녀의 남편은 자신이 위험에 처하게 되었을 때, 자신의 아내를 기브아 사람에게 내주었다(19:25).

8. 히브리 성경의 정경 최종 형태의 구성이 보여 주는 것은 사사기의 결론이 또 다른 새로운 문제를 제기하고 있음을 암시한다. 곧 이스라엘에 왕이 생기면 어떤가 하는 문제이다. 이것이 사무엘서의 내용인데, 사사기의 마지막 장면을 읽은 독자들은 실로의 야웨의 축제에 올라가

베냐민 지파의 아내가 되었던 처녀들을 기억할 것이다. 그리고 사사기 다음의 책 사무엘서를 펼치면서 실로로 올라가 한 맺힌 기도를 올리는 여인 한나와 그녀에 의해 태어난 이스라엘의 마지막 사사인 사무엘과 그가 세운 이스라엘 초대 왕인 사울이 베냐민 지파에 속한 기브아 출신이라는 역사의 아이러니 같은 성경의 보도에 고개를 갸웃거리게 될 것이다.

참고 문헌

1. Webb, B. G. *The Book of Judges*: An Integrated Realding. JSOT Sup. 46, Sheffield, 1987.
2. Hertzberg, H. W. *Die Bücher Josua, Richter, Ruth*, ATD, Göttingen, 1985.
3. Boling, Robert G. *Judges: introduction, translation and commentary*, AncB 6A, New York, 1975.
4. Soggin, Jan A. *Judges: A commentary*, OTL, Philadelphia, 1981.
5. A Brenner(Hg.), *A feminist companion to Judges,* The feminist companion to the Bible 4, Sheffield, 1993.
6. Exum, C. J. *Was sagt das Richterbuch den Frauen?*, SBS 169, Stuttgart, 1997.

1부

1장

1. Ludwig Koehler and Walter Baumgartner, *The Hebrew and Aramaic Lexicon of the Old Testament*, Study Edition, Vol. 1 (Brill 2001), 888.
2. 솔로몬 성전 앞의 두 기둥 중 하나의 이름도 '보아스'이다. 참고 왕상 7:21; 대하 3:17.
3. G. I. Emmerson, "Ruth," *The Oxford Bible Commentary*, ed. by J. Barton and J. Muddiman (Oxford, 2001), 192.
4. Leon Morris, *Judges [and] Ruth*, The Tyndale Old Testament Commentaries (IVP, 1968), 232 이하.
5. G. L. Mattingly, "Moabites," *Peoples of the Old Testament World*, ed. by Hoerth, Mattingly, Yamauchi (The Lutterworth Press, 1994), 317~33.
6. Leon Morris, "Ruth, An Introduction and Commentary," *Judges [and] Ruth*, The Tyndale Old Testament Commentaries (IVP, 1968).
7. *Contra Apionem*, i. 8.
8. L19A, 주후 1008~1009년경의 필사본.
9. *JPS Tanakh, The New JPS Translation*, The Jewish Publication Society (philadelphia, 1999).
10. Abegg, Flint & Ulrich, "Ruth," *The Dead Sea Scrolls Bible* (Harper, 1999), 607~10.
11. D. M. Howard, Jr., *An Introduction to the Old Testament Historical Books* (Moody, 1993), 125 이하.
12. 이 히브리어 단어는 번역하기 어려운 용어 중의 하나이다. 본래의 의미는 한국인의 의미의 장에서 말하면 일종의 '정'(情)과 같은 것인데, 보통 우리말 성경에서 하나님께 적용할 때는 인애, 자비, 인자하심 등으로, 인간에게 적용할 때는 선대, 후대, 인자 등으로 번역하였다. 영어로는 steadfast love, faithfulness, solidarity, kindness, grace 등으로 번역된다
13. 폴 하우스, 「구약신학」, 장세훈 옮김(서울: 기독교문서선교회, 2001), 820.
14. 위의 책, 833.

5장

1. 오순절은 "제50일"이란 뜻으로, 유월절의 제2일부터 50일째 되는 날에 행하는 유대인의 대제사의 제2절회(節會)를 말하는 희랍어이다(행 2:1). 구약에서는 "맥추절을 지키라. 이는 네가 수고하여 밭에 뿌린 것의 첫 열매를 거둠이니라"(출 23:16) 또는 "칠칠절 곧 맥추의 초실절"(출 34:22; 민 28:26; 신 16:9~11)이라 한다. 이 50일은 맥추의 기간을 가리키고 제50일

째에 마치는 것을 말하는 것으로 후대의 문서에 "끝나다"란 말은 이 때문이다. 이 날은 초대 교회의 중요 사건이 발생한 것과 관련되어 그리스도인에게도 의의 깊은 것이다(행 2:1~4). 이 날에 처음으로 성령이 나타났고, 베드로의 설교로 인하여 3,000명이 회개하였다. 이것은 영적 수확의 처음 열매가 거두어진 날이다. 오순절은 그리스도 교회의 탄생의 날이었다. 「기독교대사전」(서울: C.L.S., 1960), 685.

2. 에글론(Eglon)은 모압왕으로, 18년간 이스라엘을 지배했으나 사사 에훗의 손에 죽었다(삿 3:13~25). 「성경사전」(서울: 종로서관출판부, 1954), 342.

3. 12명 사사들의 활동을 중심으로 기록한 사사 시대 연대는 410년인데 이것은 열왕기상 6:1에 출애굽에서 솔로몬의 성전 기공까지 480년으로 계산하는 것과 일치하지 않는다. 사사의 통치는 연이어 온 것이 아니고 같은 시대에 지방적 지배를 한 것으로 추측되는데 본서의 기록 연대는 약 200년간으로 주전 1225~1020년으로 본다. 「성경사전」, 243.

4. 바벨론 포로시대가 끝나고(주전 586~537년) 이스라엘 민족이 팔레스틴에 돌아와서 부흥사 업을 시작할 무렵의 지도자 중의 한 사람이다. 에스라는 바벨론에서 유대 사람 제사장의 집 에서 태어났다. 그의 집안은 아론의 후예이다(스 7:1~5). 그는 이방인과 잡혼하고 있는 사실 을 발견하고 이방인 아내를 버리라고 명하였으며 대다수의 사람들은 맹세하였으나 반대하 는 자도 있었다(스 9:10 이하). 그는 새롭게 이스라엘 백성에게 율법을 주어 유대교의 기초를 이룩한 공로자로서의 높임을 받았다. 「성경사전」, 652.

5. 유다 지파 하가랴의 아들로서 유대를 관리하던 파사(波斯)궁전에서 아닥사스다 1세(주전 645~424년 재위)에게 신임을 받았다. 주전 445년에 그는 여러 동지들과 함께 예루살렘으 로 돌아갈 허락을 받고 예루살렘 총독이 되었다. 귀환인들의 좋지 못한 풍습을 고치려 했으 나 뜻대로 되지를 않았다. 그는 특히 혼인에 있어서 종족적인 배타성을 강조하며 안식일을 엄수하는데 엄격한 율법을 확립시켰다. 「기독교대사전」, 195.

6. 레비레이트(levirate), 남편이 죽고 그 처에 아이가 없을 때 그 처를 남편의 형제 또는 근친자 가 아내로 삼아야 한다는 옛 유대인의 관습(신 25:5~10)이다.

7. 요세프스 플라비어스(Josephus Flavius) 주전 37~100년 유대의 유명한 역사가, 예루살렘 의 제사장 가문에서 태어나 교육을 받고, 3년간 은자(隱者)에게 배우고 후에 바리새파에 속 했다. 「유대 전쟁기」(*Delello Judoico*), 「유대 고사기」(古事記)(*Antiquitatum*)를 집필한 사람 이다. 「기독교대사전」, 702.

8. 성 제롬(St. Jerome, 340~420년)은 라틴 교회의 교부이다. 본명은 유세비어서 헤로니머스 소프로니어스(Eusebius Hieronymus Sophronius)이다. 그는 달마티아의 국경에 있는 스 토리드에서 출생하였으며, 그 지방은 아리우스(Arious)설을 신봉하는 사람들이 많은 곳이 다. 부모는 정통파의 신앙을 소유하고, 그는 로마에 유학하여 학자들에게 문법, 고전, 웅변 학을 배운 사람이다. 「기독교대사전」, 797.

9. 가나안 점령으로부터 사울의 왕국 건설에 이르기까지 국난을 당하여 이스라엘을 구원한 지 도자들이다(삿 2:16~19).

10. 에브라임(Ephraim), 야곱의 손자, 온의 제사장 보디베라의 딸 아스낫에게서 난 요셉의 아 들(창 41장), 창세기 48장에는 야곱이 애굽 사람의 피를 받은 손자 에브라임과 므낫세를 자 기 가문에 받아들이고 축복한 사실이 기록되어 있다. 「기독교대사전」, 649.

11. 창세기 12:10; 26:1; 41:56; 사무엘하 21:1; 열왕기상 17장에 흉년이 들었다는 기록이 언

급되어 있다.

12. E. C. 러스트, 「구약성서주석－룻기」, 방봉배 옮김(서울: C.L.S., 1965), 102.

13. A. Macdonald, "Ruth," *The Book of Ruth*, The New Bible Commentary, edited by F. Davidson, et al. Gramd Rapids: Wm. B.(Eerdmans Publishing Co., 1954), 259.

14. 앞의 책, 228.

15. 그모스(민 21:29)는 모압 사람이 섬기던 우상의 이름이다. 그들은 그모스의 백성이란 부름을 받았다. 이 우상의 제물로는 인신(人身)의 희생이 행해졌다(왕하 3:27). 솔로몬은 정치적인 의도에서 그모스를 예루살렘에 권장했다(왕상 11:27). 그러나 요시아 왕은 종교개혁을 하면서 이것을 파기했다(왕하 23:13).

16. Robert A. Watson, *The Book of Ruth, The Expositor's Bible*, edited by F. Robertson Nicoll, Grand Rapids: Wm B.(Eerdmans Publishing Co., 1943), I, 389~94.

17. 39.4 ℓ 에 해당하는 용적의 단위이다(출 16:36; 레 5:11; 겔 45:10).

18. 4.25 ℓ 에 해당하는 히브리 사람들의 용체량이다. 「기독교대사전」, 683.

19. 열 명의 장로는 유대 회당의 최소한의 구성단위이며, 소송 판결 및 결혼 증빙을 위한 필요 인원이다. 그리고 장로는 인민의 대표자이며 통치자였다(출 3:16; 22:21; 민 11:16; 삼상 8:4; 렘 29:1).

20. 라헬은 야곱의 애처로서 요셉과 베냐민의 모친이다(창 29장; 30:22~25). 가나안으로 여행하는 도중에 에브랏 부근에서 베냐민을 낳고 난산 끝에 죽어서 그곳에 장사되었다(창 35:16~20). 레아는 라반의 장녀로서 라헬과 자매간이다. 라헬의 부친이 야곱을 속여서 이 여자를 야곱의 아내가 되게 하였다(창 29:23). 야곱과 함께 가나안으로 갔다(창 49:31).

21. 베레스는 유다와 그 며느리 다말 사이에서 난 쌍둥이의 한 사람이다(창 38:29). 그는 베레스 사람이라 불리는 종족의 조상이 되었다(민 26:20). 고대 근동 사람은 자손이 번성하는 것을 축복으로 여겼는데, 이스라엘의 장로들이 보아스를 축복한 말 가운데 "베레스의 집과 같이 되라"(룻 4:12)고 한 것을 보아서 이 종족이 번성했던 것을 알 수 있다. 다윗이 이 종족의 출신이었다는 사실은 베레스 종족에게 영광이었다. 육신으로 말하면 예수께서도 이 종족 중에서 나셨다(마 1:3; 눅 3:33). 「기독교대사전」, 381.

22. 룻과 보아스 사이에 태어난 아들(룻 4:17)이며, 다윗의 아버지인 이새의 아버지이다(룻 4:21~22; 대상 2:12; 눅 3:32). 또한 그리스도의 조상(마 1:5)이다.

23. 다말은 '종려나무'라는 뜻이다. 유다의 아들 엘의 아내이다. 엘이 죽은 후에 그 동생들이 차례로 그 여인을 아내로 취했으나 다 죽고, 자식도 없었다. 그 후 시아버지인 유다와 관계하여 그 사이에서 베레스와 세라를 낳게 된다(창 38:6, 11~24; 룻 4:12; 대상 2:4; 마 1:3).

24. 여리고의 창부로서 여호수아가 파견한 정탐꾼을 숨겨 난을 면하게 함으로써(수 2:1 이하) 여리고가 함락될 때 일가와 함께 구조된다(수 6:17). 성경은 그녀를 신앙의 용사로 칭찬할 뿐 아니라(히 11:31; 야 2:25), 예수의 선조로 기록한다(마 1:5).

25. 헷사람 우리야의 처로서 후에 이스라엘의 왕 다윗의 아내가 되었고, 솔로몬의 모친이다. 다윗이 밧세바를 아내로 맞는 불법한 행동과 그녀가 궁정에 들어와 권력을 차지하는 이야기는 사무엘하 11장, 열왕기상 1장에 기록되어 있다. 「기독교대사전」, 365.

참고 문헌

1. 곽안전. 「구약총론」. 서울: C.L.S., 1956.

2. E. C. 러스트. 「구약성서주석 – 룻기」. 박봉배 옮김. 서울; C.L.S., 1965.

3. H. 링크렌, O. 카이저, H. W. 헤르쯔베르크. 「국제성서주석 – 아가·애가·에스겔·룻기」. 박영옥 옮김. 서울: 한국신학연구소, 1992.

4. R. 클라이드 리달. 「비콘성서주석」. 서울: 보이스사, 1986.

5. 요한 W. 레드, 유진. H. 마릴. 「두란노강해주석시리즈 5」. 문동환 옮김. 서울: 두란노, 1987.

6. 제임스 I. 패커. 「성서대역사」. 권명달 옮김. 서울: 보이스사, 1985.

7. 죠오지 허버트 리빙스톤. 「비콘성서주석」. 서울: 보이스사, 1986.

8. A. Macdonald, "Ruth" *The New Bible Commentary*, Edited by F. Davidson, et al, Grand Rapids: Wm. B. Eerdmans Publishing Co., 1953.

9. Eichrodt, Walther, *Theology of the Old Testament*, Vol. I."The Old Testament Library" Philadelphea: The Westminster Press, 1961.

10. Hirsch, S. R. *The Pentateuch Translated and Explained*, Vol. Ⅲ, Parts I and Ⅱ. Renderd into English by Isaac Levy, Second Edtion, London: Isaac Levy, 1962.

11. Keil, C. F. and Delitzsch F., *Biblecal Commentary on the Old Testament*, Vol. Ⅱ. Trans. by James Martin. Grand Rapids: Wm. B. Eerdmans Publishing Co., 1949.

12. North C. R. *The Old Testament Interpretation of History*, London: Epworth, 1953.

2부

2장

1. '메웃다'로 읽는 것은 케티프(쓰여진 텍스트)이고, 케레(읽기)는 '모다'로 읽는다. 이 둘의 의미의 차이는 없다.

2. Campbell, Edward F. Jr. *Ruth, The Anchor Bible* (Garden City: Doubleday & Co., 1975), 89.

3. '왔다'는 히브리어로 '보'(בוא)인데 여기서 분사로도 해석할 수 있고, 완료형으로도 볼 수 있다. 어느 것으로 보느냐에 따라서 시간에 대한 해석이 달라진다. 분사로 해석할 때는 룻이 밭에 오자마자 보아스도 왔다는 면으로 이해할 수 있고, 완료형으로 해석할 때는 룻이 밭에 도착한 지 한참 후에 보아스가 왔다고 해석할 수 있다.

4. Hubbard, Robert L. Jr. *The Book of Ruth*, NICOT, Grand Rapids:Eerdmans, 1988, 192~195. Kirsten Neilsen, *Ruth: A Commentary*, OTL (Louisville: Westminster John Knox Press, 62~65); Campbell, 앞의 책, 108.

5. 앞의 책.

6. Sakenfeld, Katharine Doob, *The Meaning of Hesed in the Hebrew Bible:A New Inquiry* (Missoula: Scholars Press, 1978), 80.

7. 앞의 책, 106.

584

3장
참고문헌

1. Block, D. Judges, *Ruth. NAC* 6. Nashville: Broadman & Holman Publishers, 1999.

2. Bush, F.W. *Ruth, Esther. WBC* 9. Dallas: Word, 1996.

3. Campbell, E.F. *Ruth: A New Translation with Introduction, Notes and Commentary.* AB 7. Garden City: Doubleday, 1975.

4. Hubbard, R.L. *The Book of Ruth.* NICOT. Grand Rapids: Eerdmans, 1988.

5. Sasson, J. M. *Ruth: A New Translation with a Phiological Commentary and a Farmalist-Folklorist Interpretation.* 2nd ed. Sheffield: Academic Press, 1989.

6. Younger Jr., K. L. *Judges, Ruth.* NIV Application Commentary. Grand Rapids: Zondervan, 2002.

원어 일람표(히브리어/헬라어)

P. 23
니사 נסה

P. 44
자나 זן

P. 45
하이샤 하니르차하 הָאִשָּׁה הַנִּרְצָחָה
하니르차하 הַנִּרְצָחָה
라차흐 רָצַח

P. 55
샤파트 שׁפט

P. 64
샤알 שָׁאַל
에로타오 ἐρωτάω
샤캄 שׁכם

P. 65
샤마 שׁמע
샤마르 שָׁמַר

P. 66
슈브 שׁוב

P. 68
아사 עָשָׂה

P. 113
쇼페팀 שֹׁפְטִים

P. 116
아카라 עֲקָרָה

P. 119
나비 נביא

P. 120
모쉬아흐 מוֹשִׁיעַ

P. 123
이쉬 이스라엘 אִישׁ־יִשְׂרָאֵל
마샬 מֹשֵׁל
말라크 מלך

P. 131
모케쉬 מֹקֵשׁ
고임 גּוֹיִם

P. 141

비프로아흐 페라오트 בפרע פרעות
음역불필요 רפ

P. 142

나잘 נזל
음역불필요 ללז
제 시나이 זֶה סִינַי

P. 144

엘로힘 אלהים

P. 145

미다인 מדין

P. 146

단 야구르 הֵן יָגוּר

P. 149

다라크 דרך

P. 151

벤 בֵן
샬랄 שָׁלָל

P. 163

루아흐 רוח

P. 164

루함 רוּחָם
루호 רוּחוּ

루아흐 라아 רוּח רעה
루아흐 아도나이 רוּח יהוה

P. 167

루아흐 엘로힘 רוּח אלהים

P. 168

에페르코마이 에피 ἐπέρχομαι ἐπι
카타바이노 καταβαίνω
에르코마이 에피 ἔρχομαι ἐπι
프뉴마 쿠리우 에프 에메
　πνεῦμα κυρίου ἐπ' ἐμὲ
에페르코마이 에피 ἐπέρχομαι ἐπί
에피핍토 ἐπιπίπτω
에르코마이 에피 ἔρχομαι ἐπί
엥카케오 ἐγκακέω

P. 169

아도나이 יהוה
깁볼 헤하일 גבור החיל
하고르 חגור
베게드 잇딤 בגד עדים

P. 170

야샤브 יָשֵׁב
야짜그 יַצֵג
베이토 ביתו

P. 171

아데레트 אדרת

P. 207
봐이쉬레후 וַיִּשְׁלָחֵהוּ
봐이테누 וַיִּתְּנוּ

P. 220
헤렘 חֵרֶם

P. 230
쇼페트 שָׁפַת

P. 234
차드 צַד
차르 צַר

P. 235
사라흐 סרח

P. 237
네아카 נָאקָה
나함 נחם

P. 239
세레느 סֶרֶן

P. 250
다바르 דבר

P. 251
하파르세도나 הַפַּרְשְׁדֹנָ

P. 257
마카르 מכר

P. 258
라피드 לפיד
바라크 ברק

P. 259
네비아 נביאה

P. 261
베라쿠 아도나이 ברוכ יהוה

P. 264
카라 나팔 כרע נפל

P. 288
마샬 משל
말라크 מלך

P. 313
라차츠 רצץ
라아츠 רעץ

P. 314
카차르 קצר
네페쉬 נֶפֶשׁ
루아흐 רוח

P. 316
로쉬 ראש

나치르 נָצִיר
게울림 גְּאוּלִים

P. 433
아자르 עֹזֶר

P. 441
시프하테카 שִׁפְחָתֶךָ

P. 442
아마테카 אֲמָתֶךָ

P. 445
펠로니 얄모니 פְּלֹנִי אַלְמֹנִי

P. 448
카나 קָנָא

P. 450
샤하트 שַׁחַת

P. 463
라와 רָוָה

P. 472
헤세드 חֶסֶד

P. 500
메웃다 מִידָע
고엘림 גֹּאֲלִים

P. 502
히네 הִנֵּה

＊ח, ס, צ, ו는 원칙적으로 'ㅎ', 'ㅆ', 'ㅊ', '부'로 음역했으나, 필자가 'ㅋ', 'ㅅ', 'ㅉ', '우'를 선호한 경우 필자의
　　의견을 존중했습니다.
＊יהוה는 필자에 따라 '야웨'(혹은 '야훼')나 '아도나이'로 표기했습니다.